Von der Zunft zur Handelskammer

Rechtshistorische Reihe

Band 422

Peter Lang
Frankfurt am Main · Berlin · Bern · Bruxelles · New York · Oxford · Wien

Stephan Faulwetter

Von der Zunft zur Handelskammer

Zur Entwicklung des Gewerberechts in thüringischen Staaten

Peter Lang
Internationaler Verlag der Wissenschaften

Bibliografische Information der Deutschen Nationalbibliothek
Die Deutsche Nationalbibliothek verzeichnet diese Publikation in der Deutschen Nationalbibliografie; detaillierte bibliografische Daten sind im Internet über http://dnb.d-nb.de abrufbar.

Zugl.: Jena, Univ., Diss., 2010

Die vorliegende Arbeit wurde von
Prof. Dr. Gerhard Lingelbach
zur Aufnahme in die Reihe empfohlen.

Umschlagabbildung:
Justitia. Allegorie der Gerechtigkeit.
Druck aus dem 17. Jahrhundert.

Gedruckt auf alterungsbeständigem,
säurefreiem Papier.

27
ISSN 0344-290X
ISBN 978-3-631-61550-8

Gewidmet meinen Eltern

Vorwort

Das Ziel der vorliegenden Arbeit besteht darin aufzuzeigen, dass zwischen der Einführung der Gewerbefreiheit und dem Entstehen der Handelskammern ein Bezug besteht. Die heutigen Industrie- und Handelskammern sind insofern auch Ausdruck alter Gedanken der berufsständischen Vertretung in neuer Form. Dabei soll keine erschöpfende Behandlung der Probleme von berufsständischen Vertretungen und ihre Wirkung auf die Gewerbefreiheit gegeben werden. Behandelt wird ein Ausschnitt aus den mit der Handelskammer zusammenhängenden Fragen.

Ziel der Arbeit ist es, Geschichte und Wesen der Handelskammern im Zusammenhang mit der Gewerbefreiheit zu untersuchen.

Die Entwicklung des Gewerberechts in dem Herzogtum Sachsen-Coburg und Gotha und das Großherzogthum Sachsen-Weimar-Eisenach wurden einerseits auf Grund ihrer industriellen und gewerblichen Stärke sowie andererseits wegen ihrer Größe in dem thüringischen Staatenverbund als Schwerpunkt ausgewählt. Eisenach, Gotha und Jena sowie die preußischen Gebiete bildeten im 19. Jahrhundert Zentren der gewerblichen Entwicklung in Mittelthüringen.

Herzlich danken möchte ich Herrn Professor Dr. Gerhard Lingelbach unter dessen Leitung die Arbeit angefertigt wurde.

Zur Anfertigung der Arbeit war die Bearbeitung umfangreichen Quellenmaterials notwendig. Mein besonderer Dank gilt der Herzogin-Anna-Amalia-Bibliothek in Weimar, des Stadtarchivs Weimar, Frau Karin Klicks von der Alten Universitätsbibliothek Greifswald und Frau Annette Gerlach von der Universitäts- und Forschungsbibliothek Erfurt-Gotha.

Inhaltsverzeichnis

Quellen- und Literaturverzeichnis

I. Archivalische Quellen

1. Stadtarchiv Weimar

- HA I-17-24
- HA I-42-10
  HA I-42-20
  HA I-42-22
  HA-I-42-23
  HA I-42-29
  HA I-42-45
  HA I-42-48
  HA I-42-64
- HA-I-43-31
  HA I-43-37
  HA I-43-40
  HA I-43-42
- HA I-60-3-2, Bd. 9
- HA I-89
  HA I-89-732
  HA I-89-832
- NA I-1-19
  NA I-2-17
  NA I-2-242
  NA I-2-284
- NA II-2-17
  NA II-2-242
  NA II-2-284
- NA VI-18-13

2. Thüringisches Hauptstaatsarchiv Weimar

- B 2256
  B 2387
  B 2391
  B 5221a
  B 5324
  B 5376a
  B 5386
  B 5419
  B 5431
  B 10590
  B 17038

3. Geheimes Staatsarchiv Preußischer Kulturbesitz

- Gen.-Dir. Fabr.-Dep. CDXXXIX, Nr. 12
  Gen.-Dir. Fabr.-Dep. CCLVIII, Nr. 24, Vol. I
  Gen.-Dir. Fabr.-Dep. CCLIX, Nr. 11, Vol. III
  Gen.-Dir. Fabr.-Dep. CL, Nr. 101, Vol. I
  Gen.-Dir. Fabr.-Dep. CLXXXVIII, Nr. 6, Vol. III
  Gen.-Dir. Fabr.-Dep. CCCLXXVIII, Nr. 131
  Gen.-Dir. Fabr.-Dep., CDXXXVII, Nr. 2, Vol. I
  Gen.-Dir. Fabr.-Dep. XXXI, Nr. 47a
  Gen.-Dir. Fabr.-Dep. CDLXXI, Nr. 1
  Gen.-Dir. Fabr.-Dep. XC, Nr. 28
  Gen. Dir. Fabr.-Dep. XC, Nr. 79

- Rep. 120 B I 1, Nr. 59, Bd. 1
  Rep. 120 B I 1, Nr. 60, Bd. 1, Bl. 19
  Rep. 120 BB VII 1, Nr. 87, Bl. 2
  Rep. 120 BB VII 1, Nr. 87, Bl. 20
  Rep. 120 BB VII 1, Nr. 87, Bl. 68
  Rep. 120 BB VII 1, Nr. 87, Bl. 109
  Rep. 120 BB VII 1, Nr. 87, Bl. 131

- Gen.-Dir., Gen.-Dep. LIII, Nr. 11

- Gen.-Dir., Man.- u. Com. Coll. CLXXVI, Nr. 20, Vol. I

- Gen.-Dir., Kurmark CXV, Sect. O 55, Nr. 4
  Gen.-Dir. Kurmark CXXVII, Stadt Frankfurt a.d.O. Nr. 13
  Gen.-Dir., Kurmark CXV, Stadt Berlin, Sect.f, Nr. 8, Vol. I
  Gen.-Dir., Kurmark CXV, Sect. O 55. Nr. 4
  Gen.-Dir., Kurmark CXV, Sect. O 56, Nr. 1
  Gen.-Dir., Kurmark CCXI, Lit. W, Nr. 5

- Rep. 9 E II 16, Fasc. 5
  Rep. 77, Tit. 307, Nr. 50, Bd. 1, Bl. 4
  Rep. 92, Wöllner I, Nr. 2
  Rep. 92, Wöllner I, Nr. 8

4. Landeshauptarchiv Sachsen-Anhalt

- Rep. A 9a VI, Nr. 477, Vol. I
  Rep. A 9a VI, Nr. 477, Vol. II

5. Brandenburgisches Landeshauptarchiv

- Pr. Br. Rep. 2, I. Städte-Reg. Berlin, Innungs- u. Handwerks-S., Nr. 290
  Berlin, Nr. 1901-1

- GStA, Rep. 120, Abt. J I 1, Adh. A Nr. 8, Bl. 63 R ff

II. Gesetzessammlungen

1. Großherzogtum Sachsen-Weimar-Eisenach

18. Oktober 1675	Seiler Innung v. 18. Oktober 1675, GS. S-W-E, Bd. I, S. 68.
23. April 1700	Lohgerber Innung v. 23. April 1700, GS. S-W-E, Bd. I, S. 78.
28. April 1700	Weißgerber Innung v. 28. April 1700, GS. S-W-E, Bd. I, S. 79.
4. November 1723	Buchbinder Innung, Erneuerte Conzession und Privilegium v. 4. Nov. 1723, GS. S-W-E, Bd. I, S. 96.
23. Juni 1728	Knopfmacher Innung, v. 23. Juni 1728, GS. S-W-E, Bd. I, S. 98.
28. September 1729	Conzession der Gewandschnitter v. 28. Sep. 1729, GS. S-W-E, Bd. I, S. 99.
12. Mai 1730	Schreiner Innung v. 12. Mai 1730, GS. S-W-E, Bd. I, S. 99.
15. August 1735	Schuhmacher Innung v. 15. Aug. 1735, GS. S-W-E, Bd. I, S. 109.
25. August 1735	Posamentirer Innung v. 25. Aug. 1735, GS. S-W-E, Bd. I, S. 110.
29. August 1735	Bäcker Innung v. 29. Aug. 1735, GS. S-W-E, Bd. I, S. 111.
29. August 1735	Nadler Innung v. 29. Aug. 1735, GS. S-W-E, Bd. I, S. 112/113.
31. August 1735	Huffschmidts Innung v. 31. Aug. 1735, GS. S-W-E, Bd. I, S. 112/113.
1. September 1735	Zinngießer-, Senkler-, Gürtler- und Schwerdtfeger- Innung, v. 1. Sept. 1735, GS. S-W-E, Bd. I, S. 112/113.
20. September 1735	Leinweber Innung, v. 20. Sept. 1735 GS. S-W-E, Bd. I, S. 115.
29. September 1735	Drechsler Innung, v. 29. Sept. 1735 u. Umlauf v. 4. Oct. 1798, Beschränkung des Innungszwanges in Ansehung der Arbeiten im Auslande, GS. S-W-E, Bd. I, S. 116 u. 394.
20. August 1736	Innung des Metzgerhandwerks v. 20. Aug. 1736, GS. S-W-E, Bd. I, S. 118.

30. November 1762	Marktordnung für die Stadt Weimar v. 30. Nov. 1762, GS. S-W-E, Bd. 5, S. 328-334.
4. Oktober 1798	Umlauf Fürstl. Regierung zu Eisenach an die Unterbehörden des Fürstenthums Eisenach vom 4. Oct. 1798, Beschränkung des Innungszwanges in Ansehung der Arbeiten im Auslande, GS. S-W-E, Bd. I, S. 394.
30. Januar 1811	Bekanntm. Herz. Landespolizei-Collegii zu Weimar vom 30. Jan. 1811, Aufhebung mehrerer Gesetze, Exportation und Handelsverkehr betr., GS. S-W-E, Bd. II, S. 3-6.
24. November 1815	Bek. Großherz. Landespolizei-Coll. zu Weimar vom 24. Nov. 1815 die Wanderbücher betreffend, GS. S-W-E, Bd. 2, S. 211/212.
31. Dezember 1816	Postlehnsvertrag mit Thurn-Taxis vom 31. Dezember 1816, RegBl. S.-W.-E. 1817, S. 2f.
6. Oktober 1817	Verhandlungen des Weimarschen Landtags 1817, RegBl. S.-W.-E. 1817, S. 26- 44 u. S. 87-94.
20. April 1819	Wechselordnung vom 20. April 1819, RegBl. S.-W.-E. 1819, S. 37-72.
2. März 1821	Gesetz vom 2. März 1821, die Ablösbarkeit des Zwangsgesindedienstes betreffend, RegBl. S.-W.-E. 1821, S. 541f.
3. April 1821	Huth-und Triftgesetz v. 3. April 1821, RegBl. S.-W.-E. 1821, S. 567f.
3. April 1821	Steuer-Patent für das laufende Jahr 1821, v. 3. April 1821, RegBl. S.-W.-E. 1826, S. 285f.
29. April 1821	Gesetz über die Steuerverfassung des Großherzogtums v. 29. April 1821, RegBl. S.-W.-E.1821, S. 496f.
11. Mai 1821	Gesetz über die Ablösbarkeit der Hand- und Spannfrohnen v. 11. Mai 1821, RegBl. S.-W.-E., 1821, S. 546f.
15. Mai 1821	Einleitung zum Gesetz über die Innungen und Zünfte und die Beobachtung allgemeiner Innungs-Artikel v. 15. Mai 1821, RegBl. S.-W.-E. 1821, S. 617.
15. Mai 1821	Das Gesetz über die Innungen und Zünfte und die Beobachtung allgemeiner Innungs-Artikel v. 15. Mai 1821, RegBl. S.-W.-E. 1821, S. 617-670.
27. Dezember 1821	Bek. Großherzogl. Staatsministerii zu Weimar v. 27. Dec. 1821, die Erwerbs-, Canons- und Concessionsgelder, betr., GS. S-W-E, Bd. III, S. 1011 u. 1013.

18. Juni 1823	Gesinde-Ordnung v. 18. Juni 1823, GS. S-W-E, Bd. III, S.1079f.
20. Juni 1823	Gesetz über die Juden v. 20. Juni 1823, RegBl. S.-W.-E. 1823, S. 45-112.
16. August 1823	Nachtrag zur Judenordnung vom 20. Juni 1823, RegBl. S.-W.-E. 1823, S. 403-406.
20. März 1824	Bekannt. Großherzogl. Landesdirection zu Weimar v. 20. März 1824 die Verpachtung der Gemeinde-Backhäuser etc. betr., GS. S-W-E, Bd. III, S. 1312.
1. Juni 1825	Für Weimar war dies vor allem der Weimarer Zwiebel- Woll- sowie Töpfermarkt vgl. Wollmarktordnung v. 1. Juni 1825, GS. S-W-E, Bd. III, S. 1424f.
17. Mai 1826	Gesetz über die Erwerbung liegender Güter v. 17. Mai 1826, RegBl. S.-W.-E. 1826, S. 60f.
16. September 1828	Bekanntm. Großhz. Landes-Direction zu Weimar v. 16. Sept. 1828, das Dispensationsgeld der Handwerksgesellen betreffend, GS. S-W-E, Bd. IV, S. 127.
9. November 1830	Bekanntm. Großh. Landes-Direction zu Weimar v. 9. Nov. 1830, Einbringung fremder Handwerksarbeiten betr., GS. S-W-E, Bd. IV, S. 279f.
20. April 1833	Bekanntm. Großh. Landes-Direction zu Weimar v. 20. April 1833, die Gesuche in Zunftangelegenheiten betr., GS. S-W-E, Bd. V, S. 278.
12. Dezember 1833	Gesetz vom 12. Dez. 1833 zur Ausführung der mit mehrern deutschen Staaten abgeschlossenen Staatsverträge, über den Beitritt des Großherzogthums zum großen deutschen Zollverein, GS. S-W-E, Bd. V, S. 397f.
19. Dezember 1833	Bekanntmachung v. 19. Dez. 1833, RegBl. S.-W.-E. 1833, Nr. 28, S. 768.
1834	Beitritt des Großherzogtums zum Zollverein, RegBl. S.-W.-E. 1834, S. 31-33.
20. Juli 1839	Gesetz v. 20. Juli 1839, Nachtrag zu dem Innungsgesetz v. 15. Mai 1821, GS. S-W-E, Bd. VII, S. 498.
22. Dezember 1840	Wochenmarktordnung v. 22. Dez. 1840, GS. S-W-E, Bd. VIII, S. 351.
27. September 1842	Bekanntm. Großhz. Landes-Direction zu Weimar v. 27. Sept. 1842, die Verbietungsrechte der Zünfte enthaltend, GS. S-W-E, Bd. VIII, S. 635f.

24. Mai 1843	Staatsvertrag mit dem Königreich Baiern v. 24. Mai 1843, RegBl. S.-W.-E. 1843, S. 47-53.
19. Juli 1843	Gesetz v. 19. Juli 1843 wegen der Zoll- und Handels-Verhältnisse und der Besteuerung innerer Erzeugnisse in dem Amte Ostheim, RegBl. S.-W.-E. 1843, S. 55-76.
1845	Übereinkunft zwischen Preußen, Braunschweig und den übrigen Staaten des Zollvereins einerseits und Hannover und den übrigen Staaten des Steuervereins anderseits, wegen Erleichterung des gegenseitigen Verkehrs, RegBl. S.-W.-E. 1845, S. 27-40.
13. Dezember 1849	Ministeriale Bekanntmachung v. 13. Dez. 1849, RegBl. S.-W.-E. 1849, S. 215/216.
15. April 1862	Nachtragsgesetz v. 15. April 1862 zur allgemeinen deutschen Wechselordnung v. 26. November 1848, GS. S-W-E, Bd. XV, S. 323-329.
30. April 1862	Gewerbe-Ordnung für das Großherzogtum Sachsen-Weimar-Eisenach v. 30. April 1862, GS. S-W-E, Bd. XV, S. 2-37.
30. April 1862	Nachtrag v. 30. April 1862 zu der revidierten Gemeindeordnung v. 18. Januar 1854, GS. S-W-E, Bd. XV, S. 335 f.
18. August 1862	Gesetz v. 18. August 1862 die Einführung des allgemeinen deutschen Handelsgesetzbuches betreffend, GS. S-W-E, Bd. XV, S. 382f.
8. Oktober 1862	Gesetz v. 8. Oktober 1862 die für den Wegfall innungsmäßiger Verbietungsrechte zu leistende Entschädigung betreffend, GS. S-W-E, Bd. XV, S. 2-37.
10. Oktober 1862	Gesetz die für den Wegfall innungsmäßiger Verbietungsrechte zu leistende Entschädigung betreffend, RegBl. S.-W.-E. v. 10. Oktober 1862 Nr. 29, S. 183-187.
12. November 1862	Ministerialverordnung v. 12. Nov. 1862 die Ausführung der Gewerbeordnung betreffend, GS. S-W-E, Bd. XV, S. 37-61.
10. Dezember 1862	Bek. der Groß. Bezirks-Direktion II zu Weimar v. 10. Dez. 1862, die Gesuche um Ertheilung von Concessionen zu Gewerben betreffend, GS. S-W-E, Bd. XV, S. 426.
26. April 1863	Bek. Großherzogl. Staats-Ministeriums Dep. des Innern v. 26. April 1863 die Erhaltung und Aufbewahrung der

	Innungsbücher und sonst werthvollen Schriftstücke der Innungen betr., GS. S-W-E, Bd. XVI, S. 78.
1. Juli 1869	Vereinszollgesetz RegBl. S.-W.-E.1869 S. 497.
5. Mai 1877	Verordnung, die Errichtung einer Gewerbekammer im Großherzogthum Sachsen-Weimar-Eisenach betreffend, RegBl. S.-W.-E. v. 24. Mai 1877 Nr. 13, S. 97-102.
11. Mai 1877	Anlage die in die Statuten der Gewerbevereine aufzunehmenden Bestimmungen betreffend, RegBl. S.-W.-E. v. 24. Mai 1877 Nr. 13, S. 103-104.
21. März 1879	Die Vorschrift des ersten Alina in § II der Instruktion für den Bergrevierbeamten des Großherzogthums v. 21. März 1879, betreffend die Ausführung des Reichsgesetzes v. 17. Juli 1878 über die Gewerbeordnung (RegBl. 1879, S. 141-143), RegBl. S.-W.-E.1880 S. 52/53.
18. März 1882	Die Verordnung, betreffend die Vollstreckung von Entscheidungen gewerblicher Schiedsgerichte, sowie von Vergleichen, welche vor solchen abgeschlossen sind; v. 18. März 1882, RegBl. S.-W.-E. 1882, S. 19.
6. Juli 1894	Ortstatut betreffend die Einrichtung des Gewerbegerichts v. 6. Juli 1894 und Sammlung der Ortsgesetze, Regulative und wichtigeren Polizei-Verordnungen für die Großherzogl. Sächs. Haupt-und Residenzstadt Weimar, Zweite Folge 1897, S. 274-293.
24. März 1900	Ministerial-Verordnung, betr. Festsetzung der Landeszentralbehörde, der höheren Verwaltungsbehörde und der unteren Verwaltungsbehörde zur Ausführung des Reichsgesetzes über die Abänderung der Gewerbeordnung v. 26. Juli 1897, RegBl. S.-W.-E. v. 20. April 1900, Nr. 18, S. 297.
30. März 1900	Ministerial-Verordnung, betr. Die Errichtung der Handwerkskammer für das Großherzogthum v. 30. März 1900 gegründet wurden, RegBl. S.-W.-E. v. 20. April 1900, Nr. 18, S. 298-315.
31. März 1900	Die Wahlordnung für die Handwerkskammer zu Weimar und Gesellenausschuß derselben wurde aufgrund des § 103a, Abs. 3 GewO in der Fassung v. 26. Juli 1897 (Reichsgesetzblatt S. 663) für die Handwerkskammer zu Weimar erlassen, RegBl. S.-W.-E. v. 20. April 1900, Nr. 18, S. 315-319.
5. April 1900	Ausführungsverordnung zu § 4 der Wahlordnung v. 31. März 1900 für die Handwerkskammer des Großherzog-

	tums, RegBl. S.-W.-E. v. 20. April 1900, Nr. 18, S. 320-322.
25. September 1900	Gesetz, betreffend die Errichtung einer Handelskammer, v. 25. Sept. 1900 nebst Ausführungs-Verordnung v. 8. Nov. 1900 RegBl. S.-W.-E. 1900, S. 533-547.
17. November 1900	Ministerialverordnung vom 17. November 1900, betreffend die Aufhebung der Gewerbekammer, RegBl. S.-W.-E., v. 30. Nov. 1900, Nr.44, S. 549.
30. Juli 1901	Wahlbekanntmachung der Handelskammer nach Verwaltungsbezirken, RegBl. S.-W.-E., 1901, S. 203/204.
28. Oktober 1904	Ortsstatut für das Kaufmannsgericht Weimar vom 28. Oktober 1904, Sammlung der Ortsgesetze, Regulative und wichtigeren Polizei-Verordnungen für die Großherzogl. Sächs. Haupt-und Residenzstadt Weimar, Dritte Folge 1910, S. 128-141.

2. Gotha

24. September 1849	Provisorisches Statut, die Verfassung der Innungen der Residenzstadt Gotha betreffend v. 24. Sep. 1849, GS.S-G 1849, Bd. VI Nr. 363, S. 375-385.
24. September 1849	Provisorisches Statut, die Verfassung der Innungen der Stadt Ohrdruf betreffend vom 24. Sep. 1849. GS.S-G 1849, Bd. VI Nr. 364, S. 387-388.
24. September 1849	Provisorisches Statut, die Verfassung der Innungen im Stadtbezirk Waltershausen betreffend v. 24. Sep. 1849, GS.S-G 1849, Bd. VI Nr. 365, S. 399-409.
24. September 1849	Provisorisches Statut, die Verfassung der Innungen im Amtsbezirk Ichtershausen betreffend vom 24. Sep. 1849, GS.S-G 1849, Bd. VI Nr. 366, S. 411-421.
18. September 1851	Gesetz über die fernere Gültigkeit der provisorischen Statuten, die Verfassung mehrere Innungen v. 18. Sep. 1851, GS.S-G 1851, Bd. VII, Nr. 392, S. 9-11.
3. Juni 1852	Staatsgrundgesetz für die Herzogtümer Sachsen-Coburg und Sachsen-Gotha v. 3. Mai 1852, GS.S-G. 1852, Bd. VII, Nr. 2, S. 1-80.
21. März 1863	Gewerbeordnung für das Herzogthum Gotha v. 21. März 1863, GS.S-G 1863, Bd. XII, Nr. 726, S. 73-111.
21. März 1863	Entschädigungsgesetz zur Gewerbeordnung v. 21. März 1863, GS.S-G 1863, Bd. XII, Nr. 728, S. 113-120.

26. Mai 1863	Verordnung über Ausführung der Gewerbeordnung v. 21. März 1863 Nr. 726 der Gesetzsammlung, GS.S-G 1863, Bd. XII, Nr. 733, S. 137-157.
1. Oktober 1869	Verordnung, die Ausführung der Gewerbeordnung für den Norddeutschen Bund betreffend, v. 1. Okt. 1869. GS.S-G, 1869, Nr. 37, S. 147-149.
26. Dezember 1869	Verordnung, den Gewerbebetrieb im Umherziehen durch Angehörige des Norddeutschen Bundes betreffend v. 30. Dez. 1869, GS.S-G 1869, Nr. 47, S. 185-187.
10. Dezember 1871	Verordnung, die Legitimationsscheine für den Gewerbebetrieb im Umherziehen betreffend, v. 10. Dez. 1871, GS.S-G 1871, Nr. 23, S. 91.
15. August 1872	Verordnung, die Ausführung der Gewerbeordnung für den Norddeutschen Bund betreffend, v. 28. August 1872, GS.S-G, Nr. 21, S. 123.
10. Juli 1873	Verordnung, die Gewerbsabgaben für den Gewerbebetrieb im Umherziehen betreffend, v. 10. Juli 1873, GS.S-G 1873, Nr. 18, S. 67.
11. November 1878	Ausführungsverordnung zu dem Gesetz, betreffend die Abänderung der Gewerbeordnung, v. 17. Juli 1878. Vom 22. Nov. 1878, GS.S-G 1878, Nr. 19, S. 81-90.
7. April 1879	In Ausführung des Absatzes 4 des Art. 2 des Gesetzes v. 7. April 1879, die Organisation der Justizbehörden erster Instanz betreffend. GS.S-G 1879, Nr. 33, S. 207.
20. August 1879	Verordnung, die Errichtung einer Handelskammer für das Herzogthum Coburg mit dem Sitze in der Stadt Coburg betreffend, v. 20. August 1879, GS.S-G 1879, Nr. 33, S. 207.
2. Dezember 1879	Verordnung, die Aenderung der Verordnungen zu Ausführung der Gewerbeordnung betreffend, v. 2. Dez. 1879, GS.S-G 1879, Nr. 49, S. 281.
25. Januar 1881	Verordnung, die Abänderung der Verordnung v. 20. August 1879 über die Errichtung einer Handelskammer für das Herzogthum Coburg mit dem Sitz in der Stadt Coburg – Nr. 393 der gemeinschaftlichen Gesetzsammlung für die Herzogthümer Coburg und Gotha – betreffend, v. 25. Jan. 1881, GS.S-G 1881, Nr. 1, S. 1/2.
28. Juni 1882	Verordnung zu Ausführung des Gesetzes, v. 18. Juli 1881, betreffend die Abänderung der Gewerbeordnung, - Reichsgesetzblatt von 1881 Nr.19, GS.S-G 1882, Nr. 15, S. 71-79.

25. November 1885	Verordnung, den Geschäftsbetrieb der im § 35 Abs. 2 und 3 der Reichsgewerbeordnung (Reichsgesetzblatt vom Jahre 1883, Seite 177) aufgeführten Gewerbetreibenden betreffend, GS.S-G 1885, Nr. 8, S. 65-73.
18. September 1889	Die Verordnung zur Ausführung des Reichsgesetzes vom 1. Mai 1889, betreffend die Erwerbs- und Wirtschaftsgenossenschaften – Reichsgesetzblatt von 1889, Nr. 11, S. 55 –, v. 18. September 1889, GS.S-G 1889, Nr. 19, S. 71.
29. September 1889	Die Verordnung, betreffend die §§ 1 und 22 der Verordnung vom 28. Juni 1882 – Nr. 446 der Gemeinschaftlichen Gesetzsammlung für die Herzogthümer Coburg und Gotha – zur Ausführung des Reichsgesetzes vom 18. Juli 1881, Nr. 19, wegen Abänderung der Gewerbeordnung, v. 29. Sep. 1889, GS.S-G 1889, Nr. 20, S. 73-75.
18. Februar 1890	Ministerialbekanntmachung, die Fortdauer des Thüringischen Zoll- und Handelsvereins betreffend, v. 18. Februar 1890, GS.S-G 1890, Nr. 5, S. 9-19.
18. März 1892	Ausführungsverordnung zum Reichsgesetz vom 1. Juni 1891, betreffend Abänderung der Gewerbeordnung, v. 18. März 1892, GS.S-G 1892, Nr. 5, S. 29-31.
13. Juli 1896	Gesetz, betreffend die Errichtung einer Handelskammer für das Herzogthum Gotha, v. 13. Juli 1896, GS.S-G 1896, Nr. 13, S. 55-57.
30. März 1897	Verordnung, betreffend die Wahlen zur Handelskammer für das Herzogthum Gotha, vom 30. März 1897, GS.S-G 1897, Nr. 2, S. 7-10.
23. Juni 1899	Verordnung zur Ausführung des Reichsgesetzes, betreffend die Abänderung der Gewerbeordnung vom 26. Juli 1897, v. 23. Juni 1899, GS.S-G 1899, Nr. 12, S. 29-31.
23. Juni 1899	Ministerialbekanntmachung vom 23. Juni 1899 zur Ausführung des Gesetzes, betreffend die Abänderung der Gewerbeordnung vom 26. Juli 1897 (Ministerialbekanntmachung v. 23. Juni 1899), GS.S-G 1899, Nr. 12, S. 32-43.
3. August 1900	Ministerialbekanntmachung, betreffend die Errichtung der Handwerkskammer für die Herzogtümer Coburg und Gotha, v. 3. August 1900, GS.S-G 1900, Nr. 19, S. 169-183.
3. August 1900	Wahlordnung für die Handwerkskammer zu Gotha und ihren Gesellenausschuß, GS.S-G 1900, Nr. 19, S. 184-187.

17. Oktober 1900	Verordnung zur Ausführung des Reichsgesetzes, betreffend die Abänderung der Gewerbeordnung v. 30. Juni 1900, GS.S-G 1900, Nr. 24, S. 199.

3. Preußen

4. Mai 1806	Verordnung wegen des freien Betriebes der Lein- und Baumwollen-Weberei in Ost-, West- und Neu-Ostpreußen. Vom 4. Mai 1806, Novum Corpus Constitutionum, 12. Bd., S. 127/128.
24. Oktober 1808	Verordnung wegen Aufhebung des Zunftzwangs und Verkauf-Monopols der Bäcker-, Schlächter- und Hökergewerke in den Städten der Provinzen Ost-, Westpreußen und Litthauen. Vom 24. Oktober 1808, Novum Corpus Constitutionum, 12. Bd., S. 458-462.
26. Dezember 1808	Geschäfts-Instruktion für die Regierungen in sämmtlichen Provinzen. Vom 26sten Dezember 1808, Novum Corpus Constitutionum, 12. Bd., S. 703-761.
29. März 1809	Verordnung Nr. 76 von 1809. Edikt, die Auflösung des Zunftverbandes der Müller in Ostpreußen und Litthauen, sammt dem Ermeland und Marienwerderschen Kreise betreffend. Vom 29sten März 1809, Novum Corpus Constitutionum 12. Bd., S. 813-818.
27. Oktober 1810	Edikt über die Finanzen des Staats und die neuen Einrichtungen wegen der Abgaben u.s.w., v. 27. Oktober 1810. GS.kg.preuß. Staaten 1810, S. 25-31.
28. Oktober 1810	Edikt über die Einführung einer allgemeinen Gewerbe-Steuer. Vom 28sten Oktober 1810 (Gewerbesteueredikt). GS.kg.preuß. Staaten 1810, S. 79-94.
28. Oktober 1810	Preußisches Edikt wegen der Mühlengerechtigkeit und Aufhebung des Mühlenzwangs, des Bier- und Branntweinzwangs in der ganzen Monarchie vom 28. Oktober 1810, GS. kg.preuß. Staaten 1810, S. 95-97.
28. Oktober 1810	Mühlenordnung für die gesamte Monarchie, GS. kg.preuß. Staaten 1810, S. 98-100.
2. November 1810	Verordnungen Polizei-Angelegenheiten Nr. 205 und Nr. 452, Das Gewerbesteuer-Edict vom 2ten Novembr 1810 betreffen, Amts-Blatt kg. P. 1813, S. 273 u. 528.
24. Januar 1811	Verordnung Nr. 3 vom 24sten Januar 1811 der Königl. Preuß. Regierung von Pommern, Amts-Blatt kg. P. 1811, Bd. 1, S. 2.

12. Februar 1811	Verordnung Nr. 4 vom 12sten Februar 1811 der Königl. Preuß. Regierung von Pommern, Amts-Blatt kg. P. 1811, S. 3.
29. März 1811	Die Cabintes-Ordre vom 4ten d.M. Nr. 5 und 6, Amts-Blatt kg. P. 1811, S. 3 u. 4.
7. September 1811	Gesetz über die polizeilichen Verhältnisse der Gewerbe, in Bezug auf das Edikt vom 2ten November 1810, wegen Einführung einer allgemeinen Gewerbesteuer. Vom 7ten September 1811 (Gewerbegesetz). GS. kg.preuß. Staaten 1811, S. 263-280.
14. September 1811	Edikt zur Beförderung der Land-Cultur. Vom 14ten September 1811. GS. kg.preuß. Staaten. 1811, S. 300-311.
1. Oktober 1811	Verordnung Nr. 17 vom 1sten October 1811 der Königl. Preuß. Regierung von Pommern, Amts-Blatt kg. P. 1811, Bd. 1, S. 170.
3. Oktober 1811	Verordnung Nr. 18 vom 3ten October 1811 der Königl. Preuß. Regierung von Pommern, Amts-Blatt kg. P. 1811, Bd. 1, S. 171.
15. August 1812	Innungs-Aufhebungen, Amts-Blatt kg. P. 1812, S. 271.
14. November 1812	Instruction wonach die Prüfungen der Maurer-Gesellen, welche Meister zu werden verlangen, geschehen sollen. Vom 14ten Novber 1812, Amts-Blatt kg. P. 1813, S. 13-18.
14. November 1812	Instruction wonach die Prüfungen der Zimmergesellen, welche Meister zu werden verlangen, geschehen soll. Vom 14ten Novber 1812, Amts-Blatt kg. P. 1813, S. 18-23.
19. April 1813	Allerhöchste Kabinetsorder vom 19ten April 1813, betreffend die zwischen verschiedenen Kontrahenten bestehenden Verträge, welche die gesetzlich gegebene Gewerbefreiheit beschränken, GS.kg.preuß. Staaten 1813, S. 69.
29. November 1813	Verordnung Polizei-Angelegenheit das Gewerbesteuer-Edikt vom 2ten November 1810 betreffend vom 29sten Novembr. 1813. Amts-Blatt kg. P. 1813, S. 528.
9. Januar 1814	Verordnung Nr. 3 der Königl. Preuß. Regierung von Pommern. Amts-Blatt kg. P. 1814, S. 2.
1. Juni 1814	Verordnung Nr. 218 wegen Gültigkeit der Gewerbe- und Handels-Patente der überelbischen Unterthanen in den

	diesseitigen Provinzen. Amts-Blatt kg. P. 1814, S. 270/271.
9. Juni 1814	Verordnungen Polizei-Angelegenheiten Nr. 219 vom 9. Juni 1814 der Polizei-Deputation der Königl. Preuß. Regierung von Pommern, Wegen Verbots des Hausirens mit Branntwein, Amts-Blatt kg. P. 1814, S. 270-272.
9. Juni 1814	Wegen Verpflichtung der Lotterie-Collecteurs zur Lösung eines Gewerbescheins, Amts-Blatt kg. P. 1814, S. 271.
30. Mai 1820	Gesetz wegen Entrichtung der Gewerbesteuer. Vom 30sten Mai 1820. GS.kg.preuß. Staaten 1820, S. 147-164.
28. April 1824	Regulativ über den Gewerbsbetrieb im Umherziehen, und insbesondere das Hausiren. Vom 28sten April 1824. GS. kg.preuß. Staaten, 1824, S. 125-135.
6. Oktober 1826	Erlaß des Finanzministers an die Regierung zu N., betreffend die Steuerpflichtigkeit der Lotteriekollekteure, vom 6. Oktober 1826, S. 43. Abgedruckt bei Gesetz wegen Entrichtung der Gewerbesteuer vom 30. Mai 1820, nebst dazu ergangenen erläuternden, ergänzenden und abändernden Gesetzen, Ausführungsanweisungen und sonstigen Bestimmungen Berlin 1867, S. 43-44.
23. Oktober 1826	Allerhöchste Kabinetsorder vom 23sten Oktober 1826., durch welche der Landespolizei-Behörde für diejenigen Provinzen, in welchen das Gesetz vom 28sten Oktober 1810., wegen der Mühlengerechtigkeit, Anwendung findet, die Befugniß und Verpflichtung beigelegt wird, den Bau und die Veränderung einer auf fremde Mahlgäste berechneten Mühle zu versagen. GS. kg.preuß. Staaten 1826, S. 108.
7. Februar 1835	Allerhöchste Kabinetsorder vom 7ten Februar 1835., in Betreff des Kleinhandels mit Getränken auf dem Lande und des Gast- und Schankwirthschafts-Betriebes überhaupt, für alle Theile der Monarchie. GS. kg.preuß. Staaten 1835, S. 18-20.
13. August 1841	Allerhöchste Kabinettsorder vom 13. August 1841 betreffend die Errichtung von Handelskammern, in Jahrbücher für die preußische Gesetzgebung, Rechtswissenschaft und Rechtsverwaltung, 115. Heft, S. 113.
21. Juni 1844	Allerhöchste Kabinetsorder vom 21. Juni 1844, betreffend den Kleinhandel mit Getränken und den Gast- und

	Schankwirthschafts-Betrieb. GS. kg.preuß. Staaten 1844, S. 214.
17. Januar 1845	Allgemeine Gewerbeordnung vom 17. Januar 1845, Beilage des Amtsblattes der Kgl. Regierung zu Koblenz Nr. 25, vom 20. Mai 1845, S. I-XXXVI.
17. Januar 1845	Entschädigungsgesetz zur allgemeinen Gewerbeordnung vom 17. Januar 1845, Beilage des Amtsblattes der Kgl. Regierung zu Koblenz Nr. 25, vom 20. Mai 1845, S. XXXVI-XLVIII.
11. Februar 1848	Verordnung über die Errichtung von Handelskammern. Vom 11ten Februar 1848, GS. kg.preuß. Staaten 1848, S. 63-68.
9. Februar 1849	Verordnung, betreffend die Errichtung von Gewerberäthen und verschiedener Abänderungen der allgemeinen Gewerbeordnung, GS. kg.preuß. Staaten, S. 93-110.
9. Februar 1849	Verordnung über die Errichtung von Gewerbegerichten. Vom 9. Februar 1849. GS. kg.preuß. Staaten, S. 110-124.
19. Juli 1861	Gesetz betreffend einige Abänderungen des Gesetzes wegen Entrichtung der Gewerbesteuer vom 30. Mai 1820. Vom 19. Juli 1861. Abgedruckt bei Gesetz wegen Entrichtung der Gewerbesteuer vom 30. Mai 1820, nebst dazu ergangenen erläuternden, ergänzenden und abändernden Gesetzen, Ausführungsanweisungen und sonstigen Bestimmungen, S. 35-42.
24. Februar 1870	Gesetz über die Handelskammern. Vom 24. Februar 1870. GS. kg.preuß. Staaten 1870, S. 134-140.
4. Oktober 1870	Cirkular-Erlaß an sämmtliche Königliche Regierungen und Landdrosteien, betreffend die Einrichtung von Schiedsgerichten zur Schlichtung von Streitigkeiten zwischen Arbeitgebern und Arbeitern vom 4. Oktober 1870, Ministerial-Blatt 1870, S. 282-283.
31. Juli 1871	Cirkular-Erlaß an sämmtliche Königliche Regierungen und Landdrosteien, betreffend die Einrichtung von Schiedsgerichten zur Schlichtung von Streitigkeiten zwischen Arbeitgebern und Arbeiternehmern vom 31. Juli 1871, Ministerial-Blatt 1871, S. 208-209.
20. Oktober 1878	Erlaß an den königl. Regierungspräsidenten Herrn N. zu N. und abschriftlich an die übrigen Herren Regierungspräsidenten, königlichen Regierungen und Landdrosteien und an das königl. Polizeipräsidium hier, das Formular zu Legitimationsscheinen für Kaufleute etc. und deren

	Reisende betreffend, vom 20. Oktober 1878, Ministerial-Blatt 1880, S. 14.
4. Januar 1879	Cirkular an sämtliche königlichen Regierungen und Landdrosteien, die Anregung zur Errichtung von Innungen zur Förderung gemeinsamer gewerblicher Interessen der Handwerker betreffend, vom 4. Januar 1879, Ministerial-Blatt 1880, S. 9-14.
19. August 1897	Gesetz, betreffend die Abänderung des Gesetzes über die Handelskammern vom 24. Februar 1870. Vom 19. August 1897. GS. kg.preuß. Staaten 1897, S. 343-354.

3. Norddeutscher Bund und Reichsgesetze

21. Juni 1869	Gewerbe-Ordnung für den Norddeutschen Bund vom 21. Juni 1869, nebst dem Entwurf dieses Gesetzes und dessen Motiven so wie den später erlassenen ergänzenden Bekanntmachungen des Bundes-Kanzler-Amtes, so wie den Ausführungs-Anweisungen der königlich preußischen Ministerien. Nach amtlichen Quellen zusammengestellt und herausgegeben von Dr. Kletke, Berlin 1870.
7. April 1876	Gesetz über die eingeschriebenen Hülfskassen vom 7. April 1876, RGBl. 1876, Nr. 9, S. 125-133.
8. April 1876	Gesetz, betreffend die Abänderung des Titels VIII der Gewerbeordnung, RGBl. 1876, Nr. 9, S. 134-136.
18. Juli 1881	Gesetz, betreffend die Abänderung der Gewerbeordnung vom 18. Juli 1881, RGBl. 1881, Nr. 19, S. 233-244.
29. Juli 1890	Das Gesetzes betreffend die Gewerbegerichte vom 29. Juli 1890, RGBl. 1890, Nr. 24, S. 141-162.
26. Juli 1897	Gesetz, betreffend die Abänderung der Gewerbeordnung. Vom 26. Juli 1897, RGBl. 1897, Nr. 37, S. 663-706.
29. September 1901	Gewerbegerichtsgesetz in der Fassung vom 29. September 1901, RGBl. 1901, Nr. 41, S. 353-375.

III. Literaturverzeichnis

Abraham, Karl	Der Strukturwandel im Handwerk in der ersten Hälfte des 19. Jahrhunderts, Köln 1955.
Allendorf, o. Vorn.	Rückblick auf die Geschichte der Industrie- und Handelskammer Erfurt 1845-1925, Erfurt 1925.
Armansperg, Graf von	Berichte aus der Hausindustrie im südwestlichen Deutschland, Leipzig 1889.
Arndt, Hugo	Chronik der Stadt Weimar, Weimar 1929.
Arnold, Wilhelm	Deutsche Geschichte, Bd. I, Gotha 1880.
Asmuth, Margarethe	Gewerbliche Unterstützungskassen in Düsseldorf, Die Entwicklung der Krankenversicherung der Arbeitnehmer 1841 bis 1884/85, Köln 1984.
Bade, Klaus J.	Sozialhistorische Migrationsforschung, Göttingen 2004.
Bartels, Adolf	Chronik des Weimarischen Hoftheaters 1817-1907, Weimar 1908.
Baryli, Andreas	Konzessionssystem contra Gewerbefreiheit, Wien 1983.
Bechstein, Karl	Alt-Weimars örtliche Entwicklung nach Aktenmaterial, Steuerkatastern, Plänen und Karten, Weimar 1935.
Beier, Adrian	Lites Textorum Mechanicas, Weber-Irrungen, Jena 1702.
Bierer, Willy	Die hausindustrielle Kinderarbeit im Kreise Sonneberg. Ein Beitrag zur Kritik des Kinderschutzgesetzes. Tübingen 1913.
Behrend, o. Vorn.	Die Entstehung der amtlichen Vertretungen für Handel, Industrie und Schiffahrt, 1912.
Benöhr, Hans Peter	Arbeitslosigkeit und Arbeitsbeschaffung 1848 in der Revolution von 1848, Tübingen 1991.
Berg, Günther Heinrich von	Handbuch des teutschen Polizeirechtes, Hannover 1809.
Bergmann, Alfred	Carl August-Bibliographie, Jena 1933
Ders.	Carl August Begegnungen mit Zeitgenossen, Weimar 1933.
Bergmann, Jürgen	Das Berliner Handwerk in den Frühphasen der Industrialisierung, Berlin 1973.
Ders.	Wirtschaftskrise und Revolution: Handwerker und Arbeiter 1848/49, Stuttgart 1986.
Beseler, Georg	Volksrecht und Juristenrecht, Leipzig 1843.

Beseler, Georg — System des gemeinen deutschen Privatrechts, Zweite Auflage, Berlin 1866.

Biermann, Wilhelm Eduard — Die Deutsche Handwerker- und Arbeiterbewegung im Jahre 1848, Leipzig 1909.

Bitter, Rudolf von — Handwörterbuch der preußischen Verwaltung, 2. Auflage Leipzig 1911.

Blaich, Fritz — Staat und Verbände in Deutschland zwischen 1871 und 1945, Wiesbaden 1979.

Blesken, Hans, — Konstitutioneller Parlamentarismus in Sachsen-Weimar-Eisenach, Jena 1932.

Blodig, Herrmann — Die Selbstverwaltung als Rechtsbegriff, Wien 1894.

Bluntschli, Johann Caspar — Deutsches Privatrecht, 1. Bd., München 1853.

Boblenz, o. Vorn. — Abriß der Terrirtorialgeschichte des preußischen Thüringen, in: Das preußische Thüringen, hrsgg. von Harald Mittelsdorf, Rudolstadt 2001.

Bock, Wilhelm — Die Stadt Weimar, ihre Verwaltung und ihre Anstalten in den Jahren 1861 und 1862, Weimar 1862.

Böhle, Cilly — Die Idee der Wirtschaftsverfassung im deutschen Merkantilismus, Jena 1940.

Bohle, o. Vorn. — Blätter für Rechtspflege in Thüringen und Anhalt, Jena 1919.

Böhme, Helmut — Prolegomena zu einer Sozial- und Wirtschaftsgeschichte Deutschlands im 19. und 20. Jahrhundert, Hamburg 1968.

Böhmert, Victor — Beiträge zur Geschichte des Zunftwesens, Bremen 1862.

Boldt, Hans — Reich und Länder, Texte zur deutschen Verfassungsgeschichte im 19. und 20. Jahrhundert, München 1987.

Boll, Bernd/ Huggle, Ursula — Die Industrie- und Handelskammer Südlicher Oberrhein, Freiburg 1998.

Borchardt, Knut — Grundriß der deutschen Wirtschaftsgeschichte, 2. Auflage München 1985.

Bornhak, Conrad — Deutsches Recht, Gewerbeordnung für das Deutsche Reich vom 1. Juli 1883 in der Fassung von 1902, Berlin 1902.

Branco, Kurt — Weimar vor hundert Jahren Stadt und Großherzogtum Weimar 1833, in: Beiträge zur Geschichte der Stadt Weimar, Heft 31, Weimar.

Brand, Jürgen — Untersuchungen zur Entstehung der Arbeitsgerichtsbarkeit in Deutschland, Band 1, Schragen 1989.

Ders. — Untersuchungen zur Entstehung der Arbeitsgerichtsbarkeit in Deutschland, Band 2, Frankfurt a. M. 2002.

Ders. — ALR und deutsches Arbeitsrecht oder: der zählebige Wechselbalg, in: 200 Jahre Allgemeines Landrecht für die preußischen Staaten. Wirkungsgeschichte und internationaler Kontext, Barbara Dölemeyer / Heinz Mohnhaupt (Hrsg.), Frankfurt a. M. 1995, (S. 453-462).

Brandes, Friedrich Wilhelm — Ueber Bestrafung des Arbeitsvertragsbruches, Leipzig 1874.

Braun, Karl — Für Gewerbefreiheit und Freizügigkeit durch ganz Deutschland, Frankfurt a. M. 1860.

Brockhaus — Konversations-Lexikon, 14. Auflage, Leipzig 1893.

Brunner, Heinrich — Grundzüge der deutschen Rechtsgeschichte, 5. Auflage, München 1912.

Buchda, Gerhard — Wirtschaftsrecht in jüngeren thüringischen Landesordnungen, Jena 1929.

Buck, Herbert — Zur Geschichte der Produktivkräfte und Produktionsverhältnisse in Preußen 1810-1933, Spezialinventar des Bestandes Preußisches Ministerium für Handel und Gewerbe, Bd.1, 2. Teil, Weimar 1966.

Bülau, Friedrich — Handbuch der Staatswirthschaftslehre, Leipzig 1835.

Burkhardt, Karl August Hugo — Geschichte des Gewerbevereins zu Weimar 1833-1883, Weimar 1883.

Burkhardt, C.A.H. — Regesten zur Geschichte der Stadt Weimar von 1307-1884, Halle 1885.

Coing, Helmut — Epochen der Rechtsgeschichte in Deutschland, 3. Auflage, München 1976.

Ders. — Europäisches Privatrecht 1500 bis 1800, Band I, Frankfurt a. M. 1985.

Ders. — Europäisches Privatrecht 1800 bis 1914, Band II, Frankfurt a. M. 1989.

Conrad, J./ Lexis, W./ Elster, L./ Loening, Edg. — Handwörterbuch der Staatswissenschaften, Jena 1892.

Conze, Werner — Vom Pöbel zum Proletariat. Sozialgeschichtliche Vorbemerkungen für den Sozialismus in Deutschland, in: Moderne deutsche Sozialgeschichte, hrsgg. von Hans-Ulrich Wehler, Köln 1966.

Crämer, Ulrich — Der politische Charakter des weimarischen Kanzlers Friedrich von Müller und die Glaubwürdigkeit seiner Erinnerungen 1806-1813, in: Beiträge zur Thüringischen Geschichte, hrsgg. von Dr. Wilhelm Engel und Dr. Willy Flach, Band 1, Jena 1934.

Dalchow, Irmtraud — Die Industrie- Handelskammer Halle-Dessau, 150 Jahre Kammergeschichte in Mitteldeutschland 1844-1994, Festschrift der IHK Halle-Dessau zum 150-jährigen Jubiläum, Halle 1995.

Danninger, Gerhard — Das Linzer Handwerk und Gewerbe vom Verfall der Zunfthoheit über die Gewerbefreiheit bis zum Innungszwang, Linz 1981.

Dannenberg, o. Vorn. — Über Fabrikgesetzgebung, Schiedsgerichte und Einigungsämter, Leipzig 1973.

Deter, Gerhard — Die Realisierung der Sozial- und Wirtschaftsordnung des ALR in Westfalen, in: 200 Jahre Allgemeines Landrecht für die preußischen Staaten. Wirkungsgeschichte und internationaler Kontext, Barbara Dölemeyer / Heinz Mohnhaupt (Hrsg.), Frankfurt a. M. 1995, S. 297-326.

Dohna, Hermann Graf zu — Die freien Arbeiter im Preußischen Staate, Leipzig 1847.

Dombois, o. Vorn. — Die Preußische Staatsbank (Seehandlung), Berlin 1922.

Doren, Alfred — Das Florentiner Zunftwesen, Vom vierzehnten bis zum sechszehnten Jahrhundert, Leipzig 1908.

Ders. — Untersuchungen zur Geschichte der Kaufmannsgilden des Mittelalters: ein Beitrag zur Social- und Verfassungsgeschichte der mittelalterlichen Städte, Leipzig 1893.

Dowe, Dieter/ Haupt, Heinz-Gerhard/ Langewiesche, Dieter — Europa 1848 Revolution und Reform, Bonn 1998.

Dowe, Dieter Offermann, Toni — Deutsche Handwerker- und Arbeiterkongresse 1848-1852, Bonn 1983.

Eberhardt, Hans — Goethes Umwelt, Forschungen zur gesellschaftlichen Struktur Thüringens, Weimar 1951.

Eberstadt, Rudolph — Der Ursprung des Zunftwesens und die älteren Handwerkerverbände des Mittelalters, Leipzig 1900.

Eisenhardt, Ulrich — Deutsche Rechtsgeschichte, 3. Auflage, München 1999.

Engemann, Herbert — Die Goslaer Gilden im 15. und 16. Jahrhundert, Goslar 1957.

Epstein, Stephan/ Prak, Maarten	Guilds, Innovation, and the European Economy 1400-1800, Cambridge 2008.
Ehrenberg, P.	Die Spielwarenhausindustrie des Kreises Sonneberg, Leipzig 1899.
Ehrenberg, Victor	Handbuch des gesamten Handelsrechts: mit Einschluß des Wechsel-, Scheck-, See- und Binnenschiffahrtsrechts, des Versicherungsrechts sowie des Post- und Telegraphenrechts, Leipzig 1913.
Eichhorn, Karl Friedrich	Über das geschichtliche Studium des deutschen Rechts, in: Zeitschrift für geschichtliche Rechtswissenschaft, 1. Bd., Berlin 1815.
Erkenbrecher, Hans	Ernst Wilhelm Arnoldi 1778-1841: Gründer der Gothaer Versicherungsbanken: Eine Biographie. / Hrsg. Gothaer Versicherungen, Göttingen 1995.
Falk, Johannes	Kriegsbüchlein Nr. I, Darstellung der Kriegsdrangsale Weimars, Weimar 1815.
Feger, Otto/ Rüster, Peter	Das Konstanzer Wirtschafts- und Gewerberecht zur Zeit der Reformation, Konstanz 1961.
Fink, Fritz	Der Markt, in: Beiträge zur Geschichte der Stadt Weimar, Heft 5, Weimar.
Ders.	Das Jakobsviertel. Die Urzelle der Weimarer Stadtentwicklung, in: Beiträge zur Geschichte der Stadt Weimar, Heft 8, Weimar.
Ders.	Die Stadt Weimar seit Ausgang des 30jährigen Krieges bis zum Beginn der klassischen Zeit (1648-1775), in: Beiträge zur Geschichte der Stadt Weimar, Heft 15, Weimar.
Ders.	Das Geschäftsleben Weimars im Wandel der Zeit, in: Beiträge zur Geschichte der Stadt Weimar, Heft 18/19, Weimar.
Ders.	Aus der Geschichte des Weimarer Bäckerhandwerkes, in: Beiträge zur Geschichte der Stadt Weimar, Heft 20, Weimar.
Ders.	Zur Geschichte des Buchhandels in der Stadt Weimar, in: Beiträge zur Geschichte der Stadt Weimar, Heft 32, Weimar.
Fischer, Wolfram	Der Staat und die Anfänge der Industrialisierung in Baden (1800-1850), 1. Bd., Die staatliche Gewerbepolitik, Berlin 1962.
Ders.	Quellen zur Geschichte des deutschen Handwerks: Selbstzeugnisse seit der Reformationszeit, Göttingen 1957.

Fleiner, Fritz — Institutionen des Deutschen Verwaltungsrecht, 8. Auflage, Tübingen 1928.

Franke, Otto von — Geschichte des Mittwoch-Vereins 1847-1897, Weimar 1897.

Fricke, Johann Heinrich — Grundsätze des Rechts der Handwerker, Göttingen 1771.

Frisch, Walther — Die Organisationsbestrebungen der Arbeiter in der deutschen Tabakindustrie, in: Staats- und sozialwissenschaftliche Forschungen, Leipzig 1905.

Funke, Gottlob Leberecht — Die Polizei-Gesetze und Verordnungen des Königreiches Sachsen, mit Inbegriff der organischen Bestimmungen, Leipzig 1847.

Gebhardt, Bruno — Handbuch der deutschen Geschichte, Band 3: Von der Französischen Revolution bis zum ersten Weltkrieg, 8. Auflage, Stuttgart 1960.

Gengler, Heinrich Gottfried — Das Privatrecht in seinen Grundzügen, 2. Auflage, Erlangen 1856.

Geron, Louis — Die allgemeine Gewerbe-Ordnung für die Preußischen Staaten nebst den dazu gehörigen erläuternden Bestimmungen nach amtlichen Quellen, Berlin 1859.

Gierke, Otto von — Das deutsche Genossenschaftsrecht, Bd. 1, Berlin 1868.

Göckel, Ferdinand von — Sammlung großherzoglicher Gesetze, Weimar-Eisenachischer Gesetze, Verordnungen und Cirkularbefehle in chronologischer Ordnung, Band I-XVII, Eisenach 1811.

Ders. — Geschichtl. Uebers. der Bild. d. Großhzthms., Bd. IV, S. 469.

Greizenach, Julius — Der deutsche Rechtsfreund, Karlsruhe 1843.

Grotefend, Georg August — Das Recht der Fabriken und der preussischen und deutschen Gewerbegesetzgebung für den praktischen Gebrauch der Polizeibehörden, Baubeamten und Fabrikanten, Düsseldorf 1872.

Grotefend, Georg August/ Cretschmar, Cornelius — Preussisch-deutsche Gesetzessammlung, Bd. III, Düsseldorf 1904.

Günther, Gitta/ Huschke, Wolfram/ Steiner, Walter — Weimar. Lexikon zur Stadtgeschichte, Weimar 1998.

Günther, Kurt Anton — Geschichte der preußischen Fabrikgesetzgebung bis zu ihrer Aufnahme durch die Reichsgewerbeordnung. Auf Grund amtlicher Quellen, Berlin 1953.

Hardach, Karl — Wirtschaftsgeschichte Deutschlands im 20. Jahrhundert, 2. Auflage, Göttingen 1979.

Hartung, Fritz — Das Großherzogtum Sachsen unter der Regierung Carl Augusts 1775-1828, Weimar 1923.

Hattenhauer, Hans — Allgemeines Landrecht für die Preußischen Staaten von 1794, Textausgabe, Kiel 1970.

Ders. — Geschichte des deutschen Beamtentums, 2. Auflage, München 1993.

Haupt, Heinz-Gerhard — Das Ende der Zünfte, Ein europäischer Vergleich, Bielefeld 2002.

Haussherr, Hans — Wirtschaftsgeschichte der Neuzeit vom Ende des 14. bis zur Höhe des 19. Jahrhunderts, 3. Auflage, Köln 1960.

Hedemann, Justus Wilhelm — Die Fortschritte des Zivilrechts im 19. Jahrhundert. I. Teil: ein Überblick über die Entfaltung des Privatrechts in Deutschland, Österreich, Frankreich und der Schweiz, Berlin 1910-1935.

Hegel, Georg W. Friedrich — Grundlinien der Philosophie des Rechts oder Naturrecht und Staatswissenschaft im Grundrisse, Berlin 1821.

Hegel, Karl von — Städte und Gilden der germanischen Völker im Mittelalter, Leipzig 1891.

Heinrichs, Wilhelm — Die Gewerbeordnung für das Königreich Hannover, Hannover 1854.

Henning, Friedrich-Wilhelm — Das vorindustrielle Deutschland 800 bis 1800, Bd. 1, 5. Auflage, Paderborn 1994.

Ders. — Die Industrialisierung in Deutschland 1800 bis 1914, Band 2, 7. Auflage, Paderborn 1989.

Henß, Adam — Die Stadt Weimar, ihr Communwesen und ihre städtischen Institute. Aus öffentlichen Acten bearbeitet, Weimar 1837.

Ders. — Wanderungen und Lebensansichten des Buchbinders Adam Henß, Jena 1845.

Heréus, Fritz — Die deutschen Handelskammern als Glied der Verwaltung, Mannheim 1922.

Hermbstädt, Sigismund — Grundriß der Technologie oder Anleitung zur rationellen Kenntniß der Beurtheilung derjenigen Künste, Fabriken, Manufakturen und Handwerke, welche mit der Landwirtschaft so wie der Kameral- und Polizeywissenschaft in nächster Verbindung stehen, Berlin 1814.

Hertzer, Georg	Die Finanzwirtschaft der Stadt Weimar in ihrer Entwicklung, Halle 1907.
Hess, Ulrich	Geschichte Thüringens 1866 bis 1914, Weimar 1991.
Hoffmann, Johann Gottfried	Die Befugnisse zum Gewerbebetriebe, Berlin 1841.
Höffner, Johannes	Goethe und das Weimarer Hoftheater, Weimar 1913.
Holtzendorff, Franz von/ Kohler, Josef	Encyklopädie der Rechtswissenschaft, Bd. 2, Leipzig 1904.
Hubatsch, Walter	Freiherr vom Stein, Briefe und amtliche Schriften, Bd. 6, Stuttgart 1965.
Hübscher-Alioth, S. W.	Aus den Wanderjahren eines Zimmermanns, in: „Garbe", Basel 1920.
Inama-Sternegg, Karl Theodor von	Deutsche Wirtschaftsgeschichte des 10.-12. Jahrhunderts, Leipzig 1891.
Huber, Franz C.	Die württembergischen Handelskammern 1856-1906, Stuttgart 1906.
Jacobi, o. Vorn./ Bitzer, o. Vorn./ u.a.	Ueber Fabrikgesetzgebung, Schiedsgerichte und Einigungsämter, Leipzig 1873.
Jacobsen, Roswitha	Residenzkultur in Thüringen vom 16. bis 19. Jahrhundert, Jena 1999.
Jeschke, Jörg	Gewerberecht und Handwerkswirtschaft des Königreichs Hannover im Übergang 1815-1866, Göttingen 1977.
John, Jürgen	Kleinstaaten und Kultur in Thüringen vom 16. bis 20. Jahrhundert, Weimar 1994.
Jonscher, Reinhard	Kleine thüringische Geschichte - Vom Thüringer Reich bis 1945, Jena 1995.
Kaelble, Hartmut	Industrielle Interessenpolitik in der Wilhelminischen Gesellschaft, Berlin 1967.
Kamptz, Karl Albert von	Annalen der preußischen inneren Staatsverwaltung, Bd. 1 (1817), Bd. 4 (1820) und Bd. 13 (1829).
Kaufhold, Karl Heinrich/ Sösemann, Bernd	Wirtschaft, Wissenschaft und Bildung in Preussen. Zur Wirtschafts- und Sozialgeschichte Preussens vom 18. bis zum 20. Jahrhundert, Stuttgart 1998.
Kaufmann, R. v.	Die wirtschaftlichen Interessenvertretungen, Leipzig 1925.
Keil, Richard und Robert	Geschichte des Jenaischen Studentenlebens (1548 bis 1858), Leipzig 1858.

Kleinschrod , Carl Theodor	Entwurf einer Gewerbeordnung für das Königreich Bayern diesseits des Rheins. Mit Erläuterungen und Motiven, Würzburg 1859.
Kletke, G. M.	Gewerbe-Ordnung für den Norddeutschen Bund vom 21. Juni 1869, nebst dem Entwurf dieses Gesetzes und dessen Motiven so wie den später erlassenen ergänzenden Bekanntmachungen des Bundes-Kanzler-Amtes, so wie den Ausführungs-Anweisungen der königlich preußischen Ministerien. Nach amtlichen Quellen zusammengestellt und herausgegeben von Dr. Kletke, Berlin 1870.
Köhler, Ludwig	Das württembergische Gewerberecht von 1805-1870, Tübingen 1891.
Koller, A.	Die Gewerbe-Ordnung für den Norddeutschen Bund vom 21. Juni 1869, 2. Auflage, Berlin 1870.
Koeppen, G.	Die Reform des Lehrlingswesens, Leipzig 1875.
Kollmann, Horst	Die Entstehungsgeschichte der deutschen Koalitionsgesetzgebung, Breslau 1916.
Kowalzig, F.	Über Bestrafung des Arbeitsvertragsbruches und über Gewerbegerichte, Berlin 1875.
Kratsch, Johann Friedrich	Tabellarische Übersicht des Justizorganismus der sämtlichen deutschen Bundesstaaten, Leipzig 1836.
Kroeschell, Karl	Deutsche Rechtsgeschichte, Bd. 3, 3. Auflage, Freiburg 2000.
Krüger, Horst	Zur Geschichte der Manufakturen und der Manufakturarbeiter in Preußen, Berlin 1958.
Kühne, Jörg-Detlef	Die Reichsverfassung der Paulskirche. Vorbild und Verwirklichung im späteren deutschen Rechtsleben, Frankfurt a.M. 1985.
Kühnlenz, Fritz	Ideen und Voraussetzungen zur Gründung der Weimarer Kunstschule im Jahre 1860, in: Wissenschaftliche Zeitschrift der Hochschule für Architektur und Bauwesen Weimar, VIII. Jahrgang, 1961, Heft 3, S. 243-353.
Kulischer, Josef	Allgemeine Wirtschaftsgeschichte des Mittelalters und der Neuzeit, Bd. 1 u. 2, Berlin 1954.
Lehmann, Hermann/ Gau, W./ Neubert, G.	Die Hausindustrie im nördlichen Thüringen, Leipzig 1889.
Laband, Paul	Das Staatsrecht des Deutschen Reiches, Tübingen 1876.

Lange, Gustav/ u. a.	Berichte aus der Hausindustrie in Berlin, Osnabrück, im Fichtelgebirge und in Schlesien In: Schriften des Vereins für Socialpolitik, Leipzig 1890.
Lamprecht, Karl	Deutsche Geschichte, Berlin 1912-1913.
Lassere, René/ Lattard, Alain	Berufliche Bildung in der Bundesrepublik Deutschland. Spezifika und Dynamik des dualen Systems aus französischer Sicht. Hrsg.: Georg Rothe (Materialien zur Berufs- und Arbeitspädagogik Bd. 11), Villingen-Schwenningen 1994.
Laufs, Adolf	Recht und Gericht im Werk der Paulskirche, Karlsruhe 1979.
Lehr, Adolf	Die Hausindustrie in der Stadt Leipzig und ihre Umgebung, Leipzig 1891.
Leonhardt, Jacobi	Über Fabrikgesetzgebung, Schiedsgerichte und Einigungsämter, Leipzig 1873.
Levasseur, Émile	Histoire des classes ouvières et de l`industrie en France avant 1789, Paris 1903.
Lingelbach, Gerhard	Martin Eduard von Simson - ein Mann adelt parlamentarische Institutionen. Zum Wirken Simons als Präsident des preußischen Abgeordnetenhauses, des Reichstages des Norddeutschen Bundes und des deutschen Zollparlaments, in: Bernd-Rüdiger Kern/Klaus-Peter Schroeder (Hrsg.), Eduard von Simson „Chorführer der Deutschen" und erster Präsident des Reichsgerichtes, Baden-Baden 2001.
Lottner, A. Marquardt	Sammlung der für die Königlich Preußische Rheinprovinz seit dem Jahre 1813 hinsichtlich der Rechts- und Gerichtsverfassung ergangenen Gesetze, Verordnungen Ministerial-Rescripte etc. 12 Bände und ein Generalregister, 1834-1865.
Lusensky, Franz	Kommentar zum preußischen Handelskammergesetz, Berlin 1919.
Marcinowski, Friedrich	Die Deutsche Gewerbe-Ordnung für die Praxis in der Preußischen Monarchie, 3. Auflage, Berlin 1884.
Marcks, Erich	Carl August, Darstellungen und Briefe zur Geschichte des Weimarischen Fürstenhauses des Landes, Weimar 1923.
Mascher, Heinrich Anton	Das Deutsche Gewerbewesen von der frühesten Zeit bis zur Gegenwart, Potsdam 1866.
Ders.	Die Deutsche Gewerbe-Ordnung für die Praxis in der Preußischen Monarchie, 5. Auflage, Berlin 1892.
Maurenbrecher, Romeo	Lehrbuch des heutigen gemeinen deutschen Rechts, 2 Bde., Bonn 1832 .

Maurer, Georg Ludwig von — Geschichte des altgermanischen und namentlich altbairischen öffentlich-mündlichen Gerichtsverfahrens, dessen Vortheile, Nachtheile und Untergang in Deutschland ueberhaupt und in Baiern insbesondere, Heidelberg 1824.

Meyer, Georg — Lehrbuch des Deutschen Verwaltungsrechts, Teil I, 2. Auflage Leipzig 1893.

Meissner, Heinrich August — Vier Gesetze für das deutsche Gewerbewesen, Leipzig 1848.

Michelsen, A. L. J. — Rechtsdenkmale aus Thüringen, Jena 1863.

May, August — 80 Jahre Industrie- und Handelskammer Erfurt, Erfurt 1925.

Mieck, Ilja — Das Berliner Fabrikengericht (1815-1875) in: Jahrbuch für die Geschichte Mittel- und Ostdeutschlands, Bd. 7, (1958).

Ders. — Preußische Gewerbepolitik 1806-1844, Staatshilfe und Privatinitiative zwischen Merkantilismus und Liberalismus, Berlin 1965.

Mittermaier, Carl Joseph Anton — Lehrbuch des gesamten heutigen gemeinen Privatrechts, 2. Aufl. 1855.

Mollot, o. Vorn. — De la compétence des Conseils de Prud'hommes et de leur Organisation, Paris 1842.

Mooser, Josef — Ländliche Klassengesellschaft 1770-1848, Göttingen 1984.

Moltke, Siegfried — Leipzigs Handelskorporationen. Versuch der Gründung sächsischer Handelsvertretungen im 19. Jahrhundert, Leipzig 1907.

Mühlfriedel, Wolfgang — Die Industrialisierung Thüringens , 2. Auflage, Jena 1994.

Müller, Johannes — Die thüringische Industrie. Eine wirtschaftskundliche Darstellung zugleich ein Beitrag zur Lehre von den Standortfaktoren der Fertigindustrie, Weimar 1930.

Neuburg, Clamor — Zunftgerichtsbarkeit und Zunftverfassung in der Zeit vom 13. bis 16. Jahrhundert: ein Beitrag zur ökonomischen Geschichte des Mittelalters, Jena 1880.

Neuß, Erich — Ludwig Wucherer Sein Leben und sein Wirken, Halle 1926.

Nipperdey, Thomas — Deutsche Geschichte 1800-1866, Bürgerwelt und starker Staat, München 1994.

North, Michael — Deutsche Wirtschaftsgeschichte, Ein Jahrtausend im Überblick, München 2000.

o. N. — Neunter Bericht der Gewerbekammer für das Großherzogthum Sachsen-Weimar-Eisenach für die Jahre 1895 und 1896, Weimar 1897.

o. N. Correspondenzblatt der Weimarischen Gewerbekammer 1896.

o. N. Actenstücke der achten allgemeinen Stände-Versammlung des Königreichs Hannover, Dritte Diät, Erster Theil, Hannover 1846 (No.50).

o. N. Der Deutsche Industrie- und Handelstag in seinen ersten hundert Jahren, Zeugnisse und Dokumente, Bonn 1962.

o. N. Deutsche Gemeindezeitung, Jahrg. 1888.

o. N. Weimarisches Wochenblatt Nr. 14, den 19. Februar 1811.

o. N. Weimarischer Allgemeiner Anzeiger vom 2. Oktober 1868.

o. N. Beilage zur Weimarschen Zeitung vom 30. Oktober 1833.

o. N. Sammlung von Gesetzen, Verordnungen, Ausschreiben und sonstigen allgemeinen Verfügungen für die kurhessischen Staaten 1816.

o. N. Jahrbücher für die preußische Gesetzgebung, Rechtswissenschaft und Rechtsverwaltung, Herausgegeben im Bureau des königl. Justizministeriums, 115. Heft, Berlin 1842.

o. N. „Das Gewerbegericht“ Jahrg. VI, 1900 Heft 1.

o. N. Handbuch der deutschen Aktiengesellschaft 1914/15.

o. N. Protokolle über die Verhandlungen des Bundesrats des Deutschen Reiches 1902.

o. N. Sten. Ber. des Reichstages des Norddeutschen Bundes, II. und III. Sitzung.

o. N. Die Sparkasse zu Weimar, ihre Gründung und Entwickelung bis zur Städtischen Sparbank Weimar. Ein Rückblick auf die Jahre 1821 bis 1926, Weimar 1927.

o. N. Goethe und Böhmen 1785-1832, Prag 1964.

o. N. Deutsches Rechtswörterbuch, Herausgegeben von der Deutschen Akademie der Wissenschaften zu Berlin, Bd. 4 (geleitlich – Handangelobung) 1939 – 1951.

o. N. Handwörterbuch zur Deutschen Rechtsgeschichte; 39. Lieferung, Berlin 1997.

Oestmann, Peter Zunftzwang und Handelsfreiheit im frühen 19. Jahrhundert, In: ZNR 2004, S. 246-261.

Oettingen, Wolfgang von Acht Weimarische Briefe aus der Franzosenzeit, Weimar 1914.

Oppenheim, Heinrich Bernhard	Gewerbegericht und Kontraktbruch, Berlin 1874.
Ortloff, Johann Andreas	Das Recht der Handwerker nach allgemeinen teutschen Reichsgesetzen überhaupt und mit besonderer Rücksicht auf das allgemeine Landrecht und andere Innungsgesetze für die Königl. Preußischen Staaten, die Chursächsischen General-Innungsartikel, die Braunschweigische Gildeordnung für Handwerker und mehrere andere teutsche Handwerksgesetze Erlangen 1803.
Ortloff, Friedrich	Allgemeine Deutsche Wechselordnung mit vollständiger Erläuterung, Jena 1848.
Patze, Hans/ Schlesinger, Walter	Geschichte Thüringens, Fünfter Band, Politische Geschichte in der Neuzeit, 2. Teil, Köln, Wien 1978.
Peiner, Wolfgang	Bilder aus unserer Geschichte, Gothaer Versicherungen, Köln 1991.
Pierenkemper, Toni	Gewerbe und Industrie im 19. und 20. Jahrhundert, München 1994.
Ders.	Industriegeschichte Oberschlesiens im 19. Jahrhundert, Rahmenbedingungen - gestaltende Kräfte, infrastrukturelle Voraussetzungen, regionale Diffusion, Wiesbaden 1992.
Ders.	Pierenkemper, Arbeitsmarkt und Angestellte im Deutschen Kaiserreich 1880-1913: Interessen u. Strategien als Elemente d. Integration e. segmentierten Arbeitsmarktes, Stuttgart 1987.
Ders.	Die westfälische Schwerindustriellen 1852 - 1913; soziale Struktur u. unternehmer. Erfolg, Göttingen 1979.
Pierenkemper, Toni/ Tilly, Richard	Historische Arbeitsmarktforschung: Entstehung, Entwicklung u. Probleme d. Vermarktung von Arbeitskraft, Göttingen 1982.
Pohl, Hans	Gewerbe- und Industrielandschaften vom Spätmittelalter bis ins 20. Jahrhundert, Stuttgart 1986.
Proesler, Hans	Das gesamtdeutsche Handwerk im Spiegel der Reichsgesetzgebung von 1530 bis 1806, Berlin 1954.
Rachel, Paul	Die Dresdener Handelsinnung 1654-1904, Festschrift zur 250jährigen Gründungsfeier der Dresdener Kaufmannschaft, veranlaßt von Dr. Paul Rachel.
Raschdau, Ludwig	In Weimar als Preußischer Gesandter - Ein Buch der Erinnerungen an Deutsche Fürstenhöfe 1894-1897, Berlin 1939.

Reindl, Jacob	Die deutsche Gewerkschaftsbewegung. Koalitionsrecht und Koalitionen der Arbeiter in Deutschland seit der Reichsgewerbeordnung, Altenburg 1922.
Reininghaus, Wilfried	Die Entstehung der Gesellengilden im Spätmittelalter, Wiesbaden 1981.
Ders.	Zunftlandschaften in Deutschland und den Niederlanden im Vergleich, Münster 2000.
Richter, Gregor	Die ernestinischen Landesordnungen und ihre Vorläufer von 1448 und 1482, aus Mitteldeutschen Forschungen, Bd. 34, Köln 1964.
Risch, Theodor	Die Allgemeine Gewerbe-Ordnung vom 17. Januar 1845 und deren praktische Ausführung mit Rücksicht auf die Innungsverhältnisse Berlins, Berlin 1846.
Ders.	Zünfte, Gewerbefreiheit, gewerbliche Vereine, im allgemeinen betrachtet und vergleichsweise zusammengestellt, Berlin 1843.
Roehl, Hugo	Beiträge zur Preußischen Handwerkerpolitik vom Allgemeinen Landrecht bis zur Allgemeinen Gewerbeordnung von 1845, in: Schmollers Staats- und socialwissenschaftliche Forschungen, Bd. 17, Berlin 1900.
Rohrscheidt, Kurt von	Vom Zunftzwang zur Gewerbefreiheit, Berlin 1898.
Röll, Louis	Die Entstehungsgeschichte der Thüringischen Eisenbahn, Erfurt 1910.
Roscher, Wilhelm	Nationalökonomik des Gewerbefleißes und Handels, Berlin 1917.
Ders.	Grundlagen der Nationalökonomie, Berlin 1922.
Ders.	System der Volkswirtschaft: ein Hand- und Lesebuch für Geschäftsmänner und Studierende, Bd. 2, Stuttgart 1857.
Rothe, Georg	Alternanz die EU-Konzeption für die Berufsausbildung: Erfahrungslernen Hand in Hand mit Abschnitten systematischer Ausbildung, dargestellt unter Einbeziehung von Ergebnissen aus Ländervergleichen, Karlsruhe 2004.
Rüffer, Fritz	Das gewerbliche Recht des Allgemeinen Landrechts für die Preußischen Staaten vom 1. Juni 1794 und die preußische gewerbliche Gesetzgebung von 1810 u. 1811, Diss. Tübingen 1911.
Ruge, o. Vorn.	Gewerbepolitik und Industrialisierung in der Neuzeit, in: Die Wettiner in Thüringen: Geschichte und Kultur in Deutschlands Mitte, hrsgg. Hans Hoffmeister, Weimar 1999.

Savigny, Friedrich Carl von	Vom Berufe unserer Zeit für Gesetzgebung und Rechtswissenschaft, 3. Auflage, Heidelberg 1840.
Schäffle, Albert	Politische Ökonomie, Gotha 1879.
Schanz, Georg	Zur Geschichte der deutschen Gesellenverbände, Leipzig 1877.
Scherner, Karl Otto/ Willoweit, Dietmar	Vom Gewerbe zum Unternehmen, Studien zum Recht der gewerblichen Wirtschaft im 18. und 19. Jahrhundert, Darmstadt 1982.
Schewe, Dieter	Geschichte der sozialen und privaten Versicherung im Mittelalter in den Gilden Europas, Berlin 2000.
Schieder, Wolfgang	Anfänge der deutschen Arbeiterbewegung. Die Auslandsvereine im Jahrzehnt nach der Julirevolution von 1830, Stuttgart 1963.
Schiller, Friedrich	Schillers Werke, Gedichte und Prosaschriften, Bd. 1, Weimar 1957.
Schindling, Anton	Bildung und Wissenschaft in der frühen Neuzeit 1650-1800, München 1994.
Schloßstein, Karl-Hans	Die westfälischen Fabrikengerichtsdeputationen, - Vorbild, Werdegang und Scheitern - , Frankfurt a. M. 1982.
Schlosser, Hans	Grundzüge der Neueren Privatrechtsgeschichte, 9. Auflage, Heidelberg 2001.
Schmelzeisen, Gustav Clemens	Polizeiordnungen und Privatrecht, Münster 1955.
Schmidt, Johannes	Aeltere und neuere Gesetze, Ordnungen und Cirkular-Befehle, für das Fürstenthum Weimar und für die Jenaische Landes-Portion bis zum Ende des Jahres 1799, Bd. I-XI, Jena 1801.
Schmoller, Gustav	Zur Geschichte der deutschen Kleingewerbe im 19. Jahrhundert, Halle 1870.
Schnell, Philipp	Das Frankfurter Handwerk von 1816-1848, Frankfurt a. M. 1936.
Schöll, Adolf	Goethe als Staatsmann, Baden 1999.
Schönberg, Gustav von	Volkswirtschaftslehre, Bd. 2, 4. Auflage, Tübingen 1896.
Ders.	Finanzwissenschaft und Verwaltungslehre, Bd. 2, 4. Auflage, Tübingen 1891.
Ders.	Zur wirthschaftlichen Bedeutung des Deutschen Zunftwesens im Mittelalter, Berlin 1868.

Schulze-Gaevernitz, Hermann von — Karl August, Großherzog von Sachsen-Weimar, Heidelberg 1888.

Schulze, Hermann — Die Hausgesetze der regierenden deutschen Fürstenhäuser, Bd. 3, Jena 1883.

Schulze, Julius — Die Gewerbegesetzgebung des Deutschen Reiches, im Lichte ihrer Ursachen und Wirkungen, sowie der neueren gewerbepolitischen Bestrebungen, Heilbronn 1879.

Schulze, Rainer — Unternehmerische Selbstverwaltung und Politik, Göttingen 1987.

Schulze, Martin — Aus 100 Jahren Geschichte des Gewerbevereins Weimar, Weimar 1933.

Schwineköper, Berent — Gilden und Zünfte, Kaufmännsiche und Gewerbliche Genossenschaften im frühen und hohen Mittelalter, Sigmaringen 1985.

Seela, Reyk — Die Industrie- und Handelskammer Ostthüringen zu Gera, Gera 1999.

Sering, Max — Arbeiter-Ausschüsse in der deutschen Industrie, Gutachten, Berichte, Statuten, hrsgg. im Auftrage des Vereins für Socialpolitik, Leipzig 1890.

Simon, Oskar — Die Fachbildung des Preussischen Gewerbe- und Handelsstandes im 18. und 19. Jahrhundert nach den Bestimmungen des Gewerberechts und der Verfassung des gewerblichen Unterrichtswesens, Berlin 1902.

Simon, Manfred — Handwerk in Krise und Umbruch, Wirtschaftliche Forderungen und sozialpolitische Vorstellungen der Handwerksmeister im Revolutionsjahr 1848/49, Köln 1983.

Siegen, Karl — Weimars Fürstenhaus ein Hort der Künste, Leipzig 1908.

Siemann, Wolfram — Die deutsche Revolution von 1848/49, Frankfurt 1985.

Somlo-Stier, Fritz/ Elster, Alexander — Handwörterbuch der Rechtswissenschaft, Bd. 2, Leipzig 1927.

Sowade, Hanno — Wegbereiter des Wiederaufstiegs, Die Industrie- und Handelskammern und die Rekonstruktion der Außenbeziehungen der westdeutschen Wirtschaft 1945-1949/50, München 1990.

Stadelmann, Rudolf — Soziale und politische Geschichte der Revolution von 1848, 2. Aufl. Darmstadt 1970.

Starke, W.F.C. — Darstellung der bestehenden Gerichtsverfassung in dem preußischen Staate, Berlin 1839.

Stein, Freiherr vom	Briefe und amtliche Schriften, neu hrsgg. von Walter Hubatsch, Bd. 6, Stuttgart 1965.
Stein, G.	Das Reichsgesetz vom 29. Juli 1890 betreffend die Gewerbegerichte erläutert aus der Begründung und den Verhandlungen des Reichstages nebst einer Darstellung der geschichtlichen Entwicklung der gewerblichen Gerichtsbarkeit und ihres gegenwärtigen Zustandes in Frankreich, Deutschland, Oesterreich, Belgien, der Schweiz und England, Berlin 1891.
Steinbeis, o. Vorn./ Kalle, Fritz/ Kirchhoff, Julius/ Weicker, William	Das Gewerbliche Fortbildungswesen, Leipzig 1879.
Stengel, Karl Freiherr von	Die Organisation der Preussischen Verwaltung nach den neuen Reformgesetzen, Leipzig 1884.
Stengel, Karl Freiherr von/ Fleischmann, Max	Wörterbuch des Staats- und Verwaltungsrechts, 2. Auflage Berlin 1910.
Steindl, Harald	Privatrecht als Wirtschaftrecht des Liberalismus, in: Aspekte europäischer Rechtsgeschichte, in: Festgabe für Helmut Coing zum 70. Geburtstag, Frankfurt am Main 1982, S. 349-388.
Ders.	Die Einführung der Gewerbefreiheit in: Helmut Coing, Handbuch der Quellen und Literatur der neueren europäischen Privatrechtsgeschichte, 3. Teilbd. München 1986.
Steinmann-Bucher, Arnold	Die Nährstände und ihre zukünftige Stellung im Staate: Ein Beitrag zur Reform der industriellen, kleingewerblichen und landwirthschaftlichen Interessenvertretung, 2. Auflage, Berlin 1986.
Stieda, Wilhelm	Zur Entstehung des Deutschen Zunftwesens, Jena 1876.
Ders.	Literatur, heutige Zustände und Entstehung der deutschen Hausindustrie, Leipzig 1889.
Ders.	Das Gewerbegericht, Leipzig 1890.
Stolp, Hermann	Deutsche Gemeinde-Zeitung, 27. Jahrgang 1888, Nr. 25, 23. Juni 1888.
Stratmann, Karl Wilhelm/ Schlüter, Anne	Quellen und Dokumente zur Berufsbildung 1794-1869, Köln 1982.
Strobel, Gallus	Zum Fabrikarbeitsvertrag in Deutschland im 19. Jahrhundert, Vertragsfreiheit und Kinderschutz, Rheinfelden 1986.
Teuteberg, Hans Jürgen	Geschichte der industriellen Mitbestimmung in Deutschland, Ursprung und Entwicklung ihrer Vorläufer im Denken und in der Wirklichkeit im 19. Jahrhundert, Tübingen 1961.

Thüna, L. Frhrn. v.	15 Jahre Gewerbe- und 5 Jahre Kaufmannsgericht Weimar, Jena 1910.
Ders.	Weimarische und andere Erinnerungen 1868-1883, namentlich an Großherzog Carl Alexander, Weimar 1912.
Tilch, Horst	Deutsches Rechtslexikon, Bd. 2 u. Bd. 3, 2. Auflage, München 1992.
Treue, W.	Wirtschaftszustände und Wirtschaftspolitik in Preußen 1815 bis 1825, (VSWG Beiheft 31), Stuttgart 1937.
Veritas, Vincens	Die Wünsche und Forderungen der Arbeiter an ihre Arbeitgeber und an den Staat. Zur Verständigung und Beruhigung Aller allseitig beleuchtet und erläutert von dem Arbeiter Vincens Veritas, Leipzig 1848.
Verus, o. Vorn. (Ortloff, Hermann)	Karl August von Sachsen-Weimar und die Universität Jena. Ein akademisches Zeitbild aus den Jahren 1784 bis 1828. Weimar 1904.
Ware, George	Berufserziehung und Lehrlingsausbildung in Deutschland, Frankfurt am Main 1952.
Weber, Max	Wirtschaft und Gesellschaft, Studienausgabe, hrsgg. von J. Winckelmann, Köln 1967.
Wegener, Wilhelm	Der Reichsschluß von 1731. Die sogenannte Reichszunftordnung in: Annales Universitatis Saraviensis, Jur. Fac. 1957.
Weise, Jürgen	Kammern in Not - zwischen Anpassung und Selbstbehauptung, Köln 1989.
Weitzel, Jürgen	Dinggenossenschaft und Recht, Untersuchungen zum Rechtsverständnis im fränkisch-deutschen Mittelalter, 2. Teilbd., Köln 1985.
Wendtland, o. Vorn.	Handbuch der Deutschen Handelskammern und sonstigen amtlichen Handelsvertretungen, Leipzig 1916.
Wieacker, Franz	Privatrechtsgeschichte der Neuzeit, 2. Auflage, 1967.
Wigard, Franz	Stenographischer Bericht über die Verhandlungen der deutschen constituierenden Reichsversammlung zu Frankfurt a. M. Bd. 2, Leipzig 1848.
Wilda, Wilhelm Eduard	Das Gildewesen im Mittelalter, Halle 1831.
Winkelblech, Karl Georg	Alias Karl Marlo, Untersuchungen über die Organisation der Arbeit oder System der Weltökonomie, Kassel, 1850/1859.
Windschuh, Josef	Der Verein mit dem langen Namen, Berlin 1932.
Winkel, Harald	Vom Kleingewerbe zur Großindustrie, Berlin 1975.

Wolter, Ferdinand Albert	Mitteilungen über das Gewerbegericht zu Magdeburg aus dem Geschäftsjahr 1850, Magdeburg 1851.
Zeyss, Richard	Die Entstehung der Handelskammern und die Industrie am Niederrhein während der französischen Herrschaft, Leipzig 1907.
Zweig, Stefan	Joseph Fouché. Bildnis eines politischen Menschen, 46. Auflage, Frankfurt a. M. 2003.

1. Kapitel - Rechtliche Formen gewerblichen Handelns und Wirtschaftens - Entwicklung des Gewerbes vom Mittelalter bis ins 19. Jahrhundert

I. Begriff Gewerbe

Unter dem Begriff Gewerbe verstehen wir aus der heutigen Sicht, Betriebe deren Tätigkeit - anders als beim Handel - im Be- und Verarbeiten bestimmter Grundstoffe besteht.[1] Der geltenden Fassung der Gewerbeordnung entsprechend, wird unter diesem Begriff jede erlaubte, selbstständige und planmäßige Tätigkeit verstanden, die auf Beständigkeit sowie Gewinnerzielung hin angelegt ist. Eine Ausnahme davon bilden die so genannte Urproduktion (zum Beispiel der Bergbau, die Land- und Forstwirtschaft oder die Fischerei) sowie die freien Berufe ebenso wie alle rein künstlerischen oder wissenschaftlichen Tätigkeiten.[2] Mithin umfasst die aktuelle Bezeichnung Gewerbe maßgeblich das Handwerk und Kleingewerbe, während die Industrie zum Teil ausgeschlossen bleibt. In der Vergangenheit wurden unter Gewerbe andere Inhalte gefasst.

II. Die gewerbliche Entwicklung

Zunächst stand im Mittelpunkt des Wirtschaftens, die Eigenproduktion. Über lange Zeit wurden sämtliche Bedürfnisse der Familienangehörigen durch Eigenproduktion befriedigt. Dabei erzeugte die Wirtschaft ausschließlich Gebrauchswerte. Etwaige Überschüsse wurden zumeist auf dem Wege des Tauschverkehrs für solche Produkte eingesetzt, die die Lücken in der Eigenproduktion ausglichen. Eine Warenproduktion zum Handeln fand in den meisten deutschen Territorien bis in das 15. Jahrhundert nicht statt. Unterstützt wurde diese Wirtschaftsform durch das Leben in typischen Familienverbänden.[3] Erst als diese sich zu lösen beginnen, entstanden in der Wirtschaft des heutigen mitteldeutschen Raumes, verschiedene Formen der Unfreiheit. Diese waren vorrangig Sklaverei, Hörigkeit und Leibeigenschaft.[4]

---

1 Daher auch die Bezeichnung „produzierendes Gewerbe".

2 Deutsches Rechtswörterbuch Bd. 4 S. 742; Deutsches Rechtslexikon Bd. 2 S. 229.

3 Schönberg, Zur wirthschaftlichen Bedeutung des Deutschen Zunftwesens im Mittelalter, S. 130/131.

4 Roscher, System der Volkswirtschaft, Bd. 2, S. 189; Reindl, Die Deutsche Gewerkschaftsbewegung, S. 1.

Der Begriff Gewerbe wurde zum ersten Mal im ausgehenden Mittelalter geprägt.[5] Bezeichnet wurde damit die Tätigkeit des Kaufmanns und damit jede bestimmte berufsmäßig ausgeübte Tätigkeit zum Zwecke des Gütererwerbs.[6] Darunter waren die Landwirtschafts-, Handels-, Versicherungs- und Verkehrsgewerbe zu verstehen, jedoch auch die so genannten gelehrten Gewerbe, wie Arzt und Rechtsanwalt. Unter den Gewerbebegriff fielen schon von jeher nicht Beamte, Tagelöhner, das Gesinde und die in der Landwirtschaft tätigen Arbeiter. Begründet wurde der Ausschluss der beiden letztgenannten Gruppen damit, dass sich ihre Tätigkeit nicht auf ein berufsmäßig geschlossenes Arbeitsgebiet beschränkt. Zu dem Begriff des Gewerbes wurden auch persönliche Dienstleistungen, wie Barbiere, Wäscher, Bader oder Kaminfeger, gerechnet. Grund dafür war, dass diese ebenfalls wie die Handwerke zunftmäßig organisiert waren. Unter Zunft wird dabei die berufsständische Korporation der städtischen Handwerker, Handelstreibenden und anderer Berufsgruppen in nahezu ganz Europa verstanden, die vom Hochmittelalter bis ins 19. Jahrhundert existierten.[7] Gewerbe und Industrie unterscheiden sich dadurch, dass ersteres für den Kleinbetrieb, letzteres für den Großbetrieb der Stoffumwandlung angewendet werden sollte.[8] Doch bereits damals gab es den Ausdruck „Kleinindustrie“ und „Großgewerbe“. Dies drückt bereits die Abgrenzungsschwierigkeiten von Gewerbe und Industrie sowie die Widersprüchlichkeit einer solchen Unterscheidung aus.

1. Hausfleiß

Unabhängig von der Freiheit oder Unfreiheit des Arbeiters, war die Stoffherstellung in allen Epochen Hauptaufgabe der Männer, während hingegen der größte Teil der häuslichen Stoffumwandlungsarbeiten den Frauen zufiel.[9] Die erste Stufe der Stoffumwandlung wird daher auch als „Hausfleiß“ bezeichnet. Sie findet nur nach Maßgabe und Anpassung des eigenen Bedarfs statt. Die einzigen Handwerker waren daher in der Zeit von Karl dem Großen die Schmiede.[10] Im Allgemeinen galt der Grundsatz, die Königshöfe und der Grundbesitzer sollten nichts kaufen, wozu das Rohmaterial auf dem Gute erzeugt und was von dem Haussklaven angefertigt werden konnte.[11] Der Verkauf und Kauf auf dem Markt

---

5 Mascher, Gewerbewesen, S. 30.

6 Pierenkemper, Gewerbe und Industrie im 19. und 20. Jahrhundert, S. 41; Mascher, S. 31.

7 Handwörterbuch zur deutschen Rechtsgeschichte, S. 1792; Deutsches Rechtslexikon Bd. 3 S. 1405/1406.

8 Schäffle, Politische Ökonomie, S. 16.

9 Pierenkemper/Tilly, Historische Arbeitsmarktforschung, S. 42/46.

10 Kulischer, Allgemeine Wirtschaftsgeschichte des Mittelalters und der Neuzeit, Bd.1, S. 185; Inama-Sternegg, Deutsche Wirtschaftsgeschichte Bd. 1, S. 150/151.

11 Roscher, System der Volkswirtschaft, Bd. 2, S. 35; Henning, Die Industrialisierung in Deutschland 1800 bis 1914, Bd. 2, S. 97.

waren ungewohnt und zum Teil verpönt. Die Meinung war verbreitet, es kauft nur der Arme.[12] Zunächst war die ausschließliche Selbstversorgung Ausgangspunkt und Ziel des Wirtschaftens.[13] Im Verlaufe des frühen 11. Jahrhunderts wurden jedoch nicht mehr die überschüssigen Produkte im Wege des Tausches abgesetzt, sondern auf dem Markt veräußert. Als weiterer geschlossener Selbstversorger kamen die Klöster, wie z.B. Weihenstephan hinzu.[14] Sie besaßen über die Eigenproduktion hinaus oftmals Schankstuben und Wirtshäuser. Es bestanden mithin Höfe und Wirtschaften unterschiedlichster Art, welche aber alle eine Vielzahl von zum Teil unfreiwilligen Arbeitern beschäftigten.[15] Diese hatten ebenfalls unterschiedlichste Fähigkeiten und Aufgaben.[16] Wie ein heutiger Konzern, welcher unterschiedlichste Arbeitsfelder aufweist, oblagen diesen Wirtschaften verschiedenste Tätigkeiten. Der „Hausfleiß“ blieb vor allem in den ländlichen Gebieten, zum Beispiel in Ostpreußen oder der Mark Brandenburg, bis in das 19. Jahrhundert bestehen.

2. Lohnwerk

Einen Großteil der heutigen Handwerkerkunst bildete sich an den mittelalterlichen Fronhöfen und Klöstern heraus.[17] Die Klöster waren es, die die Glasmalerei, die Goldschmiedekunst, den Glockenguss, die Seiden- und Metallstickerei zuerst ausbildeten.[18] Diese beruhten jedoch auf einem vielseitigen Arbeitsfeld. Es konnten sich nur die höheren handwerklichen Fähigkeiten herausbilden, wenn die Grundbedürfnisse durch andere Arbeitskräfte gesichert waren.[19] Damit stand am Anfang dieser Entwicklung der vorerwähnte „Hausfleiß“, welcher diese ursprüngliche früheste Vollwirtschaft repräsentierte.[20] Bei dieser Arbeit wurde im zunehmenden Maße zwischen der Stofferzeugung und der Stoffveredelung unterschieden. Dabei ist zu erkennen, dass die Arbeiter bei der Stoffveredelung aus diesem geschlossen Kreis der reinen Eigenwirtschaft immer mehr heraustraten. Die „Stofferzeuger“ hingegen verharrten noch bis in das 19. Jahrhundert hinein in demselben geschlossenen Kreislauf. Seine Ursachen hatte dies darin, dass die Verarbeitung leichter mobil zu machen und an verschiedenen Orten einsetzbar war, als die Rohstoffproduktion.

---

12 Inama-Sternegg, Bd. 1, S. 137/138.
13 Meyer, Verwaltungsrecht, S. 372.
14 Mascher, S. 32/ 33; Stieda, Zur Entstehung des Deutschen Zunftwesens, S. 20.
15 Stieda, Zunftwesen, S. 49.
16 Meyer, S. 373.
17 Stieda, Zunftwesen, S. 20.
18 Mascher, S. 34.
19 Schönberg, Zunftwesen, S. 116 u. 141.
20 Borchardt, Grundriß der deutschen Wirtschaftsgeschichte, S. 19.

Die Folge war, dass derjenige, der verarbeitete bzw. veredelte, an verschiedenen Orten seine Dienste anbieten konnte. Damit entwickelte sich diese Form des „Arbeiters“ anders als die übrigen Hauswesen in der ursprünglichen Vollwirtschaft.[21] So wurde zum Beispiel der Flachs vom Bauern erzeugt, durch seine eigenen Arbeitskräfte bearbeitet und am Ende zu Garn versponnen. Dieses erhielt dann der Leinweber, zumeist gegen einen Stücklohn, zum verweben. Die rohe Leinwand bekam der Eigentümer zurück und gab sie an den Färber wieder heraus. Dieser bekam für das Färben wiederum nur einen Stücklohn.[22] Der Stoff kam anschließend zum Schneider und zur Näherin. Vom Flachs bis zum fertigen Kleidungsstück hatte der Stoff niemals seinen Eigentümer gewechselt. Er war nie Kapital im heutigen Sinne, sondern nur ein Gebrauchsgut für eine jeweilige Produktionsstufe. Vom heutigen Handwerk war diese Produktionsabfolge noch weit entfernt.

Der Arbeiter, der in Form des Lohnwerks arbeitete, übernahm für den Konsumenten die Umformung von Rohstoffen und Halbfabrikaten.[23] Dieser Arbeiter trat als Tag- oder Stücklöhner in die Wirtschaft der Kunden ein, erhielt hier Kost, ein Nachtlager und blieb so lange, wie Arbeit für ihn im Haus vorhanden war. Dieser gewerbliche Arbeiter im Kundenhause wurde als *Störer* bezeichnet.[24] Störer waren vor allem diejenigen Gewerbetreibenden, deren Werkzeug sich leicht transportieren ließ, wie z.B. Maurer, Tischler, Sattler, Weber oder Fassbinder. Hingegen gab es auch Arbeiter in Form des Lohnwerkers die eine feste Betriebsstätte besaßen. Diese wurden als Heimarbeiter bezeichnet. Meist übten sie eine Tätigkeit aus, welche eine Beweglichkeit nicht zuließ, wie z.B. Müller, Bäcker, Färber oder Schneider. Im Mittelalter war es möglich, von jeder gewerblichen Berufsgruppe, Arbeiter gegen Lohn zu entleihen.[25] So z.B. einen Koch und Spieler bzw. Gaukler für ein großes Fest oder auch nur einen Schreiner für die Herstellung eines Schrankes.[26]

Bei der Fronhofswirtschaft gab es Bedienstete, die dem Hof mit ihrer ganzen Arbeitskraft zur Verfügung stehen mussten und dafür eine vollständige Verpflegung erhielten.[27] Ebenso war weit verbreitet, dass für die Überlassung von Land ein bestimmter Zins an die Gutsbesitzer abgeliefert werden musste.[28] Seit dem 10. Jahrhundert nahm die Form dieser so genannten „Zinsleute“ zu. Dieser Zins

21 Inama-Sternegg, Bd. 2, S. 290.
22 Roscher, System der Volkswirtschaft, Bd. 1, S. 77 u. 80.
23 Henning, Bd. 2, S. 68/69.
24 Posamentirer Innung v. 25. Aug. 1735, in Göckel, Sammlung Großherzoglicher Gesetze Weimar-Eisenach, Bd. I, 110; Mascher, S. 428; Bade, Sozialhistorische Migrationsforschung, S. 54.
25 Inama-Sternegg, Bd. 2, S. 308.
26 Das größte rechtliche Problem dabei war, die Materialunterschlagung.
27 Mascher, S. 31/32; Schönberg, Zunftwesen, S. 101 u. 129/130.
28 Stieda, Zunftwesen, S. 9/10.

konnte in unterschiedlichster Art gezahlt werden, so z.B. in Form von Brot, Eiern, Fässern, Wolle, Bier, Schindeln usw. Bei diesen hörigen Leuten, die in ein gewisses freieres Verhältnis zur Gutswirtschaft standen, kam es bald dazu, dass sie ihre Dienste oder Produkte auch anderen anboten.[29] Später entwickelten sich daraus die Jahres- oder Wochenmärkte.[30]

Die vorrangige Eigenproduktion wandelte sich dadurch über einen längeren Zeitraum zu einer Warenproduktion. Die Folge war eine Zunahme des Lohnwerks im Mittelalter. Begünstigt wurde diese Entwicklung durch die zunehmende Städtebildung, die verringerte Kopfzahl der Familien und insbesondere auch durch steigende Ansprüche in der Gesellschaft.[31] Diese Form der Arbeit wurde auch als „bäuerliche Industrie" bezeichnet.[32]

3. Handwerk und der Übergang vom Lohnwerk zum Preiswerk

Bis in das 14. Jahrhundert war das städtische Handwerk überwiegend Lohnwerk. Der Begriff des Handwerks aus der Sicht des 19. Jahrhunderts und aus heutiger Sicht ist, wie bereits angedeutet, mit dem damaligen nicht vergleichbar. Bei den zünftig geordneten Handwerkern war die Materiallieferung durch den Besteller vorherrschend. Im Zuge des Entstehens der Warenproduktion und der Märkte, wurden entsprechende Regelungen zur Steuerung getroffen. Dies waren zumeist Taxordnungen, die Tag- oder Stücklöhne festsetzten.[33] Oftmals enthielten diese Ordnungen wann der Handwerker am Morgen zur Arbeit erscheinen, am Abend gehen darf, was sie an Essen und Trinken fordern durften und welche Materialien überhaupt verarbeitet werden konnten.[34] Diese Taxordnungen gab es nahezu für alle Gewerke und alle Formen des Handwerks, gleichgültig ob diese ein weniger hochwertiges Produkt schufen, zum Beispiel der Müller oder Bäcker, oder ob diese sehr aufwendige Arbeiten, zum Beispiel Schneider oder Gold- und Kupferschmiede, verrichteten. Die Ordnungen gingen jeweils davon aus, dass die Stoffe zur Herstellung immer von dem Eigentümer mitgebracht wurden. Bei Stadtrechnungen oder anderen öffentlichen Aufträgen wurden zwei getrennte Beträge ausgewiesen. Einmal für den Lohn und extra für das Material. Solche

29 Inama-Sternegg, Bd. 2, S. 314.

30 Haussherr, Wirtschaftsgeschichte der Neuzeit, S. 453; Für Weimar war dies vor allem der Weimarer Zwiebel- Woll- sowie Töpfermarkt vgl. Wollmarktordnung v. 1. Juni 1825 in Göckel, Bd. III, S. 1424 f.

31 Borchardt, S. 13.

32 Stieda, Zunftwesen, S. 10; Roscher, System der Volkswirtschaft, Bd. 1, S. 291.

33 Böhle, Die Idee der Wirtschaftsverfassung im deutschen Merkantilismus, S. 61 f.

34 Schönberg, Zunftwesen, S. 86/87.

Taxordnungen finden sich in den einzelnen Landesordnungen der deutschen Staaten bis in das 18. Jahrhundert hinein.[35]

Aufgrund der üblichen Einzelanfertigung bestand auch weit bis in das Mittelalter eine gewisse Abneigung gegenüber den Märkten. So oblagen auf dem Markt die Waren der Kontrolle der fremden Marktmeister, Wäger und Messer. Dagegen war zwischen alten „Kunden" das Lohnwerk viel vertrauter. Zumal der Handwerker, welcher zum Lohnwerk arbeitete, bei Veruntreuung einer ihm zur Verarbeitung übergebenen Sache ebenso bestraft wurde, wie der Knecht, der das gleiche tat.[36] Aber auch die Gewerbe untereinander standen oftmals als Lohnwerk miteinander in Verbindung.[37] So zum Beispiel der Müller zum Bäcker oder der Gerber zum Schuster. Wer kein eigenes Rohmaterial besaß, musste dieses auf dem Markt erwerben, um sich dann von einem Lohnwerker das gewünschte Endprodukt fertigen zu lassen. Aufgrund der Zunftordnungen, vor allem im 14. Jahrhundert,[38] wurden Lohnwerker, die von außerhalb bei Hausherren unangemeldet um Arbeit baten, aus den Städten fern gehalten.[39] Mit wachsendem Einfluss der Zünfte machte sich eine starke Abneigung gegen diese des freien Bürgers unwürdig erscheinende Arbeitsart bemerkbar. Die Zunftmitgliedschaft wurde schließlich zur Bedingung für den ländlichen Lohnwerker, wenn er in der Stadt arbeiten wollte.[40] Um Bürger in der Stadt werden zu können, musste er jedoch ein Haus in derselben besitzen.[41] Es wurde von der Zunft mithin versucht, die ländliche Konkurrenz abzuschütteln und gleichzeitig das Land abhängig von der Stadt zu machen.[42] Weiterhin drängte das Handwerk im modernen Sinne, die Einheit von Stofflieferung und Bearbeitung umfassend, das Lohnwerk immer mehr zurück.

Als *Störer* galt ab diesem Zeitpunkt bereits derjenige, welcher keiner Zunft angehörte und trotzdem versuchte, seine handwerkliche Tätigkeit anzubieten und damit ein Gewerbe zu betreiben. Dies wurde umso schwerer, als die einzelnen Gewerke in ihren Ordnungen festlegten, dass die Arbeit nicht (mehr) im Kundenhause erfolgen durfte.[43] So besagte die Schuhmacherordnung von Bremen aus den Jahren 1308 und 1685 *„Wer auch Schuhe machet, sal zu Huse siczen"*.[44]

---

35 Roscher, System der Volkswirtschaft, Bd. 1, S. 421; Schmidt, Bd. VIII, S. 415.

36 Immediatgesuch v. 27.5.1765: DZA Merseburg, Gen.-Dir., Fabr.-Dep. CDLXXI, Nr.1.

37 Mascher, S. 431.

38 Böhmert, Geschichte des Zunftwesens, S. 25.

39 Drechsler Innung v. 29. Sept. 1735 u. Umlauf v. 4. Oct. 1798, Beschränkung des Innungszwanges in Ansehung der Arbeiten im Auslande in Göckel, Bd. I, S. 116 u. 394.

40 Schönberg, Zunftwesen, S. 8/9.

41 Feger/Rüster, Das Konstanzer Wirtschafts- und Gewerberecht zur Zeit der Reformation, S. 25.

42 Stieda, Zunftwesen, S. 56/57.

43 Mascher, S. 428.

44 Abgedruckt bei: Böhmert, Geschichte des Zunftwesens, S.108/109; Stieda, Zunftwesen, S. 101.

Alsbald wurde dies in den Taxordnungen festgehalten, welcher Handwerker zu Hause zu arbeiten und den Kunden beliefern musste und welcher noch im Hause des Kunden arbeiten durfte. In der Praxis gelang es aber zumeist nicht den *Störern* bzw. den Landhandwerkern, es zu untersagen beim Kunden zu arbeiten.[45] Der Kundenwunsch war immer noch bestimmend.

Der alte Grundsatz, dass der Stoff allein nicht Erwerbsmittel sein kann, sondern nur die lebendige Menschenkraft, galt beim Lohnwerk wie beim Preiswerk. In der Tat konnte man sich den Handwerker nicht als schlichten Warenverkäufer vorstellen. Der Handwerker verstand seine Arbeit als einen Dienst, der dem Kunden geleistet wurde, und verstand sich nicht als Mittler zwischen Kunden und einem anderen Produzenten. Dennoch ließ sich bei der Stoffverarbeitung, wo der Kunde nicht selbst in eigener Wirtschaft das Ausgangsprodukt erzeugte, ein Übergang vom Lohnwerk zum Preiswerk nicht vermeiden.[46] Vor allem in der Stadt, wo nicht alle Bürger gleichsam Zugang zu Rohstoffen hatten, setzte sich damit zwangsläufig das Preiswerk durch. Dies war vor allem in der Metallindustrie der Fall, wo der Zugang des Konsumenten zum Rohstoff nahezu unmöglich war. In den anderen Gewerbezweigen war oftmals zunächst ein besseres Stoffverständnis oder Erfahrung des verarbeitenden Handwerkers ausschlaggebend. Jedoch fehlte es oftmals noch an den notwendigen Betriebsmitteln des Handwerkers. Alsbald war durch Masseneinkauf des Handwerkers der Rohstoff bei ihm billiger zu erwerben als auf dem Markt. Weiterhin begünstigten jetzt auch die Zunftordnungen den Wandel zum Preiswerk, da diese eine neue Einnahmequelle ihrer Mitglieder darin sahen. Die direkte Aufnahme entsprechender Regelungen in den Zunftordnungen hatte nicht den Aspekt, dass die Konkurrenz zwischen den Störern und Handwerkern wegfiel, sondern auch eine Konkurrenz zwischen den Innungsmitgliedern unterbunden wurde.[47] Es galt der über alles herrschende Grundsatz der brüderlichen Gleichheit.[48] Die damit verbundene Regelungsfülle nahm dadurch immer mehr zu und es wurde dabei versucht, bis ins Detail alle Gegebenheiten der Gewerbeausübung zu regeln. So wurde den Meistern die Zahl der Knechte und Gesellen vorgeschrieben, ebenso wie deren Lohn und Arbeitszeit. Generell galt der Grundsatz, dass niemand zum Gewerbe zugelassen werden durfte, welcher es nicht selbst mit eigener Hand betreiben konnte. Einem anderen Kunden Knechte auszuspannen sowie mit den Produkten des eigenen Handwerks Zwischenhandel zu treiben, war strikt verboten.[49] Von sol-

45 Oestmann, Zunftzwang und Handelsfreiheit im frühen 19. Jahrhundert, ZNR 2004, S. 248/249.

46 Roscher, System der Volkswirtschaft, Bd. 1, S. 228/229; North, Deutsche Wirtschaftsgeschichte, S. 144f.

47 Danninger, Das Linzer Handwerk und Gewerbe vom Verfall der Zunfthoheit über die Gewerbefreiheit bis zum Innungszwang S. 24 u. 76.

48 Feger/Rüster, S. 37.

49 Roscher, System der Volkswirtschaft, Bd. 3, S. 96; Lohgerber Innung vom 23. April 1700 in Göckel, Bd. I, S. 78.

chen rigiden Regelungen profitierten auch die Städte. Diese hatten zum Teil im Gewerbe selbst oftmals eine beherrschende Position inne. So unterhielt eine städtische Kommune das örtliche Backhaus, den Schlachthof und die Walzmühle.[50] Des Weiteren stellte die Stadt alleinig die Kessel für die Färber, die Verkaufsstände und Gewandhäuser der Händler auf und unterhielt ferner die Tuchrahmen der Weber.[51] Eine private Konkurrenz war dabei äußerst unerwünscht.

Im frühen Mittelalter wurde das Handwerk als gewerbliches Betriebssystem verstanden, bei welchem der Produzent als Eigentümer sämtlicher Betriebsmittel, Tauschwerte für die nicht in dem Konsumenten seinem Haushalt existierende Produkte erzeugt. Handwerk war dabei immer Kundenproduktion für einen vorher bekannten Absatzmarkt. Dieser erstreckte sich meistens nur auf das Stadtgebiet und die nähere Umgebung. Aus dem anfänglichen Hausfleiß löste sich das Handwerk aus der geschlossenen Hauswirtschaft heraus und ging von der anfänglichen Bedarfswirtschaft zur Erwerbswirtschaft über. Damit entstand eine neue Form des Eigentums, das gewerbliche Betriebskapital. Die Verarbeitung bzw. Bewirtschaftung stand bisher nur dem Grundeigentümer zu. Der selbständige Ertrag daraus, verbunden mit dem Arbeitslohn des einfachen Lohnwerkes ließ eine neue Einkommensform entstehen, das Unternehmereinkommen.[52] Diese neue soziale Klasse galt, ebenso wie der Grundeigentümer, fortan als Besitzklasse und versuchte eine ebenbürtige politische Geltung in der Gesellschaft zu erringen.[53]

Die Zahl der Handwerksbetriebe, die einen von der Urproduktion abgestoßenen Rohstoff bis zur Endform verarbeiteten, schwankte je nach Produkt und Produktionsabschnitt, welcher aus der alten Hauswirtschaft hervorging. In der Regel war es nur ein Gewerbe, so zum Beispiel der Metzger, Kürschner oder Bierbrauer, manchmal waren es auch zwei, so der Müller und Bäcker bzw. drei, zum Beispiel Metzger – Gerber – Schuster oder mehrere wie beim Textilgewerbe.[54] Vor allem bei dem Textilgewerbe, wurde das Produkt des einen immer wieder Betriebsmittel des anderen Gewerbes.[55] Diese Arbeitsteilung ermöglichte eine noch zunehmende unterschiedliche Berufsteilung sowie Spezialisierung.[56] Damit

---

50 Bekannt. Großherzogl. Landesdirection zu Weimar v. 20. März 1824 die Verpachtung der Gemeinde-Backhäuser etc. betr. in Göckel, Bd. III, S. 1312; John, Kleinstaaten und Kultur in Thüringen vom 16. bis 20. Jahrhundert, S. 219.

51 Schönberg, Zunftwesen, S. 89; Göckel, Bd. III, S. 1312.

52 Roscher, System der Volkswirtschaft, Bd. 1, S. 478.

53 Schönberg, Zunftwesen, S. 78 u. 144.

54 Schmidt, Aeltere und neuere Gesetze, Ordnungen und Cirkular-Befehle, Bd. II, S. 54 u. Bd. IV, 310.

55 Henning, Bd. 2, S. 69 u. 76.

56 DZA Merseburg, Gen.-Dir. Fabr.-Dep.XXXI, Nr. 47a und LHA Magdeburg, Rep. A 9a VI, Nr. 477, Vol. I.

wurde ein ursprünglich einzelner gewerblicher Produktionsabschnitt in die Länge gezogen und aufgespaltet. Dies erfolgte derart, dass die Herstellung eines Teils seiner Erzeugnisse sich als selbständiger Gewerbezweig abspaltete. Der Schmied war dafür ein prägnantes Beispiel. Er übernahm in alter Zeit jede Form der Eisenbearbeitung. Daraus entwickelten sich nach und nach die Gewerbe der Hufschmiede, Nagelschmiede, Scheren- und Messerschmiede, Schlosser, Radler, Kammschmiede, Waffenschmiede und Rüstungsmacher. So wurden im Mittelalter ca. 200 selbständige Berufsarten als Gewerbe geführt. Je kleiner eine Stadt jedoch war, umso geringer war auch die Berufsteilung. Oftmals fand hier eine Verbindung verschiedener Berufsarten statt, so z.B. zwischen einem zünftigen und einem nichtzünftigen Gewerbe oder dem Gewerbe mit einem städtischen Dienst oder sonstiger Lohnarbeit. Auch wurde mit dem Handwerksbetrieb ein kleiner Kramladen verbunden, in dem zu den eigenen Produkten auch passende Artikel angeboten wurden. So erfolgte quasi nebenbei die Aufnahme in die Krämerzunft.[57]

4. Das Wandergewerbe

Zwischen dem Hausfleiß und dem Lohnwerk stand das Wandergewerbe. Aufgrund geringen und unregelmäßigen Bedarfs an Handwerksarbeit mussten die Gewerbetreibenden von Ort zu Ort ziehen.[58] Ebenso wie der Lohnwerker, gliederte sich der wandernde Gewerbetreibende entweder im Hause wo er Arbeit fand mit ein oder er schlug im Freien seine Werkstätte auf. Überwiegenden Teils war er als Lohnwerker tätig, nur wo er mit günstigem Material arbeitet, z.B. als Korbflechter, Siebmacher oder Drahtbinder, wurde er als Handwerker tätig.

5. Manufakturen und Fabriken

Im 17. Jahrhundert kamen die Existenzbedingungen des Handwerks ins Wanken. Die inneren Zollschranken wurden beseitigt und der enge städtische Markt erweiterte sich zum nationalen Markt.[59] Der unmittelbare Übergang aus der ersten Hand war damit nicht mehr möglich. Die ausschließliche Kundenproduktion war nicht mehr die hauptsächliche gewerbliche Tätigkeit. An Stelle der Arbeitsteilung auf dem Stadtgebiet, trat eine nationale Arbeitsteilung. Die Produktionszweige begannen ihren Standort nach marktwirtschaftlichen Kriterien auszu-

57 Weimarer Stadtarchivakte HA I-42-10; Böhmert, S. 31; Haupt, Das Ende der Zünfte, S. 20.
58 Roscher, System der Volkswirtschaft, Bd. 1, S. 684.
59 Mascher, S. 451.

wählen.[60] Das Unternehmertum gewann an Dimension. Begünstigt durch diese Veränderungen entstanden Ende des 17. Jahrhunderts und im 18. Jahrhundert die ersten Fabriken und Manufakturen.[61] Dabei handelte es sich für damalige Verhältnisse um eine neue und umfangreichere, im Gegensatz zum zünftigen Handwerk stehende, Art des Gewerbebetriebes.[62] Das Allgemeine Landrecht für die Preußischen Staaten (ALR) bezeichnet als Fabrik *„Anstalten, in welchen die Verarbeitung oder Verfeinerung gewisser Naturerzeugnisse im Großen getrieben wird."*[63] Diese unterschieden sich von dem klassischen Handwerk dadurch, dass sie Produkte nur in größeren Mengen anfertigen. Ferner, dass die Produkte vor ihrer Vollendung durch die Hände verschiedener Arbeiter gingen, diese aber nur einzelne Abschnitte an der gesamten Bearbeitung vornahmen. Auch war der Unternehmer keiner Zunft oder Innung verpflichtet.[64] Er selbst konnte eine unbeschränkte Anzahl von Arbeitern beschäftigen. Die Gesetze, die gegenüber einem Meister oder seinem Gesellen Anwendung fanden, hatten ihm gegenüber keine Geltung. Der fehlende Zunftzwang bewirkte, dass bisherige obligatorische Regelungen, wie über das Meisterstück, die Lossprechung, die Aufdingung oder die Wanderung, den Gewerbebetrieben vollkommen fremd waren.[65] Dadurch bedingt entstand jetzt eine indirekte Erreichbarkeit des Kundenkreises und damit einhergehend eine kommerzielle Behandlung des Absatzes.[66]

Wie oben gezeigt, war es auch früher zu Zeiten des Hausfleißes oder Lohnwerkes keine Seltenheit, dass verschiedene Personen ein Produkt fertigten. Jedoch war der Konsument der Eigentümer des Rohstoffes und damit derjenige, welcher die Arbeiter oder Handwerker nach eigener Vorstellung instruierte. Sie hatten nur zeitweilig denselben Arbeitgeber und arbeiteten nur für einen kurzen Zeitraum als Kollegen an einem Werk zusammen. Nach Fertigstellung des Produktes lösten sich alle Verhältnisse auf und der Arbeiter war wieder freier Lohnwerker.[67] Sie standen zu dem Auftraggeber nicht in einer dauerhaften sozialen Unterordnung.

Dies änderte sich mit der Entstehung der Fabriken bzw. Manufakturen. Zwischen dem kaufmännischen Unternehmer und den Arbeitern bestanden dauerhafte Vertragsverhältnisse und damit eine neue Form des Rechtsgeschäfts. Die

60 Kroeschell, Deutsche Rechtsgeschichte, Band 3, S. 47; Roscher, System der Volkswirtschaft, Bd. 3, S. 510.

61 Roscher, System der Volkswirtschaft, Bd. 3, S. 511; Henning, Bd. 2, S. 72. Unterschied Manufaktur – Fabrik ist, dass in einer Manufaktur eine handwerklich-arbeitsteilig Arbeit stattfand.

62 Haupt, S. 74.

63 ALR, 2. Teil, 8.Tit., § 407.

64 Henning, Bd. 2, S. 66/67.

65 Mascher, S. 451; Schmidt, Bd. IV, S. 385.

66 Hermstädt, Grundriß der Technologie, S.148.

67 Mascher, S. 454.

Abhängigkeit zum Unternehmer wurde immer größer und immer mehr zu einer persönlichen Unterordnung.[68] Je ausschließlicher der Unternehmer in den Besitz der Produktionsmittel kam, desto geringer wurden die Aussichten des Einzelnen, einen eigenen Gewerbebetrieb führen zu können.[69] Die neue Art der Arbeitsteilung, welche durch die Fabriken und Manufakturen eingeführt wurde, bedingt einen dauernden Lohnarbeiterstand, während die oben erläuterte Arbeitsteilung im Handwerk, die Zahl der selbständigen Existenzen vermehrt hatte.[70] Dabei ist offenkundig, dass diejenigen, welche am Ende einer ehemaligen handwerklichen Produktionskette standen, jetzt häufig zu kaufmännischen Unternehmern wurden.[71]

Bereits mit dem Entstehen der Fabriken und der Manufakturen wurde diese als Konkurrenz zum Handwerk gesehen.[72] Die städtischen Zunftverfassungen und die Absatzverhältnisse auf dem städtischen Markt sicherten jedoch den Handwerkern bis in das 19. Jahrhundert hinein ihr Einkommen.[73]

Im 17. und 18. Jahrhundert produzierten Fabriken kaum Güter für den Existenzbedarf, sondern überwiegend Kulturgüter, sowie Luxusgüter. Häufige Produkte waren Samt- und Seidenwaren, Bänder, Teppiche, Gobelins, Tapeten, Porzellan, Tabak, Papier und Zucker. Erst Ende des 18. und im 19. Jahrhundert ging man langsam zur Massenproduktion für den alltäglichen Bedarf über.[74] Die Fabrik wurde im Laufe des 19. Jahrhunderts zunehmend zu einem komplexen System, welches unter einer straffen - zum Teil mit dem Militär vergleichbaren - Führung stand.

Die Fabrik hielt selbst eigene Prokuristen, Kommissionäre und Handlungsreisende, welche den Absatz bis zu den örtlichen Kleinhändlern organisierten. In der Organisation der Produktion und damit in der rechtlichen Gestaltung des Absatzes weicht die Fabrik erheblich vom Handwerk ab. Das umfassende Arbeitsgebiet des Handwerkers war für die Fabrikation vollkommen ungeeignet. Das Arbeitssystem des Handwerks beruhte darauf, dass der einzelne Handwerker den ganzen Produktionsablauf beherrschte. Daraus ergab sich eine aufsteigende Personengliederung in der Reihenfolge Lehrling, Geselle und Meister. Die Fabrik hingegen kannte nur verschiedene qualifizierte Arbeiterkategorien, aber kein Aufsteigen von der einen zur anderen. Sie besaß keine Arbeiter, wel-

---

68 Borchardt, S. 32 u. 54.

69 Im Meininger Oberland galt der Wahlspruch: „Freie Konkurrenz unter den Arbeitern, Monopol für die Kaufmannschaft!“

70 Roscher, System der Volkswirtschaft, Bd. 3, S. 566/567; Schönberg, Zunftwesen, S. 80/81.

71 DZA Merseburg, Gen.-Dir. Kurmark CXXVII, Stadt Frankfurt a.d.O. Nr. 13.

72 Scherner/Willoweit, Vom Gewerbe zum Unternehmen, S. 2; Schmidt, Bd. IV, S. 415 f.

73 Böhmert, S.29/30; Danninger, S. 14.

74 Kulischer, S. 133 u. 159.

che alle Prozesse der Produktion nacheinander durchliefen und damit manuell und geistig beherrschten.[75] Es kann sehr wohl der einzelne Arbeiter zum Vorarbeiter oder Aufseher einer Arbeitsgruppe werden. Jedoch der Übergang aus einer Arbeiterkategorie in eine andere war nicht umsetzbar. Die Fabrik bedurfte der gelernten Arbeiter nicht in dem Maße wie das Handwerk.[76]

Der Unternehmer selbst beteiligte sich oftmals, anders als der Handwerksmeister, nicht selbst an der auszuführenden Arbeit.[77] Unterstützt wurde diese Entwicklung durch die Erfindungen, vor allem auf dem Gebiet der Werkzeugmaschinen, im Laufe des 19. Jahrhunderts. Eine Erfindung löst die nächste ab.[78] Dies war aber nur deshalb möglich, weil bereits die Organisation der älteren Großbetriebe durch fortgesetzte Arbeitszerlegung ihnen den Weg dafür freigemacht hatte. An vielen Stellen des Betriebs gab es bereits eine Zurückführung der Arbeit auf einfache Bewegungen. Durch die Maschine wurde die Ausbreitung des Fabriksystems stark gefördert, aber sie hat dieses System nicht geschaffen.[79]

In vielen Fabriken wurden alte Handwerksgewerbe mit eingegliedert. So im Bereich der Herstellung und Wartung von Maschinen oder der Fertigung von Spezialprodukten für die Produktion, z.B. die Schlosserwerkstatt.[80] So vereinigte die Verlagsfirma Brockhaus aus Leipzig die Bereiche Buchdruckerei, Schriftgießerei, Schriftschneiderei, Gravieranstalt, Stahl- und Kupferdruckerei, lithographische Anstalt, Buchbinderei, Verlagsbuchhandlung, deutsches und ausländisches Kommissionsgeschäft sowie deutsches und ausländisches Sortimentsgeschäft. Mithin hatte sich aus dem Brockhausverlag bereits damals eine Verlagsfabrik gebildet, die die Urproduktion und den Handel vereinte.

Ein vom Fabrikwesen des 19. Jahrhunderts vollständig übernommenes Handwerk war die Baumwollweberei und zu großen Teilen die Wollen- und Leinenweberei.[81] Auch eigenständige Handwerke, wie die Uhrmacher und die Büchsenmacher, hatten sich zu großen Fabriken und Manufakturen zusammengeschlossen. Durch diese Entwicklung fand eine starke Verengung der Produktionsgebiete für die Handwerker statt. Hinzu kam die Verbesserung der Verkehrsverhältnisse, welche den Fabriken Vorteile boten und durch die die alte kunden-

---

75 Haussherr, S. 455; Schulze, Die Gewerbegesetzgebung des Deutschen Reiches, S. 11.

76 DZA Merseburg, Gen. Dir., Fabr.-Dep.XC, Nr. 79.

77 Roscher, System der Volkswirtschaft, Bd. 1, S. 478; Schiller: „Der Meister muß sich immer plagen.“

78 Henning, Bd. 2, S. 119.

79 Mascher, S. 441.

80 Braun, Für Gewerbefreiheit und Freizügigkeit durch ganz Deutschland, S. 86; Henning, Bd. 2, S. 119.

81 Braun, S. 88.

orientierte Produktion der Handwerker litt. Der Handwerker spezialisierte sich im 19. Jahrhundert immer mehr auf ein eng begrenztes Produktionsgebiet. Das alte Handwerk mit seinem geschlossenen lokalen Absatzgebiet fand sein Ende und es musste dem Druck des nationalen Marktes zunehmend weichen.[82]

6. Das Verlagssystem

Ein weiteres neuartiges sich entwickelndes Gewerbe war das Verlagssystem. Als Verlagssystem wurden diejenigen Gewerbebetriebe verstanden, bei welchen ein Unternehmer eine größere Zahl von Arbeitern in ihren Wohnungen beschäftigte. Heute würde man diese Tätigkeit als Heimarbeit bezeichnen.[83] Als *„verlegen"* wurde damals das *Vorlegen* verstanden. Unter dem Begriff *„Verlag"* wurde eine *„Vorlage"* verstanden. Der *„Verleger"* war derjenige, der das Rohmaterial lieferte und das fertige Erzeugnis bei den Heimarbeitern wieder abholte, um es als Massenware zu veräußern.[84] Aufgrund der zum Teil großen Anzahl der Beschäftigten in diesem *„Verlagssystem"* wurde diese Art der Produktion im 19. und 20. Jahrhundert auch als *„Hausindustrie"* bezeichnet.[85] Als Unternehmer bzw. Arbeitgeber war dabei der Verleger anzusehen und die *„Hausindustriellen"* waren seine Arbeiter (=Heimarbeiter).[86] Dabei wurden drei Betriebsformen unterschieden:

1. Der Heimarbeiter beschaffte den Rohstoff selbst und besaß sein eigenes Werkzeug. Er produzierte in der Regel auf Bestellung und nach Muster des Verlegers zu einem Festpreis;
2. Der Verleger lieferte den Hauptstoff und der Heimarbeiter hatte das Werkzeug und empfängt Stücklohn;
3. Der Verleger lieferte den Rohstoff und war auch Eigentümer des Werkzeuges, so z.B. des Webstuhls oder der Nähmaschine.

82 Kulischer, Allgemeine Wirtschaftsgeschichte des Mittelalters und der Neuzeit, S. 2; Mascher, S. 451.

83 Müller, Die thüringische Industrie, S. 161.

84 Mühlfriedel, Die Industrialisierung Thüringens, S. 3; Schmidt, Bd. IV, S. 409.

85 DZA Merseburg, Gen.-Dir., Fabr.-Dep. CLXXXVIII, Nr. 6, Vol. III; Borchardt, S. 32.

86 Stieda, Entstehung der deutschen Hausindustrie, S.1; Lehmann, Die Hausindustrie im nördlichen Thüringen, S. 41; Lehr, Die Hausindustrie in der Stadt Leipzig und ihrer Umgebung, S. 2; Armansperg, Berichte aus der Hausindustrie im südwestlichen Deutschland, S. 3.

Der Schwerpunkt der Hausindustrie lag in landwirtschaftlichen Regionen und beschränkte sich oftmals auf Frauen und Kinder.[87] Der Verleger war in den meisten Fällen nur Händler oder er betrieb eine Fabrik mit verwandten Artikeln, wo sich aber eine Vollproduktion des Heimproduktes nicht rentierte.[88] Meist erfolgte der Absatz in städtischen Geschäften oder als Gesamtware an einen weiteren Händler. Das wesentliche Problem dieser Art von Industrie waren die vielen Produktionsorte. Um jedoch die Artikel als Ware verkaufen zu können, durften diese keinen individuellen Charakter aufweisen. Der Artikel musste als sog. „Dutzendware" hergestellt werden. Der wichtigste Unterschied zwischen Handwerk und Verlagssystem beruhte darauf, dass das Produkt ehe es in die Hand des Konsumenten gelangte Warenkapital über mehrere Kaufleute (in der Regel vom Kommissionär zum Verleger, weiter zum Großhändler und schließlich zum Kleinhändler) wurde.[89] Diese Personen waren alle nicht an der Produktion beteiligt, sondern nur an der Zirkulation des Artikels. Des Weiteren galt das Verlagssystem als ungerecht und benachteiligend für die Arbeiter. Vor allem wegen der Kinderarbeit und der niedrigen Löhne sowie wegen häufigen Abrechnungsmissbräuchen durch den Verleger.[90]

Oftmals rentierte es sich für den Arbeiter nicht, sein Produkt in die Stadt zu bringen und dort auf dem Markt anzubieten. Seine Mittel waren dafür zu gering und die Reisekosten bzw. das Zeitversäumnis zu hoch. Deswegen setzte sich das Verlagssystem vor allem dort durch, wo eine hohe Zersplitterung des Grundbesitzes vorlag und in dünn besiedelten Landesteilen.[91] Weiterhin vollzog sich der Übergang zum Verlagssystem am leichtesten in den früheren Lohngewerben. Der Verleger trat dabei einfach an die Stelle der bisherigen Privatkunden. Ferner setzte sich die Hausindustrie dort durch, wo bisher noch für die Eigenproduktion in Form des Hausfleißes gewirtschaftet wurde und der Überschuss früher auf dem Markt veräußert bzw. eingetauscht werden konnte. Beim Handwerk hingegen, vor allem bei den zünftig organisierten Gewerben, konnte sich das Verlagssystem nicht behaupten.[92] Vielfach wurden nur einzelne Nebenprodukte über den Verleger erworben, so zum Beispiel bei der Drechslerei die Herstellung von Knöpfen.

---

87 Pierenkemper/Tilly, Historische Arbeitsmarktforschung, S. 56; Stieda, Hausindustrie, S.67 u. 99; P. Ehrenberg, Die Spielwarenhausindustrie des Kreises Sonneberg, Leipzig 1899; W. Bierer, Die hausindustrielle Kinderarbeit im Kreise Sonneberg. Ein Beitrag zur Kritik des Kinderschutzgesetzes. Tübingen 1913.

88 Haupt, S. 73/74.

89 Scherner/Willoweit, S. 11; Roscher, Grundlagen der Nationalökonomie, S. 143.

90 Borchardt, S. 54; Stieda, Hausindustrie, S. 76 u. 81.

91 Mooser, Ländliche Klassengesellschaft 1770-1848, S. 168; Stieda, Hausindustrie, S. 58; Lange, Berichte aus der Hausindustrie in Berlin, Osnabrück, im Fichtelgebirge und in Schlesien, S. 51 f.

92 Borchardt, S. 32.

Diese Form des Handels, gekennzeichnet vor allem durch seine Kapitalstärke, bemächtigte und behauptete sich immer mehr gegenüber den verwandten Zunftprodukten. Dabei wurde der durch die Zünfte beanspruchte und abgegrenzte Absatzmarkt, diesen zum eigenen verschuldeten Hemmnis.[93] Anfangs galt die Hausproduktion als Nebenerwerb. Sie wurde jedoch bald nötig, um die mageren Erträge der Landwirtschaft aufzubessern und schließlich wurde die Landwirtschaft selbst zum Nebenerwerb.[94] Der Vorteil des Verlagswesens war, dass auf dem Land fast jeder sein eigenes Haus besaß und angehörige Arbeitskräfte zu Selbstkosten der Industrie ihre Arbeitskraft anbieten konnten.

Die Hausindustrie stellte im Gegensatz zur Fabrik immer eine Arbeitsteilung dar, während die Fabrik eine Arbeitsvereinigung festlegte. Deren Gemeinsamkeit war, dass durch die Hausindustrie wie durch die Fabrik Massengüter hergestellt wurden. Der Verlag war im Wesentlichen ein Handelsunternehmen, während hingegen die Fabrik im Wesentlichen von Anfang an ein Produktionsunternehmen war.

III. Zusammenfassung

Die fünf großen epochemachenden gewerblichen Organisationen, die bis in das 19. Jahrhundert das Gewerbe verkörperten, waren der Hausfleiß, das Lohnwerk, das Handwerk, der Verlag und die Fabrik. Am Anfang stand bei allen der Familienverbund, gefolgt von dem natürlich gewachsenen Sozialgebilde der Hausgemeinschaft.[95] Diese Hausgemeinschaft weist Gemeinsamkeiten mit der Fabrik auf. Ebenso waren sich Lohnwerk und Heimarbeit ähnlich. Bei der Fabrik wurde allmählich deutlich, dass sich das Kapital von der Arbeit löste, aber der Arbeiter in zunehmendem Maße sich dem Kapital unterwerfen musste.[96] Im Handwerk standen das Werkzeug, die Betriebsstätte und der Rohstoff im Eigentum des Arbeiters. Dieser ist Herr über das Produkt, welches er aber immer nur an den schon bekannten Kunden verkaufte.[97] Im Verlagssystem ist das Produkt das Kapital selbst, welches aber nicht dem Arbeiter gehörte, sondern der neuen damalig unbekannten Person, dem kaufmännischen Unternehmer. Der Arbeiter verliert im Laufe der Zeit das Produktionsmittel, das Stoffkapital sowie auch noch das Werkzeugkapital. Mithin sammeln sich alle Kapitalbestandteile in der Hand des

---

93 Nadler, Hufschmidt, Zinngießer, Senkler, Gürtler und Schwertfeger Innung, in Göckel, Bd. I, S. 112/113; Mascher, S. 441/442.

94 Stieda, Hausindustrie, S. 110.

95 Schönberg, Zunftwesen, S. 118.

96 Roscher, System der Volkswirtschaft, Bd. 1, S. 379.

97 Leinweber Innung v. 20. Sept. 1735 in Göckel, Bd. I, S. 115.

Fabrikunternehmers.[98] Dieser organisierte die gewerbliche Produktion damit komplett neu.

Der Anteil des Arbeiters schrumpfte dagegen kontinuierlich. Auf der Stufe des Hausfleißes hatte er noch ein Anrecht auf den Mitgenuss der erzeugten Produkte. Beim Lohnwerk bekam er Kost sowie Zeit- oder Stücklohn. Darin enthalten war bereits eine Vergütung für die Abnutzung der Werkzeuge. Beim Verlagssystem nahm der Verleger bereits diese Abnutzungsgebühr durch eigenes Betriebskapital vorweg.[99] Das Handwerk hatte den Vorteil, dass es Lohn- und Stückkosten getrennt in Rechnung stellte. Beim Fabriksystem blieb dem Arbeiter nur der vertragsmäßige Arbeitslohn. Ebenso lag ein Unterschied in der Verwendung der Produkte. Beim Hausfleiß wird das Produkt in derselben Wirtschaft verbraucht, wo es hergestellt wurde. Beim Heimwerk erfolgte der Gebrauch des Gutes von vollkommen unbekannten Personen an den unterschiedlichsten Orten. Der Handwerker hingegen kannte den Verbraucher bzw. Kunden seines Produktes. Beim Verlagssystem und Fabriksystem lagen verschiedene Stufen des Handels zwischen Herstellung und Verbrauch. Das Produkt zirkulierte und wurde Ware.

Mithin kann man den Hausfleiß als zentralisierte gewerbliche Eigenproduktion, das Lohnwerk als zerstreute gewerbliche Kundenarbeit, Handwerk als gewerbliche Kundenproduktion, den Verlag als dezentralisierte und die Fabrik als zentralisierte gewerbliche Warenproduktion charakterisieren. Es ist jedoch nicht so zu verstehen, dass die eine Stufe der gewerblichen Betriebssysteme die vorherige ablöste.[100] Oftmals existieren die ältesten Betriebssysteme neben den neueren und neuesten fort, so zum Beispiel vor allem im ländlichen Bereich des 19. Jahrhunderts bei Hausfleiß und Hausindustrie. Aber auch die Kombination von Lohnwerk und Handwerk sowie Fabrik- und Verlagssystem waren verbreitet.[101]

---

98 Borchardt, S. 32.
99 Stieda, Hausindustrie, S. 81.
100 North, S. 147.
101 Henning, Bd. 2, S. 66.

2. Kapitel - Gewerbefreiheit sowie das Entstehen der Handelskammern in Preußen - Von der Zunft zur Handelskammer

Im 19. Jahrhundert kam es zwischen den im 1. Kapitel aufgezählten gewerblichen Organisationen zu einem erbitterten Wettkampf. Der Wettkampf betraf zunächst nur bestimmte Industriezweige und verlief zudem über einen längeren Zeitraum. Die Manufaktur, die im 17. und 18. Jahrhundert noch eine der größten gewerblichen Organisationen war, unterlag dabei im Endergebnis der Fabrik. Der Industriezweig, wo der härteste Wettbewerb stattfand, war der in der Textilindustrie, wo bis weit in die erste Hälfte des 19. Jahrhunderts hinein 50 % aller gewerblich Beschäftigten arbeiteten.[102] Zumeist waren die Arbeiter im Verlagssystem organisiert.[103] Die Bedeutung von Fabriken, als die typischen zentralisierten Unternehmen, waren in dem hoch industrialisierten Sachsen im Jahre 1861 mit 6,9 % gegenüber 19,3 % in der Hausindustrie noch recht gering.[104] Die dominierendste Stellung hatte das gesamte 19. Jahrhundert über jedoch das Handwerk inne. Der Verlag und die Fabriken konnten nicht die Wirtschaftskraft auf sich vereinen, wie die des Handwerks.

I. Das Handwerk und die Zünfte

In den Städten nahmen begünstigt durch die Fürstenhöfe die Gewerbetätigkeit und der Handel einen stetigen Aufschwung.[105] Die hörigen Handwerker erlangten ihre persönliche Unabhängigkeit und zogen in die Städte. Die Bildung von Standes- und Berufsvertretungen stand in einem engen Zusammenhang mit dem Entstehen von Berufen im staatlichen Gemeinwesen sowie mit dem Vorliegen gemeinsamer Interessen. Diese konnten durch den Zusammenschluss von Berufsgenossen wirksamer vertreten werden.[106] Es entwickelten sich daraus die Handwerkerzünfte. Diese sind zum Teil aus hofrechtlichen Innungen hervorgegangen.[107] Es gründeten sich aber auch freie Vereinigungen, zum Beispiel Gilden und Schwurgenossenschaften, die aus der Zersetzung des Familienverbandes hervorgingen.[108] Als freiwillige Berufsvertretung der Handelstreibenden be-

102 DZA Merseburg, Gen.-Dir. Fabr.-Dep.XXXI, Nr. 47a; Henning, Bd. 2, S. 74.

103 DZA Merseburg, Gen.-Dir., Kurmark CXV, Stadt Berlin, Sect.f, Nr. 8, Vol. I und DZA Merseburg Rep. 92, Wöllner I, Nr. 2.

104 Stieda, Hausindustrie, S. 58.

105 Ware, Berufserziehung und Lehrlingsausbildung in Deutschland, S. 34.

106 Eberstadt, Der Ursprung des Zunftwesens, S. 138.

107 Stieda, Zunftwesen, S. 9; Schönberg, Zunftwesen, S. 4.

108 Arnold, Bd. I, S. 250 ff.; Gierke, Deutsches Genossenschaftsrecht, Bd. I, S. 176 ff.; G.L.v. Maurer Bd. II, S. 321 ff.; Stieda S. 10 ff.

standen in den germanischen Staaten des Mittelalters die Kaufmannsgilden. Nach Lamprecht waren dies *„die älteste, längere Zeit hindurch vielleicht einzige aller bürgerlichen Genossenschaften."*[109] Die Entstehung der kaufmännischen Gilden lag in dem Zusammenschluss der Händler und Kauffahrer zu Bündnissen zum Schutz vor räuberischen Angriffen. Grund des Zusammenschlusses war mithin die notwendige, aber freiwillige Selbsthilfe der Kaufleute. Die Gilden gelten daher auch als die ursprüngliche Genossenschaftsform und als Vorgänger der freien Vereine des deutschen Rechts.[110] Die Kaufmannsgilden wollten nicht einen gemeinschaftlichen Handelsbetrieb begründen, sondern die kaufmännischen Interessen schützen und fördern. Erst aus dieser Tätigkeit heraus und als Interessenvertretung in den mittelalterlichen Handels- und Seestädten werden die Gilden Organe der Selbstverwaltung der städtischen Verwaltung.[111]

Kaufmännische Gilden waren vor allem in den Städten Niederdeutschlands, Nordfrankreichs, Englands und Schottlands verbreitet. In Deutschland sind Gilden in Göttingen, Höxter, Soest, Braunschweig und Köln bekannt. Dabei handelte es ich vorwiegend um Gilden der Krämer.[112] Daneben waren aber auch sämtliche Kaufleute einer Stadt in allgemeinen Kaufmannsgilden zusammengeschlossen.[113] Weiterhin bestanden in den italienischen Seestädten Lucca, Pisa und Venedig im 13. Jahrhundert die *„consoli de mercanti"* Händlerverbindungen.[114] In Barcelona existierte bereits im 9. Jahrhundert zur Förderung des Seehandels ein *„consulado del maro"*.[115] Nach diesem Vorbild gründeten sich an mehreren Orten Spaniens zum eigenen Schutz der Händler und zur Förderung des Handels und Gewerbes die *„casaz de contracion y los consulados"*.[116]

Kaufmanngilden waren auf eine längere Zeit angelegte Verbindungen, in denen sich Kaufleute einer Stadt zum Schutz ihrer aus dem Kaufmannsstand ergebenden speziellen Interessen zusammenfanden. Ziel war die Förderung und der Schutz des Handels, nicht aber ein genossenschaftlich geprägter kapitalistischer Betrieb eines Gewerbes, um den Einzelmitgliedern am gemeinsamen Gewinn einen prozentualen Anteil zukommen zu lassen. Der Einzelne blieb selbständiger Kaufmann und betrieb sein Geschäft auf eigene Rechnung. Die Einheit der Gilde lag vor allem im Zweck.

---

109 Lamprecht, Deutsche Geschichte, III., S. 27.

110 Gierke, S. 226; Eberstadt, S. 134 f.

111 Ehrenberg, Handbuch des Handelsrechts, Bd. I, S. 125; Schwineköper, Gilden und Zünfte, S. 31 f.

112 Hegel, Städte und Gilden, II, S. 434; Wilda, Das Gildewesen im Mittelalter, S. 228.

113 Engemann, Die Goslarer Gilden, S. 14; Simon, Die Fachbildung des Preussischen Gewerbe- und Handelsstandes, Bd. I, S. 1.

114 Huber, S. 4; Haupt, S. 198; Doren, Das Florentiner Zunftwesen, S. 7 f.

115 Seela, Die Industrie- und Handelskammer Ostthüringen zu Gera, S. 50.

116 Doren, Staats- und sozialwissenschaftliche Forschungen, XII., 2, S. 44.

Aus diesem gemeinsamen Zweck bildete sich eine dauernde Gemeinschaft von marktansässigen Kaufleuten. Je weniger der Handel des Schutzes bedurfte, traten an Stelle des negativen Zweckes, positive Ansprüche des kaufmännischen Berufs. Es wurde der Handel für die Mitglieder der Kaufmannsgilde monopolisiert. Die bisher freiwilligen Kaufmannsgilden erlangten durch Verleihung des Stadtherrn oder der Stadtobrigkeit ein Handelsmonopol für ihre Mitglieder.[117] Die Kaufmannsgilde wandelte sich in eine Handelszunft. Die Handelszunft bildete sich aus den aufgenommenen Kaufleuten. Nur diesen stand das unter sie gleich verteilte ausschließliche Recht auf den Handel einer Stadt oder eines ganzen Landes für eine bestimmte Gattung oder Ware zu.

Der ursprüngliche Zweck dieser Zünfte war, die gewerblichen Interessen zu fördern und den Absatzmarkt zu sichern. Erst später strebten die Zünfte nach obrigkeitlichen Befugnissen. Im 13. Jahrhundert erhielten sie dann die bisher vom Stadtherrn oder vom Rat der Stadt ausgeübte Handwerksgerichtsbarkeit und Handwerkspolizei. Damit waren die Zünfte ein wichtiges Glied in der Stadtverfassung geworden.[118] Die direkte Folge ihrer obrigkeitlichen Stellung war der Zunftzwang. Dies bedeutete die Verpflichtung eines jeden Handwerkers, einer Zunft seines Gewerkes beizutreten. Darüber hinaus unterlagen die gefertigten Artikel der Zunftkontrolle. Ohne deren Zustimmung war der Handel mit den gefertigten Gütern nicht möglich.[119]

Im vierzehnten Jahrhundert erlangten die Zünfte zum Großteil einen Anteil am Stadtregiment. Damit war die Stellung der Zünfte gefestigt.[120] Im fünfzehnten Jahrhundert erfolgte dann eine detaillierte Regelung der Zunftverhältnisse durch weitreichende Ordnungen und Statuten. Dies bedeutete, dass der Zunftzwang ausnahmslos umgesetzt wurde und das Lehrlingswesen eine eingehende Regelung erfuhr.[121] Die Aufnahme in eine Zunft wurde immer mehr von den vorhandenen Meistern erschwert. Diese grenzten sich gegenüber den Gesellen stärker ab, um zukünftige Konkurrenten zu verhindern. Dies führte zur Bildung von Gesellenverbänden.[122]

Die Kaufleute als Gilde und als Zunft waren zumeist auch Glieder der Verfassung und der Verwaltung der Städte. Die Kaufmanngilden standen von alters her zumeist vor den handwerklichen Zünften und damit an erster Stelle in der Stadt-

117 Borchardt, S. 21; Schwineköper, S. 32.
118 Kulischer, S. 299; Haupt, S. 34 u. 72.
119 Stieda, Zunftwesen, S. 26.
120 Reininghaus, Zunftlandschaften in Deutschland, S. 121.
121 Haupt, S. 23.
122 G. Schanz, Zur Geschichte der deutschen Gesellenverbände, Leipzig 1877; Schönberg, Zunftwesen, S. 117.

gemeinde.[123] In den Bürgerschaften älterer Städte nahm die Handelszunft in der Regel die zweite Stelle nach dem Bürger- und Geschlechterstand ein. In den jüngeren Städten hatten sie aufgrund der Vorzüge in der gesellschaftlichen Stellung vor den Handwerkern zumeist den ersten Platz im Gemeinwesen inne. Überall waren sie integrierter Bestandteil der Verfassung und hatten für die Bildung des Rats, das Heerwesen, die Polizei und die Gerichtsbarkeit die Bedeutung von Organen der Stadt.[124]

Obwohl zumeist der Rechtschutz auf die Städte unmittelbar übergegangen war, blieben die Handelszünfte eigene Rechtsgenossenschaften. Sie hatten zum Teil gegebenes sowie autonomes Korporationsrecht, an dem nur die Standesgenossen teilnahmen. Weiterhin hatten sie eine genossenschaftliche Polizei, Gerichtsbarkeit und Strafgewalt, die sich in Handelssachen auch auf Nichtzunftmitglieder erstreckte. Dadurch wurde ein besonderes Handelsrecht geschaffen, das am Anfang lediglich als internes Gilden- oder Zunftrecht einzelner korporativer Verbände bestand.

Da die freiwilligen Kaufmannsgilden sich zu monopolartigen Zünften wandelten, war ihre Organisation ähnlich die der Handwerkszünfte. Die Mitgliederversammlung war das Zentralorgan sowie Trägerin des Rechts und der Gewalt einer Kaufmannsgilde.[125] Gildenorgane waren ein oder mehrere Ältermänner, die die Verwaltung und die Gerichtsbarkeit bildeten. Daneben bestand zumeist noch ein besonderer Gildenausschuss, *„der als vertretendes, rechtsweisendes, beratendes und beschließendes Kolleg die Recht der Gesamtheit wahrnahm.“*[126]

Die Machtstellung der Zunftmitglieder wurde immer mehr missbraucht.[127] Bereits die Reichsgesetzgebung des sechzehnten Jahrhunderts ging dagegen vor.[128] Die Vorteile der Zunft überwogen jedoch gegenüber den Nachteilen, und das Handwerk befand sich im Aufschwung.[129]

Ab der zweiten Hälfte des sechzehnten Jahrhunderts setzte sich ein immer enger werdender Zunftbegriff durch. Die Zünfte verloren ihre öffentliche Bedeutung und Stellung. Sie wurden immer mehr als Privatrechtskorporationen verstanden,

---

123 Gierke, S. 344; Hegel, Städte und Gilden, VI., S. 511; Ehrenberg, Bd. I., S. 125 ff.

124 Gesetz vom 20. Juli 1839, Nachtrag zu dem Innungsgesetz vom 15. Mai 1821, in Göckel, Bd. VII, S. 498.

125 Epstein/Prak, Gulids, Innovation, and the European Economy, 1400-1800, S. 84 f.

126 Gierke, S. 344 ff.

127 Böhle S. 63; Haupt, S. 40.

128 R.Pol.O. von 1530 Tit. 39, von 1548 Tit. 15, 36, 37 und von 1577 Art. 15, 37, 38; Schmidt, Bd. IV, S. 312 f; Proesler, Das gesamtdeutsche Handwerk im Spiegel der Reichsgesetzgebung von 1530 bis 1806, Nr. 1 S. 4, Nr. 3, S. 10; Schmelzeisen, Polizei- und Landesordnungen, S. 81.

129 Schönberg, Zunftwesen, S. 3.

deren rechtliche Grundlage die erteilten Privilegien der Obrigkeit war.[130] Von den Kritikern der Zünfte wurde die Ausnutzung dieser Privilegien immer wieder angeprangert. Durch hohe Eintrittsgelder, einer langen Lehr- und Wanderzeit sowie mit überhöhten Voraussetzungen an das Meisterstück wurde die Aufnahme mehr und mehr erschwert. Wenn nicht ganz unmöglich, da in vielen Zünften eine bestimmte Maximalanzahl von Zunftmeistern als Grenze eingeführt wurde. Handel und Gewerbe wurde als Privileg der Stadt gesehen und der Betrieb vieler Gewerbe auf dem Lande vollständig untersagt.[131]

Die Handelszunft unterschied sich gegenüber den Handwerkszünften dadurch, dass der Handel von vornherein einer freieren Form bedurfte als das Handwerk. Der Kaufmann musste diese Freiheit haben, um seine wirtschaftlichen Kräfte überhaupt entfalten zu können.[132] Diese dem Handel angeborene Freiheit bedingte, dass der kaufmännische Zunftzwang niemals eine vollumfängliche monopolistische Bedeutung gewann, wie sie bei den handwerklichen Zünften praktiziert wurde.[133] Auch wenn alle kaufmännischen Zünfte die Vorschrift enthielten, *„daß alle oder gewisse Handelsgeschäfte nur von ihren Mitgliedern betrieben werden dürften, so kam es doch nirgends zu einer Geschlossenheit der Korporation, selten zu einer mittelbaren Verhinderung des Eintritts neuer Mitglieder durch übermäßige Erschwerung der Aufnahmebedingungen.“*[134]

Die bisherige Standesgerichtsbarkeit des Handels wurde zunehmend den ordentlichen Gerichten zugewiesen. Zum Teil kam es zur Gründung von gerichtlichen Handelskammern. Weiterhin wurde die Handelspolizei der früheren Kaufmannsgilden den Staaten zugewiesen. Soweit die kaufmännischen Kollegien noch hoheitliche Befugnisse ausübten, besaßen sie diese nicht mehr aus eigenem Recht, sondern durch Zuweisung durch die Obrigkeit.[135] Die freiwilligen kaufmännischen Zusammenschlüsse wandelten sich zu gewillkürten Zünften und sodann zu Handelspolizeianstalten sowie zu Staatsanstalten für die Förderung der Handelsinteressen mit mehr oder minder selbständigen Zunftverfassungen.[136]

Als weiteres erschwerendes Merkmal grenzten sich die Handwerkszünfte immer stärker voneinander ab, so dass es zu einer immer größer werdenden Spezialisie-

130 Stieda, Zunftwesen, S. 28 u. 36.
131 Borchardt, S. 21.
132 Doren, Staats- und sozialwissenschaftliche Forschungen, XII., 2, S. 185.
133 DZA Merseburg, Rep. 92, Wöllner I, Nr.8.
134 Gierke, S. 944.
135 Kulischer, S. 300.
136 Gierke, S. 947; Kroeschell, S. 82.

rung kam.[137] Die Zünfte überwachten mit großer Sorgfalt die Einhaltung der immer kleiner werdenden Sparten, um Eingriffe in ihren Bereich zu verhindern.

Im siebzehnten Jahrhundert hatte diese Entwicklung ihren Höhepunkt erreicht. Infolge des dreißigjährigen Krieges war die bisherige wirtschaftliche Blüte des Handwerkes und damit des gesamten Gewerbestandes vernichtet worden. Der jüngste Reichsabschied legte der Obrigkeit nahe, die gewährten Rechte der Zünfte bei Gelegenheit zu widerrufen und abzuändern.[138] Die Zunftordnungen konnten damit von der Obrigkeit einseitig abgeändert werden. Weiterhin stellten die Landesherren den Grundsatz auf, dass alle Zunftstatuten ihrer Bestätigung bedurften. Die Obrigkeit legte sich selbst die Befugnis zu, Zünfte zu gründen und aufzuheben.[139] Die Fürstentümer regelten oftmals unmittelbar die Zunftverhältnisse per Gesetz oder gaben Rahmenbestimmungen vor, nachdem sich die Zünfte bei der Formulierung ihrer Statuten zu richten hatten.[140] Dadurch wurden in dieser Zeit eine Reihe von Handelszünften, Kommerzkollegien und Kommerzdeputationen gegründet, die nur zum Teil auf Initiative des schutzbedürftigen Handelstandes zurückzuführen waren. Oftmals wurden diese kaufmännischen Körperschaften auf Betreiben der Landesherren gegründet, um auf diesem Weg den Handel ihrer Residenzstädte zu fördern.[141] Die Aufsicht über diese Zünfte übten zumeist auch ein oder mehrere Deputierte des Stadtrates oder der fürstlichen Regierung aus. Ohne diese durfte keine Versammlung stattfinden. Die von der Obrigkeit vorgegebenen Zunftprivilegien gaben vor, welche persönlichen Eigenschaften ein Zunftmitglied für die Aufnahme erfüllen musste. Weiterhin enthielten diese zumeist Bestimmungen über das Lehrlingswesen, über die Einschränkung fremden Handelsverkehrs, Regelungen gegen Betrug, die gegenseitige Konkurrenz, Eintrittsgelder, Rechte und Pflichten von fremden Händlern, Handel der Hofbediensteten, Verwaltungen der Innungsangelegenheiten und die Unterstützung verarmter Innungsverwandter. Neben den Zunftprivilegien gab es weitere Zunftartikel, die den Zunftmitgliedern bestimmte Verhaltensvorschriften machten. Die Handelszünfte waren private Vereinigungen von Kaufleuten, ausgestattet mit einem Handelsmonopol, was jedoch mehrfach durchbrochen war und deshalb keine ausschließende Funktion hatte.[142] Weiterhin unterhielten gro-

137 Rothe, Alternanz die EU-Konzeption für die Berufsausbildung, S. 4.

138 J.R.A. § 106.

139 Haupt, S. 44.

140 Dazu gehörten unter anderen die Generalartikel der Zünfte in der Mark Brandenburg (Mylius V, Abt. 2, Anhang), die Handwerkerordnungen für Preußen vom 10. Juni 1733 und 24. Januar 1774 (Nov. Corpus V, 4, 19 ff.), das preuß. A.L.R. Teil II, Tit. 8, § 179 ff., die hessische Zunftordnung vom 29. Juli 1693 (Hess.L.O.III, 373 ff.) und das erneuerte Zunftreglement vom 21. Nov. 1730 (Bd. IV, 18 ff.), die württ. Handw.Ordnung als zweiter Teil der Bauordnung vom 2. Januar 1655 (Reyscher, württ.Ges. Bd. XIII, S. 206 ff.).

141 Unter anderen ist so die Handelszunft in Mannheim am 12. August 1728 entstanden.

142 Leinweber Innung v. 20. Sept. 1735 in Göckel, Bd. I, S. 115; Böhle, S. 63 u. 72.

ße Handelszünfte eigene Handelsschulen, wie zum Beispiel in Dresden die Kreuzschule.[143] Diese Schulen waren keine städtischen Anstalten, sondern Stiftungsschulen, die durch Mitgliedsbeiträge der Zunftgenossen finanziert wurden.[144]

Durch das kaiserliche Ratifikationsdekret vom 4. September 1731 bestätigte Reichsgutachten vom 22. Juni 1731, sah sich die Reichsgesetzgebung zum Einschreiten gegen die Missbräuche der Handwerkszünfte veranlasst. Dieses *„Gutachten des Reichs-Tags wegen der Handwercker-Mißbräuche"* wird als Gewerbeordnung des alten Deutschen Reiches angesehen und enthielt Verbote bestimmter Zunftpraktiken sowie neue Bestimmungen.[145] So wurde unter anderem bestimmt, dass Zunftstatuten nur mit Konsens der Obrigkeit erlassen werden durften sowie am Ende der Lehrzeit ein Lehrbrief erteilt werden musste. Weiterhin wurde eine Reihe von Grundsätzen aufgestellt, die für die Organisation und Wirksamkeit der Zünfte maßgebend sein sollten. Durch landesherrliche Verordnungen sollte dieses Reichsgesetz in den einzelnen Ländern umgesetzt werden. Ausdrücklich mahnte das Kaiserliche Dekret die Überwachung der Vorschriften an. Die Umsetzung erfolgte in den einzelnen deutschen Ländern jedoch nur zögernd und teilweise überhaupt nicht.[146]

Von der ausschließlich privatrechtlichen Sichtweise trat ein Wandel ein hin zum öffentlichen Wohl. Die Zünfte wurden jetzt als eine landesherrliche polizeiliche Anstalt begriffen. Diese Sichtweise wurde hauptsächlich von den fürstlichen Verwaltungen geübt, wo hingegen die Lehrmeinung weiter den privatrechtlichen Standpunkt vertrat.[147]

Deshalb mussten die Landesherren im Interesse des öffentlichen Wohls die Macht der Zünfte einschränken. Sie erlaubten neben den Zünften sogenannten Freimeistern die Ausübung ihres Gewerbes.[148] Damit bildete sich die polizeiliche Konzession als eine zweite rechtliche Möglichkeit heraus, ein Gewerbe auszuüben.[149]

---

143 Die Dresdener Handelsinnung 1654-1904, Festschrift zur 250jährigen Gründungsfeier der Dresdener Kaufmannschaft, veranlaßt von Dr. Paul Rachel.

144 Weimarer Stadtarchivakte NA VI-18-13.

145 „Das Gutachten des Reichs-Tags wegen der Handwercker-Mißbräuche" ist abgedruckt bei Proesler; Das gesamtdeutsche Handwerk im Spiegel der Reichsgesetzgebung von 1530 bis 1806, S. 54 ff.

146 Rothe, S. 4.

147 Beier, Weber-Irrungen, S. 21 ff.; Ortloff, Das Recht der Handwerker, S. 28 ff.

148 So war der Begriff „Freiheitsweber" gebräuchlich. DZA Merseburg, Gen.-Dir., Kurmark CXV, Sect. 0 55. Nr. 4.

149 Conzession der Gewandschnitter v. 28. September 1729 in Göckel, Bd. I, S. 99; Haupt, S. 67.

Diese nutzen im achtzehnten Jahrhundert die Fabrikanten, um dem Zunftzwang nicht unterworfen zu sein.[150] Für die Errichtung einer Fabrik sowie von Mühlen, Brauereien oder Hüttenwerken war lediglich die obrigkeitliche Erlaubnis erforderlich.[151] Neben den zünftigen und den konzessionspflichtigen Gewerben kannte das Preußische Allgemeine Landrecht auch den Betrieb von unzünftigen Gewerben. Dieser stand jedermann frei und erforderte nur eine vorherige Anzeige bei der Obrigkeit.[152]

Neben den Zunftschranken bestanden noch Realgewerbeberechtigungen sowie Zwangs- und Bannrechte, die die Ausübung eines Gewerbes einschränken konnten.[153]

In großen Handelsmetropolen blieben trotz Handelszünfte auch freiwillige kaufmännische Zusammenschlüsse bestehen. So bildeten örtliche Händler die Marktgemeinschaft der Nürnberger Kaufleute, die die Aufsicht über den örtlichen Markt und die Börse ausübten.[154] Auch der Handelsvorstand in Frankfurt am Main kontrollierte die bereits im 18. Jahrhundert aufblühende Börse. Ebenso existierten Handelsvorstände in Hamburg, Leipzig, Köln, Mainz, Düsseldorf, Kassel und Emden.[155]

---

150 DZA Merseburg, Gen.-Dir., Kurmark CXV, Stadt Berlin, Sect.f, Nr. 8, Vol. I; Preuß. A.L.R. Teil II, Tit.8, § 417.

151 ALR, 2. Teil, 8. Tit., § 410; 15. Tit., § 325; 16. Tit., § 85; v. Berg, Handbuch des teutschen Polizeirechtes, Bd. III, S. 462 ff.

152 ALR, 2. Teil, 8. Tit., §§ 179, 180.

153 Realgewerbeberechtigungen waren Gewerbeberechtigungen die mit einem Grundstück verbunden sind. Der jeweilige Eigentümer des Grundstückes hatte gleichzeitig das Recht ein bestimmtes Gewerbe auszuüben. Eine Realgewerbeberechtigung wurde zumeist als ausdrückliches Privileg durch die Obrigkeit verliehen. Realgewerbeberechtigungen waren hauptsächlich an Bierbrauereien, Branntweinbrennereien, Gast- und Schankwirtschaften sowie Apotheken vergeben. Zwangs- und Bannrecht war das Recht von Gewerbetreibenden anderen Personen den Betrieb desselben Gewerbes in einem bestimmten Distrikt zu untersagen oder die Abnahme eines Produktes nur von ihnen zuzulassen. Zwangs- und Bannrechte waren zum Beispiel der Bierzwang, der Weinzwang, der Kelterzwang, der Backofenzwang oder der Mahlzwang.

154 Heréus, S. 73.

155 Behrend, Die Entstehung der amtlichen Vertretungen für Handel, Industrie und Schiffahrt, S. 125 ff.; Moltke, Leipzigs Handelskorporationen. Versuch der Gründung sächsischer Handelsvertretungen im 19. Jahrhundert, S. 39 ff.

II. Der Ursprung der europäischen Gewerbefreiheit und der Handelskammern

Die Missbräuche im Zunftwesen und die fortschreitende Verbreitung von Fabriken, die sich nicht in Zunftschranken einbinden ließen, führten zum Bruch mit dem bisherigen System des Gewerberechts.[156]

Frankreich gilt als das Ursprungsland der Gewerbefreiheit auf dem europäischen Kontinent. Die dortige wirtschaftliche und rechtliche Entwicklung war der Vorläufer für die Gewerbefreiheit in Europa.[157] Ohne die alte Ordnung zu verändern, wurden zuerst im 18. Jahrhundert die alten Formen des Zunftwesens reformiert.[158] Das Edikt Turgots[159] vom 12. März 1776 war hierfür maßgebend.[160] Die französische Revolution förderte diesen eingeschlagenen Weg durch eine weiterführende Gesetzgebung. Durch das Ançien Régime wurde das Gesetz vom 2. - 17. März 1776 erlassen, welches jegliche berufsständische Korporation untersagte und damit auch die Zünfte.[161] Per Gesetz wurde ab dem 1. April 1791 die Gewerbefreiheit eingeführt. Darin wurde festgelegt, dass jedermann jedes Gewerbe betreiben durfte. Dagegen wurde aber nicht der Gewerbebetrieb von jeder Beschränkung befreit. Das System der Gewerbefreiheit galt gewissermaßen eingeschränkt. Die Zulassung zum Gewerbe und dessen Ausübung wurden nach Maßgabe des öffentlichen Interesses durch Gesetze beschränkt. Im Laufe des 19. Jahrhunderts folgten alle europäischen Staaten diesem Prinzip.[162] Einschränkend muss jedoch festgehalten werden, dass in den einzelnen Staaten der Umfang und Inhalt der Gewerbefreiheit ein verschiedener war.[163]

Bereits durch eine Ordonnanz Ludwig des XIV. vom 29. Juni 1700 wurde zur Unterstützung der Pariser Regierung ein Handelsrat (conseil de commerce) gegründet.[164] Dieser bestand aus 6 Regierungsbeamten und 12 Kaufleuten. Die 12

156 Stieda, Zunftwesen, S. 128.

157 Haupt, S. 181.

158 Mooser, S. 178.

159 Anne Robert Turgot (1727-1781) französischer Staatsmann und Wirtschaftstheoretiker.

160 Hedemann, Die Fortschritte des Zivilrechts im 19. Jahrhundert I. Teil, S. 4; Roscher, System der Volkswirtschaft, Bd. 3, S. 654.

161 Schönberg, Finanzwissenschaft und Verwaltungslehre, Bd. 2, S. 619; Haupt, S. 185/186.

162 Henning, Bd. 2, 63; Gebhardt, Handbuch der Deutschen Geschichte, Bd. III, S. 349/351.

163 Holtzendorff/Kohler, Encyklopädie der Rechtswissenschaft, Bd. II, S. 662/ 663; Laband, Das Staatsrecht des Deutschen Reiches, Bd. II, S. 457.

164 Der Handelsrat bestand bereits seit der Zeit von Heinrich IV. Jedoch bestand dieser nur aus Regierungsbeamten. Colbert hatte den Handelsrat im Jahre 1664 umfassend reformiert. Dem Handelsrat gehörten seit dem auch Kaufleute an, die aber von der Regierung berufen wurden. Eine tragende Rolle hatte auch dieser Handelsrat nie gefunden, da jegliche Verbindung zum Gewerbe fehlte und damit kein Rückhalt bei den Handelsvertretern bestand.

Kaufleute wurden von ihren Standesgenossen gewählt. Dadurch entstand *„die erste bewußte, amtliche Ausgestaltung der Interessenvertretung eines Großstaates zu einem der Information der Zentralregierung dienenden System“*.[165] Frankreich hatte es geschafft, eine wirtschaftliche Interessenvertretung zu gründen, die der Bedeutung eines Flächenstaates gerecht wurde.[166] Das charakteristische dieser Handelskammern war, dass sie eine aus vom Staat eingesetzten Kaufleuten und Gewerbetreibenden bestehende Interessenvertretung und gleichzeitig Beratungsorgan der Behörde war. Durch eine zweite Ordonnanz von Ludwig dem XIV. aus dem Jahre 1700 wurde die Errichtung von Handelskammern angeordnet.[167] Die Kammern hatten einen hauptamtlichen Sekretär, der die Geschäfte führte und für die Handelskammer zeichnungsberechtigt war. Die Kammer finanzierte sich durch Mitgliedsbeiträge, die in Form von Abgaben erhoben wurden, sowie durch Zuschüsse der Stadt oder der Provinz.[168] Die Verwaltungsorganisation war nicht nach einheitlichen Vorschriften aufgebaut, sondern an die Bedürfnisse der jeweiligen Stadt oder Provinz angepasst. In der Zeit von 1700 bis 1710 entstanden durch königliche Einzelerlasse insgesamt neun Handelskammern. Bereits bei diesen ersten Kammern handelt es sich um Einrichtungen, die mit den heutigen Handelskammern vergleichbar sind.[169]

Die Handelskammern wurden in der Zeit der französischen Revolution aufgelöst. Es wurde in ihnen eine Zwangseinrichtung aus den Zeiten der Zunftverfassung gesehen, die mit den Prinzipien der Freiheit nicht Einklang zu bringen war.

Durch Napoleon und dessen Ministers Chaptal kam es wieder zur Gründung von Handelskammern. Chaptal versucht durch administrative Verfügung vom 3. VI. 1801 die führenden Köpfe des Handels und der Industrie in *„chambres de commerce“* unter dem Vorsitz des Präfekten oder Bürgermeisters zu vereinigen. Ziel war es, ein beratendes Organ zu schaffen. Durch Regierungserlass vom 24. Dezember 1802 kam es dann zur Wiedererrichtung der alten Handelskammern.[170] Diese Handelskammern unterstanden unmittelbar dem Innenminister. Entsprechend war auch ihr Aufgabenbereich vorgegeben. Neben Gutachten über Handel und Industrie, hatten sie konkrete Vorschläge zu unterbreiten, mit welchen Mit-

165 Behrend a.a.O.

166 Haupt, S. 182.

167 Levasseur, Histoire des classes ouvières et de l`industrie en France avant 1789. 2. Bd. S. 343 ff. „Les chambres, dont les membres étaient désignes par leur fonctions ou élus, et qui était placés sous l´autorité de l´intendant devaient corresponder avec le conseil de commerce et lui adresser, leurs mémoires, concernant les propositions qu´ils auraient à faire sur ce qui leurs paraistrait les plus capables de faciliter et augmenter leur commerce ou leurs plaintes de ce qui peut y être contraire.“

168 Zenß, Die Entstehung der Handelskammern und die Industrie am Niederrhein während der französischen Herrschaft, S. 6.

169 Heréus, S. 14.

170 Schulze, Unternehmerische Selbstverwaltung, S. 13; Zenß, S. 13 ff.

teln der Handel gefördert werden konnte und Handelshemmnisse abgebaut werden müssen. Weiterhin mussten die Handelskammern dem Staat neue Steuerquellen benennen und den Handel betreffende öffentliche Arbeiten überwachen. Das betraf die Erweiterung von Häfen und die Schiffbarmachung von Flüssen sowie das Anlegen von Kanälen. Als Organ des Innenministeriums mussten die Handelskammern auch die Einhaltung der Gesetze und Verordnungen überprüfen. Die Unterhaltskosten der Handelskammern wurden durch prozentuale Zuschläge zu den beiden ersten Klassen der Gewerbesteuer aufgebracht. Die Ausgaben der Handelskammern wurden von dem Innenministerium vorgegeben. Jede Handelskammer hatte zwei ihrer Mitglieder zu den regelmäßigen Treffen des Generalhandelsrates bei der Zentralregierung in Paris zu entsenden.

Durch das Gesetz vom 12. April 1803 wurde neben den Handelskammern eine weitere gewerbliche Vertretung für Fabriken, Manufakturen und Kleingewerbe geschaffen.[171] Diese Gewerbekammern hatten im Vergleich zu den Handelskammern jedoch nur eine untergeordnete Bedeutung. Vorrangig hatten sie für die Regierung Vorschläge für Gesetze und Verordnungen zu unterbreiten sowie sozialpolitische Befugnisse.[172] Diese erstreckten sich auf die Regelung der Verhältnisse zwischen Unternehmer und Meister zu den Gesellen, Lehrlingen und Arbeitern, auf Schiedsgerichtsverfahren, Überwachung der Arbeitsbücher sowie den ersten Schutz von Warenzeichen. Zumeist wurden die Gewerbekammern nur dort gegründet, wo keine Handelskammern bestanden. Dort, wo bereits Handelskammern vorhanden waren, wurden die Gewerbekammern mit in die Handelskammern integriert. Diese Integration zeigt, dass bereits damals verstanden wurde, dass eine Trennung von Handel und Gewerbe nicht förderlich war. Per Regierungserlass vom 2. April 1804 kam es frankreichweit zur Gründung von 154 Gewerbekammern. Sowohl die Handelskammern als auch die Gewerbekammern wurden zur Unterstützung der Regierungsverwaltung geschaffen. Sie wurden von Verwaltungsbeamten geleitet und besaßen keine Selbständigkeit und hatten keine Selbstbestimmungsrechte. Die französischen Handelskammern waren mit in das Verwaltungssystem eingegliedert. Sie waren halbautonome Interessenvertretungen, auf deren Informationsdienst keine der Regierungen verzichten konnte.[173]

171 Zenß, S. 20.

172 Behrend, S. 125 ff.

173 Gierke, S. 961; Huber, Die Handelskammer, S. 43.
„Es gehört zum napoleonischen System, die Unterdrückung der Selbstverwaltungskörper durch Scheinvertretungen zu maskieren, bei welchem dadurch, daß die Delegierten tatsächlich im Verwaltungsweg bestellt wurden, von vornherein die Mitwirkung der Bürger eine bloß illusorische war.“

III. Die Ausdehnung der Gewerbefreiheit auf Deutschland

Die Geltung der Zunftverfassung wurde durch Konzessionen bereits im 18. Jahrhundert von vielen Ausnahmeregelungen durchlöchert.[174] Die zünftige Tradition wurde jedoch in den meisten deutschen Territorien bis in die vierziger Jahre des 19. Jahrhunderts weitergeführt und übte zum Teil starken Einfluss auf das städtische Leben aus.[175]

Die ersten deutschen Handels- und Gewerbekammern wurden nach französischem Vorbild in den Jahren 1803/04 in den ehemals rheinischen Gebieten Preußens gegründet. Durch den Frieden von Lunévile am 9. Februar 1801 wurden diese an Frankreich abgetreten.[176] Damit gehörten die deutschen Gebietsteile des Großherzogtums Berg und das Königreich Westfalen zum französischen Kaiserreich.[177] Mit der Einführung französischen Rechtes wurde hier die Gewerbefreiheit zum ersten Mal auf deutschen Boden eingeführt.[178] Weiterhin wurden unter französischer Herrschaft Gewerbekammern in Aachen-Burtscheid, Stolberg, Eupen, Malmedy, Trier und Krefeld sowie die Handelskammern von Köln und Wesel errichtet.[179] Im weiteren Verlauf entstanden während der französischen Besatzung auch in Emden, Osnabrück, Hamburg, Bremen, Lübeck, Frankfurt a.M., Mainz und in Elsaß-Lothringen Handelskammern.[180] Auch diese Handelskammern in den französisch besetzten Gebieten waren eine beratende Organisation, welche zugleich Behörde war. Sie hatten primär für die übrigen Verwaltungsbehörden zu arbeiten und die ergangenen Erlasse umzusetzen. Eine selbständige Kammer war nicht erwünscht und auch nicht gedacht. Die Handelskammern besaßen keine eigene Verwaltungsbefugnis und hatten die Aufgabe, staatliche Weisungen umzusetzen. Zwischen der Verwaltung und den Kammern kam es deshalb zu Zerwürfnissen, da die Kammern nach Vorbild der bisherigen Zünfte sich als unabhängiges gewerbliches Organ sahen.[181] Jegliche Unabhängigkeitsbestrebung wurde durch den für die besetzten Gebiete zuständigen französischen Minister Champagny per Erlass ausdrücklich untersagt.[182] Nach der napoleonischen Niederlage erhielt Preußen zum großen Teil die besetzten Gebiete auf dem Wiener Kongress wieder zurück und man beschloss die Kammern nicht aufzuheben, sondern überließ sie einem gewissen Selbstlauf. Doch

174 DZA Merseburg, Gen.-Dir., Kurmark CXV, Stadt Berlin, Sect.f, Nr. 8, Vol. I; Kroeschell, S. 85.
175 Brand, Untersuchungen zur Entstehung der Arbeitsgerichtsbarkeit in Deutschland, Band 2, S. 23; Köhler, Das württembergische Gewerberecht von 1805-1870, S. 26 ff.
176 Coing, S. 91.
177 Haupt, S. 78.
178 Gebhardt, S. 349; Meyer, S. 376.
179 Schönberg, Volkswirtschaftslehre, S. 728.
180 Zenß, S. 33.
181 ebenda.
182 Heréus, S. 18.

durch die mangelnde Unterstützung seitens der Regierung und dem allgemeinen Desinteresse im Kreise der Gewerbetreibenden, schlossen die meisten wieder.

Da in weiten Teilen von Preußen nach der Niederlage gegenüber Napoleon französisches Recht galt, vollzog Preußen im Vergleich zu den übrigen deutschen Staaten eine reformfreudige und zukunftsorientierte Gewerbepolitik. Damit sollte Preußen für den deutschen Weg zur Gewerbefreiheit maßgebend werden. Preußen, eigentlich ein Staat, der nicht für eine liberale und freie Geisteshaltung im ausgehenden 18. und dem beginnenden 19. Jahrhundert stand, wurde damit Vorreiter in Sachen Gewerbefreiheit und Handelskammern in den deutschen Gebieten.[183]

1. Freie Betrieb der Lein- und Baumwoll-Weberei

Bei der Redaktion des Preußischen Allgemeinen Landrechts war man zunächst noch der Meinung, den Weg Frankreichs unter Turgot, der bereits die dortigen Zünfte aufgehoben hatte, nicht für Preußen zu gehen.[184] Doch durch die Niederlage Preußens gegen Napoleon sah man sich gezwungen, eine Kehrtwende in der bisherigen Politik zu vollziehen. Es galt die Kräfte Preußens zu mobilisieren und von jeglichen Zwängen zu befreien.[185] Per Verordnung wegen des freien Betriebes der Lein- und Baumwollen-Weberei in Ost-, West- und Neu-Ostpreußen vom 4. Mai 1806 wurde zunächst für die Lein- und Baumwollen-Weberei in allen verbliebenen preußischen Gebieten der Zunftzwang aufgehoben und damit die Gewerbefreiheit eingeführt.[186]

> *„§ 1. Vom Tage der Bekanntmachung dieser Verordnung an, hören alle Garn-Züchner, Leinweber-Zünfte, Gilden und Innungen, so wie die damit verbundenen oder nicht verbundenen Baumwollen-Weberei-Zünfte, Gilden und Innungen, gänzlich auf – und die Lein- und Baumwollen-Weberei, so wie die Weberei aller Waaren, deren Aufzug ganz oder zum Theil aus Leinen- oder Baumwollen-Garn besteht, das Garn mag roh, gebleicht oder gefärbt, und die zu verfertigende Waare mag bloße Leinwand, oder faconnirt Zeug, oder von einer Art seyn, von welcher sie wolle, ist ein durchaus freies, an*

183 Immediatbericht Struensees v. 11.1.1800, DZA Merseburg, Gen.-Dir., Fabr.-Dep.XC, Nr. 28.

184 Henning, Bd. 2, S. 62; Haupt, S. 32.

185 So auch das Edikt zur Beförderung der Land-Cultur. Vom 14ten September 1811. Abgedruckt in: Gesetz-Sammlung für die königlichen preußischen Staaten 1811, S. 300-311.

186 Verordnung wegen des freien Betriebes der Lein- und Baumwollen-Weberei in Ost-, West- und Neu-Ostpreußen. Vom 4. Mai 1806. Abgedruckt in: Novum Corpus Constitutionum Prussico-Brandenburgensium praecipue Marchicarum 1822, 12. Band S. 127/128.

> *keine Zunft, Gilde oder Innung gebundenes Gewerbe, sowohl für die Bewohner der Städte, als des platten Landes.“*[187]

Grund hierfür war maßgeblich, dass die Leinweberei und die Flachsspinnerei als Nebengewerbe von vielen Personen in Preußen betrieben wurden und die Zunftbindung hierfür nur als ein überflüssiges Hindernis galt. Um durch die Kriegsfolgen entstandene soziale Krise abzumildern und das *„National-Einkommen“* zu steigern, sollte allen Personen ermöglicht werden, die Weberei betreiben zu können. Die Verordnung erachtete diesen Schritt als notwendig an, um den *„Nationalen-Wohlstand“* zu sichern.[188] Weiterhin wurde erstmals in dieser Verordnung eine Aufhebung der jetzt betroffenen Zünfte für sinnvoll gehalten. Zur Begründung führte die Verordnung an, dass eine freie Konkurrenz eine hinreichende Gelegenheit zum Erwerb bot.[189]

2. Aufhebung des Zunftzwangs und des Monopols der Bäcker-, Schlächter- und Hökergewerbe

In der Begründung der Verordnung wegen Aufhebung des Zunftzwangs und Verkauf-Monopols der Bäcker-, Schlächter- und Hökergewerbe in den Städten der Provinzen Ost-, Westpreußen und Litauen vom 24. Oktober 1808 stellte der König von Preußen erstmalig heraus, dass der Zunftzwang der Bäckern, Schlächtern und Kleinhändlern

---

187 Verordnung wegen des freien Betriebes der Lein- und Baumwollen-Weberei in Ost-, West- und Neu-Ostpreußen. Vom 4. Mai 1806:
„§ 2. Wer auf dem platten Lande mit mehreren Personen, als er zum Betrieb der Landwirtschaft oder eines sonstigen ländlichen Gewerbes gebraucht, die Weberei, sey es von selbst gesponnenem oder von gekauftem Garn, oder als Lohnweberei, wie ein Gewerbe betreiben will, zahlt für jede mehrere Person, eine in jedem Fall zu bestimmende Fix-Accise, und ist gehalten, sich dieserhalb bei dem ihm zunächst belegenen Accise- oder Konsumtions-Steuer-Amte zu melden. Derjenige aber, der nur selbst, oder mit seinen unerwachsenen Kindern, die Leinen- und Baumwollen-Weberei als Gewerbe betreibt, ist, auch wenn er blos Einwohner eines Landmanns ist, von dieser Abgabe frei.
§ 3. Alle Leinen- und Baumwollen-Waaren, so wie alle Waaren, bei denen der Aufzug ganz oder zum Theil aus Leinen- oder Baumwollen-Garn besteht, können in jeder Stadt, an jeden Markttage, von jedermann, gegen die bestimmten Accise-Abgaben, zum Verkauf gebracht werden.“

188 Novum Corpus Constitutionum Prussico-Brandenburgensium praecipue Marchicarum 1822, 12. Band S. 127.

189 Schönberg, Zunftwesen, S. 8.

> *„sämmtlichen übrigen Einwohner der Städte zum großen Nachtheil gereicht."[190]*

Die Beschränkungen der Verkaufspreise für notwendige Lebensmittel hatten ihren Zweck nicht erfüllt. Die monatlich durch die Zünfte festgelegten Preise wurden nicht beachtet. Auch kriegsbedingt kam es zu immer stärkeren Preisanstiegen bei Lebensmitteln.[191] Potentielle Mitanbieter wurden aber durch die Zünfte erfolgreich vom Markt fern gehalten. Diese hätten jedoch die Preise für die Kunden erschwinglicher werden lassen, da es zu mehr Konkurrenz gekommen wäre. Die bestehenden Bäcker und Schlächter hatten ein durch die Zunft geschütztes Monopol.[192] Ebenso die Kleinhändler der Krämerzunft. Diese verhinderten zum Teil, dass auch andere Erzeuger Lebensmittel anbieten konnten. Die Monopole der Zunft wurden immer mehr zum eigenen Vorteil ausgenutzt. Die VerO. v. 24.10.1808 stellte daher auch ausdrücklich fest, dass der Zweck der Zünfte nicht mehr erfüllt sei und sie deshalb auch keine feste Grundlage mehr haben werden.[193] Sie waren zum Nachteil geworden. Deshalb erkannte die Obrigkeit, dass nur die völlige Gewerbefreiheit und uneingeschränkte Konkurrenz von Verkäufern faire Preise herbeiführen kann. Deshalb beschloss man die Hökerzünfte vollständig aufzuheben.[194] Diese waren zumeist in der Krämerzunft vereinigt.

> *„§ 1. Gleich nach Bekanntmachung dieser Verordnung hören die Hökerzünfte in den sämmtlichen Städten von Ost-, Westpreußen und Litthauen gänzlich auf (...)."*

Dem Bäcker- und Schlachtergewerbe wurde dagegen nur das Zwangs- und Monopolrecht entzogen. Deren Zünfte blieben bestehen und auch oftmals die mit dem Grundeigentum verbundenen Realgewerbeberechtigungen.[195] Jedem Bäcker und Schlachtermeister war es ab jetzt freigestellt, ob er Mitglied der Zunft

---

190 Verordnung wegen Aufhebung des Zunftzwangs und Verkauf-Monopols der Bäcker-, Schlächter- und Hökergewerke in den Städten der Provinzen Ost-, Westpreußen und Litthauen. Vom 24. Oktober 1808. S. 458-462.

191 Bereits früher gestatteten im Kriegsfall die Bäckerinnung, dass auch Landbäcker ihre Backwaren in die Stadt verkaufen durften, vgl. Bäckerinnung, v. 29. Aug. 1735, in Göckel, Bd. I, S. 111.

192 DZA Merseburg, Rep. 92, Wöllner I, Nr.8. Wöllner forderte u.a. die Aufhebung der Monopole mit der Begründung, diese seien vielleicht für einen Herzog von Gotha oder Weimar gut, nicht aber für den König von Preußen, der an seine Armee denken müsse.

193 VerO.v.24.10.1808, S. 459; Buchda, Wirtschaftsrecht in jüngeren thüringischen Landesordnungen, S. 42.

194 Als Hökerzunft wurde Kleinhändler und Detaillisten bezeichnet. Vgl. auch Bülau, Handbuch der Staatswirthschaftslehre, S. 346; Göckel, Bd. I, S. 70.

195 Geron, Die allgemeine Gewerbe-Ordnung für die preußischen Staaten, S. 188/191.

blieb oder ob er sein Gewerbe ohne Verbindung betreiben wollte.[196] Den unzünftigen Gewerbetreibenden stand es aber ebenfalls frei, die nötigen Gehilfen, Lehrlinge und Gesellen zu beschäftigen. Auch in der Anzahl der Mitarbeiter gab es keine Beschränkung. Zwischen den Gewerbetreibenden und seinen Mitarbeitern galt, was diese per Vertrag oder Verabredung vereinbart hatten. Wenn ein Vertrag nicht vorhanden war oder Vereinbarungen strittig waren, sollten die Streitpunkte nach den allgemeinen Gesetzen beurteilt werden.

Jedem städtischen Bürger, gleich welchen Standes oder Geschlechts, stand die Befugnis zu, zum Zwecke des Verkaufs zu schlachten, zu backen oder sonstige Lebensmittel herzustellen. Dazu musste dieser beim Magistrat der jeweiligen Stadt um eine Konzession nachsuchen.[197] Bei der Erteilung der Konzession waren die Behörden gemäß § 4 VerO. v. 24.10.1808 angehalten, lediglich die allgemeinen Polizeigesetze zu berücksichtigen. Die Qualifikation sowie der Vermögensstand des Antragstellers waren hierfür unbeachtlich. Derjenige, der die Konzession erlangte, war jedoch verpflichtet, die gleichen Kommunal- und Stadtabgaben zu zahlen, wie die zünftigen Gewerbetreibenden. Ihm stand es aber frei, ob er einer Zunft beitreten wollte oder nicht. Wenn er dies tat, so standen ihm auch die aus der Verbindung sich ergebenden gesetzlichen und gesellschaftlichen Rechte zu.[198] Ebenfalls war er in diesem Fall verpflichtet, die Lasten der Zunft mit zu tragen. Die Zünfte waren jedoch nicht verpflichtet, diese neuen Gewerbetreibenden in ihrer Zunft mit aufzunehmen.[199]

Die bisher den Handel beschränkenden Regelungen für den Ein- und Verkauf wurden vollständig aufgehoben.[200] Jedem Händler stand es damit frei, zu jeder Zeit und zu jeder Stunde Waren im beliebigen Umfang und Größe zu kaufen und zu verkaufen. Nur die Marktordnung und die Stunden des Gottesdienstes waren zu beachten.[201]

---

196 § 5 VerO.v.24.10.1808:
„Vom Gutbefinden der Gewerke hängt es jedoch ebenfalls ab, welchen Konzessionirten sie an ihrer Verbindung Theil nehmen lassen wollen."

197 Scherner/Willoweit, S. 4 f.

198 § 10 Instruction wonach die Prüfungen der Maurer-Gesellen, welche Meister zu werden verlangen, geschehen sollen. Vom 14ten Novber 1812. Amts-Blatt der Königlichen Regierung von Pommern 1813, S. 18.

199 § 2 VerO.v.24.10.1808:
„Der Unterschied zwischen Los- und Festbäcker wird gänzlich aufgehoben und es steht jedem Bäcker frei, jede Gattung von Brod zu backen."

200 DZA Merseburg, Rep. 92, Wöllner I, Nr.8.

201 Bülau, S. 346; Schmidt, Bd. V, S. 328f und § 7 VerO.v.24.10.1808:
„Die beim Betriebe des Hökergewerks bisher statt findenden Beschränkungen in Absicht des Ein- und Verkaufs werden ausdrücklich aufgehoben und den sämmtlichen Hökern frei gelassen, zu jeder Zeit und Stunde die Waare einzukaufen und in beliebiger Größe zu verkaufen. Jedoch wird auch hier ausdrücklich bestimmt, daß der Marktordnung gemäß, sowohl von den Hökern

Auch die bisher bestehenden Unterschiede zwischen Land- und Stadtzunft wurden aufgegeben. Jedermann, gleich, ob er vom Land oder aus anderen Städten kam, durfte Brot, Fleisch und Lebensmittel in unbegrenzten Maßen einführen und auf öffentlichen Märkten, in Häusern oder sonst zum Verkauf anbieten.[202] Den Großhändlern wurde jetzt gestattet, auch in kleinen Mengen ihre Vorräte an Zwischenhändler und Konsumenten zu verkaufen.

Die bisherige Pflicht der Bäcker- und Schlachterzünfte, täglich frisches Brot und Fleisch zum Verkauf anzubieten, wurde mit Verweis auf die Gewerbefreiheit aufgehoben. Damit lag es jetzt an den städtischen Einwohnern, ob sie von den Verkäufern täglich frisches Brot und Fleisch verlangten. Gemäß § 10 VerO. v. 24.10.1808 sollte der Bedarf entscheiden. Die Gewerbefreiheit ging damit zum Teil zu Lasten der Qualität der Waren. Die Kontrolle der Ortspolizei über die tägliche Frische der Ware wurde aufgehoben.[203]

Die Taxen für Lebensmittelpreise sollten noch bis Ende des Jahres 1808 gelten. Jeder einheimische oder fremde Verkäufer hatte sich noch nach diesen zu richten. Ab dem 1. Januar 1809 waren alle Taxen für Lebensmittel aufgehoben. Jedem Verkäufer stand es ab diesem Zeitpunkt frei, sein Brot, Fleisch oder andere Lebensmittel ohne Bindung und zu beliebigen Preisen zu verkaufen.[204] Auch die Größe, das Gewicht, die Gestalt sowie das Mischverhältnis waren nicht mehr vorgeschrieben. Trotz dieser weitreichenden Freiheiten, sollten die Polizei die *„Güte und Heilsamkeit"* der angebotenen Waren sowie der Verkaufsflächen kontrollieren.[205] Den allgemeinen örtlichen Polizeivorschriften waren Einheimische und Fremde, gleich ob Zunftmitglied oder freier Gewerbetreibenden, unterworfen.[206]

3. Geschäfts-Instruktion für die Regierungen in sämmtlichen Provinzen. Vom 26sten Dezember 1808.

Die Geschäftsinstruktionen seiner königlichen Majestät von Preußen vom 26. Dezember 1808 (Geschäftsinstruktion) wurden erlassen, um die gesamte Ver-

---

als von den Konsumenten in den Stunden des Gottesdienstes kein Marktverkehr getrieben und jede Entweihung der Feier des Gottesdienstes vermieden werden muß."

202 Edikt zur Beförderung der Land-Cultur. Vom 14ten September 1811. Preuß. GS, S. 300.

203 § 10 VerO.v.24.10.1808:
„Die Verbindlichkeit der Ort-Polizeibehörde, daß täglich frisches Brot und Fleisch zum Verkauf feil steht, fällt gänzlich weg."

204 Bäcker Innung v. 29. Aug. 1735 u. Innung des Metzgerhandwerks v. 20. Aug. 1736 in Göckel, Bd. I, S. 111 u. 118.

205 Stieda, Zunftwesen, S. 93.

206 Bülau, S. 346.

waltung zu reformieren und damit zu verbessern.[207] Dies betraf hauptsächlich die Provinzial-, Polizei- und Finanzbehörden sowie deren Einrichtungen.

Danach hatte gemäß § 2 h Geschäftsinstruktion die Polizeideputation die Oberaufsicht über Gewerbe-, Fabriken-, Handel-, Schiffahrts-, Zunft- und Innungssachen. Dies umfasste die Erteilung von Konzessionen, Dispensationen und Legitimationen. Ferner die Überwachung der Freiheit des Marktverkehrs sowie der Einrichtungen zur Ausbildung der Lehrlinge, Gesellen und Künstler.[208]

Die eingeführte Freiheit galt es jetzt zu verwalten. Im Vordergrund standen auch hierbei die Steuereinnahmen.[209] Gemäß § 34 Geschäftsinstruktion hatte

> *„bei allen Ansichten, Operationen und Vorschlägen der Regierung der Grundsatz vorzuherrschen, dass Niemanden in dem Genuß seines Eigenthums, seiner bürgerlichen Gerechtsame und Freiheit einzuschränken."*[210]

Damit war ein Grundsatz aufgestellt, der den Regeln und Satzungen der Zünfte entgegenstand. Die Geschäftsinstruktion führte weiterhin aus, dass

> *„einem jeden innerhalb der gesetzlichen Schranken, die möglichst freie Entwicklung und Anwendung seiner Anlagen, Fähigkeiten und Kräfte in moralischer sowohl als physischer Hinsicht zu gestatten, und alle dagegen noch obwaltenden Hindernisse baldmöglichst auf eine legale Weise hinweg zu räumen."*[211]

---

207 Geschäfts-Instruktion für die Regierungen in sämmtlichen Provinzen. Vom 26sten Dezember 1808. S. 703-761.

208 Schindling, Bildung und Wissenschaft in der frühen Neuzeit 1650-1800, S. 31; § 49 Geschäftsinstruktion:
„Bei Polizeiangelegenheiten sind die Regierungen außer den allgemeinen Fällen zu berichten schuldig, über
(...)
d) neue Anlagen von Fabriken und Manufakturen, in sofern dazu mehr, als eine bloße Konzession nachgesucht wird;
e) Konzessionen zu Apotheken;
f) Einrichtung neuer Gesellschaften, in sofern sie die Rechte ausdrücklich vom Staate genehmigter oder privilegierter Gesellschaften haben wollen;
g) Aufhebung von dergleichen bereits bestehenden Gesellschaften, wohin auch die Gewerke und Innungen gehören; auch behält es (...)."

209 LHA Magdeburg, Rep. A 9a VI Nr. 477, Vol. II.

210 § 34 Geschäftsinstruktion S. 717/718.

211 ebenda.

Ganz offensichtlich wurde den Zünften damit vorgehalten, dass die Freiheit bei den Webern, Kleinhändlern, Bäckern und Schlachtern keine Ausnahme bleiben soll, sondern zur Regel wird.[212] Die Geschäftsinstruktion selbst sprach in den dazugehörigen Erläuterungen von einem *„Fundamental-Grundsatz"* für den Geschäftsbetrieb der Gewerbe.

Die Ausübung der polizeilichen Aufsicht sollte nicht nur auf die Abwendung von Gefahren und Nachteilen und damit auf die Erhaltung des Vorhandenen sich beschränken. Vielmehr sollte diese sich auf die Mehrung und Beförderung des allgemeinen Wohls gerichtet sein. Dies konnte aber nach den Ausführungen der Geschäftsinstruktion nur bei der Beachtung des in § 34 Geschäftsinstruktion formulierten Grundsatzes und durch die möglichste Gewerbefreiheit geschehen.[213] Die Gewerbefreiheit sollte sich sowohl auf die Erzeugung als auch auf die Verfeinerung der Produkte und deren Absatz erstrecken.[214]

Die Geschäftsinstruktion begründet dies damit, dass es dem

> *„Staate und seinen einzelnen Gliedern immer am zuträglichsten war, die Gewerbe jedesmal ihrem natürlichen Gange zu überlassen."*

Vor der völligen Freigabe der Gewerbe schreckte Preußen noch zurück.[215] Die zuständigen Polizeibehörden wurden jedoch angewiesen, kein Gewerbe vorzugsweise zu unterstützen oder zu begünstigen, aber auch kein Gewerbe in ihrem Entstehen, dem Betrieb und Ausbreitung zu beschränken. Das Rechtsprinzip sollte hierbei alleinig maßgebend sein. Weiterhin durften keine Verstöße gegen die Religion, die guten Sitten und die Staatsverfassung erfolgen.

Als *„unstaatswirtschaftlich"* wurde es bezeichnet, wenn den Gewerben eine andere, als die vorgenannte Grenze auferlegt wird. Der oftmalige Übergang der Gewerbe an Söhne von Zunftmeistern und dadurch die Begründung des Vorbehaltes, dass die Ausübung eines Handwerks nur von gewissen Klassen erfolgt, wurde angeprangert.

Dem Handel wurde bei dem Wirtschaftswachstum eine Schlüsselstellung beigemessen. Neben der Unbeschränktheit bei der Erzeugung und Verfeinerung der Produkte, sah die Geschäftsinstruktion in der

---

212 DZA Merseburg, Rep. 92, Wöllner I, Nr.8.

213 § 50 Geschäftsinstruktion S. 725.

214 Kulischer, S. 109.

215 Immediatbericht Struensees v. 11.1.1800, DZA Merseburg, Gen.-Dir., Fabr.-Dep.XC, Nr. 28.

> *„Leichtigkeit des Verkehrs und Freiheit des Handels, sowohl im Innern, als mit dem Ausland ein notwendiges Erforderniß, wenn Industrie und Gewerbefleiß und Wohlstand gedeihen soll, zugleich aber auch das natürlichste, wirksamste und bleibendste Mittel ihn zu befördern.“*[216]

Die Zünfte waren es jedoch, die den städtischen Markt vor auswertiger Konkurrenz schützten.[217] In den meisten Gewerken war es noch unmöglich, Erzeugnisse von außerhalb einer Stadt den dortigen Bürgern anzubieten. Den Bürgern wiederum war es untersagt, Aufträge an andere Handwerker als die örtlichen Zunftmitglieder zu erteilen.

Bereits damals prophezeite die Geschäftsinstruktion, dass durch die Gewerbefreiheit diejenigen Gewerbe von selbst gefördert werden, die mit Vorteil betrieben werden können. Die Obrigkeit erhoffte sich dadurch, dass das Land Preußen durch den aufblühenden Produktionszustand zu dem Kulturzustand geführt werde, der der Nation angemessen war.

Offenbar gab es jedoch erhebliche Kritik an den offenen Maßstäben der Geschäftsinstruktion. Sie wies die Einstellung zurück, dass es dem Staat von Vorteil wäre, Produkte noch unter dem Schutz der Zünfte teuer im Inland fertigen zu lassen, wenn diese im Ausland kostengünstiger einzukaufen waren. Die dadurch dem Staat und den Bürgern anfallenden Mehrkosten, waren verloren und hätten anderseits in fortschrittlicheren Gewerben dringender angelegt werden müssen. Preußen sah aufgrund der immer tiefer sinkenden Produktivität und damit der stetig sinkenden Steuereinnahmen, das es falsch war, den stetig sinkenden Gewinnen der Gewerke tatenlos zuzusehen.[218]

> *„Es ist eine schiefe Ansicht, man müsse in einem solchen Fall das Geld im Lande zu behalten suchen, und lieber nicht kaufen. Hat der Staat Produkte, die er ablassen kann, so kann er sich auch Gold und Silber kaufen, und es münzen lassen.“*[219]

Weiterhin kam es durch die Geschäftsinstruktion zur klaren Abrechnung mit den einschnürenden Verboten der Zünfte gegenüber ihren eigenen Mitgliedern. Je vorteilhafter der Produzent und Fabrikant seine Erzeugnisse absetzen konnte, umso bestrebter war er auch, diese weiter zu verbreiten und hervorzubringen.

216 § 50 Geschäftsinstruktion S. 726.

217 Buchbinder Innung, Erneuerte Conzession und Privilegium v. 4. Nov. 1723 und Schumacher Innung v. 15. Aug. 1735 in Göckel, Bd. I, S. 96 u. 109.

218 North, S. 147/148.

219 § 50 Geschäftsinstruktion S. 726.

Dies würde nach der damaligen Auffassung, von ganz allein zur Vermeidung von Mängeln führen, da in einem solchen Fall, der Handwerker gerade ein Interesse daran hatte, dass sein Name mit der Mangelfreiheit in Verbindung gebracht wurde. Es sollte das Prinzip der Konkurrenz gelten und nicht mehr der einschläfernde Zwang zur Gleichheit an dem die Zünfte festhielten.[220] Ausfuhrfreiheit war damit gerade förderlich, einem Mangel vorzubeugen, statt wie die Zünfte behaupteten, diesen herbeizuführen.

> *„Freiheit des Handels macht den Spekulationsgeist des Kaufmanns rege.“*[221]

Konkurrenz und nicht Marktbeherrschung in Verbindung mit der Leichtigkeit des Verkehrs sollte die Waren im Lande Preußen jedesmal dahin bringen, wo sie am nötigsten waren, weil sie dort zugleich am teuersten bezahlt würden.[222]

Deshalb kam die Obrigkeit zu dem weitreichenden Schluss, dass

> *„es nicht nothwendig ist den Handel zu begünstigen, er muß nur nicht erschwert werden.“*

Preußen sah diese Freiheit im Gewerbe und Handel als Voraussetzung für die Entstehung von Konkurrenz. Diese wiederum sollte die Konsumenten am sichersten gegen Teuerungen und übermäßige Preissteigerungen schützen. Es wurde damit erkannt, dass es falsch sei, nach dem Prinzip der Zünfte an einem Ort die Gewerbe auf eine bestimmte Anzahl von Personen zu beschränken.[223] Bereits zu diesem Zeitpunkt wurde erkannt, dass niemand dasselbe unternahm, wenn er nicht daran glaubte, davon einen Vorteil zu erlangen. Sollte er diesen tatsächlich finden, so vertrat § 50 Geschäftsinstruktion die Auffassung, dass das der Beweis dafür war, dass die Kunden seine Arbeit verlangten. Sollte dies nicht der Fall sein, so würde er von selbst das Gewerbe aufgeben.

Genau genommen, war dies nichts anderes als die Regulierung des Marktes durch Angebot und Nachfrage. Vorliegend hat dies deshalb eine hohe Bedeutung, da damit das Ende der Zünfte besiegelt war. Seitens der preußischen Re-

---

220 Knopfmacher Innung vom 23. Juni 1728 in Göckel, Bd. I, S. 98.

221 § 50 Geschäftsinstruktion S. 726.
„Dieser wird seine Waaren nicht sofort absetzen, wenn er noch Aussicht hat, solches vortheilhafter thun zu können, oder gerne das Steigen der Preise abwarten wollen, wenn er sie höher eingekauft hat; er wird sie also auch nicht ausführen, wenn er sie im Lande selbst noch mit Vortheil abzusetzen hoffen darf. Auf diese Weise schafft sich der Staat Vorräthe und Magazine im Lande, ohne daß er besondere Kosten darauf verwenden darf.“

222 DZA Merseburg, Gen.-Dir., Kurmark CXV, Sect. o 56, Nr. 1.

223 DZA Merseburg, Rep. 92, Wöllner I, Nr.8.

gierung wurden mit der vorliegenden *„Geschäfts-Instruction"* vom 26. Dezember 1808 umfassende Vorgaben für die spätere Einführung einer Gewerbe- und Handelsfreiheit getroffen.[224]

Es wurde einem jeden gestattet, innerhalb der Gesetze, seine eigenen Interessen auf seinem eigenen Weg zu verfolgen und sowohl seinen Fleiß, sein Kapital in die *„freieste Konkurrenz"* mit dem Fleiß und Kapital seiner Mitbürger zu bringen. Dies waren die Grundzüge, nach denen die Regierungen bei Verwaltung der Gewerbe- und Handelspolizei zu verfahren hatten.

Nicht staatswirtschaftliche, sondern lediglich politische Gründe konnten es danach nötig machen, anderweitige Ausnahmeregelungen zu ergreifen. In einem solchen Fall, insbesondere in Zeiten des Krieges, hatten hierüber die höchsten Organe des Staates zu befinden. Als Beispiel wurde die Getreideausfuhr herangezogen.[225]

Das grundsätzliche Augenmerk hatte aber dahin zu gehen, die Gewerbe- und Handelsfreiheit so viel als möglich zu fördern. Dabei sollten die verschiedenen Beschränkungen, denen das Gewerbe zu diesem Zeitpunkt noch unterworfen war, abgeschafft werden. Dies sollte jedoch nur allmählich und auf eine legale Weise erfolgen. Preußen sah sehr wohl, dass jede neue Einrichtung zunächst mit Reibungen verbunden war und ein zu schneller Übergang von Zwang zur Freiheit auch nachteiligere Folgen hervorbringen konnte als der Zwang selbst. Die Provinzregierungen von Preußen wurden angewiesen, auf keinen Fall mehr Konzessionen oder Berechtigungen für Gewerbe gleich welcher Gattung zu erteilen, durch welche Exklusiv-, Zwangs- oder Bannrechte begründet wurden. Zwangs- und Bannrechte sollten von jetzt an unter keinen Umständen mehr verliehen werden. Bei Exklusivrechten sollten gleichfalls so viel als möglich vermieden werden. Wenn die Erteilung von Exklusivrechten nicht zu vermeiden war, sollten diese aber nur auf gewisse Jahre vergeben werden. Für eine solche Erteilung war dazu ab jetzt die Genehmigung der höheren Verwaltungsbehörde notwendig.

---

224 Brand, Bd. 2, S. 29.

225 § 54 Geschäftsinstruktion S. 728:
„Da die Regierungen nicht berechtigt sind, neue Landeslasten und Anlagen ohne höhere Genehmigung zu erfordern (§ 37); so werden sie, wenn das Bedürfnis des Staats es nothwendig machen sollte, dergleichen auszuschreiben, auch jedesmal über die Art ihrer Vertheilung und Erhebung mit besonderer Anweisung versehen werden. Ihre Sorge geht daher in dergleichen Fällen auch vorzüglich nur dahin, daß nach den gegebenen Vorschriften, die Vertheilung mit möglichster Gleichheit erfolge, und alle Prägravationen vermieden werden.
Zu dem Ende müssen sie in Zeiten für richtige Maaßstäbe und Nachrichten sorgen, um die möglichste Gleichheit beobachten zu können, und zu deren Ausmittelung der höhern Behörde, sobald als möglich, einen allgemeinen, der Verschiedenheit der hierunter versirenden Staatsbedürfnisse angemessenen Plan einreichen."

Konzessionen zur Ausübung städtischer Gewerbe auf dem *„platten Lande“* sowie alle Konzessionen für Fabriken und Manufakturen konnten nur in Verbindung mit der Akzise- und Zollsteuer erteilt werden.[226] Preußens Weg zur Gewerbefreiheit und damit zur freien Konkurrenz, hatte vorrangig das Ziel, die durch den verlorenen Krieg gegen Napoleon leeren Kassen wieder zu füllen.[227]

Auch bei der Wanderschaft der Gesellen griff die Geschäftsinstruktion in die Bestimmungen der Zünfte ein. Durch den Krieg besonders notwendige Gewerbe, wie zum Beispiel dem Baugewerbe, sollten neue Arbeitskräfte und Meister zugeführt werden. So konnten die Provinzregierungen in Preußen Maurer- und Zimmergesellen von der Wanderschaft ohne Begründung dispensiren.[228] Um den Handel zu fördern und die dabei hinderlichen uneinheitlichen Maße und Gewichte zu überwinden, wurde in Preußen in jedem Regierungsdepartement Prüfstellen mit Sachverständigen eingerichtet. Dort konnten Handelstreibende ihre Waren zu einem preußenweiten einheitlichen Maß und Gewicht bestimmen lassen. Auch waren hier geeichte Wagen und Gewichte erhältlich.[229]

Die Departmentregierungen mussten gemäß § 64 Geschäftsinstruktion den Grundsatz befolgen, dass alle Zwangs- und Bannrechte auszugleichen und aufzuheben waren. Hierbei hatte gemäß § 65 Geschäftsinstruktion die Aufhebung des Mühlenzwangs absoluten Vorrang, da es schnellstmöglich galt, die Lebensmittelknappheit infolge des Krieges zu beheben und eine Hungersnot zu vermeiden.[230]

4. Auflösung des Zunftverbandes am Beispiel der Müller

Nach der Freigabe des Schlachtergewerbes und des Kleinhandels, sah sich die preußische Regierung zur Linderung der Not im Lande veranlasst, auch das Mühlengewerbe aufzuheben. Dies geschah durch die Verordnung Nr. 76. Edikt, die Auflösung des Zunftverbandes der Müller in Ostpreußen und Litauen, samt dem Ermelande und Marienwerderschen Kreise betreffend vom 29. März 1809.[231] Hierbei ist von Bedeutung, dass nicht nur der Zunftzwang zur Disposi-

226 DZA Merseburg, Gen.-Dir., Kurmark CCXI, Lit. W, Nr.5; Kroeschell, S. 47.

227 § 51 Geschäftsinstruktion S. 727.

228 § 52 Geschäftsinstruktion S. 728, Instruction wonach die Prüfungen der Maurer-Gesellen, welche Meister zu werden verlangen, geschehen sollen. Vom 14ten Novber 1812. Amts-Blatt der Königlichen Regierung von Pommern 1813, S. 13-18 und Instruction wonach die Prüfungen der Zimmergesellen, welche Meister zu werden verlangen, geschehen soll. Vom 14ten Novber 1812. Amts-Blatt der Königlichen Regierung von Pommern 1813, S. 18-23.

229 § 53 Geschäftsinstruktion S. 728.

230 Risch, Die Allgemeine Gewerbe-Ordnung vom 17. Januar 1845, S. 38.

231 Risch, GewO, S. 36; Verordnung Nr. 76 von 1809. Edikt, die Auflösung des Zunftverbandes der Müller in Ostpreußen und Litthauen, sammt dem Ermeland und Marienwerderschen Kreise be-

tion stand, sondern auch erstmals Zwangs- und Bannrechte sowie Regalrechte aufgehoben wurden.[232]

Die Verordnung vom 29. März 1809 (Edikt v. 29. März 1809) hatte das Ziel, *„den Verkehr mit den ersten Lebensbedürfnissen möglichst zu erleichtern."*[233] Dazu wurde in den Provinzen Litauen, Ermeland und dem Marienwerderschen Kreis das Mühlenregal und der Mahlzwang vollständig aufgehoben. Um den Müllern auf der einen Seite aber nicht den Schutz ihres Absatzmarktes zu nehmen und auf der anderen Seite sie weiterhin dem Zunftzwang zu unterwerfen, wurde ebenfalls der Zunftzwang zu Gunsten der Müller aufgehoben. Die Mehlfabrikation war damit freigegeben.[234]

Um die unter den Kriegsfolgen leidende Bevölkerung schnellstmöglich zu unterstützen, galt die Aufhebung vom Tage der Bekanntmachung des Ediktes an.[235] Jede Person, die ein Grundstück erwerben durfte, hatte jetzt auch die Befugnis Mühlen jeglicher Art zu betreiben. Weiterhin konnte diese Person auch beliebig viele unzünftige Arbeiter beschäftigen.[236] Die bisherigen Lehrverträge, die unter dem Einfluss der Zünfte standen, beruhten ab sofort nur auf freien Verträgen zwischen den Mühlenbesitzern und den Lehrlingen. Eine gesetzliche Lehrzeit sowie das Ein- uns Ausschreiben der Lehrlinge fand nicht mehr statt. Die Lehrherren hatten jetzt über die Lehrzeit Zeugnisse zu erteilen. Die bisherige Praxis der Lehrbriefe wurde aufgehoben. Da es sich hierbei aber oftmals in der Meinung der Lehrlinge um eine Verschlechterung ihres sozialen Anerkenntnis handelte, konnten die Lehrlinge sich ihre Zeugnisse von der örtlichen Polizeibehörde beglaubigen und per Amtssiegel attestieren lassen.

Neben den Lehrverträgen bestanden auch die Arbeitsverträge lediglich auf freier Übereinkunft der Vertragsparteien. Damit waren alle *„Gewerksgebräuche"*, die bisher den Lohn, die Verpflegung und Behandlung der Gesellen, die Dienstzeit, die Kündigung und die Wanderjahre betrafen, nicht mehr verbindlich. Damit war ein Mühlenbesitzer nicht mehr verpflichtet, wandernde Gesellen zu beher-

---

treffend. Vom 29sten März 1809. Abgedruckt in: Novum Corpus Constitutionum Prussico-Brandenburgensium Praecipue Marchicarum, von 1806 bis 27sten Oktober 1810, S. 813-818. (Edikt v. 29. März 1809).

232 Meyer, S. 376

233 Edikt v. 29. März 1809, S. 813.

234 Vgl. auch preußisches Edikt wegen der Mühlengerechtigkeit und Aufhebung des Mühlenzwangs, des Bier- und Branntweinzwangs in der ganzen Monarchie vom 28. Oktober 1810.

235 Risch, GewO, S. 35.

236 § 1 Edikt v. 29. März 1809:
„Vom Tage der Bekanntmachung dieses Edikts ab, ist die Zunftverfassung aller Müllergewerke in Ostpreußen und Litthauen, ammt Ermeland und dem Marienwerderschen Kreise, gänzlich aufgehoben. Wer überhaupt Grundstücke erwerben darf, kann auch Mühlen aller Art besitzen und mit unzünftigen Arbeitern bewirthschaften."

bergen sowie Kost und ein übliches Geschenk zu geben. Auch die Gesellen erhielten lediglich ein Zeugnis, das sie ebenfalls per Amtssiegel der Polizeibehörde beglaubigen lassen konnten.[237]

Die Lehrlinge, die bereits in der Lehre standen, waren verpflichtet, die angetretene gesetzliche Lehrzeit zu beenden. Auch die Lehrherren waren verpflichtet, die Lehrlinge die nach den alten Gesetzen und Bräuchen ihre Lehrzeit begonnen hatten, sie unter diesen Bedingungen fertig auszubilden.[238] Lediglich durch gegenseitige Übereinkunft zwischen Lehrherren und Lehrling, dieser vertreten durch seine Eltern oder einen Vormund, konnten diese älteren Lehrverträge aufgehoben oder abgeändert werden.

Gesellen und Arbeiter, die bereits vor dem Erlass des Edikts v. 29. März 1809 bei einem Müller arbeiteten, konnten verlangen, dass sie auch weiterhin zu den Bedingungen beschäftigt werden, zu welchen sie die Arbeit aufgenommen hatten. Auch die Müller konnten verlangen, dass die Gesellen und Arbeiter ihre eingegangene Dienstzeit zu den bisherigen Bedingungen erfüllten. Insbesondere bestand für beide Parteien der vormalige zünftige Kündigungsschutz fort. Lediglich eine Abänderung der Verträge durch beiderseitige Übereinkunft war möglich.

Da die Zünfte damit ihren gesetzlichen Schutz verloren, ging das Edikt offenbar davon aus, dass diese binnen kurzer Frist sich auflösen. In einem solchen Fall, sollte die *„Gewerkskasse"* und das gesamte gemeinschaftliche Eigentum den jetzigen Mitgliedern übertragen werden. Diese konnten darüber wie mit ihrem eigenen Eigentum verfügen.[239] Soweit keine andere Regelung unter den Zunftmitgliedern getroffen wurde, sollte eine Verteilung zu gleichen Teilen erfol-

237 § 3 Edikt v. 29. März 1809:
„Die abziehenden Arbeitsgehülfen erhalten Zeugnisse von ihren Lohnherren, welche die Stelle der Kundschaften vertreten, sofern ihre Richtigkeit von der örtlichen Polizei-Obrigkeit unter ihrem Amtssiegel attestirt ist."
§ 4 Edikt. v. 29. März 1809:
„Die Atteste unter §§ 2.3. darf die Polizei-Obrigkeit nicht verweigern, sobald sie von der Richtigkeit des Zeugnisses überzeugt ist."
§ 5 Edikt v. 29. März 1809:
„Fremde Gesellen können auf ihre Kundschaften zwar wie bisher einwandern; doch dient keine Kundschaft zu ihrer Legitimation, die älter als drei Monate ist."

238 Grotefend, Das Recht der Fabriken, S. 59; § 4 Edikt v. 29. März 1809:
„Ihre Lehrherren sind dagegen verbunden, sie in aller Rücksicht so zu behandeln, wie es den bisher üblichen Handwerksgesetzen und Gebräuchen gemäß war (...)."

239 § 8 Edikt v. 29. März 1809:
„Die Gewerkskassen, und überhaupt alles gemeinschaftiche Eigenthum der Gewerke, fallen den jetzigen Mitgliedern anheim, welche darüber, wie über jedes freie Eigenthum, disponiren können. Findet keine andere Einigung statt, so wird es zu gleichen Theilen unter sie vertheilt."

gen.[240] Bis zu einer Einigung waren die *„Gewerkspatronen, die Älterleute und Beisitzer“* für die Aufbewahrung und Erhaltung des Zunftvermögens verantwortlich.

Die Zunftlade sollte in der *„rathhäuslichen Registratur“* aufbewahrt werden. Die darin sich befindenden Dokumente und Briefe, die den Zunftmitgliedern zustanden, waren diesen unentgeltlich auszuhändigen.[241] Mit der Verteilung des Zunftvermögens, der Zunftlade und Depositen hörte die Funktion der Zünfte gänzlich auf. Nach den Vorgaben des Ediktes v. 29. März 1809 hatten sich alle Müller, Zünfte und Behörden zu richten.[242]

5. Das Gewerbesteueredikt und die polizeilichen Verhältnisse der Gewerbe

Nachdem die Gewerbefreiheit für die Lein- und Baumwollweberei eingeführt war sowie der Zunftzwang für Bäcker, Schlächter, Kleinhändler und Mühlenbesitzer aufgehoben wurde, wollte Preußen dies auch auf die übrigen Gewerbe ausdehnen. Ein Grund war, dass Preußen wegen der Niederlage gegen Napoleon 120 Millionen Franken an Kriegskontributionen zahlen musste. Diese Summe sollte im Wesentlichen durch Steuererhöhungen finanziert werden. *„Per Edikt über die Finanzen des Staats und die neuen Einrichtungen wegen der Abgaben usw. vom 27sten Oktober 1810“* wandte sich der preußische König an sein Volk und kündigte die Einführung einer Luxussteuer sowie eine Vereinheitlichung der Grundsteuer an.[243] Weiterhin wurde die Einführung der vollkommenen Gewerbefreiheit angekündigt, die aber mit einer Steuer verbunden werden sollte. Erst unter dem Druck der Kontributionszahlungen griff Preußen zu Reformen. Alleinig Steuererhöhungen genügten nicht, da durch den Krieg und seine Folgen das Gewerbe keine höheren Steuern zahlen konnte. Die Wirtschaft selbst musste in Gang gesetzt werden, um dass überhaupt Steuereinnahmen erzielt werden konnten.[244]

---

240 Aufgrund dieser Verteilung unter den Zunftmitgliedern ist es heute oftmals so schwer, Archivmaterial von den Zünften ausfindig zu machen. Oftmals ging das Zunftmaterial in Privateigentum über und ist deshalb der Wissenschaft bis heute unzugänglich.

241 § 9 Edikt v. 29. März 1809:
„Die Gewerksladen werden in der rathhäuslichen Registratur der Gewerkstadt aufbewahret, und deshalb von den Magistraten sogleich in Empfang genommen. Sollten sich Dokumente oder Briefschaften darin befinden, welche einzelnen Gewerksmitgliedern gehören; so werden sie denselben ohne Anstand unentgeldlich zugestellt.“

242 Edikt v. 29. März 1809, S. 818.

243 Edikt über die Finanzen des Staats und die neuen Einrichtungen wegen der Abgaben u.s.w. vom 27. Oktober 1810. Gesetz-Sammlung für die königlichen preußischen Staaten 1810, S. 25-31.

244 Edikt zur Beförderung der Land-Cultur. Vom 14ten September 1811. Preuß. GS, S. 300.

> *„Wir wollen nämlich eine völlige Gewerbefreiheit gegen Entrichtung einer mäßigen Patentsteuer und mit Aufhören der bisherigen Gewerbsteuer verstatten, das Zollwesen simplifizieren lassen, die Bann- und Zwanggerechtigkeiten aufheben und zwar da, wo ein Verlust wirklich nach den vorzuschreibenden Grundsätzen erwiesen wird, gegen eine Entschädigung abseiten des Staats; dem Theile Unserer Unterthanen, welcher sich bisher keines Eigenthums seiner Besitzungen erfreute, dieses ertheilen und sichern, auch mehrere drückende Einrichtungen und Auflagen gänzlich abschaffen."*

Entsprechend beginnt das *„Edikt über die Einführung einer allgemeinen Gewerbe-Steuer. Vom 28sten Oktober 1810"* (Gewerbesteueredikt) mit einem Verweis auf das Edikt vom 27. Oktober 1810.[245] Aufgrund der wirtschaftlichen Notlage, die in dem Edikt beschrieben wurde, musste Preußen *„auf eine Vermehrung der Staatseinnahmen"* drängen. Es wurde eine allgemeine Gewerbesteuer eingeführt und im Gegenzug

> *„die Befreiung der Gewerbe von ihren drückenden Fesseln verbinden, Unseren Unterthanen die ihnen beim Anfange der Reorganisation des Staats zugesicherte vollkommene Gewerbe-Freiheit gewähren und das Gesammtwohl derselben auf eine wirksame Weise befördern können."*

Die Umsetzung erfolgte mit § 1 Gewerbesteueredikt, womit der gewerbsmäßige Handel der Fabriken und der Handwerke, der Künste und der Wissenschaften nur noch von dem Besitz eines Gewerbescheines abhängig gemacht wurde.[246] Der Gewerbeschein gab demjenigen, auf dessen Namen er ausgestellt war, das Recht ein Gewerbe anzufangen oder fortzusetzen.[247] Dem Gewerbetreibenden stand die Befugnis zu, sowohl in den Städten als auch auf dem Land in ganz Preußen sein Gewerbe zu betreiben.[248] Weder die Mitgliedschaft in einer Zunft

---

245 Edikt über die Einführung einer allgemeinen Gewerbe-Steuer. Vom 28sten Oktober 1810 (Gewerbesteueredikt). Gesetz-Sammlung für die königlichen preußischen Staaten 1810, S. 79-94.

246 Verordnung Nr. 3 der Königl. Preuß. Regierung von Pommern. Amts-Blatt der Königlichen Pommerschen Regierung 1814, S. 2; Henning, Bd. 2, S. 63.

247 Verordnungen Polizei-Angelegenheiten Nr. 205 und Nr. 452, Das Gewerbesteuer-Edict vom 2ten Novembr 1810 betreffen. Amts-Blatt der Königlichen Regierung von Pommern 1813, S. 273 und 528.

248 Grotefend, S. 175; § 16 Gewerbesteueredikt:
„Ein Gewerbeschein giebt demjenigen, auf welchen er lautet, das Recht, in dem ganzen Umfange Unserer Staaten, sowohl in den Städten als auf dem platten Lande, das in demselben benannten Gewerbe und auf die bestimmte Zeit zu treiben, und von der Behörden dabey geschützt zu werden."

noch die Qualifikation war hierfür grundsätzlich eine Bedingung.[249] Nur bei Gewerben, wo bei unsachgemäßer Handhabung eine Gefahr für die Öffentlichkeit ausgehen konnte oder die Unbescholtenheit erforderlich war, musste der Nachsuchende zuvor den Besitz der erforderlichen Eigenschaften nachweisen.[250] Dazu enthielt § 21 Gewerbesteueredikt eine abschließende Aufzählung von Berufen.[251] Weiterhin beinhaltete das Gewerbesteueredikt eine Aufzählung von Personen und Berufsgruppen, die nicht verpflichtet waren einen Gewerbeschein zu besitzen. Gemäß § 5 Gewerbesteueredikt waren dies unter anderen Staats- und Kommunalbeamte, Aufseher, Gehilfen und Arbeiter in Fabriken. Hiervon wurde durch das *„Gesetz über die polizeilichen Verhältnisse der Gewerbe, in Bezug auf das Edikt vom 2ten November 1810, wegen Einführung einer allgemeinen Gewerbesteuer. Vom 7ten September 1811“* (Gewerbegesetz) für Militärpersonen Ausnahmen gemacht.[252] Auch mit einem Gewerbeschein durften diese gemäß § 3 Gewerbegesetz kein Gewerbe betreiben. Um eine möglichst hohe Gewerbesteuer zu erzielen, konnten auch Ausländer für ihr Geschäft einen Gewerbeschein lösen. Dieser war gemäß § 154 Gewerbesetz nicht notwendig für Einkäufe auf Jahr- und Wochenmärkten. Wollten die Ausländer dagegen auch in Preußen Waren verkaufen oder Kommissions-, Speditions- und Wechselgeschäfte betreiben, musste ein Gewerbeschein bezogen werden.[253] Ein Gewerbe-

---

249 Schulze, S. 11; § 2 Gewerbesteueredikt:
„Der Gewerbeschein giebt demjenigen, auf dessen Namen er ausgestellt ist, die Befugniß, ein Gewerbe fortzusetzen oder ein neues anzufangen. Eins und das andere, ohne Gewerbeschein, ist strafbar, und wer sich dessen schuldig macht, verfällt in eine Geldstrafe, welche dem sechsfachen Werthe der von ihm jährlich zu bezahlenden Steuer gleich ist.“

250 Simon, Bd. I, S. 146. Dazu gehörten unter anderen Gast- und Schankwirte, Bauhandwerker, Schornsteinfeger, Feldmesser und Lotsen.

251 § 21 Gewerbesteueredikt:
„Zu diesen gehören jedoch nur
Abdecker
Aerzte und Wundärzte aller Art,
Apotheker und Laboranten,
Berg-Geschworene,
Dollmetscher und Uebersetzer, Behufs gerichtlicher und gewerblicher Geschäfte,
Feldmesser, Nivellirer und Markscheider,
Gast- und Schank-Wirthe aller Art, einschließlich derer die gewerbweise meublirte Zimmer halten, Schlafstellen vermiethen und sitzende Gäste haben,
Gesindemäkler,
Güterbestätiger und Schaffner,
Hebammen,
Justiz-Kommissarien, Notarien, Procuratoren,
Juwelirer, Gold- und Silber-Probirer,
Lohnlakaien (...).“

252 Gesetz über die polizeilichen Verhältnisse der Gewerbe, in Bezug auf das Edikt vom 2ten November 1810, wegen Einführung einer allgemeinen Gewerbesteuer. Vom 7ten September 1811 (Gewerbegesetz). Gesetz-Sammlung für die königlichen preußischen Staaten 1811, S. 263-280.

253 § 155 Gewerbegesetz:

schein durfte gemäß § 27 Gewerbesteueredikt erst nach Zahlung von mindestens dem vierteljährigen Satz der Gewerbesteuer ausgehändigt werden.[254] Ausländer, die sich nur kurz in den preußischen Staaten aufhielten, mussten dann nicht für das ganze Jahr die Gewerbesteuer entrichten, sondern lediglich für das betreffende Vierteljahr.[255] Alle bisherigen Abgaben zu Lasten der Gewerbetreibenden wurden mit der Gewerbesteuer aufgehoben.[256] Nach § 1 Gewerbegesetz war auch weiterhin zur Ausübung eines Gewerbes das Bürgerrecht notwendig, wenn dies nach den allgemeinen Gesetzen oder örtlichen Statuten bisher ebenfalls vorgeschrieben war.[257]

Der Gewerbeschein konnte gemäß § 7 Gewerbesteueredikt nur für ein Gewerbe und eine Person ausgestellt werden. Eine Person konnte gemäß § 79 Gewerbegesetz aber mehrere Gewerbe nebeneinander betreiben. Sie musste aber für jedes Gewerbe einen neuen Gewerbeschein beantragen.[258] Grund hierfür war, dass dann diese Person auch mehrfach die Gewerbesteuer zu zahlen hatte. Dies war gemäß § 9 Gewerbesteueredikt nicht nötig, wenn der Handwerker oder Fabrikant mit seinen eigenen hergestellten Produkten Handel treiben wollte. Das Recht mit seinen eigenen hergestellten Waren auch zu handeln wurde durch §§ 59-62 Gewerbegesetz näher bestimmt. So konnte der Hersteller an seinem Wohnort in offenen Läden, in Buden sowie auf Märkten seine Produkte anbieten.

Weiterhin fiel die Trennung von gattungsgleichen Gewerben durch die Zünfte weg.[259] Gemäß § 65 Gewerbegesetz sollten für *„Arbeiten gewisser Art“* ein

---

„Ausländer dagegen, welche Jahr- und Wochenmärkte besuchen, um dasselbst Waaren zu verkaufen, oder Commissions-, Speditions- und Wechselgeschäfte zu verrichten, oder Bestellungen auf ihre Waaren zu suchen, müssen Gewerbscheine lösen.“

254 § 28 Gewerbesteueredikt:
„Die Verbindlichkeit zur Bezahlung der Gewerbescheine fängt vom ersten Dezember d.J. an. Sie werden mit dem einvierteljährlichen Betrage beim Empfange des Gewerbescheins und ferner in einvierteljährigen Raten, den ersten September, den ersten Dezember und den ersten März gezahlt.“

255 § 158 Gewerbegesetz:
„Wie weit solche Ausländer wegen einzelner Dienstleistungen, welche sie in den Preußischen Staaten verrichten, zu Abgaben und Lasten zuzuziehen sind, bleibt bei der großen Verschiedenheit der Fälle der angemessenen Beurtheilung der Regierungen zunächst vorbehalten.“

256 Risch, GewO, S. 14.

257 § 10 Instruction wonach die Prüfungen der Maurer-Gesellen, welche Meister zu werden verlangen, geschehen sollen. Vom 14ten Novber 1812. Amts-Blatt der Königlichen Regierung von Pommern 1813, S. 18 und § 11 Instruction wonach die Prüfungen der Zimmergesellen, welche Meister zu werden verlangen, geschehen soll. Vom 14ten Novber 1812. Amts-Blatt der Königlichen Regierung von Pommern 1813, S. 23

258 Verordnung Polizei-Angelegenheit das Gewerbesteuer-Edikt vom 2ten November 1810 betreffend vom 29sten Novembr. 1813. Amts-Blatt der Königlichen Regierung von Pommern 1813, S. 528.

259 Gebhardt, S. 349. Als Beispiel führte das Gewerbesteueredikt Tischler und Schumacher an, die aufgrund des Gewerbescheines jetzt auch Stühle und Pantoffeln herstellen durften.

Gewerbeschein möglichst allgemein ausgestellt werden, um *„alle kleinlichen Gewerbeunterschiede zu vermeiden."* So sollten zum Beispiel Bäcker, Kuchenbäcker und Pfefferkuchenbäcker gemäß § 66 Gewerbegesetz einen einheitlichen Gewerbeschein erhalten. Damit wurde die bisher durch die Zünfte geprägte kleinliche Einteilung der Gewerbe aufgegeben und bisher willkürlich getrennte Gewerbe wurden zusammengeführt. In dem Gewerbeschein für einen Wagenbauer wurden 11 Gewerbe vereinigt. In dem Gerbergewerbeschein wurde gemäß § 67 Gewerbegesetz sechs bisher durch die Zünfte getrennte Gewerbe zusammengeführt.[260] Damit verloren die Zünfte weiter an Bedeutung.[261] Von der Zusammenlegung von Gewerben waren viele verschiedene Gewerbe betroffen, so unter anderen das Schuhmachergewerbe, das Webergewerbe einschließlich der Tuchfertigung, das Schneidergewerbe und das Böttchergewerbe.[262] Des Weiteren fand eine Zusammenlegung auch aufgrund des zu verarbeitenden Grundstoffes statt, zum Beispiel für alle Holzarbeiten wurde ein einheitlicher Gewerbeschein ausgegeben.

Das Gewerbegesetz unterschied auch zwischen stehenden und umherziehenden Gewerbe. Für die umherziehenden Gewerbe war für die Erteilung eines Gewerbescheines eine Genehmigung der Provinzregierung einzuholen.[263] Die Genehmigung war gemäß § 146 Gewerbegesetz zu erteilen, wenn die Behörde von der Zuverlässigkeit und der Redlichkeit des Gewerbetreibenden ausging.[264] Sollte sich das Absatzgebiet auf mehrere Departments erstrecken, so mussten die Gewerbetreibenden bei jeder der betreffenden Provinzregierungen um eine Genehmigung nachsuchen. Sollte eine Genehmigung für den Umfang des gesamten preußischen Staates benötigt werden, war hierfür das allgemeine Polizei-Department zuständig. Bei Versagung der Genehmigung stand dem Betroffenen der Rekurs an die nächsthöhere Polizeibehörde zu.

Die Genehmigung sowie die zugrunde liegenden Zeugnisse und Bescheinigungen waren gemäß § 152 Gewerbegesetz stempel- und kostenfrei auszufertigen. Keinesfalls wollte die preußische Regierung die Gewerbesteuer, die mit dem Gewerbeschein verbunden war, durch weitere Abgaben direkt oder indirekt erhöhen.

---

260 § 67 Gewerbegesetz:
„Rothgerber, Weißgerber, Korduaner, Saffianfabrikanten, Lederthauer Pergamentmacher erhalten nur einerlei Gerbergewerbeschein, und können darauf jede Art von Leder bereiten."

261 Oeffentlicher Anzeiger des Amts-Blatts der Köngl. Pommerschen Regierung 1812, S. 271.

262 Oestmann, S. 248.

263 § 135 Gewerbegesetz:
„Personen, die umherziehend ein Gewerbe treiben, soll der Gewerbeschein nur gegen Vorlegung einer Genehmigung der Regierung ertheilt werden."

264 Roscher, Nationalökonomik des Gewerbefleißes und Handels, Bd. II, S. 38.

Gemäß §§ 10, 11 Gewerbesteueredikt war der Gewerbeschein vor jeder Behörde und bei Gericht vor jeder Verhandlung vorzuzeigen. Auch die Polizeibehörden und die *„Consumtions-Steuer-Rendanten“* waren verpflichtet, von jedem Gewerbetreibenden dessen Gewerbeschein vorlegen zu lassen.

Dieser hatte eine Gültigkeit von einem Jahr[265] und er war jeder Person zu erteilen, die einen rechtlichen einwandfreien Lebenswandel nachweisen konnte.[266] Gemäß § 17 Gewerbesteueredikt stand keiner Korporation und keinem Einzelnen ein Widerspruchsrecht, gleich aus welchem Grund, gegen die Erteilung eines Gewerbescheines zu. Das Gewerbesteueredikt ging sogar noch darüber hinaus, und bestimmte, dass die Gewerbefreiheit nicht beschränkt und die Ausübung eines Gewerbes nicht versagt werden durfte. Gemäß § 18 Gewerbesteueredikt war der Inhaber eines Gewerbescheins lediglich den örtlichen Polizeiverordnungen unterworfen.[267] Diese durfte aber nur solche Beschränkungen aussprechen, die zur Aufrechterhaltung einer *„guten Polizey“* und allen anderen allgemeinen Gesetzen erforderlich war.[268] Weitere Einschränkungen bestanden für den Handel mit Salz, Spielkarten und Stempelpapier sowie für den Betrieb von einer Privatpost oder Privatlotterie.[269] Diese Gewerbe unterlagen der Genehmigung von bestimmten *„competenten Behörden“*.

Für Ärzte und Wundärzte aller Art, Apotheker, Laboranten sowie Tierärzte durfte der Gewerbeschein nur aufgrund eines Zeugnisses der Provinzregierung aus-

---

265 Schönberg, Finanzwissenschaft und Verwaltungslehre, Bd. 3, S.282; § 12 Gewerbesteueredikt: „Die Gewerbescheine werden in der Regel auf ein Jahr ausgefertigt, nämlich vom ersten Junius des einen, bis zum letzten Tage im May des folgenden Jahres, und find nur für diesen Zeitraum gültig. Ein jeder Gewerbetreibende muß daher zur bestimmten Zeit vor dem ersten Junius einen neuen Gewerbeschein auf das folgende Jahr nachsuchen. Fängt Jemand im Laufe eines Jahres ein Gewerbe an, so muß er gleichfalls sogleich einen Gewerbeschein lösen und die Steuer für das Vierteljahr, in welchem er sein Gewerbe beginnt, bezahlen, nämlich resp. vom ersten Junius bis zum letzten August, und vom ersten September bis zum letzten November usw.“

266 § 19 Gewerbesteueredikt:
„Im Allgemeinen darf niemandem der Gewerbeschein versagt werden, welcher ein Attest der Polizey-Behörde seines Orts über seinen rechtlichen Lebenswandel beibringt.
Minderjährige müssen indessen die Einwilligung ihrer Aeltern oder Vormünder, Ehefrauen die ihrer Ehemänner; Staatsdiener die ihrer Dienstvorgesetzten; in Privatdiensten stehende Personen die ihrer Lohnherren beibringen.“

267 Verordnungen Polizei-Angelegenheiten. Amts-Blatt der Königlichen Pommerschen Regierung 1814, S. 270-272.

268 Kroeschell, S. 32.

269 Wegen Verpflichtung der Lotterie-Collecteurs zur Lösung eines Gewerbescheins, Amts-Blatt der Königlichen Pommerschen Regierung 1814, S. 271; Erlaß des Finanzministers an die Regierung zu N., betreffend die Steuerpflichtigkeit der Lotteriekollekteure, vom 6. Oktober 1826, S. 43. Abgedruckt bei Gesetz wegen Entrichtung der Gewerbesteuer vom 30. Mai 1820, nebst dazu ergangenen erläuternden, ergänzenden und abändernden Gesetzen, Ausführungsanweisungen und sonstigen Bestimmungen, S. 43-44.

gestellt werden.[270] Auch für Teile der Organe der Rechtspflege durfte der Gewerbeschein nur nach Vorlage ihrer Patente oder eines Erlaubnisscheins des Oberlandesgerichtes der Provinz erteilt werden.[271] Ferner mussten Architekten, Mühlenbaumeister, Schiffszimmerleute, Hauszimmerleute, Maurer-, Röhr- und Brunnenmeister zur Erlangung des Gewerbescheins ein Zeugnis der Provinzialregierung über ihre Eignung beibringen. Die Zeugnispflicht bestand gemäß § 95 Gewerbegesetz nur für Gewerbetreibende, die das Gewerbe in der Selbständigkeit beginnen wollten. Gewerbetreibende, die bereits ihr Gewerbe selbständig ausübten, mussten ihre Befähigung dazu nicht noch mal durch ein Zeugnis nachweisen.

Für das Zeugnis musste eine Prüfung abgelegt werden. Dazu sollten in den gewerbereichsten Städten Preußens Kommissionen gebildet werden. Mit der Bildung der Kommissionen wurden gemäß § 99 Gewerbegesetz die Provinzialregierungen unter Genehmigung des Gewerbedepartments beauftragt.[272] Für das Schornsteinfegergewerbe wurde gemäß § 104 Gewerbegesetz von dem Grundsatz der Gewerbefreiheit eine weitere Ausnahme gemacht. Aus Sicherheitsgründen, und da die Schornsteinfeger für die *„ordentliche Ausübung ihres Handwerks verantwortlich waren"*, wurden die Kehrbezirke beibehalten.

Weiteren Einschränkungen unterlagen ebenfalls die Mäkler sowie alle Berufe, die mit der Quantität und Qualität von Waren oder deren richtigen Verpackung sich beschäftigten.[273] Gemäß § 121 Gewerbegesetz mussten weitere Gewerbetreibende bei den Provinzregierungen oder den Oberlandesgerichten angestellt sein. Dies betrafen unter anderen das Auktionsgewerbe, Dolmetscher und Übersetzer sowie Schreib- und Rechenmeister.

Die Gewerbescheine wurden von den Provinzregierungen der Departments ausgegeben. Ein Muster war dem Gewerbesteueredikt als Beilage angeheftet. Die Regierungen bestimmten gemäß § 23 Gewerbesteueredikt auch die Höhe des Gewerbesteuersatzes, dessen Rahmen das Gewerbesteueredikt vorgab. Die Fest-

---

270 Geron, S. 201/202. Gemäß § 89 Gewerbegesetz musste sich das Zeugnis darauf erstrecken, dass die Gewerbetreibenden zur Ausübung ihres Geschäftes geeignet sind.

271 Dies betraf gemäß § 90 Gewerbegesetz Justizkommissarien, Notarien und Prokuratoren.

272 Instruction wonach die Prüfungen der Maurer-Gesellen, welche Meister zu werden verlangen, geschehen sollen. Vom 14ten Novber 1812. Amts-Blatt der Königlichen Regierung von Pommern 1813, S. 13-18 und Instruction wonach die Prüfungen der Zimmergesellen, welche Meister zu werden verlangen, geschehen soll. Vom 14ten Novber 1812. Amts-Blatt der Königlichen Regierung von Pommern 1813, S. 18-23

273 § 113 Gewerbegesetz:
„Güterbestätiger, Schaffner, Messer, Wäger, Braker, Schauer, Stauer, überhaupt alle, welche öffentlich bestellt sind, die Quantität und Qualität der Waaren oder deren richtige Verpackung zu befunden, dürfen nur auf Qualifikations-Atteste der örtlichen Polizeibehörde Gewerbescheine erhalten."

setzung konnte der Betroffene nicht gerichtlich überprüfen lassen, lediglich das Rechtsmittel der Beschwerde stand ihm zu.[274]

Die Polizei oder der Landrat musste alljährlich für die zuständige Regierung ein Nachweisverzeichnis der in ihrem Distrikt vorhandenen Gewerbetreibenden erstellen. Dieser Nachweis musste gemäß § 25 Gewerbesteueredikt den Vor- und Zunamen des Gewerbetreibenden, die Art des Gewerbes, Bemerkungen über den Umfang des Gewerbes und ein Gutachten über den anzuwendenden Steuersatz enthalten. Der Magistrat, Landrat und die Beamten waren für die Richtigkeit des Nachweises verantwortlich.[275]

Die bisherige Zwangsmitgliedschaft in einer Zunft wirkte wie in einem Kartell. Sie war faktisch eine Vorbedingung für die Aufnahme in die Verbindung der ausschließlich zünftigen Meister.[276] Die Zünfte sollten nicht aufgehoben werden, aber ihre öffentlich-rechtliche Struktur und ihre kartellartige Eigenschaft fiel weg und damit ihre Hoheitsrechte.[277] Durch das Gewerbesteueredikt und das Gewerbegesetz wurden die Zünfte damit zu Gewerbevereinen herabgestuft.[278] Der 8. Abschnitt Teil I, Tit. II des ALR wurde für die jetzigen privatrechtlichen Gewerbevereine für anwendbar erklärt.[279] Lediglich die entgegenstehenden Bestimmungen des allgemeinen Landrechts und sonstiger Verordnungen wurde gemäß § 31 Gewerbesteueredikt aufgehoben.[280]

Wer bisher ein zunftfreies Gewerbe betrieb, brauchte auch nach § 6 Gewerbegesetz zukünftig keiner Zunft beitreten.[281] Weiterhin durfte jedes Zunftmitglied

---

274 § 24 Gewerbesteueredikt:
„Wenn jemand über die Höhe oder die Unrichtigkeit der angesetzten Gewerbesteuer Grund zur Beschwerde zu haben glaubt, so bringt er solche bei den Regierungen an. Diese lassen die Beschwerde untersuchen, prüfen solche, und bescheiden den Beschwerdeführenden.
Der Weg Rechtens findet dabei nicht Statt."

275 § 26 Gewerbesteueredikt:
„Magisträte, Landräthe und Beamten sind für die Richtigkeit der Nachweisungen verantwortlich, und haben solche sowohl in Absicht der Vollständigkeit, als der Richtigkeit der Bemerkungen über den Umfang des Gewerbes zu vertreten."

276 Heréus, S. 8; Brand, Bd. 2, S. 42.

277 Meyer, S. 377; Verordnung Nr. 3 vom 24sten Januar 1811 der Königl. Preuß. Regierung von Pommern, Amts-Blatt der Königlichen Regierung von Pommern 1811, Bd. 1, S. 2.

278 Edikt über die Finanzen des Staats und die neuen Einrichtungen wegen der Abgaben u.s.w. vom 27. Oktober 1810. Abgedruckt in: Gesetz-Sammlung für die königlichen preußischen Staaten 1810, S. 27. Brand, Bd. 2, S. 29.

279 ALR, 2. Teil, 8.Tit..

280 Greizenach, Der deutsche Rechtsfreund, S. 29 f.

281 § 10 Instruction wonach die Prüfungen der Maurer-Gesellen, welche Meister zu werden verlangen, geschehen sollen. Vom 14ten Novber 1812. Amts-Blatt der Königlichen Regierung von Pommern 1813, S. 18 und § 11 Instruction wonach die Prüfungen der Zimmergesellen, welche

gemäß § 14 Gewerbegesetz die Zunft jederzeit verlassen.[282] Weiterhin durfte sich jede Zunft durch einfachen Mehrheitsbeschluss der Meister selbst auflösen.[283] Der Zunftvorsteher war verpflichtet, diesen Beschluss sofort dem Magistrat zur Genehmigung vorzulegen. Die Genehmigung des Auflösungsbeschlusses war gemäß § 21 Gewerbegesetz zu versagen, wenn die Schulden durch das Vermögen der Zunft nicht gedeckt wurden. Ansonsten durfte der Magistrat die Genehmigung nicht verweigern.[284] Im Fall der Auflösung, war das gemeinschaftliche Vermögen zunächst zur Schuldentilgung zu verwenden und der Rest konnte unter den übrigen Zunftmitgliedern verteilt werden. Auch eine Verwendung zu gemeinnützigen Zwecken konnte beschlossen werden.[285] Es kam infolge des Gewerbegesetzes mehrfach zu Auflösungen von Zünften. Diese wurden zumeist im öffentlichen Anzeigenteil des Amtsblattes der jeweiligen Provinzregierung bekannt gegeben.

> *„Die schuldenfreien Gewerke der Schuhmacher und Schneider zu Ratzebuhr haben es vortheilhaft gefunden, sich selbst aufzulösen, welches hiedurch zur Nachfolge bekannt gemacht wird. Stargard den 15ten August 1812. Köngl.Preuß. Regierung von Pommern.“*[286]

Des Weiteren konnte die Landespolizeibehörde zu jeder Zeit eine Zunft auflösen. Auch das Gegenteil konnte gemäß § 31 Gewerbegesetz angeordnet werden. So war die Landespolizei befugt in besonderen Fällen und zu gemeinnützigen Zwecken, Gewerbetreibende zum Zusammenschluss in eine Korporation zu zwingen. Damit war jeder verpflichtet, dieser Korporation beizutreten, so lange er dieses Gewerbe betrieb.

Meister zu werden verlangen, geschehen soll. Vom 14ten Novber 1812. Amts-Blatt der Königlichen Regierung von Pommern 1813, S. 23.

282 § 15 Gewerbegesetz:
„Die Entsagung muß jedoch dem Aeltermann oder Altmeister schriftlich angezeigt werden.“

283 Kulischer, S. 446; Oeffentlicher Anzeiger des Amts-Blatts der Köngl. Pommerschen Regierung 1812, S. 271.

284 § 23 Gewerbegesetz:
„Findet er jedoch dabei Bedenken, so muß er gemeinschaftlich mit der örtlichen Polizeibehörde deshalb unverzüglich an die Provinzialregierung berichten und deren Entscheidung erbitten.“

285 § 25 Gewerbegesetz:
„Was sodann etwa übrig bleibt, wird in so fern freies Eigenthum der Mitglieder, als bei dem Gewerke keine Bankgerechtigkeiten vorhanden sind, zu deren Ablösung es nach § 39. dieser Verordnung verwandt werden muss.“
§ 26 Gewerbegesetz:
„Das Gewerk kann durch Stimmenmehrheit unter Genehmigung des Magistrats diesen Ueberschuß zu gemeinnützigen Zweck bestimmen.“

286 Oeffentlicher Anzeiger des Amts-Blatts der Köngl. Pommerschen Regierung 1812, S. 271.

Ausschließliche, vererbliche und veräußerliche Gewerbeberechtigungen in den Städten waren gemäß § 32 Gewerbegesetz iVm § 17 Gewerbesteueredikt abzulösen.[287] Die Stadtverordnetenversammlung musste den Preis schätzen, den die abzulösende Gewerbeberechtigung an einem Stichtag hatte.[288] Die Entschädigung wurde aus einem Ablösefonds gezahlt.[289]

Gemäß § 52 Gewerbegesetz stand das Braurecht sowie das Recht Branntwein herzustellen grundsätzlich jedem Grundbesitzer zu, dessen landwirtschaftliche Taxe einen Wert von 15.000 Reichstalern betrug.[290]

In Preußen wurde das Gewerberecht von jeher dem öffentlichen Recht zugeordnet.[291] Die zivilrechtliche Seite war in der Vertragsfreiheit begründet.[292] Die durch den Zunftzwang geschaffenen ausschließlichen Gewerbeberechtigungen wurden abgelöst. Auch die gebräuchlichen polizeilichen Taxen für Lebensmittel, Kaufmanns- und Backwaren wurden gemäß § 161 Gewerbegesetz aufgeho-

---

287 Verordnung Nr. 3 vom 24sten Januar 1811 der Königl. Preuß. Regierung von Pommern, Amts-Blatt der Königlichen Regierung von Pommern 1811, Bd. 1, S. 2.

288 § 36 Gewerbegesetz:
„Die nach § 34.35 aufzunehmende Taxe bezieht sich unbedingt bloß auf den Werth der Gewerbsberechtigung. Ist es demnach auch bisher üblich gewesen, Häuser oder Geräthschaften in Verbindung damit zu verkaufen: so muß dennoch der Werth derselben sorgfältig abgesondert werden."

289 § 39 Gewerbegesetz:
„Für jedes, auf die nach § 32.33 abzulösenden Berechtigungen gegründete Gewerk besonders wird ein Ablösungsfonds gebildet. Diesen besteht aus dem gemeinschaftlichen Vermögen des Gewerks, nach Abzug der darauf haftenden Schulden; aus einem jährlichen Einkommen von anderthalb Procent des Werths sämmtlicher zubehöriger Berechtigungen nach der Taxe § 34 bis 37. aus den durch die Ablösungen ersparten Zinsen."

290 Risch, GewO, S. 41; Verordnung Nr. 17 vom 1sten October 1811 der Königl. Preuß. Regierung von Pommern, Amts-Blatt der Königlichen Regierung von Pommern 1811, Bd. 1, S. 170, Verordnungen Polizei-Angelegenheiten Nr. 219 vom 9. Juni 1814 der Polizei-Deputation der Königl. Preuß. Regierung von Pommern, Wegen Verbots des Hausirens mit Branntwein, Amts-Blatt der Königlichen Pommerschen Regierung 1814, S. 271; § 53 Gewerbegesetz:
„Doch soll es auch von Grundbesitzern ausgeübt werden dürfen, die nachweisen, daß sie als Eigenthümer oder Erbpächter ein Grundvermögen besitzen, welches nach landwirtschaftlicher Taxe einen Werth von 15.000 Rthlr. hat. (...)."

291 Es entbrannte ein Streit darüber, ob die Kompetenz als ein Verwaltungshandeln aufgefasst werden soll oder aber ob es eine Justizangelegenheit sein sollte. Da eine Schmälerung der Rechtsprechung nicht tragbar war, wurde es als ein Verwaltungshandeln qualifiziert. Vergleiche dazu auch Brand, Bd. 2, S. 159.

292 Verordnung Nr. 4 vom 12sten Februar 1811 der Königl. Preuß. Regierung von Pommern, Amts-Blatt der Königlichen Regierung von Pommern 1811, S. 3 und Allerhöchste Kabinetsorder vom 19ten April 1813, betreffend die zwischen verschiedenen Kontrahenten bestehenden Verträge, welche die gesetzlich gegebene Gewerbefreiheit beschränken, Quelle: Gesetz-Sammlung für die preußischen Staaten 1813, S. 69.

ben.[293] Gastwirte mussten in ihren Gaststuben die Preise anschlagen und diese für einen Monat beibehalten.

Darüber hinaus wurden alle Lohntaxen für Handwerkerarbeiten gemäß § 163 Gewerbegesetz vollkommen aufgehoben.[294] Taxen, welche den Preis für die Waren oder den Lohn vorgaben, mussten nicht mehr beachtete werden und wurden damit zwecklos. § 8 Gewerbegesetz legte fest:

> *„Die Festsetzung der Verhältnisse zwischen den selbständigen Gewerbetreibenden und ihren Gesellen, Gehilfen und Lehrlingen ist Gegenstand freier Übereinkunft."*[295]

Den zunftfreien Gewerbetreibenden war es ebenso wie ihren zünftigen Kollegen gestattet, Lehrlinge und Gesellen zu beschäftigen.[296] Damit wurde das Problem autark, dass die Gewerbefreiheit nicht durch private Verträge wieder preisgegeben werden durfte.[297] Auch die Lehrzeit, Lehrgeld, Dauer des Dienstes, Lohn, Kost und Logie unterlagen ebenfalls nur der freien Übereinkunft.[298] Wenn im Vertrag keine Regelung enthalten war, bestimmte § 9 Gewerbegesetz, dass das galt, was ortsüblich war. Bei Streitigkeiten, über das was als ortsüblich angesehen wurde, entschied gemäß § 10 Gewerbegesetz die Polizeibehörde. Was jedoch ortsüblich war, konnte die Polizeibehörde nur anhand der bisherigen Zünfte und ihren Taxen bestimmen. Damit galten aber die Zunftregeln weiter und wurden durch die Polizeibehörden auf die unzünftigen Gewerbe angewandt.

Das Experiment, die Gewerbefreiheit in allen preußischen Territorien einzuführen, zeigte, dass dies nicht reibungslos verlaufen sollte.[299] Die über Jahrhunderte geltenden alten Gewohnheitsrechte, die dann zum Teil in Gewerbegesetze Ein-

---

293 Böhle, S. 62. Nur die Gasthäuser mussten sich einer polizeilichen Klasseneinteilung, welche von der 1. bis zur 3. Klasse reichte, unterwerfen.

294 Nur bezüglich der Mahlmüller blieb es bei den Regelungen der Mühlenordnung vom 28. Oktober 1810.

295 Hedemann, S. 5; Pierenkemper, Industriegeschichte Oberschlesiens im 19. Jahrhundert, S. 134.

296 Brand, Bd. 2, S. 45; § 18 Gewerbegesetz:
„Zünftige Gesellen dürfen ohne Nachtheil an ihren Zunftrechten auch bei Unzünftigen arbeiten."

297 Reindl, S. 3; Brunner, Grundzüge der deutschen Rechtsgeschichte, S. 253.

298 Risch, GewO, S. 29.

299 Gebhardt, S. 349; Brand, Bd. 2, S. 11.

gang fanden,[300] konnten nicht einfach dadurch beseitigt werden, indem man deren gesetzliche Grundlage aufhob.[301]

Die gedachte Selbststeuerung der Gesellschaft, welche die Gewerbefreiheit hervorrufen sollte, gelang nur in bescheidenem Maße. Vor allem in den östlichen Provinzen Preußens, die von der Landwirtschaft und der Verlagsindustrie geprägt war, ging diese Entwicklung nahezu unbemerkt vorüber.[302] Hier war man noch allzu sehr in der staatssozialistisch merkantilistischen Denkstruktur verhaftet und man achtete beflissentlich darauf, dass Recht immer auch mit Gerechtigkeit im Sinne des Gemeinwohls einherging.[303] Das Gewerbesteueredikt und das Gewerbegesetz konnten sich deshalb hier kaum durchsetzen.

In den stärker industrialisierten Landesteilen und in Berlin setzte sich die Gewerbefreiheit schneller durch. Mit der Gewährung der vollkommenen Vertragsfreiheit, die sowohl die Abschlussfreiheit als auch die inhaltliche Gestaltungsfreiheit umfasste, änderte sich die Einstellung in der Gesellschaft zu der neu errungenen Freiheit.[304]

Es galt der Grundsatz, alles war erlaubt, was nicht verboten war. Aber auch die Aufhebung der Lohntaxen durch das Gewerbegesetz stellte die preußische Regierung vor neue Probleme. So wurde bisher mittels der Lohntaxe ein Lohndumping unterbunden, gleichzeitig ein Mindestlohn garantiert und die Abführung der Sozialabgaben sichergestellt. Die Lohntaxen waren mit einem heutigen Tarifvertrag vergleichbar, der alle sozialen Leistungen enthielt und von Meistern und Gesellen ausgehandelt wurde.[305] Die Einführung der Gewerbefreiheit führte in Preußen zu einer sehr starken sozialen Abstufung.[306] Die Zünfte betrieben dabei bisher einen internen Ausgleich und hatten damit eine systemstabilisierende Funktion, mit deren Hilfe sich die öffentliche soziale Unterstützung für die Mit-

300 So im Großherzogthum Sachsen-Weimar-Eisenach mit dem Gesetz über die Innungen und Zünfte und die Beobachtung allgemeiner Innungs-Artikel vom 15. Mai 1821 (ZunftG), abgedruckt im: Großherzoglich Sachsen-Weimar-Eisenachisches Regierungsblatt 1821, S. 617-670.

301 Die Einführung der vollkommenen Gewerbefreiheit gelang nicht einmal in Frankreich. Auch dort sah man sich gezwungen, durch die Einführung der Prud`hommes wieder an das Ançien Régime anzuknüpfen.

302 Stieda, Hausindustrie, S. 65.

303Risch, GewO, S. 28.

304 Allerhöchste Kabinetsorder vom 19ten April 1813, betreffend die zwischen verschiedenen Kontrahenten bestehenden Verträge, welche die gesetzlich gegebene Gewerbefreiheit beschränken, Quelle: Gesetz-Sammlung für die preußischen Staaten 1813, S. 69.

305 Brand, Bd. 2, S. 39.

306 Böhme, Sozial- und Wirtschaftsgeschichte, S. 35.

glieder minimierte.[307] Mit Einführung der Gewerbefreiheit fiel diese Funktion weg.[308]

Die Zünfte verfügten über Jahrhunderte hinweg mit ihren Statuten über eigene Gesetze. Diese wurden, zumindest offiziell, nicht mehr von der Obrigkeit anerkannt. Vielmehr sollten alleinig die jetzigen obrigkeitlichen Gesetze und Erlasse die einzigen gesetzlichen Regelungen bilden.[309] Auf gar keinen Fall wollte die preußische Regierung, dass neue Zusammenschlüsse entstanden und wie bisher die Zünfte eigene gesetzliche Regelungen erließen. Die politischen Bestrebungen gingen dahin, den Zünften wie auch den gewerblichen Arbeitern keine eigene Sonderordnung zuzubilligen. Gerade die Arbeiterschaft drängte aber dazu, sich zusammenzuschließen und eigene Regelungen zu begründen. Hinzu kam ein rasches Bevölkerungswachstum, das zu einem Überangebot an Arbeitskräften führte. Um der Arbeiterschaft keinerlei Anlass zu geben, wurde strikt gegen jede Autonomiebestrebung der Handwerker vorgegangen.[310]

a. Zur Lenkungsfunktion der Zünfte und des ALR

Die Aufhebung des öffentlich-rechtlichen Status der Zünfte, hatte auch gleichzeitig ihre obrigkeitliche Sanktionsgewalt wegfallen lassen. Das ALR war dafür nicht geschaffen, diese Regelungslücke auszufüllen. Die Macht der Gewohnheit und der Glaube an den alten Brauch, füllten diese Lücke mehr schlecht als recht aus. Bei normalen Arbeitsverträgen setzte sich bald die Anwendung des ALR, trotz seines zünftigen Grundtons, durch.[311] Im Verlag hingegen war die Rechtsbeziehung zwischen Meistern und Verlegern sowie zwischen den Verlegern untereinander komplizierter ausgestaltet.[312] Das Zunft- und Gewohnheitsrecht war weniger ausgeprägt. Die vertraglichen Beziehungen waren mit in die zünftigen und polizeilichen Regelungen integriert.[313] Die Gewerbefreiheit brachte den Verlegern jetzt grundlegende Probleme. Konnten sie bisher mittels der zünftigen

---

307 StA Berlin, Nr. 1901-1.

308 Die durch die Rechtsgleichheit geschaffene soziale Ungleichheit war bereits ein Merkmal des Ançien Régime.

309 Verordnungen Polizei-Angelegenheiten Nr. 205 u. Nr. 452, Das Gewerbesteuer-Edict vom 2ten Novembr 1810 betreffen. Amts-Blatt der Königlichen Regierung von Pommern 1813, S. 273 u. 528.

310 In diesem Sinne wurde im Großherzogtum Sachsen-Weimar-Eisenach ein Gesetz vom 15. Mai 1821 über die Innungen und Zünfte erlassen.

311 Brand, Bd. 2, S. 189; Brand, ALR und deutsches Arbeitsrecht oder: der zählebige Wechselbalg, in: Dölemeyer/Mohnhaup, 200 Jahre Allgemeines Landrecht für die preußischen Staaten. Wirkungsgeschichte und internationaler Kontext, S. 453 f.

312 Schmidt, Bd. IV, S. 409 f.

313 Brand, Bd. 2, S. 188, Die für die Massenfertigung typischen Verträge galten als locatio conductio operis.

Ordnung ihre oftmals im Land weit verstreuten Handwerker bzw. Arbeiter unter Kontrolle halten und steuern, so fiel dieses wichtige Instrument für sie weg.[314] Die Wandlung der Zünfte zu privaten Vereinen, ließ deren bisherige Ordnungs- und Erziehungsfunktion wegfallen, mit deren Hilfe die Mitglieder der Zunft durch die Verleger zum Arbeiten angehalten wurden. Selbst in den liberalen Rheinprovinzen Preußens wurde die fehlende häusliche Polizei zur Kontrolle der Verhältnisse zwischen Meistern und Lehrlingen beklagt.[315]

Mit der Gewerbefreiheit standen den Verlegern jetzt nur noch die Regelungen des ALR zur Verfügung. Dies waren im Wesentlichen, neben dem allgemeinen Vertragsrecht des 5. Titels im 1. Teil des ALR, die Bestimmungen des 8. Abschnittes im 11. Titel des ALR. Dazu zählen die §§ 895 ff. Verträge mit gedungenen Handarbeitern und Tagelöhnern, die §§ 920 ff. Verträge mit Handwerkern und Künstlern und die §§ 925 ff. Verträge über ein verdungenes Werk.[316] Diese Regelungen konnten aber keinen Ersatz für die zünftigen Regelungen bieten, da sie zum einen nicht auf die Verhältnisse passten und zum anderen unvollständig waren.[317] Die Ehre, welche mit der Zunft verbunden war, konnte durch eine obrigkeitliche gesetzliche Regelung nicht einfach ersetzt werden.[318] Auch die Zunft selbst konnte bei Schwierigkeiten mit der Abrechnung oder der Qualität der Ware immer als Sachverständiger regulierend eingreifen. Darüber hinaus machte es sich besonders nachteilig bemerkbar, dass der 2. Teil, 8. Titel, 2. Abschnitt als zünftiges Recht nach der Gewerbefreiheit nicht mehr uneingeschränkt anwendbar war. Es kam deshalb dazu, dass noch älteres Recht zur Anwendung kam bzw. das eigentlich aufgehobene Regelungen weiter galten. Auch unterschied das ALR nicht zwischen Zunftmitgliedern und freien Gewerben. Vor allem bei der Verhängung von Verboten durch die Obrigkeit, war dieser unklar, ob sie diese auf die Reichszunftordnung von 1731, auf noch ältere Restriktionen oder auf das ALR stützen sollten.[319] Etwaige Anfragen an das zuständige Ministerium wurden mit der wenig hilfreichen Auskunft beschieden, dass sowohl die Reichszunftordnung als auch das ALR aufgrund der Gewerbefreiheit nicht mehr anwendbar seien. An einer entsprechenden gesetzlichen Regelung würde mit Hochdruck gearbeitet. Man erachtete jedoch die Untersagung von zünftlerischen Bräuchen als schwierig und riet zur Zurückhaltung. Es ist damit offensichtlich, dass die Zunft weiterhin faktische Geltung hatte und auch die meisten Lehrlinge wählten lieber eine zünftige Ausbildung.[320] Neben der Anerkennung der Ausbildung über die Landesgrenzen hinaus war ihnen auch eine soziale Absicherung

314 DZA Merseburg, Gen.-Dir., Fabr.-Dep. CCCLXXVIII, Nr. 131.
315 Brand, Bd. 2, S. 194
316 ALR, 2. Teil, 11.Tit.
317 Krüger, Zur Geschichte der Manufakturen und der Manufakturarbeiter in Preußen, S. 474.
318 Fischer, Quellen des deutschen Handwerks, in: Quellensammlung zur Kulturgeschichte, S. 96.
319 Proesler, S. 54 f.
320 Danninger, S. 24 u. 78.

garantiert. Dies war auch für die Gesellen ein guter Grund, sich einen zünftigen Arbeitergeber zu suchen.[321] Die Meister selber hatten nicht nur Vorteile von der Zunft. Zwar waren sie von der Konkurrenz geschützt, aber ihre gewerbliche Entfaltung wurde auch behindert. Für die unzünftigen Gesellen galten nicht mehr die Regelungen des ALR. So konnten sie sich nicht mehr auf Taxregelungen für Lohn und Kost nach II, 8, § 350 ALR berufen.[322] Des Weiteren fielen auch für sie die Regelungen über die Kranken- und Verpflegungskosten nach II, 8, § 353 ALR sowie über die gegenseitigen Rechte und Pflichten im Arbeitsverhältnis, insbesondere die Regelungen über die Kündigung nach II, 8, §§ 356 ff. ALR, weg. Die Zunft bot den Gesellen und Lehrlingen dagegen viele Vorteile. Die Beibehaltung des zünftigen Arbeitnehmerstandes war in vielen deutschen Territorien daher eine Selbstverständlichkeit. Viele sahen in ihr den letzten Ausweg, sich nicht in die „Lohnsklaverei" begeben zu müssen. Die zünftigen Regelungen sicherten den Gesellen durch ihre umfassenden Regelungen über Lohn, Kost und Logis, Arbeitszeit, Kündigungsgründe und Kündigungsfristen eine gewisse Unabhängigkeit.[323]

In Preußen wurde versucht, die Handwerkerkorporationen zu entmachten. Viele scheuten jedoch davor zurück, die Zünfte vollkommen zu verbieten und offen zu bekämpfen. Sie bestanden in vielen Landesteilen wie eh und je fort. Damit galt auch das zünftige Selbstverständnis ungebrochen weiter. So stellte man in Preußen resigniert fest, dass die Aufhebung des Zunftzwangs mittels des Gewerbesteueredikts nicht zu dem gewünschten Erfolg geführt hatte.[324] Die Gewerbefreiheit hatte sich in manchen Bereichen durchgesetzt, jedoch blieben gleichwohl zünftige Regelungen erhalten. Vielfach kamen ehemalige zünftige Regelungen durch neue obrigkeitliche Reglements wieder zur Anwendung. Hinzu kam, dass vielfach der Ortsgebrauch als das jeweils erstrangige Recht angesehen wurde und das ALR sowie weitere obrigkeitliche Regelungen als subsidiär galten. Das formell in Preußen nicht mehr geltende Zunftrecht, wurde weiterhin praktiziert. Zwar gab es keine offizielle Gleichstellung zwischen Zunft- und Gewohnheitsrecht mit der geltenden Rechtsordnung, aber in der Praxis wurde dies so gehandhabt.[325] Hinzu kam, dass ein ausgeprägtes Misstrauen in die Juristen als Abbild der Obrigkeit bestand.

---

321 Kulischer, S. 446.

322 ALR, 2. Teil, 8.Tit., § 350.

323 Brand, Bd. 2, S. 49.

324 Edikt zur Beförderung der Land-Cultur. Vom 14ten September 1811. Preuß. GS, S. 300; Meyer, S. 377; Protokoll vom 21. November 1827, GStA, Rep. 120, Abt. J I 1, Adh. A Nr. 8, Bl. 63 R ff. Zur Zusammensetzung der Kommission in: Buck, Zur Geschichte der Produktivkräfte und Produktionsverhältnisse in Preußen 1810-1933, Spezialinventar des Bestandes Preußisches Ministerium für Handel und Gewerbe, Bd.1, 2. Teil, S. 223 [Nr. 2849].

325 Steindl in Festgabe für Helmut Coing zum 70. Geburtstag, S. 377.

Die Hauptaufgaben der Zunft waren die berufliche Bildung, eine berufsordnende Funktion und die Gewährleistung einer sozialen Absicherung.[326] Durch die Aufhebung des Zunftzwangs kam das System ins Rutschen und die preußische Regierung versuchte diese Aufgaben neu zu verteilen.

Vielfach wussten die Provinzregierungen nicht mit dem Zunft- und Gewohnheitsrecht umzugehen. In Preußen wurde zumindest offiziell, jegliche zünftige Regelung aufgehoben bzw. verboten. Die gewachsene Tradition sollte am liebsten abgeschafft und als wie nie existent behandelt werden. Die Radikalität, mit welcher in Preußen vorgegangen wurde, führte zu Problemen. Die staatlichen Befugnisse und deren Reichweite mussten neu und bis ins Detail geregelt werden.[327] Zunächst war man davon ausgegangen, dass alleinig durch die Abschaffung der bisherigen Regelungen und die Freiheit der wirtschaftlichen Kräfte selbst eine Regulierung stattfinden wird. Doch wichtige Fragen blieben ungeklärt. So zum Beispiel, inwieweit das ALR jetzt anstelle der zünftigen Regelungen Anwendung finden sollte und ob den bisherigen Inhabern von Gewerbeberechtigungen für den Verlust ihrer Rechte ein Ausgleich gewährt wird. Die Hoffnung der preußischen Regierung an den Erfolg der Gewerbefreiheit war eng mit der Hoffnung von schnellem wirtschaftlichem Wachstum geknüpft.[328] Doch entgegen der Annahme der preußischen Regierung kam es weder zu einem rasanten Wachstum noch machten die Zünfte von ihrem Selbstauflösungsrecht großen Gebrauch.[329] Von allen Seiten bekam die preußische Regierung indes Klagen von den betroffenen Gewerbetreibenden und auch von den Landtagen zu hören. Es wurden die Bildung einer gewerblichen Korporation sowie verbindliche Regelungen für die Gewerbeausübung gefordert.

b. Fabrikordnungen

Vielfach kam es zu dem Wunsch, doch das Gesinderecht auf die Handwerksgesellen und Meister anzuwenden. Dieser Entwicklung trat aber das preußische Ministerium für Gewerbe und Handel und das Ministerium des Inneren entgegen. Sie setzten darauf, dass der Einfluss der Zünfte im Laufe der Zeit weiter

---

326 Instruction wonach die Prüfungen der Maurer-Gesellen, welche Meister zu werden verlangen, geschehen sollen. Vom 14ten Novber 1812. Amts-Blatt der Königlichen Regierung von Pommern 1813, S. 13-18, Instruction wonach die Prüfungen der Zimmergesellen, welche Meister zu werden verlangen, geschehen soll. Vom 14ten Novber 1812. Amts-Blatt der Königlichen Regierung von Pommern 1813, S. 18-23; Nipperdey, Deutsche Geschichte 1800-1866, Bürgerwelt und starker Staat, S. 215.

327 Die Cabintes-Ordre vom 4ten d.M. Nr. 5 und 6, Amts-Blatt der Königlichen Regierung von Pommern 1811, S. 3 u. 4.

328 Edikt zur Beförderung der Land-Cultur. Vom 14ten September 1811. Preuß. GS, S. 300.

329 Risch, GewO, S. 16; Brand, Bd. 2, S. 187; Rohrscheidt, S. 417.

abnahm und schließlich diese ganz verschwinden.[330] Auch gingen zusehends die Fabrikbesitzer dazu über, eigene Regelungen - sogenannte Fabrikordnungen - aufzustellen.

Fabrikordnungen im 19. Jahrhundert enthielten wie im 18. Jahrhundert Vorschriften darüber, wie und wann zu arbeiten war. So wurde geregelt, dass die Türen nach Arbeitsbeginn zu verschließen waren und das Verlassen des Arbeitsplatzes nur mit einer schriftlichen Erlaubnis möglich war. Bei schlechter Arbeit, musste der Arbeiter eine dem Fehler angemessene Strafe über sich ergehen lassen.[331] Entsprechende Verstöße wurden auf einem Anschlagszettel in den Werkstätten publik gemacht.[332] Daneben existierten noch entsprechende Arbeitsordnungen, welche als Vollstreckungsgrundlage für Fehlleistungen des Arbeiters dienten.[333] Die aus der Zunft entnommenen Kranken-, Unfall-, Versorgungs- und Sterbekassen wurden zur Bindung der Arbeiter an den Fabrikherren als Disziplinierungsmittel eingesetzt.[334] So konnte der Ältestenrat oder der Krankenausschuss bei Diebstahl und anderen Vergehen den Betroffenen von der sozialen Führsorge ausschließen oder bis hin zur körperlichen Züchtigung verurteilen. Der patriarchalische Grundgedanke war nur allzu deutlich ersichtlich und hielt sich in den Fabrikordnungen auch trotz Gewerbefreiheit fast das ganze 19. Jahrhundert hindurch.[335] Anders als im Verlag, half die Fabrikordnung den Fabrikanten ihren absoluten Willen durchzusetzen. Aufgrund der dezentralisierten Arbeitsweise im Verlag, war dort die Durchsetzung der Ansprüche der Verleger nicht einfach mit einer „Hausregelung“ zu verwirklichen. Diese ersetze vielfach auch das Gewerbegericht, da ein Streit gar nicht aufkam, da der Arbeiter sowieso gegen die interne Ordnung verstoßen und damit sich bereits schuldig gemacht hatte. Durch diese Privatrechtsordnung war es möglich, die Gewerbefreiheit zu unterwandern und zünftige Regelungen wieder zu verwirklichen.[336] Gerade deswegen wäre eigentlich eine ausgeglichen obrigkeitliche Gesetzgebung gerade hier dringend gewesen. Das ALR galt zwar formell, enthielt aber kaum Regelungen, die der absolutistischen Herrschaft der Fabrikanten hätte Einhalt gebieten können.[337]

---

330 Meyer, 376; Roehl, S. 417, S. 135 ff.; Kamptz, Annalen der Preußischen inneren Staatsverwaltung. Bd. 4 (1820), S. 874 u. Bd. 13 (1829), S. 609f.

331 DZA Merseburg, Gen.-Dir., Fabr.-Dep. CDXXXIX, Nr. 12.

332 DZA Merseburg, Gen.-Dir., Fabr.-Dep. CDXXXIX, Nr. 12 und DZA Merseburg, Gen.-Dir., Man.- u. Com. Coll. CLXXVI, Nr. 20, Vol.I.

333 Fischer, Die Anfänge der Industrialisierung in Baden, S. 357.

334 DZA Merseburg, Gen.-Dir., Kurmark CXV, Sect. o 55, Nr. 4.

335 Sering, S. 81.

336 DZA Merseburg, Gen.-Dir., Fabr.-Dep. CDXXXIX, Nr. 12.

337 Teuteberg, Geschichte der industriellen Mitbestimmung, S. 30; Strobel, Fabrikarbeitsvertrag, S. 143.

Bluntschli beschrieb die Zustände in seinem „Deutschen Privatrecht“ von 1853 so:

> *„Dem Fabrikherrn steht es zu, allgemeine Vorschriften für die innere Ordnung in der Fabrik zu erlassen, und dieselben zu handhaben, obwohl ihm keine Gerichtsbarkeit im eigentlichen Sinne zusteht.“*[338]

Die Fabrikordnungen hatten zum überwiegenden Teil einen stark merkantilistischen Einschlag. Vor allem die fehlende Möglichkeit, der eigenen strafrechtlichen Sanktionierung bei Verletzung der Arbeitsdisziplin, kritisierten die Arbeitgeber. Vielfach wurden allgemein verbindliche Fabrikordnungen gefordert. Die Anwendung des ALR war in den Augen der Fabrikbesitzer viel zu uneffektiv. Auch die Bindung an entsprechende Verträge half nach Darstellung der Fabrikanten nicht. Deren Vollstreckung war zu langwierig und zumeist sowieso zwecklos. Die Polizei sollte nach Meinung der Fabrikanten einschreiten und als gesetzliche Grundlage sollte die Gesindeordnung herangezogen werden.[339] Die preußische Regierung wollte jedoch von ihren liberalen wirtschaftlichen Grundsätzen nicht abweichen.[340]

Zu einer Unterstellung der Arbeiter unter eine polizeiliche Aufsicht kam es schließlich nicht. Jedoch gab man den Forderungen der Fabrikanten dadurch nach, als dass eine einheitliche Fabrikenordnung für Berlin erarbeitet wurde.[341]

c. Zwischenergebnis

Das Gewerbesystem vor der Einführung der Gewerbefreiheit war ein in sich geschlossenes System. Das ALR selbst unterschied zwischen Bürgern und dem Bauernstand sowie zwischen Handwerkskorporationen und dem Handelsstand.[342] Mit der Bauernbefreiung und dem Gewerbesteueredikt brachen diese alte Wertevorstellung und das darauf beruhende rechtliche System auseinander.

---

338 Bluntschli, 1. Bd., S. 59.

339 Kowalzig, Über Bestrafung des Arbeitsvertragsbruches und über Gewerbegerichte, S. 103; Brandes, Ueber Bestrafung des Arbeitsvertragsbruches, S. 129.

340 Problematisch wurde es, als es zur Auflösung des Ministeriums für Gewerbeangelegenheiten kam. Der Innenminister von Rochow vertrat die Meinung, dass die Kündigungsvorschriften im ALR von der Polizei durchgesetzt werden müssen. Hingegen vertrat der Staats- und Finanzminister von Alvensleben die Auffassung, dass die Übereinkunft der Parteien auf einen freien Vertrag beruhe und dementsprechend die Wirksamkeit einer Kündigung durch die Gerichte zu beurteilen sei. Wieder wurde das Gesinde als Vergleich herangezogen. Bei diesem sei schließlich auch keine vollkommene Gleichheit mit dem Dienstherrn möglich, da dies ansonsten dem Disziplinierungsrecht des Dienstherrn widersprechen würde.

341 DZA Merseburg, Rep. 9 E II 16, Fasc.5; Brand, Bd. 2, S. 203.

342 Geron, S. 185.

Die Systematik des ALR mit seinem zünftigen Grundton passte nicht mit der Gewerbefreiheit überein. Deshalb wurden mit § 31 Gewerbesteueredikt alle dem Geist der Freiheit entgegenstehenden Bestimmungen des ALR und besonderen Verordnungen aufgehoben.[343] Damit wurde zwar jeder Widerspruch beseitigt, aber damit auch gleichzeitig die rechtliche Grundlage für die Gewerbetreibenden und den Handel. Deshalb galten größtenteils die Statuten und Verfassungsurkunden der Zünfte und Innungen weiter.[344] Um die Gewerbefreiheit in vernünftige Bahnen lenken zu können, fehlte es aber an den geeigneten Gesetzen. Die Anwendung der zünftigen Regelungen, welche Abhilfe hätte schaffen können, wurde durch die Regierung offiziell unterbunden. Vielfach wurden die zünftigen Regelungen von der Obrigkeit als Relikt aus dem finstersten Mittelalter dargestellt.[345] Das Problem war jedoch, dass dieses Zunft- und Gewohnheitsrecht mit dem System der Gewerbefreiheit sowie dem des preußischen Privatrechts nicht übereinstimmte. Vielfach sah man eine Lösung in der Ausarbeitung einer vollkommen neuen Kodifikation.

Die im Zuge des Wiener Kongresses erfolgte Neuordnung Europas hatte im Jahre 1815 eine Erweiterung des preußischen Territoriums zur Folge, aber nicht eine Änderung der Gewerbegesetzgebung.[346] Das Gewerbesteueredikt und das Gewerbegesetz blieben nur für den damaligen Bereich Preußens bestehen und in den neu hinzugekommenen Gebietsteilen galten die bisherigen Gewerbeverfassungen.[347]

6. Patent wegen Wiedereinführung des Allgemeinen Landrechts und der Allgemeinen Gerichtsordnung

Für die ehemaligen preußischen Provinzen wurden nach deren Wiedereingliederung in den preußischen Staat durch Friedrich Wilhelm III. am 9. September 1814 ein *„Patent wegen Wiedereinführung des Allgemeinen Landrechts und der Allgemeinen Gerichtsordnung“* erlassen. Damit hatte das ALR vom 1. Januar 1815 an wieder gesetzliche Kraft in den von Napoleon vormals besetzen Gebie-

343 Meyer, S. 376.

344 Brand, Bd. 2, S. 205.

345 Gerade das Regulativ gegen die Kinderarbeit von 1839, für dessen Verabschiedung immerhin 20 Jahre verhandelt wurde, konnte verabschiedet werden, ohne die Freiheit empfindlich zu berühren. Dagegen wurden die Probleme mit dem Trucksystem und der unbedingten Vertragsautonomie fast gänzlich unterdrückt.

346 Schulze, Aus 100 Jahren Geschichte des Gewerbevereins Weimar, S. 5; Kroeschell, S. 134.

347 Meyer, S. 376. Einheitlich wurde dagegen die Gewerbesteuer per Gesetz vom 30. Mai 1820 geregelt. Das Regulativ über den Gewerbsbetrieb im Umherziehen, und insbesondere das Hausiren. Vom 28sten April 1824. Gesetz-Sammlung für die königlichen preußischen Staaten, S. 125-135 wurde weder in den Landesteilen der Provinz Preußen noch in den seit 1814 wieder mit der Monarchie vereinigten Provinzen und Ortschaften eingeführt.

ten, Königreich Westfalen, die von Sachsen abgetretenen Gebiete des Herzogtums Sachsen-Wittenberg, die Hochstifte Merseburg und Naumburg, die Grafschaft Mansfeld, das Fürstentum Querfurt, Thüringer Gebiete, Teile von Gebieten Leipzigs, Meißens und Neustadts sowie das Amt Henneberg, das heutige Schleusingen. Hinzu kam die auf dem Wiener Kongreß neu gebildete preußische Provinz Sachsen.[348] Diese bestand im Wesentlichen aus dem heutigen Sachsen-Anhalt. Damals war die preußische Provinz Sachsen unterteilt in die Regierungsbezirke Magdeburg, Merseburg und Erfurt. Die Provinz war damit durch die weiterhin selbständig bleibenden anhaltinischen Fürstentümer Dessau, Köthen und Bernburg zweigeteilt. Diese selbständigen Fürstentümer wurden zu dem auf dem Wiener Kongress gegründeten Deutschen Bund zusammengeschlossen, der insgesamt 39 formell souveräne Staaten umfasste.[349] Die Grenzziehung zwischen den einzelnen Staaten war infolge der Neugliederung Europas auf dem Wiener Kongress zum Teil recht schwierig. Auch der Handel und das Gewerbe mussten sich an diese neuen Grenzen und vor allem den Zöllen ausrichten.[350] So kam es, dass manchmal das gewohnte Absatzgebiet jetzt nicht mehr zum selben Fürstentum gehörte und der Verkauf nur mit entsprechenden Zöllen möglich war oder ganz wegfiel.[351] Deshalb kam es vor allem in den kleineren Provinzen auch nach dem Krieg nicht zu einem florierenden Aufschwung.[352]

Die übrigen Handelszünfte in Deutschland hingegen waren noch ganz dem zünftigen Denken verhaftet.[353] Durch die napoleonischen Kriege war die wirtschaftliche Entwicklung zunächst fast vollständig zum Erliegen gekommen. Infolge der 1806 verhängten Kontinentalsperre und dem damit verbundenen Einfuhrstopp für Rohstoffe kam es zu einem Wirtschaftsaufschwung auf dem Kontinent.[354] Viele Industriezweige, vor allem die Textilindustrie profitierte von dem Ausfall der englischen sowie der von Übersee stammenden Konkurrenz.[355] Aber auch durch die verhängte napoleonische Kontinentalsperre verloren viele Gewerbetreibende ihr bisheriges Import- und Exportgeschäft. In der thüringischen Region wurde vor allem Getreide exportiert, dessen Handel dadurch zurückgeworfen wurde.[356] Frankreichs Truppen hingegen hatten den vollen Zugriff auf

348 Neuß, Ludwig Wucherer, Sein Leben und sein Wirken, S. 170; Jonscher, Kleine thüringische Geschichte - Vom Thüringer Reich bis 1945, S. 160.

349 Kroeschell, S. 135.

350 Schulze, Gewerbeverein, S. 5.

351 Müller, S. 51.

352 Meyer, S. 377.

353 Boll/Huggle, Die Industrie- und Handelskammer Südlicher Oberrhein, S. 54.

354 Borchardt, S. 42/43 und Verordnung Nr. 18 vom 3ten October 1811 der Königl. Preuß. Regierung von Pommern, Amts-Blatt der Königlichen Regierung von Pommern 1811, Bd. 1, S. 171.

355 Jonscher, S. 151; Mooser, S. 147.

356 Henning, Bd. 2, S. 87; Henß, Die Stadt Weimar, ihr Communwesen und ihre städtische Institute, S. 30.

den deutschen Markt und bedienten sich auch nach Kräften. Auf die zersplitterten Verhältnisse in Deutschland wirkte der Einfluss Napoleons vereinend, insbesondere auch im Rechtssystem.[357] In den französisch besetzten Gebieten war nach dem napoleonischen Vorbild eine radikale Verwaltungsreform durchgesetzt und den alteingesessenen Zünften, Gilden und Innungen waren ihre Privilegien genommen worden.

Das Thema Gewerbefreiheit wurde jedoch in vielen Ländern, im Gegensatz zur Politik in Preußen, sehr vorsichtig angegangen. Die Regierungen der Länder selbst waren sich häufig nicht einig, ob die Gewerbefreiheit eingeführt werden sollte oder nicht. So waren zumeist die Innenministerien zunftverbundener und mit den Zünften gegen die Gewerbefreiheit, hingegen die Finanzministerien wegen der Steuereinnahmen für die Gewerbefreiheit. Zunächst wurde nur dem konzessionierten und behördlich genehmigten Handel und Gewerbe mehr Spielraum eingeräumt. An der Allmacht der Zünfte änderte dies wiederum nichts. Der Aufstieg eines Gewerbetreibenden zum industriellen Unternehmer war daher in der ersten Hälfte des 19. Jahrhunderts eher die Ausnahme. Während der Befreiungskriege 1813/14 war ein geordnetes Wirtschaftsleben wieder nicht zu verwirklichen. Der Handel war blockiert und damit auch die Fabrikation. Das Kriegsende und die damit verbundene Aufhebung der Kontinentalsperre führten bei vielen Unternehmen zum wirtschaftlichen Kollaps. Durch den stark ansteigenden Import englischer Güter kam es zu einem immensen Preisverfall. Begleitet wurde dieser wirtschaftliche Niedergang durch Missernten in den Jahren 1815-1817, welche eine große Hungersnot zur Folge hatte. Der Industrialisierungsprozess kam dadurch erneut zum Erliegen und mit ihm der Handel. Langsam setzte ein Sinneswandel in der Politik ein, welcher den Verkehr und den freien Handel stärken wollte.

Für den Handel kam der Vorteil der preußischen Gewerbefreiheit aber erst nach den Krisenjahren 1816/17 zum Tragen. Eine weitere Begünstigung des Handels war das preußische Zollgesetz von 1818, welches half, Zollhindernisse und Handelsbeschränkungen zunächst innerhalb Preußens abzubauen.[358] Zwischen den deutschen Territorien kam es erst zu dem gleichen Schritt mit der Gründung des deutschen Zollvereins 1834.[359]

---

357 So wurde in Baden durch das unter französischer Herrschaft im Jahre 1807 erlassene Konstiutionsedikt eine Vielzahl von Partikularbestimmungen aufgehoben. Boll/Huggle, S. 14.

358 Kulischer, S. 505.

359 Haussherr, S. 457; Zoll- und Handelsverein, nahmentliche Aufführung derjenigen Staaten als Glieder des Gesammt-Zollvereins, dem die Lande und Landestheile des Thürngischen Zollvereines sich anschließen, welche schon früherhin entweder mit ihrem ganzen Gebiete oder mit einem Teile desselben dem Zoll- und Handels-Systeme eines oder des anderen der kontrahirenden Staaten beygetreten waren, abgedruckt in: Regierungsblatt für das Großherzogtum Sachsen-Weimar-Eisenach 1834, S. 31-33.

Hauptadern für den Handel waren im 19. Jahrhundert die Wasserwege, da die Straßen bei schlechtem Wetter zum Teil unpassierbar waren und das Schienennetz noch nicht genügend ausgebaut war.[360] Die größten Handelshindernisse auf den Flüssen waren die Flusszölle und Stapelrechte. Nicht nur deren Erhebung, sondern auch das Zwangsanlegen an den vielen Zollstellen verlangsamte den Handel.[361] Für bestimmte Waren gab es wie im Mittelalter noch Vorkaufsrechte der Obrigkeit, die die Händler beachten mussten.[362] Viele solcher Vorrechte wurden mit der „Elbschiffahrts-Acte" der Elbanliegerstaaten vom 21. Juni 1821 aufgehoben. Artikel drei besagte dementsprechend:

> *„Alle bisher an der Elbe bestandenen Stapel- und Zwangs-Umschlagsrechte sind hierdurch für immer aufgehoben, und es kann aus diesem Grunde künftig kein Schiffer gezwungen werden, den Bestimmungen des gegenwärtigen Vertrags zuwider, gegen seinen Willen aus- oder umzuladen."*

Weiterhin wurde ein einheitlicher Elbzoll festgelegt und von den 35 bestehenden Elbzoll-Erhebungs-Ämtern blieben nur 14 bestehen.

7. Die Entwicklung in anderen deutschen Staaten

Die übrigen deutschen Staaten verhielten sich zurückhaltender. So stufte die hessische Zunftordnung von 1816 die Entwicklung in Preußen als bedenklich ein.[363] Auch noch im Jahre 1846 wurde im Entwurf für eine Gewerbeordnung für das Königreich Hannover der preußische Weg als *„Anomalie"* bezeichnet.[364] Es wurde als Ursache für die Einführung der Gewerbefreiheit in Preußen die schwere wirtschaftliche und politische Niederlage gegenüber Frankreich genannt. Deshalb sei diese Politik auf keinen Fall in Friedenszeiten auf ein kleines Land übertragbar.[365] Der gleichen Meinung war man in Bayern. Anlässlich der

---

360 Borchardt, S. 14; Henning, Bd. 2, S. 82/83.

361 Kulischer, S. 501.

362 Verordnung Nr. 218 wegen Gültigkeit der Gewerbe- und Handels-Patente der überelbischen Unterthanen in den diesseitigen Provinzen. Amts-Blatt der Königlichen Pommerschen Regierung 1814, S. 270/271.

363 Zunft-Ordnung vom 5. März 1816, in: Sammlung von Gesetzen, Verordnungen, Ausschreiben und sonstigen allgemeinen Verfügungen für die kurhessischen Staaten 1816, Vorrede, S. 9.

364 Jeschke, Gewerberecht und Handwerkswirtschaft des Königreichs Hannover im Übergang von 1815-1866, S. 149; Heinrichs, Die Gewerbeordnung für das Königreich Hannover, Hannover 1854, S. 12 f.

365 Meyer, S. 377; Actenstücke der achten allgemeinen Stände-Versammlung des Königreichs Hannover, Dritte Diät, Erster Theil, Hannover 1846 (No.50), S. 345.

Veröffentlichung eines Entwurfs einer Gewerbeordnung im Jahre 1859 führte man Preußen als warnendes Beispiel an.[366]

Den Bedenkenträgern und Kritikern an der preußischen Politik gab vor allem der Umstand Auftrieb, dass das in den dreißiger Jahren sehr rasch industriell wachsende Sachsen seine Zunftverfassung beibehalten hatte.[367] In Sachsen galten neben der Reichszunftordnung von 1731 noch Verordnungen und Zirkularbefehle aus dem 17. Jahrhundert, die Generalinnungsartikel vom 7. Januar 1780 und das Mandat vom 7. Dezember 1810.[368] Diese eher rückständige gesetzliche Entwicklung hatte jedoch offensichtlich der wirtschaftlichen Prosperierung Sachsens keinen Abbruch getan. Sachsen war neben Preußen das Wirtschaftszentrum unter den deutschen Staaten. Sachsen praktizierte eine pragmatische Gewerbepolitik. Hier wurde, nicht wie in Preußen, die Existenz einer gewerblichen Sonderordnung als Gegenströmung zur ausschließlichen Gesetzes- und Jurisdiktionskompetenz des Staates gesehen. Preußen bekämpfte mit Nachdruck alle zünftigen Einflüsse. In Sachsen hingegen wurde noch 1844 den Maschinenwerkstätten der sächsischen Eisenbahnunternehmen die Beschäftigung zünftiger Gesellen gestattet. Man sah dies als notwendig an, um *„sachverständige und geübte Arbeiter bei der Hand zu haben.“*[369] Auch bei dem Entwurf einer sächsischen Gewerbeordnung 1857 ging man wie selbstverständlich von dem Weiterbestand des zünftig organisierten Handwerks neben den fabrikmäßig betriebenen Industrien aus. Die Zunftgesetze wurden als Grundlage für die Gewerbeordnung angesehen. Auch in Bayern spiegelten sich diese Bestrebungen in dem Entwurf einer Gewerbeordnung von 1858 wider.[370] In Bremen wurde noch im Jahre 1850 überlegt, ob nicht die Lohntaxen abgeschafft werden sollten. Durch die damit entstehende freie Konkurrenz sollte jeder angespornt werden, höhere Leistungen zu erbringen.[371] Doch von der gleichen Bezahlung, die mittels der Lohntaxe sichergestellt wurde, war kein Abweichen möglich. Die soziale Sicherung und das gesamte Sozialsystem beruhten darauf, und dies war höher zu gewichten als eine freie Konkurrenz.[372]

Es ist zwar zuzugestehen, dass die Zunft eine undurchsichtige, auf ein Beziehungswerk aufbauende und das einzelne Individuum nicht immer förderliche Korporation war. Andererseits darf nicht übersehen werden, dass die Zunft auch

---

366 Kleinschrod, Entwurf einer Gewerbeordnung für das Königreich Bayern diesseits des Rheins. Mit Erläuterungen und Motiven, S. 9.

367 Pohl, Gewerbe- und Industrielandschaften vom Spätmittelalter bis ins 20. Jahrhundert, S. 124.

368 Risch, GewO, S. 14.

369 Ministerialverordnungen an die Kreisdirektionen zu Dresden und Zwickau vom 28. Januar 1844 und 28. November 1842, abgedruckt bei Funke, Polizei-Gesetze, IV. Band, S. 282 f.

370 Brand, Bd. 2, S. 33.

371 Schönberg, Zunftwesen, S. 8.

372 Danninger, S. 30.

eine ordnende sowie regelnde Funktion im Bereich des Gewerbes hatte und damit eine Sozialpolitik betrieb, welche von der Geburtenkontrolle bis hin zum Wettbewerbsrecht reichte.[373] Aufgrund der Aufhebung der hoheitlichen Rechte der Zünfte forderten viele eine Gewerbeordnung, die allgemeinverbindliche Regeln für die Ausübung eines Gewerbes enthalten sollte. Zu dieser kam es im Jahre 1845. Damit war aber auch vorgegeben, dass es zu einer Renaissance der Dogmen der Zunft kommen musste, denn an diese lehnten sich die Forderungen zumeist an.[374]

8. Die kaufmännischen Korporationen in Preußen während der Gewerbefreiheit

Inzwischen hatten sich zum Teil die Zünfte, Innungen und sonstige kaufmännischen Vereinigungen gewandelt. Mit der Gewerbefreiheit traten anstelle der Zünfte, Innungen und Gilden in den altpreußischen Landen kaufmännische Korporationen in Berlin 1820, in Stettin 1821, in Danzig und Memel 1822, in Tilsit und Königsberg 1823, in Elbing 1824 und in Magdeburg 1825 auf.[375] Sie waren teilweise die unmittelbaren Nachfolger der bisherigen kaufmännischen Zünfte, Innungen und Gilden. Als solche umfassten sie das gesamte kaufmännische Gewerbe ihres Distrikts.[376] Die kaufmännischen Korporationen wendeten bezüglich der Glaubwürdigkeit der Bücher, der Wechselfähigkeit, der Geschäftsfähigkeit der Handlungsgehilfen sowie für Zinsen und Provisionen den Teil 2 Titel 8 Abschn. 7 des Preußischen Allgemeinen Landrechts an.

Voraussetzung zur Ausübung der kaufmännischen Rechte, war die Aufnahme in eine Korporation.[377] Es handelt sich mithin um Körperschaften mit einem indirekten Zwang.[378] Die preußische Regierung hatte nach Einführung der Gewerbefreiheit durch das Gewerbesteueredikt mit dem Gewerbepolizeigesetz wieder den Beitrittszwang zu den kaufmännischen Korporationen angeordnet.[379] Wie bereits beschrieben, lag der Grund unter anderen darin, dass der Zwang der Gilden bzw. kaufmännischen Zünfte niemals so umfassend und stark war wie bei den handwerklichen Zünften.

Die Mitgliedschaft in einer Korporation hatte überwiegend persönliche Bedeutung und war daher auch nur an den Erwerb des Bürgerrechts, der Volljährigkeit

373 Meyer, S. 377.
374 Roehl, Beiträge, S. 196 f.
375 Seela, S. 52/53.
376 Schulze, Unternehmerische Selbstverwaltung, S. 13; Heréus, S. 131.
377 Geron, S. 185/186.
378 Kaufmann, Die wirtschaftlichen Interessenvertretungen, S. 77 ff.
379 Steinmann-Bücher, Die Nährstände, S. 1 ff.; Stieda, Zunftwesen, S. 99.

und einem unbescholtenen Ruf geknüpft.[380] Die Korporationsmitglieder waren zur Zahlung von Beiträgen unterschiedlichster Art, und zur Annahme von Aufträgen verpflichtet. Demgegenüber hatten sie das Recht, an der Verwaltung und den Beratungen teilzunehmen sowie die korporativen Anstalten zu nutzen.

Organe der Korporationen waren eine gewählte kollegiale Verwaltungsgemeinschaft, ein Vorstand der Korporation sowie die Generalversammlung. Der Vorstand war der Regierung verantwortlich. Er war der Nachfolger des bisherigen Ältestenrates der Kaufmannschaft, der die Zunft führte. Der Vorstand hatte die gesamten Geschäfte zu führen und unterlag der Kontrolle der mindestens einmal jährlich stattfindenden Generalversammlung. Aufgabe der Korporation war, die Wahrnehmung der Interessen des Handels und der Schifffahrt sowie die Verwaltung der dem Handel zugehörenden öffentlichen Einrichtungen. Dazu gehörten die Börsen, teilweise auch die Häfen, Niederlagsanstalten, die Stellung von Besitzern der See- und Handelsgerichten, die Schlichtungsstelle in Handelssachen, eine begrenzte Disziplinargewalt über Kaufleute und kaufmännische Angestellte, die Überwachung der Verhältnisse der Lehrlinge und Gehilfen sowie die Wahrnehmung der je nach Region verschiedenen öffentlichen Funktionen.[381]

Die kaufmännischen Korporationen gelten als rein preußische Interessenvertretung des Handels. Sie unterscheiden sich von den späteren Handelskammern dadurch, dass sie kein vollkommenes Organ der Selbstverwaltung des Handels waren.[382] Die Korporationen waren durch die ihnen übertragenen Verwaltungsaufgaben mehr Verwaltungsorgan als konsultative Behörde.[383] Preußen forcierte deshalb auch nicht die Verbreitung der Korporationen. Die Korporationen galten als eine Beschränkung des Prinzips der Gewerbefreiheit. Die preußische Regierung rechtfertigte die bestehenden Korporationen damit, dass sie sich nur in den großen Handels- und Seestädten befanden und sich hierfür angeblich besonders eigneten.[384]

9. Die ersten preußischen Handelskammern

Nachdem die durch Napoleon besetzten preußischen Gebiete entlang des linken Rheinufers wieder an Preußen zurückgefallen waren und dort die Handelskammern nicht verboten oder aufgehoben wurden, kam auch in den anderen Städten der Rheinprovinz die Forderung nach einer gewerblichen aber kommerziell aus-

380 Haupt, S. 53.
381 Geron, S. 187 u.198/199.
382 Behrend, Artikel: Handelskammern. Stengel-Fleischmann, Wörterbuch des Staats- und Verwaltungsrechts, 2. Aufl.
383 Kaufmann, S. 77 ff.
384 Heréus, S. 9.

gerichteten Standesvertretung auf. Um diesen Forderungen nachzugeben, erlaubte die Provinzregierung Neugründungen von Handelskammern.[385] Dazu hatten die Interessenten ein Statut der landesherrlichen Regierung vorzulegen, welches diese genehmigen mussten. Das erste eines solchen Statutes wurde am 22. Juni 1830 für die Handelskammern der Städte Elberfeld und Barmen genehmigt und erlassen.[386] Diese neuen preußischen Handelskammern hatten mit den Handelskammern von Frankreich eine große Ähnlichkeit. Die preußischen Handelskammern sollten ebenso wie die Handelskammern französischen Ursprungs den Staatsbehörden beratend zur Seite stehen. Weiterhin hatten sie durch Gutachten über den Handel, das Manufakturgewerbe und die Schifffahrt Anregungen zur Problembehebung zu geben. Dazu zeigten die Handelskammern auch Handelshemmnisse den Behörden auf und unterbreiteten Lösungsvorschläge. Wie den französischen Handelskammern auch, wurde ihnen die Beaufsichtigung von öffentlichen Anstalten und Einrichtungen übertragen, die einen Bezug zu Handel und Schifffahrt hatten. Auch bei der Auswahl von vereidigten Maklern oder Personen, die zu Verwaltung von öffentlichen Handels-, Fabrik- und Schifffahrtsanstalten ernannt werden sollten, wurden die Handelskammern gutachterlich gehört.

Die preußischen Handelskammern unterschieden sich aber auch in einigen Punkten von den französischen Bestimmungen. So hatte den Vorsitz in den Handelskammern nicht ein dem Handel fernstehender Verwaltungsbeamter inne, sondern ein von der Kammer selbst gewähltes Kammermitglied.[387] Preußen gewährte den Handelskammern auch eine eigene Geschäftsordnung, worin diese sich eigene Vorschriften über Wahlberechtigung und Beitragspflicht, über die Wählbarkeit und das Wahlverfahren, über die Wahl von Stellvertretern sowie über die eigene Verwaltung festlegen konnte.[388] Dadurch konnten sich die preußischen Handelskammern im Vergleich zu den französischen Handelskammern eigenständig und unabhängig verwalten. Diese Selbstverwaltung war ein Grundstein für das heutige deutsche Industrie- und Handelskammersystem. Durch königliche Verordnung vom 16. Juni 1831 wurden diese Prinzipien auch auf die Handelskammern und Gewerbekammern französischen Ursprungs ausgedehnt.[389] Neben der rechtlichen Vereinheitlichung wurde damit zugunsten des preußischen freiheitlichen Grundgedankens, aufbauend auf den Stein-

385 Dalchow, Die Industrie- Handelskammer Halle-Dessau, 150 Jahre Kammergeschichte in Mitteldeutschland, S. 27; Heréus, S. 18.

386 Schulze, Unternehmerische Selbstverwaltung, S. 14; Lusensky, Kommentar zum preußischen Handelskammergesetz, S. 13 f.

387 Dalchow, S. 43; Heréus, S. 19.

388 Behrend a.a.O.

389 Lusensky, S. 13.

Hardenbergischen Reformen, ein Zusammenschluss von Industrie und Handel geschaffen.[390]

Der preußische König Friedrich Wilhelm IV. erließ an den Staats- und Finanzminister *v. Alvensleben* die Order, die Errichtung von Handelskammern in den östlichen Provinzen weiter voran zu treiben.[391] Als Vorbild dienten die in der Rheinprovinz sich bewährten *„Chambre de Commerce"* und die neuen preußischen Handelskammern.[392] Diese sollten als Handelskammern auf die anderen Provinzen Preußens übertragen werden. Bedingung war, dass sich in den größeren Städten und Fabrikdistrikten eine größere Anzahl Personen, welche ein Handels- und Schifffahrtsverkehrgewerbe betrieben, dazu bereit erklärten, der Kammer beizutreten. Es sollten nur dort Kammern gegründet werden, wo ein angemessener Wirkungskreis vorhanden war. Ein Grund dafür war, dass die Verwaltungskosten gedeckt sein sollten. Vor der Gründung einer Handelskammer mussten die örtlichen Händler und Fabrikanten ein Gutachten über das Bedürfnis in ihrer Stadt abgeben.

In die Liste der möglichen Mitglieder wurden alle Kaufleute und Fabrikanten der Steuerklasse A und B aufgenommen. Der Steuerklasse A gehörten alle Handeltreibenden mit kaufmännischen Rechten, der Steuerklasse B solche ohne kaufmännische Rechte an. Diese wurden zu einer Versammlung am jeweiligen Ort eingeladen, in der zwei Fragen, die von der preußischen Regierung gestellt wurden, zu beantworten waren und in das Gutachten maßgeblich einflossen:

1. *„Halten die Anwesenden es nach dem Stande der hiesigen commerziellen und industriellen Verhältnisse für zweckmäßig und wünschenswerth, daß eine Handelskammer hier errichtet werde?*
2. *Sind sie der Meinung, daß sowohl von ihnen selbst als auch vom Gewerbestande, soweit derselbe dabei interessiert ist, im Allgemeinen, die erforderlichen Kosten in mäßiger, den Verhältnissen anpassender Höhe, gern werden aufgebracht werden, und Verhältnis des Gewerbesteuergesetzes geschehen würde?"*[393]

---

390 Coing, S. 92.

391 Allerhöchste Kabinettsorder vom 13. August 1841 betreffend die Errichtung von Handelskammern, in Jahrbücher für die preußische Gesetzgebung, Rechtswissenschaft und Rechtsverwaltung, 115. Heft, S. 113.

392 Kroeschell, S. 121.

393 Dalchow, S. 58.

Wenn soweit eine Stadt oder Region überhaupt von ihrer Wirtschaftkraft her gesehen, in Betracht kam, Sitz einer Handelskammer zu werden, wurde in solchen Veranstaltungen regelmäßig ein eindeutiges Votum für die Handelskammer erzielt. Inzwischen wurden die Handelskammern als eine Institution von hoher Wichtigkeit von den Gewerbetreibenden angesehen, trotz der bevorstehenden Kosten und ihres französischen Ursprungs.[394]

Ebenso wie in der Rheinprovinz bildeten die Kammern technische konsultative Behörden mit der Aufgabe, die übrigen Staatsbehörden regelmäßig, insbesondere in den Rechenschafts- und Jahresberichten, von dem örtlichen Handelsverkehr sowie von den Wünschen und Bedürfnissen des Handels- und Industriestandes zu informieren.

Nach dem Musterstatut für die Handelskammern Elberfeld und Barmen wurden in den Jahren 1830 bis 1840 in der Rheinprovinz 10 Handelskammern und drei weitere Handelskammern in den altpreußischen Gebieten gegründet.[395] Die Handelskammern in den altpreußischen Gebieten unterschieden sich von den rheinischen Handelskammern nur dadurch, dass eine Bestätigung ihrer Mitglieder durch den Minister nach der Verordnung vom 3. Rivôse des Jahres XI nicht gefordert wurde.[396] Die Handelskammern in den altpreußischen Landesteilen waren den Provinzregierungen unterstellt, wo hingegen die rheinischen Handelskammern diesen nicht unterstellt waren.

Vielfach kam in dieser Zeit auch wieder die Forderung nach Erhalt der Zünfte auf. Vor allem weil die Genehmigung der Handelskammern durch den Regenten sich zum Teil über Jahre hinzogen. Doch diese Bestrebungen blieben von der preußischen Regierung nicht unbemerkt und beschleunigten den Prozess der Genehmigungen merklich. Der preußische König wollte nicht selbst schuld an der Wiedererstarkung der gerade erst erfolgreich bekämpften Zünfte sein.[397] In dem Zeitraum ab 1840 kam es daher in Preußen vermehrt zur Genehmigung von Handelskammern.

Preußen sah für die sächsischen Provinzen Handelskammern in Magdeburg, Halle und Erfurt vor.[398] Bei der Aufstellung der Statuten nahmen viele Kammern sich die Statuten der Rheinprovinzen zum Vorbild. Der Kammerbezirk beschränkte sich oftmals nicht nur auf eine Stadt, sondern in die Geschäftsordnung wurde auch das Umland oder der Kreis mit aufgenommen. Die dortigen

394 DIHT, S. 14.
395 Seela, S. 52/53.
396 Lusensky, S. 18; Heréus S. 20.
397 Meyer, S. 377.
398 May, 80 Jahre Industrie- und Handelskammer Erfurt, S. 4.

Händler, Gewerbetreibenden und Fabrikanten konnten somit ebenfalls Mitglied in der Kammer werden.

Eine einheitliche Bezeichnung der Handelskammern existierte nicht. So nannte sich zum Teil ein und dieselbe Handelskammer *„Königliche Handelskammer für......"*, *„Handelskammer für......"* oder schlicht nur *„Handelskammer."*

Vielfach waren nach dem Statut neun Mitglieder zu wählen. Mangels eigener Räumlichkeiten traf man sich zumeist im Saal des Rathauses oder in einer Wirtsstube. Die Wahl der neun Mitglieder musste durch das königliche Oberpräsidium bestätigt und im Amtsblatt veröffentlicht werden. Aus dem Kreis der neun Mitglieder musste der Direktor der Handelskammer, dessen Stellvertreter und ein Sekretär gewählt werden. Ferner musste ein Etat aufgestellt und dessen Finanzierung durch eine Umlage sichergestellt werden.

Weiterhin sah die Geschäftsordnung zumeist monatliche Sitzungen vor, auf denen dann alle örtlichen Probleme diskutiert wurden und wie deren Lösung anzugehen sei. Gegenstand vieler Sitzungen waren Steuern und nach wie vor Zölle, welche den Handel in weiten Teilen Deutschlands immer noch behinderten. Auch Vorschläge für eine Gewerbeordnung kamen von den Handelskammern.[399] Großen Einfluss nahmen die Kammern auf das preußische Aktiengesetz vom 9. November 1843.[400] In verschiedenen Petitionen reklamierten sie, dass die geplante Regelung den kleinen Unternehmen nicht hilfreich sei, sondern nur einseitig die großen Industrien unterstützte.[401] In diesem Zusammenhang wurde als sehr hinderlich der Konzessionszwang für Teile des Gewerbes gesehen.[402]

---

399 DIHT, S. 15.

400 Die Rübenzuckerfabriken bzw. die Rübenzuckerraffinerien gehörten zu den damaligen modernsten Industrien ihrer Zeit. Diese wurden überwiegend als Aktiengesellschaften gegründet. Vielfach hielt sich die preußische Regierung jedoch zurück diesen die vollen Rechte zuzugestehen, welche ihnen eigentlich nach dem Gesetz vom 9. November 1843 zugestanden hätten. Die Regierung gab zur Begründung ihrer zögerlichen Haltung an, dass zum Teil das Kapital, welches für eine solche Unternehmung erforderlich war, von einer einzelnen Person aufgebracht wurde. Damit würde aber der Sinne einer Aktiengesellschaft, die Sammlung von Kapital von verschiedenen Personen zur Realisierung eines Projektes, umgangen. Deshalb sah die Regierung es auch nicht ein, einer juristischen Person alle Rechte wie einer natürlichen Person einzuräumen. Erst ab dem 21. September 1848 räumte die preußische Regierung den Aktiengesellschaften die vollen Rechte ein. Dies natürlich erst nach der Prüfung, wie viele Aktionäre in einer Aktiengesellschaft vertreten sind und ob diese dauerhaft bestand hat. Viele Kaufleute und Unternehmer, aber auch die Regenten standen erst am Anfang Erfahrungen mit juristischen Personen zu sammeln. Auch auf diesem Gebiet kam der Handelskammer eine große Bedeutung zu.

401 Gebhardt, S. 350.

402 Zu dessen Abschaffung kam es indes erst 1870 und Allerhöchste Kabinetsorder vom 19ten April 1813, betreffend die zwischen verschiedenen Kontrahenten bestehenden Verträge, welche die gesetzlich gegebene Gewerbefreiheit beschränken, Quelle: Gesetz-Sammlung für die preußischen Staaten 1813, S. 69.

Des Weiteren nahm die Kammer Einfluss auf die Wechselgesetzgebung. Es ging dabei im Wesentlichen um die Vereinheitlichung des Wechselrechts in den Zollvereinsstaaten. Die umlaufenden Wechsel waren zumeist mit jeweils eigenen Werten und Gebrauchsvorschriften versehen, was den Handel behinderte. Insgesamt existierten in dieser Zeit in Deutschland 41 verschiedene Geldpapiersorten.[403]

Weiterhin waren zum Teil die Handelskammern von den Regierungen ermächtigt worden, Handelsschiedsgerichte zu berufen. Dieses Gremium verhandelte alle Streitigkeiten welche einen Bezug zum Handel hatten ohne Streitwertbegrenzung. Die streitenden Parteien hatten das Gericht freiwillig anzurufen und vorab anzuerkennen. Das Urteil wurde in einem Vertrag festgehalten, dem beide Parteien zustimmen mussten und der durch die Handelskammer beurkundet wurde. Die Kosten wurden ebenfalls durch die Kammer festgesetzt. Das Urteil war insoweit noch nicht rechtskräftig. Erst nach der Vollstreckbarkeitserklärung durch das örtliche Amtsgericht war ein rechtskräftiges Urteil ergangen.

Es ist die Errungenschaft Preußens, die französischen Handelskammern reformiert und weiter gebildet zu haben und damit eine auf deutsche Verhältnisse angepasste Interessenvertretung für Industrie und Handel geschaffen zu haben. Die preußischen Handelskammern waren unabhängige, staatlich anerkannte aber beaufsichtigte Organe des Handels und der Industrie.[404]

Daneben hatten sich eigenständige kaufmännische Innungen herausgebildet. Der wesentliche Unterschied zwischen den Handelskammern und den Innungen war, dass die Innungen mehr Verwaltungsorgane mit zünftigem Charakter waren als die Handelskammern.[405] Händler eines Distriktes oder eines Ortes, mussten zum Teil Innungsmitglied sein, da sie andernfalls keine Waren beziehen konnten. Der Einfluss der alten Zünfte war noch so groß, dass sie Verkäufer zwingen konnten, Waren nur an Zunftmitglieder zu liefern. Dies missfiel den Regierungen, da sie ein Wiedererstarken der Geschlossenheit der Zünfte vermuteten. Viel lieber wäre den Regenten deshalb die Gründung von Handelsvereinen gewesen, in dem auch ein Regierungs- oder Behördenmitglied vertreten sein konnte.[406]

Da der Handel auf das Wohlwollen der Obrigkeit angewiesen war und der Druck auf den Handel von der Obrigkeit stieg, wurden in Zukunft viele Vereine

403 Henning, Bd. 2, S. 164, Hedemann, S.11: „Wenn einem Kaufmanne, der mit Waren im Großen handelt, Gelder vorgeliehen worden, so soll die Bestimmung des Zinssatzes lediglich der Vereinigung der Interessenten überlassen bleiben."

404 Behrend a.a.O; Heréus, S. 18.

405 Henning, Bd. 2, S. 122.

406 Geron, S. 207/208.

Träger von Institutionen, die von den Handelsinnungen gegründete wurden.[407] Durch den Zwang der Obrigkeit auf die Handelsinnungen, Vereine zu gründen, hatten sie auch gleich noch deren illegale Zwangsmitgliedschaft abgeschafft, da es in Vereinen nur freiwillige Mitglieder gab.[408]

Da die Handelsvereine zum großen Teil nicht aufgelöst wurden, behielten sie auch ihren angestammten Sitz nebst Gebäuden.[409] Oft waren die Personen welche die Handelskammern führten auch die gleichen die den Vorstand eines Handelsvereins bildeten. Die Arbeit der Handelsvereine und der Handelskammern gingen nahtlos ineinander über, wobei die Handelskammer aufgrund ihrer öffentlich-rechtlichen Stellung schnell an Bedeutung gewann. Die als öffentlich-rechtliche Körperschaften geführten Handelskammern hatten einen besseren Zugang zu den Behörden und den Ministerien als die Korporationen und Vereine.

Die Aufgaben der Vereine wurden meist zu Gunsten der Kammer reduziert, doch deren Bestand wurde nie in Frage gestellt. Grund hierfür war oft, dass das Vereinsstatut festlegte, dass bei Auflösung der Vereine die von den Mitgliedern geleisteten Anteile ausgezahlt werden mussten. Das war aber zumeist aufgrund langfristiger Investitionen in bauliche Anlagen oft unmöglich. Deshalb blieben oftmals die Vereine unverändert bestehen und die inzwischen als Mitglieder der Handelskammern gewählten Vertreter blieben ebenfalls Mitglieder der Vereine.

10. Die Allgemeine Gewerbeordnung vom 17. Januar 1845

a. Die wirtschaftliche und soziale Lage

Die Krisenjahre des 19. Jahrhunderts waren hauptsächlich die dreißiger und vierziger Jahre.[410] Einen Ausweg aus den schier unlösbaren wirtschaftlichen Problemen sahen viele in der Wiederherstellung der zünftigen Tradition. In Berlin wurden in Innungen auch unzünftige Handwerker mit aufgenommen.[411] So führten der starke Anstieg der Gesellen und die damit schrumpfenden Löhne zu einer rückwärtsgewandten Bestrebung.[412] In der alten von der Tradition bestimmten Zeit sah man wieder das Heil der Zukunft. Der drohende Statusverlust

407 So kam es zum Beispiel in Dessau aus dem örtlichen kaufmännischen Verein heraus zur Gründung einer Handelskammer.

408 Nipperdey, S. 191.

409 Müller, S. 74.

410 Baryli, Konzessionssystem contra Gewerbefreiheit, S. 6.

411 Bergmann, Das Berliner Handwerk, S. 370 ff.; Fischer, Quellen, S. 97/98.

412 Henning, Bd. 2, S. 79.

war für das Handwerk ein Bruch, den man auf keinen Fall hinnehmen wollte.[413] Die Unterschicht wuchs rapide und es kam deshalb zu einer Landflucht in die Städte.[414] Die Obrigkeit sah, welche stabilisierende Wirkung die Handwerkerzünfte bisher ausgeübt hatten. Nach dem schlesischen Weberaufstand 1844 und der Furcht vor sozialer Verelendung, waren die Zünfte nicht mehr nur die Gegner der Obrigkeit.[415]

Die im Gewerbe besonders wichtige Vertrags- und Verfügungsfreiheit wurde als ein schützenswertes Gut gegen einen Missbrauch durch sich selbst gesehen.[416] Es bestand die Gefahr, dass die Freiheit zum Gegenstand eines Verzichtes gemacht werden konnte.[417] Deswegen sollte der Bürger keine Verträge abschließen können über sein ganzes jetziges sowie über sein zukünftiges Vermögen. Die Freiheit, die einmal geschaffen worden war, sollte nicht durch vertraglich aufgeteilte Gebietshoheiten und damit Monopole für bestimmte Waren unterlaufen werden können. Deshalb ging auch damals das Bestreben dahingehend, sich nicht darauf zu beschränken, die Gewerbefreiheit zu sichern und im öffentlichen Interesse den Gefahren des Gewerbebetriebes vorzubeugen, sondern dem Einzelnen Abwehrrechte zum Schutze seiner Interessen zu geben.[418] Das Arbeitsverhältnis unterlag nur noch der freien Vereinbarung zwischen den selbständigen Gewerbetreibenden und den gewerblichen Arbeitnehmern. Dies durfte nicht dazu führen, dass der Arbeitnehmer Vertragsleibeigener wurde.

Es bahnte sich deshalb ein gewisser Widerstand gegen die vollkommene Gewerbefreiheit an.[419] So hatten die Gebiete in welchen die gewerbliche Freiheit galt, mit neuen Problemen zu kämpfen und man sah wieder die Vorteile in den Gebieten in denen die Zunftverfassungen noch bestanden.[420] Daneben wurden die Handwerkeragitationen im 19. Jahrhundert immer stärker. Es zeigte sich gerade durch die Abschaffung des Zunftzwangs, die Macht der Zünfte und deren Zählebigkeit vor allem was ihre Wertevorstellungen betraf sehr deutlich.[421] Die Anzahl der nichtzünftigen Lehrlinge blieb selbst in Berlin, als eines der größten wirtschaftlichen Zentren Preußens, niedrig. Es wurden 1820 in Berlin 16 und

---

413 Simon, Handwerk in Krise und Umbruch, S. 189 f.; Meyer, S. 377.

414 Gebhardt, S. 386.

415 DZA Merseburg, Gen.-Dir., Fabr.-Dep. CDXXXIX, Nr. 12 und DZA Merseburg, Gen.-Dir., Man.- u. Com. Coll. CLXXVI, Nr. 20, Vol.I.

416 Roscher, System der Volkswirtschaft, Bd. 1, S. 423; Reindl, S. 3.

417 DZA Merseburg, Gen.-Dir., Fabr.-Dep.CCLVIII, Nr. 24, Vol. I und DZA Merseburg, Gen.-Dir., Gen.-Dep. LIII, Nr. 11.

418 Schönberg, Finanzwissenschaft und Verwaltungslehre, Bd. 32, S. 616; Reindl, S. 3.

419 DZA Merseburg, Gen.-Dir., Fabr.-Dep.CCLVIII, Nr. 24, Vol. I.

420 Vor allem in der Preußischen Provinz Sachsen, Neuvorpommern, Posen und in den preußischen Regierungsbezirken Erfurt, Arnsberg und Münster bestand zünftige Regelungen, wie sie nicht einmal das ALR kannte. Coing, Europäisches Privatrecht, Bd. II, S. 148 f.

421 Haupt, S. 33.

1821 nur 28 unzünftige Lehrlinge gezählt. Im Jahre 1843 arbeiteten in Berlin 4.585 zünftige Meister mit 20.737 Gesellen und 4.052 Lehrlingen. Dem gegenüber standen 7.182 unzünftige Meister mit lediglich 1.388 unzünftigen Gesellen und 970 unzünftigen Lehrlingen.[422] Bei diesen Zahlen war noch zu bedenken, dass in Berlin die Veränderungen schneller griffen als in anderen Teilen der Monarchie, da die Verwaltungswege hier besonders kurz waren.[423] Das Ministerium für Handel und Gewerbe stellte in einem Gutachten 1824 fest, dass nur die Fabriken, Manufakturen und der Großhandel sowie die dazugehörigen Zulieferbetriebe größtenteils zunftfrei waren.[424] Die zünftigen Gewerbe dominierten auch 18 Jahre nach Auflösung der Zünfte weiterhin das Gewerbe und dies ohne staatlichen Schutz. Die Gewerbetreibenden vermissten eine gewerbepolizeiliche Ordnung für die Arbeits- und Lehrverhältnisse. Es fehlte eine Gesetzgebung, die den gewerblichen Bereich nicht länger umging, sondern die entstehenden Auseinandersetzungen mit dem Zunft- und Gewohnheitsrecht aufnahm und in neue gesetzliche Wege leitete.

Auch in den ehemaligen besetzten napoleonischen Gebieten, die eigentlich am längsten die Vorzüge der Gewerbefreiheit in Deutschland genossen, wurde der Ruf nach Gewerbeverfassungen vernehmbar.[425] Zwar wollte man nicht die alten Zustände wie sie unter Zunftzeiten bestanden wieder auferstehen lassen, aber der zügellosen Willkür, die zum Teil die Gewerbefreiheit gebracht hatte, sollte Einhalt geboten werden. Eine Korporation, gleich ob Zunft oder Innung, wurde als das wirksamste Mittel angesehen.[426] Zwar wurden die in den ehemaligen besetzten napoleonischen Gebieten weiterhin bestehenden Conseils de prud`hommes als nützlich erachtet, jedoch nur als ein Teil eines gesamten Systems von Gewerbepolizei und Zunftordnung. Die Unternehmer vermissten ein Disziplinierungselement und die Arbeiter ein Schutz vor Ausbeutung.

Die Conseils de prud`hommes, die späteren Gewerberäte, traten immer mehr in die Funktion der Zünfte ein. So übernahm der Gewerberat von Köln die Arbeitsvermittlung, welche bisher die Zünfte ausübten. Auch die Einschreibung der Lehrlinge sowie deren feierliche Entlassung fanden früher vor dem Zunftvorstand statt und wurden jetzt vor dem Gewerberat vollzogen. Auch die Behörden wendeten Zunftrecht an. Das Recht der Zünfte hatten sich somit nach deren Auflösung andere Institutionen zugelegt.[427] Die geplante Einführung einer Ge-

422 Risch, Zünfte und Gewerbefreiheit, S. 115 ff.; Risch, GewO, S. 91.

423 In Österreich arbeitete man bereits seit 1835 an einer Gewerbeordnung, vgl. Baryli, S. 9.

424 Roehl, S. 192.

425 Meyer, S. 377.

426 Risch, GewO, S. 16.

427 Deter, Die Realisierung der Sozial- und Wirtschaftsordnung des ALR in Westfalen, in: Barbara Dölemeyer und Heinz Mohnhaupt, 200 Jahre Allgemeines Landrecht für die preußischen Staaten. Wirkungsgeschichte und internationaler Kontext, S. 320 ff.

werbeordnung wurde deshalb von allen Seiten begrüßt. Man hoffte, dass *„durch diese Einrichtung das Gefühl der Standesehre in den Arbeiter-Classen zunehmen und ein wohltätiger Korporationsgeist wiedererweckt werden, welcher seit der gänzlichen Aufhebung der Zünfte erstorben war.“*[428]

b. Die Einigungs- und Ordnungsfunktion der Allgemeinen Gewerbeordnung vom 17. Januar 1845

Bereits in der Einleitung zur Gewerbeordnung vom 17. Januar 1845 (GewO 1845) gab Friedrich Wilhelm, König von Preußen bekannt, dass man in den verschiedenen Landesteilen bestehenden Vorschriften über den Gewerbebetrieb einer Revision unterworfen hat und jetzt für den ganzen Umfang der Monarchie eine einheitliche Regelung gefunden wurde.[429] Bisher bestanden in dem Großflächenstaat Preußen im Gewerberecht die unterschiedlichsten und zum Teil sich widersprechende Regelungen. In den Rheinprovinzen galt zum Teil französisches Recht, in den ehemals sächsischen Provinzen weiterhin sächsisches Recht und hauptsächlich in den östlichen Gebieten wurden weiterhin subsidiär zum ALR die Zunftstatuten angewendet. Gemäß § 1 GewO 1845 sollte das in einzelnen Landesteilen mit einer Gewerbeberechtigung verbundene Recht, einen anderen den Betrieb eines Gewerbes zu untersagen oder diesen darin zu beschränken, endgültig aufgehoben werden. Dabei war gleichgültig, ob die ausschließliche Gewerbeberechtigung an einem Grundstück haftete oder nicht. Um provinzübergreifend eine einheitliche Rechtsgrundlage für das Gewerbe zu schaffen, wurde die allgemeine Gewerbeordnung erlassen.[430]

Ein weiterer Hauptzweck der Gewerbeordnung war, den Gewerbetreibenden einen allgemeinverbindlichen Inhalt nach der formellen Auflösung der Zunftstatuten und den Taxen zu geben.[431] Die Forderungen aus den Reihen der Handwerker wie auch von den Fabrikanten und Verlegern wurden hierzu immer drängender.

Gemäß § 2 GewO 1845 wurden alle ausschließlichen Gewerbeberechtigungen und Konzessionen für gewerbliche Anlagen oder zum Betrieb von Gewerben aufgehoben. Dies geschah in Verbindung mit § 3 GewO 1845, der es untersagte, Zahlungen von Abgaben für den Betrieb eines Gewerbes sowie die Berechtigung solche Abgaben einem anderen aufzuerlegen.[432] Lediglich die mittels des

428 Brand, Bd. 2, S. 53.
429 Allgemeine Gewerbeordnung vom 17. Januar 1845, abgedruckt als Beilage des Amtsblattes der Kgl. Regierung zu Koblenz Nr. 25, vom 20. Mai 1845, S. I-XXXVI.
430 Meyer, S. 377.
431 Risch, GewO, S. 21.
432 Grotefend-Cretschmar, Preussisch-deutsche Gesetzessammlung Bd. III, S. 401.

Gesetzes vom 30. Mai 1820 reformierte Gewerbesteuer musste von jedem Gewerbetreibenden gezahlt werden.[433]

Folgende Zwangs- und Bannrechte, sofern diese nicht bereits durch die §§ 1 und 2 GewO 1845 aufgehoben wurden, sollten gemäß § 4 GewO 1845 keine Gültigkeit mehr haben:

> *1) alle Zwangs- und Bannrechte, welche dem Fiskus, einer Kämmerei oder Gemeinde innerhalb ihres Communalbezirkes, oder einer Corporation von Gewerbetreibenden zustehen, oder von Einem dieser Berechtigten erst nach dem 31. Dezember 1836 auf einen Anderen übergangen sind;*
> *2) alle Zwangs- und Bannrechte, deren Aufhebung nach dem Inhalte der Verleihungsurkunde ohne Entschädigung zulässig ist; und*
> *3) sofern die Aufhebung nicht schon in Folge der Bestimmungen zu 1 und 2 eintritt,*
> *a) das mit dem Besitze einer Mühle, einer Brennerei oder Brenneigerechtigkeit, einer Brauerei oder Braugerechtigkeit; oder einer Schankstätte verbundene Recht, die Konsumenten zu zwingen, daß sie bei dem Berechtigten ihren Bedarf mahlen und schroten lassen, oder das Getränk ausschließlich von demselben beziehen (der Mahlzwang, der Branntweinzwang und der Brauzwang),*
> b) *das städtischen Bäckern und Fleischern oder der sogenannten Bannmeile zu zwingen, daß sie ihren Bedarf an Gebäck oder Fleisch ganz oder theilweise von jenen ausschließlich entnehmen(…).“*[434]

Von allen drei vorgenannten Fällen wurden jedoch nur die Zwangs- und Bannrechte umfasst, die nicht auf einem Vertrag zwischen dem Berechtigten und Verpflichteten beruhten. Mithin konnten Zwangs- und Bannrechte auch weiter-

433 Gesetz wegen Entrichtung der Gewerbesteuer. Vom 30sten Mai 1820. Gesetz-Sammlung für die königlichen preußischen Staaten, S. 147-164; § 3 GewO 1845:
„Vorbehaltlich der durch das Gesetz vom 30. Mai 1820, eingeführten Gewerbesteuer, werden ferner aufgehoben alle Abgaben, welche für den Betrieb eines Gewerbes entrichtet werden, so wie die Berechtigungen, dergleichen Abgaben aufzulegen. Ist jedoch mit der Gewerbeberechtigung das Recht zur Untersagung oder Beschränkung des Betriebes eines stehenden Gewerbes verbunden, so muß die darauf ruhende ganze Abgabe bis zu dem Tage geleistet werden, an welchem der Betrieb dieses Gewerbes von einer Person begonnen wird, gegen die der Widerspruch hätte geltend gemacht werden können.
Ob eine Abgabe zu den aufgehobenen zu rechen sei, ist in allen Landestheilen nach Inhalt der Verordnung vom 19. Februar 1832 (Gesetzsammlung S. 64) zu beurtheilen.“

434 Risch, GewO, S. 36.

hin durch Vertrag ausgeübt werden. Weiterhin konnten von dem Verpflichteten gemäß § 5 GewO 1845 Zwangs- und Bannrechte abgelöst werden, deren Verpflichtung auf Grundbesitz haftete, die Mitglieder von Zünften betrafen oder Bewohner von Distrikten aufgrund ihres Wohnsitzes oblagen. Auch die Inhaber von Schankstätten konnten ab jetzt nicht mehr durch Zwangs- und Bannrechte gezwungen werden, bis zu einem Debit Getränke von einem bestimmten Hersteller abzunehmen. Das Auflösungsrecht in den vorgenannten Fällen stand jedoch nur dem Verpflichteten nicht dem Berechtigten zu.[435]

Auf die Vorschriften der Regalien und Monopole des Staates, insbesondere im Bergwesen, fand die GewO 1845 keine Anwendung. Auch das Fährgewerbe mit seinen Fährgerechtigkeiten blieb von der GewO 1845 unberührt. Bezüglich des Abdeckereigewerbes und der Erfindungspatente gab es bereits besondere Gesetze, die der allgemeinen Gewerbeordnung vorgingen.

Für die Rechte, die durch die §§ 1 bis 5 GewO 1845 aufgehoben oder für ablösbar erklärt wurden, sollte eine Entschädigung gewährt werden.[436] Die Einzelheiten regelte ein weiteres Gesetz, welches zeitgleich mit der allgemeinen Gewerbeordnung erlassen wurde.[437]

Durch Verträge oder andere Rechtstitel konnten Zwangs- und Bannrechte nicht länger als 10 Jahre begründet werden. Auch Bestimmungen, die für den Fall der Nichtverlängerung von Verträgen eine Entschädigung festsetzten, waren gemäß § 11 GewO 1845 nichtig. Jede Person konnte gleichzeitig verschiedene Gewerbe ausüben und die Beschränkung von bestimmten Gewerben auf die Städte war hinfällig.[438]

c. Gewerbebetrieb im Umherziehen, stehende Gewerbe und Marktverkehr

Die allgemeine Gewerbeordnung unterschied zwischen Gewerbebetrieb im Umherziehen, stehenden Gewerbe und Marktverkehr.[439]

---

435 § 5 GewO 1845.

436 Risch, GewO, S. 39; Geron, S. 203; § 10 GewO 1845:
„Hinsichtlich der Entschädigung für diejenigen Berechtigungen, welche schon vor Verkündung des gegenwärtigen Gesetzes aufgehoben oder für ablösbar erklärt worden sind, bewendet es bei den bisherigen Vorschriften."

437 Entschädigungsgesetz zur allgemeinen Gewerbeordnung vom 17. Januar 1845 abgedruckt als Beilage des Amtsblattes der Kgl. Regierung zu Koblenz Nr. 25, vom 20. Mai 1845, S. XXXVI-XLVIII.

438 Risch, GewO, S. 47.

439 Meyer, S. 385.

Der Gewerbebetrieb im Umherziehen fand keinen Eingang in die Gewerbeordnung. § 14 GewO 1845 verwies lediglich auf die Vorschriften der Polizeiordnungen und des ALR. Damit waren im Wesentlichen das Gewerbesteuergesetz vom 30. Mai 1820 und das *„Regulativ über den Gewerbsbetrieb im Umherziehen, und insbesondere das Hausiren“* vom 28. April 1824 gemeint.[440] Danach wurde die Ausübung des Gewerbebetriebes im Umherziehen an den Besitz eines Gewerbescheins geknüpft.[441] Der Gewerbeschein diente gleichzeitig den Zwecken der Besteuerung und der Konzessionierung des Hausiergewerbes.[442] Aufgrund der Beweglichkeit dieser Gewerbebetriebe hielt die Regierung es für sachdienlicher, weiterhin die Aufsicht der Polizei zu übertragen.[443]

Die polizeiliche Zulässigkeit des stehenden Gewerbes war dagegen nur noch nach der allgemeinen Gewerbeordnung zu bestimmen. Um nicht die sozialen Probleme weiter zu verschärfen, wurden ausdrücklich die vorhandenen Gewerbe geschützt. Gemäß § 15 GewO 1845 konnte derjenige, wer bis zum Erlass der allgemeinen Gewerbeordnung zum Betrieb eines Gewerbes berechtigt war, nicht von diesem mit der Begründung ausgeschlossen werden, dass er jetzt deren Erfordernisse nicht mehr erfüllte.
Ein stehendes Gewerbe durfte danach für eigene Rechnung und unter eigener Verantwortung nur derjenige betreiben, der

a) „dispositionsfähig ist und
b) innerhalb unserer Staaten eine festen Wohnsitz hat.“[444]

Lediglich für Minderjährige und Ausländer galten Einschränkungen.[445] Ausländer durften nur in Preußen ein Gewerbe ausüben, wenn mit dem Herkunftsstaat

---

440 Gesetz wegen Entrichtung der Gewerbesteuer. S. 148, 150; Regulativ über den Gewerbsbetrieb im Umherziehen, und insbesondere das Hausiren. Vom 28sten April 1824. Gesetz-Sammlung für die königlichen preußischen Staaten, S. 125-135; Gebhardt, S. 349.

441 Regulativ über den Gewerbsbetrieb im Umherziehen, und insbesondere das Hausiren. S. 126; Henning, Bd. 2, S. 63.

442 Gesetz wegen Entrichtung der Gewerbesteuer S. 152/153; Roscher, Nationalökonomik, Bd. II, S. 36/37.

443 Risch, GewO, S. 48; §§ 9, 10 Regulativ über den Gewerbsbetrieb im Umherziehen, und insbesondere das Hausiren, S. 128; § 14 GewO 1845:
„Für den Gewerbebetrieb im Umherziehen bleiben die bisherigen Vorschriften maßgebend, so weit nicht die Bestimmungen der §§ 1 bis 4 und des § 60 eine Aenderung begründen.“

444 § 16 GewO 1845.

445 § 17 GewO 1845:
„Minderjährige, welche der väterlichen Gewalt unterworfen sind, müssen, bevor sie den selbstständigen Betrieb eines stehenden Gewerbes beginnen, die ausdrückliche Genehmigung des Vaters zu dem Gewerbebetriebe nachweisen. Im Bezirke des der väterlichen Gewalt unterworfen sind, müssen, bevor sie den selbstständigen Betrieb eines stehenden Gewerbes beginnen, die ausdrückliche Genehmigung des Vaters zu dem Gewerbebetriebe nachweisen. Im Bezirke des Appellationsgerichtshofes zu Cöln ist die Zulassung der Minderjährigen zum Beginn des selbst-

ein entsprechender Staatsvertrag bestand oder eine Erlaubnis der Ministerien vorlag.[446] Auch für Angehörige des preußischen Militärs sowie den Beamten war die Ausübung eines Gewerbes nur mit Erlaubnis der vorgesetzten Dienstbehörde möglich. Von diesem Erlaubnisvorbehalt waren auch die Ehefrau, Kinder, Dienstboten und *„andere Mitglieder des Hausstandes"* umfasst.[447]

Dagegen wurde durch die allgemeine Gewerbeordnung der Besitz des Bürgerrechts einer Stadt für die Zulassung zum Gewerbebetrieb nicht zur Voraussetzung bestimmt.[448] Entgegenstehende Regelungen der städtischen Verfassungen wurden aber nicht aufgehoben. Der daraus entstehende Widerspruch wurde dadurch aufgelöst, dass die Ausführung der städtischen Regelungen nicht zu einer Untersagung des Gewerbebetriebes führen durfte.

Die Erlaubnis zur Ausübung eines Gewerbes durfte durch die Polizeiobrigkeit versagt werden, wenn der Beantragende wegen eines *„von ehrloser Gesinnung zeugendes Verbrechens"* verurteilt wurde.[449]

Für die Ausübung eines selbstständigen Gewerbes musste bei der örtlichen Polizeibehörde eine Anzeige erstattet werden. Die Polizeibehörde hatte zu prüfen, ob die allgemeinen oder gegebenenfalls die besonderen Voraussetzungen erfüllt sind.[450] Wenn dies der Fall war, erhielt der Beantragende eine Bescheinigung über die erfolgte Anmeldung. Die Polizei führte ein Gewerberegister über die in ihrem Distrikt vorhandenen Gewerbetreibenden. Beschwerden gegen die Versagung einer Gewerbeerlaubnis konnten nur bei den Verwaltungsbehörden erhoben werden. Der Rechtsweg war gemäß § 25 GewO 1845 ausgeschlossen.

Besondere polizeiliche Voraussetzungen für die Erteilung einer Gewerbeerlaubnis waren gemäß § 26 GewO 1845 nur erforderlich

---

ständigen Betriebes eines stehenden Gewerbes nach Art. 2 des Rheinischen Handelsgesetzbuches zu beurtheilen."

446 Roscher, Nationalökonomik, Bd. II, S. 37.

447 § 19 GewO 1845.

448 Risch, GewO, S. 52.

449 Darunter vielen unter anderen Meineid, Raub, Diebstahl und Betrug. Die Versagung umfasste in diesem Fall neben dem Beantragenden auch dessen Ehefrau, die Kinder, die Dienstboten sowie die übrigen Mitglieder des Hausstandes. Vgl. § 21 GewO 1845.

450 § 23 GewO 1845:
„Die Polizeiobrigkeit hat zu prüfen, ob den in diesem Gesetze für den selbstständigen Gewerbebetrieb im Allgemeinen oder für das beabsichtigte Gewerbe insbesondere vorgeschriebenen Erfordernissen genügt ist.
Ist einem dieser Erfordernisse nicht genügt, so ist der Beginn oder die Fortsetzung des Gewerbetriebes mittels Bescheides zu untersagen, sonst aber dem Anmeldenden eine Bescheinigung über die erfolgte Anmeldung zu ertheilen."

1) „zur Errichtung gewerblicher Anlagen, welche durch die örtliche Lage oder die Beschaffenheit der Betriebsstätte für die Besitzer oder Bewohner der benachbarten Grundstücke, oder für das Publikum überhaupt erhebliche Nachtheile, Gefahren oder Belästigungen herbeiführen können;

2) zu dem Beginn solcher Gewerbe, bei welchen entweder
a) durch ungeschickten Betrieb, oder
b) durch Unzuverlässigkeit des Gewerbetreibenden in sittlicher Hinsicht
das Gemeinwohl oder die Erreichung allgemein polizeilicher Zwecke gefährdet werden kann."[451]

Die allgemeine Gewerbeordnung beinhaltete einen Katalog von Gewerben, für die die vorgenannten Voraussetzungen zutrafen.[452] Die Genehmigung hierfür hatte die Regierung zu erteilen. Nur wenn offensichtlich eine Belästigung durch die Anlage für das nähere Umfeld vorhanden war, musste das Gesuch zurückgewiesen werden. Wenn dies nicht der Fall war, wurde die beabsichtigte Errichtung einer solchen Anlage im Amtsblatt bekannt gegeben. Etwaige Einwendungen gegen die neue Anlage konnten binnen vier Wochen nach Bekanntgabe erhoben werden. Wenn dies nicht geschah, war die Genehmigung unter Umständen mit Auflagen zu erteilen. Preußen tat alles, um seine Wirtschaft zu stärken und damit die sozialen Spannungen abzumildern. Es galt soviel wie mögliche Arbeitsplätze zu schaffen und damit zugleich die Steuereinnahmen zu steigern.[453]

---

451 Meyer, S. 377.

452 Grotefend, S. 15; § 27 GewO 1845 Gewerbliche Anlagen, welche einer besonderen polizeilichen Genehmigung bedürfen.
„Zu den gewerblichen Anlagen, welche einer besondern polizeilichen Genehmigung bedürfen (§ 26 zu 1), sollen für jetzt gerechnet werden:
Schießpulverfabriken, Anlagen zur Feuerwerkerei und zur Bereitung von Zündstoffen aller Art, Gasbereitungs- und Gasbewahrungsanstalten, Anlagen zur Bereitung von Steinkohlenteer und Koaks, sofern sie außerhalb der Gewinnungsorte des Materials errichtet werden, Spiegel-Fabriken, Porzellan-, Fayence- und Thongeschirrmanufakturen, Glas- und Rußhütten, Zuckersiedereien, Malzbarren, Kalk-, Ziegel- und Gipsöfen, Schmelzhütten, Hochöfen, Metallgießereien, Hammerwerke, chemische Fabriken aller Art, Schnellbleichen, Firnißsiedereien, Cichorien-, Stärke-, Wachstuch- und Darmsaitenfabriken, Leim-, Thran-, Seifen- und Flußsiedereien, Knochenbrennereien, Knochen- und Wachsbleichen, Talgschmelzen, Schlachthäuser, Gerbereien, Abdeckereien, Poudretten- und Düngpulverfabriken;
es gehören dahin ferner:
Dampfmaschinen, Dampfkessel und Dampfentwickler (§ 37), durch Wasser oder Wind bewegte Triebwerke (Mühlen usw.) jeder Art (§ 38), so wie Branntweinbrennereien und Bierbrauereien. (§ 39)
Bei allen diesen Anlagen macht es keinen Unterschied, ob sie nur auf den eigenen Bedarf des Unternehmers, oder auch auf Absatz an Andere berechnet sind."

453 Risch, GewO, S. 58/59.

Bei Einwendungen gegen die Anlagen waren rein privatrechtliche Bedenken nicht verfahrenshindernd. Diese wurden auf den Privatrechtsweg verwiesen. Die polizeiliche Genehmigung war in diesem Fall trotzdem zu erteilen. Andere Einwendungen hatte die Polizeibehörde mit dem Unternehmer zu erörtern. Das darüber zu fertigende Protokoll war zur Entscheidung der Regierung vorzulegen. Gegen die Entscheidung der Regierung konnte binnen 10 Tagen Rekurs an die Ministerien erfolgen.[454]

Dass Preußen um eine Vereinfachung der Zulassung zu den Gewerben bemüht war, zeigt auch dass gemäß § 38 GewO 1845, für neue und die Erweiterung sowie Veränderung vorhandener Getreidemahlmühlen nicht mehr Rücksicht auf den Bedarf genommen werden musste. § 242 Titel 15 Theil II, ALR und die Order vom 23. Oktober 1826, wurden damit aufgehoben.[455] Die Grundprinzipien der Freiheit und der Konkurrenz sollten auch in der allgemeinen Gewerbeordnung gewahrt bleiben. Auch die bisherige Wertgrenze von 15.000 Reichstalern für Grundstücke, um auf diesen eine Branntweinbrennerei betreiben zu können, wurde aufgehoben.[456]

Die §§ 42-58 GewO 1845 beinhalteten Berufe und Gewerbe die neben einer oder mehreren bestandenen Prüfungen noch einer besonderen polizeilichen Genehmigung bedurften.[457] Daneben sah die allgemeine Gewerbeordnung Konzessionen vor, die an die Unbescholtenheit, Zuverlässigkeit und Bildung des Beantragenden geknüpft waren.[458]

---

454 §§ 31, 33 GewO 1845.

455 Allerhöchste Kabinetsorder vom 23sten Oktober 1826., durch welche der Landespolizei-Behörde für diejenigen Provinzen, in welchen das Gesetz vom 28sten Oktober 1810., wegen der Mühlengerechtigkeit, Anwendung findet, die Befugniß und Verpflichtung beigelegt wird, den Bau und die Veränderung einer auf fremde Mahlgäste berechneten Mühle zu versagen. Gesetz-Sammlung für die königlichen preußischen Staaten, S. 108; Risch, GewO, S. 40.

456 Geron, S. 197/198; Risch, GewO, S. 41.

457 Laband, Bd. II, S. 461. Dies war unter anderen für Medizinalpersonen, wie Ärzte, Apotheker oder Hebammen, Seeschiffer und Seesteuerleute, Bauunternehmer und Bauhandwerker, wie Maurer, Steinhauer, Schiefer- und Ziegeldecker, Haus- und Schiffszimmerleute, Mühlen- und Brunnenbaumeister, Fährmeister, Schornsteinfegermeister, Personen die Blitzableiter errichteten, mit Feuerwerkskörpern Handel trieben oder gegen Entgelt abbrannten und Kastrierer, Abdecker und Bandagisten vorgegeben.

458 Meyer, S. 377; §§ 49, 50 GewO 1845. Hierzu zählten Schauspielunternehmer, Personen welche ein Pressgewerbe betrieben, Schlosser, Pfandleiher, Personen die mit gebrauchten Kleidern, Betten oder Wäsche handelten, Personen die mit Schießpulver oder anderen Giften Handel trieben, Vermieter von möblierten Zimmern oder Schlafstellen, Kammerjäger, Personen welche auf öffentlichen Straßen und Plätzen Wagen, Pferde, Sänften, Gondeln und andere Transportmittel zu jedermanns gebrauch feil boten und Unternehmer von Tanz- oder Fechtschulen, Bade- oder Turnanstalten.

Des Weiteren mussten einige Gewerbetreibende bei den dazu berufenen Staats- oder Kommunalbehörden angestellt oder zumindest konzessioniert sein. Dies waren Baukonstrukteure, Feldmesser, Nivellierer, Markscheider, Auktionatoren, See- und Binnenlotsen, Mäkler, Dispacheurs und Gesindevermieter.[459] Dazu zählten auch Personen, welche den Feingehalt, die Beschaffenheit, die Menge oder die richtige Verpackung von Waren jeglicher Art feststellten. Dies waren unter anderem Güterbestätiger, Schaffner, Wäger, Messer, Bracker, Schauer und Stauer.[460] Der Getränkehandel sowie die Gastwirtschaften wurden bereits durch die *„Allhöchsten Kabinetsorder"* vom 7. Februar 1835 und 21. Juni 1844 für den gesamten preußischen Staat einheitlich geregelt und nur noch von einer polizeilichen Erlaubnis abhängig gemacht.[461] Weitere Regelungen betrafen das Schornsteinfegergewerbe. Für dieses wurden Kehrbezirke eingerichtet, die aber veränderbar waren.[462] Zum Schutz des Allgemeinwohls und Sicherung von qualitativen Standards wurde damit die Gewerbefreiheit eingeschränkt. Auch von der Mitgliedschaft in der Gemeinschaft einer der christlichen Kirchen konnte gemäß § 58 GewO 1845 die Zulassung eines Gewerbes nicht mehr abhängen.

Die §§ 59-74 GewO 1845 regelten den Umfang, die Ausübung und den Verlust der Gewerbebefugnisse. Derjenige, der zum selbstständigen Betrieb eines stehenden Gewerbes gemäß § 59 GewO befugt war, unterlag nur den gesetzlichen und polizeilichen Beschränkungen des Ortes, wo er sein Gewerbe angemeldet hatte. Die Einschränkung bezog sich insbesondere auf Ruhezeiten, in denen kein Handel in Straßen, Geschäften oder Märkten erfolgen durfte. Über die Einhaltung der städtischen Vorschriften wachte die Ortspolizei. Grundsätzlich konnte der Gewerbetreibende aber ohne Einschränkung auch außerhalb seiner Gewerberäume Arbeiten ausführen, verkaufte Waren versenden und auf Märkten an-

---

459 § 51 GewO 1845:
„Die Geschäfte der Baukonstrukteure, Feldmesser, Nivellirer, Markscheider, Auktionatoren, See- und Binnenlootsen, Mäkler, Dispacheurs und Gesindevermiether dürfen nur von denjenigen Personen betrieben werden, welche als solche von den verfassungsmäßig dazu befugten Staats- oder Kommunalbehörden oder Korporationen angestellt oder konzessioniert sind."

460 Simon, Bd. I, S. 324.

461 Allerhöchste Kabinetsorder vom 7ten Februar 1835., in Betreff des Kleinhandels mit Getränken auf dem Lande und des Gast- und Schankwirthschafts-Betriebes überhaupt, für alle Theile der Monarchie. Gesetz-Sammlung für die königlichen preußischen Staaten, S. 18-20 und Allerhöchste Kabinetsorder vom 21. Juni 1844, betreffend den Kleinhandel mit Getränken und den Gast- und Schankwirthschafts-Betrieb. Gesetz-Sammlung für die königlichen preußischen Staaten, S. 214. Grotefend-Cretschmar, Preussisch-deutsche Gesetzessammlung Bd. III, S. 489/ 470.

462 Meyer, S. 382; § 56 GewO 1845:
„Die Kehrbezirke der Schornsteinfeger können nach dem Ermessen der Regierung nicht nur da, wo sie bisher bestanden, eingeführt, anderseits aber auch aufgehoben und verändert werden, ohne daß deshalb den Bezirksschornsteinfegern ein Widerspruchsrecht oder ein Anspruch auf Entschädigung zusteht. Nur da, wo Zwangsrechte bestehen, ist eine Aufhebung oder Beschränkung der diesen Rechten unterworfenen Kehrbezirke erst nach vorgängiger Ablösung der Zwangsrechte (§ 5) zulässig."

bieten. Sowohl die von ihm gefertigten Waren als auch die dazu benötigten Materialen konnte der Gewerbetreibende überall in Preußen kaufen und verkaufen.[463]

Erstmals war es nach der Aufhebung der ausschließlichen Gewerbeberechtigung möglich, dass ein Gewerbetreibender sein Gewerbe nicht mehr persönlich ausüben musste. Er konnte einen Stellvertreter mit der Führung seines Gewerbes betrauen. Voraussetzung war allerdings, dass dieser Stellvertreter die Anforderungen der allgemeinen Gewerbeordnung selbst vollständig erfüllte. So war die Stellvertretung für die Witwe eines verstorbenen Gewerbetreibenden, den minderjährigen Erben, im Falle einer Kuratel oder Nachlassregulierung möglich.[464]

Wenn die polizeiliche Genehmigung ein Gewerbe auszuüben vorlag, musste davon gemäß § 66 GewO 1845 binnen Jahresfrist Gebrauch gemacht werden. Andernfalls erlosch die Genehmigung. Bei Einstellung eines Gewerbes, erlosch die Genehmigung nach drei Jahren.

Zum Schutze des Gemeinwohles konnte zu jeder Zeit die Benutzung einer gewerblichen Anlage untersagt werden.[465] Weiterhin konnte die Verwaltungsbehörde bereits erteilte Konzessionen, Approbationen und Bestallungen zurücknehmen, wenn aus Handlungen oder Unterlassungen des Inhabers hervorging, dass er die vorausgesetzten Eigenschaften nicht mehr aufwies. In einem solchen Fall konnte durch eine richterliche Entscheidung auch eine Strafe verhängt werden.[466] Gegen die Zurücknahme konnte der Betroffene Rekurs zum Ministerium erheben.[467]

---

463 Haussherr, S. 453; § 60 GewO 1845:
„In Ansehung der Befugniß der Gewerbetreibenden mit kaufmännischen Rechten, auch im Umherreisen entweder selbst, oder durch Gehülfen, Waarenbestellungen zu suchen oder zum Behufe des Wiederverkaufs Waaren anzukaufen, behält es bei den bestehenden Vorschriften sein Bewenden; es soll jedoch diese Befugniß fortan nirgends mehr davon abhängig sein, daß der Gewerbetreibende oder der Gehülfe einer der christlichen Kirchen angehört."

464 § 62 GewO 1845. Die Haftung des Stellvertreters richtete sich nach § 188 GewO 1845.

465 Gemäß § 69 GewO 1845 erhielt der Besitzer für den dadurch entstehenden Verlust Schadensersatz.

466 § 72 GewO 1845:
„Die Gründe der beabsichtigten Zurücknahme der Conzession u.s.w. (§ 71) sind die Betheiligten bekannt zu machen und vollständig zu erörtern, die Verhandlungen aber sodann mit der Vertheidigung desselben der Regierung zur Abfassung eines Plenarbeschlusses vorzulegen."

467 § 73 GewO 1845:
„Der Recurs muß jedoch bei Verlust desselben binnen zehn Tagen, von der Eröffnung des Bescheides an gerechnet, angemeldet werden."

Neben dem Gewerbe im Umherziehen und dem stehenden Gewerbe unterschied die allgemeine Gewerbeordnung noch den Marktverkehr.[468] Unter Märkte verstand man, Versammlungen Gewerbetreibender zum Zwecke des öffentlichen Anbietens von Waren, welche an bestimmten Orten zu gewissen feststehenden Zeiten stattfanden.[469] Die Besonderheit des Marktverkehrs war, dass die Beschränkungen für das stehende Gewerbe wie für das umherziehende Gewerbe nicht galten.[470] Unter Marktverkehr fielen nach § 75 GewO 1845 Messen, Jahr- und Wochenmärkte. Der Kauf- und Verkauf im Marktverkehr stand jedem, auch denjenigen der kein Stadtrecht besaß, frei.[471] Lediglich für Ausländer bestanden Einschränkungen. Die Ministerien hatten die Anzahl, Zeit und Dauer der Märkte festzusetzen. Gemeinden, den bisher diese Rechte zustanden, konnten hierfür einen Entschädigungsanspruch geltend machen.[472]

Der Marktverkehr durfte gemäß § 77 GewO 1845 nicht durch Abgaben oder Steuern belastet werden. Lediglich Standgebühren für den überlassenen Raum konnten erhoben werden.[473] Weiterhin regelte die allgemeine Gewerbeordnung, welche Gegenstände auf den Wochenmärkten angeboten werden durften.[474] Aufgehoben wurde der Brauch, dass Käufer von bestimmten Klassen oder sozialen Schichten ausschließlich zu gewissen Marktzeiten diesen besuchen durften.[475] Es sollte auch hier Gleichheit und die freie Konkurrenz vorherrschen.

Nähere Bestimmungen, innerhalb der durch die allgemeine Gewerbeordnung vorgegebenen Grenzen, waren den Marktordnungen vorbehalten.[476] So durfte

468 Risch, GewO, S. 46.
469 Borchardt, S. 20.
470 Roscher, Nationalökonomik, Bd. II, S. 111; Meyer, S. 422.
471 Meyer, S. 422.
472 Risch, GewO, S. 61.
473 § 77 GewO 1845:
„Der Marktverkehr darf in keinem Falle mit andern als solchen Abgaben belastet werden, welche eine Vergütung für den überlassenen Raum und den Gebrauch von Buden und Geräthschaften bilden. In den Bestimmungen darüber, ob und in welchem Umfange Abgaben dieser Art erhoben werden dürfen, wird durch gegenwärtiges Gesetz nichts geändert."
474 § 78 GewO 1845:
„Gegenstände des Wochenmarkt-Verkehrs sind:
rohe Naturerzeugnisse, mit Ausschluß des größeren Viehs;
Fabrikate, deren Erzeugung mit der Land- und Forstwirthschaft oder der Fischerei in unmittelbarer Verbindung steht, oder zu den Nebenbeschäftigungen der Landleute der Gegend gehört, oder durch Tagelöhnerarbeit bewirkt wird, mit Ausschluß der Getränke;
frische Lebensmittel aller Art.
Jede Regierung hat unter Genehmigung der Ministerien ein Verzeichnis der Gegenstände bekannt zu machen, welche hiernach oder nach Orts-Gewohnheiten und Bedürfniß in ihren Bezirk überhaupt oder an gewissen Orten zu den Wochenmarkt-Artikeln gehören."
475 Stieda, Zunftwesen, S. 92; Schönberg, Zunftwesen, S. 30.
476 Diese existierten auch im Großherzogtum Sachsen-Weimar-Eisenach, vgl. Wochenmarktordnung vom 22. Dezember 1840, in Göckel, Bd. VIII, S. 351.

der Verkauf von Getränken und zubereiteten Speisen auf Jahrmärkten nur nach den Maßgaben der Marktordnungen, welche die örtlichen Gewohnheiten berücksichtigen sollten, gestattet werden.[477]

Üblich war auch, Erzeugnisse und Güter des Marktverkehrs auf offener Straße anzubieten. Diese Art des Verkaufes unterlag dem Gewerbebetrieb im Umherziehen und damit den ortspolizeilichen Bestimmungen. Darüber hinaus wurden alle Beschränkungen des Marktverkehrs aufgehoben. Auch hier schuf die GewO 1845 für den größten deutschen Staat erstmals eine einheitliche Normierung. Herstellern und Händlern wurde es damit erleichtert, auf verschiedenen Märkten ihre Produkte anzubieten, ohne sich einem örtlichen Zunftzwang unterwerfen zu müssen.[478]

d. Taxen

Die Taxen wurden bereits in vielen Landesteilen Preußens durch das Edikt vom 2. November 1810 zur Einführung einer allgemeinen Gewerbesteuer und das Gesetz vom 7. September 1811 die polizeilichen Verhältnisse der Gewerbe betreffend aufgehoben. Unter anderen in Gebieten die erst durch den Wiener Kongress Preußen zugesprochen wurden, galten jedoch die dort gültigen Regelungen weiter. Für das heutige Thüringen bedeutete dies, dass in Erfurt sowie im Distrikt Nordhausen weiterhin Taxen gebräuchlich waren.[479] Nach § 88 GewO 1845 sollten künftig in allen Landesteilen Taxen keine Anwendung mehr finden.[480] Wo diese noch zur Anwendung kamen, hatte die Ortspolizei binnen Jahresfrist diese aufzuheben.[481] Zum Schutz der Daseinsvorsorge, z.B. für Brot, wurde von den zuständigen Ministerien Ausnahmen zugelassen. Die Ortspolizei war ermächtigt, Bäcker anzuhalten monatlich die Preise und die Gewichte ihrer Waren per Anschlag im Verkaufsraum für alle sichtbar anzubringen. Die Bäcker mussten sich dann auch an diese Preise für einen Monat halten.[482] Weiterhin konnte

---

477 §§ 83, 84 GewO 1845:
„In den Gränzen der Bestimmungen der §§ 76 bis 83 kann die Polizei-Obrigkeit unter Genehmigung der Regierung die Marktordnung nach dem örtlichen Bedürfniß festsetzen, namentlich auch für das Feilbieten von gleichartigen Gegenständen den Platz, und für das Feilbieten im Umhertragen, mit oder ohne Ausruf, die Tageszeit und die Gattung der Waaren bestimmen.“

478 § 87 GewO 1845.

479 Risch, GewO, S. 34; Allendorf, Rückblick auf die Geschichte der Industrie- und Handelskammer Erfurt 1845-1925, S. 20 f.

480 Meyer, S.425.

481 § 88 GewO 1845:
„Polizeiliche Taxen sollen, soweit nicht ein Anderes nachstehend angeordnet worden, künftig nicht vorgeschrieben werden; da, wo solche gegenwärtig bestehen, sind dieselben in einer von der Ortspolizei-Obrigkeit zu bestimmenden, höchstens einjährigen Frist aufzuheben.“

482 Gleiches galt für Gastwirte.

die Ortspolizei oder der Landrat für die Arbeit der Schornsteinfeger und Abdecker Preise vorgeben. Damit sollte im Notfall der Grundbedarf für die Bevölkerung bezahlbar bleiben.[483] Aufgrund der Erfahrungen zu Kriegszeiten und bei Missernten, die immer zu großen Preiserhöhungen geführt hatten, wollte auch in Zukunft die Regierung, die freie Preisbildung nicht mehr dem Markt überlassen.[484] Gleiches galt für die Vorgaben bei den Preisen für Medizinalpersonen und Apothekern. Gemäß § 93 GewO 1845 behielt sich die Regierung vor, Taxen auch wieder für Gewerbe einzuführen, selbst wenn in diesen Gewerben bisher noch nie Preisvorgaben bestanden.[485]

Damit wurde die Gewerbefreiheit für die notwendigsten Bereiche des täglichen Lebens durch Taxen wieder beschränkt. Dies bedeutete einen Rückschritt in die Zeit vor den Erlass des Gewerbesteuerediktes vom 2. November 1810 und des Gewerbegesetzes vom 7. September 1811.[486]

e. Innungen der Gewerbetreibenden

Die allgemeine Gewerbeordnung unterschied zwischen älteren und neuen Innungen. Die älteren Innungen wurden nicht aufgelöst und konnten als Korporation fortdauern.[487] Die Zwangsmitgliedschaft von Gewerbetreibenden, die an dem Ort der Zunft ein Gewerbe ausüben wollten, wurde jedoch aufgehoben. Eine Ausnahme wurde lediglich für die Kaufmannschaft zugelassen. Der Erwerb von kaufmännischen Rechten konnte von dem Beitritt zu einer kaufmännischen Korporation abhängig gemacht werden.[488] Zwar wurde keine Innung durch die allgemeine Gewerbeordnung aufgehoben, aber es konnten gemäß § 95 GewO 1845 mehrere getrennte Innungen zu einer gemeinsamen Innung vereinigt werden. Die älteren Innungen mussten ihre Statuten einer Revision unterziehen. Maßgebend waren hierbei die Regelungen des Titel VI. der GewO 1845. Die Revision der Statuten führten die zuständigen Ministerien durch. Diese bestätig-

---

483 Roscher, Nationalökonomik, Bd. II, S. 106/107.

484 Böhle, S. 63.

485 § 93 Abs. 2 GewO 1845:
„Ein Gleiches gilt in Ansehung der in den §§ 51 und 52 bezeichneten Personen. Für diese sind die Ministerien befugt, auch da Taxen einzuführen, wo dergleichen bisher nicht bestanden."

486 Meyer, S. 377; Schlosser, Grundzüge der Neueren Privatrechtsgeschichte, S. 123.

487 Risch, GewO, S. 79.

488 Grotefend, S. 17; § 94 GewO 1845:
„Alle zur Zeit gesetzlich bestehende Korporationen von Gewerbetreibenden (ältere Innungen) dauern ferner fort. Doch soll die Befugniß zum Betrieb eines Gewerbes, für welches in dem Orte oder Distrikte eine solche Korporation (Innung) besteht, von dem Beitritt zu derselben nirgends abhängig sein.
Soweit aber der Erwerb der kaufmännischen Rechte nach den bestehenden Vorschriften durch den Beitritt zur kaufmännischen Korporationen bedingt ist, behält es dabei sein Bewenden."

ten entweder die Statuten oder gaben revidierte Statuten vor. Verweigerte eine Innung die Annahme der revidierten Statuten, so wurden diese aufgelöst.

Die Mitglieder der älteren Innungen konnten nach vollständiger Erfüllung ihrer Verpflichtung ausscheiden und durften trotzdem unabhängig von der Innung ihr Gewerbe weiterhin betreiben. Preußen wollte jedoch nicht, dass alle Zünfte sich unabhängig vom Einfluss des Staates auflösten. Aufgrund der Erfahrungen mit dem schlesischen Weberaufstand, wurden auch die ordnenden Vorteile der Zunft offensichtlich.[489] Vor allem der feste Glaube an die Monarchie bei den Zünften sollte zur Stärkung des Souveräns führen. Wie stark die Gefolgschaft zum König war, zeigt die Darstellung von *Adam Henß*[490]:

> *„der Fürst soll herziehen vor dem Heere des Volkes, er stehet und fällt mit ihm! Und ihn, den treuen Führer, der des Volkes Rechte ehrt und schützt, wird sein Volk auch dann nicht verlassen, wenn überlegene äußere Gewalt seine psychische Gewalt gebrochen.“*[491]

Deshalb sollten alten Innungen sich nur durch eigenen Beschluss auflösen können, wenn

1. zwei Drittel der stimmberechtigten Mitglieder für die Auflösung stimmten,
2. die Tilgung der vorhandenen Schulden sichergestellt war und
3. die Auflösung von der Regierung genehmigt wurde.[492]

Anderseits konnte eine alte Innung nur gegen ihren Willen aufgehoben werden, wenn die aus überwiegenden Gründen des Gemeinwohls geboten erschien.[493] Bei der Auflösung einer Innung, war das vorhandene Vermögen zuerst für die Schuldentilgung und zur Erfüllung der Verbindlichkeiten zu verwenden. Der dann verbleibende Überschuss war zur Bezahlung von Entschädigungsansprüchen für aufgehobene Berechtigungen nach § 10 GewO 1845 heranzuziehen.[494]

---

489 DZA Merseburg, Gen.-Dir., Fabr.-Dep. CCLIX, Nr.11, VOL. III und DZA Merseburg, Gen.-Dir., Gen.-Dep. LIII, Nr. 11.

490 Henß, Adam Joseph: Buchbindermeister; geb. 8.3.1780 Mainz, gest. 4.1.1856 Weimar, kam 1805 nach Weimar ab 1816 Bürger der Stadt. 1832 Stadtverordneter und ab 1840/52 Landtagsabgeordneter. Verfasste zahlreiche Bücher. In der Revolution 1848/49 war er der Führer der „konstitutionellen Monarchisten“ in Weimar.

491 Henß, Wanderungen und Lebensansichten des Buchbinders Adam Henß, S. 171; Blesken, Konstitutioneller Parlamentarismus in Sachsen-Weimar-Eisenach, S.13.

492 § 97 GewO 1845.

493 § 98 GewO 1845:
„Gegen ihren Willen kann eine Innung außer dem am Schluße des § 95 erwähnten Falle nur aus überwiegenden Gründen des Gemeinwohls durch die Ministerien aufgehoben werden.“

494 Risch, GewO, S. 38; § 10 GewO 1845:

Wenn solche Entschädigungsansprüche für die bisherigen Innungsmitglieder nicht geleistet werden mussten, wurde das restliche Vermögen einer Innung an die Gemeinde überwiesen. Wenn in dem Statut der Innung nichts anderes bestimmt war, hatte die Gemeinde das Vermögen zu gemeinnützigen Zwecken zu verwenden. Im Ermessen der Gemeinde lag es aber auch, das Vermögen zur Bezahlung derjenigen Schulden anderer aufgelöster Innungen zu verwenden. Wurden mehrere Innungen zu einer gemeinsamen Innung zusammengelegt, so konnte das Vermögen der Innungen an die gemeinsame Innung überwiesen werden.[495]

Weiterhin sah die allgemeine Gewerbeordnung die Gründung von neuen Innungen vor. Dabei unterschied die allgemeine Gewerbeordnung zwischen Innungen, bei denen die Mitgliedschaft von einer besonderen Aufnahme abhängig war (§§ 101-117 GewO 1845) und zwischen Innungen, bei denen eine besondere Aufnahme nicht erforderlich war (§§ 118, 119 GewO 1845).[496]

Gewerbetreibende, die an demselben Ort gleiche oder verwandte Gewerbe selbstständig betrieben, konnten zu einer neuen Innung zusammentreten. Eine neue Innung konnte an den Orten gebildet werden, wo für die betreffenden Gewerbe keine älteren Innungen mehr bestanden oder mit neuen Innungen verschmolzen waren. Die neuen Innungen wurden durch die Bestätigung ihrer Statuten zu Korporationen. Eine ausschließliche Gewerbeberechtigung durfte ihnen aber niemals beigelegt werden.

Zur Bildung einer neuen Innung wurden in größeren Städten 24 Personen benötigt.[497] Diese Städte wurden in der allgemeinen Gewerbeordnung abschließend genannt. Für alle übrigen Orte waren nur 12 Gewerbetreibende notwendig, um eine neue Innung zu gründen.[498] Die preußische Regierung war jedoch gewillt,

---

„Unter welchen Umständen und in welcher Art für die durch §§. 1 bis 5 aufgehobenen oder für ablösbar erklärten Berechtigungen eine Entschädigung gewährt wird, bestimmt ein besonderes Gesetz vom heutigen Tage. Hinsichtlich der Entschädigung für diejenigen Berechtigungen, welche schon vor Verkündung des gegenwärtigen Gesetzes aufgehoben oder für ablösbar erklärt worden sind, bewendet es bei den bisherigen Vorschriften."

495 § 100 GewO 1845:
„Soweit eine Vereinbarung über das Vermögen der seither getrennten Innungen nicht erreicht wird, ist nach den Vorschriften des § 99 zu verfahren."

496 Grotefend, S. 17f.

497 Risch, GewO, S. 137.

498 § 102 GewO 1845:
„Zur Bildung einer Innung sind erforderlich: in den Städten Berlin, Breslau, Königsberg, Danzig, Elbing, Posen, Potsdam, Frankfurt, Stettin, Stralsund, Magdeburg, Halberstadt, Halle, Erfurt, Münster, Köln, Düsseldorf, Elberfeld, Barmen, Krefeld, Aachen, Koblenz und Trier 24 Personen, welche ihr Gewerbe bereits ein Jahr hindurch selbstständig betrieben oder einer aufgelösten älteren Innung angehört haben, in allen übrigen Orten 12 dergleichen Personen."

eine Renaissance der Innung herbeizuführen. Deshalb wurden die Ministerien ermächtigt, nach den Umständen des Einzelfalls auch Innungen unterhalb der vorgenannten Mindestanzahl von Teilnehmern zu genehmigen. Erstmals konnten sich auch Gewerbetreibenden mehrerer Ortschaften zu einer gemeinschaftlichen Innung verbinden.

Von der Teilnahme an einer Innung waren diejenigen Gewerbetreibenden ausgeschlossen

1) *„welche wegen eines von ehrloser Gesinnung zeugenden Verbrechens, insbesondere wegen Meineides, Raubes, Diebstahls oder Betrugs verurtheilt worden sind,*
2) *welche in Kriminaluntersuchung oder in Konkurs sich befinden, oder*
3) *welchen die Befugniß zum Gewerbebetriebe eine Zeit lang entzogen war; diese können jedoch von der Kommunalbehörde zugelassen werden, wenn sie sich dessen durch ihr nachheriges Verhalten würdig gezeigt haben.“*[499]

Die Kommunalbehörde konnte auch diejenigen ausschließen, gegen die eine Kriminaluntersuchung stattfand oder die nur vorläufig freigesprochen worden waren. Ferner bei Personen, die durch einzelne Handlungen oder durch ihre Lebensweise die öffentliche Beachtung auf sich gezogen hatten. Diese Personen durften auch in eine bereits gebildete Innung nicht eintreten.[500]

Auch die Aufgaben der Innungen wurden nach dem Gewerbesteueredikt vom 2. November 1810 und dem Gewerbegesetz vom 7. September 1811 wieder erweitert.[501] So hatten die neu gegründeten Innungen jetzt wieder ausschließlich *„die Aufnahme, die Ausbildung und das Betragen der Lehrlinge, Gesellen und Gehülfen“* der Innungsgenossen zu beaufsichtigen. Des Weiteren verwaltet die Innungen jetzt wieder alleinig *„die Kranken-, Sterbe-, Hülfs- und Sparkassen.“* Den Innungen oblag damit wieder die Fürsorge für die Witwen und Waisen der Innungsgenossen. Sie waren verantwortlich für die Erziehung und deren anschlie-

499 § 103 GewO 1845.
500 § 107 GewO 1845:
„Denjenigen, welche nach den Bestimmungen des § 103 unter 1. und 2. von der Theilnahme an der Bildung einer neuen Innung unbedingt ausgeschlossen sind, darf auch der Eintritt in eine bereits gebildete Innung nicht gestattet werden. In den Fällen, in welchen auch § 103 die Kommunalbehörde bei der Bildung einer neuen Innung über die Zulassung oder Ausschließung zu bestimmen befugt ist, hat über die Aufnahme in eine bereits gebildete Innung die Innung selbst zu beschließen; zu dem Beschlusse ist jedoch, wenn dadurch die Aufnahme ausgesprochen wird, die Zustimmung der Kommunalbehörde erforderlich.“
501 Gebhardt, S. 350.

ßendes gewerbliches Fortkommen. Die Innungen wurden durch die allgemeine Gewerbeordnung wieder mit Macht und Einfluss im Gewerbe ausgestattet. Es wurde ein Mittelweg zwischen dem Zunftzwang und der totalen Gewerbefreiheit, wie sie das Gewerbesteueredikt vom 2. November 1810 und das Gewerbegesetz vom 7. September 1811 geschaffen hatte, durch die GewO 1845 gewählt.[502]

Die Verwaltung der Innungen führte zunächst die Kommunalbehörde unter Aufsicht der Regierung. Die endgültige Feststellung und Bestätigung der Statuten stand aber ausschließlich den Ministerien zu. Preußen wollte für das Innungswesen einheitlichen Standards einführen. Dabei war es wichtig, dass regionale Besonderheiten und Gebräuche dem nicht widersprachen. Um aber eine wirksame Vereinheitlichung durchführen zu können, musste eine übergeordnete Verwaltungsbehörde entscheiden.[503] Auch für die Statuten gab die GewO 1845 einen Mindestinhalt vor. So war in den Statuten die Bedingungen der Aufnahme in eine Innung, die Rechte und Pflichten der Mitglieder, die Gründe für einen Mitgliedsausschluss sowie die Einrichtung für die Verwaltung der gemeinsamen Angelegenheiten zu benennen.[504]

Jedes neu aufzunehmende Mitglied musste die Befähigung zum Betrieb seines Gewerbes besonders nachweisen.[505] Die Mitglieder älterer Innungen bedurften keines solchen Nachweises. Auch denjenigen, die ein Gewerbe bereits einige Zeit selbstständig betrieben hatten, konnte per Beschluss der Innung eine Prüfung erlassen werden. Ferner ersetzten die Prüfungszeugnisse der Oberbaudeputation, des technischen Gewerbeinstitutes sowie der Akademie der Künste den Befähigungsnachweis zum Betrieb eines Gewerbes. In allen anderen Fällen verlangte die Gewerbeordnung einen Befähigungsnachweis.[506]

---

502 Meyer, S. 377.

503 § 105 GewO 1845:
„Die Leitung der Vorberathungen wegen Errichtung einer Innung steht der Kommunalbehörde unter Aufsicht der Regierung, die Feststellung und Bestätigung der Statuten aber den Ministerien zu."

504 § 106 GewO 1845.

505 Risch, GewO, S. 29.

506 § 108 GewO 1845:
„In allen anderen Fällen muß das aufzunehmende Mitglied seine Befähigung durch eine nach den Bestimmungen des Titels VIII. abgelegte Prüfung nachweisen.
Diese Prüfung kann jedoch denjenigen, die das Gewerbe an demselben oder an einem anderen Orte schon einige Zeit hindurch mit Auszeichnung selbstständig betrieben haben, durch einen Beschluß der Innung erlassen werden; zu diesem Beschlusse ist jedoch bei den im § 131 genannten Gewerben die Zustimmung der Prüfungsbehörde (§§ 162, 167), bei allen anderen Gewerben die Genehmigung der Kommunalbehörde erforderlich."

Für den Handel galten die vorgenannten Prüfungsbestimmungen nicht. Es sollten bei den Handelskorporationen lediglich die allgemeinen Vorschriften zur Anwendung kommen.[507]

Um den Innungen eine wirtschaftliche Eigenständigkeit zu ermöglichen, war es ihnen erlaubt gemäß § 110 GewO 1845 ein mäßiges Antrittsgeld zu verlangen. Die Höhe war im Statut für alle Gewerbegenossen gleichmäßig festzusetzen. Daneben durfte die Innung auch laufende Beiträge von den Mitgliedern erheben. Deren Höhe war ebenfalls im Statut anzugeben. Dort konnte auch festgelegt werden, wie bei einer Zwangsbeitreibung verfahren werden sollte. So konnte die Innung die Zwangsvollstreckung der Beiträge im Verwaltungswege beschließen. Auch die Verwendung der Beiträge sowie die Verwaltung des Etats-, Kassen- und Rechnungswesen war durch Beschlüsse der Innung unter Aufsicht der Kommunalbehörde zu bestimmen.[508]

Der Beitritt zu einer Innung schloss die Befugnis nicht aus, noch andere nicht von der Innung umfasste Gewerbe zu betreiben. Weiterhin konnte ein Gewerbetreibender auch in mehreren Innungen Mitglied sein. Eine Einschränkung gab es lediglich für Innungen an anderen Orten. Hier konnte ein Gewerbetreibender nur Mitglied werden, wenn an seinem Stammsitz für das von ihm betriebene Gewerbe keine Innung vorhanden war.

Jede Innung musste einen oder mehrere Innungsvorsteher aus ihrer Mitte wählen. Diese waren aber von der Kommunalbehörde in ihrem Amt zu bestätigen. Auch jeder Beratung der Innung musste ein Mitglied der Kommunalbehörde beiwohnen. Ziel war es, über die Gesetzmäßigkeit der Innungsbeschlüsse zu wachen und keinesfalls wieder altes eigenes Zunftrecht zur Anwendung kommen zu lassen.[509]

Bei der Abstimmung zu einem Innungsbeschluss waren nur die Mitglieder stimmberechtigt, die bereits länger als ein Jahr selbständige Gewerbetreibende waren. Per Statut konnte die ansonsten herrschende Gleichheit in der Innung für das Stimmrecht durchbrochen werden. Die Stimmgewalt konnte an den Umfang des Gewerbebetriebes geknüpft werden oder sonst verschiedenartig abgestuft werden.

---

507 § 109 GewO 1845:
„Die §§ 107, 108 finden auf die kaufmännischen Korporationen keine Anwendung; in Ansehung dieser bewendet es bei den bestehenden Vorschriften."

508 Risch, GewO, S. 74; § 114 GewO 1845.

509 Risch, GewO, S. 93; § 113 GewO 1845:
„Jeder Berathung der Innung muß ein Mitglied der Kommunalbehörde beiwohnen, um über die Gesetzmäßigkeit der Beschlüsse zu wachen. Dasselbe darf kein Gewerbe derjenigen Art betreiben, für welche diese Innung gebildet ist."

Ein Austritt aus einer Innung war unter der in § 96 GewO 1845 bezeichneten Bedingung möglich.[510] Weiterhin war ein Mitglied aus dem Innungsverband auszuschließen, wenn es sich strafbar gemacht hatte. Die Befugnis zum weiteren Betrieb seines Gewerbes blieb hiervon unberührt.[511]

Weiterhin sah die allgemeine Gewerbeordnung Innungen vor, bei denen eine besondere Aufnahme nicht erforderlich war. Von denjenigen, die an einem Orte gleiche oder verwandte Gewerbe betrieben, konnte auf Grund eines Gemeindebeschlusses und im Einverständnis mit den beteiligten Innungen auch eine Innung in der Art gebildet werden, dass alle Gewerbetreibenden der gleichen Gattung ohne Nachweis der Befähigung mit Beginn ihres Gewerbes angehörten. Ausgenommen hiervon waren Gewerbetreibende

> *1) „welche ausdrücklich erklärt haben, der Innung nicht beitreten oder aus derselben ausscheiden zu wollen oder*
> *2) welche wegen Verbrechen oder unwürdiger Handlungen durch Beschluss der Innung, unter Zustimmung der Communalbehörde ausgeschlossen worden sind.“*[512]

In diesen Innungen standen ein Stimmrecht sowie die Teilnahme an der Verwaltung nur denjenigen Mitgliedern zu, die ihre Befähigung zum Betrieb eines Gewerbes nach § 108 GewO 1845 nachgewiesen hatten. Auch durften den Mitgliedern kein Stimmrecht zugebilligt werden, die wegen einer strafbaren Handlung verurteilt wurden oder gegen die ein Ermittlungsverfahren lief oder die sich im Konkurs befanden.[513]

---

510 § 96 GewO 1845:
„Die Mitglieder der gegenwärtig bestehenden Innungen können nach vollständiger Erfüllung ihrer Verpflichtungen ausscheiden, und dürfen das Gewerbe nach dem Austritte fortsetzen.“

511 § 117 GewO 1845.

512 § 118 GewO 1845:
„Aus denjenigen, welche an demselben Orte gleiche oder verwandte Gewerbe selbstständig betreiben, kann auf Grund eines Gemeindebeschlusses, im Einverständnisse mit der betheiligten Innung, oder, wenn eine solche nicht vorhanden ist, nach Anhörung betheiligter Gewerbetreibenden, eine Innung auch in der Art gebildet werden, daß derselben alle Gewerbetreibende dieser Gattung ohne Nachweis der Befähigung lediglich durch den Beginn ihres Gewerbes angehören.“

513 § 119 GewO 1845:
„Auch können von dem Stimmrechte und der Theilnahme an der Verwaltung durch Beschluß der Innung, unter Zustimmung der Communalbehörde diejenigen ausgeschlossen werden, welchen die Befugniß zum Gewerbebetriebe eine Zeit lang entzogen war, oder welche in irgend einer Kriminaluntersuchung nur vorläufig freigesprochen worden sind, oder sich durch einzelne Handlungen oder durch ihre Lebensweise die öffentliche Verachtung zugezogen haben.“

Die Statuten der älteren als auch der neuen Innungen konnten auf Antrag der Beteiligten oder im öffentlichen Interesse jederzeit von Amts wegen revidiert und unter Bestätigung der Ministerien abgeändert werden. Die Auflösung einer Innung konnte gemäß § 121 GewO 1845 durch Anordnung der Ministerien erfolgen.[514] Streitigkeiten über die Aufnahme und Ausschließung von Mitgliedern sowie über die Rechte und Pflichten der Mitglieder und des Vorstandes hatte die Kommunalbehörde zu entscheiden. Gegen die Entscheidung der Kommunalbehörde konnte der Betroffene Rekurs an die Regierung erheben.[515] Die Beschreitung des Rechtsweges war ausgeschlossen.[516]

Die Innungen hatten gemäß § 123 GewO 1845 der preußischen Verwaltung Gutachten in Gewerbeangelegenheiten zu erstatten. Auch in Gerichtsprozessen mussten diese Sachverständigen stellen.

Gesellschaften, die auf gemeinschaftliche Rechnung oder zur gemeinschaftlichen Benutzung gewerbliche Anlagen und Einrichtungen betrieben, unterfielen nicht den Regelungen über Innungen in der GewO 1845.[517]

f. Gewerbegehilfen, Gesellen, Fabrikarbeiter und Lehrlinge

In der GewO 1845 wurden die Verhältnisse über das gewerbliche Hilfspersonal ausführlich geregelt. Wer befugt war, ein stehendes Gewerbe selbstständig zu betreiben, hatte auch das Recht, Gehilfen und Gesellen zu halten. Grundsätzlich konnten auch diese Gewerbetreibenden Lehrlinge ausbilden. Die §§ 127 bis 132 GewO 1845 stellten an den Gewerbetreibenden hierzu jedoch besondere Voraussetzungen.[518]

Von der Befugnis Lehrlinge zu halten waren Gewerbetreibende ausgeschlossen, die wegen einer Straftat verurteilt wurden, gegen die ein Untersuchungsverfahren anhängig war, über deren Vermögen der Konkurs eröffnet wurde sowie diejenigen, deren Befugnis zum Gewerbebetrieb eine Zeit lang entzogen war. Da dies die gleichen Voraussetzungen für eine Mitgliedschaft in einer Innung war, waren damit grundsätzlich nur Mitglieder einer Innung befugt Lehrlinge auszubilden. Darüber hinaus waren gemäß § 128 GewO 1845 die Kommunalbehörden ermächtigt, denjenigen Gewerbetreibenden zu untersagen, Lehrlinge auszubilden, die wegen einer *„Kriminaluntersuchung"* nur vorläufig freigesprochen

514 Die Auflösung einer Innung vollzog sich nach §§ 97 bis 99 GewO 1845.
515 Gemäß § 122 GewO 1845 bestand hierfür eine präklusivische Frist von vier Wochen.
516 Risch, GewO, S. 98.
517 § 124 GewO 1845.
518 Risch, GewO, S. 28.

wurden oder durch einzelne Handlungen oder durch ihre Lebensweise unter öffentlicher Beobachtung standen.

Die Ausbildung sollte wieder den Wert erhalten, wie dies zu Zeiten der Zunft der Fall war. Die Gewerbefreiheit sollte nicht zu einer Verflachung der Ausbildung führen. Um zünftige Standards aufrechterhalten zu können, hatte die Regierung das Recht, denjenigen Gewerbetreibenden, die sich grober Pflichtwidrigkeiten gegenüber den ihnen anvertrauten Lehrlingen schuldig gemacht hatten oder im Widerholungsfall erneut zu begründeten Beschwerden Anlass gaben, dauerhaft die Befugnis zur Ausbildung zu entziehen.[519] In den vorgenannten Fällen war es dem Gewerbetreibenden nicht in jedem Fall erlaubt, die vorhandenen Lehrlinge fertig auszubilden.[520]

Die allgemeine Gewerbeordnung beinhaltete in § 131 GewO 1845 eine Aufzählung von Gewerben, deren Inhaber nur Lehrlinge ausbilden durften, wenn deren Befähigung zum Betrieb eines solchen Gewerbes durch die Mitgliedschaft in einer alten oder neuen Innung nachgewiesen war.[521] Die Regierungen konnten im Einzelfall nach den örtlichen Verhältnissen mit der Genehmigung der Ministerien den Nachweis der Befähigung für einzelne Gewerbe fallenlassen oder aber für andere Gewerbe anordnen. Die Überprüfung der Untersagung erfolgte in den Städten durch die Kommunalbehörde und auf dem Land durch die Polizeibehörde.[522]

Grundsätzlich beruhte das Verhältnis zwischen Gesellen, Gehilfen und Lehrlingen sowie den Gewerbetreibenden gemäß § 134 GewO 1845 auf freier Übereinkunft. Wenn keine vertraglichen Regelungen zwischen den Parteien getroffen wurden, kamen die Innungsstatuten zur Anwendung. Soweit diese nicht umfas-

---

519 Gegen einen solchen Beschluss der Regierung war gemäß § 129 GewO 1845 Rekurs an die Ministerien zulässig.

520 § 130 GewO 1845:
„In den Fällen, in denen nach den §§ 127 bis 129 die Ausschließung von der Befugniß, Lehrlinge zu halten, Statt findet, darf der Lehrherr auch die bereits angenommen Lehrlinge nicht ferner beibehalten; in den Fällen des § 127 zu 2 ist jedoch der Lehrherr zur Entlassung der Lehrlinge nur dann verpflichtet, wenn solche von der Communalbehörde verlangt wird."

521 Risch, GewO, S. 28; § 131 GewO 1845:
„Diese Gewerbetriebenden waren:
Gerber aller Art, Lederbereiter, Ledertauer, Korbmacher, Pergamenter, Schuhmacher, Handschuhmacher, Beutler, Kürschner, Riemer, Sattler, Seiler, Reisschläger, Schneider, Hutmacher, Tischler, Rademacher, Stellmacher, Böttcher, Drechsler in Holz und Horn, Töpfer, Grobschmiede, Huffschmiede, Waffenschmiede, Schlosser, Zirkelschmiede, Zeugschmiede, Bohrschmiede, Sägeschmiede, Messerschmiede; Büchsenschmiede, Sporer, Feilenbauer, Kupferschmiede, Rothgießer, Gelbgießer, Glockengießer, Gürtler, Zinngießer, Klempner, Buchbinder, Färber."

522 Gemäß § 133 GewO 1845 erfolgte die Durchsetzung des Verbotes im Wege der polizeilichen Exekution.

send genug waren, beurteilte sich das Verhältnis nach den Vorschriften der GewO 1845. Die Ortspolizei hatte die Einhaltung der gesetzlichen Vorgaben zu überwachen.

Die Ehre war der treibende Faktor, in dessen Bahnen man die Menschen leiten und auch halten konnte.[523] Nach Hegel waren *„die Heiligkeit der Ehe und die Ehre in der Korporation“* die Grundlagen der bürgerlichen Gesellschaft.[524] Die ordnenden Vorteile der Zunft waren offensichtlich und man schritt zur Neugründung von Innungen.[525] Diese sollten nach dem zünftigen Vorbild gewisse öffentlich-rechtliche Funktionen wahrnehmen. Vorrangig sollten diese für die Abnahme von Prüfungen und für die Verleihung des Meisterrechts zuständig sein und eine schiedsgerichtliche Funktion ausüben.[526] Die preußische Regierung versuchte zum eigenen Schutz, die Korporationen wieder in das gewerbliche Leben einzubinden.[527]

Damit kamen immer deutlicher die ordnungspolitischen Maxime des 18. Jahrhunderts zum Vorschein. Dementsprechend wurde die Gewerbeordnung von 1845 wieder an zünftigen Werten ausgerichtet.

> *„Die Ortspolizei-Obrigkeit hat darauf zu achten, daß bei Beschäftigung und Behandlung der Gesellen, Gehülfen und Lehrlingen gebührende Rücksicht auf Gesundheit und Sittlichkeit genommen und denjenigen, welche des Schul- und Religionsunterricht noch bedürfen, Zeit dazu gelassen werden.“*[528]

Die Preußische Regierung versuchte den Spagat zwischen zünftigen Werten und der Gewerbefreiheit. Auch § 137 GewO 1845 hatte deshalb einen recht zunftfreundlichen Inhalt.[529]

---

523 Fischer, Quellen, S. 96.

524 Hegel, Grundlinien der Philosophie des Rechts, § 255.

525 Risch, GewO, S. 106.

526 Rüffer, Das gewerbliche Recht des Allgemeinen Landrechts für die Preußischen Staaten vom 1. Juni 1794, S. 133f.; Rüffer, die Preußische gewerbliche Gesetzgebung von 1810 u. 1811, S. 21f.; Hoffmann, Die Befugnisse zum Gewerbebetriebe, S. 97; Meyer, S. 377

527 Bergmann, Wirtschaftskrise und Revolution, S. 237 ff.; Risch, Zünfte, Gewerbefreiheit, gewerbliche Vereine, im allgemeinen betrachtet und vergleichsweise zusammengestellt, S. 101.

528 § 136 GewO 1845.

529 § 137 GewO 1845:
„Streitigkeiten der selbstständigen Gewerbetreibenden mit ihren Gesellen, Gehülfen oder Lehrlingen, die sich auf den Antritt, die Fortsetzung oder Aufhebung des Arbeits- oder Lehrverhältnisses, oder auf die gegenseitigen Leistungen während der Dauer desselben beziehen, sind, soweit für diese Angelegenheiten besondere Behörden bestehen, bei diesen zur Entscheidung zu bringen.

Preußen war das Land, was am entschiedensten gegen die Zünfte und andere Korporationen einschritt. Trotzdem kam es nicht umhin, diese wieder anzuerkennen und diesen auch wieder Befugnisse einzuräumen. Es wurde versucht, die Innungen als offizielle Nachfolgeorganisation der Zünfte wieder mit begrenzten öffentlichen Befugnissen auszustatten. Die Gewerbefreiheit bedeutet nach Max Weber, den Markt *„unbehindert durch Rechtsschranken als Mittel der Erlangung von Macht über andere zu nutzen.“*[530] Damit waren aber sowohl die Arbeiter, Gesellen, etc. als auch die Fabrikanten, Verleger, Meister, Arbeitgeber usw. nicht zufrieden. Die Arbeiter und Gesellen befürchteten ihre Ausbeutung und Lohndumping. Die Arbeitgeber hingegen wollten sich nicht nur mit dem Vertrag zufrieden geben. Sie verlangten unentwegt polizeiliche Zwangsmittel im merkantilistsichen Stil, um die Arbeitnehmer zur Arbeit anzuhalten und sich vor plötzlichen Arbeitsniederlegungen zu schützen. Von beiden Seiten wurde die disziplinierende und marktordnende Funktion von Recht und Gericht vermisst.

Streitigkeiten über das Arbeits- und Lehrverhältnis waren gemäß § 137 GewO 1845 besonderen Behörden zur Entscheidung vorzulegen. Sollten diese nicht bestehen, so konnte der Innungsvorsteher mit dem Mitglied der Kommunalbehörde darüber entscheiden, wenn es sich um Innungsmitglieder handelte. In allen übrigen Fällen entschied die Ortspolizei. Die Entscheidung konnten die Parteien durch Berufung von Gerichten überprüfen lassen.

Gegenüber den Gesellen und Gehilfen erhob die GewO 1845 wieder einen recht zünftigen Grundton. Diese waren gemäß § 138 GewO 1845 verpflichtet, dem Arbeitsherrn Achtung zu erweisen und seinen Anordnungen Folge zu leisten.[531] Das Arbeitsverhältnis zwischen den Arbeitsherrn und den Gesellen oder Gehilfen konnten von beiden Seiten mit einer Frist von 14 Tagen gekündigt werden.[532] Des Weiteren beinhaltete die GewO 1845 Gründe, wonach der Gewerbetreibende fristlos den Gesellen entlassen durfte, sowie Gründe, wonach die Gesellen ihre Arbeit vor Ablauf der vertragsmäßigen Zeit verlassen durften.[533] Die

---

Insoweit solche Behörden nicht bestehen, erfolgt die Entscheidung, wenn der selbstständige Gewerbetreibende Mitglied einer Innung ist, durch die Innungsvorsteher, unter dem Vorsitze eines Mitgliedes der Kommunalbehörde, in anderen Fällen durch die Ortspolizei-Obrigkeit.
Gegen diese Entscheidung steht dem Betheiligten die Berufung auf den Rechtsweg binnen zehn Tagen präklusivischer Frist offen; die vorläufige Vollstreckung wird aber hierdurch nicht aufgehalten.“

530 Weber, Wirtschaft und Gesellschaft, S. 561.

531 Risch, GewO, S. 160. Auch das väterliche Züchtigungsrecht ging auf den Meister über.

532 Brand, Bd. 2, S. 161.

533 § 140 GewO 1845:
„Vor Ablauf der vertragsmäßigen Arbeitszeit und ohne vorhergegangene Aufkündigung können Gesellen und Gehülfen entlassen werden:
wenn sie eines Diebstahls, einer Veruntreuung, eines liederlichen Lebenswandels, groben Ungehorsams oder beharrlicher Widerspenstigkeit sich schuldig machen;

Gesellen hatten einen Anspruch auf ein Zeugnis, das die Art und Dauer ihrer Tätigkeit wiedergab. Dieses konnten sie in den Städten von der Kommunalbehörde und auf dem Land von der Ortspolizei kosten- und stempelfrei beglaubigen lassen.

Die GewO 1845 hob die Verpflichtung zur Wanderschaft auf. Damit fiel auch der Anspruch der Wanderburschen auf Unterstützung von den Gewerbegenossen weg.[534] Die Regierung traute sich jedoch nicht, die Gesellenverbindungen zu verbieten und aufzuheben.[535] Der preußische Justizminister *Mühler* verglich die Zünfte und die Gesellenverbindungen mit den Studentenverbindungen und wollte jegliche Heimlichkeit unterbinden und einer absoluten staatlichen Kontrolle unterwerfen.[536] Vor allem ein ständiges Ärgernis für die Justiz war, dass es als unehrenhaft galt, wenn sich ein Zunftmitglied oder ein Geselle wegen Streitigkeiten zwischen einzelnen Mitgliedern in der Zunft oder zwischen Meister und Geselle, sich an ein ordentliches Gericht wandte.[537] Die zünftigen Statute und das Gewohnheitsrecht hatten neben den Gesetzen und Verordnungen der Obrigkeit immer noch Geltung. Dieses Schattendasein war indes so stark, dass es zum Teil die obrigkeitliche Regelung verdrängte. Der Grund lag darin, dass die Zünfte nebst Gesellenverbänden wegen der sozialen Absicherung weiterhin Zulauf hatten.[538] Der preußische Justizminister wollte deshalb alle Verbindungen und

---

wenn sie, der Verwarnung ungeachtet, mit Feuer und Licht unvorsichtig umgehen;
wenn sie sich Thätlichkeiten oder Schmähungen gegen den Arbeitsherrn oder die Mitglieder seiner Familie erlauben;
wenn sie mit den Mitgliedern der Familie des Arbeitsherrn oder mit ihren Mitarbeitern verdächtigen Umgang pflegen, oder sonst dieselben zum Bösen verleiten;
wenn sie zur Fortsetzung der Arbeit unfähig geworden, oder mit einer ekelhaften Krankheit behaftet sind."
§ 141 GewO 1845:
„Die Gesellen und Gehülfen können die Arbeit vor Ablauf der vertragsmäßigen Zeit und ohne vorhergegangene Ankündigung verlassen:
wenn sie zur Fortsetzung der Arbeit unfähig werden;
wenn der Arbeitsherr sich thätlich an ihnen vergreift;
wenn er sie zu Handlungen hat verleiten wollen, welche wider die Gesetze oder wider die guten Sitten laufen;
wenn er ihnen den versprochenen Lohn oder die sonstigen Gegenleistungen ohne genügende Veranlassung vorenthält."

534 § 143 GewO 1845:
„Eine Verpflichtung zum Wandern findet nicht Statt. Auf besondere Unterstützung von Seiten der Gewerbegenossen haben wandernde Gesellen und Gehülfen keinen Anspruch."

535 Reininghaus, Gesellengilden, S. 175f.

536 Verus, Karl August von Sachsen-Weimar und die Universität Jena, S. 18 ff; Keil, Geschichte des Jenaischen Studentenlebens (1548 bis 1858), S. 33f; Kulischer, S. 488.

537 Fischer, Quellen, S. 98.

538 Bade, S. 53

Kassen verbieten. Dieser Vorschlag stieß auf strikte Ablehnung bei den preußischen und pommerschen sowie sogar bei den rheinischen Ständen.[539]

Die preußische Gewerbeordnung von 1845 führte dann zu einem Kompromiss.[540] § 144 GewO 1845 erlaubte ausdrücklich den Fortbestand der *„zur gegenseitigen Unterstützung vorhandenen besonderen Verbindungen und Kassen“.*[541] Sie wurden aber verpflichtet, auch innungsfremde Gesellen aufzunehmen. Deshalb konnten jetzt auch Fabrikarbeiter Mitglied in einem Gesellenverband werden.[542] Seitens der preußischen Regierung blieb der Vorbehalt, diese Einrichtungen abzuändern und zu ergänzen. Selbst die Neugründung von Verbindungen und Kassen war erlaubt. Man versuchte damit den alten Gewerken ihre Exklusivität zu nehmen.[543]

Weiterhin regelte die allgemeine Gewerbeordnung das Lehrverhältnis sehr ausführlich. Lehrlingen waren nach § 146 GewO 1845 nur diejenigen Personen, die durch einen Lehrvertrag mit einem Lehrherrn in der Absicht verbunden waren, um gegen Lehrgeld oder unentgeltliche Hilfeleistung ein Gewerbe bis zu Fertigkeit des Gesellen zu erlernen. Wählte der Lehrling einen Innungsmeister als Lehrherrn, so erfolgte die Aufnahme vor der Innung, andernfalls vor der Kommunalbehörde oder der Ortspolizei.[544] Weiterhin hatte der Lehrling Nachweise über sein Wissen zu erbringen.[545] Bei dieser Aufnahme waren die Lehrzeit, das Lehrgeld und sonstige Bedingungen schriftlich festzuhalten.

Ferner verpflichtete die allgemeine Gewerbeordnung den Lehrherrn, den Lehrling zu einem tüchtigen Gesellen auszubilden. Zwar beruhte das Lehrverhältnis nur auf einem Vertrag, aber die GewO 1845 regelte dies wie zu Zunftzeiten. So war der Lehrling gemäß § 151 GewO 1845 der väterlichen Zucht des Lehrherrn unterworfen und dem Gesellen zur Folgsamkeit verpflichtet. Der Lehrherr hatte den Lehrling die erforderliche Zeit und Gelegenheit zur Erlernung des Berufes einzuräumen und diesen nicht für andere Dienstleistungen übermäßig zu bean-

---

539 Kollmann, Die Entstehungsgeschichte der deutschen Koalitionsgesetzgebung, S. 102.

540 Gebhardt, S. 350.

541 Risch, GewO, S. 128.

542 § 145 GewO 1845: „Die Bestimmungen der §§ 134 bis 144 finden auch auf Fabrikarbeiter Anwendung.“

543 Asmuth, Gewerbliche Unterstützungskassen in Düsseldorf, Die Entwicklung der Krankenversicherung der Arbeitnehmer 1841 bis 1884/85, S. 20.

544 Vor der Aufnahme war festzustellen, dass es dem Lehrherrn erlaubt war, Lehrlinge zu halten.

545 § 148 GewO 1845:
„Der Lehrling muss darthun, dass er lesen, schreiben und rechnen kann, ingleichem durch eine Bescheinigung seines Religionslehrers nachweisen, daß er in der Glaubens- und Sittenlehre genügende Kenntnisse besitzt. Nur aus erheblichen Gründen darf einem Mangel an diesen Kenntnissen nachgesehen werden. Der Lehrherr ist alsdann verpflichtet, für die Nachhülfe nach den Anordnungen der Ortsschulbehörde zu sorgen.“

spruchen.[546] Weiterhin sollte der Lehrherr den Lehrling zur Arbeitsamkeit und zu guten Sitten anhalten sowie vor Lastern und Ausschweifungen fern halten.[547] Traf den Lehrling an der Beendigung des Lehrverhältnisses eine Schuld, so musste dieser das Lehrgeld für die gesamte Lehrzeit an den Lehrherrn zahlen. Gegen den Willen des Lehrherrn, konnte der Lehrling aber einen anderen Beruf erlernen. Dem Lehrherrn musste der Lehrling jedoch das Lehrgeld noch mindestens ein halbes Jahr lang zahlen. Über die Dauer der Lehrzeit musste der Lehrherr dem Gesellen ein Zeugnis erteilen.[548]

Nach vollständiger Leistung der Lehrzeit, hatte der Lehrling einen Anspruch zur Gesellenprüfung zugelassen zu werden.[549] Die Prüfung und die anschließende feierliche Entlassung erfolgten durch die Innung, wenn er bei einen Innungsmitglied gelernt hatte.[550] Hatte der Lehrling nicht bei einem Innungsmitglied gelernt, erfolgte die Prüfung durch die Kommunalbehörde oder Ortspolizei unter Hinzuziehung eines Sachverständigen. Auch konnte die Prüfung vor einer staatlichen Prüfungsbehörde geleistet werden. Sowohl die Innung als auch die Kommunalbehörde oder Ortspolizei führten über die Aufnahme und Entlassung der Lehrlinge ein vollständiges Verzeichnis.[551] Prüfungsgebühren waren untersagt. Ein Auslagenersatz konnte aber verlangt werden. Erstmals konnten Personen, die nicht als Lehrlinge sich die notwendigen gewerblichen Kenntnisse angeeignet hatten, von einer Innung oder der Kommunalbehörde geprüft werden. Auch ihnen war ein Zeugnis zu erteilen. Preußen wollte der immer größer werdenden ungebildeten Arbeiterschicht einen sozialen Aufstieg ermöglichen.

Allerdings sollten die Vorschriften über Lehrlinge der GewO 1845 keine Anwendung in Fabriken, in Apotheken und bei Kaufleuten finden.[552]

---

546 § 153 GewO 1845:
„Wider den Willen des Lehrherrn kann das Verhältnis vor Ablauf der Lehrzeit aufgehoben werden, wenn der Lehrherr die ihm nach § 150 obliegende Verpflichtung gröblich vernachlässigt oder das Recht der väterlichen Zucht mißbraucht (...). In diesen Fällen kann der Lehrherr zur Erstattung der durch anderweitige Unterbringung des Lehrlings entstehenden Mehrkosten im Rechtswege angehalten werden. Dasselbe gilt von dem Falle, wenn de Lehrherrn die Befugniß, Lehrlinge zu enthalten, entzogen wird."

547 Danninger, S. 74.

548 Eine Beglaubigung erfolgte wie bei den Gesellen.

549 Weimarer Stadtarchivakte HA I-42-29, Bl. 2206.

550 Risch, GewO, S. 31.

551 § 158 GewO 1845.

552 Geron, S. 201/202; § 161 GewO 1845:
„Die Bestimmungen der §§ 134 bis 160 finden auf die Gehülfen und Lehrlinge der Apotheker und Kaufleute, ingleichem auf die Werkmeister in Fabriken keine Anwendung. Die Verhältnisse derselben zu ihren Lehr- und Arbeitsherren sind fernerhin nach den bisherigen Vorschriften zu beurtheilen."

Preußen wollte die Prüfungen und damit die wirtschaftliche Zukunft nicht mehr nur in den Händen der Innungen belassen. Mit der allgemeinen Gewerbeordnung wurden erstmals auch die Kommunalbehörden in den Städten und die Ortspolizei auf dem Lande ermächtigt, Prüfungsbehörden zu bilden.[553] In jedem Distrikt sollte zumindest eine Prüfungsbehörde bestehen. Diese sollte aus den *„geschicktesten und geachtetsten Gewerbetreibenden“* und einem Mitglied der Kommunalbehörde gebildet werden. Den Vorsitz der Prüfungskommission übte das Mitglied der Kommunalbehörde aus.[554] Bei der Auswahl der Gewerbetreibenden sollte auf Mitglieder der Innungen vorzugsweise Rücksicht genommen werden. Die Prüfungsbehörde stellte über den erfolgreichen Abschluss der Prüfung ein Zeugnis aus. Dieses Zeugnis galt gemäß § 166 GewO 1845 als Nachweis zur Befähigung für die Aufnahme in eine Innung und Aufnahme von Lehrlingen.[555]

g. Ortsstatute

Die allgemeine Gewerbeordnung stand mit ihren Regelungen nicht nur im Widerspruch mit den Statuten der Zünfte, sondern auch mit vielen preußischen Ortstatuten. § 168 GewO 1845 erlaubte grundsätzlich eine Änderung der Titel VI. und VII. der allgemeinen Gewerbeordnung durch Ortstatute. Die Abänderungen standen unter dem Genehmigungsvorbehalt der Ministerien. Jedoch wurde gemäß §§ 169, 170 GewO 1845 eine Abänderungsmöglichkeit zu Gunsten der Innungen praktisch ausgeschlossen.[556] Ortsstatute durften Regelungen enthalten,

553 Risch, GewO, S. 117/118.

554 § 162 GewO 1845:
„Für die in den §§ 108 und 132 angeordneten Prüfungen sind beständige Ort- und Distrikt-Prüfungsbehörden zu bilden, wo dies von den Regierungen nach den örtlichen und gewerblichen Verhältnissen für nöthig erachtet wird (...). Die Mitglieder werden durch die Communalbehörde des Ortes, welcher zum Sitz der Prüfungsbehörde bestimmt ist, unter Genehmigung der Regierung ernannt, wobei auf Genossen der Innungen vorzugsweise Rücksicht zu nehmen ist (...).“

555 § 167 GewO 1845:
„Bis zur Errichtung der Prüfungsbehörden (§ 162) haben die Regierungen zu bestimmen, in welcher Art und durch welche Personen die Prüfungen zu bewirken sind.“

556 § 170 GewO 1845:
„In Ansehung der Ortsstatuten (§169) finden folgende Beschränkungen statt:
Es darf dadurch für Niemand der selbstständige Gewerbebetrieb weiter beschränkt werden, als durch das gegenwärtige Gesetz bestimmt ist.
Den Innungsmitgliedern darf kein ausschließlicher materieller Vortheil in Beziehung auf den Gewerbebetrieb beigelegt werden, namentlich nicht die ausschließliche Befugniß, Lehrlinge zu halten.
Die Befugniß, Gesellen oder Gehülfen zu halten, darf nicht beschränkt oder erschwert werden.
Denjenigen, welche die Befähigung zum Betrieb ihres Gewerbes vorschriftsmäßig nachgewiesen haben, darf weder eine erneuerte Prüfung als Bedingung des Eintritts in eine Innung aufer-

die eine Abänderung der Rechte und Möglichkeiten zu Lasten der Gesellen, Gehilfen und Lehrlinge per Vertrag nicht zuließen. Weiterhin konnte per Ortsstatut festgelegt werden, dass alle örtlich ansässigen Gesellen und Gehilfen den Verbindungen und Unterstützungskassen beitreten mussten. Dabei durfte keine Unterscheidung zwischen den Gesellen und Gehilfen von Innungsmitgliedern und sonstigen Gewerbetreibenden gemacht werden.

Abschließend enthielt die Gewerbeordnung (Titel X, §§ 171-190 GewO 1845) wie die ehemaligen Zunftstatuten auch Strafbestimmungen. Gemäß § 171 GewO 1845 konnte die Entziehung der Befugnis zum selbständigen Betrieb eines Gewerbes für immer oder auf eine bestimmte Zeit als Strafe angeordnet werden. Die Entziehung auf Zeit durfte nicht unter drei Monaten und nicht über fünf Jahre betragen. Das Strafmaß richtete sich nicht nur danach, ob es sich um ein Verbrechen oder Vergehen handelte, sondern auch ob die Straftat mit dem Gewerbe in Zusammenhang stand und ob zur Ausübung des Gewerbes eine Konzession, Approbation oder Bestallung notwendig war.[557]

Setzte die polizeiliche Genehmigung zum Betreiben eines Gewerbes, die *„Zuverlässigkeit und Unbescholtenheit“* des Gewerbetreibenden voraus, so war der Verlust der Befugnis zum selbständigen Gewerbe auszusprechen.[558] Unter Geldstrafe bis zu 200 Talern stand, wenn ein Gewerbetreibender ein Gewerbe betrieb, ohne im Besitz der notwendigen Konzession, Approbation oder Bestallung zu sein.

---

legt, noch eine der in diesem Gesetze an jenen Nachweis geknüpfte Befugnisse geschmälert werden.
An den durch die §§ 126 bis 132 bestimmten Bedingungen der Befugniß, Lehrlinge zu halten, darf durch die Ortstatuten nicht geändert werden.
Ein Zwang zum Eintritt in die Innungen ist nicht zulässig; es darf aber auch die Ausnahme nicht von der Willkühr der Innungsgenossen, sondern nur von bestimmten, im Gesetz oder in den Statuten aufgestellten Erfordernissen abhängig gemacht werden. Ebensowenig darf das Ausscheiden aus den Innungen an andere, als die gesetzlichen Bedingungen geknüpft werden.
Keine Innung darf für geschlossen erklärt werden (…).“

557 § 173 GewO 1845:
„Gewerbetreibende, welche zum Betriebe ihres Gewerbes einer besonderen polizeilichen Genehmigung (Conzession, Approbation, Bestallung) bedürfen, können der Befugniß zum selbstständigen Betriebe ihres Gewerbes für immer oder auf Zeit verlustig erklärt werden, wenn sie wegen eines ihrer Berufspflichten verletzenden Verbrechens zu Zwangsarbeit oder Zuchthausstrafe verurtheilt werden; es muß auf diesen Verlust erkannt werden, wenn gegen sie wegen eines solchen Verbrechens schon früher auf Freiheitsstrafe erkannt worden ist.
Auch kann auf den Verlust jener Befugniß für immer oder auf Zeit erkannt werden, wenn der Gewerbetreibende wegen eines Verbrechens, durch welches er seine Berufspflichten verletzt hat, zu einer minder schweren Freiheitstrafe, als Zwangsarbeit oder Zuchthausstrafe, verurtheilt wird, nachdem schon früher wegen eines solchen Verbrechens auf Freiheitsstrafe gegen ihn erkannt worden ist.“

558 Risch, GewO, S. 71; § 174 GewO 1845. Dies war zum Beispiel der Fall, wenn der Gewerbetreibende wegen eines Meineides, Raubes, Diebstahls oder Betruges verurteilt wurde.

Mit Gefängnisstrafe von bis zu einem Jahr wurden Verabredungen zu Arbeitseinstellungen von Gesellen, Gehilfen und Arbeitern bestraft, die zum Zwecke hatten, den Gewerbetreibenden oder die Obrigkeit zu gewissen Handlungen oder Zugeständnissen zu zwingen.[559] Bereits die Verabredung oder die Aufforderung an Arbeiter, an solchen Streiks teilzunehmen, stand unter Strafe. Diese Strafvorschriften wurden ausdrücklich auf Fabrikarbeiter und Arbeiter, die bei Berg- und Hüttenwerken, Landstraßen, Eisenbahnen, Festungsbauten und anderen öffentlichen Anlagen beschäftigt waren, erweitert.[560]

Weiterhin wurden Gesellen, Gehilfen und Fabrikarbeiter, die ohne gesetzlichen Grund eigenmächtig die Arbeit verließen, sich groben Ungehorsam oder beharrlicher Widerspenstigkeit schuldig machten, mit einer Geldbuße von bis zu zwanzig Talern oder mit Gefängnis von bis zu vierzehn Tagen bestraft.[561]

Der Entzug der Befugnis zum selbständigen Gewerbebetrieb für immer oder auf Zeit, konnte nur vom Richter ausgesprochen werden.[562] Gemäß § 190 GewO 1845 wurden mit der allgemeinen Gewerbeordnung alle sonstigen bisherigen allgemeinen und besonderen Bestimmungen über das Gewerbe und Gegenstände des gegenwärtigen Gesetzes außer Kraft gesetzt.[563]

h. Entschädigungsgesetz zur allgemeinen Gewerbeordnung vom 17. Januar 1845

Ein Entschädigungsgesetz wurde zeitgleich mit der allgemeinen Gewerbeordnung erlassen.[564] Für die durch die allgemeine Gewerbeordnung aufgehobenen Berechtigungen war gemäß § 1 Entschädigungsgesetz zur allgemeinen Gewerbeordnung vom 17. Januar 1845 (Entsch.GewO 1845) eine Entschädigung zu leisten. Voraussetzung war, dass die Berechtigung für immer oder auf Zeit un-

559 Kulischer, S. 488.

560 §§ 181, 182 GewO 1845.

561 § 186 GewO 1845:
„Gewerbetreibende, welche die von der Obrigkeit vorgeschriebenen oder genehmigten Taxen überschreiten, haben Geldbuße bis zu fünfzig Thalern oder im Unvermögensfalle verhältnismäßige Gefängnisstrafe verwirkt.
Machen sie nach vorgängiger zweimaliger Verurtheilung wegen solcher Vergehen sich eines Vergehens dieser Art von Neuem schuldig, so kann zugleich auf den Verlust der Befugniß zur selbstständigen Betreibung ihres Gewerbes für immer oder auf Zeit erkannt werden.“

562 § 189 GewO 1845.

563 Dies bezog sich auch insbesondere auf die Juden, deren Gewerbeausübung zum Teil erheblich eingeschränkt war.

564 Entschädigungsgesetz zur allgemeinen Gewerbeordnung vom 17. Januar 1845, abgedruckt als Beilage des Amtsblattes der Kgl. Regierung zu Koblenz Nr. 25, vom 20. Mai 1845, S. XXXVI-XLVIII.

widerruflich erteilt war. Eine Entschädigung wurde weiterhin nicht gewährt, wenn die Berechtigung dem Fiskus, einer Kämmerei, einer Gemeinde oder einer Korporation zustand.[565] Die Ansprüche auf Entschädigung mussten gemäß § 4 Entsch.GewO 1845 bis zum Ende des Jahres 1845 bei der Regierung schriftlich angemeldet werden.[566] Als Maßstab der Entschädigung für die aufgehobenen Berechtigungen galt der Wert, den die Berechtigung zur Zeit der Aufhebung gehabt hat. Der Wert war für jede einzelne in einem Ort vorkommende Gewerbegattung gesondert zu ermitteln.[567] Als Maßstab galt der durchschnittliche Preis, der bei Veräußerungen, bei Erbteilungen sowie bei Verpachtung gezahlt wurde. Als Entschädigung wurde gemäß § 10 Entsch.GewO 1845 der fünfundzwanzigfache Betrag des Reinertrages gezahlt. Zur Bezahlung der Entschädigung waren diejenigen verpflichtet, die ein stehendes Gewerbe selbständig betrieben, jedoch mit Ausnahme derer, die im Besitze eines Entschädigungsanerkenntnisses waren. Weiterhin waren zu Entschädigungszahlungen die Gemeinde oder Distrikt verpflichtet, wo die ausschließliche Gewerbeberechtigung bestand.[568] Auch für die aufgehobenen Zwangs- und Bannrechte sowie Konzessionen gewährte das Entschädigungsgesetz Zahlungen.[569] Die Entschädigung für aufgehobene

---

565 Risch, GewO, S. 38; § 2 Entsch.GewO 1845:
„Ausnahmen hiervon (§1) treten ein:
wenn die Berechtigung zustand dem Fiskus, einer Kämmerei oder Gemeinde innerhalb ihres Communalbezirks, oder einer Corporation von Gewerbetreibenden, es mag solche geschlossen oder ungeschlossen sein;
wenn die Berechtigung von Einem der zu 1 bezeichneten Berechtigten erst nach dem 31. Dezember 1836 auf einen Andern übergegangen ist.
In allen diesen Fällen wird eine Entschädigung nicht gewährt."

566 § 6 Entsch.GewO 1845:
„Werden die Entschädigungsansprüche innerhalb der in den §§ 4 und 5 bestimmten Fristen bei der Regierung nicht schriftlich angemeldet, so gehen die Berechtigten ihrer Ansprüche von selbst verlustig."

567 § 9 Entsch.GewO 1845:
„Dem Finanzministerium bleibt überlassen, wegen des Verfahrens bei diesen Ermittlungen Anweisung zu ertheilen."

568 § 17 Entsch.GewO 1845:
„Für jede einzelne Gattung von Berechtigungen soll in jedem Orte oder Distrikte ein besonderer Tilgungsfonds gebildet werden. Zu demselben fließen:
die Beiträge der in § 16 zu 1 gedachten Gewerbetreibenden;
die Beiträge der betheiligten Gemeinde oder des betheiligten Distrikts (§ 16 zu 2),
die bei Erhebung der Zinsen sich ergebenden Ueberschüsse (§§ 13 und 15),
die, nach Befriedigung der im § 39 bezeichneten Interessenten, im Falle des § 6 verbleibenden Entschädigungskapitalien,
die bei Auflösung einer Innung nach § 99 der allgemeinen Gewerbe-Ordnung für diesen Zweck etwa verbleibenden Vermögensüberschüsse."

569 Risch, GewO, S. 38; § 29 Entsch.GewO 1845:
„Zur Feststellung der Entschädigung für den aufgehobenen Mahlzwang (§ 4 zu 3 der allgemeinen Gewerbeordnung) hat zuvörderst der Berechtigte dem Umfang seines Zwangsbezirkes der Regierung nachzuweisen. Sodann ist die Einwohnerzahl dieses Zwangsbezirkes nach den letzten, vor Publikation der allgemeinen Gewerbeordnung aufgenommen statistischen Tabellen zu

Zwangs- und Bannpflichten hatte gemäß § 36 Entsch.GewO 1845 der Zwangs- und Bannpflichtige aufzubringen. Die Verhandlungen wegen Feststellung der Entschädigungsansprüche sowie der als Entschädigung zu gewährenden Kapitalien und Renten erfolgen durch einen Regierungskommissar.[570] Gegen dessen Entscheidung oder gegen die Entscheidung der Regierung stand jedem Beteiligten der Rekurs an das Finanzministerium oder die Berufung auf rechtliches Gehör zu. Die rechtskräftige Entscheidung des Finanzministeriums oder der Regierung hatte die Wirkung eines rechtskräftigen Erkenntnisses.[571] Die Ablösung eines Zwangs- und Bannrechts konnte auch gemäß § 50 Entsch.GewO 1845 durch freie Übereinkunft, ohne Mitwirkung der Regierung erfolgen. Die Berechtigten als auch die Verpflichteten waren befugt, die Prüfung und Bestätigung des Vertrages durch die Regierung zu verlangen.

i. Zwischenergebnis

Preußen hatte auf dem Gebiet des Gewerberechts eine Vorreiterrolle in Deutschland übernommen, welche jedoch eine Reihe von Korrekturen nach sich zogen. Durch die GewO 1845 versuchte man die Vorteile der Zunft wieder gesetzlich festzuschreiben.[572] Die Gewerbeordnung vom 17. Januar 1845 bildete damit einen Mittelweg zwischen der Gewerbefreiheit und zünftigen Konzessionen und Taxen.[573] Die GewO 1845 machte damit teilweise Bestimmungen vom Gewerbesteueredikt vom 2. November 1810 und des Gewerbegesetzes vom 7. September 1811 wieder rückgängig. Vielerorts existierten die Rechte der Zünfte quasi als Gewohnheitsrecht weiter. Mittels der GewO 1845 gab man ihnen jetzt wieder eine Legaldefinition. So wurden jetzt wieder die Arbeitszeit und die Lehrlingsausbildung geregelt, es kam zur Wiedereinführung von Meisterprüfungen

---

ermitteln und der durch die Aufhebung des Mahlzwangs für den Berechtigten entstehende Verlust zu einer halben Metze Roggen für jeden Kopf dieser Einwohneranzahl anzunehmen. Das hiernach sich ergebende Roggenquantum ist nach dem Durchschnitte der Marktpreise der nächsten Marktstadt aus den Jahren 1815 bis 1844 als Jahresrente in Gelde zu berechnen, deren fünf- und zwanzigfacher Betrag die Normalentschädigung bildet."

570 § 39 Entsch.GewO 1845:
„Ober-Eigenthümer, Lehnsherren, Lehns- und Fideikommißfolger, Wiederkaufsberechtigte, Hypothekengläubiger und andere Realberechtigte sind nicht von Amtswegen zuzuziehen; denselben steht aber frei, bei dem Verfahren sich zu melden und ihre Gerechtsame wahrzunehmen."

571 § 54 Entsch.GewO 1845:
„Streitigkeiten über die Ablösung der Entschädigungsrenten werden mit Ausschluss des Rechtsweges, in erster Instanz durch die Regierung und in zweiter Instanz durch das Finanzministerium entschieden."

572 Preußische Verordnung für die Textilindustrie vom 30. April 1801 und der Entwurf einer Fabrikordnung für Berlin von 1822; Günther, Geschichte der preußischen Fabrikgesetzgebung bis zu ihrer Aufnahme durch die Reichsgewerbeordnung. Auf Grund amtlicher Quellen. S. 96/97; Meyer, S. 377.

573 Gebhardt, S. 350.

und es wurde ein Truckverbot[574] erlassen.[575] Erst durch die allgemeine Gewerbeordnung wurde das Gewerbewesen für alle Distrikte der preußischen Monarchie einheitlich geregelt. Der GewO 1845 lag ebenfalls das Prinzip der Gewerbefreiheit zugrunde.

Oftmals wurde vorgegeben, dass die Zünfte im 19. Jahrhundert als ein Relikt aus vergangenen Zeiten anzusehen waren, die sich immer mehr in der Auflösung befanden. Zwar ist richtig, dass die Zünfte viel an ihrer Macht durch Manufakturen und Fabriken sowie durch die Zulassung von Freimeistern eingebüßt hatten, und dass dieser Prozess sich im 19. Jahrhundert beschleunigte. In Wirklichkeit ging die Auflösung aber sehr viel langsamer vor sich als angenommen. Die Mentalität und die Gewohnheit der Zünfte blieben bis weit über die Mitte des 19. Jahrhunderts ein fester Bestandteil des gewerblichen Lebens in Deutschland. So wurden noch 1859 die Zunftvorsteher in der bayrischen Gewerbeordnung mit der Schlichtung von Arbeitsstreitigkeiten betraut wie eh und je.[576] Der Meister hatte in vielen Betrieben auch weiterhin eine patriarchalische Macht und konnte zum Beispiel bei Ausbleiben des Gesellen nach 22 Uhr diesen entlassen.[577] Solange das ALR galt, stand dem Lehrherrn auch ein Züchtigungsrecht gegenüber seinen Lehrlingen zu.[578]

11. Die preußische Verordnung über die Errichtung von Handelskammern vom 11. Februar 1848

In Preußen existierten zu diesem Zeitpunkt drei Arten von Handelskammern. Die Kammern französischen Ursprungs, die preußischen Kammern in der Rheinprovinz und die Handelskammern in den altpreußischen Gebieten. Um diese organisatorische Verschiedenheit zu beseitigen und für die Errichtung neuer Kammern eine einheitliche Rechtsgrundlage zu schaffen sowie zugleich ein erleichtertes Verfahren für zukünftige Handelskammergründungen zu ermöglichen, wurde am 11. Februar 1848 die königliche Verordnung über die Errichtung von Handelskammern (HandelskammerVerO) erlassen.[579]

Danach konnten für jeden Ort oder Bezirk wo bedeutender Handel oder gewerblicher Verkehr stattfand mit königlicher Genehmigung eine Handelskammer er-

574 Verbot der Entlohnung durch Waren anstelle von Bargeld.

575 Günther, S. 168/169.

576 Brand, Bd. 2, S. 65.

577 Schönberg, Zunftwesen, S. 118.

578 Risch, GewO, S. 160. Das eigentliche zünftige Züchtigungsrecht wurde auch von unzünftigen Gewerben übernommen, selbst wenn sie als Fabrik arbeiteten.

579 Verordnung über die Errichtung von Handelskammern. Vom 11ten Februar 1848. Gesetz-Sammlung für die königlichen preußischen Staaten 1848, S. 63-68.

richtet werden.[580] Für die Genehmigung zur Gründung einer Handelskammer war die Mitteilung über deren zukünftigen Sitz und Bezirk erforderlich. Die Festlegung eines Bezirks war notwendig, um die Handelskammern zum Zwecke der Wahlen und der Bestimmung des Steuerbetrages einzuteilen. Die Größe des Bezirks hatte wiederum Auswirkungen auf die Anzahl der Mitglieder der Handelskammer und ihre Stellvertreter. Gemäß § 2 HandelskammerVerO schrieb die Regierung diese Angaben den Handelskammern vor.

Bestand in dem Regierungsbezirk, in welchem eine Handelskammer errichtet werden sollte, bereits eine kaufmännische Korporation oder Innung, wurde gemäß § 3 HandelskammerVerO diesen eine besondere Berücksichtigung zugesichert.

Bei den Aufgaben der Handelskammern wurden durch die HandelskammerVerO im Vergleich zu den Kammern französischen Ursprungs keine Veränderungen vorgenommen. Gemäß § 4 HandelskammerVerO waren sie weiterhin *„konsultative Gebilde"*, die die Interessen von Handel und Industrie durch Gutachten vertraten. Insbesondere hatten sich die Handelskammern über die Makler und über die zur Verwaltung öffentlicher Anstalten des Handels und der Industrie zu ernennenden Beamten gutachterlich zu äußern.[581] Die Handelskammern hatten aber auch nach eigenem Ermessen ihre Erkenntnisse über den Verlauf des Handels und des Gewerbes den Behörden mitzuteilen. Dazu waren auch die bereits damals bestehenden Anstalten und öffentliche Einrichtungen mit einzubeziehen.[582] Weiterhin wurden die Kammern angehalten, auch Lösungen bei Handelshemmnissen oder sonstigen Problemen den Behörden aufzuzeigen. Im Gegenzug konnte den Handelskammern auch die Beaufsichtigung über Anstalten und öffentliche Einrichtungen des Handels und Gewerbes übertragen werden. Die Aufgaben der Kammern waren damit ebenso vielfältig wie die der vorherigen Korporationen und betrafen vorrangig das

- Aushandeln der Frachtkosten für den Güterschiffsverkehr,
- Verträge mit Schiffern,
- Festsetzen der Schleusenkosten,
- Zölle und Steuern,
- Reparatur von Schleusen und Uferanlagen und

580 Lusensky, S. 19; § 1 HandelskammerVerO:
„Für jeden Ort oder Bezirk, wo wegen eines bedeutenden Handels- oder gewerblichen Verkehrs ein Bedürfniß zu einer Handelskammer obwaltet, soll eine solche nach Einholung Unserer besonderen Genehmigung errichtet werden."

581 Schulze, Unternehmerische Selbstverwaltung, S. 13; § 5 HandelskammerVerO:
„Die Handelskammern haben über die anzustellenden Mäkler, so wie über die zur Verwaltung öffentlicher Anstalten für Handel und Gewerbe zu ernennenden Personen ihr Gutachten abzugeben."

582 Gebhardt, S. 358.

- das Ausgleichen von Flussuntiefen.

Unmittelbare Verwaltungsaufgaben wurden den Handelskammern nicht zugewiesen. Andere öffentliche Funktionen waren

- die Ausführung öffentlicher Arbeiten für Handelszwecke zu übernehmen und
- auf den Vollzug der Gesetze zu achten.

Die Mitglieder der Handelskammer und deren Stellvertreter mussten mindestens 30 Jahre alt sein sowie ein Handels-, Reederei- oder Fabrikgeschäft bereits mindestens fünf Jahren persönlich inne haben. Weiterhin mussten die Personen ihren ordentlichen Wohnsitz sowie den Hauptsitz ihres Gewerbes in dem zukünftigen Handelskammerbezirk haben und einen *„unbescholtenen Ruf“* genießen.[583]

Zur Teilnahme an der Wahl der Handelskammermitglieder sowie deren Stellvertreter waren alle Handels- und Gewerbetreibende des Handelskammerbezirks berechtigt, die einen Mindestbetrag in der Steuerklasse der Kaufleute mit kaufmännischen Rechten zahlten. Wenn der Betrag von einer Gesellschaft gezahlt wurde, war nur ein Gesellschaftsmitglied zur Wahl berechtigt. Die Wahl leitete ein von der Regierung ernannter Kommissar und deren Ablauf wurde durch § 8 HandelskammerVerO geregelt.[584] Die Wahl erfolgte auf drei Jahre und eine

583 § 6 HandelskammerVerO.

584 § 8 HandelskammerVerO:
„Die Regierung ernennt den Kommissarius zur Abhaltung der Wahl, oder, wenn der Bezirk der Handelskammer in engere Bezirke zerfällt (§ 2 Nr. 3), diejenigen, welche in diesen die Wahlen einleiten und dabei den Vorsitz führen sollen.
Die Kommissarien berufen durch Umlaufschreiben die Wahlberechtigten zur Versammlung. Nach Eröffnung derselben werden zwei Stimmensammler und ein Protokollführer erwählt.
Abwesende sind nicht berechtigt, Andere zur Stimmgebung zu bevollmächtigen oder Stimmzettel einzusenden. Jeder Stimmberechtigte hat die Befugniß, aus dem Wahlbezirke, welchem er angehört, einen Kandidaten in Vorschlag zu bringen.
Die Namen der Kandidaten werden zusammengestellt und die Zusammenstellung wird zur Einsicht vorgelegt. Die Wahl erfolgt durch geheime Abstimmung mittelst Stimmzettel nach absoluter Stimmenmehrheit. Ergiebt die Wahl nicht für alle zu besetzende Stellen eine absolute Stimmenmehrheit, so werden für die Gesellen, in Hinsicht deren es an dieser Stimmenmehrheit fehlt, diejenigen, welche die meisten Stimmen für sich haben, zur neuen Wahl gebracht, bis alle Stellen durch absolute Stimmenmehrheit besetzt sind. Bei Stimmengleichheit entscheidet das Loos.
Das Wahlprotokoll ist von dem Vorsitzenden, den Stimmensammlern und dem Protokollführer zu unterzeichnen und hiernächst durch die Regierung dem Oberpräsidenten zur Prüfung und zur Veranlassung der öffentlichen Bekanntmachung vorzulegen. Ergiebt sich bei dieser Prüfung, daß ein Gewählter nicht die vorgeschriebene Qualifikation besitzt, oder daß bei der Wahl nicht vorschriftsmäßig verfahren worden, so verfügt der Oberpräsident die Zusammenberufung der Wähler zu einer anderweitigen Wahl.“

Wiederwahl war möglich. Nähere Bestimmungen hierzu konnten durch den Finanzminister erfolgen.

Wer den Sitz seines Geschäftes oder seinen Wohnsitzes aus dem Kammerbezirk verlegte, verlor dadurch auch die Mitgliedschaft in der Handelskammer. Des Weiteren endete die Mitgliedschaft in einer Handelskammer:

> *1) „wenn dasselbe durch ein gerichtliches Erkenntniß die Ehrenrechte oder die kaufmännischen Rechte rechtskräftig verloren hat;*
> *2) wenn ihm durch einen Beschluß der Stadtverordneten oder der Gemeindevertreter das Bürgerrecht oder das Gemeinderecht entzogen worden ist,*
> *3) wenn dasselbe durch einen Beschluß der kaufmännischen Korporation von der Mitgliedschaft ausgeschlossen worden ist;*
> *4) wenn über sein Vermögen der Konkurs eröffnet ist (…).“*[585]

Weiterhin wurden die Handelskammern gemäß § 12 HandelskammerVerO ermächtigt, ein Mitglied, das durch *„seine Handlungsweise die öffentliche Achtung verloren hat“*, durch einen Beschluss mit einer Zweidrittelmehrheit der Handwerkskammermitglieder, auszuschließen. Dem Betroffenen stand gegen diesen Beschluss das Rechtsmittel des *„Rekurses“* an den Oberpräsidenten zu.[586]

Das Büro einer Handelskammer leitete ein Sekretär. Dessen Lohn konnte von der Handelskammer vorgeschlagen werden, wurde aber von der Regierung festgesetzt.[587] Für Kosten der Handelskammer hatte diese gemäß § 16 HandelskammerVerO alle drei Jahre einen Etat aufzustellen und zur Genehmigung der Regierung vorzulegen. Der genehmigte Etat wurde auf die stimmberechtigten Handel- und Gewerbetreibenden nach deren Gewerbesteuerhöhe umgelegt.[588] Die Handelskammern hatten für ihr eigenes Geschäftslokal zu sorgen oder eine von der örtlichen Gemeinde angebotene Räumlichkeit zu nutzen. Der Vorsitzende der Handelskammer sowie dessen Stellvertreter wurden jährlich von den

---

585 § 11 HandelskammerVerO.

586 §§ 12, 13 HandelskammerVerO.

587 § 15 HandelskammerVerO:
„Die Schreib- und Registraturgeschäfte der Handelskammer versieht ein von ihr ernannter Sekretair. Die Besoldung desselben wird von der Handelskammer vorgeschlagen und von der Regierung festgesetzt.“

588 Gesetz wegen Entrichtung der Gewerbesteuer. Vom 30sten Mai 1820. Gesetz-Sammlung für die königlichen preußischen Staaten, S. 147-164.

Handelskammermitgliedern gewählt.[589] Die Handelskammermitglieder erhielten keinen Lohn, sondern nur eine Aufwandsentschädigung.

Die Beschlüsse der Handelskammer wurden mit einfacher Mehrheit gefasst. Bei Stimmengleichheit entschied die Stimme des Vorsitzenden. Bei der Beschlussfassung mussten mindestens zwei Drittel der Mitglieder anwesend sein. Wenn unüberbrückbare Differenzen vorlagen, war ein Sonderbericht an die Regierung zu verfassen. Ansonsten war über jede Beratung ein Protokoll aufzunehmen. Die Handelskammern konnten ihre Berichte auch direkt an die Zentralbehörde geben und nur den Provinzregierungen eine Abschrift überreichen.

Gemäß § 24 HandelskammerVerO erstatteten jährlich im Monat Januar die Handelskammern dem Finanzminister einen Bericht über die Lage des Handels und des Gewerbes. Eine Abschrift dieses Berichtes war dem Präsidenten des Handelsamtes und der Regierung zuzustellen. Die Zuordnung des Handels in die politischen Ressorts war nicht eindeutig. Wie bisher das Gewerbe wurde der Handel zunächst zum Ressort des Innenministers gerechnet. Grund hierfür war die Polizeiaufsicht als Ursprung der Gewerbeaufsicht. Wegen der Verbindung von Kammerbeitrag und Gewerbesteuer wurde vielfach gefordert, das Gewerbe und den Handel in das Ressort des Finanzministeriums einzuordnen. In Preußen war bisher für die Handelskammern das Handelsamt zuständig. Durch die Ereignisse im März 1848 wurde im weitern Verlauf das Handelsamt aufgelöst und ein Handelsministerium gegründet.[590] Die Bedeutung des Staates wurde in Handelsfragen dadurch aufgewertet. Damit wurde aber auch die externe Beratung der Handelskammern durch die Sachverständigen immer mehr in die Regierungsarbeit eingebunden. Weiterhin waren die Handelskammern verpflichtet, die Handel- und Gewerbetreibenden ihres Bezirks durch fortlaufende Mitteilungen und Auszügen aus den Beratungsprotokollen zu informieren. Jeweils am Ende des Jahres hatten die Handelskammern der Allgemeinheit durch Mitteilungen in öffentlichen Zeitungen eine Übersicht über den Stand des Handels und Gewerbes zu geben. Die Behörden konnten den Handelskammern Vorgaben machen, welche Themen diese nicht veröffentlichen durften.

Von dem Finanzminister erhielten die Handelskammern ein bestimmtes Siegel. Die Schriftstücke der Handelskammern waren von dem Vorsitzenden und mindestens einem weiteren Handelskammermitglied gegenzuzeichnen.[591] Für den Ablauf der internen Verwaltung entwarf die Handelskammer gemäß § 27 HandelskammerVerO ein Regulativ, das der Bestätigung der Provinzregierung unterlag. Für die Korrespondenz der Handelskammer bestand Portofreiheit. Auch

589 § 19 HandelskammerVerO.
590 Coing, S. 93.
591 §§ 25, 26 HandelskammerVerO.

dies zeigt, dass sie mehr als Behörde denn als privatrechtliche Ständevertretung angesehen wurde.[592]

Für die bereits bestehenden Handelskammern verblieb es zum Teil bei den bereits geltenden Regelungen. Gemäß § 29 HandelskammerVerO blieben der Sitz und der Bezirk der Handelskammern unverändert. Bei den bisherigen Statuten und Verordnungen blieb es auch für die Regelungen über den Wahlbezirk, die Zahl der Mitglieder und Stellvertreter sowie die Regelungen über den Gewerbesteuerbetrag. Bei allen übrigen Bestimmungen wurden die Statute und Verordnungen aufgehoben und an deren Stelle traten die Vorschriften der Handelskammerverordnung.

Bezüglich der Geschäftsregulative von den bereits bestehenden Handelskammern ordnete § 30 HandelskammerVerO an, dass diese einer Revision unterworfen werden sollten, um die Vorschriften mit der gegenwärtigen Verordnung in Übereinstimmung zu bringen. Diese veränderten Regulative mussten von den Provinzregierungen bestätigt werden.

Neben den Handelskammern bestanden noch Magistrate. Sie galten aber in Fragen des Handelsstandes als zu unbewandert. Vor allem, um Schäden abzuwenden und jeglicher Hemmung des wirtschaftlichen Wachstums rechtzeitig entgegenzutreten, waren die Handelskammern viel nützlicher, weil sie eher mit den Problemen in Berührung kamen als die Magistrate. Vorbild für die Handelskammerverordnung waren auch hier die Rheinprovinzen mit den ehemaligen *„Chambre de Commerce“.*[593] Die Mitglieder der Magistrate sollten an den Sitzungen der Handelskammern teilnehmen und dadurch einen tieferen Einblick in die Handelsgeschehnisse erlangen. Die Idee war, je mehr Personen Verständnis für den Handel erlangten, umso besser war dies für die Wirtschaft und damit auch für den Staat. Daneben erkannten die Regierung und die Händler im Zuge der Auflösung der Zünfte, dass die Handelskammern die Interessen des Handelsstandes weiterhin wahren und damit wirtschaftsfördernd auf eine Stadt oder Region einwirken konnten.[594] Aber auch die Förderung der Bildung, wie dies die Zunft getan hatte, konnte von den Handelskammern fortgeführt werden. Es soll-

592 § 28 HandelskammerVerO:
„Der Korrespondenz zwischen den Behörden des Staats und den Handelskammern steht, wenn sie unter öffentlichen Siegel oder unter dem Siegel einer Handelskammer (§ 25) geführt wird und die Schreiben mit der entsprechenden herrschaftlichen Rubrik bezeichnet sind, Portofreiheit zu.
Wohnen die Mitglieder einer Handelskammer nicht an einem und demselben Orte, so findet die Portofreiheit auch in Beziehung auf die Korrespondenz zwischen der Handelskammer und den einzelnen Mitgliedern statt, in soweit dieselbe offen oder unter Kreuzband geführt wird.“

593 Gebhardt, S. 358.

594 Schulze, Unternehmerische Selbstverwaltung, S. 6.

te den materiell tüchtigen Bürgern die Geschäftskunde und die Geschäftsgewandtheit gelehrt werden und damit die Kälte und Furcht vor der Obrigkeit und deren amtlichen Tätigkeit genommen werden. Vielfach half bei der Überzeugung der Skeptiker die Verbreitung der positiven Erfahrungen, die in den Rheinprovinzen mit den dortigen Handelskammern, dem Handelsgericht und dem Rat der Gewerbeverständigen gemacht wurden.

Für die Provinzregierungen war es wichtig, sich in wesentlichen Handels- und Gewerbefragen auf reelle und wirtschaftsnahe Erkenntnisse der jeweiligen lokalen- und provinzialen Verhältnisse stützen zu können. Anderseits war es für den Handelsstand ebenso wichtig, dass ihre Auffassung über Missstände und deren Quellen bei der Obrigkeit Gehör fanden. All dies nahmen die Handelskammern wahr. Auch bei der Förderung des Miteinanders der Kaufleute standen die Handelskammern in der Tradition der Zunft. Der aufkommende patriotische Gedanke war ebenfalls eine treibende Kraft.[595] Das kollegiale Verhältnis war nach Auflösung der Zunft zum Teil zerbrochen. Der unmittelbar Nächste wurde mehr und mehr als Konkurrent betrachtet, denn als dessen Verbündeter und Mitstreiter im gleichen Lager. Die Wiederherstellung und Förderung der Einheit war ein wichtiger Aspekt für die Handelskammern. Die Handelskammern hatten die Aufgabe, den Blickwinkel der Handeltreibenden auf das ganze Land zu richten und nicht wie bisher nur auf ihre örtlichen Belange fixiert zu sein. Es galt die wirtschaftliche Einheit voranzutreiben.[596]

In Folge der Handelskammerverordnung kam es in den preußischen Provinzen zu 33 Neugründungen von Handelskammern.[597]

12. Handwerkeragitationen und die Verordnung vom 9. Februar 1849

Die Abschottung der Zünfte verhinderte eine öffentliche Auseinandersetzung mit ihren Statuten und Gebräuchen.[598] Das Zunftrecht fand daher nur schwer

---

595 Dalchow, S. 55. „Der deutsche Handel und die deutsche Industrie haben begonnen, einen ungeahnten Aufschwung zu nehmen. Es ist daher hoch an der Zeit ihren Interessen Organe zu verschaffen, welche zunächst zwar…eine wünschenswerte Geltung für die Staatsverwaltung, dann aber auch unausbleiblich nach und nach einen wohlthätigen Einfluß auf die Gesetzgebung ausüben werden. Da der Preußische Staat unter dem Scepter wahrhaft väterlicher Könige, nur das Wohl seiner Unterthanen entwickeln will, so bedarf er wesentlich solcher Organe, welche ihm jederzeit Rede stehen müssen, und welche da, wo sie bereits bestanden haben, die Fähigkeit verbürgen, wo sie erst entstehen sollen, die Fähigkeit versprechen, die wichtigsten Interessen wahrhaft zu vertreten."

596 Allendorf, S. 12 ff.

597 Heréus, S. 21.

Eingang in das obrigkeitliche Recht. An dem preußischen Justizministerium war die Einführung der Gewerbefreiheit zunächst spurlos vorübergegangen. Das lag daran, dass das Gewerberecht als Domäne des Verwaltungsrechts galt. Die Zunft befand sich schon immer unter Aufsicht der Polizeiverwaltung und diese hatte das Zunft- und Gewohnheitsrecht anzuwenden.[599]

Der Geist der Korporation war jedoch sehr stark und die Obrigkeit galt auch im 19. Jahrhundert als außenstehend und zum Teil als Gegner. Deshalb nahm auch die Rechtswissenschaft kaum Kenntnis von dem Zunft- und Gewohnheitsrecht. Durch das corpus iuris und der translatio imperii Lehre, welche als die Grundlagen galten, hatte das Gewerberecht auch keine Basis sich zu entwickeln. Vielfach galt es als Internum der Zunft, welches keiner Darstellung bedurfte.[600] Gegenüber dem Handelsrecht spielte das Gewerberecht in der Wirtschaft wie auch in der Wissenschaft eine untergeordnete Rolle. Im Zuge der Aufklärung und dem daraus entstammenden Vernunftrecht rückte auch das Gewerberecht wieder mehr in den Brennpunkt der Rechtswissenschaft.[601] Durch das in sich geschlossene System der Zunft war es einem Juristen kaum möglich, das Zunft- und Gewohnheitsrecht zu ergründen. Grundsätzlich wurde der Jurist *„als nicht einer von uns"* in der Zunft verstanden und jeder Kontakt damit vermieden. Die über seit Jahrhunderten vorhandene Abwehr gegen alles Obrigkeitliche machte die Rechte der Zünfte zu in sich geschlossenen Systemen mit einem eigenen Rechtsverständnis.

> *„Hier erscheint also das Gewohnheitsrecht als eine Art von Opposition der Untertanen gegen die Regierung, als Anmaßung eines Zweigs der höchsten Gewalt, und ein so gefährliches Unternehmen bedarf einer besonders vorsichtigen Rechtfertigung."*[602]

So kam es auch im 19. Jahrhundert noch immer zur Darstellung des Reichsschlusses von 1731.[603] Die Auflösung der Stände und die einsetzende industriel-

598 Hattenhauer, Geschichte des deutschen Beamtentums, S. 313 f. Der Justiz wurde vorgeworfen, dass sie sich an der Realität und den Problemen in der Arbeitswelt vorbei entwickelte. Der Begriff der Klassenjustiz wurde geprägt.

599 Das Berliner Fabrikengericht und die westfälische Fabrikengerichtsdeputation nahmen systematisch gesehen eine Zwischenstellung ein.

600 Meissner, Vier Gesetze für das deutsche Gewerbewesen, S. 13. Eine herausragende Stellung nahm die Schrift von Heinrich August Meissner „Vier Gesetze für das deutsche Gewerbewesen" aus dem Jahre 1848 ein. Zu einer Umsetzung der darin geäußerten Gedanken kam es indes nicht. Dies lag vor allem daran, dass Meissner auch weiterhin an der zünftigen Ordnung und ihrem Recht festhielt.

601 Wieacker, Privatrechtsgeschichte, S. 323; Schlosser, S. 96 f.

602 Brand, Bd. 2, S. 246; Roscher, System I, S. 169.

603 Risch, GewO, S. 14; Brunner, S. 253; Proesler, S. 48 f.

le Revolution taten ihr Übriges.[604] Das Naturrecht wurde im 19. Jahrhundert mehr und mehr von der positivistischen Strömung verdrängt. Damit wurde der Justiz aber die grundlegende Möglichkeit genommen, auf die Verhältnisse einzuwirken. *Karl Friedrich Eichhorn* stellte in seiner Schrift *„Über das geschichtliche Studium des deutschen Rechts“* heraus, dass das Römische Recht zur Beurteilung *„aller bürgerlichen Rechtsverhältnisse“* nicht ausreiche. Er verwies deshalb als weitere Quelle des Rechts, auf das Zunftrecht und dessen Gebräuche.[605] Bei *Savigny, Beseler*[606] und *Eichhorn* bestand darüber Einigkeit, dass es sich bei dem Gewerberecht um öffentliches Recht handelt. Die Langlebigkeit des Zunftrechts zeigte sich auch darin, dass *Beseler* noch im Jahre 1873 das Gewerberecht der Zünfte nicht als ein Relikt der Vergangenheit betrachtete.[607] So war auch im 19. Jahrhundert die Einteilung des Rechts in das *„Herkommen“* und das *„Juristenrecht“* üblich.[608] Die Einteilung hielt sich bis zum Ende des 19. Jahrhunderts.[609] Das sich langsam entwickelnde Gewerberecht tat dies neben dem Zivilrecht, wie das bisherige zünftige Recht auch.[610]

a. Die Handwerkerkongresse von Hamburg und Frankfurt am Main

Das rasche Bevölkerungswachstum und die technischen Innovationen führten in den vierziger Jahren dazu, dass sich die vor sich hin schwelende Krise im handwerklichen Gewerbe zuspitzte. Die Kräfte, welche sich gegen die Gewerbefreiheit stemmten und für eine zünftige Gewerbeverfassung eintraten, gewannen an Einfluss.[611] Die mittelalterliche Zunft erlebte eine zumindest ideologische Renaissance. Viele Gewerbetreibende trauerten zum Teil den mittelalterlichen Verhältnissen hinterher. Im Jahre 1848 formierte sich der Widerstand in Form von ständischen Handwerkeragitationen.[612] Es wurde eine Flut von ca. 17.000 Petitionen zur Neuordnung der gewerblichen Verhältnisse an die Nationalver-

---

604 Coing, S. 90.

605 Eichhorn, Über das geschichtliche Studium des deutschen Rechts, in: Zeitschrift für geschichtliche Rechtswissenschaft, 1.Bd., S. 127 und Sechstes Buch (Recht der Gemeinheiten und Gewerbe), S. 931 ff.

606 Beseler, Volksrecht und Juristenrecht, S. 121.

607 Beseler, System des gemeinen deutschen Privatrechts. Zweite Abtheilung. Die Spezialrechte mit Einschluss des Ständerechts, S. 872 f.

608 Maurenbrecher, Lehrbuch des heutigen gemeinen deutschen Rechts, 2 Bde., Mittermaier, Lehrbuch des gesamten heutigen gemeinen Privatrechts, S. 36.

609 Gengler, Deutsches Privatrecht, Leipzig 1892.

610 Veritas, Die Wünsche und Forderungen der Arbeiter an ihre Arbeitgeber und an den Staat. Zur Verständigung und Beruhigung Aller allseitig beleuchtet und erläutert von dem Arbeiter Vincens Veritas, S. 47; Meissner, Vier Gesetze für das deutsche Gewerbewesen, S. 23.

611 Kulischer, S. 447.

612 Nipperdey, S. 216; Bergmann, Wirtschaftskrise und Revolution, S. 23 ff.; Stadelmann, Soziale und politische Geschichte der Revolution von 1848, S. 15 ff.; Conze, Vom Pöbel zum Proletariat, in: Modern deutsche Sozialgeschichte, hrsgg. von H.U. Wehler, S. 111-136; Meyer, S. 377.

sammlung gerichtet.[613] Die ungebannte Macht des Kapitals in Form der Fabriken und der Verlage rief die wirtschaftlichen Bedenken der einfachen Gewerbetreibenden hervor.[614] Es wurden Schranken für den Markt und damit eine Beschränkung der Gewerbefreiheit gefordert. Die hohe Arbeitslosigkeit und die immer noch wirkenden ständische Gliederung gab der Zunftidee neue Nahrung.[615] Eine neue Zunftverfassung mit alten Elementen in Form der Innung war die Idee.[616]

Es kam daraufhin zum Zusammenschluss der Handwerker und führte zu den Handwerkeragitationen. Der erste Handwerkerkongress fand in Hamburg statt.[617] Das dort beschlossene Programm enthielt eine Organisationsstruktur für Innungen. Danach sollte jede Innung aus drei Organen bestehen: Vorstand, Prüfungsausschuss und Schiedsgericht.

Die Spitze des gesamten Gewerbestandes sollte eine Gewerbekammer bilden. Diese setzte sich wiederum zusammen aus Abgeordneten der einzelnen Innungen und Gilden. Neben den Meistern sollte die Kammer auch die Gesellen vertreten. Ferner sollte ein Gewerberat gebildet werden. Weiterhin sah das Hamburger Programm die Gründung von Gewerbegerichten für alle Gewerbetreibenden vor.[618]

Als nächste Zusammenkunft beschlossen die Teilnehmer die Einberufung eines allgemeinen deutschen Handwerker- und Gewerbekongresses in Frankfurt am Main.[619] Der Kongress verabschiedete am 15. August 1848 einen *„Entwurf einer Allgemeinen Handwerker- und Gewerbeordnung für Deutschland.“*[620] Der

---

613 Siemann, Die deutsche Revolution von 1848/49, S. 182 f.; Laufs, Recht und Gericht im Werk der Paulskirche; Kühne, Die Reichsverfassung der Paulskirche. Vorbild und Verwirklichung im späteren deutschen Rechtsleben, S. 348 ff.

614 Stieda, Hausindustrie, S. 84.

615 Neuß, S. 208/209.

616 Simon, Handwerk in Krise und Umbruch, Wirtschaftliche Forderungen und sozialpolitische Vorstellungen der Handwerksmeister im Revolutionsjahr 1848/49, S. 100 ff.; Benöhr, Arbeitslosigkeit und Arbeitsbeschaffung 1848 in DERS. (Hrsg.), Arbeitsvermittlung und Arbeitslosenversorgung in der neueren deutschen Rechtsgeschichte, S. 77 ff.

617 Dowe/Haupt, Europa 1848, S. 825.

618 Diese sollte aus Mitgliedern des Gewerberats, Richtern und aus der von der Gewerbekammer gewählten Geschworenen gebildet werden.

619 Neuß, S. 210/211; Dowe/Offermann, Deutsche Handwerker- und Arbeiterkongress 1848 bis 1852, S. 240 f. Dieser fand vom 14. Juni-18. August 1848 statt. Alle Länder mit bis zu 250.000 Einwohnern hatten einen Abgeordneten, die übrigen Länder je nach ihrer Größe bis zu acht Abgeordnete. Zur Wahl des Vertreters bzw. der Vertreter wurde aus jedem Bereich (Amt, Innung, Zunft oder Gilde) ein Wahlmann pro Ort bestimmt. Diese wählten dann wiederum die Vertreter die sie auf dem Kongress vertreten sollten.

620 Stratmann/Schlüter, Quellen und Dokumente zur Berufsbildung 1794-1869, S. 132; Dowe/Haupt, Europa 1848, S. 821.

Entwurf schlug die Bildung einer Innungsversammlung für ganz Deutschland vor und umfasste auch die Verwaltung sowie die Rechtspflege des Gewerbestandes. Die Gewerbefreiheit wurde als *„eine Tyrannei des Einzelnen, des Kapitalisten, gegen die Masse“* verurteilt.[621] Die Innung sollte alle Angehörigen zu einem starken Verband zusammenschließen und einen. Damit versuchte man wieder die Zunft aufs Podium zu heben und als Gegengewicht zur kapitalistischen Unternehmerkultur zu etablieren. Alle Gewerbetreibenden sollten durch eine pyramidenförmige Struktur eingebunden werden.[622] An deren Spitze war eine *„allgemeine deutsche Gewerbekammer“* zur Unterstützung des Deutschen Parlamentes vorgesehen.[623]

Zusammenfassend ist deshalb festzustellen, dass die Gewerbetreibenden ihr Heil in einer Zunftverfassung oder einer umfassenden Gewerbeordnung sahen, welche aber beide streng korporativ ausgestaltet sein sollten.[624] Die freie Konkurrenz galt als der Verderb schlechthin und wurde als der Hauptgrund für das Missverhältnis von Arbeit und Kapital gesehen.[625] Anderseits war die liberale Gesellschaft glücklich, dass die Allmacht der Polizei beschnitten wurde und Abstriche von der erlangten Freiheit sollten nicht wieder zugelassen werden.

b. Verordnung vom 9. Februar 1849

Um der Gewerbefreiheit mit all ihren Vorteilen aber auch mit all ihren Nachteilen noch mehr Einhalt zu gebieten, wurde durch die preußische Regierung die geltende GewO 1845 mittels der Verordnung betreffend die Errichtung von Ge-

621 Dowe/Offermann, S. 80 f.

622 Örtlich sollten nach § 6 des Entwurfes auf der Basis Innungsvorstände, darüber auf erster Ebene Gewerberäte und auf zweiter Ebene Gewerbekammern gebildet werden. Die Innungsvorstände sollten über die Einhaltung der Ordnung in den Gewerbebetrieben wachen. Eventuelle Streitigkeiten zwischen den Meistern, Gesellen und Lehrlingen sollten durch sie geschlichtet werden. Erst nach dessen Scheitern sollte das Gewerbegericht entscheiden. Das Gewerbegericht war als eine Abteilung des Gewerberates etabliert in dem alle Innungen einer Stadt bzw. eines Bezirkes präsent waren. Es sollte sich aus vier Personen und einer richterlichen Person zusammensetzten, welche von der Regierung ernannt und besoldet wurden. Die Gesellen sollten nach dem Entwurf ein Vertretungsrecht bei der Prüfung der Lehrlinge, im Innungsvorstand und bei den Gewerbegerichten haben. Dieses Vertretungsrecht sollte gemäß § 28 durch einen von ihnen bestimmten Vertrauensmann ausgeübt werden. Des Weiteren sollte noch eine zweite Form von Gewerbekammern gegründet werden, die den gesetzgebenden Ständekammern beratend zur Seite gestellt wurde.

623 Wigard (Hrsg.), Stenographischer Bericht über die Verhandlungen der deutschen constituierenden Reichsversammlung zu Frankfurt a.M. Bd. II, S. 773 u. 967,

624 Dohna, Die freien Arbeiter im Preußischen Staate, S. 78/79.

625 Winkelblech alias Karl Marlo, Untersuchungen über die Organisation der Arbeit oder System der Weltökonomie, Kassel, 1850/1859; Biermann, a.a.O., Bd. 2, Die Deutsche Handwerker- und Arbeiterbewegung im Jahre 1848, S. 57.

werberäthen vom 9. Februar 1849 (VerO 1849) in zahlreichen Punkten abgeändert.[626]

(1) Gewerberat

Unter anderem konnte auf Antrag der Gewerbetreibenden ein Gewerberat gebildet werden.[627] Dieser sollte gemäß § 1 VerO 1849 für jeden Ort oder Bezirk gebildet werden,

> *„wo wegen eines erheblichen gewerblichen Verkehrs ein Bedürfnis zu einem Gewerberat"*

bestand. Dazu hatten die Gewerbetreibenden einen Antrag an das preußische Ministerium für Handel, Gewerbe und öffentliche Arbeiten zu richten. Alle an dem Ort ansässigen gewerblichen und kaufmännischen Korporationen und der Gemeindevertreter waren zu diesem Vorhaben zu hören.

Aufgabe des Gewerberates war, die allgemeinen Interessen des Handwerks und der Fabriken wahrzunehmen. Dafür hatte er unter anderen diese zu beraten sowie zu Neuerungen anzuregen aber auch Gutachten für die Regierung zu erstellen.[628] Der Gewerberat sollte zu gleichen Teilen aus Mitgliedern des Fabrikstandes, dem Handelsstand und dem Handwerkerstand bestehen.[629] Weiterhin unterteilte er sich in drei Fachabteilungen. Die Zahl der Mitglieder jeder dieser Abteilung sollte gemäß § 4 VerO 1849 mindestens fünf betragen, aber immer eine ungerade Anzahl von Mitgliedern bilden. Die Mitglieder sollten sich aus Arbeitgebern und Arbeitnehmern zusammensetzen, wobei das eine Mitglied, welches

---

626 Verordnung, betreffend die Errichtung von Gewerberäthen und verschiedener Abänderungen der allgemeinen Gewerbeordnung. Gesetz-Sammlung für die königlichen Preußischen Staaten, S. 93-110.

627 Simon, Bd. I, S. 226; Gebhardt, S. 350.

628 § 2 VerO 1849:
„Der Gewerberath ist außer den Fällen, in denen seine Vernehmung besonders vorgeschrieben ist (§§ 26, 27, 29, 30, 34, 67, 70) mit seinen Ansichten und Vorschlägen in allen Angelegenheiten zu hören, bei denen es sich um Anordnungen handelt, welche in die Verhältnisse des Handwerks- und Fabrikbetriebes eingreifen. Dies gilt insbesondere von der Errichtung neuer und von der Auflösung oder Vereinigung bestehender Innungen und Gesellenverbindungen, sowie von den auf Grund der §§ 168, 169 der Gewerbeordnung und der §§ 45, 56, 57, 58 der gegenwärtigen Verordnung durch Ortstatuten festzusetzenden Bestimmungen.
Der Gewerberath hat ferner die Befolgung der Vorschriften über das Innungswesen, über die Meister- und Gesellenprüfungen, über die Annahme und Behandlung der Gesellen, Gehülfen, Lehrlinge und Fabrikarbeiter, über die festgestellte Abgrenzung der Arbeitsbefugnisse und über sonstige gewerbliche Verhältnisse zu überwachen. Derselbe ist befugt, seine Wahrnehmungen über die erwähnten Angelegenheiten zur Kenntniß der Behörden zu bringen, und er ist verpflichtet, auf deren Verlangen Auskunft zu ertheilen und Gutachten zu erstatten (...)."

629 Simon, Die Fachbildung, Bd. I, S. 268.

die ungerade Zahl bilden sollte, ein Arbeitgeber war. Damit ist offensichtlich, dass in dem Gewerberat die Zunftmeister und Fabrikanten sowie die sonstigen Arbeitgeber die bestimmende Macht waren.[630] Des Weiteren konnten die wahlberechtigten Arbeitnehmer, im Falle dass sie nicht eine ausreichende Zahl von Gewerberatsmitgliedern stellen konnten, gemäß § 9 VerO 1849 auch Arbeitgeber mit ihrer Vertretung beauftragen.

Wahlberechtigt waren alle Arbeitnehmer und Arbeitgeber des Handwerks- und Fabrikenstandes sowie alle selbständige Handelstreibende, die das vierundzwanzigste Lebensjahr vollendet hatten und seit mindestens sechs Monaten im Bezirk des Gewerberates wohnten und in Arbeit standen. Von diesem Grundsatz normierte § 7 VerO 1849 Ausnahmen.[631]

Wählbar waren alle Wahlberechtigten, die dass dreißigste Lebensjahr vollendet hatten und ein Gewerbe seit mehr als fünf Jahre betrieben. Über die Wahl war gemäß § 12 VerO 1849 ein Protokoll zu führen und dieses musste bei der Regierung eingereicht werden. Diese musste die Wahlen bestätigen, andernfalls Neuwahlen ansetzen. Über Beschwerden gegen die Anordnung der Regierung entschied das Ministerium für Handel, Gewerbe und öffentliche Arbeiten.

Die Mitglieder des Gewerberates übten ihr Amt unentgeltlich aus und konnten analog der Beamten suspendiert werden. Für die Gültigkeit der Beschlüsse des Gewerberates mussten mindestens drei Mitglieder anwesend sein. Der Beschluss selbst konnte mit einfacher Mehrheit gefasst werden. Der Gewerberat hatte sich eine eigene Sitzungs- und Geschäftsordnung zu geben, die zur Bestätigung der Regierung vorzulegen war.[632]

---

630 § 5 VerO 1849:
„In der Handwerks- und in der Fabrikabtheilung des Gewerberathes sollen die Arbeitgeber (Handwerksmeister, Fabrikinhaber) und die Arbeitnehmer (Gesellen, Gehülfen, Werkführer, Fabrikarbeiter) gleiche Vertretung, jedoch mit der Maßgabe erhalten, daß das zur Erlangung der ungeraden Mitgliederzahl in jeder Abtheilung erforderliche Mitglied aus den Arbeitgebern zu wählen ist."

631 § 7 VerO 1849:
„welche sich nicht im Vollgenusse der bürgerlichen Rechte befinden,
welche in Konkurs sich befinden, oder sich für zahlungsunfähig erklärt haben,
welche durch einen Beschluss der kaufmännischen Korporation oder der Handelskammer von deren Mitgliedschaft ausgeschlossen sind,
welche die kaufmännische Rechte durch ein rechtskräftiges Erkenntniß verloren haben,
welche wegen Ablohnung der Fabrikarbeiter durch Waaren (§§ 50 bis 52) bestraft worden sind."

632 § 19 VerO 1849:
„Die Mitglieder jeder Abtheilung wählen aus ihrer Mitte, nach absoluter Stimmenmehrheit, einen Vorsitzenden und, für dessen Geschäftsführung in Verhinderungsfällen, einen Stellvertreter auf zwei Jahre. In gleicher Art wählen sämmtliche Mitglieder des Gewerberathes aus ihrer Mitte den Vorsitzenden des Gewerberathes und einen Stellvertreter für dessen Geschäftsführung

Für die Zusammenkünfte standen dem Gewerberat die Geschäftsräume der Gemeinde zu.[633] Die Unterhaltskosten des Gewerberates mussten die Gewerbetreibenden des Bezirks aufbringen. Die erforderlichen Beträge waren von der Regierung zu genehmigen. Die Einziehung erfolgte im Verwaltungsrechtswege.

Die Bedeutung der Gewerberäte war geringer als der Umfang der Regelungen vermuten ließ. Lediglich in den größten preußischen Städten traten solche Gewerberäte zusammen, aber auch hier ohne eine erhebliche Bedeutung zu erlangen.[634] Grund hierfür war, dass die Regelungen über den Gewerberat lediglich eine „Soll"-Bestimmung war. Eine Pflicht zur Gründung von Gewerberäten bestand damit nicht. Im Gegenteil, § 22 VerO 1849 bestimmte, dass in denjenigen Orten, für welche kein Gewerberat gegründet wurde, die Kommunalbehörde die Aufgaben wahrzunehmen hat. Damit wurde die Funktion der Kommunalbehörde weiter ausgebaut, was im Interesse der preußischen Regierung lag. Sie konnte über die Kommunalbehörden immer mehr Einfluss auf das Gewerbe ausüben, da zudem nur wenige Gewerberäte gegründet wurden.

(2) Handwerksmäßiger Betrieb

Wegen den sozialen Problemen und den Handwerkeragitationen kam es zu rückwärtsgerichteten Reformschritten.[635] Bedeutendere Veränderungen brachte die Verordnung bei dem *„handwerksmäßigen Betrieb"*, durch welche das Prinzip der Gewerbefreiheit zum Teil aufgehoben wurde. Die älteren sich bewährten Verhältnisse sollten zum Teil wiederhergestellt werden. Die Rechtsverhältnisse der Handwerker wurden wieder Bestimmungen unterworfen, die an ehemalige Zunftverfassungen erinnerten.[636] So wurde Handwerkern die Ausübung ihres Gewerbes gemäß § 23 VerO 1849 nur unter der Bedingung gestattet, dass sie entweder in einer Innung nach vorherigem Nachweis der Befähigung aufgenommen worden waren oder diese Befähigung vor einer Prüfungskommission nachgewiesen hatten.[637] Welche Handwerker sich einer solchen Prüfung unterziehen mussten, war so weit reichend gefasst, dass nahezu sämtliche Handwerker dem Prüfungszwang unterworfen waren.[638] Es wurde damit direkt wieder an die Zunftzeit angeknüpft und für über 70 Berufe Befähigungsnachweise als Zu-

in Verhinderungsfällen. Die Namen der Gewählten sind der Regierung anzuzeigen. Bei der Erneuerung dieser Wahlen, welche von zwei zu zwei Jahren nach der jedesmaligen Ergänzung des Gewerberathes erfolgt, sind die früher Gewählten, sofern sie noch zu den Mitgliedern des Gewerberathes gehören, wieder wählbar."

633 Grotefend, S. 161.

634 Kulischer, S. 447.

635 Brunner, S. 253; Böhme, Sozial- und Wirtschaftsgeschichte, S. 35.

636 Meyer, S. 377.

637 Gebhardt, S. 350.

638 Simon, Bd. I, S. 226

lassungsvoraussetzung für die Führung eines Gewerbebetriebes eingeführt.[639] Diese Regelungen waren auch bisher in der Zunft fest verankert gewesen. Es war deshalb theoretisch möglich, eine unzünftige Ausbildung zu erlangen, jedoch war das weitere Fortkommen für den Handwerker erschwert.

Des Weiteren galt für die Baugewerke, wie zum Beispiel *„Maurer, Steinhauer, Schiefer- und Ziegelbecker, Haus- und Schiffszimmerleute, Mühlen- und Brunnenbaumeister und Schornsteinfegermeister"* eine Zeugnispflicht.[640] Bis auf die Regelungen aus § 15 GewO 1845 sollten jetzt alleinig die verschärften Bedingungen der VerO 1849 maßgebend sein. Die Befähigungsnachweise konnten in Übereinstimmung mit dem Gewerberat und der Regierung auch auf weitere Gewerbe ausgedehnt werden. Nur bei Personen, deren Befähigung anderweitig feststand, konnte das Ministerium in besonderen Fällen Ausnahmen zulassen. Damit war die Anforderung an Ausnahmefälle besonders hoch, hingegen eine Erweiterung der Gewerke, für welche Befähigungsnachweise erforderlich waren, konnte leichter erfolgen.

Eine weitere Beschränkung war, dass gemäß § 29 VerO 1849 die bisherige Möglichkeit, mehrere Gewerbe gleichzeitig auszuüben, eingeschränkt wurde.[641]

Eine Beschränkung der Fabriken erfolgte aber nur im bescheidenen Maße. Dem Fabrikinhaber war es auch weiterhin gestattet, Handwerksgesellen zu beschäftigen ohne einer Innung angehören zu müssen. Lediglich außerhalb ihrer Fabrikstätte durfte eine Beschäftigung von Gesellen und Gehilfen nicht erfolgen.[642]

---

639 Meyer, S. 377; Gemäß § 23 VerO 1849 waren dies:
„Müller, Bäcker, Pfefferküchler und Konditoren, Fleischer, Gerber aller Art, Lederbereiter, Korduaner, Pergamenter, Schuh- und Pantoffelmacher, Handschuhmacher und Beutler, Kirrschner, Sattler mit Einschluß der Riemer und Täschner, Tapezierer, Buchbinder, Seiler und Reifschläger, Bürstenbinder, Perückenmacher, Hutmacher, Tuchmacher und Tuchbereiter, Weber und Wirker jeder Art, Posamentierer und Knopfmacher, Schneider, Tischler und Stuhlmacher, Rade- und Stellmacher, Groß- und Kleinböttcher, Drechsler aller Art, Kammacher, Korbflechter, Töpfer, Glaser, Grob- und Kleinschmiede jeder Art, Messerschmiede, Nagelschmiede, Kupferschmiede, Büchsenmacher, Sporer, Schlosser, Feilenhauer, Nadler und Siebmacher, Klempner, Schwertfeger, Gürtler, Gelb- und Rothgießer, Glockengießer, Zinngießer, Gold- und Silberarbeiter, Gold- und Silberschläger, Uhrmacher, Vergolder, Maler und Lackierer, Färber, Seifensieder."

640 § 25 VerO 1849:
„Baumeister sind nicht befugt, bei der Leitung von Bauunternehmungen die Arbeiten derjenigen Handwerke, für welche sie das Befähigungszeugniß der Regierung nicht besitzen, oder den im § 23 vorgeschriebenen Nachweis der Befähigung nicht geführt haben, ohne Zuziehung geprüfter Meister ausführen zu lassen."

641 Kulischer, S. 447.

642 §§ 31, 32 VerO 1849:

Des Weiteren mussten die Inhaber von Magazinen sowie Detailwarenhändler, zur weiteren Ausübung ihres Gewerbes einen Meistertitel für die Handwerksprodukte vorweisen, die sie zum Verkauf anboten. Einer vollendeten Untersagung kam es gleich, dass solche Magazine und Detailverkauf bei erheblichen Nachteilen für die örtliche Wirtschaft per Ortstatut vollkommen verboten werden konnten.

Auch die Zulassung zu Meisterprüfungen wurden gemäß § 35 VerO 1849 zukünftig *„von folgenden Bedingungen abhängig gemacht:*

> *1) Der zu Prüfende muß das vierundzwanzigste Lebensjahr zurückgelegt haben; aus besondern Gründen kann jedoch der Gewerberath die Prüfung eines Gesellen schon nach vollendetem einundzwanzigsten Lebensjahr gestatten.*
> *2) Der zu Prüfende muß sein Gewerbe als Lehrling (§ 44) bei einem selbstständigen Gewerbetreibenden erlernt, und die Gesellenprüfung (§ 36) bestanden haben.*
> *3) Seit der Entlassung aus dem Lehrlingsverhältnisse muß ein Zeitraum von mindestens drei Jahren verlaufen sein; ausnahmsweise kann jedoch der Gewerberath die Prüfung schon nach Ablauf eines Jahres gestatten, wenn der Geselle durch den Besuch einer gewerblichen Lehranstalt oder sonst Gelegenheit gefunden hat, die zu dem beabsichtigten Gewerbebetriebe erforderlichen Kenntnisse und Fertigkeiten zu erwerben (...).“*

Die Lehrlingsprüfungen waren erst nach einer dreijährigen Lehrzeit erlaubt.[643] Die Meister und Gesellenprüfungen sollten wieder vor der Innung, diese vertreten aber durch eine Kommission, geleistet werden. Die Kommission setzte sich zusammen aus einem Mitglied der Kommunalbehörde, der zugleich der Kommissionsvorsitzende war, aus zwei von der Innung gewählten Meistern und aus zwei von den Gesellen des Handwerks gewählten Gesellen.[644]

„Den Fabrikinhabern ist die Beschäftigung von Handwerksgesellen nur soweit sie derselben zur unmittelbaren Erzeugung und Fertigmachung ihrer Fabrikate, sowie zur Anfertigung und Instandhaltung ihrer Werkzeuge und Geräthe bedürfen, gestattet.“

„Fabrikinhaber, welche ein den Bestimmungen der §§ 23. und 26. Dieser Verordnung unterliegendes Gewerbe betreiben, ohne die Befähigung zum handwerksmäßigen Betriebe derselben nachgewiesen zu haben (§ 30), dürfen außerhalb ihrer Fabrikstätten keine Gesellen oder Gehilfen beschäftigen.“

643 Kulischer, S. 447.

644 § 39 VerO 1849:
„Für jedes Handwerk (§ 23) sind von der Regierung in den einzelnen Kreisen nach Maaßgabe der örtlichen und gewerblichen Verhältnisse eine oder mehrere Kreis-Prüfungskommissionen einzusetzen. Jede derselben wird unter dem Vorsitze eines von der Regierung ernannten Kommissarius aus zwei Meistern und zwei Gesellen gebildet. Zu diesem Behufe wählen alljährlich

Der zu Prüfende musste darlegen, dass er im Stande war, die gewöhnlichen Arbeiten seines Gewerbes selbständig oder sofern es sich um eine Prüfung eines Lehrlings handelte als Geselle auszuüben.[645] Die näheren Bestimmungen über den Umfang und die Form der Prüfung wurden durch das Ministerium vorgegeben. Die Zeugnisse der Prüfungskommission genügten für die Aufnahme in eine Innung sowie für den selbständigen Betrieb eines Handwerks.

Der VII. Titel hieß in der GewO 1845 *„Gewerbegehülfen, Gesellen, Fabrikarbeiter und Lehrlinge“* und trug nach der Reform durch die GewO 1849 den Namen *„Verhältnisse der Lehrlinge, Gesellen, Gehülfen und Fabrikarbeiter“* und stand an letzter Stelle als IV. Titel und enthielt eine einleitende Legaldefinition, wer als Lehrling zu betrachten war.

Des Weiteren legte § 45 VerO 1849 fest, dass die Aufnahme und Entlassung aller Lehrlinge von den Innungen erfolgte.[646] Damit übten die Innungen wieder die ausschließliche Aufsicht über die Ausbildung aus. Lehrherren, die nicht in der Innung waren, wurden damit erheblich benachteiligt.[647] Diese Regelung bestand bereits in der GewO 1845 und wurde jetzt durch die VerO 1849 noch verstärkt. Per Ortsstatut konnte den Innungen die Aufsicht über die Ausbildung und das Betragen von denjenigen Lehrlingen übertragen werden, deren Lehrherren nicht zu einer Innung gehörten.

Den Handwerksmeistern wurde vorgeschrieben, dass sie sich für die Verrichtung ihrer Arbeiten nur der Gesellen, Gehilfen und Lehrlingen ihres Handwerkes bedienen durften. Ebenfalls wurde den Gesellen und Gehilfen auferlegt, dass sie nur bei Meistern ihres Handwerks in Arbeit treten durften. Die Arbeitgeber waren verpflichtet, die geleistete Arbeit in barem Geld zu entlohnen und nicht durch Waren abzugelten. Darunter fielen jetzt auch ausdrücklich die Arbeiter der Verlagsindustrie.[648] Verträge, die diesen Regelungen widersprachen, waren nichtig.

---

in jeder Stadt des Prüfungsbezirkes die Innung oder, wo eine Innung nicht besteht, die Meister des Handwerks zwei bis vier Meister, desgleichen die Gesellen des Handwerks zwei bis vier Gesellen, unter welchen der Vorsitzende in jedem einzelnen Falle die bei der Prüfung zuzuziehenden Mitglieder der Kommission auswählt.“

645 Grotefend, S. 180.

646 Kulischer, S. 447.

647 Gebhardt, S. 350.

648 Stieda, Hausindustrie, S. 81; § 52 VerO 1849:
„Unter Arbeitern (§ 50) werden hier auch Diejenigen verstanden, welche außerhalb der Fabrikstätten für Fabrikinhaber oder für die ihnen gleichgestellten Personen die zu deren Gewerbebetriebe nöthigen Ganz- und Halbfabrikate anfertigen, oder solche an sie absetzen, ohne von dem Verkaufe dieser Waaren an Konsumenten ein Gewerbe zu machen.“

(3) Unterstützungskassen und ähnliche Einrichtungen sowie Innungsgebühren und Abgaben

Alle Gewerbetreibende eines Gemeindebezirks konnten per Ortsstatut verpflichtet werden, einer Innungskrankenkasse, einer Sterbe- und Hilfskasse der Innungsgenossen beizutreten. Damit erwarben natürlich auch die Nichtinnungsmitglieder einen Anspruch an diesen Kassen. Die soziale Absicherung der Fabrikarbeiter stand im Vordergrund. Auch für andere soziale Einrichtungen, wie zum Beispiel für Witwen- und Waisenunterstützungskassen sowie für Fortbildungseinrichtungen für Lehrlinge und Gesellen, konnten Pflichtbeiträge von allen Gewerbetreibenden erhoben werden. Dafür war es vollkommen unerheblich, ob es sich um Innungseinrichtungen oder staatliche Einrichtungen handelte. Die Fabrikarbeiter wurden durch § 58 VerO 1849 verpflichtet, bestehenden Gesellenkassen beizutreten.[649] Alle Beiträge, die durch die VerO 1849 begründet wurden, konnten zudem auf dem Verwaltungsrechtswege vollstreckt werden.

Alle Innungsgebühren, die bisher durch die Statuten erhoben wurden, sollten einer Revision unterworfen werden. Bis zur Beendigung der Revision durften die Innungen für die Aufnahme in eine Innung eine maximale Gebühr von 5 Reichstaler erheben, für die Aufnahme und Entlassung von Lehrlingen war die Erhebung jeglicher Gebühren untersagt.

Die Statuten der älteren Innungen waren nach den Vorgaben der VerO 1849 zu revidieren und abzuändern. Diese abgeänderten Entwürfe hatten die Innungen binnen drei Monaten der Regierung zur Prüfung vorzulegen. Eine endgültige Feststellung über die Statutenentwürfe traf das Ministerium.

Die Ausübung von Gewerben durch Ausländer wurde durch § 67 VerO 1849 stark eingeschränkt. Auch eine Beschränkung des Marktverkehrs für Handwerkerwaren und Lebensmittel konnte gemäß §§ 70, 71 VerO 1849 angeordnet werden.

Daneben erhielt die VerO 1849 neue Bestimmungen über Taxen.[650] § 72 VerO 1849 bestimmte wie bisher, dass grundsätzlich polizeiliche Taxen nicht zulässig waren. Seit dem Gewerbesteueredikt vom 28. Oktober 1810 und dem Gewerbegesetz vom 7. September 1811 sowie im folgenden auch in der GewO 1845 galt dieser Grundsatz und war eines der tragenden Elemente der Gewerbefreiheit. In Preußen blieb jedoch die Einführung von Brottaxen seit der GewO 1845 für ein-

649 Grotefend, S. 208.
650 Böhle, S. 61.

zelne Ortschaften und Distrikte immer vorbehalten.[651] Durch § 72 VerO 1849 wurde dieser Vorbehalt beseitigt. Dafür wurde die Ortspolizei ermächtigt, von Bäckern und Verkäufern von Backwaren sowie Gastwirten zu verlangen, dass diese ein Verzeichnis ihrer Preise einreichten und dieses Verzeichnis durch Anschlag an oder im Verkaufslokal bekannt machten. Des Weiteren konnten den Bäckern und Verkaufsstellen von Backwaren auferlegt werden, dass sie in ihrem Geschäft eine Waage mit den dazugehörigen geeichten Gewichten aufstellen mussten und deren Benutzung zum Zwecke des Nachwiegens der Backwaren gestatteten.[652] Bei Streitigkeiten zwischen Verkäufer und Käufer über den Preis stand der Ortpolizeibehörde gemäß § 75 VerO 1849 eine vorläufige Entscheidung vorbehaltlich des Rechtsweges zu. Die Überschreitung dieser festgesetzten Preise wurde nach § 186 GewO 1845 bestraft.

Die VerO 1849 fand keine Anwendung auf militärische Werkstätten und Fabriken oder sonstige öffentliche Anstalten. Durch § 77 VerO 1849 wurden jedoch alle übrigen Verordnungen mit einem entgegenstehenden Inhalt aufgehoben und außer Kraft gesetzt. Die gewerblichen Verhältnisse sollten sich ausschließlich nach der VerO 1849 und nach den durch die VerO 1849 nicht abgeänderten Regelungen der GewO 1845 richten.

Die Zünfte waren seit 1806 privatrechtliche Vereine und blieben dies auch nach der VerO 1849. Die Macht der Zünfte gründete vor allem darauf, dass sie weiterhin ihre soziale Aufgabe wahrnahmen und die Berufsordnung regelte.[653] Die unzünftigen Konkurrenten spürten den Vorteil der sozialen Absicherung der Innungsmitglieder. So wurde in den Bereichen der Lehre, der Versorgung bei Krankheit und auch bei den Kündigungsfristen Regelungen der Zunft von der preußischen Regierung kopiert und den unzünftigen Handwerkern als Richtlinie empfohlen.[654] *Freiherr vom Stein* sah das zünftige Gedankengut auch von den unzünftigen Handwerkern als durchaus übernehmbar an.[655] So war es Brauch, dass im Tuchmacher- und Schlächtergewerbe in Berlin unzünftige und zünftige Gewerbetreibende beide gemeinsam für die Not leidenden Gesellen aufkamen. Die gemeinsame Regelung von Problemen, die sowohl zünftige als auch unzünftige Gewerbetreibende betrafen, war die beste Lösung für alle Beteiligten. Gewerbeordnungen anderer deutscher Staaten schrieben oftmals explizit vor, dass Regelungen für Innungen auch auf Nichtinnungsmitglieder Anwendung finden sollten.[656]

651 Taxen verschiedener Art blieben nicht nur in Preußen sondern auch in verschiedenen anderen Staaten weiterhin bestehen. Laband, Bd. II, S. 461.

652 Meyer, S. 411.

653 Haupt, S. 34.

654 Grotefend, S. 207.

655 Hubatsch, Freiherr vom Stein, Briefe und amtliche Schriften, Bd. 6, S. 923 ff.

656 So zum Beispiel § 128 württembergische Gewerbeordnung vom 22. April 1828:

Mit der GewO 1845 und der VerO 1849 wurden damit teilweise Bestimmungen des Gewerbesteueredikts von 1810 und des Gewerbegesetzes von 1811 wieder rückgängig gemacht.[657]

c. Die Gesetze vom 15. Mai 1854 und vom 22. Juni 1861

Die späteren Abänderungen durch die Gesetze vom 15. Mai 1854 und vom 22. Juni 1861 waren von weit geringere Bedeutung. Per Gesetz vom 15. Mai 1854 wurden die Gesellen von der Wahl des Gewerberates und von der Teilnahme an der Prüfungskommission ausgeschlossen. Durch das Gesetz vom 22. Juni 1861 wurde die Konzessionspflicht der Schlosser und der Zimmervermieter beseitigt. Die erfolgreichsten Meister hatten die Zunft- und Innungsidee hinter sich gelassen und stiegen durch die Gewerbefreiheit begünstigt zu Unternehmern und Fabrikanten auf.[658] Damit wurden aber die Gegensätze von ehemaligen Gesellen zu Meistern immer größer, nahezu unüberbrückbar.[659] Der korporative Geist der Zunft sank dadurch merklich ab. In den weniger industrialisierten Teilen Preußens hingegen hielten sich die Zunft und ihr Einfluss. In die ab 1866 neuen preußischen Landesteile, wurden die GewO 1845 und die VerO 1849 nicht eingeführt. In einigen von diesen Landesteilen, wurden 1867 neue und kürzere Gewerbegesetze erlassen.[660] Diese hatten hauptsächlich den Zweck, die Gewerbesteuereinnahmen sicherzustellen und die Gewerbefreiheit nach preußischem Verständnis durchzusetzen.

„Die Bestimmungen der Art. 14, 16-25 über die Verhältnisse des Lehrlings zum Lehrmeister, der Art. 33-41 über das Verhältnis zwischen Meister und Gesellen, der Art. 43-45 über Gesellen-Mißbräuche und der Art. 60 und 61 über den Gewerb-Betrieb außerhalb des Niederlassungs-Ortes finden auch auf die unzünftigen Gewerbe ihre Anwendung."

657 Meyer, S. 377; Gebhardt, S. 350.

658 LHA Magdeburg, Rep. A 9a VI, Nr. 477, Vol. I.

659 Winkel, Vom Kleingewerbe zur Großindustrie, S. 178.

660 Derartige Erlasse ergingen am 29. März 1867 für das vormalige Kurfürstentum Hessen sowie für das vormalige Königreich Hannover. Am 9. August 1867 erging eine diesbezügliche Regelung für den Amtsbezirk Homburg und am 23. September 1867 für die Herzogtümer Schleswig und Holstein. Vgl. auch v. Stengel, Die Organisation der Preussischen Verwaltung, S. 126/127.

13. Die Gewerbeordnung des Norddeutschen Bundes vom 21. Juni 1869

a. Der Weg zur einheitlichen Gewerbeordnung für die Mitgliedstaaten des Norddeutschen Bundes

Der überwiegende Teil der deutschen Staaten war am 18. August 1866 unter Hegemonie Preußens zum Norddeutschen Bund zusammengetreten. In Preußen war zu diesem Zeitpunkt mit dem Edikt vom 2. November 1810 und der Gewerbeordnung von 1845 die Grundlage für die Gewerbeordnung des Norddeutschen Bundes von 1869 (GewO 1869) geschaffen worden.[661] Damit ermöglichte die GewO 1869 in weiten Teilen Deutschlands die Gewerbefreiheit.[662] Bereits zuvor wurden in vielen deutschen Staaten, zumeist in den sechziger Jahren des 19. Jahrhunderts, die Grundzüge der Gewerbefreiheit verwirklicht.[663] Die Staaten hatten dazu ebenfalls eigene Gewerbeordnungen erlassen.[664] Der Norddeutsche Bund war formell ein Zusammenschluss souveräner deutscher Staaten.[665] In der Verfassung des Norddeutschen Bundes wurde der Gewerbebetrieb zum Gegen-

---

661 Gewerbe-Ordnung für den Norddeutschen Bund vom 21. Juni 1869, nebst dem Entwurf dieses Gesetzes und dessen Motiven so wie den später erlassenen ergänzenden Bekanntmachungen des Bundes-Kanzler-Amtes, so wie den Ausführungs-Anweisungen der königlich preußischen Ministerien. Nach amtlichen Quellen zusammengestellt und herausgegeben von Dr. Kletke.

662 Hedemann, S. 5, Zitat aus den Motiven: „Der Entwurf beruht auf dem Grundsatz der Gewerbefreiheit. Sein wesentlichster Zweck besteht in der gemeinsamen Ordnung der gesetzlichen Bestimmungen über die Befugnisse zum Gewerbebetriebe auf der Grundlage der Entfesselung der wirtschaftlichen Kräfte und der Durchführung der gewerblichen Freizügigkeit innerhalb des Bundesgebiets."

663 In Sachsen wurde seit 1791 an der Ausarbeitung einer Kodifikation des Privatrechts gearbeitet. In einem 1846 veröffentlichten Entwurf wurde nur das „Allgemeine Privatrecht" behandelt, nicht jedoch das Zunft- und Gewohnheitsrecht. Der Abschnitt über die „entgeltlichen Verträge über Dienstleistungen" enthielt neben einer allgemeinen Definition des Lohnvertrages auch Normen über die Lohnzahlung, Bestimmung der Lohnhöhe, dem Zeitpunkt der Lohnentrichtung und Kündigung. Die eingehenderen Regelungen blieben weiterhin den Vorschriften in den Gesinde- und Zunftordnungen überlassen. Erst am 15. Oktober 1861 trat die Gewerbeordnung gefolgt von dem Allgemeinen Deutschen Handelsgesetzbuch von Sachsen vom 30. Oktober 1861 und dem Sächsischen Bürgerlichen Gesetzbuch vom 1. März 1865 in Kraft. Damit kam es zum Durchbruch des Vertragsprinzips. Hingegen enthielten die 1835 erlassene Gesindeordnung und das Berggesetz von 1853 weiterhin zünftige Regelungen, die die Vertragsfreiheit in großen Teilen einschränkte. Allerhöchste Kabinetsorder vom 19ten April 1813, betreffend die zwischen verschiedenen Kontrahenten bestehenden Verträge, welche die gesetzlich gegebene Gewerbefreiheit beschränken, Quelle: Gesetz-Sammlung für die preußischen Staaten 1813, S. 69.

664 Meyer, S. 377.

665 Die Gewerbeordnung des Norddeutschen Bundes wurde später auch auf die süddeutschen Staaten und Elsaß-Lothringen ausgedehnt. Die Einführung ist erfolgt Südhessen durch Art. 80 der Verf. vom 15. November 1870, in Württemberg und Baden durch R.G. vom 10. Nov. 1871 in Bayer durch Reichsgesetz vom 12. Juni 1872, in Elsaß-Lothringen durch Reichsgesetz vom 27. Februar 1888.

stand der Bundesgesetzgebung erklärt. Bereits im Jahre 1868 erging der Vorschlag in Form einer Gesetzesvorlage an den Bundesrat, das Gewerberecht für den Norddeutschen Bund einheitlich zu regeln. Die Vorlage zu den Beratungen bestand im Wesentlichen aus der preußischen Gewerbeordnung vom 17. Januar 1845.[666] Jedoch wurde eine Übernahme eins zu eins verworfen. Jeder der deutschen Staaten wollte so wenig wie möglich von seiner Gewerbeordnung aufgeben.[667] An der preußischen Gewerbeordnung wurde kritisiert, dass einzelne Gewerbegebiete nicht enthalten waren, die aber für den Norddeutschen Bund für notwendig erachtet wurden. Diese waren in Preußen entweder durch Spezialgesetze geregelt oder hatten überhaupt noch keine Regelung gefunden. Dazu gehörte der Gewerbebetrieb im Umherziehen, das Schankgewerbe, die gewerblichen Hilfsklassen, die Beschäftigung jugendlicher Arbeiter in Fabriken und das Trucksystem.

Andererseits erachtete Preußen, aufgrund seiner wirtschaftlichen Entwicklung und dem Fortgang der Gewerbegesetzgebung in den anderen deutschen Staaten, es nicht für nötig, seine bisherige Gewerbeordnung zu ändern.[668] Darüber hinaus sahen andere Mitglieder des Norddeutschen Bundes, unter anderen die preußischen Handwerkerprüfungen als ein altes überfälliges Relikt an, welche sie nicht in ihren Staaten einführen wollten. Preußen gab schließlich in diesem Punkt nach und hob die Innungspflicht mit den Worten auf:

> *„Mit der Aufhebung des Innungszwanges ist zugleich die Prüfungspflicht der Handwerker beseitigt. Darüber, dass die Handwerkerprüfungen nicht diejenigen Garantien gewähren, welche sie zu gewähren beabsichtigen, dass sie dagegen dadurch nachteilig werden, dass sie den Handwerker zur Aufwendung von Zeit und Kosten zu einer Zeit zwingen, wo er alle seine Kapital- und Arbeitskraft auf die Gründung seiner Existenz verwenden muss, und dass sie die Notwendigkeit des Versuches einer theoretischen undurchführbaren, praktisch die Entfaltung der Gewerbethätigkeit hemmenden Abgrenzung der Arbeitsgebiete herbeiführen, dürfte es kaum nötig sein, den Streit aufzunehmen, da die Bundesgesetzgebung mit der Einführung der Freizügigkeit, die, wenn sie wirksam sein soll, mit der Prüfungspflicht als lokaler Vorbedingung der gewerblichen Niederlassung unvereinbar ist, die Frage bereits entschieden hat.“*[669]

---

666 Kletke, GewO Norddt.Bund, S. 1 u. 3.
667 Koller, Die Gewerbeordnung für den Norddeutschen Bund, S. 4 f.
668 Simon, Bd. I, S. 346.
669 Sten. Ber. des Reichstages, Bd. II, S. 125.

Damit war der Weg frei für eine weitere Entwicklung der Gewerbefreiheit in den deutschen Staaten.

Indes, der Reichstag war damit noch nicht zufrieden. In der Beratung der Kommission über die konzessionspflichtigen Gewerbe kam es zu heftigen Meinungsverschiedenheiten zwischen den Regierungsvertretern und den Mitgliedern des Reichstags. Die Reichstagskommission war bestrebt, die Konzessionen möglichst einzuschränken. Da sich abzuzeichnen begann, dass eine vollständige Durchberatung des Gesetzentwurfes in der damaligen Session des Reichstages nicht zu ermöglichen war, brachten die Abgeordneten *Lasker* und *Miquel* einen kürzeren Gesetzentwurf ein.[670] Dieser beschränkte sich darauf, die Grundsätze der Gewerbefreiheit und der gewerblichen Freizügigkeit im ganzen Bundesgebiet umzusetzen. Dieser Entwurf fand die Zustimmung des Reichstages und später auch die Genehmigung des Bundesrates. Dieses Gesetz wurde am 8. Juli 1868 erlassen und wurde als *„Notgewerbegesetz"* bezeichnet.[671]

b. Die allgemeinen Bestimmungen der GewO 1869

Die Beratungen für den Erlass einer Gewerbeordnung für den Norddeutschen Bund ging in der folgenden Legislaturperiode weiter. Vor allem Preußen trieb diesen Prozess mit großer Energie voran. Am Ende stand die Gewerbeordnung des Norddeutschen Bundes vom 21. Juni 1869.[672]

Der Betrieb eines Gewerbes war innerhalb der Grenzen der GewO 1869 jedem gestattet.[673] Wer zum Zeitpunkt des Erlasses der GewO 1869 berechtigt war ein Gewerbe auszuüben, dem konnte dies nachträglich wegen einer Gesetzesände-

---

670 Simon, Bd. I, S. 334; Koller, S. 60 u. 73 f.

671 Sein richtiger Titel war, „Gesetz, betreffend den Betrieb der stehenden Gewerbe." Meyer, S. 378.

672 Diese wurde infolge des Art. 80 der Verfassung vom 15. November 1870 in Südhessen, durch das Reichsgesetz vom 10. November 1871 in Württemberg und Baden sowie durch das Reichsgesetz vom 12. Juni 1872 in Bayern eingeführt. In dem dann zum Reichsgebiet gehörenden Elsass-Lothringen wurde die Gewerbeordnung nicht eingeführt. Nur § 29, welcher die Zulassung der Ärzte und Apotheker beinhaltete, erlangte durch das Gesetz vom 16. Juli 1872 Geltung. Daneben wurden auch die Vorschriften der Gewerbeordnung über den Gewerbebetrieb im Umherziehen, über den Kleinhandel mit Branntwein und Spiritus, über Warenbestellung und über das gewerbsmäßige besorgen fremder Rechtsangelegenheiten in Elsass-Lothringen geltend gemacht. Dies geschah jedoch nicht durch Einführung der betreffenden Paragraphen, sondern durch Erlass einzelner zum Teil recht kurzer Gesetze. Erst am 27. November 1888 wurde dann durch ein Reichsgesetz auch in Elsass-Lothringen die gesamte Gewerbeordnung eingeführt. Grotefend-Cretschmar, Preussisch-deutsche Gesetzessammlung Bd. III, S. 399/400; Simon, Bd. I, S. 348.

673 Koller, S. 35.

rung nicht mehr versagt werden.[674] Jegliche Unterscheidung zwischen Stadt und Land wurde aufgegeben.[675] Jeder konnte mehrere auch verschiedene Gewerbe betreiben. Nur die Zoll-, Steuer- und Postgesetze waren zu beachten.

§ 1 GewO 1869 beinhaltete den Grundsatz der Gewerbefreiheit. Beschränkungen bestanden nur als sie durch die GewO 1869 vorgeschrieben oder zugelassen waren.[676] Wie bereits die GewO 1845 kannte auch die GewO 1869 keine Legaldefinition des Gewerbes. Es wurden nur Tätigkeiten aufgezählt, die nicht in den Bereich der Gewerbeordnung fielen, welche wie jedoch oben aufgeführt einer regen Veränderung unterlagen. Zum einen zählten dazu Tätigkeiten, welche begrifflich schon nicht dem Gewerbe unterlagen, sowie Tätigkeiten, die ausdrücklich ausgeklammert wurden. Bei den Letzteren lag die Absicht darin, ihre Regelung der Landesgesetzgebung zu überlassen oder sie der reichsgesetzlichen Spezialgesetzgebung zu unterstellen.

Die GewO 1869 ging wie ihre Vorgänger auch von einem engeren Begriff des Gewerbes aus.[677] Danach gehörte nicht jede dauerhafte selbständige und erlaubte Tätigkeit zum Zwecke des Vermögenserwerbes zum Gewerbe, sondern nur Industriegewerbe, Handelsgewerbe und die Leistung von persönlichen Diensten, welche aber eine höhere wissenschaftliche und künstlerische Ausbildung nicht voraussetzen. Mithin erstreckten sich die Vorschriften der Reichsgewerbeordnung nicht auf den Betrieb der Land- und Forstwirtschaft sowie auf die Jagd. Die GewO 1869 beinhaltete eine abschließende Aufzählung von Gewerben und Berufen, worauf diese keine Anwendung finden sollte.[678]

---

674 § 1 GewO 1869:
„Der Betrieb eines Gewerbes ist Jedermann gestattet, soweit nicht durch dieses Gesetz Ausnahmen oder Beschränkungen vorgeschrieben oder zugelassen sind.
Wer gegenwärtig zum Betriebe eines Gewerbes berechtigt ist, kann von demselben nicht deshalb ausgeschlossen werden, weil er den Erfordernissen dieses Gesetzes nicht genügt."

675 Schönberg, Zunftwesen, S. 7.

676 Grotefend, S. 141; Grotefend-Cretschmar, Preussisch-deutsche Gesetzessammlung Bd. III, S. 340.

677 Meyer, S. 379.

678 § 6 GewO 1869:
„Das gegenwärtige Gesetz findet keine Anwendung auf das Bergwesen (vorbehaltlich der Bestimmungen der §§ 152, 153 u. 154), die Fischerei, die Ausübung der Heilkunde (vorbehaltlich der Bestimmungen in den §§ 29, 30, 53, 80 u. 144), die Errichtung und Verlegung von Apotheken und den Verkauf von Arzneimitteln (vorbehaltlich der Bestimmung im § 80), das Unterrichtswesen, die advokatorische und Notariatspraxis, den Gewerbebetrieb der Auswanderungs-Unternehmer und der Eisenbahn-Unternehmungen, den Vertrieb von Lotterielosen, die Befugniß zum Halten öffentlicher Fähren und die Rechtsverhältnisse der Schiffsmannschaften auf den Seeschiffen.
Eine Verordnung des Bundes-Präsidiums wird bestimmen, welche Apotheker-Waaren dem freien Verkehr zu überlassen sind."

Gemäß § 4 GewO 1869 stand den Zünften und den kaufmännischen Korporationen nicht das Recht zu, andere Personen von dem Betrieb eines Gewerbes auszuschließen.[679] Weiterhin wurden durch die GewO 1869 ab dem 1. Januar 1873 alle Bestimmungen der Bundesstaaten aufgehoben,

> *1) „die noch bestehenden ausschließlichen Gewerbeberechtigungen, d.h. die mit dem Gewerbebetriebe verbundenen Berechtigungen, Andern den Betrieb eines Gewerbes, sei es im Allgemeinen oder hinsichtlich der Benutzung eines gewissen Betriebsmaterials, zu untersagen oder sie darin zu beschränken;*
> *2) die mit den ausschließlichen Gewerbeberechtigungen verbundenen Zwangs- und Bannrechte, mit Ausnahme der Abdeckereiberechtigungen;*
> *3) alle Zwangs- und Bannrechte, deren Aufhebung nach dem Inhalte der Verleihungs-Urkunde ohne Entschädigung zu lässig ist (...).“*[680]

Ob und in welcher Höhe für die aufgehobenen ausschließlichen Gewerbeberechtigungen sowie den abzulösenden Zwangs- und Bannrechten den Berechtigten eine Entschädigung zu zahlen war, bestimmten die Landesgesetze.[681] Die einmal aufgehobenen ausschließlichen Gewerbeberechtigungen oder abgelösten Zwangs- und Bannrechte konnten nicht mehr begründet oder erworben werden.[682]

---

679 Sten. Ber. der II. Sitzung, S. 240 und der III. Sitzung, S. 1054.

680 Sten. Ber. der II. Sitzung, S. 245-252 und der III. Sitzung, S. 1056-1060; § 7 GewO 1869:
„4) sofern die Aufhebung nicht schon in Folge dieser Bestimmungen eintritt, oder sofern sie nicht auf einem Vertrage zwischen Berechtigten und Verpflichteten beruhen (...);
5) die Berechtigungen, Konzessionen zu gewerblichen Anlagen oder zum Betriebe von Gewerben zu ertheilen, die dem Fiskus, Korporationen, Instituten oder einzelnen Berechtigten zustehen;
6) vorbehaltlich der an den Staat und die Gemeinde zu entrichtenden Gewerbesteuern, alle Abgaben, welche für den Betrieb eines Gewerbes entrichtet werden, sowie die Berechtigung dergleichen Abgaben aufzuerlegen (...).“

681 Meyer, S. 383; § 8 GewO 1869:
„Von dem gleichen Zeitpunkte (§ 7) ab unterliegen, soweit solches nicht von der Landesgesetzgebung schon früher verfügt ist, der Ablösung:
diejenigen Zwangs- und Bannrechte, welche durch die Bestimmungen des § 7 nicht aufgehoben sind, sofern die Verpflichtung auf Grundbesitz haftet, die Mitglieder einer Korporation als solche betrifft oder Bewohnern eines Orts oder Distrikts vermöge ihres Wohnsitzes obliegt;
das Recht, den Inhaber einer Schankstätte zu zwingen, daß er für seinen Wirthschaftsbedarf das Getränk aus einer bestimmten Fabrikationsstätte entnehme (...).“

682 Koller, S. 43. Aufgehoben wurden zum Beispiel:
die noch bestehenden ausschließlichen Gewerbeberechtigungen – mithin die mit dem Gewerbebetrieb verbundene Berechtigung, anderen den Betrieb eines Gewerbes zu untersagen oder zu beschränken die mit ausschließlichen Gewerbeberechtigungen verbundenen Zwangs- und Bannrechte

Zum Betrieb eines Gewerbes waren grundsätzlich nur physische Personen befugt. Gemäß § 11 GewO 1869 war es auch erstmals Frauen möglich, selbständig ein Gewerbe zu führen. Völlig unbeachtlich war, ob die Frauen verheiratet oder unverheiratet waren. Auf die noch in einigen Landesgesetzen bestehenden Vorteile durften sie sich aber nicht mehr berufen.[683] Problematisch war, ob die Ehefrau zum Betrieb eines Gewerbes der Genehmigung ihres Ehemannes bedurfte. Die Gewerbeordnung selbst enthielt darüber keine ausdrückliche Bestimmung.[684] Die Frage oblag mithin den Landesgesetzen. Einschränkungen bei der Ausübung eines Gewerbes bestanden nur für Ausländer, Beamte und Soldaten.[685]

Auch war die Ausübung eines Gewerbes nicht mehr von dem Besitz eines Bürgerrechtes abhängig. Eine Gemeinde konnte den Gewerbetreibenden zum Erwerb des Bürgerrechtes auffordern, wenn er drei Jahre lang ein Gewerbe ausgeübt hatte.[686]

---

die Bannrechte, deren Aufhebung nach dem Inhalte der Verleihungsurkunde ohne Entschädigung zulässig war
Berechtigungen:
- der Inhaber von Mühlen, Brennereien (und Brenngerechtigkeiten) Brauereien, (und Braugerechtigkeiten), Schankstätten, die die Konsumenten zwangen, bei ihnen (als die Berechtigten) ihr Schrot und Korn mahlen zu lassen oder das Getränk ausschließlich von demselben zu beziehen (so genannter Mahlzwang, Branntweinzwang, Brauzwang)
- der städtischen Bäcker und Fleischer, die Einwohner der Stadt zu zwingen, ihren Bedarf an Brot und Fleisch von ihnen abzunehmen. Ausnahme war hierbei, dass diese ausschließliche Abnahme der Erzeugnisse auf einen Vertrag zwischen Berechtigten und Verpflichteten beruht

Berechtigungen, Konzessionen zu gewerblichen Anlagen oder zum Betriebe von Gewerben zu erteilen, welche dem Fiskus, Korporationen, Instituten oder einzelnen Berechtigten zustanden
jegliche Abgabe, welche für den Betrieb eines Gewerbes entrichtet wurde sowie die Berechtigungsgebühren, außer der an den Staat oder die Gemeinde zu entrichtende Gewerbesteuer.
Folgende ausschließliche Gewerberechte wurden abgelöst:
alle nicht aufgehobenen Zwangs- und Bannrechte, insoweit die Verpflichtung an den Grundbesitz haftet das Recht den Inhaber einer Gaststätte zu zwingen, dass er nur die Getränke von einer bestimmten Brauerei bezieht.

683 § 46 GewO 1869:
„Nach dem Tode eines Gewerbetreibenden darf das Gewerbe für Rechnung der Witwe während des Witwenstandes, oder, wenn minderjährige Erben vorhanden sind, für deren Rechnung durch einen nach § 45 qualifizierten Stellvertreter betrieben werden, insofern die über den Betrieb einzelner Gewerbe bestehenden besonderen Vorschriften nicht ein Anderes anordnen. Dasselbe gilt während der Dauer einer Kuratel oder Nachlassregulierung."

684 Pierenkemper/Tilly, Historische Arbeitsmarktforschung, S. 58; Meyer, S. 381.

685 Koller, S. 48.

686 Die Gemeinde konnte aber nicht verlangen, dass dazu ein anderes Bürgerrecht aufgegeben wurde. Vgl. Sten. Ber. der II. Sitzung, S. 255-260 und III. Sitzung, S. 1062-1066.

c. Stehender Gewerbebetrieb, Gewerbebetrieb im Umherziehen und Marktverkehr

Wie auch die GewO 1845 teilte die Gewerbeordnung des Norddeutschen Bundes die Gewerbe ein in stehenden Gewerbebetrieb, Gewerbebetrieb im Umherziehen und Marktverkehr.

(1) Stehender Gewerbebetrieb

Wer einen stehenden Gewerbebetrieb ausüben wollte, hatte an dem Ort der zuständigen Behörde dies anzuzeigen.[687] Eine solche Anzeige hatte auch derjenige vorzunehmen, der ein Gewerbe im Umherziehen betreiben wollte. Die Behörde hatte den Empfang des Antrages binnen dreier Tage gemäß § 15 GewO 1869 zu bestätigen.[688] Zur Errichtung von Anlagen, die wegen ihrer Lage oder Beschaffenheit der Betriebsstätte für die Nachbarn oder die Öffentlichkeit zu Nachteilen, Gefahren oder Belästigungen führen können, war die Genehmigung der zuständigen Behörden erforderlich. Die Genehmigung oblag den nach den jeweiligen Landesgesetzen zuständigen Behörden. Dagegen enthielt § 16 GewO 1869 einen Katalog, für welche Gewerbe eine solche Genehmigung erforderlich war.[689] Die Planung einer solchen Anlage war bei den amtlichen Bekanntmachungen der Behörden zu veröffentlichen. Gegen die geplante Anlage konnten binnen 14 Tagen Einwendungen erhoben werden. Sowohl die Einwendungen als auch die Beachtung der bau-, feuer- und gesundheitspolizeilichen Vorschriften waren von den Behörden zu prüfen.[690] Per Bescheid war eine Genehmigung gegebenenfalls unter Auflagen oder eine Versagung auszusprechen. Einwendungen, die nur auf privatrechtlichen Titeln beruhten, waren durch den Richter zu entscheiden. Die Genehmigung der Anlage wurde dadurch wie bereits in der GewO 1845 nicht berührt.[691] Gegen den Bescheid war binnen 14 Tagen Rekurs

---

687 Neben den selbständigen Gewerbetreibenden zählen auch die Agenten der Feuerversicherungen, alle Personen die ein Pressgewerbe betreiben, Antiquare, Leihbibliotheken, Inhaber von Lesekabinetten, Verkäufer von Druckschriften, Zeitungen und Bildern darunter. Meyer, S. 386. Laband, Bd. II, S. 460.

688 § 15 GewO 1869:
„Die Fortsetzung des Betriebes kann polizeilich verhindert werden, wenn ein Gewerbe, zu dessen Beginn eine besondere Genehmigung erforderlich ist, ohne diese Genehmigung begonnen wird (…).“

689 Grotefend, S. 20f.; § 16 GewO 1869:
„Schießpulver-Fabriken, Anlagen zur Feuerwerkerei und zur Bereitung von Zündstoffen aller Art, Gasbereitungs- und Gasbewahrungs-Anstalten, Anstalten zur Destillation von Erd-Oel, Anlagen zur Bereitung von Braunkohlentheer, Steinkohlentheer und Koaks, sofern sie außerhalb der Gewinnungsorte des Materials errichtet werden, Glas- und Rußhütten, Kalk-, Ziegel- und Gips-Oefen (…).“

690 Koller, S. 55.

691 Sten. Ber. der II. Sitzung, S. 275 und III. Sitzung, S. 1069/1070; § 19 GewO 1869:

an die *„nächstvorgesetzte Behörde“* zulässig. Die weiteren Bestimmungen über das Verfahren in erster Instanz blieben den Behörden vorbehalten.[692]

Weiterhin kannte die GewO 1869 Gewerbe, die einer besonderen Genehmigung bedurften. Dies waren Approbationen für Apotheker, Ärzte aller Fachrichtungen sowie Geburtshelfer.[693] Unternehmer von Kranken-, Entbindungs- und Irrenanstalten mussten von der höheren Verwaltungsbehörde eine bestimmte Konzession vorweisen.[694] Ferner sah § 31 GewO 1869 Prüfungs- und Befähigungszeugnisse für Hebammen, Seeschiffer, Seesteuerleute und Lotsen vor. Schauspielunternehmer mussten zum Betrieb ihres Gewerbes ihre persönliche Zuverlässigkeit darlegen.[695] Auch für den Betrieb einer Gastwirtschaft oder Schankwirtschaft sowie für den Kleinhandel war eine besondere Erlaubnis erforderlich, die an persönliche Eigenschaften der Antragsteller geknüpft war.[696] So war für manche Gewerbe Voraussetzung, dass der Antragsteller nicht wegen eines Vergehens oder Verbrechens gegen die Sittlichkeit oder wegen Vermögens- und Eigentumsdelikten verurteilt worden war.[697]

„Einwendungen, welche auf besonderen privatrechtlichen Titeln beruhen, sind zur richterlichen Entscheidung zu verweisen, ohne daß von der Erledigung derselben die Genehmigung der Anlage abhängig gemacht wird.
Andere Einwendungen dagegen sind mit den Parteien vollständig zu erörtern. Nach Abschluß dieser Erörterung erfolgt die Prüfung und Entscheidung nach den im § 18 enthaltenen Vorschriften. Der Bescheid ist sowohl dem Unternehmer, als dem Widersprechenden zu eröffnen.“

692 In § 21 GewO 1869 wurden jedoch allgemeinverbindliche Grundsätze aufgestellt.

693 Laband, Bd. II, S. 461; Henning, Bd. 2, S. 63.

694 Grotefend, S. 51f.; Koller, S. 71; §§ 29, 30 GewO 1869. Einer Konzession bedürfen gewerbliche Anlagen,
welche für die Bewohner benachbarter Grundstücke oder für die Bevölkerung generell, zu erheblichen Nachteilen, Gefahren oder Belästigungen führen könnten (der Konzessionierung musste dabei ein Aufgebots bzw. kontradiktorisches Verfahren vorausgehen)
bei den Betrieb von Dampfkesseln.

695 Die Approbationen und Genehmigungen durften gemäß § 40 GewO 1869 weder auf Zeit oder unter Vorbehalt erteilt werden.

696 § 33 GewO 1869:
„Diese Erlaubnis ist nur dann zu versagen,
wenn gegen den Nachsuchenden Thatsachen vorliegen, welche die Annahme rechtfertigen, daß er das Gewerbe zur Förderung der Völlerei, des verbotenen Spiels, der Hehlerei oder der Unsittlichkeit mißbrauchen werde;
wenn das zum Betriebe des Gewerbes bestimmte Lokal wegen seiner Beschaffenheit oder Lage den polizeilichen Anforderung nicht genügt (...).“

697 Sten. Ber. der II. Sitzung, S. 377-386 und III. Sitzung, S. 1086-1090. § 35 GewO 1869:
„Die Ertheilung von Tanz-, Turn- und Schwimm-Unterricht als Gewerbe darf derjenigen untersagt werden, welche wegen Vergehen oder Verbrechen gegen die Sittlichkeit bestraft sind.
Der Handel mit gebrauchten Kleidern, gebrauchten Betten oder gebrauchter Wäsche, der Kleinhandel mit altem Metallgeräth oder Metallbruch (Trödel), oder mit Garnabfällen oder Dräumen von Seide, Wolle, Baumwolle oder Leinen, ferner das Geschäft eines Pfandleihers kann demjenigen untersagt werden, welcher wegen aus Gewinnsucht begangener Vergehen oder Verbrechen gegen das Eigenthum bestraft worden ist.

Für grundsätzlich freie Gewerbe bestimmte § 36 GewO 1869, dass *„die verfassungsmäßig dazu befugten Staats- oder Kommunalbehörden oder Korporationen“* Personen, die diese Gewerbe betreiben wollten, auf die bestehenden Vorschriften beeidigen mussten. Gewerbetreibende, die mit ihren Handlungen besondere rechtliche Wirkungen hervorriefen und deshalb eine besondere Glaubwürdigkeit genossen, waren bei Staats- oder Kommunalbehörden anzustellen.[698]

Wer die Befugnis zur Ausübung eines stehenden Gewerbes besaß, konnte in beliebiger Zahl Gesellen, Arbeiter und, soweit Vorschriften der GewO 1869 nichts anderes bestimmten, Lehrlinge beschäftigen. Grundsätzlich durften die Befugnisse zum stehenden Gewerbebetrieb auch durch einen Stellvertreter ausgeübt werden. Inwieweit bei Konzessionen eine Stellvertretung zulässig war, hatte gemäß § 47 GewO 1869 die konzessionserteilende Behörde zu entscheiden.

Wegen überwiegender Nachteile und Gefahren für das Gemeinwohl konnte jede gewerbliche Anlage durch die höhere Verwaltungsbehörde ohne Einhaltung einer Frist untersagt werden.[699]

(2) Gewerbebetrieb im Umherziehen

Wer keine gewerbliche Niederlassung begründete und trotzdem

1) „Waren irgend einer Art feilbietet,
2) Waren irgend einer Art bei anderen Personen, als bei Kaufleuten oder an anderen Orten, als in offenen Verkaufsstellen zum Wiederverkauf ankaufen,
3) Warenbestellungen aufsuchen, oder
4) gewerbliche oder künstlerische Leistungen oder Schaustellungen, bei welchen ein höheres wissenschaftliches oder Kunst-Interesse nicht obwaltet, feilbieten will“[700]

Das Geschäft eines Gesinde-Vermiethers kann demjenigen untersagt werden, welcher wegen aus Gewinnsucht begangener Vergehen oder Verbrechen gegen die Sittlichkeit bestraft worden ist.
Personen, welche die in diesem Paragraphen bezeichneten Gewerbe beginnen, haben bei Eröffnung ihres Gewerbebetriebes der zuständigen Behörde hiervon Anzeige zu machen.“

698 Simon, Bd. I, S. 329/ 330; Meyer, S. 404; Gemäß § 36 GewO 1869 zählten hierzu Feldmesser, Auktionatoren, diejenigen die den Feingehalt edler Metalle oder die Beschaffenheit, Menge oder richtige Verpackung von Waren feststellten, Güterbestätiger, Schaffner, Wäger, Messer, Bracker, Schauer, Stauer usw..

699 Sten. Ber. der II. Sitzung, S. 439-442 und III. Sitzung, S. 1093. Gegen die untersagende Verfügung war der Rekurs zulässig.

700 Roscher, Nationalökonomik, Bd. II, S. 37; Meyer, S. 415.

benötigte einen Legitimationsschein.[701] Der bildete gleichzeitig die Grundlage für die Besteuerung und die polizeiliche Konzessionierung.[702] Der Legitimationsschein war nicht nötig für Verkauf oder Ankauf roher Erzeugnisse der Land- und Forstwirtschaft sowie des Garten- und Obstbaues.[703] Grundsätzlich war einem Antragsteller, der das 21. Lebensjahr überschritten hatte und einen festen Wohnsitz in dem Gebiet des Norddeutschen Bundes besaß, der Legitimationsschein zu erteilen.[704] §§ 57, 59 GewO 1869 beinhaltete Ausnahmen von diesem Grundsatz, wenn ein solcher Legitimationsschein nicht erteilt werden konnte. Dies war zum Beispiel der Fall, wenn eine Person mit einer abschreckenden oder ansteckenden Krankheit behaftet war oder bei sonstigen Gründen, die die öffentliche Sicherheit gefährdeten.[705]

Der Legitimationsschein war nur für ein Kalenderjahr gültig. Dessen Erneuerung durfte aber nicht versagt werden, solange nicht einer der Versagungsgründe aus §§ 57, 59 GewO 1869 vorlagen. Der Inhaber war verpflichtet, den Legitima-

701 Der erste Entwurf für die GewO 1869 enthielt allerdings in Bezug auf die polizeiliche Erlaubnis, die Bezeichnung „Gewerbeschein“. Aufgrund des Bestrebens des Reichstages wurde dieser Teil des Entwurfes abgeändert in „Legitimationsschein“. Begründet wurde dies damit, dass die polizeiliche Bedeutung dieser Urkunde deutlicher herausgehoben werden soll. Mit der Novelle vom 1. Juli 1883 wurde dann aus dem „Legitimationsschein“ der „Wandergewerbeschein“.

702 Sten. Ber. der II. Sitzung, S. 691-697 und III. Sitzung, S. 1094. Bis zur Gewerbeordnungsnovelle vom 1. Juli 1883 hatte diese lediglich den Charakter einer Beglaubigung und durfte deshalb nicht verweigert werden. Ab der Novelle erfolgte einer Änderung der Gewerbeordnung dahingehend, dass die Legitimationskarte den Charakter einer polizeilichen Konzession annahm. Damit konnte die Erteilung der Legitimation an gewisse persönliche Eigenschaften geknüpft werden und bei deren Wegfall auch zurückgenommen werden. Meyer, S. 401; 9. Bericht der Gewerbekammer für das Großherzogthum Sachsen-Weimar-Eisenach für die Jahre 1895 und 1896, S. IX.

703 Koller, S. 98; Roscher, Nationalökonomik, Bd. II, S. 37; Meyer, S. 414; § 56 GewO 1869:
„Ausgeschlossen vom An- und Verkauf im Umherziehen sind:
geistige Getränke aller Art;
gebrauchte Kleider und Betten; Garnabfälle, Enden und Dräumen von Seide, Wolle, Leinen oder Baumwolle, Bruchgold uns Bruchsilber;
Spielkarten, Lotterielose, Staats- und sonstige Werthpapiere;
Arzneimittel, Gifte und giftige Stoffe (...).“

704 Grotefend, S. 151.

705 Roscher, Nationalökonomik, Bd. II, S. 35; Koller, S. 104. Gründe für eine Versagung waren gemäß § 57 GewO 1869:
wenn der Gewerbetreibende unter einer abschreckenden oder ansteckenden Krankheit leidete
er unter Polizeiaufsicht steht
wenn er wegen strafbaren Handlungen verurteilt worden war, so waren z.B. ausdrücklich genannt: Gewinnsucht, Eigentumsverletzung, Sittlichkeitsverletzung oder vorsätzlicher Angriffe auf das Leben oder die Gesundheit des Menschen und Brandstiftung
bei gewohnheitsmäßiger Arbeitsscheu, Bettelei, Landstreicherei oder Trunksucht.

tionsschein während der Ausübung seines Gewerbes bei sich zu führen und nach Aufforderung der zuständigen Behörde dieser vorzuzeigen.[706]

Der Gesetzgebung eines jeden Bundesstaates blieb es überlassen, den Kauf und Verkauf von einzelnen Gegenständen im Umherziehen zu untersagen oder zu gestatten.[707] Für Darbietungen in der Öffentlichkeit musste zudem noch die Ortspolizei ihre Erlaubnis erteilen.[708] Bei Grenzdistrikten musste anstatt der Genehmigung der höheren Verwaltungsbehörde, die der obersten Landesfinanzbehörde eingeholt werden.[709] Die Verbreitung von geistigen Getränken durfte grundsätzlich nur für einen räumlich und zeitlich begrenzten Raum erfolgen. Diese Beschränkungen wurden auf dem Legitimationsschein vermerkt. Letztendlich bestanden noch besondere Beschränkungen für den Betrieb von Druckschriften und so genannte Colportagen.[710] Als Gewerbe im Umherziehen galten auch die Wanderlager. Dies war ein vorübergehend in einem Geschäft stattfindender Verkauf von Waren von Personen, welche an dem betreffenden Orte weder einen Wohnsitz noch eine gewerbliche Niederlassung hatten.[711] Wanderauktionen und Wanderlotterien, mithin das Absetzen von Waren im Wege der Versteigerung oder des Glücksspiels, waren verboten. Ausnahmen konnten gemäß § 56c GewO 1869 von der zuständigen Verwaltungsbehörde erteilt werden. Auch das Mitführen von Begleitern war geregelt. Dieses wurde gestattet, soweit die Erlaubnis dazu im Gewerbeschein besonders vermerkt war.[712] Kinder durften unter 14 Jahren zu gewerblichen Zwecken nicht mitgeführt werden. Schulpflichtige Kinder durften gemäß § 62 GewO 1871 nur mitgeführt werden, wenn für deren Unterricht gesorgt war.[713]

(3) Marktverkehr

Auch nach der Gewerbeordnung des Norddeutschen Bundes von 1869 war jedem der Besuch von Messen, Jahr- und Wochenmärkten sowie der Kauf und Verkauf auf demselben gestattet. Über Verkaufsbeschränkungen für Ausländer als Erwiderung der im Ausland gegen Bundesangehörige angeordneten Be-

---

706 Erlaß an den königl. Regierungspräsidenten Herrn N. zu N. und abschriftlich an die übrigen Herren Regierungspräsidenten, königlichen Regierungen und Landdrosteien und an das königl. Polizeipräsidium hier, das Formular zu Legitimationsscheinen für Kaufleute etc. und deren Reisende betreffend, vom 20. Oktober 1878, S. 14. In: Ministerial-Blatt für die gesamte innere Verwaltung in den Königlich Preußischen Staaten, Jahrgang 1880.

707 Sten. Ber. der II. Sitzung, S. 719 und III. Sitzung, S. 1099; Henning, Bd. 2, S. 63. Roscher, Nationalökonomik, Bd. II, S. 34.

708 Laband, Bd. II, S. 461.

709 Vereinszollg. v. 1.7.1869; Meyer, S. 420.

710 Meyer, S. 419.

711 Roscher, Nationalökonomik, Bd. II, S. 38.

712 Koller, S. 111.

713 Grotefend, S. 187.

schränkungen hatte der Bundesrat zu entscheiden.[714] Die Zahl, Zeit und Dauer der Messen, Jahr- und Wochenmärkte wurde von der örtlich zuständigen Verwaltungsbehörde festgesetzt. Die GewO 1869 enthielt eine nicht abschließende Aufzählung der Gegenstände des Wochenmarktes. Eine genauere Bestimmung stand den jeweiligen örtlichen Verwaltungsbehörden zu. Hierbei sollte insbesondere Rücksicht auf die örtlichen Gepflogenheiten und Sitten genommen werden.[715] Wie in der GewO 1845, konnte die Ortspolizei im Einverständnis mit der Gemeindebehörde eine Marktordnung erlassen. Alle Beschränkungen des Verkehrs für unverkaufte Waren, wurden durch § 71 GewO 1869 aufgehoben.

d. Taxen

Die GewO 1869 wiederholte den Grundsatz der GewO 1845, wonach grundsätzlich keine Taxen mehr erlaubt waren. Wo diese noch bestanden, sollten sie binnen Jahresfrist aufgehoben werden. Wiederum gab es aber Einschränkungen für Bäcker und Verkäufer von Backwaren. Anders als in der GewO 1845 sollten für diese aber auch keine Taxen mehr möglich sein, sondern sie mussten die Preise und Gewichte ihrer Produkte für einen bestimmten Zeitraum gut sichtbar aushängen. Dieser Preisanschlag war kostenfrei mit dem polizeilichen Stempel zu versehen. Zugleich musste in einem Verkaufslokal für Backwaren eine Waage mit den zugehörigen Gewichten für die Kunden bereitgehalten werden.[716] Auch für die Gastwirte bestand die Verpflichtung, ihre Preise durch Aushänge bekannt zu geben.[717]

Die GewO 1869 kannte für einzelne Berufsgruppen weiterhin Taxen.[718] Für diese Berufsgruppen konnten von den zuständigen Behörden gemäß § 78 GewO 1869 auch Taxen eingeführt werden, wo diese bisher nicht bestanden. Die Taxen

---

714 Sten. Ber. der II. Sitzung, S. 473 und III. Sitzung, S. 1099.

715 § 66 GewO 1869:
„Gegenstände des Wochenmarktverkehrs sind:
rohe Naturerzeugnisse mit Ausschluß des höheren Viehs;
Fabrikate, deren Erzeugung mit der Land- und Forstwirthschaft, dem Garten- und Obstbau oder der Fischerei in unmittelbarer Verbindung steht, oder zu den Nebenbeschäftigungen der Landleute der Gegend gehört, oder durch Tagelöhnerarbeit bewirkt wird, mit Ausschluß der geistigen Getränke;
frische Lebensmittel aller Art (…).“

716 Sten. Ber. der II. Sitzung, S. 479 und III. Sitzung, S. 1099.

717 Meyer, S. 396/397.

718 Dies galt gemäß § 76 GewO 1869 für Personen, die auf öffentlichen Straßen und Plätzen ihre Dienste anboten, zum Beispiel für die Benutzung von Wagen, Pferden, Sänften, Gondeln und anderen Transportmitteln sowie für Schornsteinfeger. Auch für die in § 36 GewO 1869 genannten Gewerbe der Feldmesser, Auktionatoren, Schaffner, Wäger etc. konnten Taxen erlassen werden.

verstanden sich als Obergrenze und die Gewerbetreibenden waren deshalb berechtigt, die festgestellten Preise und Taxen zu ermäßigen.[719]

Die Überschreitung dieser festgesetzten Preise hatte keine strafrechtliche Wirkung, da § 148 Nr. 8 GewO 1869 nur die Preisüberschreitung für die von der Obrigkeit vorgeschriebenen Taxen unter Strafe stellte. Nach dem Regelwerk der GewO 1869 lagen hier jedoch keine Taxen vor, sondern es handelte sich nur um Preise. Das Besondere dabei war, dass sie zwar selbst vom Gewerbetreibenden festgesetzt werden konnten, aber der Anzeige und Genehmigung der Obrigkeit bedurften.

Daneben bestanden wieder behördliche Taxen.[720] So wurden das Straßengewerbe, die Schornsteinfeger, die Feldmesser, die Auktionatoren und Personen, welche den Feingehalt von Metallen oder die Beschaffenheit, Menge oder richtige Verpackung von Waren feststellen, durch Taxen geregelt. Die Taxen hatten privatrechtliche und strafrechtliche Bedeutung. Die privatrechtliche Bedeutung lag darin, dass sie Minimal- und Maximalsätze für die von den Gewerbetreibenden gebotenen Leistungen enthielten. Mithin konnte sich derjenige, welcher die Leistung in Anspruch nahm, darauf verlassen, niemals mehr zahlen zu müssen als in der Taxe verzeichnet war. Andererseits musste er aber den Preis aus der Taxe zahlen, wenn er nicht vorher mit den Gewerbetreibenden einen geringeren Preis ausgehandelt hatte. Die Überschreitung dieser Taxen war gemäß §§ 76-79 GewO 1869 mit Strafe bedroht.[721] Daneben bestanden Taxen noch für Ärzte und Apotheker.[722]

e. Innungen von Gewerbetreibenden

Die GewO 1869 unterschied, wie die GewO 1845 auch, zwischen bestehenden und neuen Innungen.[723] Gemäß § 81 GewO 1869 bestanden alle Innungen und Zünfte unverändert fort. Auch ihre Statuten blieben in Kraft. Sie unterlagen jedoch der Prüfung nach den Vorschriften der GewO 1869.[724] Fraglich war, ob die

---

719 Böhle, S. 72.
720 Koller, S. 118.
721 Meyer, S. 411.
722 § 80 GewO 1869:
„Die Taxen für die Apotheker können durch die Central-Behörden festgesetzt werden, Ermäßigungen derselben durch freie Vereinbarungen sind jedoch zulässig.
Die Bezahlung der approbirten Aerzte usw. (§ 29 Absatz 1) bleibt der Vereinbarung überlassen. Als Norm für streitige Fälle im Mangel einer Vereinbarung können jedoch für dieselben Taxen von den Central-Behörden festgesetzt werden."
723 Koller, S. 123.
724 § 81 GewO 1869:

Innungen mehr den Charakter reiner Privatvereine hatten oder ob denselben auch gewisse öffentliche Befugnisse gewährt werden sollten. Unbedingt wollte man erreichen, dass das zum Teil recht stattliche Vermögen der Innungen auch weiterhin den gemeinnützigen gewerblichen Zwecken zur Verfügung stand.

Jedes Innungsmitglied konnte wie auch in der GewO 1845 jederzeit ausscheiden und sein Gewerbe nach Austritt unverändert fortsetzen. Der Ausgeschiedene verlor alle Ansprüche an dem Zunftvermögen sowie gegenüber den Nebenkassen. Im Vergleich zur GewO 1845 bestanden nach § 83 GewO 1869 jetzt leicht modifizierte Ausschlussgründe. Danach wurden diejenigen von einer Innung ausgeschlossen,

1) „welche die bürgerliche Ehre verloren haben,
2) welchen die Ausübung der bürgerlichen Ehrenrechte auf Zeit untersagt ist,
3) welche sich in Konkurs befinden.“[725]

Bis auf diese Gründe und bei Erfüllung der in dem Statut vorgeschriebenen Bedingungen durfte keinem Gewerbetreibenden, die Mitgliedschaft in einer Innung versagt werden. Als Bedingung konnte jetzt auch wieder eine Prüfung von den Innungen vorgeschrieben werden. Für den Nachweis genügten auch Zeugnisse über Prüfungen, die bereits vor Behörden und Kommissionen abgeleistet wurden. Auch konnte die Ablegung einer Prüfung nicht gefordert werden, wenn der Betroffene bereits mindestens ein Jahr lang ein Gewerbe selbständig betrieb.[726]

Die Innungen konnten Antrittsgelder von neuen Mitgliedern fordern. Diese mussten für alle Genossen gleich sein. Wenn das Antrittsgeld mehr als fünf Taler betragen sollte, bedurfte dies der Zustimmung der höheren Verwaltungsbe-

---

„Alle zur Zeit gesetzlich bestehenden Korporationen von Gewerbetreibenden (Innungen, Zünfte) dauern fort. Ihre Statuten (Innungs-Artikel, Zunft-Artikel) bleiben in Kraft, soweit sie nicht durch die Vorschriften dieses Gesetzes oder nach Maßgabe der Bestimmung im § 92 abgeändert werden.“

725 Sten. Ber. der II. Sitzung, S. 483/484 und III. Sitzung, S. 1100.

726 § 84 GewO 1869:
„Bedarf es zu diesem Zwecke der Ablegung einer Prüfung, so ist dieselbe auf den Nachweis der Befähigung zur selbstständigen Ausführung der gewöhnlichen Arbeiten des Gewerbes zu richten. Die deshalb zu lösenden Aufgaben, sowie der zur Bestreitung der Prüfungskosten von dem zu Prüfenden zu zahlenden Betrag werden von der Innung bestimmt. Bevorzugungen sind dabei nicht statthaft.
Die Prüfungszeugnisse der für einzelne Gewerbe angeordneten besonderen Prüfungs-Behörden und der bisher zur Abnahme von Prüfungen befugt gewesenen Kommissionen sind ein genügender Nachweis der Befähigung zum Betriebe der Gewerbe, über welche sie ausgestellt sind (...).“

hörde.[727] Der Beitritt zu einer Innung schloss die Befugnis nicht aus, auch Mitglied anderer Innungen zu werden. Die Innung wurde sowohl gerichtlich als auch außergerichtlich von dem Vorstand vertreten. Per Statut konnte hiervon zu Gunsten eines oder mehrerer Mitglieder abgewichen werden.[728]

Bei Verträgen über die Erwerbung, Veräußerung oder Verpfändung von unbeweglichen Sachen und über Darlehen, bedurfte die Innung der Genehmigung der Gemeindebehörde. Diese durfte gemäß § 89 GewO 1869 nicht versagt werden, wenn nachgewiesen war, dass die Erfüllung bestehender Verpflichtungen der Innung gesichert war. Auch Zahlungen aus dem Innungsvermögen zu Gunsten von Mitgliedern durften nur erfolgen, wenn diese ausdrücklich auf den Vorschriften des Statuts beruhten.[729]

Änderungen des Statutes konnten durch Mehrheitsbeschluss gemäß § 93 GewO 1869 der anwesenden Mitglieder beschlossen werden. Der Beschluss entfaltete jedoch keine unmittelbare Rechtswirkung, da er noch der Genehmigung der höheren Verwaltungsbehörde bedurfte. Diese Genehmigung durfte jedoch nicht versagt werden, wenn nachgewiesen war, dass die Verbindlichkeiten sowie weitere Verpflichtungen von der Innung erfüllt werden konnten.[730] Ihre Auflösung konnte die Innung mit absoluter Mehrheit beschließen. Auch dieser Beschluss bedurfte wiederum der Zustimmung der höheren Verwaltungsbehörde.[731] Löste sich eine Innung auf, so musste ihr Vermögen zunächst zur Begleichung ihrer Schulden verwendet werden. Wenn das Vermögen einer Innung bisher für Unterrichtsanstalten verwendet wurde oder zu anderen öffentlichen Zwecken bestimmt war, so durfte es auch in Zukunft diesen Zwecken nicht entzogen werden. Hierüber hatte im Falle der Auflösung der Innung die Gemeinde zu achten. Wenn darüber hinaus noch Vermögen vorhanden war, welches aus den Beiträgen der bisherigen Mitglieder entstanden war, so konnte dieses unter den verbleibenden Mitgliedern aufgeteilt werden.[732] Der höheren Verwaltungsbehörde

---

727 Koller, S. 127.

728 § 88 GewO 1869:
„Die Legitimation desselben wird durch eine amtliche Bescheinigung der Gemeinde-Behörde über seine Eigenschaft als solcher geführt. Die Befugniß zur Vertretung erstreckt sich auch auf diejenigen Geschäfte und Rechtshandlungen, für welche nach den Gesetzen eine Spezial-Vollmacht erforderlich ist (…).“

729 Für Zehrung duften solche Zahlungen niemals geleistet werden, vgl. § 90 GewO 1869.

730 Sten. Ber. der II. Sitzung, S. 493-499 und III. Sitzung, S. 1101.

731 Auch hier musste feststehen, dass die Schulden der Innung bezahlt waren sowie sonstige Verbindlichkeiten getilgt wurden.

732 § 94 GewO 1869:
„Der Rest des Vermögens wird, sofern in dem Statut oder in den Landesgesetzen nicht ein Anderes ausdrücklich bestimmt ist, der Gemeinde, in welcher die aufgelöste Innung ihren Sitz hatte, zur Benutzung für gewerbliche Zwecke überwiesen.

stand die Befugnis zu, bisherigen Innungseinrichtungen, wie zum Beispiel den Unterrichtsanstalten, Hilfskassen oder anderen Instituten zu öffentlichen Zwecken, nach der Auflösung der Innung diesen eigene Korporationsrechte zu erteilen. Bei Innungsversammlungen, die eine Abänderung des Statuts oder die Auflösung der Innung zum Gegenstand hatten, musste der Abstimmung ein Mitglied der Gemeindebehörde beiwohnen.

Um eine einheitliche Aufsicht und Überwachung der Innungen sicherzustellen, bestimmte § 96 GewO 1869, dass alle Gesetze oder Innungsstatuten, durch welche der Gemeindebehörde in Innungsangelegenheiten bisher eine größere Befugnisse als durch dieses Gesetz zugewiesen wurden, außer Kraft traten.

Weiterhin beinhaltete die GewO 1869 noch Regelungen zu neuen Innungen. Dies waren Innungen, die nach dem Erlass der GewO 1869 gegründet wurden. Danach konnten selbständige Gewerbetreibende, die gleiche oder verwandte Gewerbe betrieben, zu einer Innung zusammentreten. Neue Innungen erlangten gemäß § 97 GewO 1869 durch die Bestätigung ihrer Statuten die Rechte einer Korporation. Der Zweck dieser neu gegründeten Innungen hatte sich lediglich auf die Förderung gemeinsamer gewerblicher Interessen zu beziehen.[733] Die Genehmigung der Innungsstatuten erfolgte gemäß § 99 GewO 1869 durch die höhere Verwaltungsbehörde. In dem Statut waren gemäß § 100 GewO 1869 die Bedingungen der Aufnahme in die Innung, die Rechte und Pflichten der Mitglieder, der Maßstab nach welchem laufende Beiträge von den Innungsmitgliedern erhoben wurden sowie die besonderen Folgen, die an die unterlassene Zahlung derselben anknüpften, die Art der Zusammensetzung des Vorstandes sowie die Verwaltung der Innung zu regeln. Jede Innung musste einen Vorstand haben. Dessen Mitglieder waren in einer Innungsversammlung zu wählen.[734] Darüber hinaus fanden auch die Regelungen der GewO 1869 über die alten Innungen auf die neuen Innungen Anwendung.[735]

Korporationen von Kaufleuten, denen bisher eine ausschließliche Gewerbebefugnis nicht zustand, unterlagen nicht den Vorschriften über Innungen der GewO 1869.

Entstehen aus den vorstehenden Bestimmungen Differenzen zwischen der Ortsgemeinde und der Innung, so steht die Entscheidung darüber der höheren Verwaltungs-Behörde zu."

733 Koller, S. 133.

734 § 102 GewO 1869:
„Die Höhe und die Verwendung der Beiträge, sowie die Verwaltung des Etats-, Kassen- und Rechnungswesens, wird durch Beschlüsse der Innung geordnet."

735 Koller, S. 135; § 103 GewO 1869:
„Die Bestimmungen in den §§ 82-96 finden auch auf neue Innungen Anwendung."

Aufsichtsbehörde über die Innungen war gemäß § 95 GewO 1869 die Gemeindebehörde. Sie entschied über Streitigkeiten, die die Aufnahme und Ausschließung von Innungsmitgliedern betrafen, über die Wahl und über die Rechte und Pflichten der Vorstände. Gegen die Entscheidung der Gemeindebehörde konnten die Betroffenen Rekurs an die höhere Verwaltungsbehörde einlegen.[736]

Die Regierungsvorlage für die Gewerbeordnung von 1869 war bestrebt, den Innungen öffentliche Befugnisse zu gewähren, obwohl ein besonderes Interesse am Fortbestand der Innungen auf Regierungsseite kaum zu erkennen war.[737] Noch ein geringeres Interesse am Fortbestand der Innungen war im Reichstag zu erkennen. Dieser nahm an der Regierungsvorlage noch wesentliche Abschwächungen vor. So wurde eine genauere Formulierung des Innungszwecks gestrichen. Eine in Aussicht genommene Beitreibung der Innungsbeiträge und von Innungsstrafen im Wege eines Verwaltungsverfahrens wurde ebenfalls gestrichen. Im Vergleich mit den Normen der allgemeinen Gewerbeordnung, enthielt GewO 1869 deshalb nur wenige und ziemlich dürftige Vorschriften über die Rechtsverhältnisse der Innungen.[738]

f. Gewerbegehilfen, Gesellen, Lehrlinge und Fabrikarbeiter

Die Festsetzung der Verhältnisse zwischen den selbständigen Gewerbetreibenden und ihren Gesellen, Gehilfen und Lehrligen bestand lediglich aufgrund freier Übereinkunft. Mit diesem Grundsatz verband § 105 GewO 1869 ein Verbot der Sonn- und Feiertagsarbeit. Die Verhinderung der Ausbeutung und der Arbeitsschutz sollten mehr Gewicht in der GewO 1869 bekommen als dies bisher in der allgemeinen Gewerbeordnung und der VerO 1849 der Fall war. In der GewO 1869 waren deshalb zahlreiche Vorschriften über das Arbeitsverhältnis enthalten, welche zum Teil privatrechtlichen oder zum Teil öffentlich rechtlichen Charakter hatten. In diesen Paragraphen war auch der Arbeiterschutz normiert.[739] So hatte die zuständige Behörde auch darauf zu achten, dass bei der Beschäftigung von Lehrlingen Rücksicht auf Gesundheit und Sittlichkeit genommen wurde sowie dem Besuch von Schul- und Religionsunterricht Vorrang eingeräumt wurde. Per Ortstatut konnten Gesellen, Gehilfen und Lehrlinge dazu verpflichtet werden, bis zu ihrem 18. Lebensjahr Fortbildungsschulen zu besuchen.[740] Weiterhin war jeder Unternehmer gemäß § 107 GewO 1869 verpflichtet, seine betrieblichen Einrichtungen so abzusichern, dass keinem Arbeiter eine

736 Sten. Ber. der II. Sitzung, S. 500 und III. Sitzung, S. 1102. Hierzu sah das Gesetz eine präklusive Frist von vier Wochen vor.

737 Meyer, S. 425.

738 Titel VI, §§ 81-104g GewO 1869.

739 Marcinowski, Die Deutsche Gewerbeordnung für die Praxis, S. 436.

740 John, S. 266; Steinbeis, Das Gewerbliche Fortbildungswesen, S. 21 f.

Gefahr für Leben und Gesundheit drohte. § 108 GewO 1869 sah besondere Behörden zur Entscheidung von Streitigkeiten zwischen den Gewerbetreibenden und seinen Beschäftigten vor.[741] Wenn diese nicht existierten, so hatte die Gemeindebehörde hierüber zu entscheiden. Gegen die Entscheidung der Gemeindebehörde stand den Beteiligten binnen 10 Tagen die Berufung auf dem Rechtsweg zu.[742] Die Gemeindebehörde hatte per Ortsstatut ihre gerichtliche Aufgabe auf ein Schiedsgericht zu übertragen.[743] Diese Schiedsgerichte waren zu gleichen Teilen von Arbeitnehmern und Arbeitgebern zu bilden.

Die Gesellen und Gehilfen waren gemäß § 109 GewO 1869 verpflichtet, den Anordnungen der Arbeitgeber Folge zu leisten. Häusliche Arbeiten mussten sie nicht verrichten. Mit einer Frist von vierzehn Tagen konnten beide Parteien das Arbeitsverhältnis beenden. § 111 GewO 1869 kannte darüber hinaus noch fristlose Kündigungsgründe bei Verfehlungen der Gesellen und Gehilfen.[744] Aber auch den Gesellen und Gehilfen stand die fristlose Kündigung bei gesetzlich normierten Gründen zu.[745] Bei Beendigung des Arbeitsverhältnisses hatten die

---

741 § 108 GewO 1869:
„Streitigkeiten der selbstständigen Gewerbetreibenden mit ihren Gesellen, Gehülfen oder Lehrlingen, die sich auf den Antritt, die auf die gegenseitigen Leistungen während der Dauer desselben oder auf die Ertheilung oder den Inhalt der in den §§ 113 und 124 erwähnten Zeugnisse beziehen, sind, soweit für diese Angelegenheiten besondere Behörden bestehen, bei diesen zur Entscheidung zu bringen (…).“

742 Grotefend, S. 211; Jacobi, Ueber Fabrikgesetzgebung, Schiedsgerichte und Einigungsämter, S. 118.

743 Cirkular-Erlaß an sämmtliche Königliche Regierungen und Landdrosteien, betreffend die Einrichtung von Schiedsgerichten zur Schlichtung von Streitigkeiten zwischen Arbeitgebern und Arbeitern vom 4. Oktober 1870, S. 282 in: Ministerial-Blatt für die gesamte innere Verwaltung in den Königlich Preußischen Staaten, Jahrgang 1870.

744 Koller, S. 143; § 111 GewO 1869:
„Vor Ablauf der vertragsmäßigen Arbeitszeit und ohne vorherangegangene Ankündigung können Gesellen und Gehülfen entlassen werden:
wenn sie eines Diebstahls, einer Veruntreuung, oder eines liederlichen Lebenswandels sich schuldig machen;
wenn sie den in Gemäßheit des Arbeitsvertrages ihnen obliegenden Verpflichtungen nachzukommen beharrlich verweigern;
wenn sie, der Verwarnung ungeachtet, mit Feuer und Licht unvorsichtig umgehen;
wenn sie sich Thätlichkeiten oder grobe Ehrverletzungen gegen den Arbeitgeber oder die Mitglieder seiner Familie zu Schulden kommen lassen;
wenn sie mit den Mitgliedern der Familie des Arbeitgebers verdächtigen Umgang pflegen, oder Mitarbeiter zu Handlungen verleiten, welche wider die Gesetze oder wider die guten Sitten verstoßen;
wenn sie zur Fortsetzung der Arbeit unfähig geworden, oder mit einer abschreckenden Krankheit behaftet sind (…).“

745 § 112 GewO 1869:
„Die Gesellen und Gehülfen können die Arbeit vor Ablauf der vertragsmäßigen Zeit und ohne vorhergegangene Aufkündigung verlassen:
wenn sie zur Fortsetzung der Arbeit unfähig werden;

Gesellen und Gehilfen einen Anspruch auf ein Zeugnis. Dieses konnten sie kostenfrei bei der Gemeindebehörde beglaubigen lassen. Weiterhin wurde die bis dahin bestehende gesetzliche Verpflichtung zur Führung von Arbeitsbüchern aufgehoben.[746] Wie bereits in der GewO 1845 bestand auch keine Verpflichtung der Gesellen mehr zum Wandern. Sie hatten deshalb auch keinen Anspruch auf Unterstützung gegenüber ihren Erwerbsgenossen. Gesellen und Gehilfen konnten gemäß § 114 GewO 1869 frei ihren Meister oder Arbeitgeber wählen.

Lehrling war nach § 115 GewO 1869 derjenige, der bei einem Lehrherrn zur Erlernung eines Gewerbes eintrat, gleich ob er dafür ein Lehrgeld zahlen musste, ob unentgeltliche Hilfsleistungen erbracht wurden oder ob für die Arbeit ein Lohn gezahlt wurde.[747] Von der Befugnis Lehrlinge auszubilden, waren diejenigen Gewerbetreibenden ausgeschlossen, die wegen eines politischen Verbrechens oder Vergehens die staatsbürgerlichen Rechte aberkannt bekommen hatten und die wegen Diebstahls oder Betruges rechtskräftig verurteilt wurden.[748] Ansonsten wurden für die Pflichten des Lehrherrn die gleichen Bestimmungen getroffen, wie in der GewO 1845. § 119 GewO 1869 und auch die spätere Reichsgewerbeordnung enthielten aber ein Züchtigungsrecht des Lehrherrn.[749] Wenn ein Lehrling sich einer Tat oder Handlung nach § 111 GewO 1869 schuldig gemacht hatte, so konnte der Lehrherr das Lehrverhältnis fristlos beenden. Wie bereits in der GewO 1845 musste der Lehrling dem Lehrherrn noch ein halbes Jahr lang nach Beendigung des Lehrverhältnisses das Lehrgeld zahlen.[750]

Anderseits konnte das Lehrverhältnis auch durch den Lehrling aufgehoben werden, wenn der Lehrherr seine Pflichten grob vernachlässigte oder das Recht der

---

wenn der Arbeitgeber sich Thätlichkeiten oder grobe Ehrverletzungen gegen sie oder Mitglieder ihrer Familie zu Schulden kommen läßt;
wenn er oder dessen Angehörige, sie oder ihre Angehörigen zu Handlungen verleiten, welche wider die Gesetze oder wider die guten Sitten laufen;
wenn er ihnen nicht den schuldigen Lohn in der bedungenen Weise auszahlt, bei Stücklohn nicht für ihre ausreichende Beschäftigung sorgt, oder wenn er sich widerrechtlicher Uebervortheilungen gegen sie schuldig macht;
wenn bei Fortsetzung der Arbeit ihr Leben oder ihre Gesundheit einer erweislichen Gefahr ausgesetzt sein würde, welche bei Eingehung des Arbeitsvertrages nicht zu erkennen war."

746 Sten. Ber. der II. Sitzung, S. 620-621 und III. Sitzung, S. 1104.

747 Koller, S. 147; Koeppen, Die Reform des Lehrlingswesen, S. 45

748 § 117 GewO 1869:
„Ein Gewerbetreibender, welcher von der Befugniß, Lehrlinge zu halten, ausgeschlossen war, durfte auch die bereits angenommenen Lehrling nicht mehr behalten. Die Entlassung unbefugt angenommener oder beibehaltener Lehrlinge kann im Wege der polizeilichen Exekution erzwungen werden."

749 § 119 GewO 1869: Lehrling ist der väterlichen Zucht des Lehrherrn unterworfen und in Abwesenheit des Lehrherrn auch demselben vertretenden Gesellen oder Gehülfen zur Folgsamkeit verpflichtet.

750 § 120 GewO 1869; Sten. Ber. der II. Sitzung, S. 626/627 und III. Sitzung, S. 1104.

väterlichen Zucht missbrauchte.[751] Dem Lehrling stand es aber auch gegen den Willen des Lehrherrn frei, das Lehrverhältnis vorzeitig zu beenden um eine anderen Beruf zu erlernen. Gemäß § 124 GewO 1869 konnte der Lehrling bei Auflösung des Lehrverhältnisses ein Zeugnis verlangen, welches sich über die Dauer der Lehrzeit, den darin erworbenen Kenntnissen und Fähigkeiten sowie sein Betragen gegenüber dem Lehrherrn erstrecken musste. Erstmals wurde ausdrücklich bestimmt, dass für die Aufnahme und die Entlassung von Lehrlingen keine Gebühren erhoben werden durften.[752]

Die vorgenannten Bestimmungen fanden auf Gesellen und Gehilfen von Apothekern, Kaufleuten und Werkmeistern in Fabriken keine Anwendung. Zur Anwendung sollten jedoch die Regelungen über Lehrlinge kommen.[753]

Erstmals gesondert von den übrigen gewerblichen Arbeitern ging die GewO 1869 auf die Verhältnisse der Fabrikarbeiter ein. Danach sollten gemäß § 127 GewO 1869 die Bestimmungen der §§ 105 bis 114 GewO 1869 auf Fabrikarbeiter Anwendung finden. Weiterhin wurde der Schutz der Kinder jetzt gesetzlich normiert. Kinder bis zu einem Alter von 12 Jahren war die Arbeit in Fabriken verboten. Kinder im Alter bis zu 14 Jahren durften nur in Fabriken arbeiten, wenn zugleich deren Schulbesuch mit mindestens drei Stunden täglich abgesichert war.[754] Die dafür zuständigen Schulen bestimmte die höhere Verwaltungsbehörde. Auch für Jugendliche bis 16 Jahren sah § 128 GewO 1869 Einschränkungen vor. So war deren Arbeitszeit ebenfalls zu begrenzen, wenn diese noch schulpflichtig waren. Auch die Pausenzeiten wurden jetzt in der GewO 1869 normiert.[755] Ein Gewerbetreibender der jugendliche Arbeiter beschäftigte, muss-

---

751 Koller, S. 151; § 121 GewO 1869:
„Wider den Willen des Lehrherrn kann das Verhältnis vor Ablauf der Lehrzeit aufgehoben werden, wenn der Lehrherr die ihm nach § 118 obliegenden Verpflichtungen gröblich vernachlässigt oder das Recht der väterlichen Zucht mißbraucht.
Fällt diese Entscheidung hierüber gegen den Lehrherrn aus (§ 108), so kann derselbe zur Erstattung der durch die anderweitige Unterbringung des Lehrlings entstehenden Mehrkosten im Rechtswege angehalten werden. Letzteres gilt auch von dem Falle, wenn dem Lehrherrn die Befugniß, Lehrlinge zu halten entzogen wird (§ 117).“

752 Grotefend, S. 189.

753 § 126 GewO 1869:
„Die Bestimmungen der §§ 105 bis 115 und 118 bis 125 finden, jedoch soviel die Lehrlinge betrifft, mit Ausnahme des § 106 Abs. 2, auf die Gehülfen und Lehrlinge der Apotheker und Kaufleute, ingleichen auf die Werkmeister in Fabriken, keine Anwendung. Die Verhältnisse derselben zu ihren Lehrherrn und Arbeitgebern sind fernerhin nach den bisherigen Vorschriften zu beurtheilen.“

754 Kulischer, S. 485.

755 § 129 GewO 1869:
„Zwischen den Arbeitsstunden muß den jugendlichen Arbeitern (§ 128) Vor- und Nachmittags eine Pause von einer halben Stunde und Mittags eine ganze Freistunde, und zwar jedesmal auch Bewegung in der freien Luft gewährt werden.

te deren Anzahl der Ortspolizei halbjährlich melden. Der Arbeitgeber führte über die beschäftigten Jugendlichen gemäß § 130 GewO 1869 ein Verzeichnis, das in der Arbeitsstätte auszuhängen war. Die Beschäftigung von jugendlichen Arbeitern durfte nur mit Zustimmung des Vaters oder des Vormundes erfolgen.[756] Dazu musste ein Arbeitsbuch für jeden jugendlichen Beschäftigten von dem Arbeitgeber geführt und verwahrt werden.[757] Am Ende des Arbeitsverhältnisses war das Arbeitsbuch dem Vater oder dem Vormund zu übergeben. Die Überprüfung der vorgenannten Vorschriften unterlag einer strengen Aufsicht von eigenen Beamten.

Die Arbeitgeber waren verpflichtet, die erwirtschafteten Löhne in Geld auszuzahlen. Eine Entlohnung durch hergestellte Waren war gemäß § 134 GewO 1869 verboten. Dagegen durften den Arbeitern die Kosten für Wohnung, Feuerungsbedarf, Landnutzung, regelmäßige Verköstigung, Arzneien, ärztliche Hilfe, etc. angerechnet und vom Lohn abgezogen werden.[758] Unter Fabrikarbeiter in diesem Sinne wurden auch Arbeiter verstanden, die zwar außerhalb der Fabriken arbeiteten, aber Zuarbeiten für den Gewerbebetrieb leisteten, indem sie zum Beispiel Halbfabrikate herstellten. Alle Verträge die diesen Regelungen zuwiderliefen oder einen anderen Inhalt hatten, waren gemäß § 138 GewO 1869 nichtig.[759] Dies galt auch für Verabredungen zwischen Fabrikarbeitern und Angestellten über die Verwendung des Verdienstes. Wenn Arbeitgeber trotzdem Arbeiter mit Waren bezahlt hatten und jetzt auf Zahlung des baren Lohnes in Anspruch genommen wurden, konnten sie nicht mehr die Waren zurückverlangen. Auch die Anrechnung zukünftiger Löhne war untersagt.

Die Arbeitsstunden dürfen nicht von 5.30 Uhr Morgens beginnen und nicht über 8.30 Uhr Abends dauern.
An Sonn- und Feiertagen, sowie während der von dem ordentlichen Seelsorger für den Katechumenen- und Konfirmanden-Unterricht bestimmten Stunden dürfen jugendliche Arbeiter nicht beschäftigt werden."

756 Grotefend, S. 188.

757 § 131 GewO 1869:
„Dieses Arbeitsbuch, welchen die §§ 128-133 des gegenwärtigen Gesetzes vorzudrucken sind, wird auf den Antrag des Vaters oder Vormundes des jugendlichen Arbeiters von der Ortspolizeibehörde ertheilt und enthält:
Namen, Tag und Jahr der Geburt, Religion des Arbeiters,
Namen, Stand und Wohnort des Vaters oder Vormundes,
ein Zeugniß über den bisherigen Schulbesuch,
eine Rubrik für die bestehenden Schulverhältnisse,
eine Rubrik für die Bezeichnung des Eintritts in die Anstalt,
eine Rubrik für den Austritt aus derselben,
eine Rubrik für die Revisionen (…)."

758 Koller, S. 161.

759 Sten. Ber. der II. Sitzung, S. 690 und III. Sitzung, S. 1106.

Dagegen gingen Lohnansprüche oder sonstige Forderungen gegenüber dem Arbeitgeber auf die Kranken-, Sterbe-, Spar- oder ähnliche Hilfskasse über.[760] Das gewerbliche Hilfskassenwesen war durch die Gewerbeordnung nicht berührt worden. Die bestehenden Landesgesetze sollten zunächst fortgelten.[761] Zunächst wurde durch die GewO 1845 den Gemeinden und den höheren Verwaltungsbehörden die Befugnis erteilt, zum einen die selbständigen Gewerbetreibenden und zum anderen auch das gesamte gewerbliche Hilfspersonal zur Bildung von Hilfskassen und zum Eintritt in dieselben zwangsweise anzuhalten.[762] Durch die GewO 1869 wurde diese Verpflichtung für selbständige Gewerbetreibende zur Teilnahme an einer Kranken-, Hilfs- oder Sterbekasse aufgehoben. Darüber hinaus wurde an den Verhältnissen durch die GewO 1869 nichts geändert. Neue Kassen konnten mit Zustimmung der höheren Verwaltungsbehörde gemäß § 140 GewO 1869 begründet werden und erhielten die Rechte einer juristischen Person.

In § 141 GewO 1869 wurde jedoch bereits der Erlass von einem Bundesgesetz angekündigt.[763] Die GewO 1869 beseitigte die Verpflichtung zum Beitritt in die Hilfskassen nur für die selbständigen Gewerbetreibenden. Bis dahin sollten die Landesgesetze über Kranken-, Hilfs- und Sterbekassen für Gesellen, Gehilfen und Fabrikarbeiter in Kraft bleiben.[764] Die durch Ortsstatut oder Verwaltungsanordnung bestehende Verpflichtung für Gesellen, Gehilfen, Lehrlinge und Fabrikarbeiter einer Kranken-, Hilfs- oder Sterbekassen beizutreten, wurde durch § 141 GewO 1869 nicht aufgehoben. Lediglich der Wechsel in eine andere Kasse war erlaubt.

Ortsstatute, die mit der GewO 1869 in Widerspruch standen, konnten von der Zentralbehörde außer Kraft gesetzt werden. Ansonsten konnten Ortsstatute gemäß § 142 GewO 1869 auch weiterhin gewerbliche Gegenstände rechtsverbindlich regeln.[765]

---

760 § 139 GewO 1869.

761 Erst durch das Gesetz vom 8. April 1876 und dem Gesetz vom 7. April 1876 welches für die eingeschriebenen Hilfskassen galt, wurden die Hilfskassen Bundes- bzw. Reichseinheitlich geregelt. Meyer, S. 380; Marcinowski, S. 609.

762 Grotefend, S. 205.

763 Durch die schon bald erfolgende Sozialgesetzgebung Bismarcks, insbesondere durch das Krankenversicherungsgesetz, hatte diese Bestimmungen ihre Bedeutung verloren.
§ 87 Abs. 2 des Krankenversicherungsgesetzes vom 15. Juni 1876.

764 Koller, S. 164.

765 § 142 GewO 1869:
„Ortsstatuten können die ihnen durch das Gesetz überwiesenen gewerblichen Gegenstände mit verbindlicher Kraft ordnen. Dieselben werden, nach Anhörung betheiligter Gewerbetreibender, auf Grund eines Gemeindebeschlusses abgefasst. Sie bedürfen der Genehmigung der höheren Verwaltungsbehörde. Die Zentralbehörde ist befugt, Ortsstatuten, welche mit den Gesetzen im Widerspruch stehen außer Kraft zu setzen“.

g. Strafbestimmungen

Die Berechtigung zum Gewerbebetrieb konnte gemäß § 143 GewO 1869 weder durch richterliche Entscheidung noch durch einen Verwaltungsakt entzogen werden. Lediglich eine Konzessionsentziehung oder Gewerbeuntersagung nach §§ 15 Abs. 2, 35 GewO 1869 war möglich. Hiervon blieben steuerliche Regelungen unberührt. Auch landesgesetzliche Regelungen konnten weiterhin die Befugnis zum selbständigen Gewerbebetrieb enthalten. Dies war insbesondere der Fall, wenn persönliche Verfehlungen vorlagen.[766]

Die in der GewO 1869 festgelegten Strafen verjährten binnen drei Monaten von dem Tage an gerechnet, an welchem sie begangen wurden. Im Übrigen waren gemäß § 145 GewO 1869 die Bestimmungen der Landesgesetze maßgebend. Weiterhin enthielten die §§ 146-149 GewO 1869 eine Aufzählung von Delikten, die mit einer Geldstrafe von 10 bis 500 Talern zu bestrafen waren.[767] Im Unvermögensfalle konnte eine verhältnismäßige Freiheitsstrafe verhängt werden. Weiterhin konnte dem Arbeitgeber bei Verstößen gegen die Vorschriften über Jugendarbeit, es untersagt werden, in Zukunft zeitweise oder dauerhaft Jugendliche zu beschäftigten.

Unter Strafe stand weiterhin die Verabredung und Vereinigung von gewerblichen Gehilfen, Gesellen oder Fabrikarbeiter zwecks Erlangung günstigerer Lohn- und Arbeitsbedingungen, insbesondere durch Anwendung körperlichen Zwangs, durch Drohungen, durch Ehrverletzung oder durch Verrufserklärung. Jedoch wurde es den Teilnehmern ermöglicht, durch Rücktritt von solchen Vereinigungen und Verabredungen straffrei zurückzutreten.[768]

Wer jedoch gemäß § 153 GewO 1869 an solchen Verabredungen teilnahm, ihm Folge leistete oder durch gleiche Mittel verhinderte oder zu verhindern versuchte, dass andere von solchen Verabredungen zurücktreten, konnte mit Gefängnis

---

766 Grotefend, S. 140; Nur die Bestimmungen der Landesgesetze über Verbote zur Herausgabe von Druckschriften und zum Vertrieb derselben innerhalb des Norddeutschen Bundes, wurden hierdurch nicht aufgehoben. § 144 GewO 1869:
„Inwiefern, abgesehen von den Vorschriften über die Entziehung des Gewerbebetriebes (§ 143), Zuwiderhandlungen der Gewerbetreibenden gegen ihre Berufspflichten außer den in diesem Gesetz erwähnten Fällen einer Strafe unterliegen, ist nach den darüber bestehenden Gesetzen zu beurtheilen.
Jedoch werden aufgehoben die für Medizinalpersonen bestehenden besonderen Bestimmungen, welche ihnen unter Androhung von Strafen einen Zwang zu ärztlichen Hülfe auferlegen."

767 Grotefend, S. 50.

768 Koller, S. 190; Reininghaus, Gesellengilden, S. 55.

von bis zu drei Monaten bestraft werden. Eine höhere Strafe war aber ebenfalls noch möglich, wenn das Strafgesetz dies vorsah.[769]
Die GewO 1869 fand zum Teil auch Anwendung auf die Besitzer und Arbeiter von Bergwerken, Aufbereitungsanstalten und unterirdisch betriebenen Brüchen oder Gruben.[770] Strafbestimmungen für diese Arbeiter, die wegen Ungehorsam, der beharrlichen Arbeitsverweigerung oder wegen Verlassen der Arbeit bisher bestanden, wurden gemäß § 154 GewO 1869 aufgehoben.[771]

Auch das Notgewerbegesetz vom 8. Juli 1868 fiel gemäß § 156 GewO 1869 weg.[772] Die GewO 1869 verweist mehrfach auf Landesgesetze.[773] Darunter wurden auch die einzelnen verfassungs- und gesetzmäßig erlassenen Verordnungen verstanden, die die einzelnen Mitgliedstaaten des Norddeutschen Bundes für ihre Gebiete erlassen hatten.

14. Das Handelskammergesetz vom 24. Februar 1870

Anlass zur Neuordnung des Handelskammersystems waren die seit 1866 zu Preußen neu hinzugekommenen Gebiete sowie die Gründung des Norddeutschen Bundes. Die neuen Landesteile hatten eine zum Teil grundverschiedene Auffassung gegenüber den Handelskammern als Preußen. Preußen strebte aber eine einheitliche gesetzliche Regelung für seine Territorien an. In dem Kurfürstentum Hessen, in den großherzoglichen hessischen Landesteilen und in den Herzogtümern Schleswig und Holstein bestanden keine Handelskammern. Eine Sonderstellung nahm das Kommerz-Kollegium in Hamburg-Altona ein.[774] Im Königreich Hannover[775], im Herzogtum Nassau[776] und in der freien Stadt Frank-

---

769 § 153 GewO 1869:
„Wer Andere durch Anwendung körperlichen Zwanges, durch Drohungen, durch Ehrverletzung oder durch Verrufserklärung bestimmt oder zu bestimmen versucht, an solchen Verabredungen (§152.) Theil zu nehmen, oder ihnen Folge zu leisten, oder Andere durch gleiche Mittel hindert oder zu hindern versucht, von solchen Verabredungen zurückzutreten, wird mit Gefängniß bis zu drei Monaten bestraft, sofern nach dem Strafgesetz nicht eine härtere Strafe eintritt."

770 Die §§ 128 bis 139 GewO 1869 fanden auf diese Gewerbe Anwendung.

771 Koller, S. 193.

772 Simon, Bd. I, S. 324; Meyer, S. 380.

773 § 155 GewO 1869:
„Wo in diesem Gesetze auf die Landesgesetze verwiesen ist, sind unter den letzteren auch die verfassungs- oder gesetzmäßig erlassenen Verordnungen verstanden.
Welche Behörde in jedem Bundesstaate unter der Bezeichnung: höher Verwaltungs-Behörde, untere Verwaltungs-Behörde, Gemeinde-Behörde, Ortsbehörde, Unterbehörde, Polizei-Behörde, Ortspolizei-Behörde zu verstehen sind, wird von der Centralbehörde des Bundesstaats bekannt gemacht."

774 Lusensky, S. 29.

775 Verordnung über die Errichtung von Handelskammern vom 7. April 1866. Gesetzsammlung für das Königreich Hannover, S. 99; Jeschke, S. 180 f.

furt a.M.[777] bestanden andere Formen von Handels- und Gewerbeorganen, die von dem preußischen Handelskammersystem nach der Handelskammerverordnung von 1848 abwichen.[778] Das Handelskammergesetz vom 24. Februar 1870 (HandelskammerG) schuf eine neue einheitliche Rechtsgrundlage für das erweiterte preußische Gebiet.[779]

Weiterhin zwangen die Fortschritte in der technischen Entwicklung, insbesondere im Eisenbahnwesen als die damals bedeutende Neuerung auf dem Gebiet des Verkehrswesens, die bewährten Regelungen der Handelskammerverordnung von 1848 diesen anzupassen.[780]

a. Aufgaben der Kammern

Im Vergleich zu der Handelskammerverordnung vom 24. Februar 1848 waren die Handelskammern nach dem HandelskammerG nicht mehr in erster Linie nur Hilfsorgane der preußischen Behörden, sondern sie wurden zunehmend Interessenvertreter der Handels- und Gewerbetreibenden ihres Bezirkes.[781] Vor allem die Neufassung der Zugehörigkeit, die Wahlberechtigung und die Befreiung von der staatlichen Bevormundung waren Kernthemen. Die Kammern waren bestrebt, ihren Tätigkeitsbereich zu erweitern und nicht nur eine beratende Funktion auszuüben.

§ 1 HandelskammerG bezeichnet als Aufgaben der Kammern:

> *„Die Handelskammern haben die Bestimmung, die Gesamtinteressen der Handel- und Gewerbetreibenden ihres Bezirkes wahrzunehmen, insbesondere die Behörden in der Förderung des Handels und der Gewerbe durch thatsächliche Mitteilungen, Anträge und Erstattung von Gutachten zu unterstützen."*

Die Handelskammern waren mithin nicht mehr nur Beratungsorgane der Provinzial- und Zentralbehörden, sondern Selbstverwaltungsorgane der Wirtschaft ge-

---

776 Verordnung vom 17. Oktober 1863. Verordnungs-Blatt des Herzogthums Nassau, S. 307.

777 Verordnung über die Organisation der Handelskammer der freien Stadt Frankfurt vom 20. Mai 1817. Gesetz- und Statuten-Sammlung 1, S. 113.

778 Verordnung über die Errichtung von Handelskammern. Vom 11ten Februar 1848. Gesetz-Sammlung für die königlichen preußischen Staaten 1848, S. 63-68 wurde durch das Gesetz über die Handelskammern vom 24. Februar 1870 aufgehoben.

779 Gesetz über die Handelskammern. Vom 24. Februar 1870. Gesetz-Sammlung für die königlichen preußischen Staaten 1870, S. 134-140.

780 Borchardt, S. 47; Lusensky, S. 26.

781 Schulze, Unternehmerische Selbstverwaltung, S. 8.

worden.[782] Die gutachterliche Stellungnahme war auch bisher schon hauptsächlich Aufgabe der Handelskammern.[783] Jedoch waren ihnen bisher durch die eigenen Statute und den landesherrlichen Entscheidungen Grenzen gesetzt. Diese wurden gemäß § 35 HandelskammerG aufgehoben.[784] Gleichzeitig wurde den bestehenden kaufmännischen Korporationen in Berlin, Stettin, Magdeburg, Tilsit, Königsberg, Danzig, Memel und Elbing sowie dem Kommerz-Kollegium in Altona die Erhaltung ihrer bisherigen Rechte zugesichert.[785]

Die Handelskammern hatten die Verpflichtung sich gutachtlich zu gesetzgeberischen Maßnahmen zu äußern und machten davon regen Gebrauch. Daneben hatten die Kammern einen jährlichen Kammerbericht abzufassen.[786] Auf Antrag der Handelskammern beruhte die Schaffung des Gesetzes über die Gesellschaften mit beschränkter Haftung. Weiterhin wirkten sie mit bei dem Entwurf der Novellen zum Patentgesetz und zur Gewerbeordnung. Auch wurden Denkschriften zu Einzelthemen verfasst, so zum Beispiel in der Frage der Zuckerbesteuerung. Ein Thema von stetigem Interesse war die Eisenbahn. Dabei vor allem die Streckenführung, Fahrplangestaltung und die Beförderungsbestimmungen.[787]

Schon frühzeitig wurde die Notwendigkeit einer nachhaltigen Interessenvertretung deutlich. Vielfach wurde in den Stadtverordnetenversammlungen, in den verschiedenen Vereinen und den Organisationen der Kammern, im Deutschen Handelstag, dem Volkswirtschaftsrat und dem Handelskammerverband moderner Lobbyismus von den Handelskammern betrieben, um staatliche Aktivitäten an den Interessen der freien Wirtschaft auszurichten.[788] Die Wahrung der Interessen bei der Streckenführung der Eisenbahn ist das prägnanteste Beispiel. Denn eine fehlende Anbindung einer Stadt an das Streckennetz der Bahn, war

---

782 Grotefend, S. 162; Weise, Kammern in Not, S. 336.

783 Schulze, Unternehmerische Selbstverwaltung, S. 8; § 32 HandelskammerG: „Alljährlich bis spätestens Ende Juni haben die Handelskammern über die Lage und den Gang des Handels während des vorhergegangenen Jahres an den Handelsminister zu berichten. Auch in anderen Fällen ist ihnen gestattet, ihre Berichte unmittelbar an die Centralbehörden zu erstatten. In allen Fällen haben sie von den an die Centralbehörden erstatteten Berichten derjenigen Provinzialbehörde, in deren Geschäftskreis der Gegenstand fällt, Mittheilung zu machen."

784 § 35 HandelskammerG: „Die Verfassungen und Einrichtungen der bestehenden Handelskammern sind mit diesem Gesetze in Uebereinstimmung zu bringen. Der Handelsminister hat hierzu erforderlichen Anordnungen, insbesondere auch über den Sitz, die Bezirke und die Zahl der Mitglieder der einzelnen Handelskammern zu treffen. Bis zu den in Verbindung mit diesen Anordnungen zu bestimmenden Zeitpunkten bleiben für die bestehenden Handelskammern die über ihre Verfassungen und Einrichtungen ergangenen Gesetze, Verordnungen und sonstigen Bestimmungen in Kraft."

785 § 36 HandelskammerG.

786 Grotefend, S. 167

787 Neuß, S. 248/249.

788 Schulze, Unternehmerische Selbstverwaltung, S. 16.

für diese gleichbedeutend mit einer wirtschaftlichen Schlechterstellung.[789] Eine überlegene wirtschaftliche Stellung hingegen konnten Knotenpunkte der Eisenbahn gewinnen. Vor allem durch die Entstehung eines Lager- und Umschlagsplatzes für Güter, konnte so ein florierendes Speditionsgewerbe entstehen.[790] Darum ist auch nicht verwunderlich, dass sich vor allem die jeweils örtlichen Handelskammern gerade für einen solchen Knotenpunkt in ihrem Distrikt einsetzten. Denn anders als die natürlichen Knotenpunkte der Flüsse, konnte hier durch starke Intervention einer Handelskammer ein Knotenpunkt zu Gunsten der einen oder der anderen Stadt verschoben werden. In den vielerorts zur Verwirklichung des Eisenbahnbaus gegründeten Eisenbahnkomitees waren darum auch immer Mitglieder der Handelskammern vertreten. Diese waren es auch, die bei Zustimmungsproblemen der Regenten oder Magistraten eine vermittelnde Rolle einnahmen, um sicherzustellen, dass ihre Interessen immer gewahrt blieben. Es galt den Handel zu fördern und ohne Eisenbahn war dies im 19. Jahrhundert undenkbar.[791] Mit der Bahn zusammen forcierten die Handelskammern den Ausbau verschiedener Strecken und den Ausbau von Güterbahnhöfen.[792] War die Kammer zunächst nur damit beschäftigt, auf die Streckenführung der Eisenbahn einzuwirken, so übernahm sie jetzt die Aufgabe die Frachttarife auszuhandeln. Die Eisenbahngesellschaften billigten nur den Hauptstationen Ermäßigungen zu, was wieder ein Wettbewerbsnachteil für die kleineren bedeutete. Auch das Nichteinhalten von Fahrzeiten und die ungenügende Bereitstellung von geeigneten Wagen waren Hauptkritikpunkte der Handelskammern gegenüber den Eisenbahndirektionen.

Gemäß § 2 HandelskammerG wurde die bisher dem Regenten obliegende Genehmigung neuer Handelskammern unter Einschluss der Bestimmung der Mitgliederzahl und des Sitzes dem Handelsminister übertragen.[793] Die Handelskammern selbst übten jetzt einzelne Verwaltungsaufgaben direkt aus. Gemäß § 33 HandelskammerG ernannten sie die Handelsmakler und hatten die Börsenaufsicht sowie die Aufsicht über andere öffentliche Anstalten, die dem Handel dienten, inne.[794] Eine allgemeine Verwaltungstätigkeit der Handelskammern für Handel und Gewerbe wurde durch das HandelskammerG nicht ermöglicht.[795]

789 Henning, Bd. 2, S. 163; Hess, Geschichte Thüringens 1866 bis 1914, S. 115.

790 Röll, Die Entstehungsgeschichte der Thüringischen Eisenbahn, S. 6 u. 15.

791 9. Bericht der Gewerbekammer für das Großherzogthum Sachsen-Weimar-Eisenach für die Jahre 1895 und 1896, S. 39.

792 Mühlfriedel, S. 2.

793 Grotefend, S. 162; § 2 HandelskammerG:
„Die Errichtung einer Handelskammer unterliegt der Genehmigung des Handelsministers. Bei Ertheilung dieser Genehmigung wird zugleich über die Zahl der Mitglieder und, wenn die Errichtung für einen über mehrere Orte sich erstreckenden Bezirk erfolgt, über den Sitz der Handelskammer Bestimmung getroffen."

794 Lusensky, S. 28; § 34 HandelskammerG:

Im Entwurf des preußischen Gesetzes über die Handelskammern vom 24. Februar 1870 war festgehalten, dass die Handelskammern, auf dem Prinzip der autonomen Selbstverwaltung basierend, nur zur Vertretung des Handels und der Industrie, mithin nicht für Kleingewerbe und Handwerk, befugt waren.[796] Durch die Wahlberechtigung waren die kleineren kaufmännischen und handwerksmäßigen Betriebe in den Handwerkskammern nicht vertreten. Das Wahlrecht und damit verbunden die Beitragspflicht wurden gemäß § 3 HandelskammerG sowie in Bezug auf das Allgemeine Deutsche Handelsgesetzbuch von 31. Mai 1861 von dem Eintrag ins Handelsregister abhängig gemacht.[797] Dadurch wurden die Handelskammern gemäß § 4 HandelskammerG auch zugänglich für Handelsgesellschaften, eingetragene Genossenschaften und bergbauliche Betriebe. Die Abgrenzung der großen kapitalstarken Gewerbe und des Handels von den Kleingewerbetreibenden und den Handwerkern wurde noch dadurch weiter verschärft, dass die einzelnen Handelskammern mit ministerieller Erlaubnis das Wahlrecht von dem Erreichen einer bestimmten Gewerbesteuerhöhe abhängig machen konnten.[798] Dies war zum überwiegenden Teil die Erreichung der Steuerklasse A.[799] Das Wahlrecht bzw. die Wahlpflicht sowie das Finanzgebaren wurden der Gewerbesteuerhöhe angepasst.[800] Damit konnten die Handelskammern aber nach Belieben darüber bestimmen, wer als Mitglied aufgenommen wurde und wer nicht.

„Börsen und andere für den Handelsverkehr bestehende öffentliche Anstalten können unter die Aufsicht der Handelskammer gestellt werden."

795 Heréus, S. 73.

796 Schulze, S. 13.

797 § 3 HandelskammerG:
„Zur Theilnahme an der Wahl der Mitglieder sind diejenigen Kaufleute und Gesellschaften berechtigt, welche als Inhaber einer Firma in dem für den Bezirk der Handelskammer geführte Handelsregister eingetragen stehen. Mit Genehmigung des Handelsministers kann jedoch für einzelne Handelskammern nach Anhörung der Betheiligten bestimmt werden, daß das Wahlrecht außerdem durch die Veranlagung in einer bestimmten Klasse oder zu einem bestimmten Satze der Gewerbesteuer vom Handel bedingt sein soll."

798 Gesetz betreffend einige Abänderungen des Gesetzes wegen Entrichtung der Gewerbesteuer vom 30. Mai 1820. Vom 19. Juli 1861. Abgedruckt bei Gesetz wegen Entrichtung der Gewerbesteuer vom 30. Mai 1820, nebst dazu ergangenen erläuternden, ergänzenden und abändernden Gesetzen, Ausführungsanweisungen und sonstigen Bestimmungen, S. 35-42. Berlin 1867.

799 Die meisten der 70 Handelskammern im preußischen Staat veranschlagten als Mitgliedsbeitrag für die Gewerbesteuerklasse A, 12 Pfennig pro Taler Gewerbesteuer und für die Gewerbesteuerklasse B, 6 Pfennig pro Taler Gewerbesteuer; Heréus, S. 50/51.

800 Grotefend, S. 163f.; § 5 HandelskammerG:
„Die Wahlstimme einer Aktiengesellschaft oder einer Genossenschaft darf nur durch ein im Handelsregister eingetragenes Vorstandsmitglied, die jeder anderen im § 3. bezeichneten Gesellschaft nur durch einen ebendaselbst eingetragenen persönlich haftenden Gesellschafter, die einer Gewerkschaft oder anderen im § 4. Bezeichneten Gesellschaft nur durch den Repräsentanten oder ein Vorstandsmitglied, die einer Person weiblichen Geschlechts oder einer unter Vormundschaft oder Kuratel stehenden Person nur durch den im Handelsregister eingetragenen Prokuristen, abgegeben werden."

Gemäß § 7 HandelskammerG konnte zum Mitglied einer Handelskammer gewählt werden, wer

> *1) „das fünfundzwanzigste Lebensjahr zurückgelegt hat,*
> *2) in dem Bezirk der Handelskammer seinen ordentlichen Wohnsitz hat,*
> *3) a) in dem für den Bezirk der Handelskammer geführten Handelsregister entweder als Inhaber einer Firma oder als persönlich haftender, zur Vertretung einer Handelsgesellschaft befugter Gesellschafter, oder als Mitglied des Vorstandes einer Aktiengesellschaft oder Genossenschaft eingetragen steht,*
> *b) oder bei einer der im § 4. bezeichneten Bergbau-Unternehmungen im Bezirke der Handelskammer als Alleineigenthümer, Repräsentant oder Vorstandsmitglied betheiligt ist.“*

Die Wahl wurde durch einen von der Regierung eingesetzten Kommissar geleitet und gewählt wurde durch geheime Wahl.[801] Die Tätigkeit der Mitglieder erfolgte gemäß § 22 HandelskammerG ehrenamtlich.

Nicht nur bei dem Wahlrecht wurden den Handelskammern größere Entscheidungsspielräume zugestanden. Gemäß § 20 HandelskammerG oblag die Organisation des Kassen- und Rechnungswesens, der Arbeitskräfte, der Wahl der Räumlichkeiten und der eigenen Geschäftsordnung jetzt ausschließlich den Kammern.[802] Für das Geschäftsjahr hatten die Handelskammern einen jährlichen Etat aufzustellen. Dieser wurde durch sämtliche Wahlberechtigte nach der Höhe ihres Gewerbesteuersatzes bemessen und als Zuschlag zur Steuer erhoben.[803] Der Zuschlag floss gemäß § 25 HandelskammerG zunächst der Staatssteuerkasse zu.

---

801 § 15 HandelskammerG:
„Die Handelskammer hat das Ergebniß der Wahl öffentlich bekannt zu machen. Einsprüche gegen die Wahl sind binnen zehntägiger Frist bei der Handelskammer anzubringen und von der Regierung endgültig zu entscheiden.“

802 § 30 HandelskammerG:
„Die näheren Bestimmungen über den Geschäftsgang werden von der Handelskammer in einer der Regierung mitzutheilenden Geschäftsordnung getroffen“

803 § 23 HandelskammerG:
„Die nicht zur Gewerbesteuer vom Handel veranlagten Wahlberechtigten werden von der Handelskammer alljährlich nach dem Umfange ihres Geschäftsbetriebes im vorhergehenden Jahr auf einen fingirten Satz der Gewerbesteuer vom Handel eingeschätzt und in diesem Verhältnisse zu den Kostenbeiträgen herangezogen. Die Betheiligten werden Seitens der Handelskammer von dieser Einschätzung benachrichtigt. Beschwerden darüber sind binnen zehntägiger Frist bei der Handelskammer anzubringen und unterliegen der endgültigen Entscheidung der Regierung. Die Erhebung der Beiträge geschieht auf Anordnung der Regierung.“

Am Anfang jeden Jahres wählte die Handelskammer einen Vorsitzenden und dessen Stellvertreter. Die Handelskammern konnten gemäß § 27 HandelskammerG selbst beschließen, ob ihre Sitzungen öffentlich sein sollten. Sie waren verpflichtet, den Handel- und Gewerbetreibenden ihres Bezirks fortlaufende Mitteilungen und Auszüge von den Beratungsprotokollen zukommen zu lassen. Am Schluss eines jeden Jahres hatten sie zudem gesondert über den Gang des Handels und des Gewerbes zu berichten sowie summarisch über die Einnahmen und Ausgaben Auskunft zu erteilen.[804] Gemäß § 29 HandelskammerG hatten jetzt auch alle Kammern sich einheitlich *„Handelskammer zu (für)....“* zu nennen und den heraldischen Adler als Siegel zu tragen. Die Ausfertigungen waren von dem Vorsitzenden oder dessen Stellvertreter sowie von noch einem Mitglied zu vollziehen.

Das Handelsministerium konnte die Kammern zu Beratungen zusammenrufen sowie zu deren Beratungen einen Vertreter entsenden. Ferner sollten die Kammern vor wichtigen gesetzlichen oder behördlichen Regelungen, welche die Interessen von Handel und Industrie betrafen, angehört werden. Neben dem Handelsministerium übten gemäß § 37 HandelskammerG die Bezirksregierungen und die Landespolizeibehörden die Aufsicht über die Handelskammern aus.[805] Der Kammerbeitritt war obligatorisch. Auf Grundlage des HandelskammerG wurden 18 weitere Handelskammern gegründet.[806]

b. Erweiterung der Wirkungskreise der Handelskammern

Der nächste Schritt war die Reformierung der Kammerbezirke. Die bisherigen Kammerbezirke bauten meist auf den örtlichen Zünften auf und waren damit regional bestimmt und klein gefasst. Die Zusammenlegung von Kammern gestaltete sich jedoch äußerst schwierig, da zumeist ein heftiger Streit darüber entbrannte, wo der neue Kammersitz sein sollte. Keine Stadt und kein Distrikt wollten an Einfluss verlieren. Auch wurde die Unterstützung der örtlichen Wirtschaft durch eine fern stehende Kammer als wenig hilfreich angesehen. Vielmehr sollte der regionale Bezug gewahrt bleiben.[807] Gemäß § 31 HandelskammerG bestimmte sich der Geschäftskreis der Handelskammer durch ihre eigene Bestimmung. Die Handelskammern konnten selbst über ihren Wirkungskreis entscheiden. Ziel der Regierungen war es aber, größere und damit effizientere Kammer-

804 Grotefend, S. 162.

805 § 37 HandelskammerG:
„Die in diesem Gesetze den Regierungen zugewiesenen Funktionen werden von den Bezirksregierungen und, wo diese nicht bestehen, von den ihnen entsprechenden Landespolizei-Behörden ausgeübt.“

806 Heréus, S. 22.

807 Schulze, Unternehmerische Selbstverwaltung, S. 6/7.

bezirke zu schaffen. Ausschlaggebend für die Wahl des neuen Sitzes war das Gewerbesteueraufkommen. Die Stadt mit den höheren Gewerbesteuereinnahmen erhielt auch den Zuschlag für den künftigen Sitz der Handelskammer.[808] Auch die Anzahl der Präsidiumsmitglieder richtete sich nach dem Steueraufkommen in einer Stadt. Die Kammern selber sahen endlich den lang ersehnten Vorteil gekommen, den Kammerbezirk über die bisherigen Grenzen hinaus ausdehnen zu können. Vielfach kam es zum Angleich der Kammerbezirke mit den Regierungsbezirken. Die innere Neueinteilung der Kammerbezirke selber wurde mehr und mehr an den politischen Verwaltungsgrenzen und den Wahlbezirken ausgerichtet.

Oftmals wurde aber auch ungeachtet der Regierungsbezirke versucht, Kreise nach ihrer wirtschaftlichen Bindung hin mit einer anderen Kammer zu vereinen. So wurde zum Beispiel angeregt, den Kreis Sangerhausen aus der Handelskammer Halle a.S. herauszunehmen und der wirtschaftlich viel näher stehenden Kammer in Nordhausen zuzuweisen.[809] Für die Wahl der Kammermitglieder wurde der Kammerbezirk in Wahlkreise eingeteilt, welcher dann je nach seiner Wirtschaftsstärke eine entsprechende Anzahl von Repräsentanten wählte. Die Handelskammern begannen damit ihren Wirkungskreis so weit wie möglich auszudehnen und alle angrenzenden Kreise, welche noch nicht in einen Kammerbezirk eingebunden waren, für sich zu gewinnen.

Die Handelskammerbezirke nahmen im weiteren Verlauf des 19. Jahrhunderts oftmals durch die Vergrößerung der Regierungsbezirke immer größere Ausmaße an.[810] Hinzu kam die zunehmende Spezialisierung und Differenzierung zwischen den Interessen von industriellen Großbetrieben, kleinen und mittleren Gewerbetrieben, Großhandel und Einzelhändlern.[811] Diese waren auch noch in demselben Kammerbezirk von Kreis zu Kreis unterschiedlich stark vertreten. Die schnelle Zunahme der Kammermitglieder und die Unterstellung der Kammern unter das preußische Ministerium für Handel, Gewerbe und öffentliche Arbeit erhöhten zusätzlich die Anforderung an die Kammern. Die Kammern waren nicht mehr Vertreter von einzelnen Berufsgruppen wie die Zünfte, sondern sie wurden zu Vertretern der gesamten Wirtschaft einer Region.[812] Die Kammern begannen sich deshalb zu reorganisieren. Davon war nicht nur ihre territoriale Einflussnahme betroffen, sondern auch die interne Struktur. Die Repräsentation aller Gewerbetreibenden aus den verschiedenen Industriesparten war eine nicht leicht

808 Heréus, S. 111/120.
809 Allendorf, S. 16 f.
810 Heréus, S. 169/170.
811 Schulze, Die Gewerbegesetzgebung, S. 14.
812 Schulze, Unternehmerische Selbstverwaltung, S. 7

zu bewältigende Aufgabe. In den Kammern wurden deshalb Fachkommissionen gebildet und dadurch die Arbeit vom Vorstand auf diese verlagert.[813]

c. Zur Entwicklung in anderen deutschen Staaten

Nach der Veröffentlichung des preußischen Handelskammergesetzes vom 24. Februar 1870 entstand auch in den anderen Ländern der Wunsch nach gewerblichen Interessenvertretungen auf gesetzlicher Grundlage.

Preußen war aufgrund der französischen Besatzung der erste deutsche Staat mit Handelskammern. In Bayern wurden durch königliche Verordnung vom 19. September 1842 gesetzliche Handelskammern gegründet. In Preußen dagegen erst 1848. Die bayrische Verordnung führte zur Gründung einer zentralen Gewerbekammer in München.[814] Eine weitere Verordnung aus dem Jahre 1850 hob diese Zentrale auf und bestimmte, dass in allen Städten Handels- und Gewerbekammern gegründet werden können, wenn dies die dortigen Gewerbetreibenden wollten. Die Repräsentanten wurden von den Mitgliedern gewählt. Diese vertraten die Gesamtinteressen des Bezirks und hatten statistische Daten zu sammeln.[815] Die Kammern selbst unterteilten sich in drei Abteilungen, den Handels-, Industrie- und Gewerberat. Mittels königlicher Verordnung aus dem Jahre 1853 wurde diese Form der Organisation aufgehoben und aus den drei Abteilungen einzelne selbständige Körperschaften gebildet. Dieses Prinzip der Spezialisierung nach Orten und Berufen wurde durch Verordnung von 1868 wieder

---

813 Solche Fachkommissionen waren:
Handelskommission, in ihr Aufgabenbereich fielen: Handelsgesetzgebung, Handelsverträge, Konsularwesen, Handelsstatistik, der Handelstag, Messen, Märkte, Aktiengesellschaften, Genossenschaftswesen sowie alle den Handel betreffenden Angelegenheiten
Gewerbekommission, in ihr Aufgabenbereich fielen: Gewerbe, Industrie, Patentwesen, Industrie-Ausstellungen, Gewerbegesetzgebung, Maß, Gewicht
Finanzkommission, in ihr Aufgabenbereich fielen: Steuern, Zölle, Münz-, Bank- und Versicherungswesen, Rechnungsprüfung und alle inneren Angelegenheiten der Kammer
Transportkommission, in ihr Aufgabenbereich fielen: Schifffahrt, Post, Telegraphen- und Eisenbahnwesen
Kommission zur Erledigung von sonstigen Aufgaben, insbesondere Eilaufgaben
Statistikkommission, in ihr Aufgabenbereich fiel die Erhebung der notwendigen Daten und deren Darstellung
Je nach industriellem Schwerpunkt der Kammer gab es noch Spezialkommissionen, so zum Beispiel:
Die Kommission für die Zuckerindustrie: Zuckerfabrikation und Handel
Die Kommission für die Montanindustrie: Berg- und Hüttenwesen
Die Kommission für Mineralöl- und Paraffinfabrikation: Teergewinnung und Handel.

814 Gebhardt, S. 351.

815 Schulze, Unternehmerische Selbstverwaltung, S. 14; Weise, S. 11.

aufgegeben und allgemeine Handels- und Gewerbekammern für jeden Regierungsbezirk gegründet.[816]

Das Handelskammerwesen in Württemberg wurde durch königliche Verordnung vom 19. September 1854 als Handels- und Gewerbekammer begründet. Danach wurden 1855 vier Handelskammern und vier weitere 1866 errichtet. Diese waren so verteilt, dass sie das gesamte Staatsgebiet umfassten.[817] Ihre Mitglieder wurden nicht durch Wahlen bestimmt, sondern von dem König ernannt. Die Handelskammern unterstanden einer bereits im Jahre 1848 geschaffenen Zentralstelle für Handel und Gewerbe.[818] Wie die preußischen Handelskammern auch, hatten sie die Behörden durch Gutachten und Ratschläge zu unterstützen und übten die Aufsicht über die dem Handel dienenden Einrichtungen aus. Die Handelskammern in Württemberg waren ein Bindeglied zwischen Handel und Gewerbe sowie der Zentralstelle. Mit Verordnung vom 17. Februar 1858 wurden die Mitglieder der Handelskammern gewählt und nicht mehr durch den König ernannt. Im Jahre 1874 erfolgte dann eine grundlegende Reformierung des Handelskammersystems durch eine gesetzliche Regelung. Die gesamte innere Organisation wurde der preußischen Gesetzgebung angepasst. Aufgaben und Zweck der Handels- und Gewerbekammern blieben weitestgehend gleich.[819] Die Führung von Statistiken für Gewerbe und Handel kam hinzu. Bis zur Gewerbeordnungsnovelle vom 26. Juli 1897 waren die württembergischen Handels- und Gewerbekammern Vertretungen des gesamten Handels- und Gewerbestandes sowie des Handwerks. Erst durch die Gewerbeordnungsnovelle kam es zur Gründung von Handelskammern.[820]

In Sachsen wurden Handels- und Gewerbekammern mit der Einführung der Gewerbefreiheit durch das Gewerbegesetz vom 15. Oktober 1861 gegründet.[821] Zunächst entstanden fünf Kammern, ebenfalls verteilt über das gesamte Staatsgebiet. Eine Novellierung des sächsischen Gewerbegesetzes im Jahre 1868 führte zu einer Vereinfachung des Wahlrechts, zur Trennung von Handel und Gewerbe innerhalb der Kammer sowie zur Schaffung eines eigenständigen Kassen- und Rechnungswesens. Mit Gesetz vom 4. August 1900 wurde die Gewerbeordnungsnovelle vom 26. Juli 1897 umgesetzt und das Handwerk durch die Gründung von Handwerkskammern ausgegliedert. Lediglich im Bezirk Zittau blieb das Handwerk mit den Handels- und Gewerbekammern vereinigt.[822]

---

816 Conrad, Handwörterbuch der Staatswissenschaften, III. Band, S. 1035f.; Heréus, S. 23.

817 Kulischer, S. 475.

818 Heréus, S. 23; Huber, S. 4-16.

819 Schönberg, Volkswirtschaftslehre, S. 728.

820 Heréus, S. 24.

821 §§ 112-125 Gewerbegesetz v. 15. Oktober 1861.

822 Durch Entschließung vom 31.10.1910 wurde die Zittauer Handels- und Gewerbekammern ebenfalls getrennt und als Handelskammern und Handwerkskammer fortgeführt.

Die Entwicklung in Baden begann 1808 mit der Mannheimer Handelsinnung.[823] Diese führte auch in Folge des französischen Einflusses den Titel Handlungskomité. Diese hatte vier Mitglieder und ihre Aufgabe war die Beurteilung schwieriger Handels-, Zoll- und Schifffahrtsfragen. Weiterhin waren die vier Mitglieder Sachverständige für alle Handelsfragen und hatten von der Handelsinnung übertragene Aufgaben zu übernehmen. Das Nebeneinander von Handlungskomité und Handelsinnung führte aber mehrfach zu Konflikten, weshalb nach 21 jähriger Tätigkeit das Handlunsgkomité aufgelöst wurde. Im März 1829 wandte sich die Handelsinnung Mannheim an die Regierung mit der Bitte, den Namen Handelskammer führen zu dürfen. Begründet wurde dies vorrangig damit, dass bei dem Austausch mit anderen Staaten die Bezeichnung Innung zu Missverständnissen führte. Durch staatsministerielle Erlaubnis vom 20. September 1831 wurde die Zusage erteilt, ohne dass eine organisatorische oder strukturelle Veränderung bei den Handelsinnungen stattgefunden hat.[824] In Baden wurden damit zum Teil die Vorstände von Handelsinnungen und sonstigen zünftigen Korporationen als Handelskammer bezeichnet. Mit Einführung der Gewerbefreiheit durch das Gewerbegesetz vom 20. September 1862 wurden die gewerblichen Körperschaften umfänglich reformiert. Durch Art. 28 Gewerbegesetz wurden alle Zwangsinnungen aufgehoben. Nach Art. 24 Gewerbegesetz waren damit nur noch freie Handelsgenossenschaften zur Förderung der gemeinsamen gewerblichen Interessen erlaubt. Gemäß Art. 29 Gewerbegesetz wurde der Verwaltungsausschuss oder der Vorstand einer solchen Handelsgenossenschaft als Handelskammer bezeichnet. Die Aufgaben waren die gleichen wie in den anderen Staaten auch. Insbesondere hatten sie Zuarbeiten für die Staatsbehörden zu leisten und die gemeinsamen Anstalten und Einrichtungen des Handels (z.B. Lagerhäuser, Waagen- und Prüfanstalten, Börsen und Makler) zu verwalten.[825] In der Zeit von 1862 bis 1878 sind insgesamt 15 badische Handelskammern entstanden.[826] Diese waren von der Organisation und ihren Grundprinzipien den preußischen kaufmännischen Korporationen am ähnlichsten.[827] Da kein Beitrittszwang vorherrschte, traten nur wenige Gewerbetreibende diesen bei. Durch das Gesetz vom 11. Dezember 1878 konnten sich die Handelsgenossenschaften zu Handelskammern wandeln. Ein Zwang dazu bestand gemäß § 26 Gesetz vom 11. Dezember 1878 nicht.[828]

823 Gebhardt, S. 358.

824 Heréus, S. 11.

825 Heréus, S. 73.

826 Dies waren die Handelskammern in Baden, Bruchsal, Bühl, Emmendingen, Freiburg, Heidelberg, Karlsruhe, Konstanz, Lahr, Mannheim, Mosbach, Offenburg, Pforzheim, Rastatt und Wertheim.

827 Heréus, S. 12.

828 Heréus, S. 25.

Viele kleine Länder, die später Gesetze über die Handelskammern erließen, so zum Beispiel das Herzogtum Anhalt, lehnten sich an das preußische HandelskammerG an und änderten dies leicht ab. Problematisch war immer die Kostenfrage.[829] Im Herzogtum Anhalt übernahm das Land die Hälfte der jährlichen Kammerkosten, während die andere Hälfte durch Beiträge zu finanzieren war. In Preußen hingegen mussten die Kammern sich vollkommen selbständig durch Beiträge finanzieren. Im Herzogtum Anhalt war beitragspflichtig und damit auch wahlberechtigt, wer im Handelsregister eingetragen war und 3.000 M Einkommen erzielte. Die Einziehung der Beiträge erfolgte durch die Kämmereien der jeweiligen Magistrate. Vom Steueramt erhielt die Kammer eine Liste der einzelnen beitragspflichtigen Unternehmen, zwecks Festsetzung der Beiträge.

d. Zwischenergebnis

Im Zusammenhang mit der erneuten Regelung der Gewerbegesetzgebung und einer einheitlichen Regelung für die Führung des Handelsregisters durch das deutsche Handelsgesetzbuch, wurde das Gesetz über die Handelskammern am 24. Februar 1870 erlassen. Das Handelskammergesetz vom 24. Februar 1870 ist bis heute in wesentlichen Zügen die Grundlage für die Tätigkeit der Kammern.

15. Die Reichsgewerbeordnung vom 16. April 1871

Die politischen Verhältnisse hatten sich mit dem Ausgang des Krieges gegen Frankreich und der daraufhin erfolgten Gründung des Deutschen Reiches am 18. Januar 1871 vollkommen gewandelt. Es wurde eine einheitliche Verfassung für das Deutsche Reich erlassen, welche seit dem 16. April 1871 galt.[830] Die meisten Gesetze aus dem Norddeutschen Bund wurden damit auf das Reich übertragen. Die am 21. Juni 1869 zunächst als Norddeutsche Gewerbeordnung erlassene Gewerbeordnung galt ab dem 16. April 1871 ebenfalls für das ganze Reich. Neben der Reichsgewerbeordnung (GewO 1871) galten einzelne Spezialgesetze für bestimmte Gewerbezweige.[831] Damit waren für die Wirtschaft wesentlich erleichterte Bedingungen geschaffen worden. Das Handelsgesetzbuch und die

829 Fleiner, Verwaltungsrecht, S. 398; Blodig, Die Selbstverwaltung als Rechtsbegriff, S. 384.

830 Brunner, S. 248.

831 Dazu gehören das Bergwesen, die Heilkunde, der Verkauf von Arzneimitteln, der Verkauf von Lotterielosen, die Viehzucht und der Bergbau und Salinenwesen. Meyer, S. 379/ 380. Dies galt auch für Die Vorschrift des ersten Alina in § II der Instruktion für den Bergrevierbeamten des Großherzogthums vom 21. März 1879, betreffend die Ausführung des Reichsgesetzes vom 17. Juli 1878 über die Gewerbeordnung (Regierungs-Blatt 1879, S. 141-143), beinhaltete Sonderreglungen für die im Bergbau und Salinenwerken beschäftigten Angestellten. Abgedruckt: Regierungsblatt für das Großherzogtum Sachsen-Weimar-Eisenach, 1880 S. 52/53.

deutsche Wechselordnung galten im gesamten Reichsgebiet.[832] Die Reichsgewerbeordnung von 1871 war im wesentlichen wortgleich mit der nur zwei Jahre älteren Gewerbeordnung des Norddeutschen Bundes.[833] Deren Darstellung wäre daher eine Wiederholung der bereits zuvor dargelegten Bestimmungen der GewO 1869.

16. Reformen des Handelskammerwesens

Bis zum Jahre 1922 fand die letzte größere Änderung in der preußischen Handelskammergesetzgebung durch das Gesetz, betreffend die Abänderung des Gesetzes über die Handelskammern vom 24. Februar 1870, vom 19. August 1897 statt.[834] Die ursprüngliche Absicht der preußischen Regierung eine planmäßige auf das ganze Staatsgebiet sich erstreckende Zwangsorganisation zu schaffen war gescheitert.[835] Es reichte lediglich zu der mit der Zeit notwendig gewordenen Änderungen des Gesetzes vom 24. Februar 1870 durch die vorliegende Novelle umzusetzen. Mittels des Handelskammergesetzes vom 19. August 1897 (HandelskammerG 1897) wurde das Handelskammergesetz vom 24. Februar 1870 hauptsächlich im Beitragserhebungsverfahren, in den Bestimmungen des Wahlrechts und des Wahlverfahrens abgeändert sowie die Befugnisse der Handelskammern erweitert.[836] An der Bestimmung der Handelskammern nach § 1 HandelskammerG änderte sich nichts. Auch weiterhin sollten die Handelskammern die Gesamtinteressen der Handel- und Gewerbetreibenden ihres Bezirkes vertreten und dazu die Behörden bei der Förderung des Handels und Gewerbes durch tatsächliche Mitteilungen, Anträge und Erstattung von Gutachten unterstützen.[837]

Der Handelsminister Brefeld begründete die Novelle damit, dass

> *„einmal die Vorschriften des Handelskammergesetzes, ... mit neueren Gesetzen ... in Einklang zu bringen, sodann aber den Handelskammern eine gesteigerte Thätigkeit zu ermöglichen und eine*

---

832 Nachtragsgesetz vom 15. April 1862 zur allgemeinen deutschen Wechselordnung vom 26. November 1848 und Gesetz vom 18. August 1862 die Einführung des allgemeinen deutschen Handelsgesetzbuches betreffend, in Göckel, Bd. XV, S. 323 f. u. 382 f; Ortloff, Deutsche Wechselordnung, S. 9 ff.

833 Rothe, S. 4.

834 Hardach, Wirtschaftsgeschichte Deutschlands im 10. Jahrhundert, S. 7 f.

835 Heréus, S. 22.

836 Gesetz, betreffend die Abänderung des Gesetzes über die Handelskammern vom 24. Februar 1870. Vom 19. August 1897. Gesetz-Sammlung für die königlichen preußischen Staaten, S. 343-354.

837 Schulze, Unternehmerische Selbstverwaltung, S. 14; Wendtland, Handbuch der Deutschen Handelskammern, S. 4.

größere Bewegungsfreiheit zu gewähren,...namentlich auch in der Richtung, dass sie ...wo sie bisher an mehr oder weniger lästige Gesetzesvorschriften gebunden waren, durch Beschlüsse oder Statuten eine abweichende Regelung treffen können.“[838]

Für die Errichtung der Handelskammern war die Genehmigung des Ministers für Handel und Gewerbe notwendig. Dieser bestimmte auch über den Sitz der Handelskammer und über die Anzahl der Mitglieder.[839] Die Mitglieder selbst wurden gewählt. Die Wahlberechtigten mussten gemäß § 3 HandelskammerG 1897 zunächst zur Gewerbesteuer veranlagt gewesen sein. Weiterhin waren alle Kaufleute, gleich ob natürliche und juristische Person, die Inhaber einer Firma waren, die im Handelsregister geführt wurden sowie die ein Handelsgewerbe treibenden Gesellschaften und Genossenschaften, die im Handels- und Genossenschaftsregister des Handelskammerbezirks eingetragen waren, wahlberechtigt.[840] Zu den Wahlberechtigten gehörten weiterhin die Eigentümer oder Pächter von Bergwerken und Gesellschaften die im Handels- oder Genossenschaftsregister eingetragen waren, sowie die Besitzer von im Handelskammerbezirk gelegenen Betriebsstätten.

Gemäß § 3 HandelskammerG 1897 waren vom Wahlrecht und der Beitragspflicht die Reichs- und Staatsbetriebe sowie die land- und forstwirtschaftlichen Betriebe und Genossenschaften ausgeschlossen. Weiterhin konnten die Handelskammern das Stimmrecht von der Erreichung eines bestimmten Gewerbesteuersatzes abhängig machen.[841]

Zur Wahl berechtigt waren Personen, die die bürgerlichen Ehrenrechte besaßen und weder unter Vormundschaft noch unter Pflegschaft standen.[842] Grundsätzlich übten die wahlberechtigten Personen das Wahlrecht persönlich aus. Eine Vertretung war gemäß § 5 HandelskammerG 1897 bei juristischen Personen, bei Personen weiblichen Geschlechts und bei Personen, die unter Vormundschaft oder Pflegschaft standen, möglich.[843] Für Handelsgesellschaften konnten die Handelskammern bestimmen, dass allgemein deren Prokurist zur Wahl zugelassen war. Zu Mitgliedern der Handelskammer waren deutsche Staatsangehörige

---

838 Dalchow, S. 163.
839 § 2 HandelskammerG 1897.
840 Heréus, S. 46.
841 § 4 HandelskammerG 1897:
„Die Handelskammer kann beschließen, daß Wahlrecht und Beitragspflicht außer von den Erfordernissen des § 3 von der Veranlagung in einer bestimmten Klasse oder zu einem bestimmten Satze der Gewerbesteuer bedingt sein soll. Der Beschluß unterliegt der Genehmigung des Ministers für Handel und Gewerbe.“
842 Wendtland, S. 5.
843 Heréus, S. 49.

wählbar, die mindestens 25 Jahre alt waren und über die kein Insolvenzverfahren eröffnet wurde.[844]

Die Handelskammern konnten sich auch weiterhin ein eigenes Statut geben. Dieses unterlag gemäß § 10 HandelskammerG 1897 der Genehmigung des Ministers für Handel und Gewerbe. In diesem konnten die Handelskammern weiterführende Regelungen über den Ablauf der Wahlen, zum Beispiel die Abstufung des Wahlrechts nach der Höhe der Handelskammerbeiträge sowie die Einteilung in Wahlbezirke regeln. Wenn ein Statut noch nicht vorhanden war, gab § 10 HandelskammerG 1897 vor, dass je nach Höhe der Veranlagung zur Gewerbesteuer die Gewerbetreibenden in drei Abteilungen eingeteilt wurden. Innerhalb der Wahlabteilungen konnten mit der Genehmigung des Ministers für Handel und Gewerbe Wahlbezirke gebildet werden.[845] Durch die Genehmigung des Ministers für Handel und Gewerbe konnte gemäß § 14 HandelskammerG 1897 auch im Statut abweichendere Wahlverfahren beschlossen werden.[846] Die Wahl leitete ein von den Mitgliedern der Handelskammer oder von dem Regierungspräsidenten bestimmter Kommissar. Das Ergebnis der Wahl war jetzt gemäß § 15 HandelskammerG 1897 öffentlich bekannt zu machen. Einwendungen gegen die Wahl konnten binnen zweier Wochen nach Bekanntmachung bei der Handelskammer erhoben werden. Gegen die Entscheidung der Handelskammer konnten binnen zweier weiterer Wochen Klage beim Bezirksausschuss erhoben werden. Gegen dessen Endurteil war das Rechtsmittel der Revision zulässig.

---

844 § 7 HandelskammerG 1897:
„Zu Mitgliedern der Handelskammer wählbar sind deutsche Staatsangehörige, die mindestens 25 Jahre alt und nach den §§ 3 bis 5 zur Abgabe der Wahlstimme befähigt sind, jedoch mit Ausnahme der nach § 5 Absatz 2 Ziffer 2 besonders bestellten Bevollmächtigten. Mehr als der vierte Theil der Mitglieder der Handelskammer darf nicht aus den im § 5 Absatz 3 genannten Personen bestehen.
Mehrere Vertreter derselben Gesellschaft, Gewerkschaft oder juristischen Person (Gesellschafter, gesetzliche Vertreter, Vorstandsmitglieder, Prokuristen) dürfen nicht gleichzeitig Mitglieder derselben Handelskammer sein."

845 Wendtland, S. 7; § 11 HandelskammerG 1897:
„Zur Vorbereitung der Wahlen stellt die Handelskammer eine Liste der Wahlberechtigten auf, die eine Woche lang öffentlich auszulegen ist. Hat die Wahl nach Wahlbezirken oder Wahlabteilungen zu erfolgen, so ist für jeden Wahlbezirk und für jede Wahlabtheilung eine besondere Liste aufzustellen und auszulegen.
Die Handelskammer macht Ort und Zeit der Auslegung mit dem Hinzufügen bekannt, daß Einwendungen gegen die Liste innerhalb einer Woche nach beendeter Auslegung bei anzubringen seien.
Nach Ablauf dieser Frist beschließt sie über die erhobenen Einwendungen und stellt die Wahlliste fest. Gegen den Beschluß findet innerhalb zwei Wochen die Beschwerde beim Regierungspräsidenten statt. Dieser entscheidet endültig.
In Wahlbezirken, für welche eine Handelskammer noch nicht vorhanden ist, werden die der Handelskammer durch Absatz 1 bis 3 zugewiesenen Aufgaben von dem Regierungspräsidenten wahrgenommen."

846 Heréus, S. 22 u. 51.

Die Wahl der Mitglieder erfolgte für sechs Jahre.[847] Ein Mitglied der Handelskammer konnte gemäß §§ 18, 19 HandelskammerG 1897 ausgeschlossen werden, wenn nach seiner Wahl Umstände eintraten, die seine Wählbarkeit ausgeschlossen hätten, oder ein Mitglied durch seine Handlungsweise die öffentliche Achtung verloren hat. Gegen diese Beschlüsse der Handelskammer konnte das betroffene Mitglied gemäß 21 HandelskammerG 1897 binnen zweier Wochen Klage beim Bezirksausschuss erheben. Gegen dessen Endurteil war das Rechtsmittel der Revision zulässig.

Im Statut konnten die Handelskammern selbständig bestimmen, ob neben den Handelskammermitgliedern auch für diese Stellvertreter gewählt werden sollten. Die Handelskammern beschlossen gemäß § 23 HandelskammerG 1897 selbständig über den Kostenaufwand, den sie zur Erfüllung ihrer gesetzlich zugewiesenen Aufgaben benötigten. Dies umfasste die Beschäftigung von Arbeitskräften und deren Vergütung sowie die Beschaffung der notwendigen Räumlichkeiten. Die Kammermitglieder hatten gemäß § 24 HandelskammerG 1897 ihre Geschäfte unentgeltlich zu versehen. Lediglich eine Aufwandsentschädigung und ein Auslagenersatz wurden gewährt. Dafür und für die sonstigen Ausgaben hatten die Handelskammern einen jährlichen Etat aufzustellen, öffentlich bekannt zu machen und dem Regierungspräsidenten mitzuteilen. Der Etat sollte zunächst durch Einnahmen der Handelskammern gedeckt werden.[848] Darüber hinaus bestehende Kosten wurden auf die Wahlberechtigten umgelegt. Als Maßstab für die Umlegung wurde die staatlich veranlagte Gewerbesteuer der Wahlberechtigten herangezogen. Um die Umlegung der Kosten zu vollziehen, teilten die Steuerausschüsse das Ergebnis der Veranlagung zur Gewerbesteuer sowie später eintretende Veränderungen den Handelskammern mit. Die Handelskammer selbst stellte dann die Beiträge fest.[849]

---

847 § 16 HandelskammerG 1897:
„Alle zwei Jahre scheidet en Dritttheil aus und wird durch neue Wahlen (Ergänzungswahlen) ersetzt. Soweit die Zahl der Mitglieder nicht durch drei theilbar ist, bestimmt die Handelskammer, bei welchen Ergänzungswahlen die übrig bleibende Zahl der Mitglieder durch Neuwahl zu ersetzen ist. Die Handelskammer hat ferner, wenn die Wahlen nach Wahlabteilungen oder Wahlbezirken erfolgen, die ausscheidenden Mitglieder auf die Abtheilungen oder Bezirke angemessen zu vertheilen (...).“

848 Wendtland, S. 10.

849 § 27 HandelskammerG 1897:
„Insoweit die Veranlagung sich auf mehrere Niederlassungen, Betriebe oder Betriebsstätten eines Beitragspflichtigen erstreckt, die ihren Sitz nicht sämmtlich im Bezirk einer Handelskammer haben oder hinsichtlich welcher ihren Besitzern das Recht, an den Handelskammerwahlen Theil zu nehmen, nicht zusteht, ist auf Antrag der Handelskammer vom Vorsitzenden des Steuerausschusses der auf die abgabepflichtigen Niederlassungen, Betriebe oder Betriebsstätten entfallende Theilbetrag festzustellen und den Abgabenpflichtigen mitzuteilen (...).“

Der Kammerbeitrag wurde gemäß § 28 HandelskammerG 1897 auch erstmals zu den „öffentlichen Lasten“ gezählt.[850] Damit konnten rückständige Beträge gleich den Gemeindeabgaben von den Kreissteuerkassen eingezogen werden. Gegen den Kammerbeitragssatz konnte der Betroffene binnen zweier Wochen Einspruch einlegen. Der Einspruch hatte gemäß § 29 HandelskammerG 1897 keine aufschiebende Wirkung. Über den Einspruch entschied die Handelskammer durch Beschluss, gegen den binnen zwei weiterer Wochen nach Zustellung Klage zum Bezirksausschuss erhoben werden konnte. Gegen das Endurteil des Bezirksausschusses war das Rechtsmittel der Revision zugelassen.

Zusätzlich konnten die Beitragspflichtigen noch zur Deckung der Kosten für Anstalten, Anlagen und Einrichtungen herangezogen werden. Die Verwaltung dieser Kammereinrichtungen konnte örtlichen und sachlichen Ausschüssen übertragen werden.[851]

Die Geschäftsführung einer Handelskammer hatten der Vorsitzende und ein oder zwei Stellvertreter inne. Diese wurden gemäß § 32 HandelskammerG 1897 aus der Mitte der Handelskammer gewählt. Die Handelskammersitzungen waren grundsätzlich öffentlich. Die Beschlussfassung erfolgte gemäß § 34 HandelskammerG 1897 durch Stimmenmehrheit. Bei Stimmengleichheit entschied die Stimme des Vorsitzenden. Über die Kammerberatung war ein Protokoll zu führen.

Weiterhin wurden den Handelskammern gemäß § 35 HandelskammerG 1897 die Rechte einer juristischen Person zuerkannt. Wie nach dem HandelskammerG 1870 auch, wurden die Handelskammern durch den Vorsitzenden oder seinen Stellvertreter vertreten.[852] Vermögensrechtlich verpflichtende Urkunden mussten unter dem Namen der Kammer abgefasst sein sowie von dem Vorsitzenden oder seinem Stellvertreter und einem Mitglied der Handelskammer gegenge-

---

850 Heréus, S. 57.

851 § 30 HandelskammerG 1897:
„Die Handelskammer ist befugt, zur Deckung der Kosten von Anstalten, Anlagen und Einrichtungen, die für einzelne Theile des Handelskammerbezirks oder für einzelne Betriebszweige ausschließlich bestimmt sind, oder ihnen vorzugsweise zu Gute kommen, die Beitragspflichtigen dieser Bezirkstheile oder Betriebszweige zu besonderen Beiträgen heranzuziehen. Bevor solche Anstalten, Anlagen und Einrichtungen ins Leben gerufen werden, ist den Betheiligten Gelegenheit zu geben, sich über deren Zweckmäßigkeit zu äußern.
Zur Verwaltung solcher Einrichtungen sind Vertreter der betheiligten Bezirkstheile oder Bezirkszweige in angemessener Zahl heranzuziehen; sie kann örtlichen und sachlichen Ausschüssen übertragen werden, die aus Mitgliedern der Handelskammer und Vertretern der betheiligten Bezirkstheile oder Betriebszweige zu bilden sind.
Die auf Grund dieser Bestimmungen gefaßten Beschlüsse unterliegen der Genehmigung des Ministers für Handel und Gewerbe.“

852 Wendtland, S. 12.

zeichnet werden. Die preußischen Handelskammern führten weiterhin den heraldischen Adler in ihrem Siegel, da das HandelskammerG 1897 nur für Preußen galt. Die Handelskammern führten auch weiterhin gemäß § 35 HandelskammerG 1897 die Bezeichnung *„Handelskammer zu (für) ...“*.

Die von der Handelskammer verfassten Berichte, konnte diese direkt an die Zentralbehörde zustellen. Daneben war der örtlich zuständigen Provinzialbehörde Mitteilungen über die Berichte zu geben. Weitere Einzelheiten über die Geschäftsführung konnten die Handelskammern in einer von ihnen zu erlassenden Geschäftsordnung treffen. Die Geschäftsordnung war dem Regierungspräsidenten mitzuteilen.[853]

Die Handelskammern waren gemäß § 38 HandelskammerG 1897 befugt, Anstalten, Anlagen und Einrichtungen, die der Förderung von Handel und Gewerbe dienten, zu gründen, zu betreiben und zu unterstützen. Weiterhin konnten sie für die technische und geschäftliche Ausbildung, die Erziehung und den sittlichen Schutz der darin beschäftigten Gehilfen und Lehrlinge Kammereinrichtungen fördern.

Neben den Berichten zu einzelnen Sachthemen, hatten die Handelskammern jedes Jahr bis Ende Juni dem Minister für Handel und Gewerbe einen Bericht über die Lage und Gang des Handels für das vergangene Jahr zu erstatten.[854] Die Bevölkerung war von den Handelskammern durch Veröffentlichung von Mitteilungen und Beratungsprotokollen in Zeitungen und Zeitschriften regelmäßig zu informieren.

Gemäß § 40 HandelskammerG 1897 wurden die Handelsmäkler von den Handelskammern alleinig ernannt.[855] Die Ernennung stand lediglich unter dem Vorbehalt der Bestätigung des Regierungspräsidenten.[856] Die Börsen und andere dem Handel dienende öffentliche Anstalten, wurden grundsätzlich unter die Aufsicht der Handelskammern gestellt. Weiterhin war die Handelskammer befugt, Dispacheure und die in § 36 Reichsgewerbeordnung bezeichneten Gewerbetreibenden öffentlich anzustellen und zu beeidigen. Vorschriften, die die Handelskammer für diese Personen erließ, waren dem Minister für Handel und Gewerbe zuzustellen. Weiterhin unterlag der Handelskammer gemäß § 42 HandelskammerG 1897 die Ausstellung von Ursprungszeugnissen und andere dem Handelsverkehr dienenden Bescheinigungen.[857]

853 Heréus, S. 62.
854 Wendtland, S. 13.
855 Heréus, S. 73.
856 Bitter, Handwörterbuch der preußischen Verwaltung, Art. Geschäftsordnungen.
857 Heréus, S. 59.

Die Handelskammern unterstanden gemäß § 43 HandelskammerG 1897 der Aufsicht des Ministers für Handel und Gewerbe. Auf dessen Antrag hin, konnte eine Handelskammer durch Beschluss des Staatsministeriums aufgelöst werden. Aufgrund dieser Auflösung waren Neuwahlen anzuordnen.[858]

Nach der ausdrücklichen Zusicherung gemäß § 36 HandelskammerG 1870 bestand in den Städten Berlin, Stettin, Magdeburg, Tilsit, Königsberg, Danzig, Memel und Elbing weiterhin die kaufmännischen Korporationen und das Kommerz-Kollegium in Altona. Gemäß § 44 HandelskammerG 1897 wurden diese jetzt ermächtigt, sich in Handelskammern umzuwandeln oder falls bereits eine Handelskammer in dem Bezirk bestand, sich mit dieser zu vereinen.[859]

Die Umwandlung erfolgte durch ein Statut, das der Genehmigung des Ministers für Handel und Gewerbe bedurfte. In dem Statut waren allen verwaltungs- und vermögensrechtlichen Regelungen zu treffen. Auch bei der Vereinigung mit einer bestehenden Handelskammer war ein gemeinsames Statut notwendig, welches ebenfalls der Genehmigung des Ministers für Handel und Gewerbe unterlag.

Preußen wollte mit der Umwandlung oder Vereinigung von kaufmännischen Korporationen mit Handelskammern eine einheitliche Vertretung für Industrie und Handel schaffen.[860] Die kaufmännischen Korporationen und das Kommerz-Kollegium in Altona standen dem jedoch bisher entgegen.[861] Weiterhin wurden gemäß § 45 HandelskammerG 1897 alle entgegenstehenden Gesetze und Verordnungen aufgehoben.[862] Die Ausführung des HandelskammerG 1897 stand dem Minister für Handel und Gewerbe zu. Damit war sichergestellt, dass die Handelskammern ab jetzt die einzigen staatlich anerkannten und auf Gesetz beruhenden Vertretungsorgane der Industrie und des Handels waren.

Die fortschreitende Industrialisierung im ausgehenden 19. Jahrhundert und die politischen Gebietsreformen wirkten sich auch auf den Umfang der Bezirke der Handelskammern aus. Diese wurden immer größer und mehrere wurden zusammengelegt. Dies und das Entstehen neuer Industriezweige riefen immer stärker werdende innere Machtkämpfe in den Kammern hervor. Wieder wollte kei-

---

858 § 43 HandelskammerG 1897:
„Es sind sodann Neuwahlen anzuordnen, die innerhalb dreier Monate vom Tage der Auflösung an erfolgen müssen. Ueber die Geschäftsführung und Vermögensverwaltung der Handelskammer während der Zwischenzeit trifft der Minister für Handel und Gewerbe die erforderlichen Anordnungen."

859 Heréus, S. 131.

860 Schulze, S. 14f.

861 Gebhardt, S. 358.

862 Wendtland, S. 15.

ner unterrepräsentiert sein. Diesmal waren nicht nur die Streitigkeiten zwischen den Städten um den Kammersitz ein Problem sondern auch die Gräben zwischen den Vertretern von Industrie, Groß- und Kleinhandel wurden immer tiefer. Die Reichsregierung verlangte ab 1880 von den Handelskammern, dass sie sich auch für die Industrie zu öffnen hätten und nicht alleinig nur für den Handel zuständig wären. Durch den wachsenden Einfluss der Industrie in den Kammern, wurde es für diese immer schwerer die unterschiedlichen Interessen auszugleichen und den Willen einer einheitlichen Wirtschaftsregion zu repräsentieren.[863] Die Aufnahme der Industrie führte zu immer größeren Differenzen in der Kammer. In diesen waren neben den mächtigen und kapitalstarken Industriellen, Großhändlern und Bankiers auch kleine Detailhändler vertreten. Diese verfolgten zumeist andere Interessen als die mächtigen Mitglieder der Kammer. Das Vordringen der großen Industrien zu Lasten der Kleinen, spiegelte sich auch in den Kammern wieder.[864] Die sozialen Spannungen in der Gesellschaft setzten sich in der Kammer fort. Der Mittelstand sah sich gegenüber dem Großkapital benachteiligt. Es kam deshalb innerhalb der Kammern zur Bildung von Kleinhandelsabteilungen sowie außerhalb der Kammer vermehrt zur Gründung von lokalen Verbänden und Vereinen. Hauptsächlich in Orten mit schnell voranschreitender Industrie schlossen sich Kaufleute und Gewerbetreibenden zu Kaufmännischen Vereinen zusammen, so in Köthen, Dessau und Bernburg. In der Kammer selbst herrschte darüber kein Unmut, da ihr gesetzlicher Auftrag feststand.[865] Die Aufgabenverteilung in den preußischen Kammern erfolgte zumeist innerhalb einer dreier Kommission, die eingeteilt war in:

- innere Angelegenheiten
- Zoll- und Steuersachen
- Industrie und Verkehrswesen

Eine zu starke Unterteilung der Aufgaben der Kammern in zu viele Fachkommissionen hatte sich als nicht handhabbar und wirtschaftsfern erwiesen. Um die sozialen Spannungen wenigstens abzumildern gingen die Kammern dazu über, periodisch erscheinende „Verhandlungen und Mitteilungen“ für ihre Mitglieder herauszugeben und an den Sitzungen der Kammern nahmen regelmäßig wieder Regierungsvertreter teil.

Eine zentrale Bedeutung kam den Handelskammern bei dem Abschluss der zwischenstaatlichen Handelsverträge zu. Dabei nahmen die Handelskammern im

---

863 Abraham, Der Strukturwandel im Handwerk in der ersten Hälfte des 19. Jahrhunderts, S. 53 ff; Schmoller, Zur Geschichte der deutschen Kleingewerbe im 19. Jahrhundert, S. 64 ff.

864 Schulze, Unternehmerische Selbstverwaltung, S. 14; Kaelble, Industrielle Interessenpolitik in der Wilhelminischen Gesellschaft, S. 177.

865 Wendtland, S. 14 f.

Wesentlichen die Interessen des Handels für eine moderate Zollpolitik und für eine Förderung des Außenhandels war.[866] Die Kammern traten grundsätzlich für den Freihandel ein.[867] Anderseits unterstützen sie aber auch für manche Branchen die Schutzzollpolitik, wenn sie das Überleben dieser Industrien sicherten.[868] Vollkommen ablehnen taten sie die Zölle, die aus finanziellen Erwägungen heraus geschaffen worden waren.[869] Da dies doch in breiten Regierungskreisen nicht auf wohlwollen stieß, drohten die Unternehmer mit Produktionsbeschränkungen und Betriebsrationalisierungen. Eine andere Aufgabe sahen die Handelskammern darin, Handel, Industrie und Banken miteinander zu verbinden. So bemühten sich die Handelskammern vielfach um die Ausdehnung des Filialnetzes der ursprünglichen „Königlichen Bank-Kommandite" der späteren Reichsbank. Damit sollte die Vergabe von Krediten und die Teilnahme am Wechselgeschäft erleichtert werden.[870]

Die Reichsregierung stützte sich immer mehr auf die Gutachten und Stellungnahmen der Kammern bei wirtschaftpolitischen Fragen. So kam es zu Handelsverträgen mit Großbritannien, Italien und den Nachbarstaaten Frankreich, Holland und Belgien. Weiterhin traten viele Handelskammern für Handelsverträge mit Russland und für den Abbau von hohen Zöllen, die den Handel von und nach Spanien und Amerika erschwerten, ein.[871] Es kam immer häufiger zur Gründung von Industrievereinen und Branchenverbänden. 1878 wurde von der Regierung auch deshalb an die Kammern die Aufforderung gerichtet, über ihre Zusammensetzung zwischen Handel und Industrie Auskunft zu geben. Zumeist waren die Fabrikanten den klassischen Händlern zahlenmäßig weit überlegen.

Bei dem Wettlauf um Kolonien, waren die Handelskammern klar für eine Ausdehnung des deutschen Refugiums.[872] So wurde die Flottenvorlage, die den Ausbau der Kriegsmarine vorsah, von vielen Kammern energisch unterstützt. Die wirtschaftliche Einflussnahme auf den Weltmarkt sollte gestärkt werden und die deutschen Kolonien sollten ein Rohstofflager und Absatzmarkt zugleich sein.[873] Mit dem Erwerb von Kolonien besserte sich auch die wirtschaftliche Lage nach dem Gründerkrach. Der Export von Produkten und der Import von Rohstoffen führten zu einem wirtschaftlichen Boom der sich über die nächsten Jahre erstrecken sollte.[874] Vor allem die Maschinenindustrie war der Hauptprofiteur

866 Kulischer, S. 506 f.
867 DIHT, S. 16.
868 Haussherr, S. 461; Kaelble, S. 178.
869 Müller, S. 108.
870 Gebhardt, S. 382; Dombois, Die preußische Staatsbank Seehandlung, S. 127 f.
871 Weimarische Allgemeiner Anzeiger vom 2. Oktober 1868, S.1.
872 Haussherr, S. 461.
873 Henning, Bd. 2, S. 260.
874 Müller, S. 114.

des Aufschwungs. Allgemein ist zu beobachten, dass die Kammern mehr und mehr zu überregionalen Themen griffen.[875] So äußerten sie sich auch zur Staatspolitik und es ergingen Stellungnahmen bezüglich der Verstaatlichung der Reichsbank sowie zu sozialpolitischen Fragen. Ferner war die Mittelstandspolitik unter stetiger Begutachtung. Über den deutschen Handelstag hielten die Kammern auch untereinander einen regen Kontakt.[876] Die Handelskammern hatten sich von der ehemaligen Zunft zu einem Interessenorgan mit Behördenfunktion gewandelt.

IV. Zusammenfassung

Nach Einführung der Gewerbefreiheit in den französisch besetzten Gebieten sowie durch das Gewerbesteueredikt vom 28. Oktober 1810 und das Gewerbegesetz vom 7. September 1811 in Preußen kam es in vielen Ländern zur Restauration und damit zur Wiederherstellung der alten Einrichtungen.[877] In Hannover, Kurhessen, Oldenburg und Bremen hatte französisches Recht gegolten und nach dem Sieg über Napoleon wurden hier wieder Zunftverfassungen eingeführt. Nur am linken Rheinufer blieb die Gewerbefreiheit in Kraft. Das Gewerbesteueredikt vom 28. Oktober 1810 und das Gewerbegesetz vom 7. September 1811 blieben auch nach dem Sieg über Napoleon in den damaligen Gebieten der preußischen Monarchie in Geltung. In den auf dem Wiener Kongress hinzukommenden Landesteilen erstreckte Preußen die Geltung des Gewerbesteueredikts und das Gewerbegesetz nicht. Hier blieben die schon immer geltenden Zunft- und Gewerbeverfassungen unverändert bestehen.

Im Jahre 1845 kam es zum Erlass der ersten Gewerbeordnung für den ganzen preußischen Staat.[878] Diese Gewerbeordnung beinhaltete zwar weiterhin den Grundsatz der Gewerbefreiheit, aber diese wurde durch verschiedene Regelungen eingeschränkt. So wurde der Betrieb von verschiedenen Gewerben von dem Nachweis der Befähigung oder der Erteilung einer polizeilichen Erlaubnis abhängig gemacht. In den übrigen deutschen Staaten behielten dagegen die Zunftverfassungen weiterhin Gültigkeit. Allenfalls erließen einige Staaten Gewerbegesetze, die einen langsamen Übergang zur Gewerbefreiheit ebnen sollten.[879]

In den 40er Jahren des 19. Jahrhunderts gewann unter dem Druck wirtschaftlicher Not altes zünftiges Gedankengut wieder die Oberhand. In Preußen kam es

875 Boll/Huggle, S. 105.
876 DIHT, S. 18 f.
877 Haupt, S. 71.
878 Hoffmann, die Befugnis zum Gewerbebetrieb, S. 125.
879 Z.B. Bayern und Württemberg.

aus dieser Strömung heraus zur Verordnung betreffend die Errichtung von Gewerberäten und zur Abänderung der allgemeinen Gewerbeordnung vom 9. Februar 1849.[880] Dies führte gegenüber den Vorschriften der GewO 1845 sowie dem Gewerbesteueredikt vom 28. Oktober 1810 und dem Gewerbegesetz vom 7. September 1811 zu einer weiteren Beschränkung des Gewerbebetriebes. Danach wurden von dem größten Teil der Handwerker die Ablegung einer Fähigkeitsprüfung oder der Eintritt in eine Innung für die Ausübung eines selbständigen Gewerbebetriebes gefordert.

In den 50er und 60er Jahren des 19. Jahrhunderts kam es zu einer breiteren Akzeptanz der Gewerbefreiheit. In dieser Zeit wurden in dem überwiegenden Teil der deutschen Staaten Gewerbeordnungen eingeführt, die auf dem Grundsatz der Gewerbefreiheit beruhten.[881] Nachdem die letzten einzelnen deutschen Territorien die Gewerbefreiheit eingeführt hatten, ging die Bestrebung dahingehend, zukünftig eine einheitliche gesamtdeutsche Regelung für deren Weiterentwicklung zu finden.[882] Eine grenzübergreifende Regelung erfolgte im Jahre 1868 durch das Notgewerbegesetz, aus dem dann die Gewerbeordnung für den Norddeutschen Bund hervorging.

Die GewO 1869 beruhte auf dem revidierten Geist der Gewerbefreiheit der GewO 1845. Ein Vergleich der Kündigungsvorschriften der Berliner Fabrikordnung von 1825, der kurhessischen Zunftordnung vom 5. März 1816, der Zunftordnung für das Großherzogtum Sachsen-Weimar-Eisenach vom 15. Mai 1821, der preußischen Gewerbeordnung von 1845, dem sächsischen Gewerbegesetz von 1861 und der Gewerbeordnung des Norddeutschen Bundes von 1869 ergibt,

---

880 Cirkular-Erlaß vom 4. Oktober 1870 im Ministerial-Blatt für die innere Verwaltung, S. 282; Cirkular an sämtliche königlichen Regierungen und Landdrosteien, die Anregung zur Errichtung von Innungen zur Förderung gemeinsamer gewerblicher Interessen der Handwerker betreffend, vom 4. Januar 1879, S. 9 in: Ministerial-Blatt für die gesamte innere Verwaltung in den Königlich Preußischen Staaten, Jahrgang 1880.

881 Die Gewerbefreiheit wurde eingeführt in Nassau durch Gesetz vom 9. Juni 1860, in Bremen durch Gesetz vom 4. April 1861, in Oldenburg durch Gesetz vom 11. Juli 1861, in Sachsen durch Gesetz vom 15. Oktober 1861, in Württemberg durch Gesetz vom 12. Februar 1861, in Sachsen-Gotha durch Gesetz vom 21. März 1862, in Sachsen-Weimar durch Gesetz vom 30. April 1862, in Sachsen-Meiningen durch Gesetz vom 16. Juni 1862, in Waldeck durch Gesetz vom 24. Juni 1862, in Baden durch Gesetz vom 20. September 1862, in Sachsen-Altenburg durch Gesetz vom 31. März 1863, in Reuß j.L. durch Gesetz vom 11. April 1863, in Sachsen-Coburg durch Gesetz vom 26. Juni 1863, in Schwarzburg-Rudolstadt durch Gesetz vom 8. April 1864, in Braunschweig durch Gesetz vom 3. August 1864, in Hamburg durch Gesetz vom 7. November 1864, in Schwarzburg-Sondershausen durch Gesetz vom 14. November 1865, in Lübeck durch Gesetz vom 5. Oktober 1866, in den neuen preußischen Landesteilen mit Ausnahme von Nassau durch Verordnung vom 29. März, 9. August, 23. und 27. September 1867, in Bayern durch Gesetz vom 30. Januar 1868 und in Reuß ä.L. durch Gesetz vom 27. April 1868.

882 Die letzten bedeutenden Länder in denen die Gewerbefreiheit eingeführt wurde, waren Sachsen (1861), Baden (1862), Württemberg (1862) und Bayern (1868).

dass deren Regelungsgehalt nahezu identisch ist.[883] Die Gewerbeordnung von 1845 und die Gewerbeordnung des Norddeutschen Bundes von 1869 enthielten damit wieder Regelungen, die bereits in den Zunftordnungen des 18. Jahrhunderts normiert waren.

Nach der Darstellung des Gewerberechts und der Entstehung der Handelskammern anhand Preußens soll im Folgenden auf zwei Mitgliedstaaten des Norddeutschen Bundes, das Großherzogtum Sachsen-Weimar-Eisenach und das Herzogtum Sachsen-Coburg und Gotha eingegangen werden. Es soll aufgezeigt werden, wie sich das Gewerberecht bei dem Wandel von der Zunft zu den Industrie- und Handelskammern entwickelt hat. Dabei soll auch die bis heute so umstrittene Zwangsmitgliedschaft in der Industrie- und Handelskammer berücksichtigt werden.

883 Mascher, S. 628.

3. Kapitel - Entwicklung des Gewerberechtes und der Handelskammer im Großherzogtum Sachsen-Weimar-Eisenach

I. Zur rechtlichen Vielschichtigkeit im Herzogtum Sachsen-Weimar-Eisenach

Das Herzogtum Sachsen-Weimar-Eisenach wurde im 17. Jahrhundert durch Erbfolge in zwei selbständige Herzogtümer geteilt. Der Weimarer Herzog Ernst August hatte 1724 für das weimarische Haus die Primogeniturerbfolge und damit die zukünftige Unteilbarkeit des Landes eingeführt.[884] Eisenach übernahm diese Regelung. 1741 starb die eisenachsche Linie aus und das Herzogtum Eisenach fiel zurück an Weimar.[885] Doch die fast 80 Jahre lang bestandene Trennung blieb zunächst in vielen Bereichen bestehen. Obwohl ab 1741 das Herzogtum Sachsen-Weimar-Eisenach wieder unter einem Herrscher stand, blieben es formell nach wie vor zwei selbständige Staaten, mit je einer eigenen Behördenorganisation, unterschiedlichen landständischen Verfassungen und zwei Regierungen.

Aber auch die jenaische Landesportion, die ebenfalls von 1662 bis 1690 ein eigenes Fürstentum war, hatte sich nach dem Aussterben ihrer Herzogslinie innerhalb des Herzogtums gewisse eigene Befugnisse und damit eine gewisse Selbständigkeit bewahrt.[886] Jeder der drei Landesteile hielt an seiner Selbständigkeit fest. Vor allem bestand die Furcht, dass die eigene Steuerkraft zur Unterstützung des anderen Landesteils ausgenutzt werden könnte. Jeglicher Verschmelzungsversuch wurde darum von den Landständen energisch abgelehnt. Erst 1756 wurde die Verwaltungstrennung schließlich aufgehoben und von diesem Zeitpunkt an wurden Eisenach und Jena von Weimar aus mit regiert.

Eine weitere Sonderstellung nahm Ilmenau, als ehemalige hennebergische Erbschaft, ein.[887] Die verfügte zwar über keine eigenen Landstände, aber über eine abgesonderte Steuerverfassung.[888] Als nicht altsächsisches Land stand Ilmenau nicht das Privilegium non appellando zu, sondern es unterlag der Zuständigkeit des Reichskammergerichts. Auch als Bestandteil des fränkischen Kreises war es

884 Jonscher, S. 155.
885 Burkhardt, Regesten zur Geschichte der Stadt Weimar von 1307-1884, S. 39 ff.
886 Göckel, Geschichtl. Ueber. der Bild. d. Großhzthms., Bd. IV, S. 469.
887 John, S. XXX.
888 Schmidt, Bd. VIII, S. 160f.

stärker mit der Geschichte des alten Reiches verbunden als die übrigen weimarschen Lande, die zu dem ehemaligen obersächsischen Kreis gehörten.

II. Die Stärkung der Innungsrechte durch das Reskript vom 5. Juni 1792

Aufgrund der territorialen Zersplitterung und des damit nicht geschlossenen Absatzmarktes hinkte die Wirtschaft des Herzogtums der allgemeinen Entwicklung in Deutschland hinterher.[889] Die darum auch immer geringer werdenden Steuereinnahmen veranlassten die Regierung zum Umdenken. Sehr umstritten war, ob die mit der Zunft verbundene Arbeiterverfassung aufgelöst werden sollte, um so die Wirtschaft zu beleben. Die Verwaltungspraxis des zuständigen Regierungskollegiums hatte bisher an der Zunftverfassung festgehalten und auch die Kaufleute in Weimar waren zunftmäßig in einer Krämerinnung organisiert.[890] Der wachsenden Not der Handwerker war die Regierung bisher mit der immer stärkeren Einschränkung von Meistern begegnet, ohne aber irgendwelche Erfolge zu erzielen.

Die zünftigen Regelungen waren zu starr und unflexibel. Auf dem Land hatte die Zunftverfassung kaum noch eine Bedeutung. Den ländlichen Handwerkern erschwerte vielmehr der Frondienst die Arbeit.[891] Die dortigen Handwerker waren eng mit der Landwirtschaft verbunden. Diese verlangten Ausnahmen von der Zunft und erlangten ihn auch. Aber auch in den Städten wurde immer mehr gegen die Zahlung von Konzessionsgeldern Ausnahmen zugelassen.[892] Die Konzessionserteilung wurde durch die Kammer zuerst nur aus finanziellem Interesse gehandhabt. Wirtschaftliche Probleme wurden dabei nicht beachtet, sodass gegen entsprechende Zahlung auch Konzessionen erteilt wurden, die quasi ein Monopol für denjenigen schuf, der sie erhielt.[893] Damit wurde zum Teil jede Konkurrenz unterbunden und nicht einmal bestehende Rechte wurden dabei beachtet. Die Spannungen nahmen immer mehr zu. Erst als sich dadurch die wirtschaftliche Lage auch nicht gebessert hatte, hob die Regierung durch das Reskript vom 5. Juni 1792 die Beschränkung der Meisterzahl auf. Den Innungen wurden jetzt mehr Kompetenzen eingeräumt. Bot doch die Innungsverfassung

---

889 Weimarer Stadtarchiv 89-732; John, S. XIX; Fink, Die Stadt Weimar seit Ausgang des 30jährigen Krieges bis zum Beginn der klassischen Zeit (1648-1775), S. 11.

890 Weimarer Stadtarchivakte HA I-42-48 Zunftordnung der Krämerinnung von Weimar und Aktennr. HA-I-43-31 Innungsartikel der Kramerinnung; Günther/Huschke/Steiner, Weimar, S. 146.

891 Kulischer, S. 95/96.

892 Bek. Großherzogl. Staatsministerii zu Weimar vom 27. Dec. 1821, die Erwerbs-, Canons- und Concessionsgelder, betr. in Göckel, Bd. III, S. 1011 u. 1013; Haupt, S. 31 u. 52.

893 DZA Merseburg, Gen.-Dir., Fabr.-Dep. XC, Nr. 28.

ihren Mitgliedern einen gewissen Schutz im Alter und bei Krankheit sowie sicherte sie zugleich den Käufern eines Produktes eine bestimmte Qualität zu.[894]

III. Zur partiellen Freigabe des Handels und des Gewerbes durch das Patent vom 30. Januar 1811

Die wirtschaftlichen Verhältnisse des Kleinstaates besserten sich jedoch nicht und die daraus herrührenden finanziellen und persönlichen Belastungen, insbesondere durch den napoleonischen Krieg, bekam das Land deutlich zu spüren.[895] Die wirtschaftlich starken Persönlichkeiten zogen es vor, aufgrund des Krieges und für die Dauer der Wehrpflicht, ihren Wohnsitz ins Ausland zu verlegen und die belastbarsten Arbeitskräfte waren im napoleonischen Heer verpflichtet. Des Weiteren kamen die Handelshemmnisse in Folge der Kontinentalsperre erschwerend hinzu. Industrie und Handel klagten daher ununterbrochen. Bereits vor dem Krieg war der Absatz ins Ausland durch die französischen Wirren so gut wie ganz verloren gegangen. Durch die Ausdehnung des Machtbereichs Frankreichs wurden mehr und mehr ehemals deutsche Gebiete für deutsche Händler unzugänglich. Auf den noch verbleibenden frei zugänglichen Märkten wurde der Konkurrenzkampf gnadenlos.[896]

Handel und Industrie drängten den Fürsten, wenigstens den Binnenmarkt so gut es eben geht, von fremden Importen, welche zumeist durch den Hausierhandel verbreitet wurden, zu schützen.[897] Die zu Weimar gehörenden Ämter Ostheim und Kaltennordheim waren vollständig vom würzburgschen Gebiet eingeschlossen und hatten überhaupt keinen Absatzmarkt mehr.[898] In beiden Ämter war die Weberei eine der Haupteinnahmequellen und diese sank auf null.[899] Doch auch die bittersten Klagen beim Fürsten um Hilfe, konnten zu keinem Erfolg führen. Das Großherzogtum war jetzt zur Kriegszeit noch mehr zum Spielball der

894 Weimarer Stadtarchivakte HA I-42-20, Innungsartikel der Riemer, Seiler, Beutler, Nadler, Sporer, Büchsenmacher, Flaschner, Kramer u.a.; Haupt, S. 28; Bechstein, Alt-Weimars örtliche Entwicklung, S. 33 ff.

895 John, S. LIX u. LX; Müller, S. 84; Falk, Kriegsbüchlein, S. 14 f.

896 Henß, Communwesen, S. 33/34. Die Apoldaer Industrie war schon vorher ins Hintertreffen geraten und musste nun ihre Produktion nochmals halbieren.

897 Weimarer Stadtarchivakte HA I-43-37 Gesuch der Kramerinnung um Geschlossenheit 1822-1828; HA I-43-40 Beschwerde der Kramerinnung gegen die Tuchmacher wegen Verkauf gewisser Zeuge; Roscher, Nationalökonomik, S. 33.

898 Staatsvertrag mit dem Königreich Baiern vom 24. Mai 1843 und Gesetz vom 19. Juli 1843 wegen der Zoll- und Handels-Verhältnisse und der Besteuerung innerer Erzeugnisse in dem Amte Ostheim, abgedruckt in: Regierungsblatt für das Großherzogtum Sachsen-Weimar-Eisenach 1843, S. 47-53 u. S. 55-76. Regierungsblatt für das Großherzogtum Sachsen-Weimar-Eisenach 1882, S. 20; Regierungsblatt für das Großherzogtum Sachsen-Weimar-Eisenach 1880, S. 265.

899 Weimarisches Wochenblatt Nr. 14 vom 19. Februar 1811.

Großmächte geworden als es schon zuvor war. Daran konnte auch der gute Wille des Fürsten nichts ändern und er musste den wirtschaftlichen Niedergang seines Herzogtums hilflos mit ansehen. Der Regent konnte nur den damals neusten volkswirtschaftlichen Theorien folgend, jegliche staatliche Einmischung in die Wirtschaft aufheben.[900] So wurde versucht, aus der Not heraus eine Tugend zu machen:

> *„durch Aufhebung aller Beschränkungen den Gewerbefleiß der Untertanen aufzuregen und die Mittel zu erleichtern, die Cultur und den Wohlstand mehr und mehr zu heben und durch eine vermehrte Tätigkeit und gleichere Verteilung der Lasten dem betriebsamen Untertan die Früchte des Fleißes zu sichern.“*[901]

Damit wurde zunächst der Getreidehandel vollkommen freigegeben. Verantwortlich dafür war hauptsächlich das Polizeikollegium. Diese Entwicklung gab dann auch den Anlass für den Erlass eines Patentes, durch welches ab 1. März 1811 die Allmacht der alten Zunftverfassung eingeschränkt wurde.[902]

> *„Sr. des regierenden Herzogs zu Sachsen Weimar und Eisenach Durchlaucht, haben die bis anhero bestandenen Gesetze, wodurch die Exportation verschiedener Landwirthschaftlicher Producte beschränkt, oder der freye Verkehr innländischer Handwerker und Gewerbe behinderts worden, einer nochmaligen Revision unterworfen und hierauf die gnädigste Entschließung gefasst, zu Beförderung des Wohlstandes höchst Dero getreuen Unterthanen mit Aufhebung jener Beschränkungen vorschreiten zu lassen, und die Freyheit der Gewerbe und des Handels, so weit thunlich zu erweitern.*
> *In Gemäsheit der dieserhalb erhaltenen höchsten Vorschrift, wird von dem H.L. Polizey-Collegio hiermit folgendes bekannt gemacht:*
> 1. *Von dem 1. März 1811 an sind aufgehoben:*
>   *(...)*
> 2. *Vom 1. März 1811 wird ferner freygegeben:*
>   a) *Der Verkauf und die Ausfuhre des Talgs, in Ansehnung dessen die in der Landesordnung c. 47 und 48 und die nach den Innungsartikeln an verschiedenen Orten den Sei-*

900 Crämer; Der politische Charakter des weimarischen Kanzlers Friedrich von Müller, S. 24 ff.

901 Hartung, Das Großherzogtum Sachsen unter der Regierung Carl Augusts 1775-1828, S. 256; Staatsarchiv Akten B 5376a, 5386 und 17038.

902 Weimarisches Wochenblatt Nr. 14 vom 19. Februar 1811.

fensiedern zustehende Vorkaufsrechte hiermit ausdrücklich aufgehoben werden.

b) (...)

3. *Soviel den Handel auf den freyen Jahrmärkten betrifft, wird als allgemeine Grundregel festgesetzt, daß jedwedem in- und ausländischen Handelsmann und Professionisten, unter der Voraussetzung, daß solcher mit gehörigen Pässen resp. mit Handelspatenten oder sonst sich zu legitimieren vermag, der freye ungehinderte Verkauf seiner Waaren, während der ganzen Dauer der Jahrmarktsfreyheit gestattet seyn und für die Zukunft die zeither auf einzelnen Jahrmärkten zu Gunsten der städtischen Proffessions-Verwandten geordnete Beschränkungen, nach welchen auswärtigen Krämer und Handwerker nicht gleich den ersten Tag oder erst zu gewissen Stunden ausstehen dürfen, aufhören soll.*
4. *Uebrigens werden auf den Wochenmärkten einzelner Städte auch künftig nach Maasgabe der bisherigen Observanz, auswärtige Professionisten des Landes mit ihren Waaren, nicht weniger die Bauern mit selbst gefertigter Leinwand, zum Verkauf ungehindert zugelassen.*
5. *In Ansehnung des denen Innungen verliehenen Verbietungs- und Zwangsrechts wird eine genaue Revision der Innungsartikel und Privilegien die näheren Bestimmungen des nächsten gewähren, vorläufig indessen verordnet, daß diese Rechte auf die engsten Grenzen beschränkt und lediglich von den selbstgefertigten Arbeiten der Meister verstanden werden sollen.*
6. *Es beleibt daher jedem Bürger und Einwohner nachgelassen, bey einem jeden inländischen Meister die bedürfende Arbeit oder Waare zu bestellen und einzubringen oder hereinbringen zu lassen, ohne daß von Seiten der Innung des Orts etwas dagegen eingewendet oder ein Zunftzwang ausgeübt werden könnte, doch versteht es sich von selbst, daß von den eingebrachten Artikeln nicht blos die Herrschaftlichen Abgaben, sondern auch die herkömmlichen Entrichtung an Schau- und Sparrengeldern und wie sonst benannt werden, an die Innung abgetragen werden müssen. Vornehmlich soll diese Vergünstigung, unter der nur gemachten Bestimmung sich auf die Bau-Arbeiten der inländischen Zimmerleute, Maurer und Tüncher erstrecken, so, daß deren Arbeit nicht blos auf den Innungsbezirk, in welchem sie wohnhaft, eingeschränkt werde. Ausländer bleiben jedoch*

allerdings ausgenommen, und es in Ansehung deren bey der bisherigen Verfassung.

7. *Gleichergestalt wird der bisherige Unterschied zwischen Staat- und Landmeister bey denen Innungen, welche Landmeister zu setzen befugt sind, aufgehoben, und zum Behuf deren Gleichstellung dem Landmeister nachgelassen, auch in der Stadt Bestellung anzunehmen, jedoch in Ansehnung der Niederlassung von Handwerksmeistern auf dem Lande hiermit vorgeschrieben, daß künftig vor Annahme eines Landmeisters bey Herzogl. Policey-Collegio jedes Mal angefragt und die Genehmigung eingeholt werden soll.*
8. *(...)*
9. *Ebenmäßig behält es endlich bey dem den Schnitthändlern und Kaufleuten bisher eingeräumten Betrieb von Waaren sein Bewenden, und wird den Kaufleuten überdies gestattet, alle und jegliche Artikel, welche Professionisten zu fertigen und zu führen berechtigt sind, mit alleiniger Ausnahme der Strumpf-Manufacturwaaren, im Ganzen sowohl als im Einzelnen zu verkaufen. Sign. Weimar, den 30. Jan.1811*
   Herzogl. S. Landes-Policey-Collegium. von Fritsch"[903]

Wurden in Preußen die Steinschen Reformen nach der vernichtenden Niederlage gegen Napoleon angegangen, so waren in Weimar die Kontributionszahlungen ausschlaggebend für diese Reformen.[904] Zwar schreckte der Regent vor solch umwälzenden Reformen wie in Preußen zurück, doch auch im Herzogtum war es notwendig, eine höhere Produktivität und Wirtschaftlichkeit zu erlangen. Das Weiterverfahren in dem alten Trott war auch hier nicht möglich.[905] Mit dem am 30. Januar 1811 erlassenen und bereits zum 1. März 1811 in Kraft tretenden Patent hatte das Herzogtum auch den Ernst der Lage erkannt und trat ähnlich wie Preußen die Flucht nach vorn an. Mit dem Patent fielen nicht nur die Ausfuhrverbote für Rohstoffe weg, sondern auch viele Vorkaufs-, Zwangs- und Bannrechte der Innungen.[906] Die Zünfte als Organisation blieben aber unangetastet. Aber alle ihre unzähligen Ordnungen sollten revidiert und enger ausgelegt werden.[907]

---

903 Bekanntm. Herz. Landespolizei-Collegii zu Weimar vom 30. Jan. 1811, Aufhebung mehrerer Gesetze, Exportation und Handelsverkehr betr. in Göckel, Bd. II, S. 3-6; Fink, Das Geschäftsleben Weimars im Wandel der Zeit, S. 4/5.

904 Boldt, Reich und Länder, S. 262; Oettingen, Acht Weimarische Briefe aus der Franzosenzeit, S. 9.

905 DZA Merseburg, Rep. 92, Wöllner I, Nr.8.

906 Michelsen, Rechtsdenkmale aus Thüringen, S. 265.

907 Weimarisches Wochenblatt Nr. 14 vom 19. Februar 1811.

Die Stadt- und Landmeister wurden einander gleichgestellt.[908] Damit konnte jeder Einwohner der Stadt auch von einem Landmeister zünftige Arbeiten bestellen oder von diesem Arbeiten in der Stadt erledigen lassen.

Der freie Geist, wie er in Weimar gefördert und vor allem durch Goethe und Schiller geprägt wurde, setzte sich langsam in wirtschaftlichen Angelegenheiten fort.[909] Carl August wie auch seine Minister neigte zu den modernen individualistischen Theorien A. Smiths. Die freie Bestätigung der Individuen stand im Vordergrund. Das Patent vom 30. Januar 1811 war ein Schritt in diese Richtung. Doch wurde die Freiheit vom Volk zum Teil als der Schlendrian der guten alten Zeit begriffen. Es ließ sich bereits im 18. Jahrhundert bequem leben, weil der Staat sich um die wirtschaftlichen Belange nicht kümmerte. Genau dieses gleiche Verständnis brachte auch jetzt ein Großteil der Bevölkerung des Herzogtums der neuen wirtschaftlichen Freiheit entgegen.[910]

IV. Die Wechselordnung als erste einheitliche Kodifikation im Großherzogtum

Auf dem Wiener Kongress wurden dem Herzogtum neue Landesteile zugesprochen.[911] Dies geschah jedoch nicht in dem Ausmaß, wie es sich der Herzog erhofft hatte. Weiterhin wurde dem Herzogtum der Titel Großherzogtum verliehen.[912]

Durch die neuen Landesteile, welche dem Großherzogtum auf dem Wiener Kongress zugesprochen wurden, mussten dringend innenpolitische Reformen eingeleitet werden. Zu den zwei alten Prozessordnungen waren noch die kursächsische, die preußische, die hessische und die fuldasche hinzugekommen. Das Material war schwer zu überschauen. Jede Prozessordnung war durch eine Reihe von einzelnen Verordnungen abgeändert worden. Eine Zusammenfassung und Neubearbeitung des gesamten Prozessrechts, inklusive der altweimarschen Prozessordnungen, war dringend notwendig.[913] Doch die Bestrebungen zur Ver-

908 Punkt 7 des Patentes vom 30. Januar 1811.
909 Höffner, Goethe und das Weimarer Hoftheater, S. 11 ff; Jonscher, S. 154.
910 John, S. XIV; Bergmann, Carl August-Bibliographie, S. 135 ff; Schöll, Goethe als Staatsmann, S. 435.
911 Boldt, S. 262; Goethe und Böhmen 1785-1832, S. 29; Egloffstein, Carl August auf dem Wiener Kongreß, S. 15 ff.
912 Schulze-Gaevernitz, Karl August Großherzog von Sachsen-Weimar, S. 8.
913 Hartung, S. 372; Staatsarchiv Akten B 2256 und 2387; Marcks, Carl August, S. 265f.

einheitlichung kamen immer wieder ins Stocken und sind über Anfänge nie hinausgelangt.[914]

Was für die Prozessordnungen galt, setzte sich auch im materiellen Recht fort. Auch hier bestanden immer noch eine Vielzahl von Verordnungen, Ergänzungen und Gesetzen, die eine Unsicherheit bei den rechtsprechenden Behörden wie bei der rechtsuchenden Bevölkerung erzeugte. Nicht einmal im alten Herzogtum, ohne die neu dazu erhaltenen Gebiete, galt ein einheitliches Recht. In den hennebergischen Besitzungen galt die hennebergische, nicht die Weimarer Landesordnung.[915] Von den neuen Landesteilen hatte jeder sein eigenes Recht. Neustadt und die thüringischen Ämter kursächsisches, das ehemals Erfurter Gebiet das preußische allgemeine Landrecht, Vacha hatte hessisches, Geisa und Dermbach fuldasches Recht.[916] Von der Ortslage Lengsfeld wusste überhaupt niemand genau anzugeben, welches Recht gültig war.[917] Eine einheitliche Rechtsfindung gestaltete sich schwierig. So stand die weimarische Justizgesetzgebung vor der gleichen Frage, wie sie für ganz Deutschland stand und in der bekannten Kontroverse zwischen Thibaut und Savigny erörtert wurde, ob sie sich mit der Vielfalt der Rechte abfinden oder ein neues einheitliches Recht schaffen sollte.[918]

Der Handel ermöglichte im Großherzogtum die Schaffung der ersten einheitlichen Kodifikation. In dem für den Handel besonders wichtigem Wechselrecht wurde mit der Wechselordnung vom 20. April 1819 die erste landesweite einheitliche Regelung gefunden.[919] Grundlage war der altweimarsche Grundsatz, dass jeder Volljährige wechselfähig sei. Davon ausgeschlossen waren die Soldaten, die Studenten, die Bauern, die Handwerker und Frauen, sofern sie nicht selbständig Handel trieben.

914 Mit der Vereinheitlichung des Zivilprozeßrechts im Großherzogtum wurde von Carl August der aus Heidelberg stammende Rechtsgelehrte Martin beauftragt.
Hartung, S. 373; Staatsarchiv Akten B 2391.

915 John, S. 18/19; Buchda, S. 35.

916 Göckel, Geschichtl. Ueber. der Bild. d. Großhzthms., Bd. IV, S. 471.

917 Vor 1806 hatte das gemeine deutsche Recht dort bestanden. Dann war Lengsfeld Kurhessisch geworden, ohne dass die hessische Gesetzgebung eingeführt wurde. 1807 war dann das königlich westfälische Zivilrecht verkündet worden und 1813 war Lengsfeld an Kurhessen zurückgefallen. Die damit verbundene Verfügung der Aufhebung des westfälischen Rechts wurde nicht mehr wirksam, weil Lengsfeld Anfang 1814 bereits zu Fulda geschlagen und ohne weitere Bekanntmachung nach fuldaschem Recht regiert wurde. 1815 war es zunächst mit ganz Fulda an Hessen gefallen und von da im Austausch nach Weimar gekommen.
Hartung, S. 373; Staatsarchiv Akten B 2391.

918 Kroeschell, S. 126 f; Eisenhardt, Deutsche Rechtsgeschichte, S. 364 ff.

919 Wechselordnung vom 20. April 1819 abgedruckt im: Regierungsblatt für das Großherzogtum Sachsen-Weimar-Eisenach 1819, S. 37-72; Göckel, Bd. II, S. 509 f.; Schmidt, Bd. IX, S. 177f. u Bd. X, S. 92.

Aufgrund der wirtschaftlichen Not und den Folgen des Krieges nahmen die strafbaren Handlungen stark zu. Ein einheitliches Strafrecht bestand im Großherzogtum ebenso wenig, wie ein einheitliches Zivilrecht. Zudem erschwerte eine wirksame Strafverfolgung, dass es zwischen den thüringischen Fürstentümern Brauch war, Straftäter nicht ins Gefängnis einzusperren, sondern einfach über die Landesgrenze zum Nachbarfürstentum abzuschieben. Aufgrund dieser unhaltbaren Zustände wurde als nächste einheitliche Kodifikation für das Großherzogtum ein Strafrechtgesetzbuch verfasst. Diese Aufgabe bewältigte der Jenaer Professor *Paul Johann Anselm von Feuerbach.*

Die Zünfte blockierten jegliche Reformbestrebungen.[920] Die Allmacht der Zunft machte es weiter unmöglich, dass die in der Landwirtschaft nicht benötigten Arbeitskräfte anderweitig eine Tätigkeit suchen konnten. Nicht einmal die Verarbeitung der selbst gewonnenen Erzeugnisse, wie zum Beispiel Flachs, war erlaubt. Die Gewerbe in Weimar bestanden zum Großteil aus Handwerkern, welche Mitglied in den Zünften sein mussten.[921] Diese berufsorientierten Zusammenschlüsse kontrollierten wie im 18. Jahrhundert auch noch im 19. Jahrhundert im Großherzogtum die Arbeitszeit, die Preise, die Qualität der Erzeugnisse und die Lehrlingsausbildung.[922] Die Enge der Residenzstadt Weimar und ihr bis Mitte des 19. Jahrhunderts weiter bestehender Charakter als Ackerbürgerstadt führten des Weiteren dazu, dass die meisten Handwerke überbesetzt waren. Vielfach konnten die Meister aufgrund der schlechten Auftragslage keine Gesellen beschäftigen. Selbst die Einteilung in die Innungsbezirke wurde bis in die 60er Jahre des 19. Jahrhunderts aufrechterhalten.[923]

Neben den Kriegsfolgen verschlechterte sich die wirtschaftliche Lage vor allem dadurch, dass im 19. Jahrhundert langsam die Bodenschätze im Großherzogtum versiegten.[924] Nur die Salzwerke in Kreuzburg an der Werra, welche bereits damals jährlich 11.000 Zentner Salz lieferten, waren eine der wichtigsten Einnah-

920 Henning, Bd. 2, S. 69; Mascher, S. 430 u. 435. Größere Bedeutung für das gewerbliche Leben hatten nur die Reichsstätte Bremen, Lübeck, Hamburg, Augsburg, Nürnberg sowie Frankfurt am Main und die großen fürstlichen Residenzen, wie Berlin, Dresden, Mannheim, München und Wien.

921 Arndt, Chronik der Stadt Weimar, S. 56 f.

922 Haupt, S. 23 u. 28.

923 Mascher, S. 430/435; Weimarer Stadtarchivakte HA-I-42-23: Die Innungsbezirke von Weimar waren: Neumark, Buttstedt, Allstedt, Schloßvippach, Vieselbach, Berka, Magdala, Blankenhain, Kranichfeld, Remda, Ilmenau, Jena, Lobeda, Bürgel, Dornburg, Apolda, Sulza.

924 Müller, S. 35. Dadurch waren das Steinkohlebergwerk Kammerberg und die Braunkohlegruben in Kaltennordheim fast die einzigen nennenswerten Förderstätten im Großherzogtum, vgl. Kaufhold/Sösemann, Wirtschaft, S. 102 f.

mequellen für den Kleinstaat.[925] Die Regierung tat alles erdenklich Mögliche, um den Handel zu beleben.[926]

V. Zur Ablösbarkeit der Zwangsgesinde- und Frondienste

Die daniederliegende Wirtschaft zwang den Großherzog Carl August zur Aufhebung von wirtschaftlichen Hemmnissen. Ab 1817 wurde deshalb eine Reihe von Gesetzen erlassen, die dazu bestimmt waren, die wirtschaftlichen Hindernisse aus alten Zeiten zu beseitigen und den Einzelnen eine freie Entfaltung zu ermöglichen. Die Weimarer Regierung kam 1817 - wie Preußen 1807 - zu dem Schluss, dass der Grundstücksverkehr freigegeben werden sollte.[927] Um einer ungehinderten Parzellierung vorzubeugen, wurden Mindestgrößen festgeschrieben.[928]

Ein weiteres wirtschaftliches Hemmnis war, dass im Großherzogtum immer noch verschiedene Gesindeordnungen existierten. Auch in Weimar existierten über viele Jahrhunderte Gesindeordnungen. So untersagte bereits eine Gesindeordnung von 1651 den Bediensteten, ein selbständiges Gewerbe zu führen.[929] Des Weiteren war der Lohn festgelegt und die Freizügigkeit abgeschafft. Im 19. Jahrhundert war die Gesindeordnung im Großherzogtum Sachsen-Weimar-Eisenach immer noch gebräuchlich. Infolge des in Preußen erlassenen Martini-Edikts und der darauf folgenden Gesindeordnung vom 8. November 1810[930] wurde jedoch auch in Weimar eine reformierte Gesindeordnung erlassen.[931]

---

925 Da aber die gewonnene Salzmenge den Bedarf nicht deckte, wurde ein weiteres Salzwerk bei Stotternheim in Betrieb genommen. Ein weiterer Rohstoff war Holz, der in vielen Sägewerken im Großherzogtum verarbeitet wurde. Als Nebenprodukte wurden Kienruß zur Herstellung von Buchdruckerschwärze und weißes Pech zum auspichen der Bierfässer gewonnen. In Tautenburg und Dorndorf wurde auch Pottasche gewonnen. Von industriellen Unternehmungen wären zunächst die Eisenwerke zu nennen, die das Rohmaterial für wichtige Ausfuhrartikel lieferten. Es gab im Großherzogtum 8 Eisenhämmer, zwei bei Ilmenau, zwei in Ruhla und vier im Neustädter Kreis. Der Ort Roda bei Ilmenau lebte fast ausschließlich von der Nagelausfuhr nach Holland. Über 80 Nagelschmiede waren hier tätig. Müller, S. 40.

926 So wurde 1816 ein Abkommen mit dem Fürsten von Thurn und Taxis getroffen, nach welchem das ganze Postwesen des Großherzogtums als Lehen in die Verwaltung der taxischen Post unterstellt wurde. Postlehnsvertrag mit Thurn-Taxis vom 31. Dezember 1816, abgedruckt im: Großherzoglich Sachsen-Weimar-Eisenachisches Regierungsblatt 1817, S. 2f.

927 Verhandlungen des Weimarschen Landtags 1817, abgedruckt im: Großherzoglich Sachsen-Weimar-Eisenachisches Regierungsblatt 1817, S.26- 44 u. S. 87-94; Hartung, S. 461; Staatsarchiv Akten B 5419 und Landtagsverhandlungen von 1819 S. 356 ff und S. 361.

928 John, S. 209/210.

929 Schmidt, Bd. IV, S. 137 f u. Bd. XI, S. 184 f.

930 Grotefend-Cretschmar, Preußisch-deutsche Gesetzessammlung, Bd. IV, S. 315; Brunner, S. 256 f.

931 Gesetz vom 2. März 1821, die Ablösbarkeit des Zwangsgesindedienstes betreffend, in Göckel, Bd. III, S. 766f. und Gesinde-Ordnung vom 18. Juni 1823, in Göckel, Bd. III, S.1079 f.

Durch das Gesetz über die Ablösbarkeit der Zwangs-Gesindedienste vom 2. März 1821 und die Auflösung des Gesinde- und Frondienstes durch die Steuerverfassung vom 29. April 1821 wurden erstmals die Feudallasten der Bauern für ablösbar erklärt. Zu diesen Lasten des Bauernstandes gehörte insbesondere der Gesindezwangsdienst.[932] Anspruch auf diesen hatten die Kammergüter, ohne dass die Dienste für ihren Betrieb wichtig oder gar unentbehrlich gewesen wären. Die freiwillige Ablösung des Gesindedienstes hatte hier schon von allein begonnen.[933] Trotzdem gab es vor allem in dem neu hinzugekommenen Neustädter Kreis viele Rittergüter, die an dem Gesindedienst festhielten.[934] Der Landtag beriet darüber und befand, dass diese Art von Dienst unzeitgemäß sei, aber die wohl erworbenen Rechte der Ritterschaft ablösepflichtig sind. Die Ablösung sollte durch freien Vertrag zwischen den Beteiligten vollzogen werden.[935] Falls ein solcher nicht zu schließen war, hatten der Landrat und das Justizamt darüber zu entscheiden. Die Entschädigung sollte durch Geldzahlung oder durch einen befristeten Erbzins geleistet werden.[936] Nach den im Großherzogtum allgemein geltenden Freiheitsgrundsätzen wurde erkannt, dass die Frondienste ein höchst unwirtschaftliches Relikt waren. Sie waren eine starke Belästigung für den Pflichtigen, der oftmals von weither anreisen musste, um seinen

---

932 Henning, Das vorindustrielle Deutschland 800 bis 1800, Bd. 1, S. 258; § 1 des Gesetzes über die Ablösbarkeit der Zwangs-Gesindedienste vom 2. März 1821, abgedruckt im: Großherzoglich Sachsen-Weimar-Eisenachisches Regierungsblatt 1821, S. 541 f.[542]
„Alle Gesinde-Zwangsdienste, welche bisher von Unseren Unterthanen an Unsre Kammer- oder an Privat-Güter, auf dem Grunde von Gesetzen, Erb-Register, Verträgen oder Herkommen persönlich geleistet wurden, sind ablösbar."

933 Henning, Bd. 2, S. 44.

934 Jonscher, S. 163.

935 Stieda, Zunftwesen, S. 56/57; Brunner, S. 245.

936 § 10 des Gesetzes über die Ablösbarkeit der Zwangs-Gesindedienste vom 2. März 1821, abgedruckt im: Großherzoglich Sachsen-Weimar-Eisenachisches Regierungsblatt 1821, S. 541f. [544]
„Wenn die Ablösenden die Ablösungs-Summen nicht sogleich abtragen, so soll den Dienstempfangenden ein stillschweigendes Unterpfandrecht auf das sämtliche Eigenthum der einzelnen Dienstpflichtigen, wegen des antheiligen Ablösungs-Kapitals und der Zinsen davon, bis zur Abtragung, zustehen."
§ 2
„Bis zu Ende des Jahres 1823 stehet es den Betheiligten frey, wegen Ablösung der Zwangsdienste einen Vertrag unter sich abzuschließen. Nach jedesmaligen Abschluss eines solchen aber ist derselbe sofort zur Kenntnis der im § 5 bestimmten Behörde zu bringen, welche letztere da, wo Lehngüter betroffen sind, an den Lehndorf, und sonst, bedenklichen Falles, an Unsre Landes-Direction zu berichten hat.
Eben so steht es, während derselben Zeit, sowohl den Dienstberechtigten, als den Dienstpflichtigen frey, bey der im § 6. benannten Behörde auf Ausmittelung der Entschädigung bey der Ablösung, und darauf anzutragen, daß von dieser Behörde, nach erfolgter Ausmittelung Versuche, gemacht werden, einen Vertrag, im Wege des Vergleichs, zwischen den Betheiligten zu Stande zu bringen.
Die angerufene Behörde ist verbunden, das Geschäft sogleich vorzunehmen und wird bey dessen Unterlassung den Oberbehörden deshalb verantwortlich."

Dienst zu leisten und dabei seinen eigenen Betrieb vernachlässigen musste. Der Nutzen des Berechtigten war demgegenüber gering, da die Fronarbeit widerwillig und damit schlecht geleistet wurde.[937] Die Kammer des Großherzogtums stellte für die Kammergüter fest, dass ein Mann und ein Pferd im Tagelohn mindestens ebensoviel leisteten wie vier Mann und vier Pferde im Frondienst.[938] Das ganze System galt als eine Vergeudung von Kräften, die anderen Ortes besser eingesetzt werden konnten. Auf die Ablösung durfte sich jeder Teil berufen und der andere Teil war verpflichtet auf diesen einzugehen. Der Verpflichtete musste eine angemessene Entschädigung zahlen. Das entsprechende Gesetz wurde am 11. Mai 1821 erlassen.[939] Auch die Hand- und Spannfronden galten als veraltet und wurden für ablösbar erklärt. Als nächstes standen die Huth- und Triftrechte in der Kritik.[940] Sie galten als ein Haupthindernis bei der zweckmäßigeren Ausnutzung des Bodens.[941] Doch hier war anders als bei den Frondiensten, die Aufhebung nicht per Vertrag möglich. Bei den Frondienstaufhebungsverträgen konnte sich der Verpflichtete auch entschließen, die Ablöse in natura zu leisten. Das war aber bei den Huth- und Triftrechten nicht möglich. Deshalb hätte ein Zwang ausgesprochen werden müssen, der die Huth- und Triftrechte beseitigte. Doch dazu wollte sich die Regierung nicht durchringen. Im Huth- und Triftrechtegesetz vom 3. April 1821 wurde nur festgelegt, dass die Huth- und Triftrechte nicht missbräuchlich sein durften und es wurde ein einheitlicher Termin für Beginn und Ende des Triftrechts bestimmt.[942]

Auch die Steuergesetzgebung von 1821 war darauf gerichtet, dem Bauernstand eine freie Bewegung für seine Kräfte zu schaffen und ihm den Verkauf seines Grund und Bodens zu erleichtern.[943] 1826 erging ein Gesetz, das den Erwerb von Bauerngütern durch Personen der anderen Stände ermöglichte.[944] Damit konnten jetzt auch Bauern Rittergüter und städtische Grundstücke erwerben.

---

937 Kroeschell, S. 143.

938 Hartung, S. 466; Bericht der Kammer vom 8. Oktober 1825 in Staatsarchiv Akten B 10590.

939 Gesetz über die Ablösbarkeit der Hand- und Spannfrohnen vom 11. Mai 1821, abgedruckt im: Großherzoglich Sachsen-Weimar-Eisenachisches Regierungsblatt 1821, S. 546 f.; Jonscher, 163.

940 John, S. 209/217.

941 Henning, Bd.1, S. 250 f; Hertzer, Die Finanzwirtschaft der Stadt Weimar in ihrer Entwicklung, S. 88.

942 Huth-und Triftgesetz vom 3. April 1821 abgedruckt im: Großherzoglich Sachsen-Weimar-Eisenachisches Regierungsblatt 1821, S. 567 f.; Göckel, Bd. III, S. 771 f.

943 Steuer-Patent für das laufende Jahr 1821, vom 3. April 1821, abgedruckt im: Großherzoglich Sachsen-Weimar-Eisenachisches Regierungsblatt 1826, S. 285f und Gesetz über die Steuerverfassung des Großherzogtums vom 29. April 1821 abgedruckt im: Großherzoglich Sachsen-Weimar-Eisenachisches Regierungsblatt 1821, S. 496 f.

944 Gesetz über die Erwerbung liegender Güter vom 17. Mai 1826, abgedruckt im: Großherzoglich Sachsen-Weimar-Eisenachisches Regierungsblatt 1826, S. 60 f.

Ziel der Wirtschaftspolitik war es, *„die intellectuelle Kraft des Menschen zu wecken und auf den ihm selbst wohltätigen Zweck hinzuleiten."*[945]

VI. Das Zunftgesetz vom 15. Mai 1821

Durch das Gesetz vom 15. Mai 1821 über Innungen und Zünfte (ZunftG) wurden zunächst nochmals alle Zünfte bestätigt.[946] Damit ging das Großherzogtum einen anderen Weg im Umgang mit den Zünften ein als dies Preußen tat.

> *„§ 4. Die Zünfte bestehen unter dem Schutze des Staates, als ehrenvolle Gesellschaften, für ihre – dem Staate wie seinen Gliedern – höchst wichtigen Zwecke:*
> *Größere Sicherheit der Nahrung, höchstmögliche Vervollkommnung und Ausbildung der Kenntnisse unter den Gewerbetreibenden, Vervollkommnung der Gewerbe selbst.*
> *Der Name: „Meister" bei allen Zünften, wo er herkömmlich, ist ein vom Staate anerkannter Ehren-Titel, der keinem, welcher das Meisterrecht auf zunftgesetzliche Weise erlangt hat, verweigert werden darf, so lange er dieses Meisterrecht auszuüben befugt ist."*

> *„§ 5. Alle obere und niedere Behörden, denen die Aufsicht über das Zunftwesen, dessen Leitung und Ausbildung anvertraut ist, sind ganz besonders verpflichtet, darauf zu sehen, dass die wichtigen Zwecke desselben in jeder Hinsicht erfüllt werden und daß die Zünfte, soweit sie gesetzlich bestehen, durch strenge Sittlichkeit, Bürgertreue, Redlichkeit und möglichste Ausbildung der Gewerbskenntniß in allen ihren Gliedern, ihre ehrenvolle Stellung behaupten.*
> *In solchem Sinne werden diese Behörden unter andern die Errichtung von Handwerksschulen, besonders in größern Städ-*

945 Einleitung zum Gesetz über die Innungen und Zünfte und die Beobachtung allgemeiner Innungs-Artikel vom 15. Mai 1821, Großherzoglich Sachsen-Weimar-Eisenachisches Regierungsblatt 1821, S. 617.

946 Das Gesetz über die Innungen und Zünfte und die Beobachtung allgemeiner Innungs-Artikel vom 15. Mai 1821 (ZunftG), abgedruckt im: Großherzoglich Sachsen-Weimar-Eisenachisches Regierungsblatt 1821, S. 617-670.
§ 1 ZunftG:
„Alle in dem Umfange des Großherzogthums Sachsen-Weimar-Eisenach dermalen bestehenden Zünfte der Künstler und der Handwerker werden hiermit im Allgemeinen ausdrücklich bestätiget, und eben so werden diejenigen, welche vorhin in den jetzt zu dem Eisenachschen Kreise geschlagenen Landestheilen bestanden, dort aber unter der vorigen Regierung aufgehoben wurden, wieder hergestellt."

ten, deren Zünfte eine solche Anstalt wünschen und befördern wollen, sich vorzüglich angelegen seyn lassen.“[947]

Das Gesetz stellte sogar die Zünfte in den ehemaligen westfälischen Landesteilen, wo sie bereits unter Napoleon aufgehoben waren, wieder her.[948] Das Zunftgesetz galt für alle Zünfte der Künstler und Handwerker im Großherzogtum. Weiterhin wurden die Zünfte mit dem Zunftgesetz als öffentlich-rechtliche Einrichtungen der judikativen Gewalt des Staates untergeordnet. Alle dem Zunftgesetz zuwiderlaufenden Innungsartikel wurden ausdrücklich für ungültig erklärt.[949] Dies galt auch für die Innungsartikel, die ihre Gültigkeit auf alte zünftige Regelungen stützten. § 6 ZunftG ernannte die Landesdirektion zur Aufsichtsbehörde über alle Belange der Zunft.[950]

Doch das Zunftgesetzes vom 15. Mai 1821 bestätigte nicht nur die Zünfte und verfestigte ihre Rechte, sondern gab den zünftigen Gewerbetreibenden erstmals bei der Ausübung ihrer Gewerbe auch eine größere Freiheit. Es war mithin nicht mehr ein Gesetz im Sinne des alten Zunftgeistes.[951] Die Vorarbeiten zu diesem Gesetz begannen gleich nach der Freigabe des Verkehrs mit gewerblichen Erzeugnissen im Jahre 1811 und konnten aber durch die Kriegs- und Krisenjahre zunächst nicht weiterbearbeitet werden. Die Landesdirektion war sich bewusst, dass dieser weit reichende Schritt in Richtung Gewerbefreiheit für die Gewerbetreibenden keineswegs bequem war. Zahlreiche Petitionen um Wiederaufhebung und um Einschränkung der Reformen ließen auch keinen anderen Schluss zu.[952] Trotzdem wollte die Regierung von dem einmal festgelegten Grundsatz nicht wieder loslassen. Sie wollte nicht solange warten, bis alle anderen deutschen Staaten sich zu einem einheitlichen Vorgehen durchgerungen hatten. Die Weimarer Regierung stellte diesbezüglich fest, dass

---

947 Göckel, Bd. III, S. 872 ff.

948 Hartung, S. 469.

949 § 3 ZunftG:
„Alle besondere Zunftordnungen, Artikel, Zunftbriefe und sonstige Privilegien, - nicht minder alle und jede allgemeine, einen oder mehrere Gegenstände des Zunftwesens betreffende gesetzliche Verordnungen sind künftig nur insofern noch gültig, als sie neben den Bestimmungen der gegenwärtigen allgemeinen Zunftordnung bestehen können, und werden in allen Punkten, wo sie diesen zuwider laufen, hiermit ausdrücklich für aufgehoben erklärt.“

950 Weimarer Stadtarchivakte HA I-42-64; Bekanntm. Großh. Landes-Direction zu Weimar vom 20. April 1833, die Gesuche in Zunftangelegenheiten betr. in Göckel, Bd. V, S. 278; § 6 ZunftG:
„Als obere Staatsbehörde in allen Zunft- und Handwerkssachen, wohin insbesondere die Handhabung der Zunftordnungen, die Förderung und Ausbildung der Handwerke und Gewerbe gehören, besteht die Landes-Direction. (…).“

951 Weimarer Stadtarchivakte HA I-42-48.

952 Burkhardt, Geschichte des Gewerbevereins zu Weimar 1833-1883, S. 21/22; Fink, Das Geschäftsleben Weimars im Wandel der Zeit, S. 7.

„allen deutschen Landen, wenn mit vereinten Kräften der Zweck, deutsche Handels- und Gewerbefreiheit herzustellen, beliebt und redlich gewollt würde, eine solche Maßregel zum Segen aller Deutschen gereichen und der allenfallsige Ausfall an Staatseinkünften auf andere und bessere Weise gedeckt werden könne."[953]

Im Inlande sollte so der 1811 aufgestellte Grundsatz, dass jeder Einwohner die Waren und Arbeiten, die er brauche, bei jedem inländischen Kaufmann oder Handwerker bestellen kann, umgesetzt werden. Auch sollte jeder inländische Kaufmann und Handwerker das Recht haben, seine Waren und Erzeugnisse zu dem Besteller zu bringen, ohne die Schranken zwischen Stadt und Land beachten zu müssen. Jegliche Unterscheidung zwischen Stadt- und Landmeistern wurde aufgegeben.[954] Die Aufgabe der Zünfte und Innungen sollte sich lediglich darauf erstrecken, dass eine gewisse Aufsicht über Sitte, Zucht, Ehrbarkeit und Gesetzlichkeit erhalten blieb. Alle Zwangs- und Bannrechte sowie alle Missbräuche, die die freie Entwicklung des handwerklichen Könnens hemmten, sollten beseitigt werden. Auch für die Entwicklung auf dem Land war es wichtig, dass es für den täglichen Gebrauch und für den Bedarf der landwirtschaftlichen Betriebe unentbehrliche Handwerker, wie zum Beispiel Metzger, Maurer, Wagner, Ziegeldecker, Schuster und Schneider, freien Zugang fanden und sich ungehindert niederlassen durften.[955] Zwar ging § 15 ZunftG noch davon aus, dass die Handwerke und Gewerbe sich hauptsächlich in der Stadt befinden, aber den städtischen Zunftmeistern war es jetzt gestattet, Niederlassungen in den Dörfern zu unterhalten.[956] Auch durften jetzt die Zunftmeister neben ihrem Wohnort auch auf allen Jahrmärkten ihre Produkte zum Kauf anbieten.

Das Zunftgesetz legte jedoch weiterhin fest, dass alle Handwerker in Zünften und Innungen zusammenzuschließen sind.[957] Ausgenommen waren gemäß § 20

---

953 Hartung, S. 469; Staatsarchiv Akten B 5431 Landtagsverhandlungen 1819, S. 257 ff.

954 Bekanntm. Großh. Landes-Direction zu Weimar vom 9. November 1830, Einbringung fremder Handwerksarbeiten betr., Göckel, Bd. IV, S. 279f; § 13 ZunftG:
„Es versteht sich hierbei von selbst, daß jeder Unterschied zwischen Stadt- und Landmeister, da, wo er bisher noch bestanden hat, völlig aufgehoben ist."

955 Hartung, S. 469; Dekret an den Landtag vom 10. April 1821 in den Landtagsverhandlungen S. 444 ff.

956 Weimarer Stadtarchivakte HA I-42-29, Bl. 1072; § 15 ZunftG:
„Ausgehend davon, daß die Handwerke und Gewerbe vorzüglich den Städten angehören, und dort wegen der gegenseitigen leichtern Mittheilung, des Zusammenschlusses der Besteller und Abnehmer, der größern Mannigfaltigkeit vorkommender Arbeiten vorzüglicher Ausbildung erhalten können (…)."

957 Göckel, Bd. III, S. 872.

ZunftG nur Großhändler, Spediteure, Fabrikanten und Manufakturbesitzer.[958] Daneben bestimmte § 20 ZunftG ausdrücklich:

> *„Es ist jedoch sowohl zu Groß- und Speditionshandlungen, als zu Anlegung von Fabriken und Manufakturen die Erlaubnis bei der Landes-Direction zu suchen, welche dieselbe, nach Umständen und unter nöthigen und angemessenen Bestimmungen und Einschränkungen, zu ertheilen hat."*

Die Regierung setzte damit mit dem Zunftgesetz von 1821 fest, dass Manufakturen und Fabriken unter erleichterten Umständen gegründet werden konnten und gab dazu noch der Landesdirektion die Anweisung, dass sie bei dem Vorliegen der entsprechenden Voraussetzungen, die entsprechende Gewerbeerlaubnis zu erteilen hat. Weiterhin wurde jetzt den Fabrikanten, Manufakturbesitzern und Künstlern erlaubt, zünftige Gesellen zu beschäftigen.[959] Von dem alten Zunftstatus war Sachsen-Weimar-Eisenach damit abgerückt.

Jedoch wollte die Regierung des Großherzogtums auch die Handwerker unter ihre Kontrolle und Oberaufsicht stellen. Der mit der Gewerbefreiheit verbundenen Autonomiebestrebung der Handwerker, wie sie zum Teil in Preußen zu beobachten war, wollte man im Großherzogtum mit §§ 8 und 9 ZunftG entgegentreten:

> *„§ 8. Dagegen kann den Zünften, nach Grund und Zweck ihres Daseyns im Staate auf keine Weise das Recht zukommen, eigenmächtig von den bestehenden allgemeinen oder besonderen Zunftgesetzen abzuweichen und keine dahin abzweckende oder über die Bestimmung der gegenwärtigen allgemeinen oder der vorhandenen besonderen Zunftordnungen hinausgehende Satzung oder Handwerksgewohnheit, gründete sie sich auch auf das älteste Herkommen, hat, ohne ausdrückliche Landesfürstliche Bestätigung, eine verbindende Kraft, weder gegen einen Zunftgenossen, noch gegen einen dritten; so wie auch*
>
> *§ 9. Verträge, Vergleiche und Übereinkünfte mehrerer Zünfte unter einander, oder der Mitglieder einer und derselben Zunft unter sich, wegen gemeinsamer Zunftgegenstände oder Ein-*

958 Weimarer Stadtarchivakte HA I-42-64.
959 Weimarer Stadtarchivakte HA I-42-64.

> *richtungen, ohne vorgängige Bestätigung der oberaufsehenden Staatsbehörde, ungültig und wirkunglos sind.“*[960]

Weiterhin wurde der Handel auf den Jahrmärkten für deren gesamte Dauer freigegeben. Trotzdem - oder gerade weil die Zünfte eben nicht mehr als eine beengende Institution begriffen wurden - erreichten die Zünfte in der Residenzstadt Weimar im Jahre 1839 mit 54 ihren Höhepunkt.[961] Hauptsächlich die soziale Absicherung der Zunftmitglieder war das wichtigste Argument für die Zunft.[962] § 34 ZunftG legte des Weiteren fest, dass *„ohne gesetzmäßige Ursache keiner, welcher zum Lernen sich meldet, zurückgewiesen werden durfte.“* Andernfalls wurde dem Meister eine Geldbuße sowie Gefängnisstrafe angedroht. Auch die noch teilweise üblichen Dispensationen wurden untersagt.[963] Die Ausbildungssicherheit war damit garantiert. Von der Lehrstellenfrage über die Qualität der Ausbildung (§ 37 ZunftG)[964] bis zur Versorgung der Meisterwitwe (§ 79 ZunftG)[965] trug die Zunft auch weiterhin die Verantwortung. Verstöße gegen diese Regelungen wurden seitens der Zunft, wie auch durch die Obrigkeit, geahndet.[966] Dem Handel und den Kaufleuten wurden weitere Zugeständnisse gemacht.[967] Gemäß § 19 ZunftG wurden die ehemals sehr umfassenden Verbietungsrechte der Zünfte, jetzt auf die Arbeiten von Meistern sowie deren Gesellen

---

960 Göckel, Bd. III, S. 874.

961 Weimarer Stadtarchivakte HA I-42-23.

962 Haupt, S. 23 u. 34.

963 Weimarer Stadtarchivakte HA I-42-48.

964 § 37 ZunftG:
„Dieser ist ferner auf das Strengste verpflichtet, den Lehrling in seinem Handwerke oder seiner Kunst gründlich zu unterrichten und zu üben, demselben Gelegenheit zu schaffen, sich im Schreiben und Rechnen weiter auszubilden, ihn zum Besuche der öffentlichen Zeichenschulen und der Lehrstunden in der Mathematik, wenn in dem Orte dergleichen vorhanden sind gegeben werden, so wie der Sonntags- und etwa vorhandenen besonderen Handwerksschulen anzuhalten, am wenigsten aber denselben von dem allen durch andere fremdartige Beschäftigung abzuhalten.“

965 Weimarer Stadtarchivakte HA I-42-64; § 79 ZunftG:
„Nur Meisterwitwen, welche das Handwerk fortsetzen, oder Meister, welche wegen langwieriger Krankheit oder anderer unverschuldeter Unglücksfälle, dem Gewerbe nicht recht vorstehen können, sollen von allen andern Meistern und Gesellen versorgt werden.“ Kulischer, S. 107 u. 143.

966 Bekanntm. Großhz. Landes-Direction zu Weimar vom 16. September 1828, das Dispensationsgeld der Handwerksgesellen betreffend in Göckel, Bd. IV, S. 127; Haupt, S. 23.

967 § 19 ZunftG:
„Inwiefern zünftige Kaufleute zum Handel auch mit solchen Artikeln befugt sind, welche inländische, zünftige Handwerker oder Künstler verfertigen, darüber werden die Zunftbriefe der erstern und sonstige gesetzliche Bestimmungen die Norm geben.
Unzünftiger Kaufleute und Krämer Befugnisse, im Allgemeinen sowohl, als in Beziehung auf solche Artikel, welche von inländischen zünftigen Arbeitern verfertiget werden, sind nach den, solchen Handelsleuten ertheilten besonderen Conzessionen zu beurtheilen, deren Ertheilung, nach Umständen und Bedürfnissen, dem Ermessen der Landes-Direction vorbehalten bleibt.“

und Lehrlingen beschränkt.[968] Auch war es jetzt möglich, dass Personen für sich selbst oder für den eigenen Haushalt Handels- und Zunftartikel fertigen konnten ohne dem Zunftzwang zu unterliegen.[969]

Trotzdem standen den Zünften weiterhin gegenüber *„Störern und Pfuschern“* Verbietungsrechte zu. In einer späteren Bekanntmachung, vom 27. September 1842, werden für jedes einzelne Gewerben, deren ausschließlichen Zunftbefugnisse benannt.[970]

Wie bisher war die Hauptaufgabe der Zünfte die Kontrolle der Ausbildung der Lehrlinge und der Gesellen. Jeder Einfluss hingegen auf die Preisbildung war ihnen für die Zukunft untersagt und jegliche Preisabsprache wurde unter Strafe gestellt. Die freie Konkurrenz wurde von der Regierung als das tragende Prinzip für den Handel und das Gewerbe angesehen.[971] Jedem Meister sollte es gemäß § 140 ZunftG freistehen,

> *„durch größere Wohlfeilheit sowie durch größere Vollkommenheit der Ware und Arbeit es dem anderen auf alle Weise zuvor zu tun. Durch solchen lobenswerten Wetteifer wird nur das Publikum gewinnen und der Zweck der Zunfteinrichtung wird selbst gefördert.“*

Dies war ein entscheidender Schritt in Richtung gewerbliche Unabhängigkeit von der Zunft. Damit sich die Zünfte auch an die neuen Regelungen hielten und nicht wieder in die alten Missbräuche zurückfielen, wurde jeder Zunft ein Vertreter der Obrigkeit beigeordnet. Dieser hatte gemeinsam mit dem Obermeister die Zunftlade zu verwalten, an allen Zunftversammlungen teilzunehmen und alle im Namen der Zunft ausgehenden Schriftstücke mit zu unterschreiben. Des Weiteren hatte er zu überwachen, dass die Zunft nicht über die ihr zugewiesenen Aufgaben hinausging.[972] Beschlüsse der Zunft, gegen die einzelne Mitglieder oder andere Personen Einspruch erhoben hatten, durften nicht zur Ausführung gelangen und mussten der Obrigkeit vorgetragen werden.[973] Wenn Schuldverschreibungen der Zünfte oder sonstige Darlehen nicht zuvor von der Obrigkeit schriftlich genehmigt wurden, waren diese sowie andere Veräußerungen und Verpfändungen des Zunftvermögens nichtig. Der Staat wollte seine Kontroll-

968 Weimarer Stadtarchivakte HA I-42-29, Bl. 4138.
969 Weimarer Stadtarchivakte HA I-42-48.
970 Bekanntm. Großhz. Landes-Direction zu Weimar vom 27. September 1842, die Verbietungsrechte der Zünfte enthaltend, in Göckel, Bd. VIII, S. 635f.
971 Henß, Communwesen, S. 33/34.
972 Weimarer Stadtarchivakte HA I-42-64.
973 Weimarer Stadtarchivakte HA I-42-48.

funktion auch trotz der Gewährung einer weit reichenden gewerblichen Freiheit für die Zukunft sicherstellen. § 5 ZunftG legt dementsprechend fest, dass

> *„Alle obere und niedere Behörden, denen die Aufsicht über das Zunftwesen, dessen Leitung und Ausbildung anvertraut ist, sind ganz besonders verpflichtet, darauf zu sehen, daß die wichtigen Zwecke desselben in jeder Hinsicht erfüllt werden, durch strenge Sittlichkeit, Bürgertreue, Redlichkeit und möglichste Ausbildung der Gewerbskenntniß in allen ihren Gliedern, ihre ehrenvolle Stellung behaupten.*
> *In solchem Sinne werden diese Behörden unter andern die Errichtung von Handwerksschulen, besonders in größern Städten, deren Zünfte eine solche Anstalt wünschen und befördern wollen, sich vorzüglich angelegen seyn lassen."*

Damit wurde zum Teil den alten Zünften ihre Realgerechtsamen entzogen und § 23 ZunftG gewährte ihnen dafür eine Entschädigung.[974] Für die Zukunft galt der Grundsatz, dass die Staatsgewalt die Zunftordnung *„der Zeit, den Umständen und den Erfordernissen"* gemäß abändern könne, ohne dass eine Zunft oder ein einzelnes Mitglied eine Entschädigung beanspruchen durfte. Die Befugnisse der Zünfte waren damit und in Verbindung mit dem Grundsatz der freien Konkurrenz wesentlich beeinträchtigt. Die Zunft hatte ab diesem Zeitpunkt im Großherzogtum hinsichtlich der Beziehung zum kaufenden oder bestellenden Kunden nahezu überhaupt keine Bedeutung mehr.[975]

Auch durfte sich die Zunft mit der Ausschließung der Konkurrenz, der Pfuscher und anderen nach der Zunftverfassung sehr wesentlichen Dingen nicht mehr öffentlich befassen. So mussten zum Beispiel die zünftigen Meister Halbfabrikate, die von auswärts ein Kunde bestellt hatte, fertig bearbeiten.[976] Die Geschlossenheit der Zünfte war gebrochen. § 22 ZunftG bestimmte ausdrücklich, dass

> *„die Geschlossenheit aller und jeder Zunft in Ansehnung der Meisterzahl kann auch an den Orten und bei den Zünften, wo sie bisher nach den Zunftartikeln noch bestanden hat, und nicht schon durch frühere gesetzliche Bestimmungen gelöst ist, nach Ermessen des Landesfürsten, völlig auf-*

974 Oestmann, S. 260; § 23 ZunftG:
„Enthalten hingegen die Artikel einer geschlossenen Zunft jenen Vorbehalt ausdrücklich nicht; so muß, bei Aufhebung der Geschlossenheit, den jetzigen Gliedern derselben und den Inhabern der mit dem Meister-Rechte zusammenhängenden Real-Rechten der vorgedachten Art eine Entschädigungssumme ausgemittelt und von der ganzen Ortsgemeinde geleistet werden."

975 Weimarer Stadtarchivakte HA I-42-48.

976 Weimarer Stadtarchivakte HA I-42-64.

> *gehoben werden, wenn die Ortsgemeinde und die Ortsobrigkeit vereint darauf eintragen."*

Gerade die bisherige Geschlossenheit der Zunft war die Ursache, dass sie sich gegen jede Reform erfolgreich zur Wehr setzen konnte und war damit ein Grund für ihr langzeitiges Bestehen. Jetzt war der Weg frei für die Obrigkeit, auch in Zukunft die Zunft dazu zu zwingen sich zu öffnen. Damit hatte die Zunft durch das Gesetz vom 15. Mai 1821 viel von ihrer alten alles beherrschenden Machtstellung verloren. Eine Zunft konnte jetzt eine unbegrenzte Anzahl von Meistern aufnehmen und sie war damit ein Verband zur inneren Pflege des Gewerbes geworden.[977] § 4 ZunftG bezeichnete als ihren Zweck, die

> *„größere Sicherheit der Nahrung, höchstmögliche Vervollkommnung und Ausbildung unter den Gewerbetreibenden und Vervollkommnung der Gewerbe selbst."*

Damit war auch der Wechsel eines Meisters aus der einen Zunft in eine andere Zunft ohne weiteres möglich. Allein die Profession war ausschlaggebend. Des Weiteren musste jede Zunft mindestens drei Mitglieder haben, andernfalls wurde diese aufgelöst. Die noch bestehenden zwei Mitglieder mussten bei einer entsprechenden Zunft im Nachbarbezirk um Aufnahme nachsuchen.[978] Auch musste der Zunftbezirk nicht mehr deckungsgleich mit den Amts- und Gerichtsgrenzen sein.[979] Eine Zunft konnte sich jetzt frei ausdehnen und sich mit benachbarten Zünften gleicher Art zusammenschließen. All dies zeigt einen doch mehr und mehr flexiblen und dem Markt angepassten Umgang mit den Zünften. Eine vollkommene Auflösung der Zünfte stand deshalb im Großherzogtum nicht zur Diskussion.

Das Zunftgesetz hielt an der bisherigen alten Gliederung der Zünfte fest.[980] Weiterhin bestand die Einteilung in Lehrlinge, Gesellen und Meister.[981] Doch den Meistern oblag allein, wie viele Lehrlinge sie aufnehmen wollten. Jede Bevorzugung von Meistersöhnen wurde untersagt.[982] Weiterhin sollte für die Gesellen

977 Weimarer Stadtarchivakte HA I-42-29, Bl. 4138; § 117 ZunftG: „.... lediglich der Grad der Geschicklichkeit" war nunmehr ausschlaggebend.

978 § 11 ZunftG:
„Vermindert sich aber die Zahl der Meister einer Zunft unter drei, so ist dieselbe als aufgelöst zu achten, und die noch übrigen zwei oder der übrige eine Meister sind verpflichtet, zu der Zunft desselben Handwerkes eines der angrenzenden Bezirke zu treten, welche dieselben ebenfalls kostenfrei aufzunehmen hat."

979 Weimarer Stadtarchivakte HA I-42-23.

980 Weimarer Stadtarchivakte HA I-42-64; Fink, Das Geschäftsleben Weimars im Wandel der Zeit, S. 7.

981 Weimarer Stadtarchivakte HA I-42-29, Bl. 379 u. 130.

982 Schmidt, Bd. IV, S. 349; § 27 ZunftG:

der alte Brauch des Wanderns fortbestehen. Das Gesetz förderte mit § 96 ZunftG ausdrücklich die Errichtung von Herbergen zwecks *„billiger Unterkunft für die wandernden Gesellen.“*[983] Im Großherzogtum war es aber, wie in Preußen auch, den Gesellen gemäß § 106 ZunftG untersagt, Korporationen wie in alten Zeiten zu bilden.[984] Alle Gesellenladen und ähnliches wurden strengstens verboten.[985] Jegliche Einmischung der Gesellschaft in Streitigkeiten zwischen den Gesellen untereinander und einem Meister sowie der Verkehr mit anderen Zünften wurden mit Strafe bedroht. Das „Schelten“ eines anderen Gesellen und das Austreten aus der Arbeit mit dem Zweck, durch die Verweigerung der Arbeit, durch Drohungen oder anderen ungesetzlichen Mitteln eine Forderung gewaltsam durchzusetzen, sollte als Aufruhr gelten und stand damit unter Strafe.[986]

> *„Das sogenannte Schimpfen oder Schelten eines Gewerbsgenossen, alles haufenweise Austreten aus der Arbeit oder Zusammenrottung in der Absicht, um durch Verweigerung der Arbeit, Fortwandern, Drohungen, oder auf einem andern ungesetzlichen Wege, irgend eine Forderung, wenn sie gleich rechtmäßig wäre, durchzusetzen, wird als Aufruhr gegen die Obrigkeit angesehen, und als solcher, nach der Beschaffenheit des Falles, mit der angemessenen Strafe, womit insbesondere auch die Erklärung der Unfähigkeit zum Meisterrechte verbunden werden kann, geahndet werden.“*[987]

Ferner konnte diesen Gesellen untersagt werden, Meister zu werden. Die Gesellen sollten bei Anlass zur Beschwerde sich immer an die Obrigkeit wenden.

Um den Zünften und den Gesellenzusammenschlüssen die Macht zu nehmen, beschloss das ZunftG, die Beiträge für die Pflege- und Krankenkasse direkt von den Meistern einzuziehen.[988] Doch der einmal durch das Wandern geschaffene

---

„Weder Geburt, noch Stand, noch Religion soll künftig die Aufnahme zum Lehrlinge hindern.“

983 § 96 ZunftG:
„Die Gesellen jedes Handwerkes und jeder Kunst, oder mehrere Handwerke und Künste zusammen, sind verbunden, eine Herberge zu haben, wo die einwandernden Gesellen Unterkommen finden können (…).“

984 § 106 ZunftG:
„Die Gesellen eines Handwerkes sollen zusammen keine Corporation bilden, und in Gesammtnamen niemals handeln, und es werden alle Gesellenladen, Brüderschaften und Vereine, welche bekanntlich schon durch mehrere ältere Gesetze untersagt sind, in dem ganzen Umfange des Großherzogtumes hiermit nochmals und gänzlich verboten.“

985 Reininghaus, Gesellengilden, S. 174 f.

986 LHA Potsdam, Pr. Br. Rep. 2, I. Städte-Reg. Berlin, Innungs- u. Handwerks-S., Nr. 290; Weitzel, Dinggenossenschaft und Recht, S. 944.

987 § 111 ZunftG.

988 § 105 ZunftG; Brand, Bd. 2, S. 115.

überregionale Zusammenhalt der Gesellen und der späteren Meister ließ sich nicht so leicht beseitigen.[989] Ein weiterer Umstand war, dass durch die Gewerbefreiheit dem Meister freistand wie viele Lehrlinge und Gesellen er beschäftigen wollte.[990] So kam es, dass nicht mehr alle im Hause des Meisters lebten und in die Herberge zogen.[991] Die Bedeutung der Herberge stieg damit stetig.[992] Diese war aber fest in der Hand von Gesellengilden. Die streng verbotenen Zusammenkünfte waren damit eine Farce.[993]

Des Weiteren wurden jetzt die Bedingungen für die Erlangung des Meisterrechts präzisiert.[994] Dies war die Folge von vielen Missbräuchen in vergangener Zeit. Voraussetzung war eine ausreichende und erfolgreiche Lehrzeit, die Wanderschaft und ein gewisses Vermögen sowie das Bestehen der Meisterprüfung.[995] Weder die Abstammung von einem Meister noch die Ehe mit einer Meistertochter oder Meisterwitwe sollten als Vorteil gelten.[996] Alle bisherigen Vorurteile wegen Geburt, Stand und Religion sollten bei der Aufnahme von Lehrlingen wegfallen.[997] Die Judenordnung erwähnte explizit, dass jüdische Lehrlinge uneingeschränkt zum Handwerk und Gewerbe zugelassen waren. Im Gesetz war als allgemeine Regel festgehalten, dass *„geschickten Bewerbern die Erlangung des Meisterrechts eher auf alle Weise zu erleichtern als zu erschweren“* sei.[998] Das Meisterrecht befähigte zur selbständigen Ausübung des Handwerks, zum Ausbilden von Lehrlingen und Gesellen sowie zur Teilnahme an der Selbstverwaltung der Zunft.[999] Die Zunft galt nicht mehr als Erwerbsgesellschaft, sondern als sittlicher Verband. Dies zeigte sich unter anderem daran, dass jetzt zum Beispiel einheitlich für alle Meister bei einer gerichtlichen Verurteilung wegen Diebstahls das Meisterrecht verloren ging.

Wie wichtig der Regierung der Handel war, lässt sich auch daran erkennen, dass in dem Zunftgesetz vom 15. Mai 1821 dem Handel als einzigem Gewerbezweig

989 Fischer, Quellen, S. 96; Bade, S. 53.
990 Weimarer Stadtarchivakte HA I-42-48.
991 Bek. Großherz. Landespolizei-Coll. zu Weimar vom 24. Nov. 1815 die Wanderbücher betreffend, in Göckel, Bd. 2, S. 211/212
992 Weimarer Stadtarchivakte HA I-42-64; Fischer, Quellen, S. 124; Brand, Bd. 1, S. 85.
993 Weimarer Stadtarchivakte HA I-42-29, Bl. 2206; Schnell, Das Frankfurter Handwerk von 1816-1848, S. 82 ff.; Kulischer Bd.1, S. 213/214.
994 Weimarer Stadtarchivakte HA I-42-29, Bl. 14 u. 130.
995 Weimarer Stadtarchivakte HA I-42-29, Bl. 379 u. 2206.
996 Schmidt, Bd. IV, S. 350.
997 Schönberg, Zunftwesen, S. 74; § 116 ZunftG:
„Alle übrigen Erfordernisse zu Erlangung des Meisterrechtes, sie mögen auf verjährten Missbräuchen, oder Zunftartikeln und Briefen beruhen, sind hierdurch gänzlich abgeschafft.“
998 § 22 Judenordnung vom 20. Juni 1823, abgedruckt im: Großherzoglich Sachsen-Weimar-Eisenachisches Regierungsblatt 1823, S. 95 f.
999 Weimarer Stadtarchivakte HA I-42-48.

ein eigener Abschnitt gewährt wurde. In diesem wird nochmals verdeutlicht, dass die Kaufmannschaft an einem Ort sich nicht unbedingt zu einer Zunft zusammenschließen musste.[1000] Für die übrigen freien Kaufleute wurden in den folgenden Normen nummerativ wichtige Ausbildungsbelange für Lehrlinge aufgezählt. Auch wurden die freien Kaufleute ermahnt, die für sie nicht geltenden Regelungen des Zunftgesetzes vom 15. Mai 1821 zu befolgen.[1001] Die Kaufmannschaft im Großherzogtum genoss damit als einer der ersten Gewerbe eine höhere und freiere Stellung als die übrigen weiterhin zünftig organisierten Gewerbe.

Damit hatte das Zunftgesetz vom 15. Mai 1821 versucht, die alte Zunftverfassung in neue Bahnen zu lenken. Doch der alte Geist der Zunft ließ sich nicht so einfach per Gesetz von heute auf morgen vertreiben. Das Gesetz ermöglichte den Zünften die Abhaltung von Ausstellungen, die Errichtung von Handwerksschulen zur besseren Bildung der Meister, und die Beratung, zum Beispiel bei Fragen zur Wahl der Betriebsform.[1002] Doch oftmals vertraten die Meister weiterhin den Standpunkt, dass es viel einfacher wäre die leistungsfähige Konkurrenz ganz zu unterbinden.[1003] Die Innungen und Zünfte versuchten, die Konkurrenz künstlich niedrig zu halten oder ganz zu unterbinden.[1004] Dies wurde von einer Vielzahl von Gemeinden im Großherzogtum registriert und der Regierung nach Weimar mitgeteilt. Die Regierung in Weimar ordnete gegenüber den Gemeinden an, solche Bestrebungen zu bekämpfen, ansonsten würde der Staat in die Zeiten zurückfallen, wo er *„ein lockeres Aggregat von lauter statibus in statu“* war.[1005] Es kam zu der ausdrücklichen Anweisung, das *„Prinzip der Konkurrenz und der Belebung der Industrie durch Aemulation“* zu beachten.[1006] Den Hauptzwang sah die Regierung darin, dass die Landesdirektion eine einheitliche Gewerbeaufsicht im ganzen Staatsgebiet ausübte. Langsam gewöhnten sich auch die Handwerker und die Gewerbetreibenden durch die gleichmäßige Behandlung der Sachlage an das neue Konkurrenzprinzip. Trotzdem hörten die Klagen über die wirtschaftliche Notlage nicht auf. Doch daran hatten die Zünfte nicht

---

1000 § 195 ZunftG besagt insoweit:
„An solchen Orten, wo die Kaufmannschaft eine Zunft bildet, hat es hierbei sein Bewenden.“

1001 Weimarer Stadtarchivakte HA I-42-48; Fink, Das Geschäftsleben Weimars im Wandel der Zeit, S. 6/7.

1002 Weimarer Stadtarchivakte HA I-42-64 und NA VI-18-13.

1003 Zum Beispiel bereiteten die Tuchmacher von Weida der Fabrik von T.A. Brehme große Schwierigkeiten als dieser plante seinen Betrieb auszubauen. Er wollte um Kosten während des Baus zu sparen, die Gesellen als Heimarbeiter in ihren Wohnungen arbeiten lassen. Die Innung wollte dies den Gesellen verbieten. Doch die Innung unterlag in dem Streit als Brehme ein neues und ausgedehnteres Privilegium für seinen längst über alle Zunftschranken hinausgewachsenen Fabrikbetrieb erhielt. Hartung, S. 472; Staatsarchiv Akten B 5221a.

1004 Michelsen, S. 264.

1005 Hartung, S. 472.

1006 Staatsarchiv Akten B 5324.

ausschließlich Schuld.[1007] Die schlechte inländische Verkehrslage und der fehlende Absatz nach außen waren ebenfalls schuld daran.[1008] Doch dieses Problem lag in der Weimarer Handelspolitik gegenüber Preußen.

VII. Die Judenordnung vom 20. Juni 1823

Das Großherzogtum Sachsen-Weimar-Eisenach war ab dem 19. Jahrhundert den Juden gegenüber sehr offen eingestellt.[1009] Mit der Einführung der Judenordnung wurden die Juden in ihren Rechten und Pflichten mit den sonstigen Staatsuntertanen gleichgestellt.[1010] Insbesondere wurde der „Judenleibzoll" aufgehoben.[1011] So konnten im Großherzogtum Juden jetzt jedes Gewerbe betreiben und jede Zunft war verpflichtet, auch jüdische Lehrlinge auszubilden. Der Zugang zu den Schulen und Universitäten stand allen damit auch Juden offen.[1012] Sie konnten sich im ganzen Großherzogtum nach Belieben niederlassen. Nur im Handel wurde ihre Freiheit begrenzt. So war ihnen der Betrieb von Fabriken, welche zünftige Fabrikate herstellten, untersagt, und für Geldgeschäfte wurde ihnen eine maximale Zinshöhe von 5 % eingeräumt.[1013]

VIII. Der Beitritt Sachsen-Weimar-Eisenach zum deutschen Zollverein

Mit dem Beitritt des Großherzogtums Sachsen-Weimar-Eisenach am 1. Januar 1834 zum Deutschen Zollverein und dem damit verbundenen Wegfall der Zollschranken war eigentlich der Weg frei für eine schnellere Entwicklung der Industrie in Weimar als es dann tatsächlich der Fall war.[1014] Eine Ursache hierfür war, dass in Weimar in den 30er und 40er Jahren des 19. Jahrhunderts noch nie so viele Zünfte existierten wie zuvor und in denen sich nahezu alle Handwerker

1007 Weimarer Stadtarchivakte HA I-42-64.

1008 Müller, S. 11; Henß, Communwesen, S. 43/44.

1009 Gesetz über die Juden (Judenordnung) vom 20. Juni 1823 abgedruckt im: Großherzoglich Sachsen-Weimar-Eisenachisches Regierungsblatt vom 29. Juli 1823, Nr.9, S. 45-112, Nachtrag zur Judenordnung vom 20. Juni 1823, abgedruckt im: Großherzoglich Sachsen-Weimar-Eisenachisches Regierungsblatt vom 16. August, Nr. 17, S. 403-406, Bekanntmachung vom 19. Dezember 1833, abgedruckt: Großherzoglich Sachsen-Weimar-Eisenachisches Regierungsblatt 1833 vom 31. Dezember 1883, Nr. 28, S. 768.

1010 § 1 Judenordnung vom 20. Juni 1823.

1011 § 3 Judenordnung vom 20. Juni 1823.

1012 § 8 Judenordnung vom 20. Juni 1823.

1013 §§ 22, 23 Judenordnung vom 20. Juni 1823.

1014 Lingelbach in Kern/Schroeder, Eduard von Simson, S. 77; Übereinkunft zwischen Preußen, Braunschweig und den übrigen Staaten des Zollvereins einerseits und Hannover und den übrigen Staaten des Steuervereins anderseits, wegen Erleichterung des gegenseitigen Verkehrs, abgedruckt in: Regierungsblatt für das Großherzogtum Sachsen-Weimar-Eisenach 1845, S. 27-40.

zusammengeschlossen hatten. Diese setzten sich gegen jede Ansiedlung von Fabrikindustrie erfolgreich zur Wehr. So wurde dem Mechanikermeister *Carl Zeiss* aus Weimar die Errichtung seiner optischen Werkstatt in Weimar verweigert.[1015] Diese konnte Zeiss erst 1846 in Jena errichten.[1016]

Trotz der weit vorgeschrittenen Entwicklung in Deutschland arbeitete noch ein erheblicher Teil der Gewerbebetriebe in Weimar in der einfachen Warenproduktion und lediglich für den örtlichen Bedarf.[1017] Aber die Entwicklung zur Industrialisierung konnte auch hier nicht aufgehalten werden. Durch den deutschen Zollverein nahm der Groß- und Einzelhandel im Großherzogtum Sachsen-Weimar-Eisenach einen beträchtlichen Aufschwung.[1018]

IX. Der Weimarer Gewerbeverein

In Sachsen und Preußen wurden in der zweiten Hälfte des 19. Jahrhunderts die ersten Gewerbevereine gegründet.[1019] In dieser Zeit waren die politischen und wirtschaftlichen Verhältnisse noch geprägt von den Auswirkungen des Wiener Kongresses.[1020] Durch das großherzogliche Patent vom 30. Januar 1811 und durch das Zunftgesetz vom 15. Mai 1821 wurde das Zunftwesen grundlegend reformiert. Dieses reformierte Zunftwesen wurde weder von der Regierung noch von weiten Teilen der Bevölkerung als beengende und gewerbehinderliche Institution angesehen.[1021] Vielmehr sollten die Zünfte neben den Gewerbevereinen auch weiterhin bestehen bleiben. Die zunftmäßige Bindung verhütete in der Residenzstadt oftmals den beginnenden wirtschaftlichen Niedergang einzelner handwerklicher Gewerbezweige.[1022] Dem überwiegenden Teil des Weimarer Handwerkerstandes lag deshalb fern, freiheitliche Bestrebungen in den Vordergrund des Vereinslebens zu stellen. Vielmehr waren gerade durch staatliche Sanktionen, dem Gewerbestand Maß und Ziel vorgegeben, mit welchen sich die

1015 Henß, Communwesen, S. 36/37.

1016 Müller, S. 94/95. In Weimar waren 1869 erst 2,9 % der Arbeiterschaft in der Industrie beschäftigt, im benachbarten Apolda hingen schon 48,1 %. John, S. XXVI; Lehmann, S. 17f..

1017 Ruge, Gewerbepolitik und Industrialisierung in der Neuzeit, in: Die Wettiner in Thüringen, S. 287/292; Burkhardt, Geschichte des Gewerbevereins zu Weimar 1833-1883, S. 16.

1018 Der Konfektionshandel wurde stark ausgebaut um den schnell gewachsenen Bedürfnissen des wohlhabenden Bürgertums gerecht zu werden. 1865 entstanden in Weimar die großen Konfektionshäuser von Lämmerhirt und von Otto Haar, der ein Damenbekleidungsgeschäft am Markt gründete und 1889 das nach ihm benannte Geschäftshaus in der Schillerstraße bauen ließ. Später folgten noch weitere große Modehäuser wie 1897 die Filiale des Münchners Hermann Tietz und 1899 das Modehaus Sachs und Berlowitz.

1019 Burkhardt, Geschichte des Gewerbevereins zu Weimar 1833-1883, S. 1; Franke, Rückblicke auf die Geschichte des Mittwoch-Vereins 1847-1897, S. 1.

1020 Schulze, Gewerbeverein, S. 5; Kroeschell, S. 135.

1021 Burkhardt, Geschichte des Gewerbevereins zu Weimar 1833-1883, S. 1 u. 14.

1022 Eberhardt, Goethes Umwelt, S. 28; Bade, S. 54.

Gewerbetreibenden begnügten. Die entstehenden Gewerbevereine standen darum neben den Zünften, ohne diese abzulösen oder zu reformieren. Die meisten Gewerbevereinsmitglieder waren ebenfalls Mitglied in einer Zunft. Zu den Anfängen des Gewerbevereins wollten die Mitglieder deshalb auch keine „gewerblichen Dilettanten“ als Vereinsmitglied haben.[1023] In Weimar wurde am 2. Februar 1833 der örtliche Gewerbeverein gegründet.[1024] Der Gründungsvorsitzende war *August Zeiss* von Beruf Kunstdreher, der Vater von *Carl Zeiss.*[1025] Bezeichnend für die gesamte Situation des Gewerbes im Großherzogtum war, dass bei der Gründung des Vereins kein Programm vorlag. Die zusammenkommenden Gewerbetreibenden und Industriellen hatten lediglich ein Ziel, neue Absatzmärkte zu erschließen. Die Zünfte mit einem örtlich begrenzten Wirkungskreis genügten den Gewerbetreibenden und Industriellen dazu nicht mehr. August Zeiss teilte der Landesdirection nach der konstituierenden Sitzung des Vereins mit,

> *„Wenn auch zunächst kein fest umrissenes Programm vorhanden ist, so eint uns eine gemeinsame Zielstellung, die Beförderung und Belebung der Gewerbsthätigkeit und des Kunstfleißes.“*[1026]

Es galt, die allmähliche Übernahme des Weimarer Absatzmarktes durch auswärtige Gewerbetreibende mittels Zusammenschluss des örtlichen gewerblichen Mittelstandes im Gewerbeverein zu verhindern.[1027] Der Gewerbeverein war die erste gewerbliche Organisation im Großherzogtum, die auf freier Grundlage geschaffen wurde. Ziel war, den inneren Zusammenschluss der Gewerbetreibenden über die Zunftgrenzen hinaus zu festigen und die Interessen wirksam nach außen zu vertreten und neu zu beleben.[1028] Der Gewerbeverein stellte sich dabei als Dachorganisation dar, dem auch eine vereinigende Funktion der Zünfte und Industriellen zukam. Drei Jahre nach seiner Gründung legte der Gewerbeverein seine Statuten der Landesdirektion vor und erhielt deren Genehmigung.[1029] Das Statut umfasste insgesamt 40 Paragraphen.

1023 So wurde ein in alle Handwerke pfuschender Dilettant Z. aus einem benachbarten Dorf nicht aufgenommen, weil er das „Gewerbe beeinträchtigte“. Quelle: Burkhardt, Geschichte des Gewerbevereins zu Weimar 1833-1883, S. 8.

1024 Der Gründungstag war gleichzeitig der Geburtstag des Großherzogs.

1025 Von 52 Mitgliedern waren am 12. September im Gasthof Adler nur 20 erschienen. Die erste Anzeige über die Bildung des Vereins steht in der Beilage zur Weimarschen Zeitung vom 30. Oktober 1833. Bei Gründung hatte der Verein bereits 52 Mitglieder und er sollte sich auch in den folgenden Jahrzehnten regen Zuspruchs erfreuen.

1026 Burkhardt, Geschichte des Gewerbevereins zu Weimar 1833-1883, S. 6.

1027 Weimarer Stadtarchivakte NA II-2-17 und NA II-2-242.

1028 Schulze, Gewerbeverein, S. 7.

1029 Weimarer Stadtarchivakte NA I-2-284.

Gemäß § 1 des Statutes war der Zweck des Gewerbevereins die

> *„höchst möglichste Ausbildung der technischen Kenntnisse der Mitglieder zu erlangen, um dadurch den Sinn für Kunst und Gewerbe immer mehr zu beleben und zu fördern und somit das Gewerbe selbst zunächst in seinem örtlichen Verein, mittelbar aber durch Lehre und Beispiel auch über diesen hinaus, möglichst zu vervollkommnen."*

Von dem Grundsatz ausgehend, dass die Käufer nur durch Leistung überzeugt werden, führte der Gewerbeverein in zunächst regelmäßigen Abständen Ausstellungen durch.[1030] Diese stellten nicht nur die Leistungsfähigkeit der örtlichen Gewerbetreibenden unter Beweis, sondern hatten hauptsächlich den Verkauf im Blick. Jede Neuerung, die ein Handwerksmeister in seinem Arbeitsbereich einführte, hatte er, sofern er Gewerbevereinsmitglied war, in der Mitgliederversammlung allen mitzuteilen. Damit erlangten nicht nur dessen Zunftkollegen Kenntnis von den Neuerungen, sondern übergreifend alle örtlichen Gewerbetreibenden. In der Mitgliederversammlung wurde die Neuerung besprochen und begutachtet. Es sollte dadurch der Wettbewerb unter den Handwerksmeistern gefördert werden und zugleich aber auch der Allgemeinheit der neuste Stand handwerklichen Könnens vorgeführt werden. Wenige Jahre nach der Gründung des Gewerbevereins wurde auch die Vorzeigung und Begutachtung der Meisterstücke in der Vereinsversammlung eingeführt.[1031] Ein bis dahin ausschließlich zünftiges Privileg.

Der Gewerbeverein stellte sich die Aufgabe, zur Hebung der örtlichen Mittelstandswirtschaft auch solche Gewerbezweige, die in Weimar bis dahin nicht vertreten waren, ansässig zu machen.[1032] In dem später verfassten Statut wurde festgehalten, dass *„das Ziel die Vertretung und Neubelebung des Gewerbes unter den Bedingungen der technischen Entwicklung sowie der Zoll- und Gewerbefreiheit sein soll."*[1033]

1030 Die erste bereits ein Jahr nach seiner Gründung. Beilage zur Weimarschen Zeitung vom 30. Oktober 1833.

1031 Burkhardt, Geschichte des Gewerbevereins zu Weimar 1833-1883, S. 12.

1032 Bereits im Jahre 1834 wurde so die Niederlassung eines Drogisten ermöglicht und damit der Grundstein für die Einführung neuer Gewerbe in Weimar gelegt. Der Gewerbeverein versuchte, durch solche Maßnahmen bei der Bevölkerung das Bewusstsein zu festigen, dass jeglicher Bedarf am Ort erfüllt werden kann.

1033 Weimarer Stadtarchivakte HA I-42-22. Die Inhalte und Ergebnisse der Gewerbevereinssitzungen sowie der Inhalt von Vorträgen wurde ab 1834 regelmäßig in der „Weimarer Tageszeitung" zu Werbezwecken abgedruckt. Bei der Verbreitung der damaligen „Weimarschen Zeitung" hofften die Gewerbetreibenden, einen Absatz auch über den lokalen Markt hinaus zu finden.

Nach dem Anwachsen auf über 200 Mitglieder schritt der Gewerbeverein zur „Sektionsbildung". Dies geschah dadurch, dass zusammengehörige Mitglieder der einzelnen Gewerbezweige Ausschüsse wählten.[1034] Ziel war es, bei den einzelnen Problemen detailliert die gestellten gewerblichen Fragen zu beantworten und über die Lektüre gewerblicher Zeitschriften zu berichten. In den Mitgliederversammlungen wurden somit alle zeitbedingten Wirtschaftsfragen behandelt. Es bildete sich dabei die Vortragsform mit anschließender Aussprache heraus.[1035] § 2 des Statutes des Gewerbevereins legte dementsprechend fest, dass die

> *„Mitglieder in ihren Zusammenschlüssen für die Förderung der Gewerbethätigkeit und des Kunstfleißes durch gemeinfaßliche Vorträge über die neusten Erfindungen, Fortschritte und Verbesserungen im Gebiete der Gewerbewissenschaft des In- und Auslandes und durch gegenseitige Belehrung und Ermunterung nach Kräften zu wirken suchen."*

§ 3 des Statutes des Gewerbevereins führt weiter aus, dass

> *„alle zur Erreichung dieses Zwecks dienlich erlaubte Mittel zusammengenommen bilden den Wirkungskreis dieses Gewerbevereins."*

Dazu diente auch die Gewerbebücherei, welche aufgrund der Mitgliedschaft mehrerer Verleger einen stattlichen Umfang hatte.[1036]

Der Gewerbeverein wurde vertreten durch den Vorstand. Dessen Aufgabe war es, die Mitgliederversammlung vorzubereiten und zu leiten. Im Jahre 1858 plante der Verein die Eröffnung einer Geschäftsstelle. Verwirklicht wurde diese aber erst um die Jahrhundertwende.[1037] Der Verleger *Hermann Böhlau* übernahm im Jahre 1859 den Vorsitz und entwickelte den Weimarer Gewerbeverein zu einer einflussreichen Organisation in Thüringen.[1038] Am 17./18. November 1860 wurde in Weimar der 1. Thüringische Gewerbetag abgehalten.[1039] An diesem nahmen 97 Abgeordnete aus 23 Orten der thüringischen Staaten teil. Als einziger

---

1034 Schulze, Die Gewerbegesetzgebung, S. 16. Zum Beispiel für das Holzgewerbe, das Metallgewerbe, die Kaufmannschaft, die Fabrikantengruppe.

1035 Burkhardt, Geschichte des Gewerbevereins zu Weimar 1833-1883, S. 4.

1036 Diese wurde 1926 in die Thüringische Landesbibliothek überführt.

1037 Schulze, Gewerbeverein, S. 10; Fink, Zur Geschichte des Buchhandels in der Stadt Weimar, S. 3.

1038 Weimarer Stadtarchivakte HA I-42-45.

1039 Boblenz, Abriß der Terrirtorialgeschichte des preußischen Thüringen, in: Das preußische Thüringen, S. 15.

der Ausschüsse des Gewerbevereins erlangte der Innungsausschuss (gegründet 1889) eine größere Bedeutung. Er galt bald als der erweiterte Vorstand des Gewerbevereins. Dies verdeutlicht den Einfluss der Innungen, den diese auf die Geschicke des Gewerbevereins hatten.[1040] Die verschiedenen anderen Gewerbeausschüsse berieten vor allem die Behörden bei Ausschreibungen. Ziel war es, die handwerklichen Arbeiten von ortsansässigen Mitgliedern ausführen zu lassen.

Aus den Gewerbevereinsdebatten hatten zahlreiche Anregungen praktische Verwirklichung gefunden. Das Problem einer Vorschusskasse war stets dringend gewesen und hatte schließlich zur eigenen Bankgründung geführt.[1041]

Um den Zünften mehr und mehr Konkurrenz zu bieten, wurde auch die Frage einer Alters- und Witwenversorgung häufig behandelt. Des Weiteren verdankt die „Schutzgemeinschaft für Handel und Gewerbe" ihre Entstehung einem Gewerbevereinsbeschluss.[1042] Ein „Thüringer Musterlager" war im Gewerbehaus eingerichtet worden, das sich aber nur begrenzte Zeit halten konnte.[1043] Die Bekämpfung des Verkaufs der industriell hergestellten Produkte und die Kleinhandelstätigkeit bildeten eines der Hauptaufgabengebiete des Gewerbevereins.[1044]

In Folge der großen wirtschaftlichen Umstellung, die sich im 19. Jahrhundert durch die technischen Erfindungen und ihre Nutzbarmachung auf industriellem Gebiet vollzog, wuchs die Zahl der wirtschaftlichen Gegner handwerklicher Betätigung. So waren die aus dem Handwerkerstand geführten Klagen über das Jahrmarktswesen älter als der Gewerbeverein.[1045] Am heftigsten wurde der Vertrieb von industriell erzeugten Artikeln durch ortsfremde Fabriken auf den Jahrmärkten bekämpft. Diese verkauften in großen Mengen billige Massenfabrikate. Der Hausierhandel, der sich bei Einführung der Sonntagsruhe besonders schädlich auswirkte, war schon in den Gründerjahren des Gewerbevereins eine Belastung.[1046] Des Weiteren standen die Wanderlager in dem Ruf, Einrichtungen

1040 Schulze, Gewerbeverein, S. 10.

1041 Burkhardt, Geschichte des Gewerbevereins zu Weimar 1833-1883, S. 4; Henning, Bd. 2, S. 100; Handbuch der deutschen Aktiengesellschaft 1914/15.

1042 Weimarer Stadtarchivakte NA II-2-17.

1043 9. Bericht der Gewerbekammer für das Großherzogthum Sachsen-Weimar-Eisenach für die Jahre 1895 und 1896, S. 22; Weimarer Stadtarchiv NA II-2-17, Bericht des Gewerbevereins zu Weimar für das Jahr 1894/95.

1044 Weimarer Stadtarchivakte NA II-2-17, NA II-2-242; Heréus, S. 164

1045 Ministeriale Bekanntmachung vom 13. Dezember 1849, abgedruckt in: Regierungsblatt für das Großherzogtum Sachsen-Weimar-Eisenach 1849, S. 215/216; Schreiner Innung v. 12. Mai 1730 in Göckel, Bd. I, S. 99; Roscher, Nationalökonomik, Bd. II, S. 33.

1046 Weißgerber Innung vom 28. April 1700, in Göckel, Bd. I, S. 79; 9. Bericht der Gewerbekammer für das Großherzogthum Sachsen-Weimar-Eisenach für die Jahre 1895 und 1896, S. 21; Hausherr, S. 452.

zu sein, die Waren mit zweifelhafter Qualität zu überhöhten Preisen anbieten. Darum wurde auch die Besteuerung der Wanderlager im Jahre 1877 besonders energisch gefordert.[1047] Weiterhin gehörte der Kampf gegen die Warenhäuser und Konsumvereine ab den neunziger Jahren zum alltäglichen Programm des Gewerbevereins.[1048] Durch den Erlass des Gesetzes zur Bekämpfung des unlauteren Wettbewerbs wurde in Weimar ein Ausschuss gegründet, der sich ausschließlich mit wettbewerbsrechtlichen Fragen befasste.[1049]

Eine weitere Gefahr sahen die Gewerbevereine in der Einführung der Gewerbefreiheit für die sachgemäße Ausbildung der Jugendlichen. Die weit verbreitete Meinung war, dass die in einem reinen Arbeitsverhältnis stehenden „Arbeitsburschen" aufgrund des Entlohnungsprinzips niemals die fachliche Ausbildung erhalten würden, wie die bei einem Handwerksmeister in einem Erziehungs- und Ausbildungsverhältnis stehenden Lehrlinge.[1050] Dies war der Beweggrund, aus dem Gewerbeverein heraus im Jahre 1858 einen Gesellenverein zu gründen. Solche Gesellenvereine waren in vielen anderen deutschen Staaten, zum Beispiel im Königreich Sachsen, strengstens verboten. Im liberal gesinnten Großherzogtum nahm niemand Anstoß an dessen Gründung. Die Mitglieder wurden an Abend- und Sonntagsschulungen mit Geschichte und Literatur, Volkswirtschaftslehre, geschäftlichem Rechnen, Buchführung und Stilübungen unterrichtet.[1051] Ein Jahr später wurde eine Petition zur Regelung des Gesellen- und Lehrlingswesens beim Großherzog eingereicht. Dieser fand seinen Niederschlag 1882 bei der Einführung von Arbeitsbüchern durch den Deutschen Reichstag. Auf Grund der Initiativen des Gewerbevereins wurde 1887 die Baugewerkenschule in Weimar eröffnet und 1888 die höhere Gewerbeschule gegründet.[1052] An beiden Schulen nahm der Gewerbevorstand beratend an den Abschlussprüfungen teil.[1053]

Durch die gering entwickelte Industrie waren nicht nur in dem Weimarer Gewerbeverein, sondern auch in den übrigen Gewerbevereinen des Großherzogtums alle gewerblichen Bereiche vertreten.[1054] Dies umfasste sowohl den Handel, die Fabriken als auch die Handwerker. Die Handwerker bildeten dabei zu-

1047 Schulze, Gewerbeverein, S. 11.

1048 9. Bericht der Gewerbekammer für das Großherzogthum Sachsen-Weimar-Eisenach für die Jahre 1895 und 1896, S. 28.

1049 Weimarer Stadtarchivakte NA I-2-242. Dieser Ausschuss erwirkte zum Beispiel die Verurteilung des Warenhausbesitzers Hermann Tietz zu einer Geldstrafe von 300,- M.

1050 Schulze, S. 19.

1051 Schulze, Gewerbeverein, S. 14.

1052 Weimarer Stadtarchivakte NA II-2-17 und NA VI-18-13, Bericht des Gewerbevereins zu Weimar für das Jahr 1887/88.

1053 Weimarer Stadtarchivakte HA I-42-29, Bl. 379 u. 2206; Burkhardt, Geschichte des Gewerbevereins zu Weimar 1833-1883, S. 9; Steinbeis, S. 67 f.

1054 Siegen, Weimars Fürstenhaus ein Hort der Künste, S. 4; Fink, Der Markt, S. 11 ff.

meist die mitgliedsstärkste Gruppe.[1055] Der Gewerbeverein wurde jedoch auch bereits früh in die politische Arbeit mit eingebunden.[1056] Auch waren zeitweise der Großherzog und die Großherzogin sowie später deren Kinder Mitglieder des Gewerbevereins. Ebenso wurde den Beamten nahe gelegt, die Mitgliedschaft im Verein zu erwerben, um ein besseres Verständnis für die Bedürfnisse des Gewerbes zu erlangen.[1057] Das Fürstenhaus unterstützte nicht nur Ausstellungen, zum Beispiel durch die Bereitstellung des Großherzoglichen Museums als Räumlichkeit, sondern gab auch finanzielle Zuschüsse zum Beispiel für den Besuch von Gewerbetreibenden bei den Weltausstellungen in Paris und London.[1058] Die Bindung des Gewerbevereins zum Fürstenhaus und damit auch zur Regierung war sehr eng. Die Gründung des Gewerbevereins war der erste Schritt, die verschiedenen Gewerbe über die Zunftgrenzen zu vereinen. Es gelang jedoch noch nicht, den Gewerbeverein als unabhängiges Organ zu formieren. Die Landesdirection behielt die Oberaufsicht über jedes Handeln des Vereins.[1059]

X. Die Einführung der Gewerbefreiheit im Großherzogtum Sachsen-Weimar-Eisenach durch die Gewerbeordnung von 1862

Die wirtschaftlich ungünstige Situation im Großherzogtum entspannte sich langsam durch den Beitritt des Landes zum Deutschen Zollverein. Waren unter Carl August die rechtlichen Rahmenbedingungen den tatsächlichen Verhältnissen vorausgeeilt, so war jetzt das Gegenteil der Fall. Die wirtschaftlichen Möglichkeiten hatten sich für Handel und Gewerbe im Großherzogtum spürbar gebessert. Jetzt hingegen standen die rechtlichen Verhältnisse zurück. In Preußen waren die Zünfte und Innungen längst entmachtet worden, wo hingegen im Großherzogtum sie, wenn auch nur mit eingeschränkten Rechten, weiterhin bestanden. Als besonders hinderlich erwies sich dabei die obrigkeitliche Kontrolle. Die Regierung hatte es verstanden, zum Teil die Befugnisse der alten Zunft auf die Landesdirection zu übertragen. So übte sie durch ihre Vertreter bei den Zünften eine stärkere Kontrolle über die Gewerbe aus als je zuvor. Die zwar de facto seit dem Zunftgesetz vom 15. Mai 1821 bestehende Gewerbefreiheit musste eigentlich nur noch gesetzlich vollzogen werden. Dies hätte für die Regierung jedoch

1055 Corresponenzblatt der Weimarischen Gewerbekammer 1896, S. 24.

1056 Schulze, Gewerbeverein, S. 19. So erging 1860 vom Staatsministerium der Auftrag an den Gewerbeverein ein Gutachten zur Gewerbereform abzugeben

1057 Burkhardt, Geschichte des Gewerbevereins zu Weimar 1833-1883, S. 9 u. 15.

1058 Weimarer Stadtarchivakte NA I-2-17, Bericht des Gewerbe-Vereins zu Weimar für das Jahr 1886/87.

1059 Weimarer Stadtarchivakte NA I-2-17 und NA I-2-242; Jacobsen, Residenzkultur in Thüringen vom 16. bis 19. Jahrhundert, S. 19 ff.

die Aufgabe ihrer bisherigen Kontrollstellung bedeutet. Da sich aber aus dieser Situation bisher noch kein Ausweg angeboten hatte, und die Meinung des Großherzogs eher dahin ging, dass die rechtliche Lage nicht so entscheidend sei, ließ die Regierung zunächst alles beim Alten.[1060] Durch den Eintritt in den Deutschen Zollverein verschärfte sich das Problem aber zusehends.[1061] Stand jetzt doch die Wirtschaft im Großherzogtum in freier Konkurrenz zu der Wirtschaft in Preußen und den übrigen Staaten. Dort galten aber schon längst keine hindernden Zunftgesetze mehr.[1062] Die Weimarer Regierung sah sich wegen der Zunftfrage im Standortnachteil und es musste deshalb gehandelt werden.[1063]

Doch erst im Jahre 1862 kam es endlich zu tief greifenden Reformen. Im Großherzogtum wurde die Gewerbefreiheit mittels des Erlasses einer Gewerbeordnung eingeführt.[1064] Die Weimarer Gewerbeordnung beruhte auf einem Entwurf des Gothaer Staatsministeriums. Dieser Entwurf stimmte weitestgehend mit der Gewerbeordnung des Königreiches Sachsen überein. Die lang ersehnte Gewerbefreiheit wurde mit § 3 der Gewerbeordnung des Großherzogtums Sachsen-Weimar-Eisenach vom 30. April 1862 (GewOSWE) umgesetzt.[1065]

> *„Der selbstständige Betrieb eines jeden Gewerbes, welches im Folgenden (§§ 8 bis 40) nicht ausdrücklich an die vorgängige Erfüllung gewisser Bedingungen geknüpft ist steht unter Beobachtung der in diesem Gesetze enthaltenen Vorschriften jedem dispositionsfähigen Inländer, welcher das vier und zwanzigste Lebensjahr vollendet hat, ohne Unterschied des Geschlechtes und ohne Beschränkung in der Wahl des Ortes frei; dafern er nur bei der Niederlassung an einem Orte, in welchem er nicht heimathsberechtigt ist, auf Verlangen einer der Gemeindebehörden einem Heimathschein und ein gutes Leumundszeugniß beibringt.“*

Im Großherzogtum war es damit erstmals möglich, ohne Zunftbindung und nach freier Ortswahl ein Gewerbe zu betreiben. Es bestand gemäß § 5 GewOSWE

1060 Bergmann, Carl Augusts Begegnungen mit Zeitgenossen, S. 45; Zu Weimar lesenswert ist Raschdau, In Weimar als Preußischer Gesandter - Ein Buch der Erinnerungen an Deutsche Fürstenhöfe, S. 53 f.

1061 Gesetz vom 12. December 1833 zur Ausführung der mit mehrern deutschen Staaten abgeschlossenen Staatsverträge, über den Beitritt des Großherzogthums zum großen deutschen Zollverein, in Göckel, Bd. V, S. 397f.

1062 Borchardt, S. 42; Branco, Weimar vor hundert Jahren, Stadt und Großherzogtum Weimar 1833, S. 3.

1063 Henß, Communwesen, S. 43.

1064 Mascher, S. 629.

1065 Gewerbe-Ordnung für das Großherzogtum Sachsen-Weimar-Eisenach vom 30. April 1862 (GewOSWE), in Göckel, Bd. XV, S. 2-37.

lediglich eine Anmeldepflicht bei dem Gemeindevorstand.[1066] Die bereits vor Eintritt der Gewerbeordnung erlangte Berechtigung zum selbständigen Gewerbebetrieb dauerte gemäß § 7 Ausführungsverordnung zur Gewerbeordnung von Sachsen-Weimar-Eisenach (AusführungsVerOGewOSWE) fort. Damit waren sämtliche bisherigen Innungsmeister sowie sonstige selbständige Gewerbetreibende von der Anmeldepflicht befreit.[1067] Die Aufnahme in eine fortbestehende Innung befreite indes nicht von der Anmeldepflicht. Daneben zählte die Gewerbeordnung noch eine Reihe von Tätigkeiten auf, für die es überhaupt keine Altersbeschränkung und Anmeldungspflicht gab.[1068] Von der Verpflichtung zur Anmeldung eines selbständigen Gewerbebetriebes waren nur solche Gewerbetreibenden ausgenommen, die bereits unter der Zunft ihr Geschäft selbständig betrieben hatten. Dies galt natürlich auch für sämtliche bisherige Zunft- und Innungsmeister.

Bei den bisherigen zünftigen Handwerkern bestand auch Skepsis über die jetzt tatsächlich eingetretene Gewerbefreiheit. Es kam in den Innungen und in dem Gewerbeverein zu heftigen Diskussionen. Das Großherzogtum hatte es deshalb sehr eilig mit der Umsetzung der Gewerbefreiheit. Die Behörden wurden angewiesen,

> *„sofort zu erwägen, ob der beabsichtigte Gewerbebetrieb nach gegenwärtigen Gesetzen konzessionspflichtig oder an die Erfüllung besonderer Bedingungen geknüpft sei.“*[1069]

War dies nicht der Fall, so war dem Anmeldenden *„sofort die erfolgte Anmeldung zu bescheinigen.“* Der Betrieb eines Handelsgeschäftes war ab sofort nicht mehr konzessionspflichtig. Nur der Hausierhandel und andere Gewerbe, die *„ihr Auskommen im umherziehen suchten“*, unterlagen einer Konzessionspflicht.[1070]

1066 § 5 GewOSWE:
„Wer an irgend einem Orte des Landes ein Gewerbe zu betreiben beabsichtigt, hat davon dem Gemeindevorstande Anzeige zu machen. Diese Anmeldungspflicht erstreckt sich auch auf jede wesentliche Veränderung des Gewerbes. Bestellte Geschäftsführer (§ 22), Stellvertreter und Pachter (§ 43) sind ebenfalls anzumelden. An den Bestimmungen über Handelsfirmen wird hierdurch nichts geändert.“

1067 § 11 Ministerialverordnung vom 12. November 1862 die Ausführung der Gewerbeordnung betreffend (AusführungsVerOGewOSWE).

1068 Wie zum Beispiel für schlichte Lohn- und Handarbeit.

1069 § 7 GewOSWE:
„Bei Eingang der Anmeldung hat die Behörde sofort zu erwägen, ob der beabsichtigte Gewerbebetrieb nach gegenwärtigem Gesetze konzessionspflichtig oder an Erfüllung besonderer Bedingungen geknüpft sei, nicht minder, ob dem Aufenthalte der Anmeldenden an dem gewählten Orte ein in den Gesetzen begründetes Hinderniß entgegenstehe.“

1070 Kulischer, S. 290; Roscher, Nationalökonomik, Bd. II, S. 37.

Dazu zählten unter anderen der Viehhandel und das Schaustellergewerbe.[1071] Die Politik des Großherzogtums war darauf gerichtet, jede wirtschaftliche Behinderung zu vermeiden.[1072] Konzessionspflichtig waren neben dem Hausierhandel noch der Betrieb von Gaststätten, von Pfandleihbüros, von Versicherungsgesellschaften, von Theatergesellschaften sowie das gesamte Bauhandwerk.[1073]

Die Konzessionen wurden gemäß § 16 AusführungsVerOGewOSWE nicht mehr unter dem Vorbehalt des Widerrufs erteilt.[1074] Für Theater und sonstige Schauspielvorstellungen musste neben einer Konzession auch die ortspolizeiliche Erlaubnis vorliegen. Die Gemeindevorstände mussten über die Verleihung von Konzessionen benachrichtigt werden und die Konzessionsurkunden waren gleichbedeutend mit dem Anmeldeschein für die sonstigen selbständigen Gewerbebetriebe.[1075] Des Weiteren gab es noch Berufe, die nur bei Vorliegen der entsprechenden Befähigungsnachweise als Gewerbe zugelassen wurden.[1076]

Für die bisher dem Berg-Regal unterworfenen Salinen und die nach dem Gesetze über den Bergbau vom 22. Juni 1857 verbundenen Anstalten unterlagen jetzt ebenfalls der Gewerbeordnung.[1077] Für Gewerbeanlagen, die besonders feuergefährlich waren oder wo die Gefahr einer Explosion besonders hoch war, hatte der Bezirksdirektor gemäß § 24 GewOSWE über deren Zulassung zu entscheiden. Ausschlaggebend waren dabei unter anderem die persönlichen Eigenschaf-

---

1071 Mascher, S. 630; § 25 AusführungsVerOGewOSWE:
„Zu den Gewerben, welche mit Erlaubniß im Umherziehen betrieben werden dürfen, sind zu zählen:
Viehhandel, Viehverschneiden, Scheerenschleifen, Siebmachen, Kesselflicken, Topfbinden, Korbflicken, Musikmachen, Veranstaltung von Schaustellungen und zur öffentlichen Lustbarkeit dienenden Vorstellungen (...).“

1072 Müller, S. 29.

1073 Bek. der Groß. Bezirks-Direktion II zu Weimar vom 10. Dezember 1862, die Gesuche um Ertheilung von Concessionen zu Gewerben betreffend, in Göckel, Bd. XV, S. 426; § 29 AusführungsVerOGewOSWE:
„Ein besonderer Befähigungsnachweis ist ferner erforderlich zur selbstständigen Ausführung und Leitung aller solchen Neubauten, welche zum dauernden oder doch zeitweisen Aufenthalte von Menschen vorzugsweisen bestimmt sind, wie Wohnhäuser, Krankenhäuser, Straf- und Besserungshäuser, Geschäftsexpeditionen, Fabrikgebäude, Kirchen, Schulen, Theater, Tanzsäle etc.“
(...).“

1074 § 16 AusführungsVerOGewOSWE.

1075 Bartels, Chronik des Weimarischen Hoftheaters 1817-1907, S. 12; § 22 AusführungsVerOGewOSWE.

1076 So zum Beispiel Schornsteinfeger.

1077 Die Vorschrift des ersten Alina in § II der Instruktion für den Bergrevierbeamten des Großherzogthums vom 21. März 1879, betreffend die Ausführung des Reichsgesetzes vom 17. Juli 1878 über die Gewerbeordnung (Regierungs-Blatt 1879, S. 141-143), abgedruckt: Regierungsblatt für das Großherzogtum Sachsen-Weimar-Eisenach, 1880 S. 52/53.

ten des Gesuchstellers.[1078] Die Gemeindevorstände hatten gemäß § 47 AusführungsVerOGewOSWE sich über die Befolgung von getroffenen Anordnungen zu vergewissern. Diesbezüglich bereits geltende Vorschriften, insbesondere über die Zuweisung solcher Anlagen in bestimmte Ortsteile, blieben durch den Erlass der Gewerbeordnung unberührt. Neben den konzessionspflichtigen Gewerben und die Gewerbe, deren Ausübung an eine bestimmte Qualifikation gebunden war, unterschied die Gewerbeordnung noch zwischen *„oertlich regulierte Gewerbe"*.[1079] Darunter waren der Betrieb von Fiaker, Droschken, Gondeln, Sänften etc. zu verstehen sowie die Versorgung der Gemeinden mit Leucht-Gas und Wasser. Dem Ermessen der Gemeindebehörden oblag es, den Betrieb solcher Gewerbe an das Vorliegen von Erlaubnissen zu binden.

Mit Einführung der Gewerbefreiheit verloren die Zünfte und Innungen ihre rechtliche Bedeutung. § 42 GewOSWE hob alle die ihnen noch verbliebenen Verbietungsrechte auf.[1080] Auch die Verleihung von Verbietungs-, Zwangs- und Bannrechten sowie deren Erwerb durch Verjährung oder Vertrag wurde untersagt. Damit wurden alle noch bestehenden Zwangsrechte und Privilegien der Zünfte endgültig abgeschafft.[1081] Dadurch war die über viele Jahrhunderte geltende Ordnung der Zünfte aufgehoben und die damit verbundene Macht gebrochen.[1082] Auch war jetzt nicht mehr die Ausübung eines Gewerbes an das Bürgerrecht gebunden.[1083] Wer Meister werden wollte, musste nicht wie zuvor das Bürgerrecht erworben haben.[1084] Nur wer fünf Jahre an einem Ort ein Gewerbe

---

1078 § 13 AusführungsVerOGewOSWE.

1079 § 15 GewOSWE:
„Die Regelung durch die Gemeindebehörden unterliegen:
Die Unterhaltung der Kommunikation innerhalb der Orte durch Fiacres, Droschen, Omnibus, Gondeln, Sänften u.s.w.;
Die Versorgung der Gemeinden mit Leucht-Gas und Wasser.
Den Gemeindebehörden steht es hierbei namentlich frei, die Erlaubniß zum Betrieb der vorstehenden Gewerbe auf bestimmte Personen und Anstalten zu beschränken. Zur Produktion öffentlicher Schaustellungen aller Art gehört polizeiliche Erlaubniß."

1080 § 42 GewOSWE:
„Die aus den bisherigen Innungsverbande abschließenden Verbietungsrechte sind aufgehoben. Verbietungs-, Zwangs- und Bannrechte können künftig weder verliehen, noch durch Vertrag oder Verjährung erworben werden. Ueber Aufhebung bestehender Rechte letzterer Art, soweit sie nicht aus dem Innungsverbande fließende Verbietungsrechte sind, bleibt der Erlaß besonderer gesetzlicher Bestimmungen vorbehalten. Die Rechte auf ausschließliche Vervielfältigung von Werken der Literatur und Kunst, sowie auf ausschließliche Benutzung von Erfindungen, Mustern und Fabrikzeichen werden hierdurch nicht berührt."

1081 Mascher, S. 630.

1082 Michelsen, S. 262/263.

1083 Haupt, S. 53.

1084 Nachtrag vom 30. April 1862 zu der revidierten Gemeindeordnung vom 18. Januar 1854, in Göckel, Bd. XV, S. 335f.; § 51 AusführungsVerOGewOSWE:
„Nicht minder ist der Besitz des Bürgerrechts als Erfordernis des Meisterrechts nicht mehr anzusehen (…)." Vgl. ebenso § 40 AusführungsVerOGewOSWE.

unterhielt, konnte von der Gemeinde dazu aufgefordert werden, das Bürgerrecht zu erwerben. Alleinig das Zoll- und Steuerwesen hatten die Gewerbetreibenden zu beachten. Die Vorschriften, die die Anmeldung eines selbständigen Gewerbebetriebes betrafen, sollten zunächst die Ordnung und die Steuerentrichtung sicherstellen, aber keinesfalls dazu benutzt werden, um eine künstliche Abgrenzung der Gewerbegebiete wieder herzustellen.[1085] Die jeweils betroffene Ortsbehörde hatte gemäß § 6 AusführungsVerOGewOSWE die Meldepflicht zu überwachen. Ein einzelner Gewerbetreibender konnte jetzt auch mehrere Werkstätten und Verkaufslokale in einer Stadt oder an verschiedenen Zweigniederlassungen betreiben.[1086] Des Weiteren war ihm der gleichzeitige Betrieb mehrerer und verschiedener Gewerbe erlaubt. Dabei wurden auch verschiedene Tätigkeiten in einer Hand nicht als verschiedene Gewerbe angesehen. Eine weitere bzw. mehrfache Anmeldung war nicht erforderlich. Diese Arbeiten mussten nur zur Herstellung einer Kategorie zusammengesetzter Artikel dienen.[1087]

Das Handelsgewerbe, als ein selbständiges Gewerbe im Sinne der Gewerbeordnung, umfasste alle den Handelsverkehr unterliegenden Gegenstände und es bedurfte deshalb keiner neuen Anmeldung, falls sich das Handelsgeschäft auf weitere Gegenstände erstrecken sollte. Dabei wurde jetzt nicht mehr zwischen fabrikmäßigen Waren und Zunftprodukten unterschieden. Auch konnten sich verschiedene Gewerbetreibende zu einem gemeinschaftlichen Geschäftsbetrieb zusammenschließen. Dies stand im vollkommenen Gegensatz zu den bisherigen Regelungen der Zünfte, welche vielfach mit Abgrenzungsproblemen wegen der Zuordnung der einzelnen Arbeiten zur jeweiligen Zunft zu kämpfen hatten. Jeder Gewerbetreibende durfte jetzt von seinem Wohnort aus seine Erzeugnisse an jedem anderem Ort im Großherzogtum abliefern oder dort aufstellen. Ebenfalls war es ihm erlaubt, an jeden Ort des Landes seine Arbeit auszuführen und Bestellungen aufzunehmen.[1088] Mit der Einführung der Gewerbefreiheit wurde auch der Grenzverkehr freigegeben. Im Ausland wohnende Gewerbetreibende waren berechtigt, im Inland Gewerbearbeiten, zu denen sie auch in ihrer Heimat befugt waren, auszuführen.[1089] Die ausländischen Gewerbetreibenden waren

---

1085 § 9 AusführungsVerOGewOSWE.

1086 § 46 GewOSWE:
„Die Ausübung eines freien Gewerbes kann durch denselben Unternehmer an verschiedenen Orten des Landes, und an einem und demselben Orte in mehreren Werkstätten, auch in mehreren Verkaufslokalen erfolgen. Es ist jedoch an denjenigen Orten, wo der Unternehmer nicht selbst wohnt, dem Zweiggeschäfte ein Stellvertreter vorzusetzen. Zweiggeschäfte dieser Art sind bei der Obrigkeit des Ortes, an welchem sie sich befinden, nach § 5 anzumelden.“

1087 § 9 AusführungsVerOGewOSWE. Zum Beispiel Tischler-, Tapezierer und Schlosser zur Möbelfabrikation.

1088 Fink, Der Markt, S. 7.

1089 Voraussetzung für die „Ausführung von Gewerbearbeiten im Inlande durch Gewerbetreibende, welche im Auslande wohnen, war (...) daß ihre Gewerbeberechtigung den Bestimmungen der diesseitigen Gewerbeordnung entspricht.“ vgl. § 31 AusführungsVerOGewOSWE.

gemäß § 20 GewOSWE nicht verpflichtet, Staats- oder Kommunalabgaben zu leisten. Der Import von im Ausland gefertigten Gewerbearbeiten und der Handel mit diesen über die Landesgrenzen unterlagen nur noch den Zoll- und Steuerbestimmungen. Des Weiteren konnten jetzt auch Beamte, Geistliche und Angehörige des Militärs einen Gewerbebetrieb führen, insoweit dienstliche Vorschriften nicht entgegenstanden. Der Erlaubnis zur Abhaltung von Märkten und Messen bedurfte es hingegen gemäß § 51 GewOSWE weiterhin der Genehmigung des Staatsministeriums.

Mit der Einführung der Gewerbeordnung kam es auch zum Wegfall der bisher in verschiedenen Bereichen immer noch bestehenden Taxen. Aber auch Beschlüsse von Gewerbetreibenden oder noch bestehenden gewerblichen Korporationen über Preise und Löhne waren für die Teilnehmer jetzt unverbindlich. Jede Verabredung über die Anwendung von physischen und moralischen Zwangsmitteln gegen Nichtbeitretende wurde durch die Gewerbeordnung mit einer Strafe von bis zu 300 Talern oder 8 Wochen Haft bestraft.

Die Gewerbeordnung übernahm jedoch auch zum Teil Regelungen aus dem Zunftgesetz vom 15. Mai 1821. So wurden auch weiterhin die Gründe für die Entlassung eines Arbeiters oder die Folgen bei unberechtigtem Verlassen der Arbeit durch den Arbeiter normiert. Wie in dem Zunftgesetz standen dem Arbeitsherrn bei der Beschäftigung von schulpflichtigen Arbeitern gemäß § 58 GewOSWE das Recht der väterlichen Züchtigung sowie weitere Strafbefugnisse zu.[1090] Unter strenger Strafe, 300 Taler Geldbuße oder 8 Wochen Gefängnis, stand, wenn die Lohnzahlung anstatt durch Geld mit Waren erfolgte.[1091] Darüber hinaus konnte den Fabrikanten, Fabrikkaufleuten, Verlegern, Faktoren und Fabrikbeamten gemäß § 59 GewOSWE der Handel mit Waren zeitweilig oder dauerhaft untersagt werden. Jegliche Verabredung zwischen Arbeitgebern, deren Angehörigen und Beauftragten mit Arbeitnehmern zwecks Umgehung des Entlohnungsverbotes ihrer Arbeit mit Waren, war nichtig. Anderseits war auch die Verabredung der Arbeiter zwecks Erzwingung von Forderungen verboten.

Der Schutz des Arbeiters durch den Arbeitsherrn wurde, wie zuvor bei den Gesellen und dem Meister, fortgeführt. So hatte jeder Gewerbetreibende jegliche Gefahr für seine Arbeiter zu unterbinden und alle Einrichtungen auf eigene Kos-

1090 § 58 GewOSWE:
„Gegen schulpflichtige Arbeiter hat der Arbeitsherr das Recht der väterlichen Züchtigung innerhalb der zur Erhaltung von Zucht und Ordnung erforderlichen Grenzen. Gegen anderes Hülfs- und Arbeitspersonal dürfen nur die Mittel der Entlassung und in der Fabrikordnung festgesetzter oder sonst vertragsmäßig vereinbarter Lohnabzüge als Strafe angewendet werden. An einem Lohntage darf als Strafe keinesfalls mehr als ein Fünfttheil des fälligen Lohnes abgezogen werden.“

1091 Kulischer, S. 486.

ten entsprechend abzusichern. Verstöße wurden unter strenger Strafe geahndet und der Bezirksdirektor war ermächtigt, den Gewerbebetrieb einstweilig einzustellen. Das Führen von Arbeitsbüchern war lediglich fakultativ. Eine Pflicht dazu bestand weder für Arbeiter noch für Gehilfen.[1092] Weiterhin war die Ausbildung Gegenstand ausführlicher Regelungen in der Gewerbeordnung. So waren gemäß § 67 GewOSWE die Lehrlinge dem Lehrherrn Achtung und Gehorsam schuldig. Die Lehrlinge, die in Kost und Wohnung des Lehrherrn standen, waren auch weiterhin dessen häuslicher Zucht unterworfen. Des Weiteren waren zahlreiche Regelungen in der Gewerbeordnung enthalten, die die Aufgaben und Anforderungen an den Lehrherrn bestimmten. Die Sicherung des zünftigen Standards in der Ausbildung sollte auch weiterhin sichergestellt werden und es galt zu verhindern, dass dieser sich nach Aufgabe der Zunft nicht verschlechterte. Eine zahlenmäßige Beschränkung hinsichtlich der Annahme von Lehrlingen gab es, wie bereits zuvor im Zunftgesetz vom 15. Mai 1821, nicht.[1093] Der jetzt jedem Lehrverhältnis zugrunde liegende Lehrvertrag oblag nur noch der freien Vereinbarung. Dieser durfte aber nicht den Gesetzen und Verordnungen zuwiderlaufen. Das Züchtigungsrecht des Meisters sowie das weiterhin bestehende Über-Unterordnungsverhältnis standen damit jetzt im Widerspruch zum freien Lehrvertrag. In Bezug auf die Gesellen existierten dagegen keine Bestimmungen mehr, wonach der Geselle im Hause des Meisters wohnen musste oder wie lange er außer Haus bleiben durfte. Die Allmacht des Meisters gegenüber den Gesellen war ebenfalls aufgehoben.[1094]

Die Gewerbeordnung von Sachsen-Weimar-Eisenach hob jedoch keine bestehende Zunft oder Innung auf. Die Zünfte bzw. Innungen bestanden als Organisation weiter wie zuvor. Lediglich deren Zwangs- und Bannrechte wurden aufgehoben.[1095] Die Gewerbefreiheit und die damit verbundene Aufhebung aller Verbietungsrechte führten jedoch zu einem Mitgliederschwund bei den Zünften. Zum einen bestand die Möglichkeit der Auflösung der Zunft und zum anderen ermöglichte die Gewerbeordnung die Fortführung der Zünfte als Vereinigung oder Genossenschaft der Gewerbetreibenden.[1096] Die Zunft konnte damit gemäß § 74 GewOSWE die Stellung einer rechtfähigen juristischen Person erlangen:

1092 § 44 AusführungsVerOGewOSWE.

1093 § 49 AusführungsVerOGewOSWE:
„Eine Beschränkung hinsichtlich der Annahme von Lehrlingen findet – mit Vorbehalt der Bestimmung im § 66 der Gewerbeordnung – nicht statt. Die Annahme von Lehrlingen hat auf dem Grunde eines, die Bedingungen dieser Annahme und insbesondere die Dauer der Lehrzeit festsetzenden Vertrages zu geschehen, welcher zur Vermeidung von Irrungen zweckmäßiger Weise schriftlich zu verabfassen ist. Der Lehrvertrag ist Sache der freien Vereinbarung, darf aber keine den Gesetzen und Verordnungen zuwiderlaufende Bestimmungen enthalten."

1094 Mascher, S. 630/631.

1095 Michelsen, S. 262.

1096 Borchardt, S. 53.

„Sowohl selbstständige Gewerbetreibende als Gewerbegehülfen und Arbeiter haben das Recht, zur Förderung gemeinsamer Angelegenheiten Genossenschaften zu bilden, auf welche die gesetzlichen Vorschriften über das Vereins- und Versammlungsrecht Anwendung leiden.
Derartigen Genossenschaften bleibt es überlassen, ob sie um Erteilung der Rechte einer juristischen Person nachsuchen wollen.
Die Genossenschaften verwalten ihre Angelegenheiten selbstständig. Ein Zwang zum Beitritt zu einer Genossenschaft findet nicht Statt. Andererseits darf keinem Gewerbegenossen, welcher die statuarischen Verbindungen zu erfüllen bereit ist, die Aufnahme verweigert werden, falls solches das Statut nicht ausdrücklich gestattet."

Die Ernennung der Zünfte und Innungen zu anerkannten Genossenschaften und damit zu einer juristischen Persönlichkeit erfolgte durch die Großherzogliche Staatsregierung.[1097] Dem zuvor musste die gewerbliche Genossenschaft einen Statutenentwurf dem Gemeindevorstand vorlegen, der dann an den Bezirksdirektor weitergeleitet wurde. Der Bezirksdirektor musste schließlich den Entwurf dem Großherzoglichen Staatsministerium, Department des Inneren, mit einem entsprechenden Gutachten überreichen.[1098] Die Gewerbeordnung führte die bisherigen Zünfte und Innungen als berufsständische Korporationen fort. Es lag mithin an ihnen bzw. deren Mitgliedern, ob sie an der Gemeinschaft festhalten oder diese auflösen wollten. Die Gewerbeordnung gab den anerkannten Korporationen die Stellung einer juristischen Person. Neben der Förderung gemeinsamer Angelegenheiten sollten sie weiterhin gemäß § 76 GewOSWE zu folgenden Zwecken berufen sein:

1) „Regelung der Verhältnisse zwischen den Gewerbetreibenden und ihren Lehrlingen und Gehülfen innerhalb der Grenzen der über den Lehr- und Arbeitsvertrag in diesem Gesetze enthaltenen Bestimmungen,
2) Beilegung der zwischen den Genossen unter einander oder zwischen ihnen und ihren Lehrlingen und Gehil-

---

1097 Mascher, S. 631.
1098 § 50 AusführungsVerOGewOSWE:
„Die Verleihung der juristischen Persönlichkeit erfolgt durch die Großherzogliche Staatsregierung. Darauf gerichtete Gesuche gewerblicher Genossenschaften sind unter Beischluß des Statuten-Entwurfers bei dem Gemeindevorstande, in dessen Bezirke die Genossenschaft ihren Wohnsitz bestimmt, zu überreichen und durch diesen an den Bezirks-Direktor, von solchem aber, da nöthig nach weiterer Vorbereitung, an das Großherzogliche Staats-Ministerium, Departement des Innern, mit gutachtlichem Berichte einzusenden."

fen über die in der Gewerbeordnung oder in den Genossenschaftsstatuten geordneten Verhältnissen entstehenden Streitigkeiten,

3) *Gründung, Förderung und Verwaltung von Fachschulen und ähnlichen gemeinnützigen Anstalten,*

4) *Gründung von Anstalten (Kassen) zur Unterstützung der Mitglieder und ihrer Angehörigen und Gewerbegehilfen.“*[1099]

Dabei blieben die den Innungen verliehenen Spezialartikel und Innungsstatuten, soweit sie nicht den Bestimmungen der Gewerbeordnung widersprachen, bestehen. Alle anderen Gesetze, statuarische und sonstige Regelungen, die nicht mit der Gewerbeordnung in Einklang standen, wurden aufgehoben. Den bisherigen Mitgliedern der Zünfte und Innungen wurde das Recht eingeräumt, durch eine Zweidrittelstimmenmehrheit die Auflösung der Zunft bzw. Innung sowie deren Aufteilung des Vermögens unter den Mitgliedern zu beschließen. Auch stand es den Innungen frei, sich mit einer oder mehreren anderen Innungen zusammenzuschließen.

Wie schon im Zunftgesetz vom 15. Mai 1821 musste eine Innung oder Zunft aufgelöst werden, wenn deren Mitgliederzahl unter drei fiel. Dabei fiel das Vermögen den letzten Mitgliedern zu gleichen Teilen zu. Dies ist auch ein Grund, weshalb die Geschichte der Zünfte im Großherzogtum schwierig zu erforschen ist. Statuten oder Zunftladen sind zumeist in den Privatbesitz übergegangen.[1100] Im Weimarer Stadtarchiv wie auch im Staatsarchiv sind nur wenige Schriftstücke oder Bücher von den Zünften vorhanden.[1101]

Durch die Gewerbefreiheit stand es jetzt jedem Zunftmitglied frei, aus der nunmehr zur Korporation gewandelten Zunft auszutreten. Der Ausgetretene haftete jedoch noch ein Jahr lang für die zur Zeit seines Austrittes vorhandenen und nicht durch das Aktiv-Vermögen gedeckten Verbindlichkeiten der Zunft.[1102]

Wenn eine Zunft beschlossen hatte sich aufzulösen, so musste dies dem Bezirksdirektor angezeigt werden. Dieser nahm die Regulierung der Vermögensverhältnisse vor. Insoweit durften insbesondere keine Verbindlichkeiten mehr bestehen. Die Auflösung wurde in dem amtlichen Nachrichtenblatt zweimal

---

1099 § 76 GewOSWE; Die Sparkasse zu Weimar, ihre Gründung und Entwicklung bis zur Städtischen Sparbank Weimar, S. 18 ff.

1100 Schönberg, Zunftwesen, S. 11.

1101 Bek. Großherzogl. Staats-Ministeriums Dep. des Innern vom 26. April 1863 die Erhaltung und Aufbewahrung der Innungsbücher und sonst werthvollen Schriftstücke der Innungen betr., in Göckel. Bd. XVI, S. 78.

1102 Schönberg, Zunftwesen, S. 11.

veröffentlicht und binnen sechs Wochen hatten etwaige Personen ihre Ansprüche gegen die ehemalige Zunft gerichtlich geltend zu machen. Der Bezirksdirektor hatte nach dieser Abwicklung die Akten über die Auflösung dem großherzoglichen Staatsministerium, Department des Inneren, vorzulegen, welche die Auflösung der juristischen Person endgültig vollzog.[1103] Das verbliebene Inventar der ehemaligen Zunft wurde per Auktion verkauft.

Wurde eine bisherige Zunft in Form einer Korporation fortgeführt, dann musste sie sich allen beitrittswilligen Gewerbetreibenden des jeweiligen Handwerks öffnen. Wegen einer verweigerten Aufnahme in eine Korporation bzw. Innung konnte der Betroffene Beschwerde beim Gemeindevorstand einreichen.[1104] Viele der Zünfte hatten zur Vorsorge für Krankheit und Rente ihrer Mitglieder Rücklagen gebildet. Diese Kassen sollten fortgeführt werden, insbesondere wenn die Zunft als Korporation weitergeführt wurde. Die Gewerbegehilfen und Fabrikarbeiter konnten gemäß § 77 GewOSWE dazu verpflichtet werden, Beiträge zu diesen Kassen zu zahlen.[1105] Allgemein war dies der Fall, wenn solche Arbeiter aus einer ehemaligen Zunft selbst stammten oder aber Manufakturen bzw. Fabriken sich an einer solchen Kasse bereits zu Zunftzeiten beteiligt hatten.[1106] Die Gemeindevorstände sollten auf die Gründung solcher Kassen hinwirken. Die soziale Absicherung galt es ebenso wie die Vermittlung der Kunstfertigkeit in der Lehre als die Errungenschaften der Zünfte in der Gewerbefreiheit weiterhin

---

1103 § 52 AusführungsVerOGewOSWE:
„Wenn eine Innung Beschluß über ihre Auflösung gefaßt hat, so ist solches dem Großherzoglichen Bezirks-Direktor anzuzeigen (...).“

1104 § 51 AusführungsVerOGewOSWE:
„Wegen verweigerter Aufnahme in eine Innung kann bei dem Gemeindevorstande desjenigen Bezirkes, in welchem die betreffende Innung ihren Sitz hat, nach Befinden Beschwerde geführt werden.“

1105 § 77 GewOSWE:
„Gewebegehülfen und Fabrikarbeiter können verpflichtet werden, Beiträge zu Kassen zu zahlen, deren Zweck die Unterstützung in Erkrankungsfällen und Bestreitung von Begräbniskosten ist. Es ist vorbehalten, über die Einrichtung solcher Kassen und über ihre Verwaltung unter Theilnahme von Vertretern der Gehülfen u.s.w. allgemeine Vorschriften im Verwaltungswege zu erlassen.“
Eine große Versicherungsanstalt war die Versicherungsanstalt der sächsischen Gewerbekammer. Diese bot Schutz bei Krankheit usw. Quelle: Schulze, Gewerbeverein, S. 19.

1106 § 53 AusführungsVerOGewOSWE:
„Die Verpflichtung der Gewerbegeülfen und Fabrik-Arbeiter zu Zahlung von Beiträgen zu Kranken- und Begräbnis-Kassen soll als begründet dann angesehen werden, wenn dieselben entweder bei dem Mitgliede einer Innung, für welche eine solche Kasse besteht, oder in einer Fabrik, bei welcher eine derartige Einrichtung Statt findet in Arbeit treten.
(...) Soweit derartige Kassen nicht bestehen, haben die Gemeindevorstände auf deren Einrichtung in geeigneter Weise hinzuwirken. Die diesfallsigen Regulative sind, soweit die Verpflichtung zur Betheiligung dadurch begründet werden soll, dem Bezirks-Direktor und durch diesen dem Staats-Ministerium, Departement des Innern, vorzulegen.“

fortzuführen.[1107] Auf die Kassen sollten die allgemeinen Vorschriften des Verwaltungsrechts Anwendung finden.

Neben den bereits erwähnten Verbietungsrechten, fiel jetzt auch die Teilnahme des obrigkeitlichen Abgeordneten bei den Zünften weg. Die bisherigen Abgeordneten bei den Zünften hatten die in ihrer Mitverwahrung befindlichen Gegenstände nach einem Verzeichnis an den Innungsvorstand gemäß § 51 AusführungsVerOGewOSWE zu übergeben. Damit war auch die staatliche Kontrolle über die Innungen und Zünfte weggefallen. Diese wurde jetzt zur Sicherung der Ordnung und vor allem der Steuereinahmen von dem Gemeindevorstand sowie dem Bezirksdirektor ausgeübt. Jeder Gewerbetreibende, auch wenn das Gewerbe konzessionsfrei war, musste sich lediglich anmelden.

Für den Wegfall der Verbietungsrechte wurde seitens des Großherzogtums eine Entschädigung gezahlt, wenn die hinfälligen Rechte nach den verfassungsmäßig bestätigten Innungs-Artikeln neben dem Zunftmeisterrecht den Besitz einer dinglichen Gewerbeberechtigung erforderten.[1108] Die Einzelheiten regelte das Gesetz über den Wegfall innungsmäßiger Verbietungsrechte zu leistende Entschädigung (EntschädigungsG).[1109] Gemäß § 1 EntschädigungsG erfolgte die Zahlung einer Entschädigung an die rechtlichen Inhaber der mit dem Verbietungsrecht verbundenen dinglichen Gewerbeberechtigung und diese wurde aus der Staatskasse geleistet. Gegenstand der Entschädigung war gemäß § 4 EntschädigungsG lediglich das Verbietungsrecht selbst.[1110] Maßstab für die Entschädigung war der Kaufwert der mit dem Verbietungsrecht verbundenen Gewerbeberechtigung zur Zeit des Wegfalls des Rechtes.[1111] Gemäß § 11 EntschädigungsG erfolgte die Gewährung der Entschädigung nach dem Ermessen des Staatsministeriums *„ganz oder teilweise in baar oder in drei und ein halb prozentigen, von Seiten des Gläubigers unkündbaren Staatsschuldverschreibungen nach dem Nennwert“.*[1112]

1107 Danninger, S. 77.

1108 Weimarer Stadtarchivakte HA I-42-45.

1109 Gesetz vom 8. Oktober 1862 die für den Wegfall innungsmäßiger Verbietungsrechte zu leistende Entschädigung betreffend, abgedruckt in Göckel, Bd. XV, S. 32-37.

1110 Weimarer Stadtarchivakte HA I-42-45.

1111 Bei Verbietungsrechten, welche den Mitgliedern einer geschlossenen, der Mehrung oder Minderung nicht unterworfenen Innung zustanden, mussten zwei Drittheile des Verkaufswertes der Gewerbeberechtigung auf das zu entschädigende Verbietungsrecht angerechnet werden. Bei Verbietungsrechten, welche den Mitgliedern einer der Mehrung oder Minderung unterliegenden Innung zustanden, musste die Hälfte des Verkaufsrechtes der Gewerbeberechtigung auf das zu entschädigende Verbietungsrecht angerechnet werden.

1112 Gesetz vom 8. Oktober 1862 die für den Wegfall innungsmäßiger Verbietungsrechte zu leistende Entschädigung betreffend, abgedruckt in Göckel, Bd. XV, S. 35.

Durch die Auflösung der Zünfte und Innungen, konnten auch nicht mehr die Gesellen und Gewerbegehilfen zum Wandern verpflichtet werden. Die entsprechenden gesetzlichen Regelungen des Zunftgesetzes vom 15. Mai 1821 fanden keinen Eingang in die Gewerbeordnung. Damit war auch für die noch bestehenden Korporationen der Herbergszwang aufgehoben. Doch mit der bloßen gesetzlichen Aufgabe war es nicht getan. Die Weimarer Regierung hatte erkannt, dass

> *„doch Herbergen, in denen unbemittelte Gewerbegehülfen unterkommen finden und Einrichtungen, welche die Vermittlung zwischen den selbständigen Gewerbetreibenden und den Arbeitsuchenden Gehülfen erleichtern, auch fernerhin von wesentlichem Nutzen sein.“*[1113]

Sie Schlug deshalb vor, die

> *„Gemeindevorstände mögen deshalb auf das Fortbestehen der bei den Innungen vorhandenen diesfallsigen Einrichtungen hinwirken und der Bildung neuer, den veränderten Verhältnissen angepasster Veranstaltungen dieser Art fördernd entgegen kommen.“*[1114]

Angesichts auch damals immer leerer Stadtkassen, keine dauerhafte Lösung. So kam es, dass das Herbergswesen nach und nach gänzlich verschwand. Für die trotzdem noch wandernden Gesellen und Gewerbegehilfen richtete sich deren zukünftige polizeiliche Behandlung nach den allgemeinen Vorschriften für Reisende.

Die durch die Gewerbeordnung angeordneten Maßnahmen sollten durch die Verwaltungsbehörden gemäß § 80 GewOSWE vollstreckt und überwacht werden. Die Justizbehörden hatten die entsprechenden strafrechtlichen Regelungen zu verhängen. Ebenso hatten die Justizbehörden gemäß § 81 GewOSWE über die privatrechtlichen Forderungen und Ansprüche der Gewerbetreibenden untereinander, der Unternehmer gegen ihr Arbeits- und Hilfspersonal und die entsprechenden Gegenansprüche zu entscheiden. Nach § 82 GewOSWE wurden allen anderen mit der Gewerbeordnung im Widerspruch stehenden gesetzlichen, statuarischen und sonstigen Bestimmungen aufgehoben.

1113 § 43 AusführungsVerOGewOSWE:
„Das Wandern der Gesellen und Gewerbegehülfen ist nicht mehr Gegenstand gesetzlicher Verpflichtung. Der Herbergszwang ist aufgehoben. (…)“

1114 ebenda

XI. Die Gewerbekammer

Der Gewerbeverein Weimar strebte frühzeitig die Errichtung von Filialgewerbevereinen an. Ziel war es, im Großherzogtum durch eine umfassende Organisation der Selbständigen alle Hebel zur Förderung des daniederliegenden Gewerbes planvoll anzusetzen.[1115] Zu diesem Zweck unterhielt der Gewerbeverein bereits ab 1836 enge Beziehungen zum Erfurter Gewerbeverein. Im weiteren Verlauf auch zum Dresdner und Gothaer Gewerbeverein.[1116] Die einzelnen Protokolle über die Gewerbevereinssitzungen wurden im Austausch untereinander versandt. Für das Großherzogtum sollte nach der Vorstellung des Weimarer Gewerbevereins ein flächendeckendes Netz von Gewerbevereinen gegründet werden und in Weimar sollte die gewerbliche Zentralstelle dafür sein.[1117] Dieses Vorhaben war bereits unter den Mitgliedern stark umstritten, aber auch die Landesdirection als Aufsichtsbehörde lehnte dieses ab. Der Gewerbeverein hatte zur Realisierung seines Planes der Landesdirection eine dafür gefasste Statutenänderung zur Genehmigung vorgelegt. Doch die Landesdirection versagte ihre Genehmigung mit der Begründung, es handele sich bei dem Gewerbeverein um eine „Privatgesellschaft" mit Ortsbezug auf die Residenzstadt. Die Gründung von Zweigniederlassungen wurde strikt untersagt.[1118] Die Landesdirection begründete ihre Entscheidung damit, dass es

> *„die Genehmigung solcher Vereine noch keineswegs ausgesprochen sei und es noch der Frage unterliege, ob dieselbe Auszeichnung, welche die Residenzstadt erhalten, auch anderen Städten ertheilt werden könne."*[1119]

Die Gewerbetreibenden anderer Städte im Großherzogtum durften danach ebenfalls eigene Gewerbevereine gründen, aber nicht mit anderen bereits bestehenden Gewerbevereinen sich zusammenschließen. Die Schaffung einer gewerblichen überregionalen Organisation wollte die Weimarer Regierung verhindern.

Des Weiteren bemängelte die Landesdirection einen Verstoß der Statutenänderung gegen die Bestimmungen der Gewerbeordnung.[1120] Der Gewerbeverein

1115 9. Bericht der Gewerbekammer für das Großherzogthum Sachsen-Weimar-Eisenach für die Jahre 1895 und 1896, S. 8.

1116 Burkhardt, Geschichte des Gewerbevereins zu Weimar 1833-1883, S. 10.

1117 Schönberg, Volkswirtschaftslehre, S. 729; Conrad, III. Band, S. 1037 und 1079.

1118 Schulze, Gewerbeverein, S. 18.

1119 Weimarer Stadtarchivakte „Vereinsakten im Stadtarchiv" NA II-2-284.

1120 § 180 Zunftgesetz vom 15. Mai 1821

würde, so die Begründung der Landesdirection, *„bei dem hier und da bemerkbar gewordenen Streben nach Verfolgung einseitiger Innungsinteressen“*,[1121] diese zu sehr in den Vordergrund stellen. Der Einfluss, den der Gewerbeverein auf die Innungen und Zünfte des Großherzogtums dadurch erlangt hätte, war der Landesdirection sehr bedenklich. Im Jahre 1857 beschäftigte sich der Weimarer Gewerbeverein im Zusammenhang mit den Gewerbereformdebatten erneut mit der Errichtung eines Zentralgewerbevereins. Auch diesmal kam der Gewerbeverein nicht über eine Debatte mit gleich gesinnten Vereinen hinaus. Von Frankfurt aus erging zur gleichen Zeit die Aufforderung zur Gründung eines *„Vereins für deutsche Einheit der Kunst, des Handels und der Gewerbe“* und von Dresden kam die Initiative zur *„Schaffung eines Organs für gewerbliche und landwirtschaftliche Interessen“*.[1122] Grenzübergreifend begann sich das Gewerbe in Deutschland zu organisieren. Diese Entwicklung machte auch vor dem Großherzogtum nicht halt.

Sechs Jahre nach dem Erlass der Gewerbeordnung forderte Großherzog Carl Alexander nun seinerseits das Staatsministerium auf, eine gewerbliche Zentralstelle analog der bereits bestehenden landwirtschaftlichen Zentralstelle zu errichten. Die Mehrzahl der befragten Gewerbetreibenden im Staatsgebiet verneinte jedoch die Notwendigkeit einer solchen Einrichtung. Damit endete auch die Großherzogliche Initiative. Erst 1873 wurden erneut Verhandlungen aufgenommen, nach dem die in ihrer Zahl vermehrten Gewerbevereine eine positive Tätigkeit erkennen ließen. Im Jahre 1875 wurde ein Gesetzentwurf zwecks Gründung einer gewerblichen Zentralstelle fertig gestellt und Anfang 1876 der Landtag um Zustimmung gebeten.[1123] Der Landtag bewilligte die benötigten Mittel für die Errichtung der gewerblichen Zentralstelle und am 11. Januar 1877 traten die auf Vorschlag der Gewerbevereine gewählten Abgeordneten zur ersten konstituierenden Sitzung zusammen.[1124] Der Großherzog hatte neben den

---

„Nicht minder sollen die Zünfte sich alles Briefwechsel mit andern, sowohl in- als ausländischen Zünften, ingleichen der Abschickung einiger aus ihrem Mittel an eine andere Zunft, bei 20 Thlr. Strafe enthalten.

Wenn aber Fälle sich ereigneten, wo dergleichen zu thun nothwendig wäre, soll es dem obrigkeitlichen Abgeordneten vorher gemeldet, die abzusendende Schrift zur Einsicht und Mitunterschrift vorgelegt und von ihm, nach Befinden, auf vorgängige Anfrage bei der Obrigkeit, das Weitere verfügt werden. Wie denn auch dem obrigkeitlichen Abgeordneten von dem Obermeister alle Schreiben, so an die Zunft einlaufen, unerbrochen einzuhändigen sind.

Zunftvorsteher, welche dem entgegen handeln, sind nach Befinden, mit ausdrücklicher Geld- oder Gefängnisstrafe zu belegen.“

1121 Burkhardt, Geschichte des Gewerbevereins zu Weimar 1833-1883, S. 10.

1122 Regierungsblatt für das Großherzogtum Sachsen-Weimar-Eisenach, v. 10. Oktober 1862 Nr. 29, S. 183-187.

1123 Schulze, Gewerbeverein, S. 21.

1124 Regierungsblatt für das Großherzogtum Sachsen-Weimar-Eisenach, v. 24. Mai 1877 Nr. 13, S. 97-104.

Vertretern der Gewerbevereine noch vier weitere Mitglieder aus Regierungskreisen ernannt. In den Beratungen wurde eine gewerbliche Zentralstelle als dringend wünschenswert bezeichnet. Diese Zentralstelle sollte die Bezeichnung Gewerbekammer tragen.[1125] Zur Beratung über die Bildung einer Gewerbekammer waren aus Weimar berufen worden:

- Professor Arndt und Direktor Th. Hagen bei der von der Großherzoglichen Kunstschule,
- Hofjuwelier Th. Müller und
- Ofenbauer Schmidt, zugleich der Gewerbevereinsvorsitzende der Stadt Weimar.

Nach Erledigung weiterer Formalitäten wurde zur ersten Gewerbekammersitzung am 13. Mai 1878 eingeladen. Gründungsmitglieder der Gewerbekammer Sachsen-Weimar-Eisenach waren die Vorstandsmitglieder des Weimarer Gewerbevereins Schmidt (Gewerbevereinsvorsitzender) und der Glasermeister Wilhelm Fauser (stellvertretender Gewerbevereinsvorsitzender). Von den übrigen Bezirksausschüssen der Gewerbevereine im Großherzogtum waren Carl Bauer (Portefeuille-Fabrikant) und Carl Friedrich Schmidt (Hoftöpfer) als Stellvertreter delegiert worden. Des Weiteren wurde von der Großherzoglichen Staatsregierung, Carl Heinrich Ruland und als dessen Stellvertreter Albert Brendel (Museumsdirektor) als zukünftige Mitglieder der Gewerbekammer entsandt.[1126]

Die Gewerbekammer sollte als übergeordnete Organisation der Gewerbevereine sowie als untergeordnete Behörde des Innenministeriums fungieren.[1127] Die entsprechende Verordnung wurde am 5. Mai 1877 erlassen. Gemäß § 1 Verordnung die Errichtung einer Gewerbekammer im Großherzogtum Sachsen-Weimar-Eisenach betreffend (Gewerbekammer-VerO) hatte die Gewerbekammer folgende Aufgaben:

- *„alljährlich dem Großherzoglichen Staats-Ministerium, Department des Innern, über den Zustand der Industrie des Großherzogtums, über wünschenswerte Verbesserungen und die Mittel zur Ausführung derselben Bericht zu erstatten;*

1125 Schönberg, Volkswirtschaftslehre, S. 727 f.
1126 9. Bericht der Gewerbekammer für das Großherzogthum Sachsen-Weimar-Eisenach für die Jahre 1895 und 1896, S. 3.
1127 Schönberg, Volkswirtschaftslehre, S. 729.

- *demselben auf Verlangen über Gegenstände des Gewerbelebens sowie des öffentlichen Verkehrs Gutachten abzugeben;*
- *statistische Notizen über Gegenstände der Gewerbe-Industrie zu sammeln und zu diesem Zwecke von den Gewerbetreibenden die erforderliche Auskunft zu erwirken;*
- *als Vertreterin der Gewerbe-Interessen ihr aus den Kreisen der Gewerbetreibenden zugehende sowie selbstständig von ihr gefasste Anträge an das Großherzogliche Staats-Ministerium zu richten.*"[1128]

Zur Erfüllung dieser Aufgaben sollte sich die Gewerbekammer an die in den verschiedenen Verwaltungsbezirken des Großherzogtums bestehenden Gewerbevereine wenden. Des Weiteren sollte die Gewerbekammer das zukünftige Bindeglied zwischen den einzelnen Gewerbevereinen, den übrigen gewerblichen Anstalten, den Innungen und der Großherzoglichen Regierung bilden.[1129]

Die Gewerbekammer setzte sich gemäß § 2 GewerbekammerVerO wie folgt zusammen:

1. aus Mitgliedern, die von der Großherzoglichen Staatsregierung bestimmt wurden,
2. aus Mitgliedern, die von den Bezirksausschüssen gewählt wurden,
3. aus einer Anzahl von Mitgliedern der Gewerbevereine, welche von deren Mitgliedern in die Kammer gewählt wurden (diese Mitglieder mussten zuvor bei dem Großherzoglichen Staatsministerium angemeldet und genehmigt worden sein),
4. aus einem Großherzoglichen Regierungskommissar, der von der Großherzoglichen Regierung bestimmt wurde.[1130]

Alle Geschäfte der Kammer führte der Großherzogliche Regierungskommissar. Dieser wurde von der Großherzoglichen Regierung ernannt und nicht von den Gewerbetreibenden bestimmt. Ferner wurden die übrigen Mitglieder entweder direkt von der Weimarer Staatsregierung ernannt oder sie konnte zumindest über deren Normierung zur Wahl mit entscheiden. Damit unterlag die Gewerbekam-

1128 § 1 der Verordnung die Errichtung einer Gewerbekammer im Großherzogtum Sachsen-Weimar-Eisenach betreffend (GewerbekammerVerO).

1129 Schulze, Gewerbeverein, S. 21; Conrad, III. Band, S. 1037.

1130 Regierungsblatt für das Großherzogtum Sachsen-Weimar-Eisenach, v. 24. Mai 1877 Nr. 13, S. 98.

mer der vollkommenen Bindung an die Regierung und hatte teilweise einen behördlichen Status.[1131]

Die Mitglieder der Gewerbekammer, welche von den Gewerbevereinen entsandt werden konnten, waren auf 12 beschränkt. Diese 12 setzten sich zusammen aus jeweils drei Mitgliedern des 1. und 2. Verwaltungsbezirks sowie jeweils 2 aus dem 3., 4. und 5. Verwaltungsbezirk des Großherzogtums.[1132]

Die Mitglieder der Gewerbekammer übten ihr Amt ehrenamtlich aus und wurden alle vier Jahre neu gewählt.[1133] Wählbar waren alle 25 Jahre alten Personen, die nicht von den staatsbürgerlichen Rechten ausgeschlossen waren.[1134] Die Wahl musste mindestens vier Wochen vor jeder Neuwahl durch öffentliche Bekanntmachung anberaumt werden. Der Vorsitzende des Gewerbevereins hatte die Wahlhandlung zu leiten. Die Wahl geschah durch gestempelte oder sonst mit einer sicheren Marke versehene Stimmzettel. Jedem anwesenden Wähler wurde ein solcher ausgehändigt und auf diesem hatte er die Namen der zu wählenden zwei oder drei Delegierten nebst Stellvertreter einzutragen. Nach Beendigung der Wahl waren die Namen der von dem betreffenden Verein seinerseits Gewählten und das aufgenommene Protokoll vorzutragen und anschließend von dem Vorsitzenden, dem Protokollführer und den übrigen die Wahlhandlung mit leitenden Mitgliedern zu unterschreiben. In diesem Protokoll waren jedoch nicht nur das Endresultat der Wahl anzumerken, sondern es waren auch alle diejenigen Personen in demselben zu veröffentlichen auf die lediglich eine Stimme gefallen war sowie das jeweilige Stimmenverhältnis.[1135] Nach zwei Jahren musste bereits die Hälfte der Kammermitglieder wieder austreten und diese wurden durch Neuwahlen ersetzt. Welches Mitglied ausschied wurde per Los bestimmt. Im Übrigen konnte das Staatsministerium, Department des Inneren, gemäß § 7 GewerbekammerVerO über das Erlöschen der Mitgliedschaft entscheiden. Den formellen Vorsitz übte gemäß § 8 GewerbekammerVerO ein aus den Mitgliedern der Kammer gewählter Vorsitzender aus. Des Weiteren bestanden ein stellvertretender Vorsitzender und ein Protokollführer. Die Wahl erfolgte auf zwei Jahre. Die Beschlüsse der Gewerbekammer wurden mit einfacher Stimmenmehrheit gefasst. Bei Stimmengleichheit entschied die Stimme des Vorsitzenden.[1136] Sitz der Gewerbekammer war Weimar. Im Jahr mussten mindestens vier Sitzungen abgehalten werden. Diese waren öffentlich und fanden in einem von dem Ministerial-Department des Innern bereitgestellten Raum statt.[1137] Den Ge-

1131 Schönberg, Volkswirtschaftslehre, S. 726.
1132 § 3 GewerbekammerVerO.
1133 § 5 GewerbekammerVerO.
1134 Conrad, III. Band, S. 1037.
1135 § 4 GewerbekammerVerO.
1136 § 9 GewerbekammerVerO.
1137 § 10 GewerbekammerVerO.

schäftsgang der Gewerbekammer legte eine Geschäftsordnung fest, welche der Genehmigung des Staatsministeriums bedurfte.[1138] Bereits zum Zeitpunkt des Erlasses der Verordnung enthielt diese in § 12 die Möglichkeit, zur Errichtung einer Unterabteilung für den Handel.

> *„Die Errichtung einer besondern Abtheilung der Kammer für die Vertretung des Handels bleibt vorbehalten bis zu dem Zeitpunkte, zu welchem sich ein dringendes Bedürfniß zu einer solchen Erweiterung zeigt."*[1139]

Damit war zunächst von der Weimarer Regierung angedacht, keine eigenständige Handelskammer zu gründen, sondern den Handel als Abteilung der Gewerbekammer zu führen. Die Einheit von Handel, Industrie und Handwerk wollte die Regierung nicht aufheben.[1140] Ebenso wie in den Gewerbevereinen, sollte auch in der Gewerbekammer das gesamte Gewerbe weiterhin vertreten sein. Jedoch erkannte die Regierung auch die besonderen Bedürfnisse des Handels an und kam diesen mit der Möglichkeit einer eigenen Abteilung in der Gewerbekammer entgegen.[1141]

Die bis dahin vollkommen selbständigen Gewerbevereine wurden durch eine umfassende Anlage zu § 3 GewerbekammerVerO an die Gewerbekammer gebunden.[1142] Wahlberechtigt waren danach nur die Gewerbevereine, die ihr Statut dem Großherzoglichen Direktor des betreffenden Bezirks zur Prüfung vorlegten. Dieser leitete das Statut an das Großherzogliche Staatsministerium weiter, welches es genehmigen musste. Das Statut musste dafür den Anforderungen der in der Anlage zur GewerbekammerVerO aufgeführten Punkte genügen. Die Anlage führte für die Prüfung detailliert auf, welche Mindestanforderungen an diese Statute gestellt wurden. So musste als Zweck des Vereins festgehalten sein, dass *„er einzig und allein die Hebung und Beförderung der Gewerbe und Industrie, des Handels- und der allgemeinen Bildung"* diente.[1143] Weiterhin musste er seine Wirksamkeit auf den Ort seines Sitzes und die Umgegend beschränken. Als Aufgabe musste im Statut der Gewerbevereine die Pflicht zur periodischen Berichterstattung über die gewerblichen Zustände, insbesondere über Mängel und

---

1138 § 11 GewerbekammerVerO.

1139 § 12 GewerbekammerVerO.

1140 Schönberg, Volkswirtschaftslehre, S. 729.

1141 Doch zur Errichtung dieser Handelsabteilung ist nach dem Verfasser vorliegenden Archivmaterial nie gekommen.

1142 Anlage die in die Statuten der Gewerbevereine aufzunehmenden Bestimmungen betreffend, abgedruckt: Regierungsblatt für das Großherzogtum Sachsen-Weimar-Eisenach, v. 24. Mai 1877 Nr. 13, S. 103.

1143 Verordnung, die Errichtung einer Gewerbekammer im Großherzogthum Sachsen-Weimar-Eisenach betreffend, abgedruckt im Regierungsblatt v. 24. Mai 1877 Nr. 13, S. 97.

Hindernisse, gegenüber der Gewerbekammer festgehalten sein.[1144] Die Gewerbevereine hatten sich dazu mit den gewerblichen Zuständen zu befassen und die dabei festgestellten Mängel zu entfernen und sich mit der Gewerbekammer in Verbindung zu setzen. Die Statuten der Gewerbevereine mussten weiterhin Angaben über die Mitgliedschaft, über die Art der Aufnahme und die Art der Leitung und Zusammensetzung des Direktoriums und zur Vorstandswahl derselben enthalten.[1145] Eine der Hauptaufgaben war die Organisation von eigenen Ausstellungen sowie die Organisation der Teilnahme an Ausstellungen im Ausland.[1146] Ebenso führte die Gewerbekammer gewerbliche Statistiken über die wirtschaftliche Entwicklung im Großherzogtum und sammelte die dazu benötigten Daten durch die Herausgabe und Verteilung von Correspondezblättern an Gewerbetreibende.[1147] Auch war die Gewerbekammer einer der Initiatoren für die Errichtung eines Musterlagers für Thüringer Erzeugnisse.[1148] Aus den jährlichen Berichten der Kammer war zu entnehmen, dass sich die Gewerbekammer aufgrund ihrer Gesamtrepräsentationsfunktion auch als Handelskammer verstand. So übernahm die Gewerbekammer ebenfalls die Vermittlung von Handelskontakten, namentlich für die Apoldaer Industrie.[1149] Auch bemühte sich die Gewerbekammer um die Verwertung konsularischer und diplomatischer Mitteilungen über auswärtige Handelsverhältnisse.

Als wichtigste Aufgabe sah die Gewerbekammer jedoch die Schaffung der Voraussetzungen für eine gute Ausbildung an. Sie förderte die Errichtung von Fachschulen sowie Gewerbe- und gewerbliche Fortbildungsschulen.[1150] Vielfach wurde in der Gewerbekammer in diesem Zusammenhang auch die Rolle der Innungen diskutiert. Dabei lehnten die Mitglieder die Wiedereinführung von Zwangsinnungen ab. Dagegen unterstützten sie die Errichtung und Fortführung von freiwilligen Innungen. Diese freiwilligen Innungen wurden als Organe verstanden, die ebenso wie die Gewerbevereine und die Gewerbekammer die gleichen Gewerbeinteressen vertraten und dazu die Handwerkerehre aktiv förderten.

1144 Regierungsblatt für das Großherzogtum Sachsen-Weimar-Eisenach, v. 24. Mai 1877 Nr. 13, S. 103.

1145 Anlagen, die in die Statuten der Gewerbevereine aufzunehmenden Bestimmungen betreffen zur GewerbekammerVerO; Burkhardt, Geschichte des Gewerbevereins zu Weimar 1833-1883, S. 4.

1146 Mascher, S. 628.

1147 Burkhardt, Geschichte des Gewerbevereins zu Weimar 1833-1883, S. 10. Bereits der Weimarer Gewerbeverein muss demnach eine Statistik über die Wirtschaftsentwicklung geführt haben. Leider sind weder im Weimarer Stadtarchiv noch im Staatsarchiv Aufzeichnungen vorhanden.

1148 Weimarer Stadtarchiv NA II-2-17, Bericht des Gewerbevereins zu Weimar für das Jahr 1894/95; Schönberg, Volkswirtschaftslehre, S. 722.

1149 Müller, S. 50; 9. Bericht der Gewerbekammer für das Großherzogthum Sachsen-Weimar-Eisenach für die Jahre 1895 und 1896, S. 13.

1150 Weimarer Stadtarchivakte NA VI-18-13; 9. Bericht der Gewerbekammer für das Großherzogthum Sachsen-Weimar-Eisenach für die Jahre 1895 und 1896, S. 13; Steinbeis, S. 123 f.

Bei der Anwendung neuer Gesetze unterstützte die Gewerbekammer die Regierung durch ihre direkten Kontakte zu den Gewerbetreibenden.[1151] Die Gewerbekammer leistete jedoch keine soziale Absicherung für ihre Mitglieder. Eine eigene Versicherungsanstalt, wie zum Beispiel die sächsische Gewerbekammer, unterhielt sie für ihre Mitglieder nicht.[1152]

XII. Die standesrechtliche Gerichtsbarkeit – Das Gewerbe- und Kaufmannsgericht Weimar

In Ausführung von § 1 Abs. 1, 2 und 6 des Reichsgewerbegerichtsgesetzes vom 29. Juli 1890 beschloss die Weimarer Gemeindebehörde 1894 die Errichtung eines Gewerbegerichtes für die Residenzstadt.[1153] Dem vorangegangen waren häufige Forderungen des Gewerbevereins zur Errichtung eines solchen Gerichtes.[1154] Die Umsetzung erfolgte durch ein Ortsstatut.[1155] Am 1. Oktober 1894 nahm das Gewerbegericht seine Tätigkeit auf, wo hingegen das Kaufmannsgericht erst am 1. Januar 1905, mithin fast 10 Jahre später, gegründet wurde.[1156] Die Gründung des Kaufmannsgerichtes beruhte auf der Ausführung von § 1 Abs. 1 und 2 Reichskaufmannsgerichtsgesetz vom 6. Juli 1904. Entsprechend dem Gewerbegericht erfolgte die Umsetzung ebenfalls durch ein Ortsstatut.[1157] Beide Gerichte waren berufen, über Streitigkeiten aus dem Arbeits- oder Dienstverhältnis zwischen Arbeitgebern und deren Arbeitern zu entscheiden. Für die Zuständigkeit des jeweiligen Gerichtes war entscheidend, ob der Angestellte gewerbliche oder ob er kaufmännische Dienste leistete. Insoweit er einer gewerblichen Aufgabe nachging, fanden die Vorschriften des VII. Titels der Gewerbeordnung Anwendung, ansonsten bei Handelsstreitigkeiten die Bestimmungen des sechsten Abschnittes, im ersten Buch des Handelsgesetzbuches. Ab

1151 Zum Beispiel bei dem Gesetz zum Schutz von Warenbezeichnungen von 1894. 9. Bericht der Gewerbekammer für das Großherzogthum Sachsen-Weimar-Eisenach für die Jahre 1895 und 1896, S. 31.

1152 Schulze, Gewerbeverein, S. 19; Schewe, Geschichte der sozialen und privaten Versicherung im Mittelalter in den Gilden Europas, S. 137 f.

1153 Thüna, Frhrn.v., 15 Jahre Gewerbe- und 5 Jahre Kaufmannsgericht Weimar, S. 1.

1154 Pierenkemper, Arbeitsmarkt und Angestellte im Deutschen Kaiserreich 1880-1913, S. 283/284; 9. Bericht der Gewerbekammer für das Großherzogthum Sachsen-Weimar-Eisenach für die Jahre 1895 und 1896, S. 16.

1155 Ortstatut betreffend die Einrichtung des Gewerbegerichts vom 6. Juli 1894 und Sammlung der Ortsgesetze, Regulative und wichtigeren Polizei-Verordnungen für die Großherzogl. Sächs. Haupt-und Residenzstadt Weimar, Zweite Folge 1897, S. 274-293.

1156 Dieses Ortsstatut unterlag im Laufe der Jahre einer Vielzahl von Veränderungen. Häufig waren Änderungen der Reichsgesetze die Ursache hierfür, die sodann umgesetzt werden mussten; Thüna, Weimarische und andere Erinnerungen 1868-1883, S. 1 f.

1157 Ortsstatut für das Kaufmannsgericht Weimar vom 28. Oktober 1904, Sammlung der Ortsgesetze, Regulative und wichtigeren Polizei-Verordnungen für die Großherzogl. Sächs. Haupt-und Residenzstadt Weimar, Dritte Folge 1910, S. 128-141.

1900 wurden auch ergänzend die entsprechenden Vorschriften des BGB herangezogen.

Wenn eine Streitigkeit am falschen Gericht anhängig war, so besaß das Kaufmannsgerichtsstatut in § 16 eine Verweisungsmöglichkeit. Zudem hatten beide Gerichte den gleichen Vorsitzenden und bei einem allfälligen Verweisungsbeschluss konnte deshalb zugleich ein neuer Verhandlungstermin bestimmt werden.[1158] Darüber hinaus besaßen beide Gerichte eine gemeinsame Gerichtskasse und eine gemeinsame Gerichtsschreiberei.[1159] Deren Hauptaufgabe war es, die Klagen der jeweiligen Partei, welche fast ausnahmslos mündlich vorgetragen wurden, niederzuschreiben und das Verhandlungsprotokoll zu führen. Der Vorzug dieser Gerichtsbarkeit lag vorrangig in der Schnelligkeit der Bearbeitung. Ein Urteil erging grundsätzlich bereits in der ersten Woche nach Klageerhebung.[1160] Ansonsten galt diese Gerichtsbarkeit unter den Weimarer Angestellten als kostengünstig und volksnah. Bei beiden Gerichten wurde nur eine einmalige Verhandlungsgebühr erhoben und auch diese nur im Fall der Erledigung durch Versäumnis- oder Endurteil.[1161]

War das Gewerbegericht wie auch später das Kaufmannsgericht bei den Weimarer Arbeitern und Angestellten sehr beliebt, so hatte es hingegen unter den Weimarer Gewerbetreibenden eine Vielzahl von Gegnern. Dies äußerte sich vorrangig darin, dass die gewerblichen Kreise vollständig beide Gerichtsbarkeiten mieden. Die öffentlichen Termine wurden von den Mitgliedern der Innungen nur selten besucht. Die Hauptursache dafür war, dass das Gewerbegericht die Gelegenheit bot, die Ansprüche der Arbeiter in kurzer Zeit und vor ihr Vertrauen genießenden Standesgenossen zur Entscheidung zu bringen. Dieser Umstand wurde von den Arbeitgebern gerade nicht als vorteilhaft angesehen.[1162] Das Gewerbe- und Kaufmannsgericht in Weimar war trotz seiner Entstehungsart ein Staatsgericht und sprach Recht im Namen des Fürsten. Deren Entscheidungen wurden durch den Gemeindevorstand vollstreckt.[1163]

Die Last dieser Sondergerichte hatten die deutschen Staaten den Gemeinden übertragen, ihnen aber zugleich versäumt die Möglichkeit einzuräumen, durch eine höhere Gebührenerhebung die Ausgaben für die Gerichte kostendeckend zu

1158 Thüna, S. 4.
1159 § 29 Kaufmanngerichtsstatut; § 30 Gewerbegerichtsstatut.
1160 Thüna, S. 4/5.
1161 Diese Gebühr betrug bei dem Gewerbegericht durchschnittlich 1,83 Mark, Quelle: Thüna, S. 5.
1162 Thüna, S. 11.
1163 Die Verordnung, betreffend die Vollstreckung von Entscheidungen gewerblicher Schiedsgerichte, sowie von Vergleichen, welche vor solchen abgeschlossen sind; vom 18. März 1882, abgedruckt im: Regierungsblatt für das Großherzogtum Sachsen-Weimar-Eisenach, 1882, S. 19.

gestalten.[1164] Neben dem Vorsitzenden hatte beiden Gerichte Beisitzer, welche für das Gewerbegericht dem Gewerbestand und für das Kaufmannsgericht dem Handelsstand angehören mussten. Sie wurden durch freie und gleiche Wahlen bestimmt. Das Wahlverfahren für die Beisitzer war bei beiden Gerichten jedoch verschieden. Für das Gewerbegericht wurden die Beisitzer aus dem Lager der Unternehmer und der Arbeiter getrennt gewählt. Wählbarer Beisitzer für das Gewerbegericht war, wer innerhalb einer bestimmten Frist sich zur Wahl stellte und nach Prüfung seiner Berechtigung in die Wahlliste eingetragen wurde. Dabei wurde keine Rücksicht auf etwa vorhandene (gewerbliche) Minderheiten genommen.[1165] Die Beisitzer des jüngeren Kaufmannsgerichtes, wurden dagegen nach dem System der Verhältniswahl aufgrund einer Vorschlagsliste gewählt.[1166] Die Minderheiten erhielten dadurch eine gleichberechtigte Stellung. Eine Vereinheitlichung der Beisitzerwahl für die beiden Gerichte erfolgte nicht.[1167] Die Arbeitgeber beteiligten sich zudem an der Wahl für die Beisitzer kaum. Diese Teilnahmslosigkeit gegenüber dem gewerblichen Leben und bei dem damit verbundenen Gericht wurde auch in der Presse beklagt.[1168]

Im ersten Jahr des Bestehens des Gewerbegerichts waren 58 Klagen anhängig, von denen 49 durch den Vorsitzenden auf dem Vergleichswege geschlichtet wurden und 9 durch Urteil entschieden werden mussten.[1169] Weite Teile der Gewerbetreibenden in Weimar sahen das Gewerbegericht nicht als unabhängige, für ihre Bedürfnisse zugeschnittene Institution an. Das Gewerbegericht publizierte zur Vermeidung von Streitigkeiten zwischen Arbeitnehmern und Gewerbetreibenden selbst entworfene „Arbeitsbedingungen“. Durch deren Benutzung sollten die bisher häufigsten Streitpunkte vor Gericht, in Zukunft vermieden werden. Aufgrund der Teilnahmslosigkeit der Arbeitgeber blieb dieses Bemühen jedoch ohne Erfolg. So war ein häufiger Streitpunkt, dass die Arbeitsordnung nicht *„an geeigneter, allen beteiligten Arbeitern zugängliche Stelle“* ausge-

---

1164 Die Beisitzer erhielten bei einer Sitzung über drei Stunden 3 Mark unter drei Stunden die Hälfte. § 29 Gewerbegerichtsstatut bzw. § 28 Kaufmannsgerichtsstatut.

1165 §§ 15, 16 Gewerbegerichtsstatut.

1166 §§ 14, 15 Kaufmannsgerichtsstatut.

1167 Die fortschrittliche Minderheitenregelung wurde jedoch dadurch beeinflusst, dass sämtliche Beisitzer bis in das Jahr 1910 der Sozialdemokratischen Partei angehörten.9. Bericht der Gewerbekammer für das Großherzogthum Sachsen-Weimar-Eisenach für die Jahre 1895 und 1896, S. 30.

1168 Bei den Wahlen im Jahre 1908 erschienen von 454 eingetragenen Arbeitern 234, mithin mehr als die Hälfte. Von den 284 Arbeitgebern wählten nur 41, mithin knapp ein Siebtel. „Das Gewerbegericht“ Jahrg. VI, 1900 Heft 1.

1169 Die häufigsten Klagen vor dem Gewerbegericht entstammten dem Baugewerbe und der Arbeitgeberverband des Baugewerbes war es auch, der gegen die Gewerbegerichte die schärfsten Vorurteile schürte. 9. Bericht der Gewerbekammer für das Großherzogthum Sachsen-Weimar-Eisenach für die Jahre 1895 und 1896, S. 16; Weimarer Stadtarchivakte NA II-2-17, Bericht des Gewerbevereins zu Weimar für das Jahr 1894/95.

hängt, oder dass *„der Aushang stets in lesbaren Zustand erhalten"* war.[1170] Die meisten Klagen wurden wegen Entschädigung aufgrund Vertragsbruches erhoben. Wenn nichts anderes vereinbart war oder keine der in den §§ 123, 124 GewO angegebenen Ausnahmenfälle vorlagen, konnte kündigungslos kein Arbeitgeber seinen Arbeiter entlassen und kein Arbeiter die Arbeit verlassen. Wenn er es tat, so hatte er dem jeweiligen Vertragspartner Schadensersatz zu leisten. Die Kündigungsfrist betrug dabei 14 Tage. § 124 b GewO bestimmte dabei einen festen Entschädigungssatz für derartige Vertragsbrüche.[1171] Es musste der 6-malige Betrag des ortsüblichen Tageslohn als Strafe gezahlt werden. Dieser ergab sich für Weimar aus § 8 Krankenvers.-Gesetz, welcher von der zuständigen Stelle für die Stadt Weimar festgesetzt wurde.[1172] Er betrug 1,80 M und wurde dann im Laufe der Zeit auf 2,30 M erhöht. Wenn die 14-tägige Kündigungsfrist nicht eingehalten wurde, wurde dieser Betrag dann für alle 14 Tage fällig. Wie die Gerichtsstatistik zeigt, wurde diese doch oftmals recht stattliche Summe nur von den Arbeitern bei den Arbeitgebern eingefordert, da bei den Arbeitern, so die gängige Erfahrung der Arbeitgeber, sowieso nichts zu holen war. Derartige Klagen kamen hingegen beim Kaufmannsgericht nicht vor. Der Hauptgrund lag wohl darin, dass eine Entschädigung für den Vertragsbruch das Handelsgesetzbuch nicht vorsah.[1173]

Im Jahre 1909 gab es in Deutschland 474 Gewerbegerichte, 8 Berggewerbegerichte und 267 Kaufmannsgerichte. Der größte Teil dieser Gerichte waren in einem Verband zusammengeschlossen, in welchen Anträge, Urteile, Gutachten und Erfahrungen, den Mitgliedern zugänglich waren. Dieser Verband war von großer Bedeutung, da beiden Gerichten eine oberstgerichtliche Instanz, welche eine gewisse Einheitlichkeit der Rechtsprechung hätten herstellen können, fehlte. Das Weimarer Gewerbegericht war dem Verband im Jahr 1896 beigetreten, hatte aber aufgrund seiner Unbeliebtheit bei Gewerbetreibenden und Behörden sowie wegen der schwachen industriellen Ausprägung der Stadt, keine überragende Stellung im Verband.[1174]

1170 Weimarer Stadtarchivakte NA II-2-17, Bericht des Gewerbevereins zu Weimar für das Jahr 1894/95.

1171 § 124b GewO 1897:
„Hat ein Geselle oder Gehülfe rechtswidrig die Arbeit verlassen, so kann der Arbeitgeber als Entschädigung für den Tag des Arbeitsvertragsbruchs und jeden folgenden Tag der vertragsmäßigen oder gesetzlichen Arbeitszeit, höchstens aber für eine Woche, den Betrag des ortsüblichen Tagelohns fordern."

1172 § 8 Krankenversicherungsgesetz in der Fassung vom 10. April 1892:
„Der Betrag des ortsüblichen Tagelohns gewöhnlicher Tagearbeiter wird von der höheren Verwaltungsbehörde nach Anhörung der Gemeindebehörde festgesetzt und durch das für ihre amtlichen Bekanntmachungen bestimmte Blatt veröffentlicht."

1173 Thüna, S. 22.

1174 Thüna, S. 9; „Blätter für Rechtspflege in Thüringen und Anhalt" Jena, Bohle, Band 49, S. 197.

XIII. Innungsschiedsgerichte

Neben den Gewerbe- und Kaufmannsgerichten bestanden bei den einzelnen Innungen Schiedsgerichte.[1175] Auch der Gewerbeverein hatte für seine Mitglieder bereits frühzeitig die Gründung gewerblicher Schiedsgerichte vom Weimarer Stadtrat begehrt, welcher jedoch aufgrund mangels praktischer Erfahrungen des Vereins dies ablehnte. Erst aufgrund der Novelle der Gewerbeordnung vom 26. Juli 1897 wurde den Innungen gemäß § 81b Nr. 4 GewO 1897 zugestanden, eigene Innungsschiedsgerichte zu unterhalten. Das bedeutendste Schiedsgericht in Weimar war, das der Bäcker- und Glaserinnung.[1176] Aus diesen beiden Gewerben war bis zum 15-jährigen Bestehen des Gewerbegerichts keine Klage vor den Gewerbe- und Kaufmannsgerichten anhängig.

Gemäß § 91 Abs. 1 GewO 1897 mussten die Innungsschiedsgerichte mindestens aus einem Vorsitzenden und zwei Beisitzer bestehen. Der Vorsitzende wurde gemäß § 91 Abs. 3 GewO 1897 von der Aufsichtsbehörde bestimmt und er durfte weder Arbeitgeber noch Arbeiter oder Angestellter eines beteiligten Arbeitgebers sein. Die Beisitzer und deren Stellvertreter wurden zur Hälfte aus den Innungsmitgliedern und zur Hälfte aus bei diesen beschäftigten Gesellen und Arbeitern gewählt.[1177] Die Beisitzer erhielten für jede Sitzung eine Vergütung und eine Entschädigung. Deren Höhe hatte die Innung in ihrem Statut festzusetzen. Der erste Termin sollte innerhalb von acht Tagen nach Eingang der Klage stattfinden. § 91 Abs. 6 GewO 1897 ermöglichte dem Schiedsgericht bei Versagen der Schiedslösung eine Verweisung an das Gewerbegericht vorzunehmen.[1178] Ebenso konnte der Kläger bei Überschreitung der 8-Tagesfrist verlangen, dass anstatt des angerufenen Innungsschiedsgerichtes das Gewerbegericht entschied. Trotz dieser klaren Verweisung wurden die Innungsschiedsgerichte als Widerspruch zu den Gewerbegerichten angesehen, da die Gewerbegerichtsordnung die Gewerbegerichte als primäre Entscheidungsinstitution vorsah. Zwar ermöglichte die Gewerbeordnung einerseits die Errichtung von Innungsschiedsgerichten, anderseits wurde aber gerade durch diese Regelung die Möglichkeit der in den Innungen vereinigten Gewerbetreibenden einschließlich deren Arbei-

---

1175 Jacobi, S. 102f.; Brockhaus, Konversations-Lexikon, 7. Band, S. 977.

1176 Weimarer Stadtarchiv 89-832; Thüna, S. 17.

1177 Bornhak, Deutsches Recht, Gewerbeordnung für das Deutsche Reich vom 1. Juli 1883 in der Fassung von 1902, § 91 Abs. 1 GewO 1897.

1178 § 91 GewO 1897:
„Die Anberaumung des ersten Termins soll innerhalb acht Tagen nach Eingang der Klage erfolgen und die Entscheidung nach Möglichkeit beschleunigt werden. Wird die achttägige Frist nicht inneghalten, so kann der Kläger verlangen, daß statt des Innungsschiedsgerichts an den Orten, wo Gewerbegerichte bestehen, diese und, wo solche nicht bestehen, die ordentlichen Gerichte entscheiden (…).“

ter sich an die Schiedsgerichte zu wenden, wieder in Frage gestellt.[1179] Insbesondere wirkte sich die Bestimmung, dass jede Entscheidung der Innung und der Innungsschiedsgerichte der Anfechtung durch Klageerhebung bei den ordentlichen Gerichten unterlag, lähmend und verwirrend auf die richterliche Tätigkeit aus.[1180] Von Vorteil wäre es deshalb gewesen, wenn die Innungsschiedsgerichte den Schiedsgerichten gleichgestellt wären. Das Innungsgericht hätte dann den Vorteil gehabt, dass sein *„Schiedsspruch unter den Parteien die Wirkung eines rechtskräftigen gerichtlichen Urteils“* hat.[1181]

Wenn durch das Innungsschiedsgericht eine Entscheidung über die Vornahme einer Handlung getroffen wurde, so konnte das Innungsschiedsgericht für den Fall, dass der Beklagte die Handlung nicht vornahm, zur Zahlung einer nach dem Ermessen des Gerichts festzusetzenden Entschädigung verurteilen. Insoweit fanden im Falle der Zwangsvollstreckung die §§ 887, 888 ZPO Anwendung. Gemäß § 81a GewO 1897 waren die Innungen zur Entscheidung über Streitigkeiten der im § 3 Gewerbegerichtsgesetz vom 29. Juli 1890 (GewGG) und im § 53a Krankenversicherungsgesetz bezeichneten Art zwischen den Innungsmitgliedern und ihren Lehrlingen berufen. Diese Entscheidungen der Innung sowie der Innungsschiedsgerichte waren von diesen schriftlich abzufassen. Sie erlangten Rechtskraft, wenn nicht binnen einer Frist von einem Monat eine Partei Klage bei einem ordentlichen Gericht erhob.[1182] Aus Vergleichen, die vor der Innung oder dem Innungsschiedsgericht geschlossen wurden, war gemäß § 91b GewO 1897 die Zwangsvollstreckung zulässig. Weiterhin unterschied der Gesetzgeber nochmals zwischen Innungsschiedsgerichten und sonstigen Schiedsgerichten im Sinne des § 6 GewGG.[1183] Dieses schwer durchschaubare System der Gewerbe- und Innungsschiedsgerichte wurde erst 1927 durch die Arbeitsgerichtsbehörden abgelöst.[1184]

1179 Die Verordnung, betreffend die Vollstreckung von Entscheidungen gewerblicher Schiedsgerichte, sowie von Vergleichen, welche vor solchen abgeschlossen sind; vom 18. März 1882, abgedruckt im: Regierungsblatt für das Großherzogtum Sachsen-Weimar-Eisenach, 1882, S. 19.

1180 § 91b I GewO 1897.

1181 § 1040 ZPO in der Fassung vom 20. Mai 1898.

1182 § 91b Abs. 1 GewO 1897 iVm §§ 81a Nr. 4, 81b Nr. 4 GewO 1897.

1183 Gewerbegerichtsgesetz in der Fassung vom 29. September 1901.

1184 Zu den bestehenden gewerblich- und innungsrechtlichen Gerichten kam noch die Arbeit von Tarifkommissionen hinzu. Diese fielen ebenfalls noch unter die selbstrichterliche Tätigkeit der Gewerbeberufe. Diese Kommissionen setzen sich zusammen, aus einer gleichen Anzahl von Arbeitgebern und Arbeiternehmern und waren bestimmt zur Überwachung des zwischen beiden Parteien geschlossenen Tarifvertrages, aber auch zur Entscheidung von Streitigkeiten aus dem Arbeitsvertrag. Den Kommissionen fehlte es jedoch an der Macht, ihre Entscheidung oder die von ihr getroffene Vereinbarung zu vollstrecken. Hierfür musste das Gewerbegericht ergänzend eintreten. Da die Tarifverträge nicht in die Arbeitsordnungen aufgenommen wurden, war die Gewerbeordnung zur Durchsetzung nicht heranzuziehen. Damit kamen die Tarifkommissionen über die Wirkung von Empfehlungen nicht hinaus. Schulze, Gewerbeverein, S. 15; Thüna, S.19/20.

XIV. Von der Gewerbekammer zur Handwerkskammer

1. Die Renaissance der Innungen

Nach der Einführung der Gewerbefreiheit kam es vielfach zunächst zur Abkehr von den ehemaligen Zünften und Innungen. Die Mitglieder sagten sich von den Zünften und Innungen los. Offensichtlich hatten viele ehemalige Mitglieder den „alten Zopf“ satt.[1185] Es kam zunächst zu einer Auflösungswelle von Zünften und Innungen. Doch im Laufe der 80er Jahre des 19. Jahrhunderts, nach dem Gründerboom und während des Gründerkrachs, bemerkten viele die Vorteile einer Zunft. Das kollegiale Verhältnis und die gemeinsame Sicherung des örtlichen Marktes war gerade in schlechten Zeiten ein wirtschaftlicher Überlebensfaktor. Auch fehlte das gemeinsame Auftreten nach außen, vor allem gegenüber der Regierung. Es kam die Erkenntnis, nur gemeinsam war man stark.[1186] Der Gewerbeverein oder der Kaufmannsverein halfen wenig, da diese alle Gewerbetreibenden umfassten und nicht wie früher die Zünfte nach dem jeweiligen Gewerk als eigenständige Korporation auftreten konnten.[1187] Vielfach kam es deshalb erneut zu Zusammenschlüssen von Handwerkern eines Gewerkes. Diese gründeten wieder neue Innungen bzw. Korporationen.[1188]

2. Die Trennung von Handwerk und Handel

Die Gewerbekammer gewann im Großherzogtum durch ihre Stellung als Schnittstelle zwischen Wirtschaft und Verwaltung in kurzer Zeit an Bedeu-

1185 Burkhardt, Geschichte des Gewerbevereins zu Weimar 1833-1883, S. 14.

1186 Schulze, Gewerbeverein, S. 16; Fink, Das Geschäftsleben Weimars im Wandel der Zeit, S.4/5.

1187 Burkhardt, Geschichte des Gewerbevereins zu Weimar 1833-1883, S. 14.

1188 Als Beispiel sollen die Weimarer Bäcker herangezogen werden. Im Jahr 1839 gab es in Weimar 12 Bäckereien welche alle in einer Zunft zusammengeschlossen waren. 1821 mit dem Zunftgesetz gaben sich die Bäcker ein eigenes Innungsgesetz, welches die Zunftbefugnisse der Bäcker festlegte. Diese waren danach unter anderen verpflichtet alle Sorten Brot, Semmeln, Brezeln, Zwieback und Kuchen zum Verkauf herzustellen. Die Grundversorgung sollte durch alle gedeckt werden und einzelne Bäcker sollten sich nicht nur auf die gewinnbringendsten Brotsorten beschränken dürfen. Durch die Einführung der Gewerbefreiheit 1862 wurden die Bäckerinnungen aufgelöst. Doch das Bäckerhandwerk geriet durch die Landbäcker, welche ihr Brot auf dem Markt verkauften, immer mehr unter Druck. Die gegenseitige Konkurrenz drückte auf die Qualität des Brotes. Deshalb entschlossen sich die Stadtbäcker von Weimar 1879 wieder eine Bäckerinnung zu gründen. Alle Bäcker traten der Innung bei, obwohl deren Mitgliedschaft freiwillig war. Weimarer Stadtarchivakte HA I-89-732; Henß, Communwesen, S. 33; Fink, Aus der Geschichte des Weimarer Bäckerhandwerkes, S. 7; Ders., Das Jakobsviertel, S. 12.

tung.[1189] Durch die Gewerbekammer bestand im Großherzogtum eine Einheit von Handel, Industrie und Handwerk.[1190] Die Kammer und ihre Gewerbevereine boten den Gewerbetreibenden die Gelegenheit, ihre Ansichten, Wünsche und Erfahrungen äußern zu können und damit allgemein ihre gewerblichen Interessen zu vertreten.[1191] Aus den Protokollen der Gewerbekammerdebatten ist zu entnehmen, dass deren Mitglieder es beklagten, wenn die Handwerker *„in Gegensatz zu den Fabriken traten.“*[1192] Die Gewerbekammer förderte die Einvernehmlichkeit von Handel, Industrie sowie Handwerk und ihr kam deshalb auch eine regulierende Funktion zu.

Im Jahre 1896 beriet die Gewerbekammer über die reichsgesetzlichen Vorlagen des geplanten Handwerkergesetzes und über die Novelle zur Gewerbeordnung.[1193] Infolge dieser zwei Reichsgesetze sollte es auch im Großherzogtum zur Bildung einer Handwerkskammer kommen. In der Sitzung der Gewerbekammer vom 19. Oktober 1896 wurde zu diesen Entwürfen Stellung genommen. Der Entwurf der Novelle der Gewerbeordnung war mit dem Titel gekennzeichnet, *„Zwangsorganisation des Handwerks, Regelung des Lehrlingswesens, Meistertitel.“* Doch die Weimarer Gewerbekammer wendete sich einstimmig gegen die Aufteilung von Handel, Industrie und Handwerk. Vor allem gegen die in der Gewerbeordnungsnovelle beabsichtigte Einführung einer Zwangsmitgliedschaft in einer Innung wendeten sich die Kammervertreter. Sie wollten generell jeglicher *„Zunftbestrebung“* entschieden entgegentreten.[1194] Hauptsächlich der Weimarer Gewerbevereinsvorsitzende und Kammermitglied Fauser war ein stetiger Verfechter der *„einigenden Einheit“* der wirtschaftlichen Kräfte.[1195] Doch musste auch dieser für den Weimarer Gewerbeverein einräumen, dass sich die besser Situierten aus dem Verein langsam immer mehr zurückzogen. Fabrik und Handel hatten auch im Großherzogtum immer mehr die Herstellung ehemals handwerklicher Güter übernommen. Die Handwerker waren dadurch oftmals zu Einzelhändlern geworden, da sie inzwischen die meisten Waren, die sie verarbeiteten, von einer Fabrik bezogen. Auch deshalb trat die Gewerbekammer gegen eine Aufteilung der einzelnen Gewerbezweige ein. Die Gewerbekammer befürwortete deshalb wie bisher keine strikte Trennung von Fabriken und Handwerk. Ihre Auffassung war, dass eine daraus resultierende feindliche Auf-

---

1189 9. Bericht der Gewerbekammer für das Großherzogthum Sachsen-Weimar-Eisenach für die Jahre 1895 und 1896, S. 3.

1190 Schönberg, Volkswirtschaftslehre, S. 728.

1191 Schulze, Gewerbeverein, S. 16.

1192 9. Bericht der Gewerbekammer für das Großherzogthum Sachsen-Weimar-Eisenach für die Jahre 1895 und 1896, S. 13.

1193 Schulze, Gewerbeverein, S. 16.

1194 9. Bericht der Gewerbekammer für das Großherzogthum Sachsen-Weimar-Eisenach für die Jahre 1895 und 1896, S. 18.

1195 Schulze, Gewerbeverein, S. 21.

stellung weder dem Handwerk noch den Fabriken helfen würde. Beide hätten dagegen viele gemeinsame Interessen, insbesondere weil beide die gleichen Arbeitskräfte nutzten. Die gesetzliche Novelle sowie das Handwerkergesetz stießen daher auf weitgehende Ablehnung.[1196]

Die bereits bestehenden Innungen, welche sich aufgrund der bisherigen Gewerbeordnung gebildet hatten, hielt die Gewerbekammer für ausreichend.[1197] Zudem hatten verschiedene Reichsgesetze den freien Innungen Privilegien erteilt, unter anderem auf dem Gebiet des Lehrlingswesens, bei der Auferlegung von Beiträgen für Arbeitsnachweise und zu Herbergszwecken. Auch stand den freien Innungen die Befugnis zu, von Nichtinnungsmitgliedern Beiträge zu erheben. Davon hatten bisher nur wenige Innungen Gebrauch gemacht, da die Einziehung der Beiträge durch Zwangsvollstreckungen teurer war als der Beitrag selbst. Die geplanten Zwangsinnungen und damit die Aufteilung der Handwerker stießen in der Großherzoglichen Gewerbekammer sowie in den Gewerbevereinen auf breite Ablehnung.[1198] Die Gewerbekammer faste daher den einstimmigen Beschluss:

> *„Die Gewerbekammer hält es nicht für wünschenswerth, daß die Preußische Vorlage über die Organisation des Handwerks Gesetz wird."*[1199]

Dieser Beschluss wurde ausführlich in 7 Punkten begründet und der Staatsregierung übermittelt. Diese sollte im Bundesrat ein ablehnendes Votum bei der Abstimmung über die Gesetze abgeben. Neben vielen anderen Punkten, war der Hauptgrund für die Ablehnung die zwangsweise Organisation des Handwerks. Diese sollte in der Handwerkskammer vollzogen werden. Die Gewerbekammer lehnte die Zwangsorganisation vor allem deshalb ab, weil sie darin die Gefahr sah, dass die Verwaltungsbehörden überall die Aufsicht ausüben würden und bestimmend bis in kleinste Einzelheiten eingreifen könnten. Diese Einmischung wurde von den Mitgliedern der Gewerbekammer *„als eine lästige und kostspielige Bevormundung"* empfunden. Die deshalb steigende Arbeit der Verwaltungsbehörden, so ihre Annahme, muss dann unweigerlich zu einer Vermehrung des Beamtenpersonals führen. Des Weiteren würde nach der Ansicht der Gewerbekammer die Zwangsorganisation und damit die Trennung von Handwerk, Industrie und Handel Anlass zu vielen Streitigkeiten geben, insbesondere darüber, wo die Grenze zu fabrikmäßiger Fertigung und zum Handwerk liegt sowie

1196 Schönberg, Volkswirtschaftslehre, S. 729.

1197 Blaich, Staat und Verbände, S. 26; 9. Bericht der Gewerbekammer für das Großherzogthum Sachsen-Weimar-Eisenach für die Jahre 1895 und 1896, S. 21.

1198 Schulze, Gewerbeverein, S. 17.

1199 9. Bericht der Gewerbekammer für das Großherzogthum Sachsen-Weimar-Eisenach für die Jahre 1895 und 1896, S. 22.

über die Abgrenzung der Innungszugehörigkeit und den Befugnissen der Innungen.[1200]

Die Gewerbekammer des Großherzogtums Sachsen-Weimar-Eisenach verband die Industrie, den Handel, das Handwerk und das Kunstgewerbe miteinander.[1201] Gerade die gemeinsame Vertretung wurde als Gewinn gegenüber den einteilenden und separierenden Zünften gesehen. Deshalb durfte das Handwerk, nach der Erfahrung der Großherzoglichen Gewerbekammer, nicht von dem Handel und der Industrie getrennt werden. Die Trennung von Handel, Industrie und Handwerk wurde als Rückschritt in altes Zunftgehabe verstanden.[1202] Die geplante zwangsweise Organisation des Handwerks wurde daher als Abbild des Zunftzwangs gesehen. Aber vor allem Preußen versuchte Handel, Industrie und Handwerk im ausgehenden 19. Jahrhundert wieder zwangsweise und einheitlich zu organisieren.[1203] Die einmal gewonnene Gewerbefreiheit wurde im Großherzogtum dagegen als schützenswertes Gut und als Chance verstanden. Jeglicher Bevormundung wollten sich die Gewerbetreibenden und vor allem die Handwerker im Großherzogtum erwehren.

Die preußische Novelle der Gewerbeordnung ging so weit, dass nur demjenigen Handwerker, welcher in einer Zwangsinnung Mitglied war, erlaubt werden sollte, Lehrlinge zu halten und den Meistertitel zu führen.[1204] Nach den Steinschen Reformen wurde bis zum Ende des 19. Jahrhunderts versucht, das Handwerk wieder mehr und mehr Reglementierungen zu unterwerfen und damit der staatlichen Kontrolle. Die zwangsweise Zusammenführung des Handwerks wurde als *„Zwangsjacke gesehen dem nicht mal ein Zünftler unterworfen sein wollte.“* Denn dieser wäre nur seinesgleichen unterstellt gewesen, wo hingegen jetzt die Beamten und damit die Obrigkeit die Herrschaft über das Handwerk ausübten.

Die Gewerbekammer hielt alleinig eine zwangsweise Organisation des gesamten Gewerbes in einer Kammer für zweckmäßig. Gerade auf das Zusammenfassen der verschiedenen Kräfte, Handwerk, fabrikmäßiger Betrieb, Kunstgewerbe und Handel legte die Kammer den größten Wert.[1205] Aufgrund der Wichtigkeit dieses Themas wurde eine weitere Resolution durch die Gewerbekammer beschlossen:

1200 Schulze, Gewerbeverein, S. 16.

1201 John, S. 222/223.

1202 Schönberg, Volkswirtschaftslehre, S. 728; Siegen, S. 26 f.

1203 Preußische Gewerbeordnung vom 17. Januar 1845 und die Preußische Verordnung vom 9. Februar 1849.

1204 Die Gewerbeordnung für den Norddeutschen Bund von 21. Juni 1869.

1205 Schulze, Gewerbeverein, S. 19: Kühnlenz, Ideen und Voraussetzungen zur Gründung der Weimarer Kunstschule im Jahre 1860, in: Wissenschaftliche Zeitschrift der Hochschule für Architektur und Bauwesen Weimar 1961, S. 243-253 [S. 244]; Siegen, S. 21.

> *„Die Gewerbekammer vermag von dem Preußischen Entwurf, betreffend die Abänderung der Gewerbeordnung, mit seiner Einführung der Zwangsinnungen und seinen Maßregeln, welche die Einführung des Befähigungs-Nachweise einzuleiten geeignet sind, eine Förderung des Handwerks nicht zu erwarten, und hofft, daß die zur Zeit in den Bundesrath-Ausschüssen stattfindenden Verhandlungen zu einem Gesetzentwurfe führen, der dem wahren Bedürfnisse des Handwerks und Gewerbes mehr entspricht als die Vorlage der Preußischen Regierung.“*[1206]

Die Entwicklung des Gewerbes war im Großherzogtum auch bereits dahin gelangt, dass jeder Handwerker mehr oder weniger Handel mit seinen Produkten trieb.[1207] Die Gewerbekammer war zwar ein Organ, welches von den Behörden beherrscht wurde, welches aber das gesamte Gewerbe einheitlich im Großherzogtum vertrat.[1208] Dies war der entscheidende Vorteil, den die Weimarer Gewerbekammer gegenüber den Handelskammern in Preußen und den übrigen thüringischen Territorien hatte.

3. Die Gründung der Handwerkskammer

Doch dieser Vorteil und die Appelle der Mitglieder halfen nicht. Per Ministerialverordnung wurde am 17. November 1900 die Gewerbekammer aufgehoben:

> *„Mit höchster Genehmigung Seiner Königlichen Hoheit des Großherzogs wird hiermit verordnet, wie folgt:*
>
> > *Die Verordnung, die Errichtung einer Gewerbekammer im Großherzogthum Sachsen-Weimar-Eisenach betreffend, vom 5. Mai 1877 (Regierungsblatt Seite 97), tritt hiermit außer Kraft.“*[1209]

1206 9. Bericht der Gewerbekammer für das Großherzogthum Sachsen-Weimar-Eisenach für die Jahre 1895 und 1896, S. 29.

1207 Schulze, Gewerbeverein, S. 21.

1208 Schönberg, Volkswirtschaftslehre, S. 726 f.; 9. Bericht der Gewerbekammer für das Großherzogthum Sachsen-Weimar-Eisenach für die Jahre 1895 und 1896, S. 30.

1209 Regierungsblatt für das Großherzogtum Sachsen-Weimar-Eisenach vom 30. November 1900, Nr.44, S. 549.

Zuvor war die Handwerkskammer per Ministerial-Verordnung vom 30. März 1900 gegründet wurden.[1210] Die Gewerbe wurden dadurch in Handel und Industrie sowie in Handwerk getrennt. Dem Großherzogtum blieb kein Spielraum, um die Einheit des Gewerbes weiter fortzuführen. Die Novelle der Gewerbeordnung in der Fassung des Reichsgesetzes vom 26. Juli 1897 sah in § 103a Abs. 3 die Errichtung von Handwerkskammern vor.[1211] Der Großherzoglichen Staatsregierung blieb nichts anderes übrig, als diese Regelung zu vollziehen. Die Gewerbevereine, in denen das gesamte 19. Jahrhundert über das Handwerk die dominierende Kraft war, waren damit zum Teil die Vorläufer für die Handwerkskammer.[1212] Sie bestanden formell auch nach der Gründung der Handwerkskammer weiter.[1213]

Die Handwerkskammer für das gesamte Großherzogtum hatte ihren Sitz in Weimar und führte den Titel *„Handwerkskammer zu Weimar"*.[1214] Sie umfasste auch die Handwerker, die außerhalb des Großherzogtums ihren Sitz hatten, aber Innungen des Großherzogtums angehörten. Gemäß § 1 Wahlordnung für die Handwerkskammer zu Weimar und dem Gesellenausschuss (HandwerkskammerWahlO), waren die Handwerkerinnungen (§ 103a Abs. 3 Ziffer 1 GewO) und diejenige Gewerbevereine und sonstige Vereinigungen (§103a Abs. 3 Ziffer 2 GewO), welche die Förderung der gewerblichen Interessen des Handwerks verfolgten und mindestens zur Hälfte ihrer Mitglieder aus Handwerker bestanden, zur Mitgliederwahl berechtigt.[1215] Die Anzahl der Mitglieder der Handwerkskammer war auf 19 beschränkt.[1216] Gemäß § 3 HandwerkskammerWahlO waren von den 19 Mitgliedern der Handwerkskammer, 9 Mitglieder aus den Innungen und 10 aus den Gewerbevereinen zu wählen.[1217] Eine Ausführungsver-

---

1210 Regierungsblatt für das Großherzogtum Sachsen-Weimar-Eisenach vom 20. November 1900, Nr. 18, S. 298-315.

1211 Blaich, Staat und Verbände, S. 26.

1212 Da aber im Großherzogtum auch der Handel und die Industrie in den Gewerbevereinen wie auch in der Gewerbekammer vertreten waren, können auch die Gewerbevereine als Vorgänger der Industrie- und Handelskammer bezeichnet werden. Hingegen wurde aus dem in Weimar am 29. Juli 1890 gegründeten Gewerbe- und Innungsschiedsgericht im Jahre 1927 das örtliche Arbeitsgericht gebildet.

1213 Weimarer Stadtarchivakte NA II-2-17, Bericht des Gewerbevereins zu Weimar für das Jahr 1904/1905. Es wurde in dem vorgenannten Jahresbericht aber auch der Vorwurf laut, dass das Arbeitsfeld des Gewerbevereins zunehmend beschnitten wird.

1214 § 1 der Ministerialverordnung, betreffend die Errichtung der Handwerkskammer für das Großherzogthum.

1215 Die Wahlordnung für die Handwerkskammer zu Weimar und Gesellenausschuß derselben wurde aufgrund des § 103a, Abs. 3 GewO in der Fassung vom 26. Juli 1897 (Reichsgesetzblatt Seite 663) für die Handwerkskammer zu Weimar erlassen. Abgedruckt im: Regierungsblatt für das Großherzogtum Sachsen-Weimar-Eisenach 1900, S. 315-322.

1216 § 2 der Ministerialverordnung, betreffend die Errichtung der Handwerkskammer für das Großherzogthum.

1217 Schulze, Gewerbeverein, S. 22.

ordnung legte insoweit noch fest, welche Innungen und Gewerbevereine einen Vertreter nebst Stellvertreter entsenden durften.[1218] Damit waren die Innungen und auch die weiter bestehenden Gewerbevereine mit in das System der Handwerkskammer eingebunden. Die Handwerkskammer bildete insoweit das oberste Organ der Handwerkerschaft. Ihre Aufgabe bestand gemäß § 7 der Ministerial-Verordnung (HandwerkskammerVO) betreffend die Errichtung der Handwerkskammer für das Großherzogtum darin,

- das Lehrlingswesen näher zu regeln, insbesondere die Durchführung der für das Lehrlingswesen geltenden Vorschriften zu überwachen,
- die Staats- und Gemeindebehörden in der Förderung des Handwerks durch tatsächliche Mitteilungen und Gutachten über die Verhältnisse des Handwerks zu unterstützen,
- Wünsche und Anträge aus dem Handwerk heraus zu formulieren sowie einen Jahresbericht zu erstatten.

Des Weiteren sollte die Handwerkskammer in allen wichtigen, die Gesamtinteressen des Handwerks oder die Interessen einzelner Handwerkszweige berührenden Angelegenheiten gehört werden.[1219] Zwecks Erfüllung dieser Aufgaben war der Handwerkskammer durch die HandwerkskammerVO aufgetragen worden, Fachschulen zu errichten oder zu unterstützen, Meisterkurse zur weiteren Ausbildung der Handwerksmeister anzubieten, Ausstellungen mustergültiger Maschinen und Werkzeuge zu veranstalten, gewerbliche Auskunftsstellen zu errichten, zur Bildung von Kredit-, Rohstoff-, Werk- und Magazin-Genossenschaften anzuregen sowie eine Fachzeitschrift herauszugeben.[1220]

Die Handwerkskammer konnte eine Anzahl von Ausschüssen unterhalten.[1221] Als ständige Ausschüsse bestanden der Lehrlingsausschuss, der Berufungsausschuss, der Rechnungsausschuss, der Gesellenausschuss sowie verschiedene Prüfungsausschüsse. Die Handwerkskammer wurde durch den Vorstand nach außen in allen gerichtlichen und außergerichtlichen Angelegenheiten vertreten. Der Vorstand wurde aus dem Vorsitzenden und vier Mitgliedern gebildet.[1222]

1218 Ausführungsverordnung zu § 4 der Wahlordnung vom 31. März 1900 für die Handwerkskammer des Großherzogtums, abgedruckt in: Regierungsblatt für das Großherzogtum Sachsen-Weimar-Eisenach 1900, S. 320-322.

1219 Schulze, Gewerbeverein, S. 21/22.

1220 § 7 der Ministerialverordnung, betreffend die Errichtung der Handwerkskammer für das Großherzogthum.

1221 §§ 2, 37 der Ministerialverordnung, betreffend die Errichtung der Handwerkskammer für das Großherzogthum.

1222 § 11 der Ministerialverordnung, betreffend die Errichtung der Handwerkskammer für das Großherzogthum.

Der Vorsitzende wie auch die vier Mitglieder wurden in geheimer und gleicher Wahl aus den Handwerkskammermitgliedern bestimmt.[1223] Damit war der Gründungsvorgang der Handwerkskammer des Großherzogtums Sachsen-Weimar-Eisenach vollzogen.[1224] Die Aufsicht über die Kammer führte gemäß § 58 HandwerkskammerVO das Großherzogliche Staatsministerium, Department des Inneren. Dieses wurde durch einen Kommissar vertreten, der bei jeder Handwerkskammersitzung anwesend sein musste. Durch diesen sicherte sich die Regierung ein gewichtiges Mitspracherecht und Kontrollmöglichkeit über die Handwerkskammer. Die bis zu Gründung der Handwerkskammer bestanden Interessenvertretungen, welches hauptsächlich die Innungen und Gewerbevereine waren, galten weiterhin als freie Zusammenschlüsse ohne Pflichtmitgliedschaft. Mit der Gründung der Handwerkskammer wurde das Handwerk wieder zum Teil einer zwangsweisen Organisation unterworfen, welche in dieser Form seit der Aufhebung der Zünfte nicht mehr im Großherzogtum Sachsen-Weimar-Eisenach bestanden hatte.

XV. Von der Gewerbekammer zur Handelskammer

Neben der Handwerkskammer wurde durch das Gesetz, betreffend die Errichtung einer Handelskammer vom 25. September 1900 (HandelskammerG), die *„Handelskammer des Großherzogthums Sachsen“* gegründet.[1225] Gemäß § 1 HandelskammerG wurde eine Handelskammer für das gesamte Großherzogtum mit Sitz in Weimar errichtet.[1226] Die Handelskammer hatte die Aufgabe, die wirtschaftlichen Interessen der Handels- und Gewerbetreibenden wahrzunehmen und war damit das zur Vertretung des Handelsstandes im Großherzogtum berufene Organ.[1227] Mithin waren alle Bereiche der Industrie und des Handels außer dem Handwerk jetzt in der Handelskammer zusammengefasst. Die Handelskammer hatte jedes Jahr aus ihrer Mitte einen Vorsitzenden und zwei Stellvertreter zu wählen, welche die Handelskammer nach außen vertraten.[1228] Die Handelskammer führte den Titel *„Handelskammer des Großherzogthums Sachsen“*. Beschlüsse der Kammer wurden mit einfacher Mehrheit gefasst und bei Stimmengleichheit entschied die Stimme des Vorsitzenden. Die Handelskammer

---

1223 Gewählt wurde als erster Handwerkskammervorsitzende Herr Raemmler; Schulze, Gewerbeverein, S. 21/22.

1224 Weimarer Stadtarchiv Beilage zur Akte HA I-89.

1225 Gesetz, betreffend die Errichtung einer Handelskammer, vom 25. September 1900 (HandelskammerG) nebst Ausführungs-Verordnung vom 8. November 1900 (HandelskammerAusführungsVerO) veröffentlicht im: Regierungsblatt für das Großherzogtum Sachsen-Weimar-Eisenach, S. 533-547.

1226 Weimarer Stadtarchivakte 60 3-2, Bd. 9.

1227 § 4 HandelskammerAusführungsVerO.

1228 §§ 30, 31 HandelskammerAusführungsVerO.

konnte sich eine Geschäftsordnung geben, welche sie dem Staatsministerium zur Genehmigung vorzulegen hatte. Nach § 1 HandelskammerG war eine Hauptaufgabe der Handelskammer, für die Behörden des Großherzogtums Mitteilungen, Anträge und Gutachten zu verfassen.

Die Handelskammer setzte sich aus 27 Mitgliedern zusammen und führte ein, das weimarische Wappen enthaltende Siegel mit der Umschrift *„Handelskammer des Großherzogtums Sachsen"*.[1229] Die Mitglieder wurden von den Handels- und Gewerbetreibenden einschließlich des Fabrikbetriebes und des Bergbaus gewählt, die ein Mindesteinkommen von 1.600 M jährlich erzielten.[1230] Von dem Wahlrecht waren gemäß § 2 HandelskammerG ausgeschlossen

a) die Reichs- und Staatsbetriebe,
b) die landwirtschaftlichen und Handwerksgenossenschaften und
c) die mit einem land- oder forstwirtschaftlichen Betrieb verbundenen Nebengewerbe.

Die Wahl der Mitglieder der Handelskammer erfolgte nach vier Wahlbezirken, die jeweils in drei Abteilungen unterteilt waren.[1231] Die erste Abteilung bildeten

1229 § 31 HandelskammerAusführungsVerO.

1230 § 25 HandelskammerAusführungsVerO.

1231 I. Weimar, umfassend den I. Verwaltungsbezirk, II. Apolda, umfassend den II. Verwaltungsbezirk, III. Eisenach, umfassend den III. und IV. Verwaltungsbezirk und IV. Rudolstadt a/Orla, umfassend den V. Verwaltungsbezirk.
In diesen vier Wahlbezirken wurden folgende Gründungsmitglieder für die erste Handelskammer im Großherzogtum gewählt:
Im dem ersten Wahlbezirk
von der esten Abteilung
Kaufmann Heinrich Hildebrandt in Weimar,
Kommerzienrat Louis Döllstädt in Weimar,
Kaufmann Hugo Tischner in Weimar,
von der zweiten Abteilung
Kommerzienrat Herrmann Naumann in Ilmenau,
Hoftöpfer Herrmann Schmidt in Weimar,
Fabrikbesitzer Ferdinand Stade in Ilmenau,
von der dritten Abteilung
Glashüttenbesitzer Gustav Fischer in Ilmenau,
Fabrikbesitzer Constantin Heinz in Stützerbach, Weimar

Im zweiten Wahlbezirk
von der ersten Abteilung
Fabrikant Robert Jacobi in Apolda,
Kaufmann Hugo Pfizner in Apolda,
Uhrmacher August Beyer in Jena,
von der zweiten Abteilung
Fabrikant U. Schietrumpf in Wenigenjena,
Eisenhändler Hugo Hoerschner in Jena,

die Wahlberechtigten mit einem jährlichen Einkommen von 1.600 - 3.000 M. Die zweite Abteilung bildeten die Wahlberechtigten mit einem jährlichen Einkommen von 3.000 - 6.000 M und die dritte Abteilung bildeten die Wahlberechtigten mit einem jährlichen Einkommen von mehr als 6.000 M. Des Weiteren war genau vorgeschrieben, wie viele Mitglieder jede Abteilung eines jeden Wahlbezirkes als Vertreter in die Handelskammer entsenden konnte.[1232] Zum Anfang eines jeden Jahres hatte die Handelskammer einen Vorsitzenden sowie einen Stellvertreter aus ihrer Mitte zu wählen.[1233] Der Vorsitzende vertrat in allen rechtlichen Belangen die Handelskammer nach außen.[1234] Die Kosten der Handelskammer wurden durch sämtliche Wahlberechtigte getragen und zwar im Verhältnis zu ihrem Einkommen. Der benötigte Betrag wurde von der Handels-

---

Kommerzienrat Hermann Ferd. Mueller in Apolda,
von der dritten Abteilung
Bankier Rudolf Koch in Jena,
Fabrikant Louis Roh in Apolda.

Im dritten Wahlbezirk
von der ersten Abteilung
Maurermeitser Lorenz Freitag in Eisenach
Kaufmann Georg Pechau in Eisenach
von der zweiten Abteilung
Kaufmann Susmann Weinstein in Eisenach
Bankier Martin Heberlein in Eisenach
Kommerzienrat U. Köllner in Eisenach
von der dritten Abteilung
Fabrikdiretor Junius in Eisenach
Fabrikant Frisch in Lengsfeld

Im vierten Wahlbezirk
von der ersten Abteilung
Kaufmann Anton Hedenus in Weida
von der zweiten Abteilung
Fabrikbesitzer Emil Künzel in Neustadt a/S.,
Fabrikbesitzer Paul Müller-Albert in Neustadt a/S.,
von der dritten Abteilung
Lederfabrikant Dix in Weida.
Quelle: Regierungsblatt für das Großherzogtum Sachsen-Weimar-Eisenach 1901, S. 203/204.

1232 Gemäß § 4 des Gesetzes die Errichtung einer Handelskammer betreffend waren zu wählen,
im ersten Wahlbezirk, von der I. Abteilung 3 Mitglieder, von der II. Abteilung 3 Mitglieder und von der III. Abteilung 2 Mitglieder
im zweiten Wahlbezirk, von der I. Abteilung 3 Mitglieder, von der II. Abteilung 3 Mitglieder und von der III. Abteilung 2 Mitglieder
im dritten Wahlbezirk, von der I. Abteilung 2 Mitglieder, von der II. Abteilung 3 Mitglieder und von der III. Abteilung 2 Mitglieder
im vierten Wahlbezirk, von der I. Abteilung 1 Mitglieder, von der II. Abteilung 2 Mitglieder und von der III. Abteilung 1 Mitglieder.

1233 § 30 HandelskammerAusführungsVerO.

1234 § 31 HandelskammerAusführungsVerO; Schulze, Gewerbeverein, S. 22.

kammer eigenständig veranschlagt und musste dem Staatsministerium sowie öffentlich bekannt gemacht werden. Die entsprechende Beitragshöhe für jedes Mitglied wurde nach der Höhe seines Jahreseinkommens bestimmt, welcher anhand der Steuerrolle des abgelaufenen Jahres festgelegt wurde.[1235] Die Amtsgerichte und die entsprechenden Behörden hatten diesbezüglich der Handelskammer die entsprechenden Daten zu liefern. Die zwangsweise Beitreibung der Beiträge erfolgte im Verwaltungsrechtswege.[1236]

Gemäß § 4 der Ausführungsverordnung vom 8. November 1900 zu dem HandelskammerG (HandelskammerAusführungsVerO) war die Handelskammer das zur Vertretung des Handelsstandes im Großherzogtum berufene Organ. Die Handelskammer war gemäß § 3 HandelskammerAusführungsVerO zur Ausstellung von Ursprungszeugnissen für den Handel befähigt. Des Weiteren konnte sie zur Förderung des Handels und Gewerbes Anlagen und Einrichtungen zur technischen und geschäftlichen Ausbildung errichten sowie betreiben. Diese Anlagen sollten insbesondere Gehilfen und Lehrlingen offen stehen. Die Handelskammer unterstand jedoch der Aufsicht des Großherzoglichen Staatsministeriums und konnte durch dieses jederzeit aufgelöst werden.[1237] Insoweit war die Handelskammer verpflichtet, bis jeweils spätestens Ende April eines Jahres einen Bericht über den *„Gang des Handels“* im vorherigen Jahr im Großherzogtum zu verfassen. Dieser Bericht war einmal dem Staatsministerium vorzulegen sowie als gedrucktes Werk zu veröffentlichen. Des Weiteren hatte die Handelskammer die Gerichte bei der Führung und Vervollständigung des Handelsregisters zu unterstützen. Die Ausübung der Mitgliedschaft in der Handelskammer erfolgte unentgeltlich. Die Handelskammer selbst konnte ein Mitglied durch einen Beschluss mit einer Mehrheit von 2/3 der Mitglieder ausschließen. Die Handelskammer war frei in der Auswahl der nötigen Räumlichkeiten und der benötigten Arbeitskräfte. Jeder Wahlberechtigte im Großherzogtum, d.h. mithin jeder Gewerbetreibende der ein jährliches Einkommen von mehr als 1.600 M erzielte, musste einen Kammerbeitrag leisten. Nur die Kleingewerbetreibenden und Kleinhändler mit einem Jahreseinkommen von unter 1.600 M waren ausgenommen.

In Weimar gab es seit Mitte des 19. Jahrhunderts viele Handelsfirmen.[1238]

1235 §§ 23, 24 HandelskammerAusführungsVerO.

1236 § 4 HandelskammerG.

1237 § 5 HandelskammerAusführungsVerO.

1238 1859 waren folgende Kaufleute in der Krämerinnung in Weimar zusammengeschlossen:

Herr Kaufmann:	C.A Roltsch	E.A. Lieber	A. Elkan
	Ed. Meyer	Alb. Hecker	C. Reinhardt
	J.C.J. Schröter	W. Brenner	L. Bartels
	L.A.G. Meyer	C. Brenner	C. Woche

Weimarer Händler trieben eine rege Geschäftstätigkeit[1239] Der Großherzogliche Hof garantierte eine gewisse Abnahmesicherheit von Gebrauchs- wie auch von Luxusgütern. § 81 GewO 1897 ermöglichte den selbständigen Gewerbetreibenden zur Förderung der gemeinsamen gewerblichen Interessen auch weiterhin, zu einer Innung zusammenzutreten. Die Weimarer Handels- und Kaufleute waren deshalb auch nach der Gründung der Handelskammer noch in der Krämerinnung zusammengeschlossen.[1240] § 81a GewO 1897 bezeichnete als Aufgabe der Innungen:

1. die Pflege des Gemeingeistes sowie die Aufrechterhaltung und Stärkung der Standesehre unter den Innungsmitgliedern,
2. die Förderung eines gedeihlichen Verhältnisses zwischen den Meistern und Gesellen (Gehülfen) sowie die Fürsorge für das Herbergswesen und den Arbeitsnachweis,
3. die nähere Regelung des Lehrlingswesens und die Fürsorge für die technische, gewerbliche und sittliche Ausbildung der Lehrlinge, vorbehaltlich der Bestimmungen der §§ 103e, 126 bis 132a GewO 1897,
4. die Entscheidung von Streitigkeiten der im § 3 des Gewerbegerichtsgesetzes vom 29. Juli 1890 und im § 53a des Krankenversicherungsgesetzes bezeichneten Art zwischen den Innungsmitgliedern und ihren Lehrlingen.[1241]

Neben der Krämerinnung und der Handelskammer bestand in Weimar noch der Kaufmännische Verein. Dieser war für Weimar sehr bemüht, den Handel und die Ausbildung zu unterstützen. Zwecks dessen hatte der Kaufmännische Verein

---

F.A. Müller	C.W. Schultze	G. Wanschaffe
C.W. Scheitz	F. Ortelli	J.G. Raumer
C.G. Schilling	L. Döllstädt	H. Ulrich
E. Querner	C.V. Schröter	W. Weidig
F.A. Haertel	Carl Roltsch	L. Moosbach
W.A. Horny	C.F. Krause	W. Lämmerhirt
E.W.A. Eichmann	H. Dimme	G. Freund jr.
C. Freund	G. Naumburg	G. Lindner
C.F.Eichmann	A. Rückoldt	F. Kaestner
C. Baum	J. Lichtenstein	
Louis Koch	J. Elkan	

Quelle: Weimarer Stadtarchivakte HA I-43-42.

1239 Vor allem der Export von Porzellan und Kristall hatte eine große Bedeutung. Importiert wurde hauptsächlich Pappmaché und Lebensmittel. Weimarer Stadtarchivakte HA I-17-24.

1240 Weimarer Stadtarchivakte HA I-42-10; Schmidt, Bd. IV, S. 308; Haupt, S. 20.

1241 Bornhak/Goetze, Deutsches Recht, Sammlung der wichtigsten Reichsgesetze mit Erläuterungen, 1902, Gewerbeordnung S. 797.

1901 eine Handelsschule gegründet, deren Verwaltung 1912 der Handelskammer übergeben wurde.[1242]

XVI. Zusammenfassung

Neben der Handelskammer und der Handwerkskammer bestanden die Innungen weiter fort. Des Weiteren blieben die gewerblichen Vereine von der Trennung von Handwerk und Handel unberührt. Mit der Gründung der Gewerbekammer und deren anschließenden Aufspaltung in zwei separate Kammern bestand wieder eine gewisse Zwangsorganisation des Gewerbes mit einer zunftähnlichen Pflichtmitgliedschaft. Lediglich ca. 30 Jahre war das Gewerbe keiner Zwangsorganisation unterworfen.[1243] In dieser Zeit schaffte das Gewerbe begünstigt durch den Gründerboom die industriellen Errungenschaften im ganzen Großherzogtum zu verbreiten. Im anschließenden Gründerkrach wurden jedoch auch die Nachteile eines unorganisierten Gewerbes deutlich. Bankrotte, Massenarbeitslosigkeit und soziale Verelendung zeigten die Notwendigkeit einer Regulierung und Leitung des Gewerbes.[1244]

1242 Weimarer Stadtarchivakte NA I-1-19, NA VI-18-13 und weiterführend: Die Stadt Weimar, ihre Verwaltung und ihre Anstalten in den Jahren 1861 und 1862, Dem Gemeinderathe gewidmet von Wilhelm Bock, Oberbürgermeister, Weimar 1862.
§ 1 Handelsschulgesetz
„In jeder Gemeinde des Großherzogtums, die nach der jeweiligen letzten Volkszählung mehr als 10000 Einwohner hat, ist eine kaufmännische Fortbildungsschule (Handelsschule) einzurichten, die dem Zwecke dient, den Handlungsgehilfen und Handlungslehrlingen neben Förderung der Allgemeinbildung theoretischen Fachunterricht zu gewähren."
Weimarer Stadtarchivakte NA VI-18-13, Handelsschule. Bereits zuvor hatte der „Kaufmännische Verein Apolda" 1889 erfolgreich eine Handelsfachschule für Apolda gegründet. Gemäß § 1 der Schulordnung war das Ziel, die für den Beruf notwendige Allgemeinbildung den Lehrlingen zu vermitteln.

1243 §§ 24, 25 Ausführungs-Verordnung vom 8. November 1900.

1244 Protokolle über die Verhandlungen des Bundesrats des Deutschen Reiches 1902, S. 106 § 237. Reichsgesetzblatt 1903, S. 113-122. STA Weimar: Staatsministerium Gotha, Departement II Loc.107 Nr. 54 Bd.1.

4. Kapitel - Zur Entstehung der Handelskammer im Herzogtum Sachsen-Coburg und Gotha

I. Das Herzogtum Gotha

Das Herzogtum Sachsen-Gotha zerfiel nach dem Tod Herzogs Ernst I. (1601-1675). Seine Söhne teilten das Herzogtum in sieben Landesteile auf. Es entstanden neben dem Herzogtum Gotha die Linien Sachsen-Römhild, Sachsen-Eisenberg, Sachsen-Hildburghausen, Sachsen-Saalfeld, Sachsen-Meiningen und Sachsen-Coburg.[1245]

Die Linien Sachsen-Coburg, Sachsen-Eisenberg und Sachsen-Römhild erloschen jedoch bereits mit dem Tod der Söhne. Der Herzog Friedrich von Sachsen-Hildburghausen trat im Jahre 1826 sein gesamtes Gebiet an das Herzogtum Sachsen-Meiningen ab. Es kam dadurch zu einem umfangreichen Gebietsaustausch zwischen den Herzogtümern.[1246] Dabei entstand das Herzogtum Sachsen-Altenburg und die übrigen Gebiete wurden in den Herzogtümern Sachsen-Coburg und Gotha und Sachsen-Meiningen zusammengefasst.[1247]

Aufgrund seiner Größe, Lage und Bevölkerungszahl erlangte das Herzogtum Sachsen-Coburg und Gotha gegenüber den anderen Herzogtümern eine größere wirtschaftliche Bedeutung. Insbesondere die Region Gotha war mit eine der wirtschaftlich stärksten im heutigen Thüringen.[1248] Aus diesem Grund soll der Weg des Herzogtums Sachsen-Coburg und Gotha von der Zunft zur Industrie- und Handelskammer aufgezeigt werden.

Das Herzogtum Sachsen-Coburg und Gotha war jedoch kein gefestigter einheitlicher Staat, wie das Großherzogtum Sachsen-Weimar-Eisenach. Vielmehr standen Coburg und Gotha immer in einem Dualismus zueinander. Dies zeigt auch bereits die Namensgebung Herzogtum Sachsen-Coburg und Gotha. Es wurde peinlichst genau darauf geachtet, dass zwischen Coburg und Gotha ein „und“ steht, um die Trennung zu verdeutlichen. Das Coburger Haus sah sich als fränkische Dynastie, während Gotha als thüringischen Ursprungs galt.[1249] Die Verbindung Gothas mit Coburg war Folge des Gebietsaustausches im Jahre 1826, wodurch Gothas Herzog in Personalunion das Herzogtum Coburg mitregierte.

1245 Schulze, Hausgesetze 3. Bd., S. 96ff.
1246 Patze/Schlesinger/Facius, 5. Bd., 2. Teil, S. 202f.
1247 Abgedruckt bei Schulze, Hausgesetze 3. Bd., S. 188 ff.
1248 John, S. LVIII.
1249 Richter, Die ernestinischen Landesordnungen und ihre Vorläufer von 1448 und 1482, S. 21.

Im Jahre 1852 wurde durch ein Staatsgrundgesetz für die Herzogtümer Sachsen-Coburg und Gotha versucht, aus der Personalunion auch eine Realunion zu verwirklichen.[1250] § 1 bestimmte, dass das Herzogtum

> *„ein unter der Regierung des Herzoglichen Hauses von Sachsen-Coburg und Gotha vereinigtes, untrennbares Ganzes (...)"*

sein soll.

Für die folgenden Betrachtungen über die Zünfte und deren Auflösung ist die Zeit ab 1852 vorrangig. Damit kommt es zu keiner Unterscheidung bei den Gesetzen zwischen Coburg und Gotha. Lediglich für die rechtlichen Grundlagen der Zunft wird auf die Zeit vor 1852 zurückgegriffen. Der Schwerpunkt der Arbeit ist jedoch auf Thüringen bezogen und deshalb soll das Herzogtum Gotha als Thüringer Landesteil Vorrang haben.

II. Die Landesordnung von Gotha

Entgegen dem Großherzogtum Sachsen-Weimar-Eisenach gab das Herzogtum Gotha keine Zunftordnung heraus. Die Regelungen über die Zünfte wurden lediglich in der Landesordnung unter einem eigenen Titel zusammengefasst.[1251] Auch andere den Handel und das Gewerbe betreffende Regelungen, wie zum Beispiel das Judenmandat von 1536, das Ausschreiben über das Zunftwesen von 1541 und die Kleiderordnung von 1546, waren in den Landesordnungen seit 1556 enthalten.[1252]

Zunächst bestimmte die Landesordnung, dass die Handwerker, die in den von den Landesfürsten bestätigten Innungen zusammengefasst sind, vor jeglichen Störern geschützt werden. Etwaigen Anzeigen der Handwerker wurde *„unweigerlich"* nachgegangen. Diesen Grundsatz schränkte die Landesordnung jedoch im zweiten Satz wieder ein. Nicht zünftige Handwerker, welche bereits beständig in einem Dorfe arbeiteten und für die dortigen Bewohner notwendig waren, sollten auch in Zukunft ihre Rechte gewahrt wissen und ihre Arbeit dort verrichten dürfen.[1253]

Von großer Bedeutung war die Landesordnung für die Lehre. So wurde bestimmt, dass ein Lehrjunge nur dann ein zünftiges Handwerk erlangen konnte,

---

1250 Staatsgrundgesetz für die Herzogtümer Sachsen-Coburg und Sachsen-Gotha vom 3.5.1852. Gemeinschaftliche Gesetzessammlung für die Herzogtümer Sachsen-Coburg und Gotha Jahrgang 1852, Nr. 2, S.1-80 (GS.S-G. 1852, S. 1-80).

1251 Landesordnung des Herzogtums Gotha, Part.2.C.3.Tit.38; John, S. 206/207.

1252 LHA Weimar, Reg. Q Nr. 141.

1253 Landesordnung des Herzogtums Gotha, Part.2.C.3.Tit.38.

wenn er zuvor seine eheliche Geburt *„gebührlich bescheinigen“* hatte.[1254] Aber auch hiervon bestimmte die Landesordnung für bestimmte Zünfte Ausnahmen.[1255] Die Kinder von Leine-Weber, Barbirer, Schäfer, Müller, Zöllner und Badern, sollten in Anwendung der Reichspolizeiordnungen von keinem Handwerk ausgeschlossen werden.[1256] Darüber hinaus bestimmte die Landesordnung, dass die Zünfte bei Nachweis der ehelichen Geburt und auch bei sonst ehrlichen Verhalten des Bewerbers diesen unweigerlich aufzunehmen hatten.[1257] Weiterhin rügte die Landesordnung die Unsitte, dass von den Lehrjungen ein hohes Aufdinggeld und Zehrung verlangt wurde und dadurch diese abgeschreckt werden, einen zünftigen Beruf zu ergreifen. Hier sollte die Obrigkeit durch Beamte und insbesondere durch die Räthe in den Städten umfassende Aufsicht ausüben. Es sollte dadurch kein Lehrjunge von einem Meister unnötig beschwert werden.[1258] Wenn ein Lehrjunge nicht in der Lage war das Lehrgeld aufzubringen, vermittelte die Obrigkeit und bestimmte einen tauglichen Meister, der diesen trotzdem aufnahm.[1259] Unter Strafe stellte die Landesordnung teure Aufnahmefeste, die sogenannten *„Täuffen“*, die ebenfalls von den Lehrjungen hätten bezahlt werden müssen.[1260]

Wer seine Lehrjahre ordentlich in dem Handwerk erfüllt hat, sollte sich zunächst auf Wanderschaft begeben.[1261] Für die Wanderschaft genügte auch, wenn der Geselle bei einem oder mehreren Meistern desselben Ortes, wo er Meister werden wollte, die Zeit erfüllte, die die Handwerksordnung für die Wanderjahre vorsah. Die Landesordnung wollte damit sicherstellen, dass die Handwerke nicht mit zu vielen unkundigen und unversuchten Meistern überbesetzt werden.[1262]

Um Meister werden zu können, sollten die Gesellen von der Wanderschaft Zeugnisse beibringen, dass sie die Jahre tatsächlich aufs Handwerk angewendet hatten und sich dabei ehrbar und fromm verhielten. Die Handwerksgesellen, die im Herzogtum Gotha von einem Meister angenommen wurden, mussten ihren Degen bei dem Obermeister niederlegen. Es war keinem Handwerksgesellen während dieser Zeit gestattet, einen Degen zu tragen. Weiterhin verbot die Landesordnung den Gesellen den *„guten Montag“* zu feiern. Auch sonstige

1254 Schönberg, Zunftwesen, S. 74; Coing, Europäisches Privatrecht, S. 219.
1255 Richter, S. 98.
1256 RPO 1530 (XXXIX), 1548 (XXXVII) und 1577 (XXVII).
1257 Landesordnung des Herzogtums Gotha, Part.2.C.3.Tit.38, S. 196, Buchda, S. 39.
1258 Landesordnung des Herzogtums Gotha, Part.2.C.3.Tit.38, S. 197.
1259 Richter, S. 99.
1260 Stieda, Zunftwesen, S. 115.
1261 Haupt, S. 17.
1262 Landesordnung des Herzogtums Gotha, Part.2.C.3.Tit.38, S. 197.

Zusammenkünfte, die auf *„Fressen und Saufen“* hinaus zu laufen pflegen - hauptsächlich zur Fastenzeit - waren verboten.[1263]

Die Obrigkeit lehnte ebenso Gesellenzusammenkünfte ab, die das Ziel hatten, gegen einen Meister sich aufzulehnen oder die Arbeit bei diesem geschlossen zu boykottieren.[1264] Hierbei verurteilte die Landesordnung besonders scharf, dass dadurch die Gesellen sich zum Richter in eigener Sache aufschwingen und damit in offenen Gegensatz zur ausschließlichen Macht der Obrigkeit traten. Weiterhin bestimmte die Landesordnung, dass die Säumnis, die dem Handwerk dadurch entstand, durch die Gesellen nachzuholen war.

Solche Gesellenzusammenkünfte stellte die Landesordnung für ihre Urheber und Anführer unter Gefängnisstrafe. Auch ließ die Landesordnung gegen die übrigen Handwerksgesellen Zwangsmittel zu, damit diese bei den Meistern weiter arbeiteten.[1265]

Gegenüber den Handwerksmeistern bestimmte die Landesordnung, dass diese sich an die veröffentlichten Ordnungen zu halten hatten und dabei die festgelegten Preise in den Taxen zu befolgen waren. Unter Strafe stellte die Landesordnung die Vereinigung der Meister zum Zwecke der Absprache über Leistung und Preis zum Nachteil des Bestellers.[1266] Auch sollten die Meister alle zu ihrer Zunft gehörenden Tätigkeiten anbieten und nicht nur einzelne Meister bestimmte Fertigkeiten anbieten, um einen höheren Preis zu erzielen.

Ferner war dem Meister verboten Strafen oder Schmähungen zu verhängen, die über die Strafen hinausgingen, die in dem genehmigten Innungsstatut genannt wurden. Alleinig die Obrigkeit war dazu befugt festzustellen, ob die Vorwürfe und Strafen, die gegen Meister oder Gesellen von den Zünften erhoben wurden, gerechtfertigt waren. Sollten Handwerker oder Gesellen trotzdem Beschuldigungen erheben, wurden diese selbst für unredlich gehalten. Die Landesordnung ging sogar so weit, den schmähenden Handwerkern sowie Gesellen und nicht den Beschuldigten die Ausübung ihres Handwerkes zu verbieten.[1267]

Die Landesordnung erlaubte den Zünften aber weiterhin, ihre Angelegenheiten *„heimlich“* und unter sich zu regeln.[1268] Soweit die Angelegenheiten den Inhalt

1263 Richter, S. 99; Schmidt, Bd. IV, S. 334 u. 346.
1264 Reininghaus, Gesellengilden, S. 174 f.
1265 Landesordnung des Herzogtums Gotha, Part.2.C.3.Tit.38, S. 199.
1266 Landesordnung des Herzogtums Gotha, Part.2.C.3.Tit.38, S. 199; Buchda,S. 39/40.
1267 Landesordnung des Herzogtums Gotha, Part.2.C.3.Tit.38, S. 199.
1268 Risch, GewO, S. 11; Schmidt, Bd. IV, S. 444.

obrigkeitlicher Ordnungen betrafen oder sonst gegen Recht und Gesetz verstießen, mussten diese öffentlich zur Anzeige gebracht werden.[1269]

III. Provisorische Innungsstatuten für Gotha, Ohrdruf, Waltershausen und Ichtershausen

Das Herzogtum Gotha hatte bisher lediglich für die einzelnen Zünfte jeweils das vorgelegte Statut genehmigt. Für die 38 Zünfte welche im Jahr 1849 in der Stadt Gotha existierten, gab es mithin keine einheitliche gesetzliche Grundlage. Das ganze Gegenteil war der Fall. Aufgrund der zum Teil Jahrhunderte alten Statuten der Zünfte, war eigentlich gar nicht mehr bekannt, welche Rechte diesen zustanden oder nicht. Auch wurde den Zünften nicht zu allen Zeiten die gleichen Rechte zugestanden. Dies lag zum Teil an den Umständen der Zeit, zu welchen die Zünfte ihr Statut der Obrigkeit zur Genehmigung vorlegten, oder aber einfach auch nur an den persönlichen Beziehungen der Zunftmitglieder zum Herzogshaus. Die Rechte und Befugnisse der einzelnen Zünfte gingen jedenfalls sehr weit auseinander. Eine Vereinheitlichung der Rechte und Befugnisse, wie durch das Zunftgesetz von 1821 des Großherzogtums Sachsen-Weimar-Eisenach, hat es im Herzogtum Gotha bis dahin nicht gegeben. Jedes Statut einer Zunft war eine Einzelfallentscheidung des jeweiligen regierenden Herzogs.

Da dieser Zustand aber nicht mehr haltbar war und sich Zünfte auf sehr weitgehende Rechte aus ihren Statuten berufen konnten, die eigentlich ausschließlich der Obrigkeit zustanden, musste eine vereinheitlichende Lösung gefunden werden.

Das Herzogtum Gotha erließ am 24. September 1849 ein provisorisches Statut, die Verfassung der Innungen der Residenzstadt Gotha betreffend.[1270] Weiterhin wurden für das Herzogtum provisorische Statute für die Stadt Ohrdruf, den Stadtbezirk Waltershausen und den Amtsbezirk Ichtershausen ebenfalls jeweils am 24. September 1849 erlassen.[1271] Diese Musterstatute sollten zu einer ersten Vereinheitlichung der Zunftstatute führen. Die provisorischen Statuten waren weitestgehend inhaltlich identisch. Um Wiederholungen zu vermeiden, wird im Folgenden alleinig das provisorische Statut der Stadt Gotha dargestellt. Dies ist

---

1269 Landesordnung des Herzogtums Gotha, Part.2.C.3.Tit.38, S. 199.

1270 GS.S-G, Band VI Nr. 363, S. 375-385.

1271 Provisorisches Statut, die Verfassung der Innungen der Stadt Ohrdruf betreffend vom 24. September 1849. GS.S-G, Band VI Nr. 364, S. 387-388. Provisorisches Statut, die Verfassung der Innungen im Stadtbezirk Waltershausen betreffend vom 24. September 1849. GS.S-G, Band VI Nr. 365, S. 399-409. Provisorisches Statut, die Verfassung der Innungen im Amtsbezirk Ichtershausen betreffend vom 24. September 1849. GS.S-G, Band VI Nr. 366, S. 411-421.

jeweils ohne Veränderung auf die provisorischen Statuten der Stadt Ohrdruf, den Stadtbezirk Waltershausen und den Amtsbezirk Ichtershausen anzuwenden. § 1 des Musterstatutes bestimmte als Zweck der Innungen,

> *„den Beruf im Zwecke des Staates – und darum auch unter seinem Schutze – alle ihre gewerblichen Interessen durch Ordnung im Gewerbebetrieb zu wahren."*

Ziel war es, einer durch *„zügellose Gewerbefreiheit entstehenden Massenverarmung"* entgegenzuwirken. Dieses Interesse war umso bemerkenswerter, als im Herzogtum Gotha zu dieser Zeit noch gar nicht die Gewerbefreiheit eingeführt war. Offenbar war das Herzogtum Gotha bestrebt, aufgrund der Erfahrungen in Preußen dortigen Missständen vorab entgegenzuwirken. Die Innungen sollten durch die Förderung des geistigen und materiellen Wohls der einzelnen Mitglieder, dem Gewerbestand zu neuem Aufschwung verhelfen, um den Wohlstand des Staates zu sichern. Das Herzogtum Gotha durchlebte schwierige wirtschaftliche Zeiten und das Gewerbe sicherte nicht mehr allen Bevölkerungsteilen Arbeit und Wohlstand.[1272]

Gemäß § 2 des Musterstatutes mussten sich sämtliche Innungen in 9 Kategorien einteilen. Die Einteilung sollte freiwillig durch die Innungen erfolgen, jedoch unter Beachtung der *„Verwandtschaft der Handwerke"*. Hierzu sollte der zu verarbeitende Stoff, der durch die verschiedenen Hände der Innungsmitglieder ging, ein Leitfaden sein. Auch sollten freie Gewerbe die einer Innung Zuarbeiten leisteten sich hier mit eingliedern. § 2 selbst gab vor, was damit erzielt werden sollte:

> *„Damit soll dreierlei erstrebt werden:*
> *1) die gemeinsame Vertretung verwandter Gewerbsfächer;*
> *2) der Zusammentritt verwandter Handwerke zu vergesellschafteten Innungen, vorbehaltlich der inneren Abgrenzung ihres Gewerbsbetriebs;*
> *3) die Gewinnung von Anknüpfungspunkten für verwandte freie Gewerbe zum Zweck ihres Anschlusses und ihrer gleichmäßigen Vertretung."*[1273]

Das Herzogtum Gotha war bestrebt, nicht mehr eine unüberschaubare Zahl von Innungen zu haben, sondern diese in neun Innungen zusammenzuführen. Diese Innungen sollten weiterhin eigene juristische Personen werden und damit einen gesellschaftsrechtlichen Status erhalten. Nichts anderes konnte unter *„vergesell-*

1272 Schönberg, Zunftwesen, S. 3.
1273 GS.S-G, Band VI Nr. 363, S. 377 u. 378.

schafteten Innungen" verstanden werden. In diese vergesellschafteten Innungen sollten auch die freien Gewerbe, je nach Art ihres Handwerkes, in die 9 Kategorien mit eingebunden werden. Das Herzogtum wollte das gesamte Gewerbe in neun Kategorien eingliedern und damit auch bestehende freie Gewerbe mit in den Innungszwang drängen.

Dies war gerade eine Abkehr von der Gewerbefreiheit. Neben den Innungen bestanden im Wege der Zuarbeit, hauptsächlich bei der Gewinnung des Grundstoffes, sogenannte freie Gewerbe. Zum Beispiel Holzfäller oder Holzrücker waren zumeist nicht in einer eigenen Innung organisiert, da sie der Urproduktion zugeordnet wurden.[1274] Für diese Berufsgruppen war es keine große Veränderung nunmehr in eine der 9 Innungskategorien eingeteilt zu werden. Ein viel größeres Problem waren die Fabriken. Aufgrund des daniederliegenden Gewerbes mit einer steigenden Anzahl von erwerbslosen Personen und den deshalb stetig sinkenden Steuereinnahmen waren auch die gothaer Fürsten dazu übergegangen, Konzessionen für Fabriken oder Verlagsanstalten zu gewähren.[1275] Damit bestanden neben den Innungen die Fabriken und Verlage, ohne einer Innung anzugehören.[1276] Ob auch diese jetzt einer der neun Innungskategorien mit untergeordnet werden sollten ist unklar. Die vorgenannten drei Ziele deuten darauf hin. Die Eingliederung der Fabriken und Verlage in die neun Innungskategorien wurde aber bis zur vollständigen Gewerbefreiheit nicht umgesetzt. Das Herzogtum war offenbar bemüht, die bevorstehende Gewerbefreiheit und ihre Folgen zu kontrollieren. Dazu wäre es ihr sicher am liebsten gewesen, dass auch die Fabriken und Verlage in die neun Innungskategorien sich mit eingeordnet hätten. Nur dann wäre eine umfassende und sinnvolle Kontrolle des gesamten Gewerbes möglich gewesen.

1. Der Obermeister

Das Musterstatut schrieb zur Umsetzung dieser Ziele vor, dass jede Innung ein Obermeisteramt einführen musste. Der Obermeister vertrat sowohl gegenüber den Staats- und städtischen Behörden als auch der Öffentlichkeit gegenüber seine Innung nach außen.[1277] Der Obermeister hatte zunächst die Gesetze des Herzogtums Gotha in Anwendung zu bringen. Erst danach waren die Regelungen

1274 Müller, S. 91.

1275 John, S. 195.

1276 Scherner/Willoweit, S. 6.

1277 § 3 Musterstatut Obermeisteramt: „Jede Innung wird den Staats- und städtischen Behörden und dem Publikum gegenüber durch ihre Obermeister vertreten. Diese sind von jeder Innung aus ihr und zwar mindestens auf zwei Jahre zu wählen. Es scheidet jedoch jährlich eine verhältnismäßige Anzahl derselben aus, ist aber immer wieder wählbar."

des Innungsstatutes oder Beschlüsse des Handwerks maßgebend. Ausdrücklich wurde der Obermeister dazu angemahnt, dass die

„Ausrede des Nichtwissens nicht entschuldigt.“[1278]

Aufgrund der Vielzahl von Gesetzen, Verordnungen und Erlassen die im Herzogtum Gotha aus verschiedenen Epochen gleichzeitig Geltung hatten, war, wie im Großherzogtum Sachsen-Weimar-Eisenach, eine unüberschaubare Fülle von Regelungen entstanden. Die Obrigkeit wollte jedoch trotzdem sicherstellen, dass der Obermeister ihre Gesetze anwandte und nicht durch die simple Begründung des Nichtwissens den Zweck des Musterstatutes unterlief. Sicher wäre die bisherige Anwendung des Zunftrechtes und der Handwerksbeschlüsse bedeutend einfacher gewesen.

Die Obermeister hatten auch die Aufgabe, in ihrer Innung die gesetzliche Ordnung, insbesondere bei der Fassung von Handwerksbeschlüssen und bei den Lehrlings- und Meisterprüfungen, zu wahren. Gemäß § 5 des Musterstatutes waren die Obermeister der Obrigkeit hierfür ausdrücklich verantwortlich. Das Herzogtum Gotha wollte durch die persönliche Einbindung der Verantwortung der Obermeister jegliche zünftige Bestrebung dauerhaft unterbunden wissen. Durch die intern gefassten Handwerksbeschlüsse hatten die Zünfte bisher den obrigkeitlichen Einfluss begrenzen können. Auch bei den Lehrlings- und Meisterprüfungen war es in den Zünften geradezu Brauch, die Nachkommen von bereits bestehenden Zunftmitgliedern einseitig zu fördern.[1279] Die bisherigen Zunftmitglieder hatten es durch die Kontrolle der Lehrlings- und Meisterprüfungen in der Hand, über ihre zukünftige Konkurrenz zu entscheiden. Von einem freien Gewerbe war man deshalb weit entfernt. Ohne die persönliche Verantwortung des Obermeisters für gerechte und faire Prüfungen gegenüber allen Teilnehmern, war auch die Grundvoraussetzung für eine Gewerbefreiheit nicht gegeben. Ohne, dass neue Gewerbetreibende in den alten Zunftverband mit aufgenommen wurden, konnte sich das Gewerbe auch nicht entwickeln. Dies war aber für die aufkommende Industrialisierung von entscheidender Bedeutung. Würde diese nicht durch die neuen Gewerbe mit getragen, würde es auch nicht zu höheren Steuereinnahmen kommen, da einfach ganze Industriezweige in dem Herzogtum nicht vertreten waren. Das Herzogtum Gotha wollte dies natürlich angesichts stetig klammer Kassen verhindern, gleichzeitig aber die Vorteile der Innungen weiterhin nutzen.[1280]

1278 GS.S-G, Band VI Nr. 363, S. 378.
1279 Weimarer Stadtarchivakte HA I-42-29, Bl. 130 u. 2206.
1280 Kulischer, S. 136 u. 277.

Die Position des Obermeisters in der Innung wurde weiterhin dadurch verstärkt, dass er die Einkünfte der Innung verwaltete und persönlich dafür haftete. Er nahm auch *„die Lade“* mit sämtlichem beweglichen Handwerksvermögen, insbesondere den Handwerksbüchern und Rechnungen, in Verwahrung.[1281] Der Obermeister haftete gemäß § 7 für die Lade in jeglicher Hinsicht. Lediglich der Nachweis von unverschuldeter Brandstiftung, Diebstahl oder einer Gewalttat konnten ihn von einer Haftung befreien.[1282]

Durch das Musterstatut wurde der Obermeister die tragende Person in der Innung. Ihm wurde daher gemäß § 8 auch die Geschäftsleitung der neuen Innungen zugewiesen. Er sorgte in dieser Aufgabe zunächst für die genaue Führung der Handwerksbücher. Dies wollte die Obrigkeit gesichert wissen, da sie anhand dieser Aufzeichnungen am wirkungsvollsten die Umsetzung ihrer Reformen kontrollieren konnte. Als Geschäftsleiter der Innung sollte der Obermeister den angehenden Lehrlingen, Gesellen und Meistern ihren Beruf jederzeit gehörig erklären können und auch die Pflichten deutlich vorhalten.

Die Handwerksversammlung wurde von dem Obermeister geleitet. Dazu trug er die zur Beratung und Beschlussannahme vorliegenden Themen vor. Ferner nahm er die Beschwerden der Innungsmitglieder oder von außenstehenden Personen gegen die Innung entgegen und stellte diese in der Handwerksversammlung zur Diskussion. Er sollte dabei allgemein darauf achten, dass kein zu beratender Gegenstand unerledigt blieb.

Neben den Handwerksbüchern führte jede Innung über die Handwerksversammlung ein Sachenbuch. Alle gefassten Beschlüsse waren darin zu verzeichnen. Der Obermeister sowie mindestens drei anwesende Meister mussten die Beschlussannahme durch ihre Unterschrift quittieren.[1283] Um die allumfassende Macht des Obermeisters zu vervollständigen, bestimmten §§ 11, 12 des Musterstatutes, dass dieser auch die gesamte Rechnungsführung der Innung vorzunehmen hatte und auch die Rechnungslegung gegenüber der Innung sowie der Obrigkeit durch ihn erfolgte. Da die Aufgabenfülle aber offensichtlich überhand nahm, wurde in § 11 bereits von einem *„ersten Obermeister“* gesprochen. Es ist

1281 Schönberg, Zunftwesen, S. 11.

1282 § 7 Musterstatut Verwahrung der Lade: „Die Lade mit sämmtlichen Handwerksvermögen, ins Besondere den Dokumenten, Acten, Handwerksbüchern und Rechnungen werden von dem dazu bestimmten Obermeister in Verwahrung genommen, und es haftet derselbe dabei für Bosheit, Fahrlässigkeit und Verzug dergestalt, daß ihn nur der Nachweis von unverschuldeter Brandstiftung, Entwendung oder Gewaltthat davon befreien kann.“

1283 § 10 Musterstatut Sachenbuch: „Die Handwerksbeschlüsse sind in ein Sachenbuch einzutragen. Diese Beschlüsse müssen in der nächsten Handwerksversammlung verlesen und sodann von den Obermeistern und mindestens drei bei der Beschlußannahme gegenwärtig anwesenden Meistern unterzeichnet werden.“

deshalb zu vermuten, dass eine Innung mehrere Obermeister ernennen konnte, diese aber in einer Hierarchie zueinander standen.

2. Das Friedensgericht

Neben dem Obermeister führten das Musterstatut Friedensgerichte als obligatorisch für alle Innungen ein. Dieses wurde gebildet aus drei gewählten Innungsmitgliedern. Unter den drei gewählten Friedensrichtern mussten ein Vorsitzender und ein Schriftführer bestimmt werden.[1284] Grundsätzlich nahmen die Friedensrichter als Innungsmitglieder ebenfalls an den Handwerksversammlungen teil. Lediglich in dringenden Fällen durfte der Obermeister mit den Friedensrichtern allein zu einer Beschlussfassung zusammenkommen. Für diese Beschlüsse waren der Obermeister und die Friedensrichter jedoch dem Handwerk allein verantwortlich.

Die Aufgabe der Friedensgerichte bestand darin, Ordnung und Frieden in der Innung nach kurzer sachgemäßer Erörterung wieder herzustellen. Ebenso wie der Obermeister hatten die Friedensgerichte bei ihrer Rechtsprechung als erstes die Gesetze des Herzogtums Gotha anzuwenden und nicht wie bisher das Zunftstatut oder die Handwerksbeschlüsse.[1285] Die Schlichtung von Streitigkeiten sollte umgehend in den Handwerksversammlungen durch das Friedensgericht erfolgen, wenn eine parlamentarische Ordnung durch den Obermeister unter den Anwesenden nicht erreicht werden konnte.[1286] Streitigkeiten, die ausschließlich zwei Parteien betrafen, wurden nicht vor der Handwerksversammlung verhandelt, sondern allein vor dem Friedensgericht. Ziel war eine gütliche Einigung herbeizuführen. War diese nicht zu erreichen, so sprach das Friedens-

---

1284 §§ 13 und 14 Musterstatut Friedensgerichte: „Neben den Obermeister besteht ein Friedensgericht aus mindestens drei aus der Innung von dieser gewählten Mitgliedern, von welchen alljährlich eine verhältnismäßige Anzahl zwar ausscheidet, dann aber von Neuem wählbar ist.“ Errichtung derselben „Die Friedensrichter ernennen einen Vorsitzenden und einen Schriftführer aus ihrer Mitte, der ein Protokollbuch führt.“

1285 § 16 Musterstatut Zweck der Friedensgerichte:„Der Zweck der Friedensgerichte besteht nicht bloß darin, in allen reinen Handwerkssachen Ordnung und Frieden in der Innung, wo sie gestört sind, nach kurzer sachgemäßer Erörterung, gegründet auf Gesetz, Statut, obrigkeitlicher Erkenntnisse, Handwerksbeschlüsse, und – soweit nicht solche ausdrückliche Bestimmungen vorliegen - nach Maßgabe der allgemeinen Rechtsgewohnheiten der Gewerbetreibenden und der technischen Eigenthümlichkeiten der Handwerke, ohne Weitläufigkeiten wieder herzustellen. Sie haben vielmehr auch solche Einrichtungen vorzuschlagen, welche Ordnung und Frieden erhalten, und bei der Ausübung dieser Einrichtungen mitzuwirken.“

1286 § 17 Musterstatut Schlichtung von Irrungen im Handwerk: „Zum Zweck der Schlichtung entstandener Irrungen tritt die Amtsthätigkeit der Friedensgerichte in den Handwerksversammlungen sofort ein, wenn die Verhandlungen durch die Anwesenden in ihrer Ruhe und Unbefangenheit gestört und eine parlamentarische Ordnung durch die Obermeister nicht erhalten werden kann.“

gericht eine sogenanntes *„feierliches Erkenntnis"*.[1287] Dabei konnte das Gericht eine Strafe von bis zu einem Taler verhängen.[1288] Die Friedensgerichte waren auch zur Schlichtung von Streitigkeiten zwischen Gesellen sowie zwischen Gesellen und Meistern berufen.[1289] Hier änderte sich lediglich die Zusammensetzung des Friedensgerichtes. An der Beschlussfassung wirkten gleichviele Gesellen mit wie Meister im Friedensgericht saßen.

Von den Friedensgerichten nicht verhandelt wurden reine Zivilstreitigkeiten oder andere Rechtsfragen. Außer wenn dies die Parteien wünschten und das Friedensgericht sich dazu bereit erklärte.

Das Friedensgericht übte gegenüber dem Obermeister eine Kontrollfunktion aus. So führten die Friedensgerichte Gegenbücher, die die Handwerksbücher des Obermeisters kontrollierten. Des Weiteren stand dem Friedensgericht zu, in der Handwerksversammlung die Revision der Geschäftsbücher des Obermeisters zu beantragen. Die jährlich abschließende Handwerksrechnung musste zudem vom Friedensgericht geprüft werden, bevor sie der Handwerksversammlung zur Annahme gestellt wurde.[1290]

3. Die Gewerbekammer

Erstmals sah das Musterstatut neben den Obermeisteramt und dem Friedensgericht auch die Errichtung einer Gewerbekammer vor. Von jeder Innung der Stadt Gotha sollte ein Mitglied in die Gewerbekammer entsandt werden. Die Gewerbekammer war das Organ, welches erstmals alle Innungen in ihrer Gesamtheit nach außen vertrat.[1291]

1287 § 18 Musterstatut Schlichtung von Streitigkeiten der Einzelnen: „Die Streitigkeiten der Einzelnen sind nicht vor versammeltem Handwerk sondern allein von den Friedensgerichten und nach Anleitung der § 16 gedachten Grundsätze öffentlich zu verhandeln. Kann eine gütliche Einigung im Wege der Verständigung nicht erlangt werden, so erfolgt, sobald beide Theile gehört sind, ein feierliches Erkenntniß. Aus Gründen der Sittlichkeit ist übrigens die Schließung der Thüren von dem Vorsitzenden ausnahmsweise anzuordnen."

1288 § 19 Musterstatut Strafgewalt: „Den Friedensgerichten ist eine Strafgewalt bis auf einen Thaler eingeräumt."

1289 Stieda, Zunftwesen, S. 126.

1290 § 22 Musterstatut Mitwirkung zur allgemeinen Ordnung: „Zum Zweck der Aufrechterhaltung der allgemeinen Ordnung führen die Friedensgerichte Gegenbücher, die die Handwerksbücher der Obermeister kontrollieren.
Es steht ihnen ferner das Recht zu, eine Revision der Geschäftsführung der Obermeister in der Handwerksversammlung zu beantragen.
Endlich wird die Handwerksrechnung, nachdem sie beim Handwerk verlesen ist (§ 12), noch vom Friedensgerichte geprüft und erst vom Handwerk abgenommen, sobald sie dort erledigt ist."

1291 Schönberg, Volkswirtschaftslehre, S. 726.

Weiterhin hatte sie die Einteilung der Gewerbe in die neun Kategorien zu leiten und damit die Maßgaben von § 2 des Musterstatuts umzusetzen. Als weitere Aufgabe hatte die Gewerbekammer mündliche und schriftliche Gutachten in Handwerkssachen zu bearbeiten. Diese konnten nicht nur von Staats- und städtischen Behörden in Auftrag gegeben werden, sondern auch von den Ständen und einzelnen Gewerbetreibenden. Allgemein hatte die Gewerbekammer die *„Entwicklung des staatlichen Berufs"* in den Grenzen der eingeräumten Autonomie zu leiten.[1292]

Die neun Kategorien des Gewerbes wurden durch einen ständigen Ausschuss mit einer Mitgliederzahl in gleicher Höhe vertreten. Dieser ständige Ausschuss bildete den Gewerberat der Gewerbekammer. Dessen Aufgabe war, dass alle Angelegenheiten vollständig und vorbereitet zur Beratung in die Gewerbekammer gelangten.

Der Gewerberat selbst unterteilte sich nochmals in zwei Abteilungen. Eine bildet die Abteilung für Verwaltungsangelegenheiten mit fünf Mitgliedern. Sie übernahm die gesamten administrativen Aufgaben der Innungen. Die vier anderen Mitglieder des Gewerberates bildeten unter Hinzuziehung eines zu einem ordentlichen Richteramt befähigten Juristen, das Gewerbegericht zweiter Instanz.[1293]

Der Gewerberat wählte aus seinen neun Mitgliedern jährlich einen Vorsitzenden, dem zugleich die gesamte Geschäftsleitung der Gewerbekammer oblag. Dieser leitete auch die Verwaltungsabteilung des Gewerberates und sorgte für die Funktion des Gewerbegerichtes.[1294]

Der Vorsitzende berief die Gewerbekammer und den Gewerberat je nach begründeter Veranlassung ein. Von der Gewerbekammer wurde der Jurist gewählt.

1292 § 23 Musterstatut Gewerbekammer: „Die Deputierten sämmtlicher Innungen bilden die Gewerbekammer, welche die Zünfte in allen Angelegenheiten ihrer Verfassung vertritt. Sie ist dazu da, mündliche und schriftliche Gutachten in Handwerkssachen zu bearbeiten, wenn solche von Staats- oder von städtischen Behörden, von den Ständen, oder von einzelnen Gewerbetreibenden veranlaßt sind. Sie veranstaltet die Vereinigung der Gewerbe zu 9 Kategorien und leitet überhaupt die Entwicklung ihres staatlichen Berufs in den Grenzen der ihnen eingeräumten Selbstregulierung (Autonomie)."

1293 § 24 Musterstatuts Gewerberath – Verwaltungsabtheilung und Gerichtsabtheilung: „Ein beständiger Ausschuß von einer den Kategorien entsprechenden Anzahl von 9 Mitgliedern bildet den Gewerberath und übernimmt die Vorsorge, daß alle Angelegenheiten vollständig vorbereitet und reif an die Gewerbekammer gelangen. Er zerfällt außerdem in zwei Abtheilungen, deren eine aus fünf Mitgliedern besteht, und die Verwaltungsangelegenheiten der Innungen übernimmt, während die vier anderen, mit Zuziehung eines Stimmberechtigten zu einem ordentlichen Richteramt befähigten Rechtsverständigen, daß Gewerbegericht zweiter Instanz bilden."

1294 Grotefend, S. 84.

Dieser war nicht nur Mitglied des Gewerbegerichtes und führte dessen Protokolle sowie sonstige Korrespondenz, sondern er hatte sich auch als Rechtsberater an den Sitzungen der Gewerbekammer und der Verwaltungsabteilung des Gewerberates zu beteiligen. Die Gewerbekammer war beschlussfähig, wenn zwei Drittel der Innungsvertreter anwesend waren. Die beiden Abteilungen des Gewerberates mussten jeweils vollzählig sein, um beschlussfähig zu sein. An den Sitzungen der beiden Abteilungen des Gewerberates konnten alle Mitglieder der Gewerbekammer teilnehmen.

Das Musterstatut ging von zunächst 38 Innungen und damit auch von 38 Gewerbekammermitgliedern aus. Verwandte Innungen sollten sich jedoch zusammenschließen. Damit entstanden nach dem Musterstatut so genannte vergesellschaftete Innungen oder *„combinierte Körperschaften"*. Diese Innungen sollten aber ebenfalls nur eine Stimme in der Gewerbekammer haben.[1295] Es wurde deshalb davon ausgegangen, dass in Zukunft nicht mehr 38 Innungsmitglieder in der Gewerbekammer zusammengefasst sind.

Die Gewerbekammermitglieder als Meister aus sämtlichen Innungen wählten neun Mitglieder in neun Kategorien zum Gewerberat. Ein Drittel der Gewerbekammer und ein Drittel des Gewerberates schieden jährlich zu Michaelis aus. Für sie wurden alljährlich neue Mitglieder gewählt, wobei die ausscheidenden Personen wählbar blieben.

Auch das Gewerbegericht 2. Instanz unternahm zunächst einen Sühneversuch. Erst wenn dieser scheiterte, musste der Jurist den streitigen Sachverhalt erforschen, um die Tatverhältnisse aufzuklären. Anschließend entschied das Gericht durch einen *„Spruch"*. Bei der Erforschung des streitigen Sachverhaltes standen dem Juristen nicht alle förmlichen Mittel der Beweisführung zu. So konnten von dem Innungsgericht zweiter Instanz keine Eide abgenommen werden oder Hausdurchsuchungen und Beschlagnahmen angeordnet werden. Im Falle der Stimmengleichheit bei Abstimmungen des Friedensgerichtes, der Gewerbekammer und des Gewerberates entschied die Stimme des Vorsitzenden.[1296]

1295 Schönberg, Volkswirtschaftslehre, S. 726 f.

1296 § 28 Musterstatut Beweisführung: „Förmliche Beweisführung durch Eid, vereidete Zeugen darf weder der Gewerberath, noch ein Friedensgericht vornehmen. Auch dürfen Haussuchungen und Beschlagnahme nur mit Hilfe der ordentlichen Obrigkeit vor sich gehen, und ist dieselbe verpflichtet, desfallsige Anträge rasch zu erledigen."
§ 29 Musterstatut Abstimmung in der Gewerbekammer, im Gewerberath und in den Friedensgerichten: „Bei den Abstimmungen in der Gewerbekammer, im Gewerberath und in den Friedensgerichten entscheidet bei Stimmengleichheit die Stimme des Vorsitzenden. Die bei der Angelegenheit betheiligten Meister, oder die Deputierten der betheiligten dürfen nicht mitstimmen."

Die Parteien mussten sich mit der Entscheidung des Friedensgerichtes oder des Gewerbegerichtes zweiter Instanz nicht zufrieden geben. Ihnen stand die Berufung auf dem Verwaltungs- und ordentlichen Rechtsweg zu. Voraussetzung war, dass die Parteien zumindest einen Schiedsspruch, sei es des Friedensgerichtes oder des Gewerberates, herbeigeführt hatten. Weiterhin konnte dieser Schiedsspruch nicht rechtskräftig geworden sein. Dies geschah, wenn sich beide Parteien dem Schiedsspruch unterwarfen oder nicht binnen 10 Tagen nach der Verkündung des Schiedsspruches diesem widersprachen.[1297] Die Vollziehung der Schiedssprüche erfolgte gleich den Urteilen der ordentlichen Gerichtsbarkeit. Die dafür zuständigen Behörden konnten von den Innungsmitgliedern in Anspruch genommen werden.

Für die Ämter der Obermeister, Friedensrichter und Gewerbekammermitglieder war jeder Handwerksmeister wählbar, der das 25. Lebensjahr vollendet hatte und nicht nach Standesrecht von der Wählbarkeit ausgeschlossen war. Alle Innungen waren verpflichtet, dem Stadtrat von Gotha mitzuteilen, welche Meister als Obermeister, Friedensrichter und Gewerbekammermitglied gewählt wurden. Auch mussten die Innungen personelle Veränderungen umgehend dem Stadtrat mitteilen.

Das Musterstatut fand gemäß § 35 direkt Eingang in die Statuten sämtlicher Innungen. Es besaß allerdings keine endgültige Bedeutung und sollte lediglich zur Probe von Michaelis des Jahres 1849 an ein Jahr Gültigkeit entfalten. Dann sollten die gesammelten Erfahrungen dazu beitragen, ob das Gesetz einer Revision unterworfen wird. Die Einführung des Musterstatutes war jedoch ein Erfolg. Es wurde auch noch zwei Jahre danach weiterhin verlängert.[1298]

IV. Die Gewerbeordnung für das Herzogtum Gotha vom 21. März 1863

Das Herzogtum Gotha führte ebenfalls, wie das Großherzogtum Sachsen-Weimar-Eisenach ein Jahr zuvor, die Gewerbefreiheit mittels Erlasses einer Gewerbeordnung ein.[1299] Neben der Gewerbeordnung wurde durch das Herzogtum Gotha auch eine Ausführungsverordnung erlassen.[1300] Diese begleitete die

1297 Schönberg, Volkswirtschaftslehre, S. 718.

1298 Gesetz über die fernere Gültigkeit der provisorischen Statuten, die Verfassung mehrere Innungen vom 18. September 1851. GS.S-G, Band VII, Nr. 392, S. 9-11.

1299 Gewerbeordnung für das Herzogthum Gotha vom 21. März 1863. GS.S-G, Band XII, Nr. 726, S. 73-11.

1300 Verordnung über Ausführung der Gewerbeordnung vom 21. März 1863 Nr. 726 der Gesetzsammlung. GS.S-G, Band XII, Nr. 733, S. 137-157.

Einführung der Gewerbeordnung mit der Gewerbefreiheit mittels Erläuterungen zu den einzelnen Paragraphen der Gewerbeordnung.

Da sich das Großherzogtum Sachsen-Weimar-Eisenach bei dem Erlass seiner Gewerbeordnung mit Ausführungsverordnung auf einen Entwurf des Gothaer Staatsministeriums gestützt hatte, waren die Gewerbeordnung des Herzogtums Gotha sowie deren Ausführungsverordnung nahezu identisch.

So wurde die Gewerbefreiheit ebenfalls mittels § 3 Gewerbeordnung des Herzogtums Gotha (GewO-Gotha) eingeführt. Auch inhaltlich ist der § 3 GewO-Gotha nahezu wortgleich, lediglich einzelne Wortstellungen wurden vertauscht, ohne dass dies jedoch den Sinn verändern würde.[1301]

Gemäß § 42 GewO-Gotha wurden die Verbietungsrechte der Innungen und Zünfte aufgehoben. Damit waren auch im Herzogtum Gotha die Macht der Innungen und Zünfte gebrochen. Ohne deren Zwangs- und Bannrechte fehlte ihnen die Kraft ihre Mitglieder zu halten, da die Mitgliedschaft nicht mehr die Grundvoraussetzung war ein Gewerbe auszuüben. § 42 GewO-Gotha ist zwar der gleiche Paragraph wie in der Gewerbeordnung des Großherzogtums Sachsen-Weimar-Eisenach, jedoch war er anders formuliert:

> *„Mit dem Tage, an welchem die Gewerbeordnung in Kraft tritt, sind aufgehoben:*
> 1) *die aus dem bisherigen Innungsverbande abfließenden Verbietungsrechte;*
> 2) *alle bestehenden, den Gewerbebetrieb, sowie die Wahl anderer Gewerbetreibenden ausschließenden oder beschränkenden Gewerbebefugnisse (Zwangs-und Bannrechte, Monopolien);*
> 3) *alle bisherigen für die Ertheilung der Erlaubniß zum Gewerbebetrieb, sowie alle für den Gewerbebetrieb selbst zu entrichtenden persönlichen Abgaben, soweit sie nicht in Sporteln, in Einkommen- und Classensteuer und in den durch das Gemeindegesetz zugelassenen Abgaben, bezüglich der Ausländer aber in solchen Gewerbsabgaben beste-*

1301 § 3 GewO-Gotha, Freiheit des Gewerbebetriebes:
„Der selbstständige Betrieb eines jeden Gewerbes, welches im Folgenden (§§ 7 bis 40) nicht ausdrücklich an die vorgängige Erfüllung gewisser Bedingungen geknüpft ist, steht unter Beobachtung der in diesem Gesetze enthaltenen Vorschriften jedem dispositionsfähigen Inländer, ohne Unterschied des Geschlechtes und ohne Beschränkungen in der Wahl des Ortes frei, dafern er nur bei der Niederlassung an einem Orte, in welchem er nicht heimathsberechtigt ist, auf Verlangen des Gemeindevorstandes einem Heimathschein und ein gutes Leumundszeugniß beibringt (§ 45).“

hen, welche die Stelle der Einkommen- und Classensteuer vertreten.
Abgaben, welche durch diese Bestimmung aufgehoben, oder mit den aufgehobenen von gleicher Gattung sind, können künftig weder vom Staate, noch von Gemeinden erhoben werden.
Mit dem obigen Zeitpunkt kommen ferner in Wegfall:
4) *alle Abgaben und Leistungen auf solche gewerblichen Verbietungsrechte, welche durch die vorliegende Gewerbeordnung aufgehoben sind (…).*"[1302]

Ausgeschlossen von der Aufhebung des § 42 GewO-Gotha waren ausdrücklich privatrechtliche Abgaben und Leistungen. Diese konnten auf Erbzinsen und Lehngelder beruhen, die zum Beispiel durch Übertragung eines Gewerbebetriebes mit Grund und Boden vereinbart wurden.[1303] Die dadurch übertragenen wirtschaftlichen „*Exklusivrechte*" waren aufgrund der Gewerbefreiheit nicht mehr werthaltig. Deshalb fand auf solche Verträge das Gesetz die Ablösung der Grundlasten betreffend Anwendung.[1304]

Für Entschädigungen wegen § 42 GewO-Gotha aufgehobener Rechte und Leistungen wurde ebenfalls auf ein „besonderes Gesetz" verwiesen. Wie das Großherzogtum Sachsen-Weimar-Eisenach erließ auch das Herzogtum Gotha ein gesondertes Entschädigungsgesetz.[1305]

Ein zünftiger Gewerbebetrieb wurde vielfach mit dem gesamten Haus und Grundstück an einen nachfolgenden Meister übergeben und dieser zahlte seinen Vorgänger oder dessen Nachfahren eine Rente. Da solchen Grundstücken eine erhebliche wirtschaftliche Bedeutung zukam, erhob auch die Obrigkeit hierauf höhere Steuern als auf die übrigen. Die über Jahrhunderte bestandene Werthaltigkeit dieser Gebäude beruhte im Wesentlichen auf den darin ausgeübten Gewerbebetrieben. Diese konnten jetzt aber durch die Gewerbefreiheit in fast jedem beliebigen Gebäude ausgeübt werden. Deshalb hob § 42 GewO-Gotha die Sonderbesteuerung der gewerblich genutzten Grundstücke auf. Für nicht gewerblich genutzte Grundstücke war damit die gleiche Steuer zu entrichten, wie für gewerblich genutzte Grundstücke.

1302 Vgl. § 42 GewO-Gotha.
1303 Brunner, S. 245.
1304 Gesetz die Ablösung der Grundlasten betreffend, Nr. 449 der Gesetz-Sammlung für das Herzogtum Gotha.
1305 Entschädigungsgesetz zur Gewerbeordnung vom 21. März 1863 GS.S-G, Band XII, Nr. 728, S. 113-120.

Ausdrücklich hob § 42 GewO-Gotha hervor, dass

> *„Verbietungs-, Zwangs- und Bannrechte künftig, weder verliehen, noch durch Vertrag oder Verjährung erworben werden können."*

Die vertragliche - zumeist auch langjährige - Bindung war dennoch ein beliebtes Mittel, wodurch die bisherigen Zunftmeister auch in Zukunft versuchten, einen fairen Wettbewerb zu unterbinden.

Keine Anwendung fand die Aufhebung der Verbietungsrechte der Innungen und Zünfte auf ausschließliche Vervielfältigung von Werken der Literatur und Kunst. Weiterhin blieben von den Regelungen des § 42 GewO-Gotha die Rechte aus „Erfindungen, Mustern und Fabrikzeichen" unberührt.

V. Zur Umsetzung der Gewerbeordnung des Norddeutschen Bundes

Das Herzogtum Gotha war ein Gründungsmitglied des Norddeutschen Bundes vom 18. August 1866. Die für die Staaten des Norddeutschen Bundes erlassenen Gesetze galten damit grundsätzlich auch in den einzelnen Mitgliedsstaaten. Am 21. Juni 1869 wurde für das Gebiet des Norddeutschen Bundes eine gemeinsame Gewerbeordnung erlassen. Die im Herzogtum Gotha bestehende Gewerbeordnung wurde durch die Verordnung, die Ausführung der Gewerbeordnung für den Norddeutschen Bund betreffend, vom 1. Oktober 1869 zum Teil abgeändert. Andere Bestimmungen der Gothaer Gewerbeordnung sollten dagegen ausdrücklich in Kraft bleiben.

§ 1 der Verordnung die Ausführung der Gewerbeordnung für den Norddeutschen Bund betreffend (VerO-Nord.Bund) bestimmte, dass die Regelungen der Gothaischen Gewerbeordnung und der Ausführungsverordnung über die Versicherungsgesellschaften und Auswanderungsagenten weiterhin galten. Veränderungen gab es hauptsächlich bei der Zuständigkeit der Behörden. So wurde durch die Verordnung eine grenzübergreifende einheitliche Behördenzuständigkeit geschaffen.[1306] Die unterste Verwaltungsbehörde war damit jetzt auch im Herzogtum Gotha der Gemeindevorstand oder der Landrat und die übergeordnete Verwaltungsbehörde die Bezirksverwaltungsbehörde.[1307] Die Regelungen der

1306 Borchardt, S. 60.

1307 § 2 VerO-Nord.Bund zu § 155 der Bundesgewerbeordnung: „Zuständige Behörde ist für die Fälle in den §§ 14, 15, 27 Satz 1, 35, 37, 43, 58 Alin.1, 59 Alin.1, 67, 69, 72-76, 106, 128, 130, 131 der Gemeindevorstand;

Gothaischen Gewerbeordnung bezüglich der Trödler und Pfandleiher sowie für den Gewerbebetrieb im Umherziehen gemäß §§ 6, 12 VerO-Nord.Bund fanden weiterhin Anwendung.

Durch die Gewerbeordnung des Norddeutschen Bundes wurde im Gewerberecht über die territorialen Grenzen der thüringischen Staaten hinaus eine weitestgehend einheitliche Regelung geschaffen.[1308] Eine vollständige Vereinheitlichung wurde jedoch nicht erzielt. In einzelnen gewerberechtlichen Fragen behielt sich auch das Herzogtum Gotha durch die weiterhin teilweise in Kraft gebliebene Gothaische Gewerbeordnung Sonderregelungen vor. Dies hatte für Gotha insbesondere Bedeutung für das moderne Versicherungsgewerbe, das hier seinen Ursprung nahm.[1309]

Mit der Gewerbeordnung des Norddeutschen Bundes galt erstmals ein Gewerberecht in verschiedenen Territorialstaaten. Dies erforderte für den *„Gewerbebetrieb im Umherziehen"* eine besondere Berücksichtigung. Für diesen Bereich des Gewerbes wurde deshalb eine eigene Verordnung erlassen.[1310] Durch § 1 der Verordnung, den Gewerbebetrieb im Umherziehen durch Angehörige des Norddeutschen Bundes betreffend, wurde sichergestellt, dass alle Bundesstaaten den gleichen Legitimationsschein verwendeten und dieser auch in allen Staaten von den Behörden akzeptiert wurde. Ein entsprechendes Musterexemplar war sogar Bestandteil der Verordnung. Des Weiteren stellte die Verordnung sicher, dass die Gebühren und Steuern erhoben wurden.[1311]

Die süddeutschen Staaten Württemberg und Baden traten erst später dem Norddeutschen Bund bei.[1312] Die Regelung der Gewerbeordnung fand deshalb auch erst ab dem 1. Januar 1871 in diesen Staaten Anwendung. Für die bestehenden Bundesstaaten, musste eine erneute Änderung der gesetzlichen Grundlage *„den Gewerbebetrieb im Umherziehen betreffend"* erfolgen. Dies wurde wieder mit-

In den §§ 16, 24, 27 Satz 2, 28, 30, 32, 33, 36, 51, 58 Alin. 2, 59 Alin.2, 60, 64, 66, 85, 92, 93, 94 Alin. 4, 147 Schlußsatz die Verwaltungsbehörde (…)."

§ 5 zu § 34 der Bundesgewerbeordnung: „Hinsichtlich des Handels mit Giften bewendet es bei der desfallsigen Verordnung vom 10. August 1837 (Nr. 171) mit der Abänderung, daß die erforderliche Concession nicht mehr vom Staatsministerium, sondern von der Bezirksverwaltungsbehörde zu ertheilen ist."

1308 Müller, S. 52.

1309 Peiner, Bilder aus unserer Geschichte, Gothaer Versicherungen, S.10; Erkenbrecher, Ernst Wilhelm Arnoldi 1778-1841: Gründer der Gothaer Versicherungsbanken: S. 10 ff.; Haupt, S. 136.

1310 Verordnung, den Gewerbebetrieb im Umherziehen durch Angehörige des Norddeutschen Bundes betreffend vom 30. Dezember 1869. GS.S-G Jahrgang 1869, Nr. 47, S. 73-11, S. 185-187.

1311 Roscher, Nationalökonomik, Bd. II, S. 37.

1312 Heréus, S. 23 u. 25/26.

tels einer Verordnung umgesetzt.[1313] Das Herzogtum Gotha gab hierfür erstmals keine eigenen Formulare mehr aus. Sondern es wurde die Anweisung gegeben, die ab diesem Zeitpunkt im Königreich Preußen in Anwendung kommenden Formulare und Zeugnisse zu verwenden. Die Souveränität des Herzogtums Gotha fing sichtbar an zu schwinden. Auch in den Jahren 1872 und 1873 wurden immer weitere Verordnungen durch das Herzogtum Gotha erlassen, die eine weitere Anpassung des Gewerberechts an die Reichsgewerbeordnung mit sich brachten.[1314]

VI. Reform der Gewerbeordnung

Die sozialen Missstände in den Fabriken wurden immer größer.[1315] Die Zunft wurde von den Fabrikanten geradezu als Vorbild dargestellt. Vor allem die Treue der Mitglieder, die früher durch das Ein- und Ausschreiben in die Rolle durchgesetzt wurde, wurde hervorgehoben. Der Vertragsbruch war eigentlich die einzige Möglichkeit der Arbeiter, sich aus den Zwängen des Fabrikanten zu retten. Darum war natürlich auch dieses Vorgehen gleichzeitig die größte Untat in den Augen der Fabrikanten.[1316] Die Fabrikanten kamen sogar auf die Idee, sich die Verträge von der Polizei beglaubigen zu lassen. Die Verwirklichung blieb jedoch aus, da dies nicht zu dem Aufgabenbereich der Polizei gehörte.

Viel schlimmer war es noch mit den Fabriklehrlingen. Diese traten oftmals zu vertraglichen Konditionen in Fabriken ein, welche an Leibeigenschaft erinnerten. Diese Verträge konnten oftmals von vornherein nie eingehalten werden. Eine gesetzliche Regelung war dringender denn je, da zum Teil die blanke Willkür der Unternehmer herrschte. Die Handwerker wurden dagegen zu den beliebtesten Ausbildern. Die zünftigen Standards sorgten für einen guten Ruf bei der Ausbildung und gleichzeitig schützen sie vor einem unmenschlichen Missbrauch.[1317] Die ständischen Disziplinierungsmittel konnten nur durch deren vertragliche Einbindung sowie wegen den fehlenden gesetzlichen Grundlagen so ungehindert angewendet werden. Bei den Regierungen waren die Missstände sehr wohl bekannt, doch wollte man sich gegen die Wirtschaft nicht aufleh-

1313 Verordnung, die Legitimationsscheine für den Gewerbebetrieb im Umherziehen betreffend vom 14. Dezember 1871. GS.S-G Jahrgang 1871, Nr. 23, S. 91.

1314 Verordnung, die Ausführung der Gewerbeordnung für den Norddeutschen Bund betreffend vom 28. August 1872, GS.S-G Jahrgang 1872, Nr. 21, S. 123 und Verordnung, die Gewerbsabgaben für den Gewerbebetrieb im Umherziehen betreffend vom 10. Juli 1873, GS.S-G Jahrgang 1873, Nr. 18, S. 67.

1315 DZA Merseburg, Gen.-Dir., Fabr.-Dep. CL, Nr 101, Vol. I.

1316 DZA Merseburg, Gen.-Dir., Fabr.-Dep. CCCLXXVIII, Nr. 131.

1317 Brand, Bd. 2, S. 233; Haupt, S. 33 u. 59.

nen.[1318] Vor allem wollte man die Verbindlichkeit der Verträge und damit die Vertragsfreiheit nicht untergraben.

Um wenigstens die Kinder und Jugendlichen besser zu schützen, wurden in der Gewerbeordnung mittels Ausführungsverordnung, zu dem Gesetz, betreffend die Abänderung der Gewerbeordnung, vom 17. Juli 1878 die sozialen Regelungen erheblich ausgeweitet.[1319]

Es durfte damit ab dem 1. Januar 1879 ein gewerblicher Arbeiter unter 21 Jahren nicht mehr ohne die Führung eines Arbeitsbuches beschäftigt werden. Alleinig Gehilfen und Lehrlinge in Apotheken sowie Handelsgeschäften waren von der Führung eines Arbeitsbuches befreit. Auch hier zeigt sich wieder die Sonderstellung des Handels gegenüber den übrigen Gewerben. Format, Papier, Druck und Seitenzahl waren reichseinheitlich durch den Reichskanzler vorgegeben. Die Arbeitsbücher waren von der Ortspolizeibehörde auszustellen und zu kontrollieren. Im Arbeitsbuch musste zunächst die Zustimmung des Vaters oder des Vormundes zu der beabsichtigten Tätigkeit erklärt sein. Das Arbeitsbuch wurde kosten- und stempelfrei ausgestellt.[1320]

Für Kinder zwischen 12 und 14 Jahren war an Stelle des Arbeitsbuches eine Arbeitskarte zu führen. Dies betraf ohne Einschränkung alle Arbeitsbereiche, mithin auch den Handel. Auch hier waren Format, Papier, Druck und Seitenzahl vorgeschrieben. Für die Ausstellung der Arbeitskarten war ebenfalls die örtliche Polizeibehörde zuständig. Neben der Vorlage des Geburts- und Taufscheines mussten genaue Angaben zu den Schulverhältnissen erfolgen.[1321] Die Angaben über Tage und Stunden, an welchen der Unterricht zu erfolgen hat, war durch eine Erklärung des Schulvorstandes zu belegen. Die Arbeitskarte wurde nicht an das Kind, sondern an den Vater, den Vormund oder den Arbeitgeber ausgehändigt. Voraussetzung war jedoch, dass sämtliche Kolonnen des Verzeichnisses ausgefüllt waren.[1322]

Bevor ein jugendlicher Arbeiter beschäftigt wurde, hatte der Arbeitgeber der Ortspolizeibehörde hierüber gemäß § 138 Abs. 1 und 2 GewO iVm § 5 Ausführungsverordnung, zu dem Gesetz, betreffend die Abänderung der Gewerbeordnung, vom 17. Juli 1878, Anzeige zu machen. Die Polizeibehörde wiederum führte ein Verzeichnis darüber, welche jugendlichen Arbeiter in ihrem Verwal-

---

1318 DZA Merseburg, Gen.-Dir., Fabr.-Dep., CDXXXVII, Nr. 2, Vol.I.; Funke, Bd. IV. 284f.

1319 Ausführungsverordnung zu dem Gesetz, betreffend die Abänderung der Gewerbeordnung, vom 17. Juli 1878. GS.S-G Jahrgang 1878, Nr. 19, S. 81-90.

1320 § 3 AusführungsVerO v. 17. Juli 1878.

1321 Kulischer, S. 486.

1322 § 4 AusführungsVerO v. 17. Juli 1878.

tungsbezirk gelegenen Fabriken arbeiteten. Der Arbeitgeber musste in den Arbeitsräumen die Schutzbestimmungen über die Beschäftigung jugendlicher Arbeiter gemäß § 138 GewO aushängen.

Ausnahmen von den Bestimmungen waren grundsätzlich nicht möglich. Lediglich bei Naturereignissen oder Unglücksfällen, die zu einem Stillstand des regelmäßigen Betriebes führten, konnte der Arbeitgeber eine Ausnahme für 14 Tage bei der Ortspolizeibehörde beantragen.

Eine Verlängerung dieser 14 Tage um weitere 14 Tage konnte das zuständige Landratsamt auf Antrag erteilen.[1323] Weitere Ausnahmen, insbesondere bei der Arbeitszeit und den Pausen für jugendliche Arbeiter, waren nur erlaubt, wenn die Arbeiter es für *„wünschenswert"* erachteten.[1324] Die Einhaltung dieser Bestimmungen oblag den örtlichen Polizeibehörden, die zu mehrfachen jährlichen Revisionen angehalten waren. Bei diesen Revisionen arbeiteten diese einen vorgegebenen Fragenkatalog ab, um den Jugendschutz auch effektiv zu kontrollieren. Es mussten darüber entsprechende Revisionsvermerke gefertigt werden.[1325]

Die Gewerbefreiheit wurde von vielen Unternehmern missbraucht, um ihre Arbeiter auszunutzen. Ein wirksamer Schutz war nur durch den Gesetzgeber möglich. Durch Abänderungen in der Gewerbeordnung, wurde versucht wenigstens die gröbsten sozialen Missstände einzudämmen.

VII. Errichtung einer Handelskammer für das Herzogtum Coburg

Um einer zügellosen Gewerbefreiheit mit den sozialen Folgen weiter entgegenzutreten, wurden in Ausführung des Gesetzes die Organisation der Justizbehörden erster Instanz betreffend vom 7. April 1879 Handelskammern errichtet.[1326] Das Herzogtum Sachsen-Coburg und Gotha setzte dies mittels der Verordnung, die Errichtung einer Handelskammer für das Herzogtum Coburg mit dem Sitze in der Stadt Coburg betreffend vom 20. August 1879 um.[1327] Hierbei handelt es

1323 §§ 5, 6 AusführungsVerO v. 17. Juli 1878.

1324 § 7 AusführungsVerO v. 17. Juli 1878. Dies war z.B. der Fall, wenn der jugendliche Arbeiter nicht in der Mittagspause nach Hause gehen kann und deshalb die übrigen Pausenzeiten oder die gesamte Arbeitszeit verkürzt werden müssen, um dass der größere Teil des Tages zu Hause verbracht werden kann.

1325 § 8 AusführungsVerO v. 17. Juli 1878.

1326 In Ausführung des Absatzes 4 des Art. 2 des Gesetzes vom 7. April 1879, die Organisation der Justizbehörden erster Instanz betreffend. GS.S-G Jahrgang 1879 Nr. 33, S. 207.

1327 Verordnung, die Errichtung einer Handelskammer für das Herzogthum Coburg mit dem Sitze in der Stadt Coburg betreffend. Vom 20. August 1879. GS.S-G Jahrgang 1879 Nr. 33, S. 207.

sich jedoch um gerichtliche Handelskammern, die zumeist an den Landgerichten als Abteilung der Zivilgerichtsbarkeit geführt wurden.

Für das Herzogtum Sachsen-Coburg und Gotha bedeutete dies, dass bei dem gemeinschaftlichen Landgericht Meiningen eine Kammer für Handelssachen gebildet wurde. In Anwendung von § 100 Gerichtsverfassungsgesetz wurden zwei Handelsrichter und mindestens zwei Stellvertreter ernannt.[1328]

Es handelt sich hierbei nicht um Gewerbe- oder Handelskammer im Sinne der heutigen Industrie- und Handelskammer. Deshalb soll auch auf diese nicht weiter eingegangen werden.

VIII. Zu den Innungen in der Gewerbeordnung

Die Gewerbeordnung des Norddeutschen Bundes vom 21. Juni 1869 enthielt, wie bereits in Kapitel 2 dargelegt, nur vereinzelte Regelungen über Innungen. Mehr als 10 Jahre später kam es erneut zur Würdigung der Innungen. Vor allem der damalige Bürgermeister von Osnabrück, *Dr. Miquel*, machte durch seinen Antrag im Reichstag auf Errichtung von Innungsausschüssen, die handwerklichen korporativen Organisationen populär. Dessen Statut für die Osnabrücker Schuhmacherinnung wurde ein Normstatut für die Innungen im gesamten deutschen Reich. Weiterhin zwang ein Erlass des preußischen Handelsministers vom 4. Januar 1879 die Behörden, auf die Neugründung und die Reformierung bereits bestehender Innungen hinzuwirken.[1329] Ab dem Jahre 1881 kam es dann zu einer Reorganisation der Innungen. Diesmal jedoch nicht durch eigenständige Neugründung von Handwerkern, sondern per Gesetz vom 18. Juli 1881 durch die Reichsregierung (GewO 1881).[1330] Das Reichsgesetz wurde für das Herzogtum Gotha durch die Verordnung zur Ausführung des Gesetzes vom 18. Juli 1881, betreffend die Abänderung der Gewerbeordnung vom 28. Juni 1882, umgesetzt (Ver.GewO-18.07.1881).[1331]

1328 Verordnung, die Abänderung der Verordnung vom 20. August 1879 über die Errichtung einer Handelskammer für das Herzogthum Coburg mit dem Sitz in der Stadt Coburg – Nr. 393 der gemeinschaftlichen Gesetzsammlung für die Herzogthümer Coburg und Gotha – betreffend. Vom 25. Januar 1881. GS.S-G Jahrgang 1881 Nr. 1, S. 1/2.

1329 Heréus, S. 105-107.

1330 Gesetz, betreffend die Abänderung der Gewerbeordnung vom 18. Juli 1881 - Nr. 19 des Reichs-Gesetzblatt. (GewO 1881) Reichs-Gesetzblatt, Jahrgang 1881, S. 233-244. Die Bestimmungen aus diesem Gesetz sind in die Redaktion der Gewerbeordnung vom 1. Juni 1883 übernommen wurden.

1331 Verordnung zu Ausführung des Gesetzes, vom 18. Juli 1881, betreffend die Abänderung der Gewerbeordnung, - Reichsgesetzblatt von 1881 Nr.19. – Vom 28. Juni 1882. GS.S-G Jahrgang 1882, Nr. 15, S. 71-79.

Das Gesetz bezog sich hauptsächlich auf die Innungen und hatte das Ziel, die eben wieder aufkommende Innungsbewegung zu fördern und zu unterstützen. Die nach den Gründerjahren sich abzeichnende Wirtschaftskrise zwang zum Umdenken in der freiheitlichen Gewerbepolitik. In der Krise sahen viele den Vorteil von Innungen aus Zunftzeiten. Die stetig wachsende Anzahl von Armen gegenüber wenigen Reichen, verschärfte die soziale Lage immer mehr. Es fehlte ein wirksamer wettbewerbsrechtlicher Ausgleich, der einen breiter verteilten Wohlstand zuließ. Der Einfluss der Innungen sollte deshalb wieder gestärkt werden. Dieser sollte aber nicht wie früher unbegrenzt sein, sondern überwacht werden.

Ziel war es, wieder mehr Gewerbetreibende in Innungen zusammenzuschließen. Die Gewerbeordnung des Norddeutschen Bundes vom 21. Juni 1869 ließ die bestehenden Innungen fortdauern und gestattete die Bildung neuer Innungen, von solchen Personen die gleiche oder verwandte Gewerbe ausübten.[1332] Das Gesetz vom 18. Juli 1881 hob diese Beschränkung auf. Auch Gewerbetreibende verschiedener Gewerbe konnten sich zur Förderung der gemeinsamen gewerblichen Interessen in einer Innung zusammenschließen.[1333] Innungen waren damit Vereine selbständiger Gewerbetreibender zur Förderung der gemeinsamen gewerblichen Interessen, die nach den Vorschriften der Reichsgewerbeordnung in der Fassung vom 18. Juli 1881 gebildet wurden.[1334]

Es bestanden zwei Arten von Innungen. Innungen die nach den Vorschriften der Reichsgewerbeordnung in der Fassung vom 18. Juli 1881 gegründet wurden und *„Alte Innungen“* die bereits bestanden. Bei der Neuerrichtung einer Innung war ihr ein Name zu geben, der von anderen bereits in dem Wirkungskreis bestehenden Innungen verschieden war.[1335]

1. Errichtung von Innungen

Zur Förderung der gemeinsamen gewerblichen Interessen konnten sich diejenigen, welche ein Gewerbe selbständig betrieben, zu einer Innung zusammenschließen. Aufgabe der neuen Innungen war gemäß § 97 GewO 1881

> *1. „die Pflege des Gemeingeistes sowie die Aufrechterhaltung und Stärkung der Standesehre unter den Innungsmitgliedern;*

1332 Meyer, S. 426.
1333 § 97 GewO 1881.
1334 Meyer, S. 426.
1335 § 98 GewO 1881.

2. *die Förderung eines gedeihlichen Verhältnisses zwischen Meistern und Gesellen sowie die Fürsorge für das Herbergswesen der Gesellen und für die Nachweisung von Gesellenarbeit;*
3. *die nähere Regelung des Lehrlingswesens und der Fürsorge für die technische, gewerbliche und sittliche Ausbildung der Lehrlinge;*
4. *Streitigkeiten der im § 120a bezeichneten Art zwischen den Innungsmitgliedern und ihren Lehrlingen an Stelle der Gemeindebehörde (Absatz 2 daselbst) zu entscheiden."*[1336]

Für die neuen Innungen handelte es sich hierbei jetzt um obligatorische Aufgaben. Nur die Innungen, die sich diese Aufgaben zum Ziel setzten, konnten sich als Innung konstituieren und die den Innungen zustehenden Rechte in Anspruch nehmen.[1337] Bei den alten Innungen waren Aufgaben, die diese erfüllen mussten, unbekannt. Hier war lediglich allgemein die Förderung der gemeinsamen gewerblichen Interessen als Zweck der Innung formuliert.

Neben dem genannten obligatorischen Aufgabenkatalog bestanden für die neuen Innungen noch fakultative Aufgaben. Diese konnten sich die Innungen zur Aufgabe machen, mussten dies aber nicht, um als Innung zugelassen zu werden.[1338]

Die weiteren Aufgaben einer Innung, die Verwaltung der Innung und die Rechtsverhältnisse zu den Mitgliedern, sollten im Rahmen der Gewerbeordnung vom 18. Juli 1881 durch ein Innungsstatut geregelt werden. Das Statut wurde damit wieder zum grundsätzlichen Regelwerk jeder Innung.[1339]

1336 Risch, GewO, S. 20; § 97 GewO 1881.

1337 Meyer, S. 427.

1338 § 97a GewO 1881. Pierenkemper, Arbeitsmarkt und Angestellte im Deutschen Kaiserreich 1880-1913, S. 113; Pierenkemper, Die westfälische Schwerindustriellen 1852-1913, S. 53/54.

1339 Gemäß 98a GewO 1881:
„Dasselbe muss Bestimmung treffen:
über Namen, Sitz und Bezirk der Innung;
über die Aufgaben der Innung, sowie über die dauernden Einrichtungen zur Erfüllung dieser Aufgaben, namentlich sind die nachfolgenden Verhältnisse des Lehrlingswesens zu regeln:
die von den Innungsmitgliedern bei der Annahme von Lehrlingen zu erfüllenden Voraussetzungen und Formen, sowie die Dauer der Lehrzeit;
die Ueberwachung der Beobachtung der in §§ 120, 126, 127 enthaltenen Vorschriften seitens der Innung;
die Verpflichtung der Meister, ihre Lehrlinge zum Besuche der Fortbildungsschule oder Fachschule anzuhalten;
die Beendigung der Lehrzeit, die Ausschreibung der Lehrlinge vor der Innung und die Ertheilung des Lehrbriefes;
die Bildung der Behörde und das Verfahren zur Entscheidung der im § 97 unter Nr. 4 bezeichneten Streitigkeiten;

Um eine Innung neu zu gründen, musste der Statuten-Entwurf in doppelter Ausführung der zuständigen Gemeindebehörde vorgelegt werden.[1340] Weiterhin waren gemäß § 3 Ver.GewO-18.07.1881 die Bevollmächtigten zu bezeichnen, die bis zu Konstituierung die Innung vertraten. Auch die bestehenden Innungen konnten sich auf Grund des Gesetzes vom 18. Juli 1881 reorganisieren. Dazu mussten diese einen dahingehenden Beschluss fassen und ihr bisheriges Statut nach den Vorgaben des Gesetzes vom 18. Juli 1881 abändern. Dieser Entwurf des neuen Statuts war durch den Vorstand bei der Aufsichtsbehörde einzureichen.[1341]

Die Gemeindebehörde hat den Statutenentwurf an die höhere Verwaltungsbehörde weiterzuleiten.[1342] Des Weiteren hatte sie dieser mitzuteilen, ob in dem Gemeindebezirk für das betreffende Gewerbe bereits eine Innung bestand.[1343] Wenn dies der Fall war, musste die Gemeindebehörde angeben, ob und aus welchen Gründen, im Falle der Errichtung einer neuen Innung, beide Innungen an der Erfüllung der ihnen obliegenden Aufgaben gehindert sein könnten.[1344] Das Herzogliche Staatsministerium entschied sodann über die Genehmigung des Statutes gemäß § 98b GewO 1881 iVm § 5 Ver.GewO-18.07.1881. Aufsichtsbehörde war bei örtlich begrenzten Innungen die Gemeindebehörde. Ging hingegen die höhere Verwaltungsbehörde davon aus, dass dem Statut keine Genehmigung erteilt werden kann, war ein ablehnender Bescheid mit schriftlicher Begründung zu erteilen. In der Begründung war gemäß § 6 Ver.GewO-18.07.1881 genau anzugeben, welche Bestimmungen des Statuts der Genehmigung entgegenstanden oder welche sonstigen Umstände zur Ablehnung führten. Gegen die Entscheidung der höheren Verwaltungsbehörde konnte Rekurs binnen zwei Wochen eingelegt werden. Dieser war binnen zwei weiteren Wochen gemäß § 8 Ver.GewO-18.07.1881 zu begründen.

über die Aufnahme, Austritt und Ausschließung der Mitglieder (…).“

1340 Meyer, S. 429.

1341 § 25 Ver.GewO-18.07.1881:
„Beschließt eine Innung Abänderungen des Statuts, so ist eine Zusammenstellung der abzuändernden Beschlüsse oder ein vollständig revidirtes Statut in zwei Exemplaren unter Beifügung der über die Beschlussfassung aufgenommenen Verhandlungen der Aufsichtsbehörde, und von letzterer mit einer gutachterlichen Aeußerung der höheren Verwaltungsbehörde vorzulegen, welche das abzuändernde Statut genehmigt hat. Im Uebrigen ist nach §§ 5-10 zu verfahren.“
§ 26 Ver.GewO-18.07.1881:
„Die Prüfung der höheren Verwaltungsbehörde hat sich auch darauf zu erstrecken, ob die Abänderungsbeschlüsse nach Maßgabe des Gesetzes vom 18. Juli 1881 (§ 104 Abs.6) und des Statuts gültig gefaßt sind.“

1342 Die höhere Verwaltungsbehörde war im Herzogtum Sachsen-Coburg und Gotha zu diesem Zeitpunkt das Herzogliche Staatsministerium.

1343 Meyer, S. 429.

1344 § 98b GewO 1881.

Die Genehmigung durfte beim Hauptstatut nur aus gesetzlich bestimmten Gründen verweigert werden. Sie musste verweigert werden, wenn das Statut den gesetzlichen Anforderungen nicht entsprach. Weiterhin wenn der obligatorische Innungszweck nicht sichergestellt war und wenn die Innung ihren Wirkungsbereich über den Bezirk der höheren Verwaltungsbehörde hinaus erstreckte, aber die Zentralbehörde die dazu erforderliche Zustimmung nicht erteilt hat.[1345] Die Genehmigung des Hauptstatuts konnte versagt werden, wenn in dem vorgesehenen Innungsstatut bereits eine Innung für die gleichen Gewerbe bestand.

Erst mit der Genehmigung erhielten die Statuten oder deren Abänderungen rechtliche Wirksamkeit.[1346] Nach Erteilung der Genehmigung des Statuts einer neuen Innung, rief die Aufsichtsbehörde gemäß § 11 Ver.GewO-18.07.1881 die Unterzeichner des Statuts zu einer konstituierenden Versammlung ein. Auf dieser Sitzung war ebenfalls der Innungsvorstand zu wählen sowie die sonstigen Innungsämter zu vergeben.[1347] Ebenso sollte bei den reorganisierten Innungen verfahren werden. Abänderungen des Innungsstatuts unterlagen den gleichen Vorschriften.

Als Innungsmitglieder konnten gemäß § 100 GewO 1881 diejenigen Personen aufgenommen werden, die ein Gewerbe selbständig betrieben oder als Werkmeister in einem Großbetrieb beschäftigt waren.[1348] Die Innungsmitgliedschaft war damit nicht mehr an die Selbständigkeit gebunden. Für die neueren Innungen galten auch die Beschränkungen auf die Angehörigen desselben oder auf verwandte Gewerbe nicht mehr. Somit konnten sich selbständige Gewerbetreibende verschiedener Gewerbe zur Förderung gemeinsamer Interessen zu einer Innung verbinden. Die Aufnahme in die Innung durfte nicht von der Ablegung einer zusätzlichen Prüfung abhängig gemacht werden. Allen Gewerbetreibenden, die die gesetzlichen und statutarischen Anforderungen erfüllten, durfte die Aufnahme in die Innung nicht versagt werden.[1349] Von der Erfüllung der gesetzlichen und statutarischen Bedingungen durfte zu Gunsten einzelner nicht abgewichen werden.[1350] Ein Zwang zur Innungsbildung oder zum Innungsbeitritt be-

---

1345 Meyer, S. 429.

1346 Meyer, S. 430.

1347 § 101 GewO 1881:
„Die Wahl findet unter Leitung des Vorstandes statt. Nur die erste Wahl nach Errichtung der Innung, sowie spätere Wahlen, bei welchen ein Vorstand nicht vorhanden ist, werden von einem Vertreter der Aufsichtsbehörde geleitet. Ueber den Wahlakt ist ein Protokoll aufzunehmen. Der Vorstand hat über jede Aenderung in seiner Zusammensetzung und über das Ergebniß jeder Wahl der Aufsichtsbehörde binnen einer Woche Anzeige zu erstatten, bei Wahlen unter Beifügung des Wahlprotokolls (...).“

1348 In einer Innung durften aber nicht nur ausschließlich Werkmeister Mitglied sein, da die Innungen nach § 97 GewO 1881 Vereine selbständiger Gewerbetreibender waren.

1349 Meyer, S. 430.

1350 § 100 GewO 1881.

stand weder nach dem älteren noch nach dem neueren Gesetz. Damit verbunden standen beiden Innungsarten auch keine obrigkeitlichen Befugnisse oder ausschließliche Gewerbeberechtigungen zu.[1351]

Die Innung konnte die Aufnahme von dem Ablauf einer bestimmten Lehrlings- und Gesellenzeit sowie von der Ablegung einer Prüfung abhängig machen. Von diesen beiden Bedingungen konnte nur unter bestimmten im Statut festgestellten Voraussetzungen ausnahmsweise abgesehen werden. Bezüglich der Prüfung war vorgeschrieben, dass deren Art und Umfang statutarisch geregelt sein musste, diese aber nur auf den Nachweis der Befähigung zur selbständigen Ausübung der gewöhnlichen Arbeiten des Gewerbes gerichtet sein durfte und sie von denjenigen Gewerbetreibenden nicht verlangt werden durfte, die bereits vor der Gewerbeordnung vom 18. Juli 1881 bei einer Innung Mitglied waren.

Wurden einem Innungsmitglied seine bürgerlichen Ehrenrechte aberkannt oder war er in der Verfügung über sein Vermögen beschränkt, so konnte er aus der Innung ausgeschlossen werden. Ansonsten war der Austritt aus der Innung jederzeit gestattet.[1352] Die ausscheidenden Mitglieder verloren alle Ansprüche am Innungsvermögen sowie an den Unterstützungs- und Nebenkassen.

Auch die Rechte der Innungsmitglieder mussten im Statut festgelegt werden. Von der Ausübung dieser Rechte waren gesetzlich die Witwen verstorbener Innungsmitglieder sowie diejenigen Mitglieder, den die bürgerlichen Ehrenrechte aberkannt wurden, ausgeschlossen.[1353]

Weiterhin waren die bei Innungsmitgliedern beschäftigten Gesellen sogenannte außerordentliche Mitglieder. Diesen Gesellen war statutarisch die Teilnahme an der Innungsverwaltung zu ermöglichen. Hierzu zählte die Abnahme der Gesellenprüfungen, die Begründung und Verwaltung aller Einrichtungen für welche sie Beiträge zahlten oder welche zu ihrer Unterstützung bestimmt sind sowie bei der Entscheidung von Streitigkeiten zwischen Innungsmeistern und Gesellen.[1354] Die Innung konnte ohne Beschränkung Ehrenmitglieder ernennen. Diese waren aber mit der Innung weder durch Rechte noch durch Pflichten verbunden.[1355]

Die Innung bestand gemäß §§ 98b, 101 GewO 1881 aus dem Innungsvorstand und der Innungsversammlung. Die Innungsversammlung setzte sich aus allen stimmberechtigten Mitgliedern zusammen. Der Innungsvorstand bestand gemäß

1351 Cirkular-Erlaß vom 4. Januar 1879 im Ministerial-Blatt für die innere Verwaltung 1880, S. 9.
1352 §§ 100-100b GewO 1881.
1353 Meyer, S. 431.
1354 §§ 100a, 100d GewO 1881.
1355 Meyer, S. 431.

§ 101 GewO 1881 aus einer oder mehreren Personen. Der Vorstand vertrat die Innung bei gerichtlichen und außergerichtlichen Verhandlungen.

2. Aufsicht über die Innungen

Die Innungen unterlagen der staatlichen Aufsicht. Die Aufsicht über eine Innung einer Stadt, deren Wirkungsbereich nicht über die Stadtgrenze hinausging, übte gemäß § 2 Ver.GewO-18.07.1881, die Gemeindebehörde aus.[1356] Für Innungen, deren Einfluss über die Stadtgrenze hinaus reichte, war der Landrat oder das Herzogliche Staatsministerium die Aufsichtsbehörde.[1357] Die Aufsichtsbehörde überwachte die Befolgung der gesetzlichen und statutarischen Vorschriften und verhängte falls nötig Ordnungsstrafen.[1358] Dazu wurden auch die Verbietungsrechte der Aufsichtsbehörde ausgedehnt.[1359]

Grundsätzlich durften Innungsmitgliedern keine Handlungen oder Unterlassungen auferlegt werden.[1360] Die alten Gebietungs- und Verbietungsrechte der Zünfte wurden nicht fortgeführt. Auch die Beiträge durften nur im Rahmen der Aufgaben, die den Innungen durch Gesetz oder Statut zugewiesen wurden, erhoben werden. Keinesfalls sollten den Innungen über den Beitragssatz die Möglichkeit eingeräumt werden, Einfluss und Druck auf ihre Mitglieder auszuüben.

Die Aufsicht über diese neuen Innungen wurde jedoch verschärft. Gemäß § 12 Ver.GewO-18.07.1881 führte die Aufsichtsbehörde ein Verzeichnis über die Mitglieder des Vorstandes und über sonstige Personen, die ein Innungsamt bekleideten.[1361] Dieses Verzeichnis war zu aktualisieren und es durfte jede Person darin Einblick nehmen. Weiterhin musste die Innung der Aufsichtsbehörde Zeit

---

1356 Die Zuständigkeit änderte sich jedoch mehrfach in den nächsten Jahren. Durch die Verordnung zur Ausführung des Reichsgesetzes vom 1. Mai 1889, betreffend die Erwerbs- und Wirtschaftsgenossenschaften – Reichsgesetzblatt von 1889, Nr. 11, S. 55 – vom 18. September 1889 und durch die Verordnung betreffend die §§ 1und 22 der Verordnung vom 28. Juni 1882 – Nr. 446 der Gemeinschaftlichen Gesetzsammlung für die Herzogthümer Coburg und Gotha – zur Ausführung des Reichsgesetzes vom 18. Juli 1881, Nr. 19, wegen Abänderung der Gewerbeordnung, vom 29. September 1889 wurde die bisherige Verwaltungsstruktur des Herzogtums Sachsen-Coburg und Gotha zu Gunsten einer reichseinheitliche Verwaltung aufgegeben.

1357 § 104 GewO 1881.

1358 Meyer, S. 434.

1359 Diese konnten ab sofort den Betrieb von Badeanstalten, des Rechtskonsulenten, des Vermittlungsagenten für Immobiliarverträge für Darlehen und Heiraten, der Auktionatoren, des Stellenvermittlers und Gesindevermieters untersagen. Dabei wird die Handlung die zum Verbot führt nicht am Strafrecht gemessen, sondern an der Unzuverlässigkeit des Bewerbers. Der Gewerbebetrieb im Umherziehen wurde unter eine verstärkte polizeiliche Aufsicht gestellt und um den Geschäftsbetrieb der Handelsreisenden wurden engere Grenzen gezogen.

1360 § 100b GewO 1881.

1361 Meyer, S. 434.

und Ort jeder von ihr veranstalteten Prüfung anzeigen. Die Aufsichtsbehörde war gemäß § 104 Abs. 5 GewO 1881 iVm § 13 Ver.GewO-18.07.1881 gehalten, *„thunlichst oft"* einen Vertreter zu den Prüfungen zu senden. Der Vertreter achtete darauf, dass die Prüfungen nach den Vorschriften der Gesetze und Statuten abhielten.

Die Aufsichtsbehörde überwachte die Befolgung der gesetzlichen und statutarischen Vorschriften. Ein Verstoß wurde gemäß § 104 GewO 1881 durch die Verhängung von Ordnungsstrafen gegen den Inhaber des Innungsamtes oder Gesellen geahndet. Über Abänderungen des Innungsstatuts oder der Nebenstatuten sowie über die Auflösung der Innung konnte von der Innungsversammlung nur im Beisein eines Vertreters der Aufsichtsbehörde beschlossen werden.[1362]

Die Aufsichtsbehörde besaß auch Jurisdiktionsbefugnisse in Innungsangelegenheiten. So entschied sie bei Streitigkeiten über Aufnahme und Ausschließung von Mitgliedern, über Wahlen zu Innungsämtern und über Rechte und Pflichten der Innungsbeamten.[1363] Gegen Entscheidungen der Innungsorgane konnten die betroffenen Mitglieder Beschwerde an die Aufsichtsbehörde einlegen. Dies war auch bei der Verhängung von Ordnungsstrafen möglich. Hier entschied die Aufsichtsbehörde endgültig. In den anderen Fällen war auch gegenüber der Entscheidung der Aufsichtsbehörde die Beschwerde zur nächsthöheren Behörde oder dem Verwaltungsgericht zulässig.[1364]

Sollte eine Innung ihrer Fürsorge für das Lehrlings-, Gesellen- und Herbergswesen im Sinne von § 97 GewO 1881 nicht nachkommen oder gegen die Gesetzmäßigkeiten verstoßen, so forderte die Aufsichtsbehörde die Innung auf, den Mangel zu beheben. Widersetzte sich die betroffene Innung dieser Aufforderung oder kam es zu wiederholten Verstößen, so war die höhere Verwaltungsbehörde befugt gemäß § 103 Abs. 1 Nr. 1, 2 GewO 1881 iVm § 14 Ver.GewO-18.07.1881 die Innung zu schließen. Dies war insbesondere geboten, wenn die Innung gesetzeswidrige Zwecke verfolgte oder dem Gemeinwohl schadete.

Wurde die Auflösung einer Innung beschlossen, so wickelte der Vorstand oder eine durch Innungsbeschluss beauftragte Person die Geschäfte ab. Sollte eine ordnungsgemäße Abwicklung nicht erfolgen, nahm die Aufsichtsbehörde oder eine von ihr beauftrage Person die Auflösung der Innung gemäß § 103a GewO 1881 selbst vor. Im Falle der Schließung der Innung erfolgte die Abwicklung der Geschäfte lediglich durch die Aufsichtsbehörde oder durch deren Beauftragte.

1362 § 104 GewO 1881.

1363 Meyer, S. 434.

1364 § 100b GewO 1881.

3. Erweiterung von Befugnissen der Innungen

Mit der Genehmigung des Statutes waren die Innungen jetzt öffentlich-rechtliche Korporationen. Als solche besaßen sie gemäß § 99 GewO 1881 die Eigenschaft selbständiger Vermögenssubjekte.[1365] Die Innungen konnten unter ihrem Namen Rechte erwerben, Verbindlichkeiten eingehen sowie vor Gericht klagen und verklagt werden. Für alle Verbindlichkeiten der Innung haftete den Gläubigern nur das Vermögen der Innung.[1366]

Ein weiteres zusätzliches Recht der Innung war, dass bei Streitigkeiten der Innungsmitglieder mit Lehrlingen die Innung gemäß § 120a GewO 1881 wieder allein entscheiden konnte.[1367] Die Maßgabe, dass ausschließlich Innungsmeister dazu befugt sein sollten, Lehrlinge zu halten, wurde vom Reichstag abgelehnt.[1368]

Weiterhin stand den Innungen die Möglichkeit zu, Schiedsgerichte für Streitigkeiten zwischen Innungsmitgliedern und Gesellen zu errichten.[1369] Die gemäß §§ 97a, 100d GewO 1881 zu errichtenden Schiedsgerichte bestanden aus einem Vorsitzenden und zwei Beisitzern. Die Beisitzer mussten zur Hälfte aus Innungsmitgliedern und zur Hälfte aus Gesellen bestehen. Gegen die Entscheidung des Schiedsgerichtes stand den Betroffenen die Berufung auf den ordentlichen Rechtsweg gemäß § 120a GewO 1881 zu. Die Entscheidungen des Schiedsgerichtes über Streitigkeiten mit Gesellen und Lehrlingen waren vorläufig vollstreckbar.[1370]

Ferner sollten die Innungen gemäß § 97a GewO 1881 Fachschulen errichten und leiten sowie zur Förderung der gewerblichen und technischen Ausbildung der Meister und Gesellen Einrichtungen gründen.[1371] Auch die abschließenden Ge-

---

1365 Meyer, S. 429.

1366 § 99 GewO 1881.

1367 Meyer, S. 428.

1368 Simon, Bd. I, S. 428.

1369 § 16 Ver.GewO-18.07.1881:
„Streitigkeiten der im § 120a der Gewerbeordnung bezeichneten Art zwischen den Innungsmitgliedern und ihren Lehrlingen werden fortan durch die neuen Innungen überall da entschieden, wo nicht besondere Behörden für diese Angelegenheiten bestehen (§ 97 Nr. 4 des Gesetzes vom 18. Juli 1881).
Macht eine Innung von der Befugniß Gebrauch, ein Schiedsgericht zur Entscheidung von Streitigkeiten der im § 120a der Gewerbeordnung bezeichneten Art zwischen den Innungsmitgliedern und deren Gesellen zu errichten, so tritt dieses Schiedsgericht an die Stelle der bisher für die Entscheidung solcher Streitigkeiten zuständigen Behörden (§ 97a Nr. 6 des Gesetzes vom 18. Juli 1881)."

1370 Cirkular-Erlaß vom 4. Januar 1879 im Ministerial-Blatt für die innere Verwaltung 1880, S. 11.

1371 Steinbeis, S. 67 f.; Schulze, Die Gewerbegesetzgebung, S. 16.

sellen- und Meisterprüfungen wurden von den Innungen einberufen sowie die Abschlusszeugnisse erstellt.[1372] Um den Zusammenhalt zwischen den Innungsmitglieder zu verfestigen, konnten die Innungen auch gemeinschaftliche Geschäftsbetriebe errichten.[1373]

Die Innungen sollten auch wieder Unterstützungskassen gemäß § 97a Nr. 5 GewO 1881 errichten. Im Falle dessen, dass im Verwaltungsbezirk für gewerbliche Arbeiter bereits eine Hilfskasse bestand, die eine Beitrittspflicht für die gewerblichen Arbeiter vorschrieb, sorgte die Aufsichtsbehörde gemäß § 17 Ver.GewO-18.07.1881 dafür, dass der Vorstand der eingeschriebenen Hilfskasse Nachricht erhält, sobald ein beitrittspflichtiger gewerblicher Arbeiter aus der Innungskasse ausschied, und dass dem Innungsvorstand eine Nachricht zuging, falls ein Innungsmitglied seine Beteiligung an der Hilfskasse aufgab.

Die Innung konnte sich gemäß § 100b Abs. 3 GewO 1881 bei der Vollstreckung von statutenmäßigen Beiträgen und Ordnungstrafen dem Verwaltungszwangsverfahren bedienen. Voraussetzung war allerdings, dass keine Zweifel an der Rechtmäßigkeit der Forderung bestanden.[1374] Dies galt auch für die Aufsichtsbehörde.[1375] Nur die Entscheidungen der Schiedsämter bei Streitigkeiten der Innungsmitglieder mit ihren Lehrlingen und mit ihren Gesellen wurden gemäß § 100d Abs. 2 GewO 1881 nach den Vorschriften der gerichtlichen Zwangsvollstreckung durch die Polizeibehörden vollstreckt.[1376]

Die Innungen besaßen obrigkeitliche Befugnisse, insbesondere ein Entscheidungsrecht in Lehrlingsstreitigkeiten. Sie konnten auch ihre Mitglieder zur Erfüllung der ihnen obliegenden Pflichten anhalten. Dazu erhielten die Innungen per Verwaltungsanordnung Vorrechte. Deren Wirksamkeit reichte zum Teil über

---

1372 Im Großherzogtum Sachsen-Weimar-Eisenach war dies immer schon der Fall. Weimarer Stadtarchivakte HA I-42-29, Bl. 4138 u. 130.

1373 Meyer, S. 428.

1374 § 18 Ver.GewO-18.07.1881:
„Die Aufsichtsbehörde hat dem Antrage des Innungsvorstandes auf zwangsweise Einziehung der statutenmäßigen Beiträge und Ordnungsstrafen Folge zu geben, sofern nicht Zweifel darüber entstehen, ob bei Umlegung der Beiträge oder bei Verhängung der Strafen die maßgebenden Bestimmungen des Statuts und der Innungsbeschlüsse beachtet worden sind (§ 100b Abs. 3 a.a.O.).“

1375 Meyer, S. 432.

1376 § 20 Ver.GewO-18.07.1881:
„Die Vollstreckung aller Anordnungen und Entscheidungen der Innungs- und der Aufsichtsbehörden erfolgt durch die letzteren im Verwaltungszwangsverfahren; nur die Entscheidungen der Schiedsämter in Streitigkeiten der Innungsmitglieder mit ihren Lehrlingen und mit ihren Gesellen werden nach Maßgabe der Vorschriften über die gerichtliche Zwangsvollstreckung durch die Polizeibehörde vollstreckt. Die letzteren haben den hierauf, sowie den auf Zwangsgestellung von Lehrlingen gerichtlichen Anträgen der Schiedsämter Folge zu geben § 100d Abs. 2 des Gesetzes vom 18. Juli 1881).“

den Kreis der Mitglieder hinaus.[1377] Diese Vorrechte umfassten die Jurisdiktion der Innung in Lehrlingsstreitigkeiten und die Allgemeinverbindlichkeit der von der Innung erlassenen Vorschriften über Lehrlingswesen. Hinzu kam, dass den Innungsmitgliedern das ausschließliche Recht beigelegt werden konnte, Lehrlinge zu halten.

Auf Antrag erhielten die Innungen diese Vorrechte von den Aufsichtsbehörden. Die Aufsichtsbehörden waren angehalten, dem Antrag einer Innung auf Erlass der im § 100e GewO 1881 vorgesehenen Bestimmungen in der Regel stattzugeben, wenn ihre Tätigkeit auf dem Gebiete des Lehrlingswesen sich bewährt hat. Auch sollte der Innung die überwiegende Mehrzahl der angesehenen Arbeitgeber aus den jeweils durch die Innung vertretenen Gewerben angehören.[1378] Die erteilte Genehmigung erstreckte sich örtlich auf den gesamten Bezirk der Innung. Es waren hiervon diejenigen Arbeitgeber gemäß § 23 Ver.GewO-18.07.1881 betroffen,

> *„welche nach Art ihres Gewerbebetriebes in die Innung einzutreten berechtigt sind, also weder durch den Umfang noch durch die Gegenstände ihres Betriebs von der Innung ausgeschlossen werden."*

Damit bestimmten die Innungen erstmalig seit Einführung der Gewerbefreiheit wieder teilweise über Nichtinnungsmitglieder und konnte diesen Vorgaben machen. Dies betraf zwar vorrangig nur das Lehrlingswesen, aber es hatte eine erhebliche symbolische Bedeutung.

1377 Meyer, S. 433.

1378 § 100e GewO 1881:
„Für den Bezirk einer Innung, deren Thätigkeit auf dem Gebiete des Lehrlingswesens sich bewährt hat, kann durch die höhere Verwaltungsbehörde nach Anhörung des Aufsichtsbehörde bestimmt werden:
daß Streitigkeiten aus den Lehrverhältnissen der im § 120a bezeichneten Art auf Anrufen eines der streitenden Theile von der zuständigen Innungsbehörde auch dann zu entscheiden sind, wenn der Arbeitsgeber obwohl er ein in der Innung vertretenes Gewerbe betreibt und selbst zur Aufnahme in die Innung fähig sein würde, gleichwohl der Innung nicht angehört;
daß und inwieweit die von der Innung erlassenen Vorschriften über die Regelung des Lehrlingsverhältnisses, sowie über die Ausbildung und Prüfung der Lehrlinge auch dann bindend sind, wenn deren Lehrherr zu den unter Nr. 1 bezeichnete Arbeitgebern gehört.
Haben sich hiernach Lehrlinge solcher Gewerbetreibenden, welche der Innung nicht angehören, einer Prüfung zu unterziehen, so ist dieselbe von einer Kommission vorzunehmen, deren Mitglieder zur Hälfte von der Innung, zur Hälfte von der Aufsichtsbehörde berufen werden.
Die Bestimmungen sind widerruflich."

Die von einer Innung erlassenen Prüfungsvorschriften wurden auf solche Gewerbetreibende ausgedehnt, die nicht Innungsmitglieder waren.[1379] Diese Ausdehnung umfasste die Bedingungen der Zulassung der Prüfung als auch die Art und die Gegenstände der Prüfung. Die Prüfung selbst, wurde nicht durch die Innungsbehörde abgenommen. Die Prüfungskommission war für diese Lehrlinge durch die höhere Verwaltungsbehörde zu bilden. Diese bestimmte, aus wie viel Mitgliedern die Kommission bestand und wer den Vorsitz führte. Weiterhin legte sie fest, ob und in welcher Höhe die Prüfungskommission eine Vergütung erhielt. Die Mitglieder der Kommission selber wurden durch die untere Aufsichtsbehörde ernannt.[1380]

Weiterhin konnten Innungen Arbeitgeber, die ein in einer Innung vertretenes Gewerbe ausübten, dieser jedoch nicht angehörten, zur Kostentragung für Innungseinrichtungen, für Schiedsgerichte sowie für Prüfungen, heranziehen. Dies führte zu einer weiteren Ausgrenzung von Gewerbetreibenden, die dann nicht in einer solchen Innung Mitglied waren. Sie wurden zur Finanzierung der Innungseinrichtungen herangezogen, ohne diese aber selbst nutzen zu können.[1381] Diese Kostenbeteiligung galt nicht für Fabrikanten.[1382] Auch hier wurde die Industrie gegenüber dem Handwerk privilegiert. Die Innungen besaßen keine ausschließliche Gewerbeberechtigung. Andernfalls wären sie mit einer Zunft gleichzusetzen gewesen. Die Gewerbefreiheit wurde aber mehr und mehr zu Gunsten der Innungen eingeschränkt. Die Vorrechte der Innungen halfen sicherlich, diese wieder populärer zu machen. Die Fabriken und die Industrie zu mehr sozialer Verantwortung zu drängen, half es nicht. Nicht einmal an der Finanzierung der Innungseinrichtungen mussten sie sich beteiligen. Das Privileg, den Titel Innungsmeister zu führen, war dazu im Vergleich ein ziemlich unerhebliches Recht.[1383]

Des Weiteren war es den Innungen erlaubt, Nebenstatute zu erlassen.[1384] Diese durften jedoch ausschließlich zur Verwaltung und Ordnung der Innungseinrichtungen, zum Beispiel von Innungsausschüssen, dienen.[1385] Einerseits sollten die

1379 Meyer, S. 433.
1380 § 24 Ver.GewO-18.07.1881.
1381 Meyer, S. 432/433.
1382 Meyer, S. 432/433.
1383 Personen, welche nicht einer Innung angehörten, konnte die Führung dieser Bezeichnung gemäß § 149 Nr. 8 GewO 1881 unter Strafe untersagt werden.
1384 Meyer, S. 429.
1385 § 30 Ver.GewO-18.07.1881:
„Die Nebenstatuten sind ausschließlich zur Ordnung derjenigen Einrichtungen bestimmt, welche zur Erfüllung der im § 97a Nr. 4-6 des Gesetzes vom 18. Juli 1881 aufgeführten, durch das Hauptstatut unter die Zwecke der Innung aufgenommenen Aufgaben dienen sollen. Bestimmungen über die zur Erfüllung sonstiger Aufgaben der Innung erforderlichen Einrichtungen müssen in dem Hauptstatut oder in Anlagen zu demselben getroffen werden."

Innungen nicht wieder zu ihrer alten Macht zurückkehren, anderseits wurden die Innungen zur wirksamen Wirtschaftsverwaltung benötigt.[1386] Um durch die Nebenstatute den Innungen nicht unkontrolliert zu viel Macht zu gewähren, mussten diese Statuten gemäß § 98c GewO 1881 mit dem betreffenden Annahmebeschluss der Innungsversammlung von dem Innungsvorstand ebenfalls der Aufsichtsbehörde zur Genehmigung vorgelegt werden.[1387] Der weitere Verlauf war der gleiche wie bei der bereits geschilderten Genehmigung des Hauptstatutes.

Um zu verhindern, dass die Macht der Innungen nicht auf von ihnen gegründete Neben- und Unterstützungskassen übertragen wurde, mussten diese gemäß § 100c GewO 1881 getrennte Rechnung führen und auch das für die Kassen bestimmte Vermögen war von dem übrigen Innungsvermögen getrennt zu verwalten. Die Gläubiger der Kassen besaßen darüber hinaus ein Recht auf abgesonderte Befriedigung aus dem getrennt verwalteten Vermögen.[1388]

4. Innungsausschüsse

Um wirksam die an die Innungen gestellten Aufgaben nach § 97a Nr. 4-6 GewO 1881 erledigen zu können, konnten sich mehrere Innungen zu größeren Organisationen zusammenschließen.[1389] Als derartige Organisationen waren in der Gewerbeordnung Innungsausschuss und Innungsverband vorgesehen.

Für alle derselben Aufsichtsbehörde unterstehenden Innungen, konnte ein gemeinsamer Innungsausschuss gebildet werden.[1390] Lag ein dementsprechender Beschluss der Innungsversammlung vor, so musste ein Statut für den zu bilden-

---

1386 Heréus, S. 67 u. 72.

1387 § 98c GewO 1881:
„Gegen die Versagung kann binnen vier Wochen Beschwerde an die Zentralbehörde ein gelegt werden. Abänderungen der Nebenstatuten unterliegen den gleichen Vorschriften."

1388 § 100c GewO 1881:
„Auf solche Krankenkassen der Innungen, welche eine den Vorschriften des Gesetzes über die eingeschriebenen Hülfskassen vom 7. April 1876 entsprechende Unterstützung gewähren soll, finden folgende Bestimmungen Anwendung:
den Meistern, welche für ihre Gesellen und Lehrlinge die Kassenbeiträge vorschießen, steht das Recht zu, die letzteren bei der dem Fälligkeitstage zunächst vorausgehenden oder bei einer diesem Tage folgenden Lohnzahlung in Anrechnung zu bringen;
der Anspruch auf Unterstützung aus der Kasse kann mit rechtlicher Wirkung weder übertragen noch verpfändet werden, er kann nicht Gegenstand der Beschlagnahme sein;
die Gesellen können, so lange sie den Kassen angehören, zu den nach Maßgabe des § 141a begründeten Verpflichtungen nicht herangezogen werden;
Gesellen, welche bereits einer eingeschriebenen Hülfskasse angehören, können, so lange sie an derselben betheiligt sind, zum Eintritt in die entsprechende Unterstützungskasse der Innung nicht gezwungen werden."

1389 Meyer, S. 435.

1390 § 102 GewO 1881.

den Ausschuss entworfen und in doppelter Ausführung der Aufsichtsbehörde vorgelegt werden. Auch hierzu fertigte die Aufsichtsbehörde ein Gutachten und legte dieses gemeinsam mit den Statutenentwurf der höheren Verwaltungsbehörde vor. Die Regierungen besaßen noch immer zu viel Respekt vor dem Einfluss der alten Zünfte, als dass man Entscheidungen über die Innungen den unteren Verwaltungsbehörden überließ.[1391] Es wurde mit § 33 Ver.GewO-18.07.1881 sogar festgehalten, welchen Mindestinhalt ein Statut für die Innungsausschüsse haben musste. So waren von den Innungen Angaben über die Zusammensetzung des Ausschusses, die Art der Beschlussfassung, über die Rechte und Pflichten des Ausschusses sowie über die Voraussetzungen des Beitritts und des Austritts anderer Innungen zu dem Ausschuss zu treffen.

Einem gemeinsamen Ausschuss konnten die beteiligten Innungen Rechte und Pflichten übertragen. Hiervon ausgenommen waren gemäß § 102 GewO 1881 Vermögensrechte. Innungsausschüsse galten als Kollegien mit öffentlichen Funktionen, aber ohne privatrechtliches Vermögenssubjekt.[1392] Zweck und Ziel der Ausschüsse war es, diejenigen örtlichen Aufgaben zu erfüllen, welchen mehreren Innungen gemeinsam sind.

Der Innungsausschuss unterstand der gleichen Aufsicht, wie die Innungen. Gemäß § 34 Ver.GewO-18.07.1881 war ein Ausschuss aufzulösen,

> *1) „wenn er seine Auflösung beschließt;*
> *2) wenn er von der höheren Verwaltungsbehörde geschlossen wird;*
> *3) wenn er durch Ausscheiden die Zahl der betheiligten Innungen bis auf eine reduziert ist (...).“*

Gegen die Entscheidung der Behörde war Beschwerde an die Zentralbehörde zulässig.[1393]

5. Innungsverbände

Die Innungsverbände waren Vereinigungen mehrerer Innungen, die nicht derselben Aufsichtsbehörde unterstanden.[1394] Da hierin die Regierungen aber noch ein weit größeres Risiko sahen, dass die Innungen ihre alte Abschottung zu Lasten der Gewerbefreiheit weiter ausdehnen, waren die Verbände einer noch stär-

1391 Meyer, S. 429.
1392 Meyer, S. 435; Heréus, S. 6/7.
1393 § 102 GewO 1881.
1394 Meyer, S. 435.

keren Reglementierung ausgesetzt. Der einleitende § 35 Ver.GewO-18.07.1881 bestimmt daher auch

> *„Die Aufsicht über die Innungsverbände hat wesentlich die Aufgabe, einer Ueberschreitung ihrer Befugnisse und einem Mißbrauch ihrer Organisation zu fremdartigen und ungesetzlichen Zwecken entgegenzuwirken."*

Wie für die Innungsausschüsse auch, war für den geplanten Innungsverband ein Statutenentwurf der höheren Verwaltungsbehörde vorzulegen. § 104b GewO 1881 gab vor, welche Bestimmungen das Statut enthalten musste und welche nicht.[1395] Auch die Innungsverbände hatten den Charakter von Vereinen, deren Mitglieder die Innungen waren. Ihnen wurde ebenso wie dem Innungsausschuss nicht die Eigenschaft von privatrechtlichen Vermögenssubjekten zuerkannt. Es konnte ihnen aber durch den Beschluss des Bundesrates Korporationsrechte verliehen werden.[1396]

Da ein Verband sich aus Innungen verschiedener Bezirke zusammensetzte, sollte die höhere Verwaltungsbehörde zuständig sein, in dem der Innungsverband seinen Sitz haben wird. Erstreckte sich ein Innungsverband über mehrere Bundesstaaten, so war der Reichskanzler für die Genehmigung des Verbandsstatuts zuständig.[1397]

1395 § 104b GewO 1881.

1396 Meyer, S. 436; Marcinowski, S. 433; Schönberg, Finanzwissenschaft und Verwaltungslehre, Bd. 2 I, S.707/709. Mittels des Reichsgesetzes vom 23. April 1886 wurde dem Bundesrat die Befugnis erteilt, den Innungsverbänden Korporationsrechte zu verleihen.

1397 § 104c GewO 1881:
„Das Verbandsstatut bedarf der Genehmigung, und zwar:
für Innungsverbände, deren Bezirk nicht über den Bezirk einer höheren Verwaltungsbehörde hinausgreift, durch die letztere;
für Innungsverbände, deren Bezirk in die Bezirke mehrerer höherer Verwaltungsbehörden derselben Bundesstaates sich erstreckt, durch die Zentralbehörde;
für Innungsverbände, deren Bezirk sich auf mehrere Bundesstaaten erstreckt, durch den Reichskanzler.
Die Genehmigung ist zu versagen:
wenn die Zwecke des Verbandes sich nicht in den gesetzlichen Grenzen halten;
wenn das Verbandsstatut den gesetzlichen Anforderungen nicht entspricht.
Außerdem darf die Genehmigung nur versagt werden, wenn die Zahl der dem Verbande beigetretenen Innungen nicht hinreichend erscheint, um die Zwecke des Verbandes wirksam zu verfolgen.
Gegen die Versagung der Genehmigung ist, sofern sie durch eine höhere Verwaltungsbehörde erfolgt, die Beschwerde zulässig.
Aenderungen des Statuts unterliegen den gleichen Vorschriften."

Die höhere Verwaltungsbehörde verfasste eine gutachterliche Stellung zu der beabsichtigten Verbandsgründung und legte diesen zusammen mit dem Statutenentwurf dem herzoglichen Staatsministerium zur Genehmigung vor.[1398] Die Genehmigung musste versagt werden, wenn der Zweck eines Verbandes sich nicht in den gesetzlichen Grenzen hielt oder das Verbandsstatut nicht den gesetzlichen Anforderungen entsprach. Sie konnte versagt werden, wenn die Anzahl der Innungen, die den Verband bilden sollten, nicht als hinreichend angesehen wurde, um den Zweck des Verbandes wirksam zu erreichen. Organe des Verbandes waren der Verbandsvorstand und die Verbandsvertretung.[1399] Ein Innungsverband musste nach Aufforderung Gutachten über gewerbliche Fragen abgeben. Ihm stand die Befugnis zu, Berichte über die Verhältnisse in den Gewerben, die er vertrat, zu erstatten sowie Anträge zu stellen.

Die höhere Verwaltungsbehörde übte gegenüber den Innungsverbänden erweiterte Befugnisse aus. Sie konnte gemäß § 104e GewO 1881 Versammlungen des Verbandsvorstandes und der Verbandsvertretung untersagen und schließen. Auch war es ihr möglich einen Vertreter zu entsenden, um durch diesen den Ablauf einer Versammlung zu kontrollieren. Gemäß § 104g GewO 1881 konnte sie die Änderung des Statuts binnen einer angemessenen Frist verlangen oder die Auflösung des Vorstandes durchsetzen.[1400]

Eine weitere Aufgabe der höheren Verwaltungsbehörde war, im Februar jedes Jahres dem Herzoglichen Staatsministerium anzuzeigen, welche Innungsverbände in ihrem Verwaltungsbezirk bestanden und wie viele Innungen dem jeweiligen Verband angehörten.[1401] Bei diesen Angaben mussten auch die Personen namentlich aufgeführt werden, die die einzelnen Vorstände bildeten.[1402] Veränderungen in der Zusammensetzung des Vorstandes oder der Verlegung des Sitzes des Vorstandes waren ebenfalls der Aufsichtsbehörde anzuzeigen[1403] Die Auflösungsgründe waren im wesentlichen die gleichen wie bei dem Innungsausschuss.

1398 § 36 Ver.GewO-18.07.1881.

1399 Meyer, S. 436.

1400 § 37 Ver.GewO-18.07.1881; § 104g GewO 1881:
„Die Innungsverbände können aufgelöst werden:
wenn sich ergibt, daß nach § 104c Nr. 1 und 2 die Genehmigung hätte versagt werden müssen und die erforderliche Aenderung des Statuts innerhalb einer zu setzenden Frist nicht bewirkt wird;
wenn den auf Grund des § 104e erlassenen Verfügungen nicht Folge geleistet ist;
wenn der Verbandsvorstand oder die Vertretung des Verbandes sich gesetzwidriger Handlungen schuldig machen, welche das Gemeinwohl gefährden, oder wenn sie andere als die gesetzlich zulässigen Zwecke verfolgen (...).“

1401 § 38 Ver.GewO-18.07.1881.

1402 Meyer, S. 436.

1403 § 104d GewO 1881.

6. Auflösung oder Schließung von Innungen

Die Schließung einer Innung konnte gemäß § 103 GewO 1881 erfolgen, wenn die Genehmigung hätte versagt werden müssen, die Innung ihr übertragene Aufgaben vernachlässigt oder wenn die Innung über die ihr gesetzlich und statutarisch eingeräumten Rechte hinausging.[1404] Selbst wenn einer dieser Fälle vorlag, bestand nur eine Befugnis, aber keine Pflicht der höheren Verwaltungsbehörde zur Schließung. Gegen die Ermessensentscheidung war die Einlegung von Rechtsmittel zulässig. Es wurde anschließend im Verwaltungsstreitverfahren oder in dem für die Gewerbekonzession vorgeschriebenen Verfahren entschieden.[1405]

Die Innungen konnten weiterhin selbständig ihre Auflösung beschließen. Die Aufsichtsbehörde kontrollierte dabei lediglich die Einhaltung der Voraussetzungen, die das Statut in einem solchen Fall vorsah.[1406] Gemäß § 103a GewO 1881 hafteten die Innungsmitglieder von dem Zeitpunkt der Auflösung einer Innung noch für diejenigen Zahlungen, zu welchen sie statutarisch für den Fall des eigenen Ausscheidens aus der Innung verpflichtet gewesen sind.

Verstieß eine Innung gegen einen gesetzlich normierten Auflösungsgrund nach § 103 Abs. 1 GewO 1881 wurde das Verfahren von Amts wegen eingeleitet.[1407] Die Eröffnung des Konkursverfahrens über das Vermögen einer Innung hatte ebenfalls ihre Schließung kraft Gesetzes zur Folge.[1408] Die Schließung selbst wurde durch die höhere Verwaltungsbehörde ausgesprochen. Die durch eine Innung betriebenen Unterrichtsanstalten, Unterstützungskassen oder andere Institute zu öffentlichen Zwecken konnten bei einer Auflösung oder Schließung der Innung gemäß § 94 Abs. 5 GewO 1881 eigene Korporationsrechte erhalten. Die Erteilung erfolgte durch das Staatsministerium.[1409]

Das Vermögen der Innung war im Falle ihrer Schließung zunächst für die Tilgung der Verbindlichkeiten zu verwenden. Was danach übrig blieb, stand für den weiteren Betrieb der Unterrichtsanstalten oder Unterstützungskassen zur

---

1404 Meyer, S. 434.

1405 Verwaltungsstreitverfahren bestand in Preußen (Zust.G. vom 1. August 1883, § 126) und Baden (G. vom 14. Juni 1884, § 4 Nr. 5).

1406 Meyer, S. 427/431.

1407 § 28 Ver.GewO-18.07.1881.

1408 Meyer, S. 431.

1409 § 29 Ver.GewO-18.07.1881:
„Im Falle der Auflösung oder der Schließung können den durch das Statut oder durch Nebenstatuten begründeten Unterrichtsanstalten, Unterstützungskassen oder anderen Instituten zu öffentlichen Zwecken durch das Staatsministerium Korporationsrechte ertheilt werden. (§ 94 Abs. 5 der Gewerbeordnung).“

Verfügung. Der Rest konnte unter den Mitgliedern verteilt werden, wenn er aus den Beiträgen derselben entstanden war und jedes Mitglied nicht mehr als den Gesamtbeitrag seiner Beiträge erhielt.[1410] Sollte dann noch ein Guthaben vorhanden sein, so war dieses der Gemeinde zur Benutzung für gewerbliche Zwecke zu überweisen. Erstreckte sich der Innungsbezirk über mehrere Gemeinden, so hatte diejenige das Vermögen zu erhalten, in welcher sich der Sitz der Innungsverwaltung befand. Durch den Eintritt der Gemeinde in das Vermögen der Innung, wurde diese als privatrechtliches Vermögenssubjekt tätig.[1411]

Die Schließung einer Innung bedeutete für diese, dass sie aufhörte im rechtlichen Sinne zu existieren. Dagegen enthielt die Schließung kein polizeiliches Verbot des Vereins. Die bisherige Innung konnte, soweit sie nicht verbotene Zwecke befolgte, als Privatverein fortbestehen.[1412]

Eigentlich stand es den bestehenden Innungen frei, ihr Statut erneut einzureichen und sich damit neu zu reorganisieren. Artikel 3 des Gesetzes vom 18. Juli 1881 gab jedoch vor, dass bis zum Ablauf des Jahres 1885 alle bestehenden Innungen ihre Statuten an das Gesetz angepasst haben sollen, andernfalls sie durch die zuständigen Aufsichtsbehörden dazu aufgefordert werden konnten.[1413] Wurde der Aufforderung nicht entsprochen, so war die Zentralbehörde befugt, die Schließung der Innung anzuordnen. Damit räumte man lediglich den bestehenden Innungen eine Übergangsfrist ein, bis wann sie ihr Statut zu ändern hatten.[1414] An der Abänderung selbst bestand aufgrund der Schließungsbefugnis keinerlei Zweifel.

IX. Die Änderung der Verwaltungsstruktur

Die Innungen unterlagen einer vielfältigen Kontrolle durch Aufsichtsbehörden. Deren Zuständigkeit änderte sich binnen weniger Jahre. Grund hierfür war, dass die Verwaltungsstruktur reichseinheitlich werden sollte und dafür die bisherige Verwaltungsstruktur im Herzogtum Sachsen-Coburg und Gotha angepasst werden musste. Maßgebend hierfür waren die Verordnungen vom 18. und 29. September 1889 sowie die Ausführungsverordnung zum Reichsgesetz vom 1. Juni

1410 Meyer, S. 432.

1411 Es fand damit ein Vermögensübergang von einem Rechtssubjekt auf ein anderes statt. Streitigkeiten, die daraus entstanden, galten als privatrechtlicher Natur und gehörten, sofern die Landesgesetzgebung nicht anderes bestimmte zu Kompetenz der ordentlichen Gerichte.

1412 Meyer, S. 435.

1413 Gesetz, betreffend die Abänderung der Gewerbeordnung vom 18. Juli 1881 - Nr. 19 des Reichs-Gesetzblatt. Abgedruckt im Reichs-Gesetzblatt, Jahrgang 1881, S. 244.

1414 Meyer, S. 427.

1891.[1415] Danach waren zukünftig die *„Höhere Verwaltungsbehörde"* grundsätzlich die Landratsämter. Außer, wenn diese bereits beteiligt waren, ging die Zuständigkeit über auf die Ministerialabteilung zu Coburg oder die Ministerialabteilung für innere Verwaltung zu Gotha. Die *„Untere Zentralbehörde"* war im Falle einer Entscheidung des Landratsamtes die Ministerialabteilung zu Coburg oder die Ministerialabteilung für innere Verwaltung zu Gotha. Wenn diese bereits die Ausgangsentscheidung getroffen hatten, entschied der Staatsminister.

Als *„Staatsbehörde"* wurde wie bisher bei den Landgemeinden das Landratsamt und bei den Städten der Stadtrat bzw. die *„Magistrate"* bezeichnet.[1416]

Mittels der Ausführungsverordnung zum Reichsgesetz vom 1. Juni 1891 wurden alle Aufgaben, die die Gewerbeordnung, den Ortspolizeibehörden, den Polizeibehörden, den Gemeindebehörden und den unteren Verwaltungsbehörden zugewiesen hatte, auf die Gemeindevorstände, mithin den Stadträten oder Magistra-

---

1415 Die Verordnung zur Ausführung des Reichsgesetzes vom 1. Mai 1889, betreffend die Erwerbs- und Wirtschaftsgenossenschaften – Reichsgesetzblatt von 1889, Nr. 11, S. 55 –, vom 18. September 1889. GS.S-G Jahrgang 1889, Nr. 19, S. 71 und die Verordnung, betreffend die §§ 1 und 22 der Verordnung vom 28. Juni 1882 – Nr. 446 der Gemeinschaftlichen Gesetzsammlung für die Herzogthümer Coburg und Gotha – zur Ausführung des Reichsgesetzes vom 18. Juli 1881, Nr. 19, wegen Abänderung der Gewerbeordnung, vom 29. September 1889. GS.S-G Jahrgang 1889, Nr. 20, S. 73-75.

1416 § 1 VerO v. 29. September 1889:
„An deren Stelle treten folgende Bestimmungen:
Zuständig als „Höhere Verwaltungsbehörden" sind
für die Genehmigung der Statuten bezw. Nebenstatuten von Innungen, gemeinsamen Inunngsausschüssen und Innungsverbänden, sowie für die Genehmigung der Abänderung solcher Statuten und für die Schließung von Innungen, gemeinsamen Innungsausschüssen und Innungsverbänden (§ 89b und c, §§ 102, 103, 104c lit.a, 104g Absatz 2 des Reichsgesetzes vom 18. Juli 1881) die landräthlichen Behörden der Herzogthümer Coburg und Gotha, für die Fälle jedoch, in welchen mehrere landräthliche Behörden betheiligt sind, die Ministerialabtheilung zu Coburg, bezw. die Ministerialabtheilung für innere Verwaltung zu Gotha.
Bei der Versagung der nachgesuchten Genehmigung von Innungsstatuten und von Abänderungen derselben, ferner bei der Verfügung der Schließung von Innungen und Innungsausschüssen (§§ 98b, 103 des Reichsgesetzes vom 18. Juli 1881) erfolgt die Entscheidung in erster Instanz durch eine collegiale Behörde nach Mehrheitsbeschluß (...).

Zuständig als „Höhere Verwaltungsbehörden"
für die Ertheilung von erweiterten Befugnissen an Innungen (§ 100e und 100f des erwähnten Gesetzes) sind die Ministerialabtheilung zu Coburg bezw. die Ministerialabtheilung für innere Verwaltung zu Gotha.

Unter Centralbehörde ist zu verstehen:
im Sinne der §§ 98, 104, 104c des erwähnten Gesetzes die Ministerialabtheilung zu Coburg bezw. die Ministerialabtheilung für innere Verwaltung zu Gotha;
im Sinne der §§ 98c, 102 des erwähnten Gesetzes die unter IIa genannten Behörden bezw. der Staatminister, je nachdem die angefochtene Entscheidung von einer landräthlichen Behörde oder von einer Ministerialabtheilung ergangen ist (...)."

ten, übertragen.[1417] Als die höhere Verwaltungsbehörde fungierte jetzt eine Bezirksverwaltungsbehörde. Die bisherige Landeszentralbehörde wurde das Herzogliche Staatsministerium in Gotha.[1418]

X. Handelsbeschränkungen durch die Gewerbeordnung

Neben der Gewerbefreiheit führte die Reichseinheit auch zu einem immer größer werdenden Handelsgebiet. Noch nie in der Geschichte des Deutschen Reiches konnten Waren ohne Grenzkontrollen über solche langen Distanzen transportiert werden. Dies brachte jedoch auch aus hygienischen Erwägungen Probleme mit sich und es wurden deshalb Abänderungen der Gewerbeordnung nötig. Umgesetzt wurde dies zum Beispiel per Verordnung, den Geschäftsbetrieb der im § 35 Abs. 2 und 3 der Reichsgewerbeordnung (Reichsgesetzblatt vom Jahre 1883, Seite 177) aufgeführten Gewerbetreibenden betreffend, vom 25. November 1885.[1419] Hiervon betroffen war hauptsächlich der Trödelhandel, der unter § 35 ff. der Reichsgewerbeordnung geregelt war. Gemäß § 1 der Verordnung, den Geschäftsbetrieb der im § 35 Abs. 2 und 3 der Reichsgewerbeordnung aufgeführten Gewerbetreibenden betreffend (Trödelhandel-VerO) war unter Trödelhandel, der Handel mit gebrauchten Kleidern, gebrauchten Betten oder gebrauchter Wäsche sowie der Kleinhandel mit Metallen zu verstehen. Derjenige Händler musste ein Buch über seine Ein- und Verkäufe führen. Ein reichseinheitlicher Vordruck war der Verordnung als Anlage beigefügt. Die Vorgaben darin waren sehr detailliert. So musste der Händler bei allen Eintragungen Namen, Stand und Wohnort desjenigen angeben, mit dem er ein Einkaufs- oder

1417 Ausführungsverordnung zum Reichsgesetz vom 1. Juni 1891, betreffend Abänderung der Gewerbeordnung, vom 18. März 1892 – Nr. 551 der gemeinschaftlichen Gesetzsammlung für die Herzogthümer Coburg und Gotha – betreffend. GS.S-G Jahrgang 1892 Nr. 5, S. 29-31.

1418 § 1 Ausführungsverordnung zum Reichsgesetz vom 1. Juni 1891:
„Die den Ortspolizeibehörden in den §§ 105c Abs. 2, 114, 138, 139b den Polizeibehörden in den §§ 108, 109, 120d Abs. 1, 130, 139b Art. 6, Ziffer 6, den Gemeindebehörden in §§ 107, 108, 113, 116, 120, 129 und den unteren Verwaltungsbehörden in den §§ 55a Abs. 2, 105c Abs. 4, 105f, 115a, 134e Abs. 1, 134f, 134g, 138a Abs. 1, 3, 4, 139 Abs. 1überwiesenen Obliegenheiten sind von den Gemeindevorständen (Stadträthen, Magistraten) Wahrzunehmen.
Zuständig als höhere Verwaltungsbehörden im Sinne der §§ 105e Abs. 1, 120 Abs. 3, 120d Abs. 4, 134f, 138a Abs. 2, 139, 142, 154 Abs. 2 sind die Bezirksverwaltungsbehörden (Landrathsämter und Stadträthr und Magistrate der dem Staatsministerium unmittelbar unterstellten Städte).
Unter Landes-Cenralbehörde im Sinne der §§ 105h, 120 Abs.1, 120 d 4, 120e 2, 138 Abs. 2, 139b Abs. 5, 142 Abs. 2 art. 9 Abs. 5 ist das Herzogliche Staatsministerium zu Gotha zu verstehen (...).“

1419 Verordnung, den Geschäftsbetrieb der im § 35 Abs. 2 und 3 der Reichsgewerbeordnung (Reichsgesetzblatt vom Jahre 1883, Seite 177) aufgeführten Gewerbetreibenden betreffend, vom 25. November 1885 – Nr. 479 der gemeinschaftlichen Gesetzsammlung für die Herzogthümer Coburg und Gotha – betreffend. Vom 25. November 1885. GS.S-G Jahrgang 1885, Nr. 8, S. 65-73.

Verkaufsgeschäft abgeschlossen hatte.[1420] Es war sogar vorgeschrieben, dass der Händler die Eintragungen mit Tinte vornehmen musste sowie alle Seiten seines Buches sich von der Bezirks-Verwaltungsbehörde unter Beglaubigung der Seitenzahlen abstempeln lassen musste.

Ähnliche Vorschriften galten auch für Gesindevermieter und Stellenvermittler.[1421]

XI. Das Handelsgewerbe in der Gewerbeordnung

Die ursprüngliche gothaische Gewerbeordnung vom 21. März 1863 als auch die Reichsgewerbeordnung wurde durch verschiedene Gesetze mehrfach abgeändert. Besonders betrafen die Abänderungen den Handel. So wurde mittels des Reichsgesetzes vom 1. Juni 1891 nebst Ausführungsverordnung zum Reichsgesetz vom 1. Juni 1891, betreffend Abänderung der Gewerbeordnung, vom 18. März 1892 dem Handelsgewerbe eingeräumt, bis zu 10 Arbeitsstunden pro Tag zu arbeiten. Die Zulassung dazu konnte gemäß § 105b Abs. 2 Satz 3 GewO die Bezirksverwaltungsbehörde erteilen. Des Weiteren konnte gemäß § 3 der Ausführungsverordnung zum Reichsgesetz vom 1. Juni 1891 im Handelsgewerbe Gehilfen, Lehrlinge und Arbeiter an Sonntagen im Sommerhalbjahr auch von 6 bis 9 Uhr und von 11 bis 13 Uhr sowie im Winterhalbjahr von 7 bis 10 Uhr und von 12 bis 14 Uhr beschäftigt werden.[1422] Mittels der Ausführungsverordnung zum Reichsgesetz vom 1. Juni 1891 wurde auch abschließend aufgeführt, wel-

---

1420 § 3 Trödelhandel-VerO:
„Bei allen Eintragungen sind Namen, Stand und Wohnort, auf Anordnung der Bezirks-Verwaltungsbehörde auch die Wohnung desjenigen, mit welchem der Trödler das betreffende Einkaufs- oder Verkaufsgeschäft abgeschlossen hat genau anzugeben.
Ueber die Richtigkeit der gemachten Angaben hat sich der Trödler in glaubhafter Weise zu vergewissern.
Mit minderjährigen Personen darf sich der Trödler ohne ausdrückliche Genehmigung der Eltern oder Vormünder in Geschäfte nicht einlassen.
Der Abschluß von Geschäften mit unbekannten Personen, sofern sich solche nicht durch obrigkeitliche Legitimationspapiere oder durch Bürgschaft anderer bekannter und zuverlässiger Personen ausweisen können, ist dem Trödler untersagt.“

1421 § 11 Trödelhandel-VerO:
„Wer das Gewerbe eines Gesindevermiethers oder eines Stellvermittlers betreibt, ist verpflichtet, ein nach dem beigrfügten Schema B eingerichtetes Buch über die einen Dienst oder eine Stellung Suchenden und ein nach dem beigefügten Schema C eingerichtetes Buch über die Gesinde, Arbeiter oder sonstige Bedienstete suchenden Personen zu führen. Für männliche und weibliche Dienst- und Stellungsucher können getrennte Bücher geführt werden. Auf Anlegung, Beglaubigung, Führung und Abschluß der Bücher finden die Bestimmungen unter Nr. 1, 4 und 7 sinngemäß Anwendung.“

1422 Als Sommerhalbjahr galt der 1. April bis 30. September und als Winterhalbjahr der 1. Oktober bis 31. März.

che Gewerbe zum Handelsgewerbe nach der mehrmaligen Reform der Reichsgewerbeordnung überhaupt zählten.[1423] Dies war zunächst der Warenhandel im stehenden Betrieb. Darunter zählten der Handel mit Tieren, mit landwirtschaftlichen Produkten, mit Brennmaterialien, mit Baumaterialien, mit Metallen und Metallwaren, mit Kolonial-, Ess- und Trinkwaren, mit Wein, mit Tabak und Zigarren, mit Leder, Wolle und Baumwolle, mit Manufaktur-Schnittwaren, mit Kurz- und Galanteriewaren sowie mit diversen anderen Waren. Als Sonderform des Handelsgewerbes wurde der Trödelhandel gesehen. Weitere eigenständige Zweige des Handelsgewerbes waren der Geld- und Kredithandel sowie die Spedition und die Kommission.[1424] Auch zu den Handelsgewerben zählten der Buch-, Kunst- und Musikalienhandel als auch die Zeitungsverlage und Zeitungsspeditionen. Unter diese Rubrik der Handelsgewerbe fielen auch die Leihbibliotheken. Ebenfalls zu den Handelsgewerben wurde die Handelsvermittlung, namentlich die Makler und Agenten, gezählt. Zu den Hilfsgewerben des Handels zählten Packer, Träger, Taxatoren und Markthelfer. Des Weiteren wurde die Versteigerung, die Verleihung sowie die Engagements- und Annoncenvermittlung als Handelsgewerbe verstanden. Hierunter fielen alle Formen des Auktionsgeschäfts, die Pfandleihanstalten, das Verleihungsgeschäft einschließlich der Maschinen-Lohndrescherei, die Aufbewahrungsanstalten, die Stellenvermittlung sowie die Inseratenvermittlung und die Auskunftsbüros.[1425]

XII. Errichtung einer Handelskammer für das Herzogtum Gotha

Die Handelskammer für das Herzogtum Gotha wurde am 13. Juli 1896 gegründet. Gesetzliche Grundlage war das *„Gesetz, betreffend die Errichtung einer Handelskammer für das Herzogtum Gotha“* (HandelskammerG).[1426] Das Gesetz trug auch den Beinamen Handwerkerschutzgesetz, was bereits den Inhalt umfassend charakterisierte.[1427] Hinzu kam 1897 eine *„Verordnung, betreffend die*

1423 Ausführungsverordnung zum Reichsgesetz vom 1. Juni 1891, betreffend Abänderung der Gewerbeordnung, vom 18. März 1892 – Nr. 551 der gemeinschaftlichen Gesetzsammlung für die Herzogthümer Coburg und Gotha – betreffend. GS.S-G Jahrgang 1892 Nr. 5, S. 29-31.

1424 Gebhardt, S. 348.

1425 § 3 mit Beilage zur Ausführungsverordnung zum Reichsgesetz vom 1. Juni 1891.

1426 Gesetz, betreffend die Errichtung einer Handelskammer für das Herzogthum Gotha, vom 13. Juli 1896 – Nr. 13 der Gesetzsammlung für die Herzogthum Coburg. Vom 23. Juli 1896. GS.S-G Jahrgang 1896, Nr. 13 S. 55-57.

1427 Rothe, S. 4.

Wahlen zur Handelskammer für das Herzogtum Gotha, vom 30. März 1897" (Handelskammer-VerO).[1428]

Aufgabe der Handelskammer Gotha war die *„Wahrnehmung der Gesamtinteressen der Handels- und Gewerbetreibenden"* des Landes. Ihr wurden mit der Gründung die Rechte einer juristischen Person verliehen. Wem die Vertretung der Handelskammer zustand, sollte ein noch zu erlassendes Statut festlegen.[1429] Dem Gothaischen Staatsministerium stand die Aufsicht über die Handelskammer zu und es musste das Statut der Kammer genehmigen. Ebenso war für jede Änderung des Statutes die Genehmigung des Staatsministeriums erforderlich.[1430] Die Aufgabe der Handelskammer war gemäß § 2 HandelskammerG, die Behörden bei der Förderung des Handels und des Gewerbes durch tatsächliche Mitteilungen, Anträge und Gutachten zu unterstützen. Des Weiteren sollte sich die Handelskammer zu geplanten Gesetzen und Maßregeln der Verwaltung gutachterlich äußern.[1431]

Die Handelskammer war weiterhin dazu verpflichtet, die Verwaltungsaufgaben zu erfüllen, welche ihr durch Gesetz übertragen werden sollten. Zur Erfüllung dieser Aufgaben sowie zur Förderung von Handel und Gewerbe war die Kammer befugt, Anstalten, Anlagen und sonstige Einrichtungen zu begründen, zu unterhalten und zu unterstützen. Davon umfasst waren auch Lehreinrichtungen zur technischen, geschäftlichen und sittlichen Ausbildung der im Handel und Gewerbe beschäftigten Gehilfen und Lehrlinge.[1432]

Die Gothaer Handelskammer bestand aus 16 Mitgliedern.[1433] Zur Wahl berechtigt, aber zur Leistung des Kammerbeitrages verpflichtet, waren diejenigen Kaufleute, Gewerbetreibenden und Gesellschaften, die Inhaber einer Firma waren, die im Handels- oder Genossenschaftsregister des Herzogtums Gotha eingetragen und von den Steuerbehörden über Jahreseinkommen von mindestens 3.000 M veranlagt wurden.[1434]

1428 Verordnung, betreffend die Wahlen zur Handelskammer für das Herzogthum Gotha, vom 30. März 1897 – Nr. 2 der Gesetzsammlung für die Herzogthum Coburg. Vom 3. April 1897. GS.S-G Jahrgang 1897 Nr. 2, S. 7-10.

1429 Wendtland, S. 228.

1430 §§ 1, 6 HandelskammerG.

1431 Sowade, Wegbereiter des Wiederaufstiegs, S. 459.

1432 § 2 HandelskammerG.

1433 Die Zahl konnte durch das Statut gemäß § 6 HandelskammerG erhöht werden.

1434 §§ 3 HandelskammerG, § 2 Handelskammer-VerO. Maßgebend war, dass der Gewerbetreibende entweder bei der Staatssteuer auf ein Einkommen von 3.000 M veranlagt wurde, oder wenn eine solche Veranlagung zur Staatssteuer gesetzlich nicht erfolgte, bei der Gemeindesteuer auf ein Einkommen von 3.000 M veranlagt wurde.

Aus den daraus zu erzielenden Einnahmen hatte die Handelskammer ihre Errichtung und Unterhaltung selbst zu finanzieren. Die staatlichen Finanzbehörden und die Gemeindebehörden hatten die Ergebnisse der Veranlagung zur Einkommenssteuer der Handelskammer kostenfrei zu überlassen. Die Handelskammerbeiträge galten auch in Gotha als öffentliche Lasten und konnten daher wie Gemeindeabgaben beigetrieben werden.

Für den Handelskammerbeitrag galt der Höchstsatz von 10 %, der für das betreffende Jahr auf die beitragspflichtigen Personen oder Gesellschaften veranlagte anrechnungsfähige Staats- oder Gemeindeeinkommenssteuer.[1435] Gegen Entscheidungen der Handelskammer Gotha war gemäß § 5 HandelskammerG die Beschwerde zum Staatsministerium statthaft.

Die 16 Mitglieder der Handelskammer Gotha setzten sich aus acht Vertretern des Handels und Gewerbes der Amtsgerichtsbezirke Gotha und Tonna und jeweils zwei

- aus dem Amtsgerichtsbezirk Zella,
- aus dem Amtsgerichtsbezirk Thal,
- aus den Amtsgerichtsbezirken Ohrdruf und Liebenstein und
- aus den Amtsgerichtsbezirken Tenneberg, Wangenheim und Friedrichswert

zusammen.[1436]

Die Wahlstimme einer juristischen Person durfte gemäß § 3 Handelskammer-VerO nur durch einen im Handels- oder Genossenschaftsregister eingetragenen Vorstandsmitglied, Beamten oder durch einen eingetragenen, persönlich haftenden Gesellschafter ausgeübt werden.[1437] Jede wahlberechtigte Person, auch wenn sie mehrere Gewerbeunternehmen hatte oder ihr Gewerbeunternehmen in mehreren Wahlbezirken vertreten war, durfte nur eine Wahlstimme abgegeben.[1438]

Wählbar in die Handelskammer war gemäß § 5 Handelskammer-VerO jeder Handels- und Gewerbetreibende, die zur Vertretung einer Gesellschaft berech-

1435 § 4 HandelskammerG.

1436 Wendtland, S. 225; § 1 Handelskammer-VerO.

1437 Bei Frauen oder einer unter Vormundschaft stehenden Person, durfte die Stimme nur durch den im Handelsregister eingetragenen Prokuristen abgegeben werden.

1438 § 4 Handelskammer-VerO:
„Wer nach vorstehenden Bestimmungen (§§ 2 und 3) mehrfach stimmberechtigt ist, darf gleichwohl nur eine Wahlstimme abgeben und hat sich, wenn er gleichzeitig in mehreren Wahlbezirken (§ 8) stimmberechtigt ist, vor Ablauf der zu Einwendungen gegen die Wählerliste bestimmten Frist (§ 8) zu erklären, in welchem Wahlbezirk er sein Stimmrecht ausüben will.“

tigten Personen, die im Handelsregister eingetragenen Vorstandsmitglieder sowie die persönlich haftenden Gesellschafter oder Prokuristen. Diese mussten mindestens 30 Jahre alt sein und die Bürgerrechte besitzen.[1439]

Gemäß § 6 Handelskammer-VerO konnten mehrere Gesellschafter oder Vorstandsmitglieder einer Gesellschaft nicht gleichzeitig Mitglied der Handelskammer sein. Nicht wählbar waren diejenigen, über deren Vermögen ein Konkursverfahren anhängig war oder die ihr bürgerliches Ehrenrechte verloren hatten.

Der Ablauf der Handelskammerwahl war genau bestimmt. Gemäß § 8 Handelskammer-VerO war eine Liste der Wahlberechtigten nach den jeweiligen Amtsgerichtsbezirken zu erstellen und diese für die Beteiligten zur Einsicht auszulegen. Einwendungen gegen diese Wahllisten konnten direkt beim Staatsministerium erhoben werden.[1440] In gleicher Weise wurden durch das Staatsministerium Wahlvorsteher für die jeweiligen Amtsbezirke bestimmt. Der Wahlvorsteher leitete die Wahlversammlung und hatte die Ort und die Zeit der Wahl sowie den Wahlvorstand zu bestimmen. Dieser wurde gebildet aus zwei Wahlberechtigten des jeweiligen Bezirks. Der Wahlvorstand führte über die Wahl ein Protokoll und gab das Ergebnis bekannt. Das Protokoll und die Stimmzettel wurden an das Herzogliche Staatsministerium gesandt. Dieses prüfte die Wahlen, entschied über Einsprüche und Bedenken gegen die Gültigkeit der Wahlen und konnte Neuwahlen ansetzen. Die Wahl selbst erfolgte gemäß § 11 Handelskammer-VerO nach relativer Mehrheit. Bei Stimmengleichheit musste noch im Wahltermin durch Los entschieden werden.[1441]

1439 Haupt, S. 53.

1440 § 8 Handelskammer-VerO:
„Für jeden Wahlbezirk ist eine Liste der Wahlberechtigten aufgestellt, welche vom 13. bis einschließlich 26. April dieses Jahres
für die Amtsgerichtsbezirke Gotha und Tonna
im Geschäftslocal des Stadtraths zu Gotha,
für den Amtsgerichtsbezirk Zella
in der Gerichtsschreiberei des Amtsgerichts daselbst,
für den Bezirk des Amtsgerichts Thal
im Rathhaus zu Ruhla,
für den Bezirk der Amtsgerichte Ohrdruf und Liebenstein
im Geschäftslocal des Landrathsamts zu Ohrdruf,
für den Bezirk der Amtsgerichte Tenneberg und Wangenheim
im Geschäftslocal des Landrathsamts Waltershausen
zur Einsicht für die Betheiligten während der üblichen Geschäftsstunden ausliegt.
Einwendungen gegen die Liste sind direct beim Staatsministerium anzubringen, welches darüber Entscheidung trifft.“

1441 Wendtland, S. 228; § 12 Handelskammer-VerO:
„Lehnt einer der Gewählten ab, so ordnet der Wahlvorsteher alsbald eine Ergänzungswahl für ihn an, für welche die gleichen Vorschriften wie für die Hauptwahl gelten.“

Das Herzogliche Staatsministerium rief die Gewählten zur Bildung der Handelskammer zusammen.[1442] Die Handelskammer sollte nach dem Handelskammer-Gesetz die Gesamtinteressen der Handels- und Gewerbetreibenden wahrnehmen.[1443] Weiterhin war grundsätzlich jeder Gewerbetreibende ab einem zu versteuernden Einkommen von jährlich 3.000 M wahlberechtigt. Unabhängig davon, ob er Handwerker, Industrieller oder Händler war. Zur Kostentragung der Handelskammer wurden auch die Handwerker herangezogen. Der Gesetzgeber selbst gab in § 5 Handelskammer-VerO jedoch die *„Empfehlung"* aus, hauptsächlich Vertreter der Industrie- und Handelszweige als Vertreter in die Gremien der Handelskammer zu wählen. Damit war offensichtlich, dass die Handelskammer bereits mit ihrer Gründung vorrangig ein Organ der Industrie sein sollte. Die Handwerker wurden bewusst aus der zukünftigen Handelskammer heraus gedrängt. Dies zeigt auch der Umstand, dass erst Gewerbetreibende mit einem jährlichen Einkommen von 3.000 M an der Wahl zur Handelskammer teilnehmen durften.[1444] Mit dieser Einkommensschwelle wurde der Handwerkerschaft die aktive Teilnahme an der Handelskammer verwehrt. Die Mehrheit der Händler und Industriellen verfügten über ein solches Einkommen, aber nicht die Mehrheit der Handwerker. Lediglich nach außen wurde versucht die Einigkeit zu wahren. In Wirklichkeit wurde mit dem Handelskammer-Gesetz die bisher bestehende Einigkeit von Handwerk, Handel und Industrie aufgegeben.

XIII. Zur Trennung des Handwerks von Industrie und Handel

Diese Tendenz der weiteren Trennung von Industrie und Handel auf der einen Seite und dem Handwerk auf der anderen Seite setzte sich durch das Reichsgesetz, betreffend die Abänderung der Gewerbeordnung vom 26. Juli 1897 (GewO 1897) fort.[1445] Die Umsetzung für das Herzogtum Gotha erfolgte durch Verordnung zur Ausführung des Reichsgesetzes, betreffend die Abänderung der Gewerbeordnung vom 23. Juni 1899 (GewO-VerO v. 23. Juni 1899) und durch eine Ministerialbekanntmachung vom 23. Juni 1899 zur Ausführung des Gesetzes betreffend die Abänderung der Gewerbeordnung vom 26. Juli 1897.[1446]

1442 § 14 Handelskammer-VerO:
„Die Mitglieder der Handelskammer sollten alle vier Jahre neu gewählt werden. Jeweils nach einem Jahr schied ein Viertel der Mitglieder der Handelskammer aus."

1443 Schulze, Unternehmerische Selbstverwaltung, S. 14.

1444 Wendtland, S. 226.

1445 Gesetz, betreffend die Abänderung der Gewerbeordnung. Vom 26. Juli 1897. Reichs-Gesetzblatt Jahrgang 1897 Nr. 37, S. 663-706.

1446 Verordnung zur Ausführung des Reichsgesetzes, betreffend die Abänderung der Gewerbeordnung vom 26. Juli 1897, vom 23. Juni 1899. GS.S-G Jahrgang 1899, Nr. 12, S. 29-43.

1. Zuständigkeiten

Für die Umsetzung der Reformen hatte sich Gotha fast zwei Jahre Zeit gelassen. Allein dies zeigt die Bedenken und Unzufriedenheit mit den Vorgaben aus Berlin. Aufgrund des neuen Reichsgesetzes erfolgte bei den Innungen die Unterscheidung zwischen freien Innungen und Zwangsinnungen. Diese neue Einteilung spiegelte sich auch in der Gewerbeverwaltung wider. Auch sah die neue Gewerbeordnung bereits eine Handwerkskammer vor, die es im Herzogtum Gotha noch überhaupt nicht gab.[1447] Wiederum trafen die Reformen zunächst die Zuständigkeiten. Für einzelne Normen der Gewerbeordnung war als *„Landeszentralbehörde"* die Ministerial-Abteilung zu Coburg und die Ministerial-Abteilung Departement für innere Verwaltung zu Gotha zu verstehen. Andere Normen hingegen sahen die Zuständigkeit beim Staatsminister.[1448]

Weiterhin wurde wieder zwischen der *„Höheren Verwaltungsbehörde"* und der *„Unteren Verwaltungsbehörde"* unterschieden. Zuständig als höhere Verwaltungsbehörde waren zumeist die Landrätlichen Behörden.[1449]

Untere Verwaltungsbehörde und damit zugleich Aufsichtsbehörde für die Innungen und Innungsausschüsse war in den Städten der Stadtrat bzw. Magistrat und in den Gemeinden der Gemeindevorstand.[1450] Da die untere Verwaltungsbe-

---

1447 Zuständig als höhere Verwaltungsbehörde war für die Angelegenheiten der Handwerkskammer im Falle des § 126a Abs. 4 GewO die Ministerial-Abteilung zu Coburg und die Ministerial-Abteilung, Departement für innere Verwaltung, zu Gotha.

1448 § 1 GewO.-VerO v.23. Juni 1899:
„Unter „Landes-Zentralbehörde" ist zu verstehen:
im Sinne der §§ 82, 85, 100b , 100d, 100i, 100k, 100l, 100m, 100s, 100t, 101, 104b Abs. 1 sub b, 128, 129, 132a, 133 Abs. 7 sowie des Art. 7 Abs. 4 die Ministerial-Abtheilung zu Coburg und die Ministerial-Abtheilung, Departement für innere Verwaltung, zu Gotha;
im Sinne der §§ 103, 103a, 103g, 103i, 103l, 103m, 103n, 103o, 103q, 131b und 133 Abs. 4 der Staatsminister."

1449 § 2 GewO.-VerO v.23. Juni 1899:
„Zuständig als „höhere Verwaltungsbehörde" ist:
für die Angelegenheiten
der freien Innungen (§§ 81, 84, 85, 89, 97, 98a);
der Zwangsinnungen (§§ 100, 100a, 100b, 100d, 100f, 100h, 100k, 100l, 100m, 100p, 100t, 100u);
der Innungsausschüsse (§§ 101, 102);
der Innungsverbände (§§ 104b Abs. 1 sub a, 104c, 104d, 104f, 104f, 104h, 104k);
des Lehrlingswesens (§§ 129, 130a, 131b) und
der Meisterprüfung (§ 133 Abs. 2)
die landräthliche Behörde des Herzogthums Coburg oder Gotha, in deren Bezirk die Innung, der Innungsausschuss oder der Vorstand des Innungsverbandes ihren Sitz haben, die Handwerksbetriebe sich befinden oder die Prüfungsausschüsse und Prüfungscommissionen gebildet werden (...)."

1450 § 3 GewO.-VerO v.23. Juni 1899:

hörde zumeist aus einem Kollegium gebildet wurde, hatte sie als Aufsichtsbörde über die Innungen einen Kommissar zu bestellen.[1451] Örtlich zuständig war diejenige untere Verwaltungsbehörde, in deren Bezirk die Innung ihren Sitz hat. Die Aufsichtsbehörde überwachte gemäß § 96 GewO 1897 die Befolgung der gesetzlichen und statutarischen Vorschriften. Um dies wirksam durchsetzen zu können, war es ihr durch das Reichsgesetz vom 26. Juli 1897 erlaubt, mittels Androhung, Festsetzung und Vollstreckung von Ordnungsstrafen gegen Inhaber der Innungsämter vorzugehen. Ebenso konnte die Aufsichtsbehörde gegen Innungsmitglieder und gegen Gesellen Maßnahmen erzwingen.

Sollten auch diese bereits sehr weitreichenden Maßnahmen nicht ausreichend sein, war die Aufsichtsbehörde befugt, einen Vertreter für die Innung zu bestellen, der ihre Ansprüche durchsetzte. Dieser war auch zur gerichtlichen Verfolgung der Angelegenheit ermächtigt.[1452]

Weiterhin konnte die Aufsichtsbehörde bei Streitigkeiten über die Annahme und Ausschließung von Mitgliedern, über die Wahlen zu den Innungsämtern und über die Rechte und Pflichten der Inhaber der Ämter entscheiden. Dazu hatte sie auch das Recht, die Innungsversammlung einzuberufen. Bei geplanten Änderungen des Innungsstatutes oder den Nebenstatuten sowie der Auflösung der Innung konnte die Innungsversammlung nur eine Entscheidung im Beisein eines Vertreters der Aufsichtsbehörde treffen. Damit war eine möglichst umfassende Kontrolle der Innungen sowie ihrer Einrichtungen gegeben.

Das Reichsgesetz vom 26. Juli 1897 änderte in einer Vielzahl Normen der Gewerbeordnung, die erst 1881 eine Abänderung erfuhren hatten. Des Weiteren nahm die Regelungsfülle erheblich zu. Verordnungen, die gerade erst kürzlich eingeführt wurden, sollten jetzt keine Anwendung mehr finden.[1453] Das Gewer-

---

„Untere Verwaltungsbehörde" und damit zugleich „Aufsichtsbehörde" für die Innungen und Innungsausschüsse (§§ 84, 85, 89, 89a, 89b, 91, 92, 92a, 92b, 92c, 94, 94a, 94b, 94c, 95, 95a, 96, 97 Z.2, 98, 100d, 100h, 100o, 100s, 100t Abs. 4, 101, 103n, Art. 6Z. 3), „Gemeindebehörde" (§§ 85, 127c), „Polizeibehörde" (§§ 91b Abs. 5, 127d) und „Ortspolizeibehörde" (§§ 94c Abs. 2, 126b, 129b, 144a) ist in den Städten der Stadtrath bezw. Magistrat, in den Landgemeinden der Gemeindevorstand."

1451 § 4 GewO.-VerO v.23. Juni 1899:
„Ist zur Entscheidung in erster Instanz ein Landratsamt zuständig, so wird das entscheidende Collegium gebildet durch den Landrath, den Assessor und eine anderen Beamten der Behörde. In zweiter Instanz entscheidet auf eingelegten Rekurs die Ministerial-Abtheilung zu Coburg oder die Ministerial-Abtheilung, Departement für innere Verwaltung zu Gotha."

1452 § 96 GewO 1897.

1453 § 6 GewO.-VerO v. 23. Juni 1899:
„Die Verordnungen vom 28. Juni 1882, Nr. 446 der Gemeinschaftlichen Gesetz-Sammlung, soweit solche noch in Geltung ist, und vom 29. September 1889, Nr. 526 der Gemeinschaftlichen Gesetz-Sammlung, treten außer Kraft."

berecht nahm im ausgehenden 19. Jahrhundert mehr und mehr wieder einen Zustand ein, der an die Zunftzeiten erinnerte, wo keiner wusste, welche Norm eigentlich noch galt oder nicht. Zu dieser Rechtsunsicherheit trugen die wechselnden Zuständigkeiten erheblich bei.

2. Freie Innungen

Durch das GewO 1897 wurde der gesamte Titel VI. – Innungen, Innungsausschüsse, Handwerkskammern, Innungsverbände – der Reichsgewerbeordnung abgeändert. Das Reichsgesetz vom 26. Juli 1897 sah weiterhin vorrangig die Bildung von freien Innungen vor.[1454] Wie seit dem GewO 1881 war es den Gewerbetreibenden auch weiterhin möglich, sich gemäß § 81 GewO 1897 freiwillig zu Innungen zusammenzuschließen. Neben den hofrechtlichen Innungen aus dem 12. Und 13. Jahrhundert, bestanden ebenfalls freiwillige Zusammenschlüsse der Handwerker und Gewerbetreibenden.[1455] An diese freien Zünfte knüpfte die jetzige Bildung von freien Innungen an.

Diejenigen Gewerbetreibenden, die sich zu einer freien Innung zusammenschließen wollten, hatten einen Entwurf des Statuts in drei Exemplaren der Aufsichtsbehörde einzureichen. Für die Übergangszeit bis zur Konstituierung waren Bevollmächtigte zu benennen, die zur Vertretung der Innung befugt sein sollten. Die Aufsichtsbehörde übersandte diese Vorlage der höheren Verwaltungsbehörde und dabei mitzuteilen, ob in dem Innungsbezirk für diejenigen Gewerbe, die die Innung umfassen soll, bereits eine freie oder Zwangsinnung bestand.[1456] Weiterhin erteilte die Aufsichtsbehörde darüber Auskunft, wenn eine solche Innung bestand, ob für den Fall der Errichtung der neuen Innung beiden Innungen die Erfüllung der ihnen obliegenden Aufgaben möglich sein würde.[1457]

Die Aufgaben der Innungen war gemäß § 81a GewO 1897:

> 1. *„die Pflege des Gemeingeistes sowie die Aufrechterhaltung und Stärkung der Standesehre unter den Innungsmitgliedern,*

1454 Gebhardt, S. 351.

1455 Stieda, Zunftwesen, S. 49 u. 74; Eberstadt, S. 138.

1456 Gebhardt, S. 351.

1457 Ministerialbekanntmachung vom 23. Juni 1899 zur Ausführung des Gesetzes, betreffend die Abänderung der Gewerbeordnung vom 26. Juli 1897 (Ministerialbekanntmachung vom 23. Juni 1899). GS.S-G Jahrgang 1899 Nr. 12, S. 32-43.

2. *die Förderung eines gedeihlichen Verhältnisses zwischen Meistern und Gesellen (Gehülfen) sowie die Fürsorge für das Herbergswesen und den Arbeitsnachweis;*
3. *die nähere Regelung des Lehrlingswesens und die Fürsorge für die technische, gewerbliche und sittliche Ausbildung der Lehrlinge, vorbehaltlich der Bestimmungen der §§ 103e, 126 bis 132a;*
4. *die Entscheidung von Streitigkeiten der im § 3 des Gewerbegerichtsgesetzes vom 29. Juli 1890 (Reichs-Gesetzbl. S. 141) und im § 53a des Krankenversicherungsgesetzes (Reichs-Gesetzbl. 1892 S. 379) bezeichneten Art zwischen den Innungsmitgliedern und ihren Lehrlingen."*

Weiterhin waren die Innungen befugt, Schulen zur gewerblichen, technischen und sittlichen Ausbildung der Meister, Gesellen und Lehrlinge zu errichten und zu leiten. Dazu zählten auch die Abnahme der Gesellen- und Meisterprüfungen und die Ausstellung von den dazugehörigen Zeugnissen.[1458]

Um die soziale Verelendung breiter Arbeiterschichten aufzuhalten, sollten die Innungen wieder Unterstützungskassen errichten, die die Innungsmitglieder und deren Angehörigen, den Gesellen, den Lehrlingen aber auch den Arbeitern in den Fällen der Krankheit, der Arbeitsunfähigkeit oder sonstiger Bedürftigkeit Leistung gewährten. Dies war bereits Regelungsgegenstand des Gesetzes vom 18. Juli 1881. Die immer weitere Wiederholung zeigt, dass deren bisherige Umsetzung nicht erfolgreich war.

Hinzu kam jetzt, dass auch die Innungen eigene Geschäftsbetriebe errichten durften. Dies kam den Genossenschaftsgedanken sehr nahe. Diese Geschäftsbetriebe sollten aber auf die Förderung der Gewerbebetriebe der Innungsmitglieder beschränkt sein.

Ein örtlicher Wirkungskreis war den Innungen gemäß § 82 GewO 1897 nicht mehr vorgegeben. Zwar sollte *„in der Regel"* der Innungsbezirk nicht über den Bezirk der höheren Verwaltungsbehörde hinausgehen. Maßgebend war hierbei der Bezirk, in welchem die Innung ihren Sitz hat.[1459] Jedoch war auch eine Ausdehnung des Innungsbezirks über das Gebiet eines oder mehrerer Bundesstaates möglich. Hierfür waren die Genehmigungen sämtlicher beteiligter Landeszentralbehörden erforderlich, in deren Einflussgebiet die zukünftige Innung liegen

1458 Schulze, Die Gewerbegesetzgebung, S. 44 f.
1459 Ministerialbekanntmachung vom 23. Juni 1899, S. 32.

sollte.[1460] Nach der Erteilung der Genehmigung, hatte die Behörde alleinig die Aufsicht, in deren Verwaltungsbezirk die Innung ihren Sitz hat.

Bei der Errichtung einer solchen Innung war dieser ein Name zu geben, welcher von anderen bestehenden Innungen unterschiedlich war. Dafür konnte die Innung auch wieder als Zunft, Gilde, Ämter usw. bezeichnet werden.[1461]

a. Statut

Zentrale Rechtsquelle der Innung sollte, wie vormals auch bei den Zünften, das eigene Statut sein. Dies regelte die Aufgaben der Innung und allgemein die Errichtung ihrer Verwaltung sowie die Rechtsverhältnisse der Mitglieder. Das Gesetz selber gab einen Katalog über den Mindestinhalt des Statutes vor.[1462] Darüber hinaus durfte das Statut keine Bestimmungen enthalten, die sich mit den in der Gewerbeordnung bezeichneten Aufgaben nicht deckten oder aber anderen gesetzlichen Vorschriften zuwiderliefen.

1460 Heréus, S. 29.

1461 § 82 GewO 1897

1462 § 83 GewO 1897:

„Dasselbe muß Bestimmung treffen über:

Namen, Sitz und Bezirk der Innung sowie die Gewerbszweige, für welche die Innung errichtet ist;

die Aufgaben der Innung sowie die dauernden Einrichtungen zur Erfüllung dieser Aufgaben, insbesondere hinsichtlich der Regelung des Lehrlingswesens;

Aufnahme, Austritt und Ausschließung der Mitglieder;

die Rechte und Pflichten der Mitglieder, insbesondere den Maßstab, nach welchem die Mitgliedsbeiträge erhoben werden;

die Bildung des Vorstandes, den Umfang seiner Befugnisse und die Formen seiner Geschäftsführung;

die Zusammensetzung und Berufung der Innungsversammlung, das Stimmrecht in derselben, die Art der Beschlußfassung und, sofern die Innungsversammlung aus Vertretern besteht (§ 92 Absatz 3), die Zahl und Wahl der Vertreter;

die Beurkundung der Beschlüsse der Innungsversammlung und des Vorstandes;

die Aufstellung und Prüfung der Jahresrechnung;

die Bildung und die Geschäftsführung des Gesellenausschusses;

die Ueberwachung der Beobachtung der für die Beschäftigung der Gesellen (Gehülfen), Lehrlinge und Arbeiter, den Besuch der Fortbildungs- oder Fachschule und die Regelung des Lehrlingswesens erlassenen Bestimmungen;

die Bildung des Organs und das Verfahren zur Entscheidung der im § 81a Ziffer 4 bezeichneten Streitigkeiten;

die Voraussetzungen und die Form der Verhängung von Ordnungsstrafen;

die Voraussetzungen und die Form einer Abänderung des Statuts und den Erlaß und die Abänderung der Nebenstatuten;

die Voraussetzungen und die Form der Auflösung der Innung;

die öffentlichen Blätter, in welchen die Bekanntmachungen der Innung zu erfolgen haben. (…).“

Das Innungsstatut selbst bedurfte der Genehmigung der höheren Verwaltungsbehörde. Dieser wurde das Statut durch die Aufsichtsbehörde vorgelegt. Die Genehmigung war durch die höhere Verwaltungsbehörde zu versagen

> *1. „wenn das Innungsstatut den gesetzlichen Anforderungen nicht entspricht;*
> *2. wenn die durch das Innungsstatut vorgesehene Begrenzung des Innungsbezirkes die nach § 82 Absatz 1 oder Absatz 2 erforderliche Genehmigung nicht erhalten hat.“*[1463]

Sollte in dem Innungsbezirk bereits eine Innung für das gleiche Gewerbe bestehen, war die Genehmigung einer weiteren (freien) Innung zu versagen. Ergaben sich bei der Genehmigung des Statuts weitere Bedenken, so sollte zunächst durch Verhandlung mit den Antragstellern diese behoben werden. Erst wenn dies auch zu keinem Erfolg führte, erließ die höhere Verwaltungsbehörde einen schriftlichen Bescheid, in welchem die Gründe für die Versagung anzugeben waren.[1464]

Bei Genehmigung des Statuts berief die Aufsichtsbehörde die Unterzeichner des Statuts zu einer Versammlung ein, in der die Innung gegründet wurde sowie die Innungsversammlung den Innungsvorstand sowie die übrigen Innungsämter wählte.

Wollte eine Innung eine Unterstützungskasse, ein Schiedsgericht oder einen gemeinsamen Geschäftsbetrieb gemäß § 81b Nr. 3-5 GewO 1897 gründen, so waren die dafür erforderlichen Bestimmungen in einem Nebenstatut zugrunde zu legen. Auch dieses Nebenstatut bedurfte der Genehmigung der höheren Verwaltungsbehörde. Nach der Ministerialverordnung prüfte diese, ob an dem Ort bereits eine Organisation bestand, die durch die beabsichtigte Genehmigung gefährdet wurde. In einem solchen Fall war dem Antrag der Innung nicht stattzugeben.[1465]

1463 § 84 GewO 1897.

1464 Ministerialbekanntmachung vom 23. Juni 1899, S. 32.

1465 Ministerialbekanntmachung vom 23. Juni 1899, S. 34. Der Entwurf der Nebenstatuten war in drei Exemplaren versehen mit einer Ausfertigung des Beschluß der Innungsversammlung der Aufsichtsbehörde einzureichen. Diese musste nach der Ministerialverordnung darauf zu achten, dass die etwa erforderliche Zuziehung des Gesellenausschusses erfolgte. Die Aufsichtsbehörde äußerte sich über die geplante Errichtung des Innungsbetriebes gutachterlich und legte den gesamten Vorgang der höheren Verwaltungsbehörde zur Entscheidung vor. Diese entschied über die Zulassung nach freiem Ermessen.

Über die Einnahmen und Ausgaben der Innung für diese Einrichtungen war getrennt Rechnung zu legen. Auch das durch die Unterstützungskassen gebildete Vermögen war von dem übrigen Innungsvermögen getrennt zu verwalten.

Die Innungen selbst konnten jetzt gemäß § 86 GewO 1897 unter ihrem Namen Rechte erwerben, auf eigene Rechnung handeln und auch als selbständige juristische Person klagen und verklagt werden. Für die Verbindlichkeiten der Innung haftete diese nur mit ihrem Vermögen und nicht mehr auch die Mitglieder mit ihrem Privatvermögen.

Als Innungsmitglieder konnten alle diejenigen aufgenommen werden, welche ein Gewerbe, für welches die Innung errichtet wurde, in dem Innungsbezirk selbständig betrieben. Weiterhin diejenigen, welche in einem dem Gewerbe angehörigen Betrieb als Werkmeister oder in ähnlicher Stellung tätig waren. In Erweiterung der bisherigen Mitgliedschaft, konnten jetzt auch ebenfalls gegen Entgelt beschäftigte Handwerker in landwirtschaftlichen oder gewerblichen Betrieben Innungsmitglied sein. Hinzu kam, dass auch diejenigen, die einmal in einem Gewerbe als selbständige Gewerbetreibende oder als Werksmeister oder in ähnlicher Stellung tätig gewesen sind, diese Tätigkeit aber aufgegeben haben, auch weiterhin Innungsmitglied bleiben konnten.[1466] Ziel war offensichtlich, den Innungen wieder mehr Mitglieder zu verschaffen als dies bisher in der Gewerbefreiheit der Fall war. Keinesfalls lag es aber im Interesse des Gesetzgebers, die Aufnahme in eine Innung an Prüfungen wie zu Zunftzeiten zu knüpfen.[1467] Die Innung sollte nicht wieder ein „exklusiver handwerklicher Club“ sein. Deshalb durfte eine Innung auch Gewerbetreibenden, welche die gesetzlichen und statutarischen Anforderungen erfüllten, die Aufnahme in die Innung nicht versagt werden. § 87 GewO 1897 verbot ausdrücklich, dass von der Erfüllung gesetzlicher und statutarischer Bedingungen zu Gunsten einzelner nicht abgesehen werden durfte. Es sollten mithin alle Gewerbetreibenden einer Gattung Aufnahme in eine Innung finden können. Hierbei stand das „kann“ noch im Vordergrund, da weiterhin das Freiheitsprinzip galt.

Dazu kam, dass auch andere Personen als Ehrenmitglieder aufgenommen werden konnten.

1466 § 87 GewO 1897.

1467 Die Aufnahme in eine Innung konnte von der Ableistung der Lehrlings- oder Gesellenzeit oder von der Ablegung einer Prüfung abhängig gemacht werden. Von der Ablegung einer Prüfung konnte die Aufnahme aber nur abhängig gemacht werden, wenn Art und Umfang derselben durch das Statut geregelt waren. Die Prüfung durfte nur den Nachweis der Befähigung zur selbständigen Ausführung der gewöhnlichen Arbeiten des Gewerbes bezwecken.

Bei den freien Innungen war es jedem Mitglied möglich, am Ende eines Rechnungsjahres gemäß § 87a GewO 1897 aus der Innung auszutreten. Das ausscheidende Mitglied verlor damit alle Ansprüche an dem Innungsvermögen sowie an den von den Innungen errichteten Nebenkassen. Führte die Witwe eines Innungsmitgliedes das Gewerbe fort, so gingen erstmals alle Obliegenheiten und Befugnisse des Verstorbenen auf die Witwe über. Die Witwe hatte erstmals auch ein eigenes Stimmrecht in der Innung. Das war in der Gewerbeordnung von 1881 noch nicht gegeben.

Die Innung sowie ihre Einrichtungen finanzierten sich über Mitgliedsbeiträge. Die Verpflichtung zur Zahlung der Beiträge begann gemäß § 89 GewO 1897 mit dem auf dem Eintritt folgenden Monat. Der Beitrag oder die für die Benutzung der Innungseinrichtungen zu entrichtenden Gebühren konnten im Namen des Innungsvorstandes durch die Gemeinde zwangsweise eingezogen werden.[1468]

Die Innung unterlag auch nach dem GewO 1897 weiterhin einer strengen und restriktiven Kontrolle durch die Aufsichtsbehörde. Diese weitete sich sogar noch in einigen Belangen aus. So bedurfte die Innung für einzelne Tätigkeiten jetzt der ausdrücklichen Genehmigung durch die Aufsichtsbehörde. Dies war unter anderen bei dem Erwerb, der Veräußerung oder der dinglichen Belastung von Grundeigentum der Fall. Auch durfte die Innung grundsätzlich keine Anleihen aufnehmen oder vergeben. Ferner war die Veräußerung von Gegenständen, welche eine geschichtlichen, wissenschaftlichen oder Kunstwert hatten untersagt.[1469]

b. Innungsvorstand und Innungsversammlung

Die Leitung und Verwaltung der freien Innungen erfolgte gemäß § 92 GewO 1897 durch den Innungsvorstand und die Innungsversammlung. Der Vorstand

---

1468 § 88 GewO 1897:
„Zu anderen Zwecken als der Erfüllung der statutarisch oder durch das Gesetz bestimmten Aufgaben der Innung, sowie der Deckung der Kosten der Innungsverwaltung dürfen weder Beiträge von den Innungsmitgliedern oder von den Gesellen derselben erhoben werden, noch Verwendungen aus dem Vermögen der Innung erfolgen.
Die Innungen sind befugt, für die Benutzung der von ihnen getroffenen Einrichtungen, Fachschulen, Herbergen, Arbeitsnachweise und dergleichen Gebühren zu erheben."
§ 89 GewO 1897:
„Die aus der Errichtung und der Thätigkeit der Innung und ihres Gesellenausschusses (§ 95) erwachsenen Kosten sind, soweit sie aus den Erträgen des vorhandenen Vermögens oder aus sonstigen Einnahmen keine Deckung finden, von den Innungsmitgliedern aufzubringen."

1469 Diese Regelung dürfte indes oftmals zu spät gekommen sein, da das vormalige Eigentum der Zünfte per Gesetz unter den letzten drei verblieben Zunftmitgliedern aufgeteilt worden war und somit in Privatbesitz überging. Für die neu gegründeten Innungen standen die alten Werte nicht mehr zur Verfügung.

führte nach den näheren Bestimmungen des Statuts die laufende Verwaltung. Die Kontrolle war so eng, dass § 92a GewO 1897 verlangte, dass über jede Änderung in der Zusammensetzung des Vorstandes und über das Ergebnis jeder Wahl, der Aufsichtsbehörde binnen einer Woche Anzeige zu erstatten war.[1470] Die Aufsichtsbehörde führte über die Mitglieder des Vorstandes ein Verzeichnis, welches zur öffentlichen Einsichtnahme auszulegen war. Vor jeder geplanten Prüfung musste der Vorstand, der Aufsichtsbehörde Zeit und Ort dieser angeben. Nach der Ministerialverordnung war die Aufsichtsbehörde angehalten, von ihrem Recht, einen Vertreter zur Prüfung zu entsenden, in der „Regel" Gebrauch zu machen.[1471] Die Aufsichtsbehörde führte ein fortlaufendes Verzeichnis über die im Eigentum der Innung stehenden Wertgegenstände.

Weiterhin wurde die Innung durch den Vorstand gerichtlich und außergerichtlich vertreten. Dieser haftete für seine Handlungen gemäß § 92b GewO 1897 persönlich. Einzelne Aufgaben konnte der Vorstand an Beauftragte delegieren. Bei der Delegierung ganzer Aufgabenbereiche mussten Ausschüsse gebildet werden.

Der Vorstand war berechtigt, gegen Innungsmitglieder im Falle von Verstößen gegen statutarische Vorschriften Ordnungsstrafen zu verhängen. Als Ordnungsstrafe war vorrangig Geldstrafe bis zu 20 Mark vorgesehen.[1472]

Grundsatzorgan war nach der Gewerbeordnung die Innungsversammlung. Sie bestand aus allen Innungsmitgliedern, die aus ihrer Mitte den Vorstand auf bestimmte Zeit wählten.[1473] Die Innungsversammlung beschloss gemäß § 93 GewO 1897 über alle Angelegenheiten der Innung, die nicht durch Gesetz oder

---

1470 War die Anzeige nicht erfolgt, so konnte die Änderung dritten Personen nur dann entgegengehalten werden, wenn bewiesen wird, dass sie letzteren bekannt war.

1471 Ministerialbekanntmachung vom 23. Juni 1899, S. 33.

1472 Gegen die Ordnungsstrafe konnten die Innungsmitglieder Beschwerde bei der Aufsichtsbehörde einlegen. Der Betrag aus der Geldstrafe floss der Innungskasse zu.

1473 § 92 GewO 1897:
„Die Angelegenheiten der Innung werden von der Innungsversammlung und dem Vorstande wahrgenommen. Zur Wahrnehmung einzelner Angelegenheiten können Ausschüsse gebildet werden.
Die Innungsversammlung besteht nach Bestimmung des Statuts entweder aus allen Innungsmitgliedern oder aus Vertretern, welche von jenen aus ihrer Mitte gewählt werden.
Der Vorstand wird von der Innungsversammlung auf bestimmte Zeit mittelst geheimer Wahl gewählt. Die Wahl durch Zuruf ist zulässig, wenn Niemand widerspricht.
Die Wahlen der Vertreter und des Innungsvorstandes finden unter Leitung des Innungsvorstandes statt. Die erste Wahl nach Errichtung der Innung, sowie spätere Wahlen, bei denen ein Vorstand nicht vorhanden ist, werden von einem Beauftragten der Aufsichtsbehörde geleitet. Ueber die Wahlbehandlung ist ein Protokoll aufzunehmen."

durch Statut dem Vorstand zugewiesen waren. Im Einzelnen musste der Innungsversammlung gemäß § 93 GewO 1897 vorbehalten bleiben:

> 1. *„die Feststellung des Haushaltsplans;*
> 2. *die Prüfung und Abnahme der Jahresrechnung;*
> 3. *die Bewilligung von Ausgaben, welche im Haushaltsplane nicht vorgesehen sind;*
> 4. *die Verfolgung von Ansprüchen, welche der Innung gegen Vorstandsmitglieder aus deren Amtsführung erwachsen, durch Beauftragte;*
> 5. *der Erlaß von Vorschriften zur näheren Regelung des Lehrlingswesens;*
> 6. *die Beschlussfassung über:*
>   *a) den Erwerb, die Veräußerung oder die dingliche Belastung von Grundeigenthum;*
>   *b) die Veräußerung von Gegenständen, welchen einen geschichtlichen, wissenschaftlichen oder Kunstwerth haben;*
>   *c) die Aufnahme von Anleihen;*
> 7. *die Wahl der Mitglieder der Organe zur Entscheidung der im § 81a Ziffer 4 und § 81 b Ziffer 4 bezeichneten Streitigkeiten, soweit sie aus der Zahl der Innungsmitglieder zu entnehmen sind;*
> 8. *die Wahl der Mitglieder der Prüfungsausschüsse, soweit sie aus der Zahl der Innungsmitglieder zu entnehmen sind (§ 131a);*
> 9. *die Beschlussfassung über Abänderung des Statuts sowie über Errichtung und Abänderung von Nebenstatuten;*
> 10. *die Beschlussfassung über die Auflösung der Innung.“*

Zur Wahl des Vorstandes waren nur volljährige Innungsmitglieder berechtigt, die im Besitze der bürgerlichen Ehrenrechte sind. Als Vorstandsmitglied oder Ausschussmitglied wählbar waren die Innungsmitglieder, die zur Ausübung des Schöffenamtes gemäß §§ 31, 32 Gerichtsverfassungsgesetzes befähigt waren.[1474] Die Tätigkeit der Innungsvorstände sowie der Mitglieder der Prüfungsausschüsse, Gesellenausschüsse sowie Schiedsgerichte war gemäß § 94a GewO 1897 ehrenamtlich.

1474 §§ 93a, § 94 GewO 1897:
„Beschwerden gegen die Rechtsgültigkeit der Wahlen sind nur binnen vier Wochen nach der Wahl zulässig. Sie werden durch die Aufsichtsbehörde endgültig entschieden. Dieselbe hat auf erhobene Beschwerde Wahlen, welche gegen das Gesetz oder auf Grund des Gesetzes erlassene Wahlvorschriften verstoßen, für ungültig zu erklären.“

Die Innung übte jedoch auch selbst Kontrollfunktionen gegenüber ihren Mitgliedern aus. Gemäß § 94c GewO 1897 war die Innung befugt, durch Beauftragte die Einhaltung der gesetzlichen als auch der statutarischen Vorschriften in den Innungsbetrieben zu überwachen. Dazu war den Beauftragten der Innung Zugang zu den Einrichtungen insbesondere den Betriebsräumen und den Unterkünften für Lehrlinge zu gewähren. Des Weiteren hatten die Gewerbetreibenden dem Kontrolleur der Innungen alle Auskünfte zu geben, die im Zusammenhang mit der Erfüllung ihrer Aufgaben standen. Der Kontrolleur konnte auf Antrag die Ortspolizei bei der Besichtigung hinzuziehen. Name und Wohnsitz des Kontrolleurs war von der Innung der Aufsichtsbehörde mitzuteilen. Der Kontrolleur musste über das Ergebnis seiner Arbeit eine Mitteilung für die Aufsichtsbehörde verfassen. Die Gewerbeordnung sprach hierbei selbst von *„Überwachungstätigkeit“* des Beauftragten der Innung.[1475]

Anderseits wollte die Gewerbeordnung auch nicht unbescholtene Gewerbetreibende stigmatisieren. So konnte der Gewerbetreibende den Kontrolleur der Innung ablehnen, wenn er befürchtete, dass es bei der Besichtigung seines Betriebes zu einer Schädigung seiner Geschäftsinteressen kommt. In einem solchen Fall wählte der Innungsvorstand einen Sachverständigen aus, der auf Kosten des Gewerbetreibenden, über die Zustände in dessen Gewerbebetrieb Auskunft erteilte. Die Kontrolle hatte jedoch eine entscheidende Lücke. Ausdrücklich waren die Räume der fabrikmäßigen Betriebe hiervon ausgenommen. Damit besaß die Innung keine Handhabung zur Kontrolle der Arbeitsverhältnisse, die bekanntermaßen am schlechtesten waren.[1476] Hier wäre aber eine Überwachung am nötigsten gewesen. Auch dies zeigt die immer weiter fortschreitende einseitige Privilegierung der Industrie durch die Gewerbeordnung.[1477]

c. Gesellen

Die weiterhin wegen ihres Einflusseses gefürchteten Gesellen wurden ebenfalls durch die Gewerbeordnung in das neue gewerbliche Ordnungssystem mit eingebunden. In Form eines Gesellenausschusses sollten die bei Innungsmitgliedern beschäftigten Gesellen an der Erfüllung der Aufgaben der Innung und auch bei ihrer Verwaltung mitwirken. Der Gesellenausschuss war gemäß § 95 GewO 1897 bei der Regelung des Lehrlingswesens und bei der Gesellenprüfung zu be-

1475 § 94c GewO 1897:
„Die Beauftragten sind verpflichtet, den im § 139b bezeichneten Beamten auf Erfordern über ihre Ueberwachungsthätigkeit und deren Ergebnisse Mittheilung zu machen (...).“

1476 Gebhardt, S. 387.

1477 § 94c GewO 1897:
„Auf Räume, welche Bestandtheile landwirtschaftlicher oder fabrikmäßiger Betriebe sind, finden die vorstehenden Bestimmungen keine Anwendung.“

teiligen. Weiterhin sollte der Gesellenausschuss bei der Gründung und Verwaltung der Einrichtungen beteiligt werden, für welche die Gesellen Beiträge entrichteten und welche zu ihrer Unterstützung bestimmt waren. Im Innungsstatut sollte dazu die Art und Umfang der Beteiligung des Gesellenausschusses festgehalten werden. Das Gesetz legte dazu selbst wieder den Mindestinhalt fest.[1478] Um mit den Gesellenausschüssen nicht eine Wiederkehr der Gesellenverbände zu ermöglichen, musste gemäß § 95a GewO 1897 bei der Wahl zum Gesellenausschuss ein Mitglied des Innungsvorstandes oder ein Vertreter der Aufsichtsbehörde teilnehmen. Damit war von Beginn an sichergestellt, dass der Gesellenausschuss ein untergeordnetes Organ der Innung war.

Mit der bereits eingangs beschriebenen Macht der Aufsichtsbehörde war eine Selbstverwaltung der freien Innungen praktisch nicht mehr gegeben. Dadurch, dass selbst der Mindestinhalt der Statuten vorgeschrieben war und da die Aufsichtsbehörde in allen wichtigen Punkten Einfluss nehmen konnte, war die Innung ein Organ der Gewerbeverwaltung geworden. Dieses Ergebnis wird dadurch bekräftigt, dass die Gewerbeordnung mit § 97 GewO 1897 auch die Schließungsgründe für eine Innung vorgab.[1479]

In den Fällen des § 97 Abs. 1 Ziff. 1 und 2 GewO 1897 musste die Aufsichtsbehörde die Innung auffordern, binnen einer angemessenen Frist die geforderten Änderungen vorzunehmen oder ihrer Verpflichtung zur Erfüllung der gesetzlichen Aufgaben nachzukommen. Kam die Innung der Forderung nicht nach, so war dem Innungsvorstand eine neue Frist zu setzen mit der Androhung, dass bei

---

1478 § 95 GewO 1897:

„Die nähere Regelung dieser Betheiligung hat durch das Statut mit der Maßgabe zu erfolgen, daß

bei der Berathung und Beschlußfassung des Innungsvorstandes mindestens ein Mitglied des Gesellenausschusses mit vollem Stimmrecht zuzulassen ist;

bei der Berathung und Beschlussfassung der Innungsversammlung seine sämmtlichen Mitglieder mit vollem Stimmrechte zuzulassen sind;

bei der Verwaltung von Einrichtungen, für welche die Gesellen Aufwendungen zu machen haben, abgesehen von der Person des Vorsitzenden, Gesellen, welche vom Gesellenausschusse gewählt werden, in gleicher Zahl zu betheiligen sind wie die Innungsmitglieder.“

1479 § 97 GewO 1897:

„Die Schließung der Innung kann erfolgen:

wenn sich ergibt, daß nach § 84 die Genehmigung hätte versagt werden müssen und die erforderliche Aenderung des Statuts innerhalb einer zu setzenden Frist nicht bewirkt wird;

wenn die Innung wiederholter Aufforderung der Aufsichtsbehörde ungeachtet die Erfüllung der ihr durch § 81a gesetzten Aufgaben vernachlässigt;

wenn die Innung sich gesetzwidriger Handlungen oder Unterlassungen schuldig macht, durch welche das Gemeinwohl gefährdet wird, oder wenn sie andere als die gesetzlich zulässigen Zwecke verfolgt;

wenn die Zahl ihrer Mitglieder so weit zurückgeht, daß die Erfüllung ihrer gesetzlichen Aufgaben dauernd gefährdet erscheint (…).“

abermaliger Versäumnis die Schließung der Innung in Erwägung gezogen wird. Blieb auch diese zweite Fristsetzung ohne Erfolg, beantragte die Aufsichtsbehörde bei der höheren Verwaltungsbehörde die Schließung der Innung.[1480]

Die Anordnung der Schließung erfolgte durch die höhere Verwaltungsbehörde. Vollzogen wurde die Auflösung der Innung durch den Vorstand zusammen mit der Aufsichtsbehörde. Von dem Zeitpunkt der Auflösung der Innung hafteten die Innungsmitglieder noch für die Verbindlichkeiten der Innung in der Höhe, wie sie selbst im Falle des eigenen Ausscheidens zur Zahlung verpflichtet waren. Die mit der Innung verbundenen Unterstützungskassen wollte die Regierung aber erhalten. Sie sollten auch weiterhin dem Gemeinwohl dienen. Deshalb konnten die Unterstützungskassen gemäß § 98 GewO 1897 nach Auflösung oder Schließung der Innung Korporationsrechte verleihen.[1481]

3. Zwangsinnungen

Bereits mit der Gesetzesnovelle vom 18. Juli 1881 konnten die Innungsmitglieder im Lehrlingswesen über Nichtinnungsmitglieder bestimmen. Der Einfluss der Innung auch auf Nichtmitglieder wurde durch das Reichsgesetz vom 26. Juli 1897 weiter ausgedehnt. Zur *„Wahrung der gemeinsamen gewerblichen Interessen"* konnten sich Gewerbetreibende zu einer Zwangsinnung zusammenschließen.[1482] Hierbei war die Besonderheit, dass auch Gewerbetreibende des Bezirkes die nicht Mitglied einer Innung sein wollten, beizutreten hatten. Die Zwangsinnung war verbindlich für alle Gewerbetreibenden mit einem verwandten Handwerk innerhalb eines bestimmten Bezirkes. Eine Zwangsinnung konnte gemäß § 100 GewO 1897 gegründet werden, wenn

> 1. *„die Mehrheit der beteiligten Gewerbetreibenden der Einführung des Beitrittzwangs zustimmen,*
> 2. *der Bezirk der Innung so abgrenzt ist, daß kein Mitglied durch die Entfernung seines Wohnortes zum Sitze der Innung behindert wird, am Genossenschaftsleben Theil zu nehmen und die Innungseinrichtungen zu benutzen, und*

1480 Ministerialbekanntmachung vom 23. Juni 1899, S. 33.

1481 Ministerialbekanntmachung vom 23. Juni 1899, S. 33. Über das Vermögen aufgelöster oder geschlossener Innungskrankenkassen war nach den Vorschriften des § 47 Abs. 3 bis 6 des Krankenversicherungsgesetzes zu verfügen.

1482 Gebhardt, S. 351.

3. *die Zahl der im Bezirke vorhandenen betheiligten Handwerker zur Bildung einer leistungsfähigen Innung ausreicht.“* [1483]

Auch bestehende Innungen konnten sich zu Zwangsinnungen wandeln. Voraussetzung war, dass die Mehrheit der beteiligten Gewerbetreibenden für eine Zwangsinnung votierten. Wenn dies geschah, mussten auch freie Gewerbetreibende der örtlichen Innung beitreten. Damit galt erstmals wieder praktisch die Zwangsmitgliedschaft in der Innung. Selbst wenn sich die ungebundenen freien Gewerbetreibenden gegen eine solche Zwangsmitgliedschaft wehrten, war dies ohne Erfolg, wenn sie in der Minderheit waren. § 100a GewO 1897 forderte lediglich die Mehrheit der *„Beteiligten“* und nicht aller Gewerbetreibenden im Verwaltungsbezirk.[1484] Mit der Einschränkung auf die Beteiligten, war es sogar theoretisch möglich, dass eine Minderheit die Mehrheit der Gewerbetreibenden in eine Zwangsinnung einbinden konnte.[1485] Die Mehrheit brauchte sich nur desinteressiert zeigen und sich nicht an der Abstimmung beteiligen.

Der Antrag auf Errichtung einer Zwangsinnung war bei der Aufsichtsbehörde in deren Bezirk die Zwangsinnung ihren künftigen Sitz haben sollte einzureichen. Der Antrag musste folgende Angaben enthalten:

a) die Art des Gewerbes für welche eine Zwangsinnung begehrt wurde,
b) den Bezirk den die Zwangsinnung umfassen sollte,
c) die ungefähre Zahl der beteiligten Gewerbetreibenden und
d) der bevollmächtigte Ansprechpartner für die weiteren Verhandlungen.

Der Antrag selbst war von allen Antragstellern gegenzuzeichnen. Wurde der Antrag von einer freien Innung gestellt, so war eine Ausfertigung des Beschlusses der Innungsversammlung beizufügen.

Die Aufsichtsbehörde hatte den Antrag mit einer eigenen gutachterlichen Stellungnahme der höheren Verwaltungsbehörde vorzulegen. Die gutachterliche Stellungnahme musste unter anderen folgende Angabe umfassen:

1483 § 100 GewO 1897.

1484 § 100a GewO 1897:
„Um festzustellen, ob die Mehrheit zustimmt (§ 100 Absatz 1 Ziffer 1), hat die höhere Verwaltungsbehörde die betheiligten Gewerbetreibenden durch ortsübliche Bekanntmachung oder besondere Mittheilung zu einer Aeußerung für oder gegen die Einführung des Beitrittszwanges aufzufordern. Bei der Abstimmung entscheidet die Mehrheit derjenigen, welche sich an derselben betheiligt haben.“

1485 Gebhardt, S. 351.

a) ob bereits freie Innungen im Verwaltungsbezirk für das gleiche Gewerbe bestanden,
b) ob der geplante Innungsbezirk so abgegrenzt ist, dass alle Mitglieder am Innungsleben teilnehmen und auch die Innungseinrichtungen nutzen konnten,
c) ob die Zahl der im Verwaltungsbezirk vorhandenen Handwerker, zur Bildung einer leistungsfähigen Innung ausreichten,
d) in welchem Verhältnis die Zahl der Antragsteller zu der Zahl der beteiligten Handwerker im Bezirk der Zwangsinnung standen und
e) ob andere Einrichtungen, zum Beispiel Gewerbevereine, bestanden, durch welche die gemeinsamen gewerblichen Interessen der beteiligten Handwerker in ausreichendem Maße repräsentiert werden.[1486]

Die höhere Verwaltungsbehörde gründete die Zwangsinnung per Verfügung. Diese musste den Zeitpunkt des Eintritts ihrer Wirksamkeit bezeichnen sowie den Namen und Sitz der Innung. Weiterhin mussten aus ihr die Abgrenzung des Bezirks und die Bezeichnung derjenigen Gewerbe hervorgehen, für welche sie errichtet wurde. Die für die Gewerbszweige bereits bestehenden freien Innungen innerhalb des Verwaltungsbezirks waren zu schließen. Die Aufsichtsbehörde der freien Innung überwachte die Abwicklung, den Übergang des Vermögens der freien Innung auf die Zwangsinnung. Der Bestand des Vermögens der freien Innung war durch die höhere Verwaltungsbehörde per Urkunde festzustellen.[1487] Wenn Innungen, außer dem Gewerbszweig für welches die Zwangsinnung errichtet wurde, noch andere Gewerbe umfassten, blieben die Innungen bestehen. Diejenigen Mitglieder, die ab jetzt aber der Zwangsinnung angehörten, schieden kraft Gesetzes aus der bisherigen Innung aus.

Gegen die Gründung der Zwangsinnung sowie der Aufnahmepflicht konnten sich die betroffenen Gewerbetreibenden binnen vier Wochen mittels Beschwerde an die Landeszentralbehörde wenden. Diese entschied gemäß § 100b GewO 1897 endgültig.[1488] Auch bei der Versagung der Genehmigung einer Zwangsinnung war die Beschwerde binnen vier Wochen an die Landeszentralbehörde zulässig.[1489]

1486 Winschuh, Der Verein mit dem langen Namen, S. 13; Ministerialbekanntmachung vom 23. Juni 1899, S. 35.
1487 Ministerialbekanntmachung vom 23. Juni 1899, S. 36.
1488 Coing, S. 96.
1489 Heréus, S. 29/34

Wie bei den freien Innungen hatten auch die Zwangsinnungen einen Statutenentwurf der Aufsichtsbehörde zur Genehmigung vorzulegen.[1490] Kamen sie dieser Aufforderung innerhalb der gesetzten Frist nicht nach, so entwarf die Aufsichtsbehörde ein Innungsstatut und die in die Zwangsinnung einzubeziehenden Handwerker oder die von diesem zu wählenden Vertreter wurden durch ortsübliche Bekanntmachung zu einer Beschlussfassung über den Entwurf zusammengerufen.[1491] Das genehmigte Statut war anschließend allen zukünftigen Mitgliedern zur Kenntnis zu geben.

Als Mitglieder der Innung gehörten all diejenigen an, welche das Gewerbe, wofür die Innung errichtet wurde, als stehendes Gewerbe selbständig betrieben. Ausgenommen hiervon waren Gewerbetreibende, die das Gewerbe fabrikmäßig ausübten und diejenigen, die in der Regel keine Gesellen oder Lehrlinge besaßen. Gewerbetreibende, die mehrere Gewerbe führten, gehörten derjenigen Innung als Mitglieder an, welche für das hauptsächlich von ihnen betriebene Gewerbe errichtet wurde.

Damit erreichte die Industrie wieder eine Sonderregelung gegenüber den Handwerkern. Die Gewerbeordnung ließ bewusst die industrielle Fertigung von den Innungsregelungen unberührt. Den Innungen war es mithin nicht möglich, die Fabrikanten mit in die gewerbliche Struktur einzubinden und zu kontrollieren. Diese Ausnahmereglung für die Industrie zeigt zugleich die Schwäche der neuen Zwangsinnungen. Es wurde nur Zwang und Kontrolle gegenüber den Kleingewerbetreibenden und Handwerkern ausgeübt. Damit behinderten sich diese im Wesentlichen selbst und die Distanz zu der Industrie wurde immer größer. Die Fabrikanten waren gemäß § 100g GewO 1897 berechtigt, mit der Zustimmung der Innungsversammlung, einer Zwangsinnung freiwillig beizutreten. Es war jedoch nicht in ihrem Interesse, ihre Fabrik der Innung unterzuordnen. Deshalb sind solche freiwilligen Beitritte von Fabrikanten und Industriellen auch im Herzogtum Sachsen-Coburg und Gotha nicht bekannt.

1490 § 100d GewO 1897:
„Gegen die Versagung der Genehmigung des Innungsstatuts und seiner Abänderungen ist binnen vier Wochen die Beschwerde an die Landes-Zentralbehörde zulässig, diese entscheidet endgültig.
Wird die Genehmigung des Statuts wiederholt versagt, so hat die höhere Verwaltungsbehörde dasselbe mit rechtsverbindlicher Kraft zu erlassen.
Ergibt sich, daß dem Statut oder seinen Abänderungen die Genehmigung hätte versagt werden müssen, so hat die höhere Verwaltungsbehörde die erforderliche Abänderung anzuordnen; der die Abänderung anordnende Bescheid kann auf dem im Absatz 1 bezeichneten Wege angefochten werden. Unterläßt die Innung, die endgültige angeordnete Abänderung zu beschließen, so hat die Aufsichtsbehörde die Beschlussfassung anzuordnen und, falls dieser Anordnung keine Folge gegeben wird, die erforderliche Abänderung des Statuts von Amtswegen mit rechtsverbindlicher Wirkung zu vollziehen.“

1491 Ministerialbekanntmachung vom 23. Juni 1899, S. 36.

Weiterhin war es den Handwerkern, die in der Landwirtschaft oder Betrieben gegen Entgelt beschäftigt waren, möglich, den Zwangsinnungen freiwillig beizutreten. Auch die „Ein-Mann Betriebe“, mithin Gewerbetreibende die weder Gesellen noch Lehrlinge hatten, konnten der Zwangsinnung freiwillig beitreten. Den freiwillig beigetretenen Mitgliedern war es möglich, jeweils zum Ende eines Jahres aus der Zwangsinnung wieder auszutreten. Streitigkeiten über die Mitgliedschaft in einer Zwangsinnung musste die Aufsichtsbehörde entscheiden.[1492]

Die Kosten für die Errichtung einer Zwangsinnung trug zunächst die Landeszentralbehörde. Wurde wegen der Errichtung einer Zwangsinnung eine freie Innung geschlossen, so ging das Vermögen der freien Innung auf die Zwangsinnung über.[1493] Auch die mit der freien Innung verbunden Organisationen, zum Beispiel Innungskrankenkasse und Unterstützungskasse, mussten jetzt von der Zwangsinnung fortgeführt werden.[1494]

Sollten mehrere Kranken- und Unterstützungskassen von bisher freien Innungen in einer Zwangsinnung zusammengeführt werden, so war die höhere Verwaltungsbehörde berechtigt, bis auf jeweils eine Krankenkasse und eine Unterstützungskasse, die übrigen zu schließen.[1495] Die Rechte und Pflichten wurden dann von einer Krankenkasse und einer Unterstützungskasse übernommen. Die bisherigen Mitglieder der freien Innung waren in diesem Fall berechtigt, auch in Zukunft der Kranken- und Unterstützungskasse anzugehören, selbst wenn sie der Zwangsinnung nicht angehörten.[1496]

1492 § 100h GewO 1897:
„Die Entscheidung kann binnen zwei Wochen durch Beschwerde bei der höheren Verwaltungsbehörde angefochten werden; diese entscheidet endgültig.“

1493 Ministerialbekanntmachung vom 23. Juni 1899, S. 38.

1494 § 100k GewO 1897:
„Scheidet in Folge der Errichtung einer Zwangsinnung aus einer bestehenden Innung ein Theil der Mitglieder aus (§ 100b Absatz 5), so ist der Zwangsinnung ein entsprechender Theil des Vermögens zu überweisen. Dabei ist das Verhältnis der Zahl der ausscheidenden zu der Zahl der in der Innung verbleibenden Mitglieder zu berücksichtigen. Kommt hierüber eine Einigung unter den Innungen nicht zu Stande, so entscheidet die höhere Verwaltungsbehörde, welcher die bestehende Innung untersteht. Gegen die Entscheidung steht den Beteiligten binnen vier Wochen die Beschwerde an die Landes-Zentralbehörde zu. Diese entscheidet endgültig.“

1495 Ministerialbekanntmachung vom 23. Juni 1899, S. 37.

1496 § 100l GewO 1897:
„Die Innungs-Krankenkasse kann jedoch von der höheren Verwaltungsbehörde geschlossen werden, wenn die Zwangsinnung einen anderen Bezirk oder andere Gewerbszweige umfaßt als diejenige Innung, für welche die Innungskrankenkasse errichtet war, oder in Folge der Errichtung der Zwangsinnung mehrere Innungen geschlossen werden, mit welchen Innungs-Krankenkassen verbunden sind. Gegen die Verfügung, durch welche die Kasse geschlossen wird, ist binnen vier Wochen die Beschwerde an die Landes-Zentralbehörde zulässig, diese entscheidet endgültig.“

Kam es wegen der Errichtung von Zwangsinnungen zur Auflösung von Innungskrankenkassen und musste deshalb ein Teil der Mitglieder sich an eine neue Krankenkasse oder Gemeinde-Krankenversicherung wenden, so erhielten diese Krankenkasse zumindest einen Teil des Vermögens der aufgelösten Innungskrankenkasse. Zur Teilnahme an Unterstützungskassen durften die Innungsmitglieder gemäß § 100n GewO 1897 nicht gezwungen werden. Grundsätzlich sollten die Zwangsinnungen auch keine gemeinsamen Geschäftsbetriebe mehr unterhalten.[1497] Ihre Unterstützungsleistung sollte sich auf Veranstaltungen zur Förderung der gemeinsamen, gewerblichen und wirtschaftlichen Interessen ihrer Mitglieder beschränken. Hierzu zählten die Gründung von Vorschusskassen und Ein- und Verkaufsgeschäfte. Dazu konnte die Innung aber auch finanzielle Leistungen gewähren. Anderseits wollte die Regierung aber gemeinsame Geschäftsbetriebe, *„deren Erhaltung im öffentlichen Interesse"* lag, erhalten. Dazu konnten die Zwangsinnungen die Genehmigung der höheren Verwaltungsbehörde bekommen.[1498] Die übrigen Geschäftsbetriebe sollten in Erwerbs- und Wirtschaftsgenossenschaften umgewandelt werden oder durch die höhere Verwaltungsbehörde aufgelöst werden. In dem Fall der Auflösung, war mit dem Vermögen nach der Maßgabe der Statuten zu verfahren.[1499]

Für ihre Unterhaltskosten der Zwangsinnung stellten diese alljährlich einen Haushaltsplan auf. Auch dieser unterlag der Kontrolle der Aufsichtsbehörde. Das gleiche galt von Innungsbeschlüssen über Aufwendungen, die im Haushaltsplan nicht vorgesehen waren sowie von den Jahresrechnungen. Damit

---

1497 Ministerialbekanntmachung vom 23. Juni 1899, S. 36.

1498 Ministerialbekanntmachung vom 23. Juni 1899, S. 37.

1499 § 100n GewO 1897:
„Zur Theilnahme an Unterstützungskassen, auf welche die Vorschriften des § 73 des Krankenversicherungsgesetzes keine Anwendung finden, dürfen Innungsmitglieder gegen ihren Willen nicht verpflichtet werden.
Gemeinsame Geschäftsbetriebe (§ 81b Ziffer 5) dürfen von der Innung nicht errichtet werden; dagegen ist dieselbe befugt, Veranstaltungen zur Förderung der gemeinsamen, gewerblichen und wirthschaftlichen Interessen ihrer Mitglieder, wie die Errichtung von Vorschusskassen, gemeinsamen Ein- und Verkaufsgeschäften und dergleichen anzuregen und durch Aufwendungen aus dem angesammelten Vermögen zu unterstützen. Beiträge dürfen zu diesem Zwecke nicht erhoben werden.
Werden bei der Errichtung einer Zwangsinnung gemeinschaftliche Geschäftsbetriebe einer nach § 100b Absatz 4 geschlossenen Innung binnen sechs Monaten nach der Veröffentlichung der im § 100 Absatz 1 bezeichneten Anordnung in Erwerbs- und Wirthschaftsgenossenschaften nach Maßgabe des Gesetzes vom 1. Mai 1889 (Reichs-Gesetzbl. S. 55 ff.) umgewandelt, so geht der für sie ausgesonderte Theil des Innungsvermögens auf die Genossenschaften mit Rechten und Pflichten über. Gemeinsame Geschäftsbetriebe, deren Erhaltung im öffentlichen Interesse wünschenswerth ist, können von der Zwangsinnung mit Genehmigung der höheren Verwaltungsbehörde beibehalten werden. Im Uebrigen sind solche Betriebe durch die höhere Verwaltungsbehörde aufzulösen; mit dem Vermögen ist nach Maßgabe der statutarischen Vorschriften zu verfahren."

überwachte die Aufsichtsbehörde die gesamte finanzielle Planung der Zwangsinnung.

Auch bezüglich des Lehrlingswesens konnte die Zwangsinnung nicht frei entscheiden. Die von der Innung gemäß § 93 Absatz 2 Ziffer 5 GewO 1897 hierzu für ihre Mitglieder erlassenen Vorschriften bedurften der Genehmigung der höheren Verwaltungsbehörde.

Gemäß § 100g GewO 1897 war es der Innung strikt untersagt, Preise für Leistungen und Waren den Innungsmitgliedern vorzuschreiben. Auch in der Annahme von Kunden durfte die Innung ihre Mitglieder nicht beschränken. Derartige Beschlüsse waren ungültig. Ein Rückfall in alte Zunftzeiten wollte die Regierung verhindern. Ebenfalls wollte sie keinesfalls den Zwangsinnungen wieder Macht und Einfluss zukommen lassen.

Die Kosten der Innung für ihre Tätigkeit sowie der ihrer Institutionen waren als Beitragsfuß im Statut festzulegen. Dabei war die Höhe des Beitrags der einzelnen Betriebe nach ihrer Leistungsfähigkeit zu bemessen. Die Landeszentralbehörde erhob diese Beiträge zusammen mit der Gewerbesteuer. Den Gewerbesteuern standen dabei gemäß § 100s GewO 1897 die Steuern auf das Einkommen aus Gewerben gleich. Innungsmitglieder, die weder Lehrlinge noch Gesellen beschäftigten, waren von der Verpflichtung der Beitragszahlung befreit. Personen, die der Innung freiwillig beigetreten waren, mussten nur einen geringeren Beitrag zahlen. Die dazugehörigen Regelungen sollten im Innungsstatut festgelegt werden.[1500] Wollte die Innung für die Benutzung ihrer Einrichtungen Gebühren erheben, so unterlagen diese Gebühren zunächst der Genehmigung der Aufsichtsbehörde. Auch hier sicherte sich die Regierung ihre Kontrolle.

Die Zwangsinnung konnte ihren Einflussbereich auf einen weiteren bzw. größeren Verwaltungsbezirk ausdehnen sowie verwandte Gewerbszweige mit einbinden. Dazu benötigte sie die Zustimmung der Mehrheit der in die Innung einzubeziehenden Gewerbetreibenden und die Zustimmung der höheren Verwaltungsbehörde.

Die Verlegung eines Zwangsinnungsbezirkes oder eines Gewerbezweiges konnte durch die höhere Verwaltungsbehörde nur dann verfügt werden, wenn dies

---

1500 § 100s GewO 1897:
„Gewerbetreibende, welche neben dem Handwerke, hinsichtlich dessen sie der Innung angehören, noch ein anderes Handwerk oder Handelsgeschäft betreiben, sind zu den Beiträgen an die Innung nur nach dem Verhältnisse der Einnahmen aus dem zu der Innung gehörenden Handwerksbetrieb, und soweit die Beiträge durch Zuschläge zu der Gewerbesteuer erhoben werden, nur nach dem Verhältnisse der auf diesen Handwerksbetrieb treffenden Steuer heranzuziehen.“

zum Zwecke der Zuweisung in eine andere Zwangsinnung erfolgte.[1501] Wollten die Innungsmitglieder die Zwangsinnung wieder auflösen, so mussten gemäß § 100t GewO 1897 drei Viertel aller Mitglieder auf einer Innungsversammlung diesem zustimmen. Sollten dem nicht drei Viertel aller Mitglieder zugestimmt haben, war binnen vier Wochen eine zweite Innungsversammlung einzuberufen.[1502] Bei erfolgreicher Zustimmung war mit Ablauf des Rechnungsjahres die Zwangsinnung von der höheren Verwaltungsbehörde zu schließen.

Im Gegensatz zu den freien Innungen wurde das Innungsvermögen nicht unter den verbleibenden Mitgliedern aufgeteilt. Nach der Bestimmung der Aufsichtsbehörde erhielt das Vermögen entweder eine freie Innung, die infolge der Auflösung der Zwangsinnung gegründet wurde, eine bisher der Zwangsinnung gehörende Unterstützungskasse oder die Handwerkskammer.

4. Innungsausschüsse

Mehrere Innungen, die derselben Aufsichtsbehörde unterstanden, konnten gemäß § 101 GewO 1897 zu einem gemeinsamen Innungsausschuss zusammentreten. Dem Innungsausschuss konnten Rechte und Pflichten der einzelnen Innungen übertragen werden und ihm stand die Vertretung der gemeinsamen Interessen der beteiligten Innungen zu.

Die Gründung eines Innungsausschusses erfolgte per Statut. Dieses war von den Innungsversammlungen der beteiligten Innungen zu beschließen. Der Entwurf des Innungsausschuss-Statutes musste folgende Bestimmungen enthalten:

1. Name, Zweck und Sitz des Innungsausschusses,
2. die Bedingungen der Aufnahme und des Ausscheidens,
3. die Bildung und die Befugnisse des Vorstandes und der Versammlung des Innungsausschusses,
4. die Beiträge und

1501 Ministerialbekanntmachung vom 23. Juni 1899, S. 39.

1502 § 100t GewO 1897:
„Die im § 100 Absatz 1 bezeichnete Anordnung ist von der höheren Verwaltungsbehörde zurückzunehmen, wenn dies auf Grund eines Beschlusses der Innungsversammlung beantragt wird. Zur Gültigkeit dieses Beschlusses ist erforderlich:
daß er von einem Viertel derjenigen Innungsmitglieder, welche der Innung anzugehören verpflichtet sind, bei dem Vorstande beantragt worden ist,
daß die Einladung zu der Innungsversammlung, in der die Abstimmung über den Antrag erfolgen soll, mindestens vier Wochen vorher ordnungsgemäß ergangen ist,
daß drei Viertel der in Ziffer 1 bezeichneten Innungsmitglieder dem Antrage zustimmen (...).“

5. die Voraussetzungen und die Formen der Abänderung des Statuts und der Auflösung des Innungsausschusses.

Das Statut durfte keine Bestimmungen enthalten, die mit den gesetzlichen Zwecken des Innungsausschusses nicht in Verbindung standen oder den gesetzlichen Vorschriften widersprachen.[1503]

Das Statut war von der höheren Verwaltungsbehörde zu genehmigen. Gegen die Entscheidung der höheren Verwaltungsbehörde war binnen vier Wochen die Beschwerde an die Landeszentralbehörde statthaft. Mit der Zustimmung der Landeszentralbehörde konnte der Innungsausschuss unter seinem Namen Rechte erwerben, Verbindlichkeiten eingehen und vor Gericht klagen und verklagt werden. Der Innungsausschuss haftete seinen Gläubigern in diesem Fall nur mit seinem Vermögen für alle Verbindlichkeiten.

Die Schließung eines Innungsausschusses konnte durch die höhere Verwaltungsbehörde erfolgen, wenn der Ausschuss seinen statutarischen Verpflichtungen nicht nachkam, Beschlüsse gefasst wurden die über die statutarischen Rechte hinausgingen oder bei Eröffnung des Konkursverfahrens über das Vermögen des Ausschusses. Den Innungen war der Austritt aus dem Ausschuss zum Ablauf eines jeden Rechnungsjahres gestattet.[1504]

5. Innungsverbände

Innungen die nicht derselben Aufsichtsbehörde unterstanden, konnten sich gemäß § 104 GewO 1897 in Verbänden zusammenschließen.[1505] Die betreffende Innung musste dazu einen entsprechenden Beschluss ihrer Innungsversammlung erwirken. Wurde die Errichtung eines Innungsverbandes beschlossen, so war für denselben ein Statut zu entwerfen. Auch dessen Mindestinhalt war gesetzlich vorgegeben.[1506]

1503 Ministerialbekanntmachung vom 23. Juni 1899, S. 40.

1504 § 102 GewO 1897:
„Vom Zeitpunkt der Auflösung oder Schließung eines Innungsausschusses ab bleiben die betheiligten Innungen noch für diejenigen Zahlungen verhaftet, zu welchen sie statutarisch für den Fall eigenen Ausscheidens aus dem Innungsausschusse verpflichtet sind.
Auf die Verwendung des Vermögens finden die Vorschriften des § 98 Absatz 1 und § 98a entsprechende Anwendung.
Soweit das Statut nicht ein Anderes bestimmt, ist der Austritt aus dem Innungsausschusse jeder Innung mit dem Ablauf des Rechungsjahrs gestattet, sofern die Anzeige des Austritts mindestens drei Monate vorher erfolgt."

1505 Aus einem solchen Zusammenschluss ist auch der Centralverband Deutscher Industrieller hervorgegangen, vgl. Kaelble, S. 1ff.

1506 § 104a GewO 1897:

Der Statutenentwurf war in dreifacher Ausfertigung der höheren Verwaltungsbehörde, in deren Verwaltungsbezirk der Innungsverband seinen Sitz haben soll, zu übermitteln. Diese mussten eine gutachterliche Stellung verfassen und diese mit dem Statutenentwurf zur Genehmigung der Landeszentralbehörde vorlegen.[1507] Sollte der Innungsverband über die Grenzen eines Bundesstaates hinausreichen, so genehmigte das Verbandstatut gemäß § 104b GewO 1897 der Reichskanzler. Im Herzogtum Sachsen-Coburg und Gotha konnten die Innungsverbände Korporationsrechte erlangen. Diese wurden auf Antrag von dem Herzoglichen Staatsministerium erteilt.[1508]

Aufgabe der Innungsverbände war, die Interessen der von ihnen vertretenen Innungen, Innungsausschüsse und Handwerkskammern zu vertreten.[1509] Dazu sollten sie die ihnen gesetzlich zugewiesenen Aufgaben erfüllen und die Behörden durch Vorschläge sowie Anregungen unterstützen. Weiterhin waren sie befugt, den Arbeitsnachweis zu regeln und Fachschulen zu führen. Zu den gesetzlichen Aufgaben gehörte gemäß § 104e GewO 1897 unter anderen die Verpflichtung, Gutachten über gewerbliche Fragen abzugeben.[1510]

Mitglied im Innungsverband konnten auch einzelne Gewerbetreibende werden, wenn das Statut dies zuließ. In einem solchen Fall standen den einzelnen Gewerbetreibenden die gleichen Rechte und Pflichten zu wie einem Innungsmitglied.

Jeweils im Januar eines Jahres musste die höhere Verwaltungsbehörde ein Verzeichnis darüber erstellen, welche Innungsverbände in ihrem Verwaltungsbezirk bestanden, wie viele Innungen dem jeweiligen Verband angehörten und welche Personen die Vorstände der Verbände bildeten.[1511] Im Herzogtum Sachsen-Coburg und Gotha war dieses Verzeichnis jeweils im Februar der Landeszentralbehörde vorzulegen.[1512]

„Für den Innungsverband ist ein Statut zu errichten, welches Bestimmungen enthalten muß:
über Namen, Zweck und Bezirk des Verbandes;
über die Bedingungen der Aufnahme in den Verband und des Ausscheidens aus demselben;
über Bildung, Sitz und Befugnisse des Vorstandes;
über die Vertretung des Verbandes und ihre Befugnisse;
über die Beiträge zu den Ausgaben des Innungsverbandes;
über die Voraussetzungen und die Formen einer Abänderung des Statuts;
über die Voraussetzungen und die Formen einer Auflösung des Verbandes."

1507 Ministerialbekanntmachung vom 23. Juni 1899, S. 40.
1508 Ministerialbekanntmachung vom 23. Juni 1899, S. 43.
1509 Blaich, Staat und Verbände, S. 26.
1510 § 104e GewO 1897.
1511 § 104c GewO 1897.
1512 Ministerialbekanntmachung vom 23. Juni 1899, S. 40.

Versammlungen des Verbandsvorstandes durften gemäß § 104d GewO 1897 nur innerhalb des Verbandsbezirkes abgehalten werden. Sie waren der höheren Verwaltungsbehörde in dem Bezirk wo der Vorstand seinen Sitz hatte und der höheren Verwaltungsbehörde in dem Bezirk wo die Versammlung abgehalten werden sollte, anzuzeigen. Die Anzeige musste mindestens eine Woche vor Beginn unter Beilage der Tagesordnung erfolgen. Den höheren Verwaltungsbehörden stand das Recht zu,

> *a) „die Versammlung zu untersagen, wenn die Tagesordnung Gegenstände umfaßt, welche zu den Zwecken des Verbandes nicht in Beziehung stehen;*
> *b) in die Versammlung einen Vertreter zu entsenden und durch diesen die Versammlung zu schließen, wenn die Verhandlungen auf Gegenstände sich erstrecken, welche zu den Zwecken des Verbandes nicht in Beziehung stehen, oder wenn Anträge oder Vorschläge erörtert werden, welche eine Aufforderung oder Anreizung zu strafbaren Handlungen enthalten.“*[1513]

Weiterhin mussten die Verbände etwaige Veränderungen im Vorstand sofort der höheren Verwaltungsbehörde anzeigen. Auch hier war die Kontrolle der Regierung über das Gewerbe allgegenwärtig. Ebenfalls per Gesetz waren Schließungsgründe normiert.[1514]

Durch Beschluss des Bundesrates konnte Innungsverbänden gemäß § 104g GewO 1897 die Fähigkeit zugewiesen werden, unter ihren Namen Rechte zu erwerben, Verbindlichkeiten einzugehen, vor Gericht zu klagen und verklagt zu werden.[1515] Der Innungsverband wurde gerichtlich und außergerichtlich durch

1513 § 104d GewO 1897.

1514 § 104f GewO 1897:
„Die Innungsverbände können geschlossen werden,
wenn sich ergiebt, daß nach § 104b Ziffer 1und 2 die Genehmigung hätte versagt werden müssen und die erforderliche Aenderung des Statuts innerhalb einer zu setzenden Frist nicht bewirkt wird;
wenn den auf Grund des § 104d erlassenen Verfügungen nicht Folge geleistet ist;
wenn der Verbandsvorstand oder die Vertretung des Verbandes sich gesetzwidriger Handlungen schuldig machen, welche das Gemeinwohl gefährden, oder wenn sie andere als die gesetzlich zulässigen Zwecke verfolgen.
Die Schließung erfolgt durch Beschluß der für die Genehmigung des Verbandsstatuts zuständigen Stelle.
Gegen den Beschluß der höheren Verwaltungsbehörde ist die Beschwerde zulässig.“

1515 § 104g GewO 1897:
„In solchem Falle haftet dem Gläubiger für alle Verbindlichkeiten des Innungsverbandes nur das Vermögen derselben.

seinen Vorstand vertreten. Per Statut konnte einem oder mehreren Mitgliedern des Vorstandes die Vertretung des Innungsverbandes übertragen werden.[1516]

Des Weiteren war der Innungsverband befugt, für die ihm angeschlossenen Innungen sowie für deren Mitglieder Unterstützungskassen und Krankenkassen zu errichten. Für deren Gründung war gemäß § 104i GewO 1897 der Erlass eines Nebenstatutes analog zu den Zwangsinnungen erforderlich.

Wie die freien Innungen und die Zwangsinnungen auch, unterlag der Innungsverband der behördlichen Überwachung. Aufgrund seines überörtlichen Charakters war dies zumeist die höhere Verwaltungsbehörde. Diese war befugt, die Einhaltung der gesetzlichen und statuarischen Vorschriften durch Androhung, Festsetzung und Vollstreckung von Ordnungsstrafen gegen den jeweiligen Amtsinhaber durchzusetzen. Weiterhin entschied sie bei Streitigkeiten über die Annahme und Ausschließung von Verbandsmitgliedern, bei Streitigkeiten über Verbandsbeiträge und bei Streitigkeiten über die Wahlen zu den Verbandsämtern.

Die Innungsverbände legten der höheren Verwaltungsbehörde jährlich den Rechnungsabschluss nebst Vermögensausweis zur Prüfung vor.[1517]

Bei der Auflösung des Innungsverbandes erfolgte die Abwicklung der Geschäfte durch den Vorstand und unter Aufsicht der höheren Verwaltungsbehörde. Kam der Vorstand seinen Verpflichtungen nicht ordnungsgemäß nach, so erfolgte die Abwicklung der Geschäfte durch einen Beauftragten der Aufsichtsbehörde. Die Mitglieder hafteten jedoch noch weiter für die Verbindlichkeiten des Verbandes, in der Form als seien sie selbst ausgeschieden. Das Guthaben und Vermögen der Innung musste zunächst zur Schuldentilgung und Erfüllung von Verbindlichkeiten verwendet werden. Wurden von dem Innungsverband bisher Unterrichtsanstalten oder sonstige Einrichtungen mit einem öffentlichen Zweck betrieben, so

---

Der Beschluß des Bundesraths ist durch den Reichsanzeiger zu veröffentlichen. Auf diejenigen Innungsverbände, welchen die gedachte Fähigkeit beigelegt ist, finden die Bestimmungen der §§ 104h bis 104n Anwendung."

1516 § 104h GewO 1897:
„Die Befugniß zur Vertretung erstreckt sich auch auf diejenigen Geschäfte und Rechtshandlungen, für welche nach den Gesetzen eine Spezialvollmacht erforderlich ist. (...) Zur Legitimation der Vertreter des Innungsverbandes genügt bei allen Rechtsgeschäften die Bescheinigung der höheren Verwaltungsbehörde, in deren Bezirke der Vorstand seinen Sitz hat, daß die bezeichneten Personen zu Vertretung des Verbandes befugt sind."

1517 § 104l GewO 1897:
„Die Eröffnung des Konkursverfahrens über das Vermögen des Innungsverbandes hat die Schließung des letzteren kraft Gesetzes zur Folge. Der Vorstand des Innungsverbandes hat jedoch die während des Konkursverfahrens dem Gemeinschuldner zustehende Rechte wahrzunehmen."

stand im Falle der Auflösung oder Schließung der Innung, diesen das Vermögen gemäß § 104n GewO 1897 zu. Sollten solche Einrichtungen nicht bestanden haben, wurde das Vermögen des Innungsverbandes unter den Innungen im Verhältnis ihres Beitragsaufkommens verteilt.

XIV. Errichtung der Handwerkskammer für die Herzogtümer Coburg und Gotha

In Ausführung von § 103 GewO 1897 wurde für das Herzogtum Sachsen-Coburg und Gotha durch Ministerialbekanntmachung, betreffend die Errichtung der Handwerkskammer für die Herzogtümer Coburg und Gotha, vom 3. August 1900 eine gemeinsame Handwerkskammer errichtet. Dazu war gemäß § 103m GewO 1897 von der Landeszentralbehörde ein Statut zu erlassen.[1518] Deren Sitz war in Gotha und sie trug den Namen *„Handwerkskammer zu Gotha"*.[1519] Die Handwerkskammer bestand aus zwei Abteilungen, eine für das Herzogtum Coburg und eine für das Herzogtum Gotha.[1520]

Gemäß § 2 des Statuts der Handwerkskammer (Handwerkkammerstatut) betrug deren Mitgliederzahl 24. Davon entsendete das Herzogtum Coburg acht und das Herzogtum Gotha 16 Mitglieder. Die Mitglieder wurden gewählt. Das Wahlverfahren regelte eine eigene Wahlordnung.[1521]

Gewählt wurden die Mitglieder der Handwerkskammer gemäß § 103a GewO 1897 von den Handwerkerinnungen sowie denjenigen Gewerbevereinen und sonstigen Vereinigungen, welche die Förderung der gewerblichen Interessen

1518 § 103m GewO 1897:
„Das Statut muß Bestimmung treffen über:
Namen, Sitz und Bezirk der Handwerkskammer;
die Zahl der Mitglieder der Handwerkskammer;
die Ergänzung der Handwerkskammer durch Zuwahl;
die Form der Beschlussfassung;
die Wahl und die Befugnisse des Vorstandes (...)."

1519 Ministerialbekanntmachung, betreffend die Errichtung der Handwerkskammer für die Herzogtümer Coburg und Gotha, vom 3. August 1900. GS.S-G Jahrgang 1900 Nr. 19, S. 169-183.

1520 § 103 GewO 1897:
„Zur Vertretung der Interessen des Handwerks ihres Bezirks sind Handwerkskammern zu errichten.
Die Errichtung erfolgt durch eine Verfügung der Landes-Zentralbehörde, in welcher der Bezirk der Handwerkskammer zu bestimmen ist. Dabei kann die Bildung von Abtheilungen für einzelne Theile des Bezirks oder für Gewerbegruppen angeordnet werden (...)."

1521 Wahlordnung für die Handwerkskammer zu Gotha und ihren Gesellenausschuß. GS.S-G Jahrgang 1900 Nr. 19, S. 184-187.

verfolgten und mindestens die Hälfte ihrer Mitglieder aus Handwerkern bestehen.[1522]

Die Mitglieder der Kammer und des Gesellenausschusses übten ihr Amt als Ehrenamt aus. Lediglich Aufwendungsersatz für Reisekosten und für Zeitaufwendungen wurde gewährt.[1523] Als weitere Mitglieder der Handwerkskammer konnten maximal vier sachverständige Personen gewählt werden. Diese brauchten gemäß § 5 Handwerkkammerstatut nicht dem Handwerkerstand angehören. Abgesehen von diesen zugewählten Sachverständigen konnte die Handwerkskammer auch weitere Sachverständige hinzuziehen.[1524] Diese Sachverständigen hatten jedoch nur eine beratende Stimme.[1525]

1. Aufgaben und Befugnisse der Handwerkskammer

Die Handwerkskammer vertrat die Interessen des Handwerks in ihrem Bezirk. Gemäß § 7 Handwerkkammerstatut hatte sie

1. *„das Lehrlingswesen näher zu regeln,*
2. *die Durchführung der für das Lehrlingswesen geltenden Vorschriften zu überwachen,*
3. *die Staats- und Gemeindebehörden in der Förderung des Handwerks durch thatsächliche Mittheilungen und Erstattung von Gutachten über Fragen zu unterstützen, welche die Verhältnisse des Handwerks berühren,*
4. *Wünsche und Anträge, welche die Verhältnisse des Handwerks berühren, zu berathen und den Behörden vorzulegen, sowie*

1522 § 103b GewO 1897:
„Wählbar sind nur solche Personen, welche
zum Amte eines Schöffen fähig sind (§§ 31, 32 des Gerichtsverfassungsgsetzes);
das 30. Lebensjahr zurückgelegt haben;
im Bezirke der Handwerkskammer ein Handwerk mindestens seit drei Jahren selbständig betreiben;
die Befugniß zur Anleitung von Lehrlingen besitzen."

1523 § 3 Handwerkkammerstatut:
„Die Mitglieder der Kammer und des Gesellenausschusses verwalten ihr Amt als Ehrenamt unentgeltlich, doch werden ihnen
a) als Reiskosten:
bei Eisenbahnfahrten 4 Pfennig für das Kilometer,
in anderen Fällen 40 Pfennig für das Kilometer
b) für Zeitversäumnis:
bei Sitzungen am Wohnort 3 Mark für den Tag,
bei Sitzungen außerhalb des Wohnorts 6 Mark für den Tag.
gewährt (…)."

1524 Das gleiche galt gemäß § 6 des Statuts für die Abteilungen und Ausschüsse.

1525 § 103d GewO 1897.

Jahresberichte über ihre die Verhältnisse des Handwerks betreffenden Wahrnehmungen zu erstatten,

5. *Prüfungsausschüsse zur Abnahme der Gesellenprüfung (§ 131 Abs. 2 der Gew.-O.) und*
6. *einen Ausschuß zur Entscheidung über Beanstandungen von Beschlüssen der Prüfungsausschüsse (§ 132 Gew.-O.) – Berufungsausschuß – zu bilden."*[1526]

Generell sollte die Handwerkskammer in allen wichtigen Interessen des Handwerks gehört werden.

Weiterhin war die Handwerkskammer befugt, Einrichtungen zur Förderung der gewerblichen, technischen und sittlichen Ausbildung der Meister, Gesellen und Lehrlinge zu errichten und zu unterhalten.[1527] Hierbei stand sie jetzt in Konkurrenz zu den Innungen, denen dieses Recht bisher ausschließlich oblag. Dies verdeutlicht den Übergang der bisherigen Befugnisse der Innung auf die neue Handwerkskammer.

Noch deutlicher geht dies aus den weiteren Aufgaben der Handwerkskammer hervor, die im Statut aufgeführt wurden. So sollte die Handwerkskammer in Zukunft Veranstalter von Ausstellungen sein, die Errichtung von gewerblichen Auskunftsstellen unterstützen, die Anregung zur Bildung von Kredit-, Rohstoff-, Werk- und Magazin-Genossenschaften liefern sowie eine eigene Zeitschrift herausgeben.

Die Handwerkskammer war gemäß § 8 ihres Statutes eine eigene Rechtspersönlichkeit, die Rechte erwerben, Verbindlichkeiten eingehen und vor Gericht klagen und verklagt werden konnte.[1528] Für ihre Verbindlichkeiten haftete den Gläubigern nur das Vermögen der Handwerkskammer.

2. Vollversammlung der Handwerkskammer

Grundsatzorgan der Handwerkskammer war die Vollversammlung. Sie wählte gemäß § 5 Handwerkkammerstatut den Vorstand und die Ausschüsse sowie die sachverständigen Personen. Weiterhin oblag ihr die Feststellung des Haushaltsplans, die Prüfung und Abnahme der Jahresrechnung, die Bewilligung von Ausgaben, die nicht im Haushaltsplan vorgesehen waren, sowie die Aufnahme von

---

1526 § 7 Handwerkkammerstatut und § 103e GewO 1897.

1527 § 103e GewO 1897.

1528 Blaich, Staat und Verbände, 26.

Anleihen. Die Vollversammlung entschied über Erwerbung, Veräußerung oder dingliche Belastung von Grundeigentum.[1529]

Ihr war gemäß § 9 des Statuts des Weiteren vorbehalten

- *„die Abgaben von Gutachten und die Anbringung von Anträgen bei den Behörden und gesetzgebenden Körperschaften über Gegenstände, welche die Gesamtinteressen insbesondere die Gesetzgebung über die Verhältnisse des Handwerks betreffen,*
- *der Erlaß von Vorschriften über die Regelung des Lehrlingswesens,*
- *die Wahl des Sekretärs,*
- *die Beschlußfassung über Änderung des Statuts,*
- *die Bestimmung der verwandten Gewerbe (§ 129a Abs. 3 GewO),*
- *die Mitwirkung beim Erlaß von Prüfungsordnungen für die Gesellenprüfung (§ 131b Abs. 2 GewO),*
- *der Erlaß der Prüfungsordnung für die Meisterprüfung (§ 133 Abs. 4 GewO).“*[1530]

Für die Regelung des Lehrlingswesens und der Meisterprüfung bedurfte die Vollversammlung der Genehmigung des Staatsministers. Beriet die Vollversammlung über das Lehrlingswesen oder die Verhältnisse der Gesellen oder musste sie ein Gutachten dazu verfassen, so waren sämtliche Mitglieder des Gesellenausschusses einzuladen. Diese konnten bei der Abstimmung mit vollem Stimmrecht votieren. Auch war es ihnen im Falle von Gutachten über die Verhältnisse der Gesellen und Lehrlinge gestattet, hierzu unabhängige Berichte abzugeben.[1531]

Die Handwerkskammer hielt gemäß § 22 Handwerkkammerstatut jährlich mindestens eine ordentliche Sitzung ab. Außerordentliche Sitzungen konnten von dem Vorstand, dem Aufsichtskommissar oder von mindestens zehn Mitgliedern einberufen werden. Der Vorstandsvorsitzende eröffnet, leitet und schließt die Versammlung. Ausdrücklich gab ihm § 24 Handwerkkammerstatut das Recht, Versammlungsteilnehmer die gegen die Ordnung verstoßen aus dem Versammlungsraum hinauszuweisen.

Die Vollversammlung war beschlussfähig, wenn mindestens 15 Kammermitglieder anwesend waren. Von diesen 15 sollten mindestens fünf Kammermitglieder aus dem Herzogtum Coburg stammen. Die Beschlüsse konnten mit ein-

1529 § 103g GewO 1897.
1530 § 9 Handwerkkammerstatut.
1531 § 103k GewO 1897.

facher Stimmenmehrheit gefasst werden. Bei Stimmengleichheit galt ein Antrag als abgelehnt. Sollte das Statut geändert werden, so durfte nur im Beisein des Aufsichtskommissars darüber abgestimmt werden. Der Beschluss benötigte ferner die Zustimmung von mindestens drei Viertel der erschienen Mitglieder und der Genehmigung des Staatsministers.[1532]

3. Vorstand der Handwerkskammer

Der Vorstand der Handwerkskammer bestand aus dem Vorsitzenden sowie vier Mitgliedern.[1533] Mit Genehmigung der Aufsichtsbehörde konnte die Zahl der Mitglieder durch Beschluss der Handwerkskammer beliebig erhöht werden.

Die erste Wahl des Vorstandes nach Errichtung der Handwerkskammer sowie bei späteren Wahlen, wo kein Vorstand mehr vorhanden ist, leitete gemäß § 12 Handwerkkammerstatut der Kommissar der Aufsichtsbehörde. Ansonsten wurde der Vorstand mit absoluter Stimmenmehrheit gewählt. Fiel die Mehrzahl der Stimmen nicht auf eine Person, so fand eine Stichwahl zwischen den beiden Personen statt, die die meisten Stimmen auf sich vereinten.[1534]

Der Vorstand leitete die Verwaltung der Handwerkskammer, bereitete die Verhandlungen der Handwerkskammer vor und führte ihre Beschlüsse aus. Die Mitglieder des Vorstandes hafteten der Handwerkskammer für ihre Tätigkeit persönlich. Die Sitzungen des Vorstandes fanden gemäß § 16 Handwerkkammerstatut nach Bedarf statt, auf Antrag von mindestens zwei Vorstandsmitgliedern oder auf Verlangen des Aufsichtskommissars. Beschlussfähigkeit war gegeben, wenn mindestens drei Mitglieder anwesend waren.[1535]

Der Vorsitzende selbst leitete die Sitzungen des Vorstandes. Er war der Dienstvorgesetzte der Beamten der Kammer.[1536] Der Vorstand vertrat die Handwerkskammer nach außen. Ein Mitglied des Vorstandes war zum Kassenführer zu bestimmen. Dieser führte die mit der Kasse zusammenhängenden Geschäfte und

---

1532 § 25 Handwerkkammerstatut.

1533 § 103g GewO 1897.

1534 § 13 Handwerkkammerstatut:
„Scheiden Mitglieder des Vorstandes aus, so haben die Neuwahlen in der nächsten Sitzung der Kammer stattzufinden; bis dahin ergänzt sich der Vorstand durch Zuwahl. Aenderungen in der Zusammensetzung des Vorstands und das Ergebniß jeder Wahl sind der Aufsichtsbehörde binnen einer Woche anzuzeigen. Zur Legitimation des Vorstands genügt bei allen Rechtsgeschäften die Bescheinigung der Aufsichtsbehörde, daß die darin bezeichneten Personen zur Zeit den Vorstand bilden.“

1535 Die Beschlüsse wurden mit Stimmenmehrheit gefasst. Bei Stimmengleichheit entschied der Vorsitzende.

1536 § 17 Handwerkkammerstatut.

hatte den jährlichen Haushaltsplan zu entwerfen. Der Vorstand durfte nur Ausgaben tätigen, die auch im Haushaltsplan enthalten waren. Überschreitungen mussten zuvor von der Aufsichtsbehörde genehmigt worden sein.

4. Ausschüsse der Handwerkskammer

Die Gewerbeordnung und das Statut der Handwerkskammer sahen vor, dass zur Bearbeitung verschiedener Sachthemen Ausschüsse gebildet werden.[1537] Ein Ausschuss sollte Anträge der Mitglieder bearbeiten und beraten. Dazu konnten die Ausschüsse auch mit den Behörden verkehren. Das Ergebnis der Ausschussberatung wurde dem Vorstand vorgelegt. Dieser konnte in der Angelegenheit selbst darüber beschließen, wenn er per Gesetz oder Statut dazu befugt war. Andernfalls musste der Vorstand in der nächsten Vollversammlung die Angelegenheit zur Beschlussfassung stellen.[1538]

Ständige Ausschüsse der Handwerkskammer zu Gotha waren der Ausschuss für das Lehrlingswesen, der Berufungsausschuss, der Rechnungsausschuss und der Gesellenausschuss.[1539]

Der Ausschuss für das Lehrlingswesen bestand aus dem Vorsitzenden der Handwerkskammer und sechs weiteren Mitgliedern. Dieser Ausschuss beriet über alle das Lehrlingswesen betreffenden Angelegenheiten. Zuzüglich enthielt das Statut dazu einen Aufgabenkatalog.[1540]

Der Berufungsausschuss bestand gemäß § 33 Handwerkkammerstatut aus einem Vorstandsmitglied und sechs Beisitzern. Von den Beisitzern wurden drei von

---

1537 § 103d GewO 1897.

1538 § 17 Handwerkkammerstatut.

1539 § 103i GewO 1897.

1540 § 32 Handwerkkammerstatut:
„Dieser Ausschuss hat insbesondere folgende Gegenstände vorzuberaten:
den Erlaß näherer Bestimmungen über Form und Inhalt der Lehrverträge,
den Erlaß von Bestimmungen über die Höchstzahl von Lehrlingen in den Fällen des § 130 der Gew.-O.,
die Festsetzung der Dauer der Lehrzeit (§ 130a Abs. 2 der Gew.O.),
die Bildung der Prüfungsausschüsse und ihre Besetzung, soweit sie der Handwerkskammer zusteht, (§ 131a Abs. 2 der Gew.O.),
die Frage, ob eine freie Innung zur Abnahme der Prüfung ermächtigen ist (§ 131 Abs. 2 der Gew.-O.),
die Vorschriften zur Ueberwachung der Durchführung der für das Lehrlingswesen geltenden Vorschriften,
die Bestimmung derjenigen Gewerbe, welche als verwandte im Sinne des § 129a Abs. 3 der Gew.-O. anzusehen sind.“

der Handwerkskammer und drei vom Gesellenausschuss bestimmt.[1541] Die Entscheidung des Berufungsausschusses erfolgte mit einfacher Stimmenmehrheit. Bei Stimmengleichheit entschied die Stimme des Vorsitzenden.

Der Rechnungsausschuss prüfte die Rechnung der Handwerkskammer und erstattete dem Vorstand über das Ergebnis einen Bericht. Er bestand aus drei Mitgliedern.

Der Gesellenausschuss bestand gemäß § 37 Handwerkkammerstatut aus sieben Mitgliedern. Von diesen waren zwei aus dem Herzogtum Coburg und fünf aus dem Herzogtum Gotha zu wählen. § 39 Handwerkkammerstatut traf Voraussetzungen für den Fall, dass die Gesellen ihre Mitwirkung bei der neuen Handwerkskammer versagten. Wenn die Wahl eines Gesellenausschusses nicht zu Stande kam, stand der Aufsichtsbehörde das Recht zu, die erforderlichen Mitglieder zu ernennen. Wenn die gewählten oder ernannten Gesellen ihre Mitarbeit verweigerten, hatte die Handwerkskammer die Aufgaben des Gesellenausschusses mit zu übernehmen und dies ohne die Zuziehung von Gesellen.

Wenn ein Gesellenausschuss gebildet wurde, trat dieser auf Berufung durch den Vorsitzenden der Handwerkskammer zusammen.[1542] Der Gesellenausschuss wählte aus seiner Mitte für drei Jahre einen Vorsitzenden und einen Schriftführer.[1543]

Gemäß § 103k GewO 1897 musste der Gesellenausschuss mitwirken:

1. *„beim Erlasse von Vorschriften, welche die Regelung des Lehrlingswesens zum Gegenstand haben;*
2. *bei Abgabe von Gutachten und Erstattung von Berichten über Angelegenheiten, welche die Verhältnisse der Gesellen (Gehülfen) und Lehrlunge berühren;*

1541 § 34 Handwerkkammerstatut:
„Der Ausschuss ist beschlussfähig, wenn außer dem Vorsitzenden mindestens 4 Beisitzer und zwar 2 Kammermitglieder und 2 Gesellen anwesend sind.
Falls nicht mindestens 1 von den Mitgliedern des Ausschusses dem Gewerbe angehört, für welches der Prüfungsausschuß, dessen Beschluß beanstandet ist, gebildet war, so ist 1 Sachverständiger, welchen der Vorstand der Handwerkskammer bestimmt, mit berathender Stimme zuzuiehen."

1542 § 103i GewO 1897.

1543 § 41 Handwerkkammerstatut:
„Der Gesellenausschuß ist berechtigt, während der Tagung der Handwerkskammer zu Verhandlungen zusammenzutreten, insbesondere zum Zweck der erforderlichen Wahlen und zur Berathung und Beschlussfassung über Gutachten und Berichte, welche die Verhältnisse der Gesellen und Lehrlinge betreffen."

3. bei der Entscheidung über Beanstandungen von Beschlüssen der Prüfungsausschüsse (§ 132)(...).“

Weiterhin besaß der Gesellenausschuss die Möglichkeit, neben der Handwerkskammer eigenständige Gutachten abzugeben oder einen besonderen Bericht zu fertigen.

Zu den nicht ständigen Ausschüssen zählte der Ausschuss für die Gesellenprüfung. Dieser wurde grundsätzlich bei den Innungen eingerichtet. So musste gemäß § 50 Handwerkkammerstatut jede Zwangsinnung einen Prüfungsausschuss bilden. Die Zwangsinnungen waren hierbei gegenüber den freien Innungen privilegiert. Freie Innungen konnten nur zur Bildung von Prüfungsausschüssen widerruflich ermächtigt werden, wenn das Statut sicherstellte, dass die bei den Innungsmitgliedern beschäftigten Lehrlinge die bestehenden Fortbildungs- oder Fachschulen regelmäßig besuchten.[1544]

Wenn kein Prüfungsausschuss bei den Innungen, den Lehrstätten nach § 129 Abs. 4 GewO 1897 und den gewerblichen Unterrichtsanstalten gebildet wurde, musste die Handwerkskammer diesen errichten. Die Prüfungsausschüsse bestanden aus einem Vorsitzenden und mindestens zwei Beisitzern. Der Vorstand der Handwerkskammer bestellte gemäß § 53 Handwerkkammerstatut die Vorsitzenden der Prüfungsausschüsse. Die Beisitzer wurden von den Gesellenausschüssen der Innungen gewählt. Die Kosten der Prüfung vor den Prüfungsausschüssen trug die Handwerkskammer.[1545]

5. Abteilungen der Handwerkskammer

Die Handwerkskammer bestand aus zwei Abteilungen, eine für Gotha und eine für Coburg. Zusammen bildeten die Abteilungen nicht nur die Handwerkskammer, sondern sie waren auch selbst Organe der Handwerkskammer. Die Abteilungen erstatteten für den Vorstand Gutachten, berieten Beschlüsse der Kammer vor und wirkten bei ihrer Ausführung mit. Gemäß § 46 Handwerkkammerstatut waren die Abteilungen berechtigt, Anträge an die Handwerkskammer zu stellen.[1546]

1544 Weimarer Stadtarchivakte NA VI-18-13; Schulze, Die Gewerbegesetzgebung, S. 25; § 50 Handwerkkammerstatut:
„Die Zuständigkeit des von einer freien Innung gebildeten Prüfungsauschusses kann auf alle im Innungsbezirk vorhandenen Lehrlinge des betreffenden Gewerbe ausgedehnt werden, wenn zwei Drittel der betheiligten Handwerker des Innungsbezirks, welche Lehrlinge halten, der Innung angehören.“

1545 § 103l GewO 1897.

1546 46 Handwerkkammerstatut:

Die Handwerkskammer konnte den Abteilungen zur Bearbeitung in ihren Bezirken zuweisen

1. *„die Ueberwachung der Durchführung der für das Lehrlingswesen geltenden Vorschriften innerhalb des Abtheilungsbezirks,*
2. *die Bildung von Prüfungsausschüssen zur Abnahme der Gesellenprüfung,*
3. *die Bestellung der Vorsitzenden der von den Innungen gebildeten Prüfungsausschüsse,*
4. *die Bestellung von Beauftragten.“*[1547]

Die Handwerkskammer überwachte die Einhaltung der gesetzlichen und statutarischen Vorschriften in den Betrieben ihres Bezirks. Dazu inspizierte sie unter anderem die Betriebsräume und die Räume für die Unterkunft der Lehrlinge. Diese Aufgaben konnte die Kammer angestellten Beauftragten übertragen.[1548]

Die Handwerkskammer war gemäß § 57 Handwerkkammerstatut befugt, bei Zuwiderhandlungen gegen das Statut sowie sonstigen von ihr erlassenen Vorschriften mit Geldstrafen mit bis zu 20 Mark zu ahnden.[1549] Die untere Verwaltungsbehörde konnte die Geldstrafe festsetzen und vollstrecken.

Die Handwerkskammer war ein Organ der staatlichen Gewerbeverwaltung. Sie unterstand der Aufsicht des Herzoglichen Staatsministeriums von Sachsen-Coburg und Gotha, Departement für innere Verwaltung zu Gotha.[1550] Ein gemäß § 58 Handwerkkammerstatut bestellter Kommissar war das ausführende Organ der Aufsichtsbehörde. Er war zu jeder Sitzung der Handwerkskammer, ihres Vorstandes, der Abteilungen und Ausschüsse insbesondere des Gesellenausschusses einzuladen. Weiterhin hatte er ein allzeitiges Rederecht.

Weiterhin war es dem Kommissar erlaubt, jederzeit von den Schriftstücken der Handwerkskammer und ihrer Organe Einsicht zu nehmen, Gegenstände zur Beratung vorzubringen sowie die Einberufung der Handwerkskammer und ihrer

---

„Insbesondere sind sie berechtigt, Vorschläge zur Förderung der gewerblichen, technischen und sittlichen Ausbildung der Meister, Gesellen (Gehilfen) und Lehrlinge innerhalb ihres Bezirks zu machen.“

1547 § 47 Handwerkkammerstatut.

1548 § 49 Handwerkkammerstatut:
„Die Beauftragten werden nach Maßgabe der von der Handwerkskammer beschlossenen Grundsätzen von dem Vorstand angestellt und mit Dienstanweisungen versehen. Zu ihrer Legitimation erhalten sie eine vom Vorsitzenden des Vorstands vollzogene Ausweiskarte.“

1549 § 103n GewO 1897.

1550 § 103o GewO 1897.

Organe zu verlangen.[1551] Er konnte die Beschlüsse der Handwerkskammer und ihrer Organe bei Überschreitung der Befugnisse oder Verletzung der Gesetze mit aufschiebender Wirkung suspendieren. Über die endgültige Unwirksamkeit der Beschlüsse entschied die Aufsichtsbehörde.[1552]

Die Handwerkskammer stellte zur Erfüllung ihrer Aufgaben einen Haushaltsplan auf. Dieser bedurfte der Genehmigung der Aufsichtsbehörde.[1553] Der Vorstand war an den aufgestellten Haushaltsplan gebunden. Ausgaben, die darin nicht vorgesehen waren, bedurften der Genehmigung der Handwerkskammer und der Aufsichtsbehörde. Die Genehmigung der Aufsichtsbehörde war gemäß § 59 Handwerkkammerstatut immer einzuholen bei der Erwerbung, Veräußerung oder Belastung von Grundeigentum sowie bei der Aufnahme von Anleihen. Um die Verwendung der Mittel sicherzustellen, war ausdrücklich angeordnet, dass zu keinem anderen Zweck als zur Erfüllung der im Gesetz und Statut bestimmten Aufgaben der Kammer und zur Deckung ihrer Verwaltungskosten Beiträge erhoben werden dürfen.[1554]

Der Einfluss der Innungen und Innungsausschüsse nahm zu Gunsten der Handwerkskammer immer mehr ab. Alle Innungen, gleich ob freie Innungen oder Zwangsinnungen, waren gemäß § 103f GewO 1897 verpflichtet, den Anordnungen der Handwerkskammer Folge zu leisten.
Diese Unterordnung ging sogar so weit, dass diejenigen Bestimmungen des Statuts der Innungen und der Innungsausschüsse, die mit den Anordnungen der Handwerkskammer in Widerspruch standen, als unverbindlich galten.[1555]

§ 103 GewO 1897 bestimmte, dass

„zur Vertretung der Interessen des Handwerkes ihres Bezirkes“

Handwerkskammern zu errichten sind. Dieser Grundsatz wurde jedoch nicht vollends aufrechterhalten. Die Landeszentralbehörden konnten in denjenigen Bundesstaaten, in welchen andere gesetzliche Einrichtungen zur Vertretung der Interessen des Handwerkes bestanden, diesen die Wahrnehmung der Rechte und

---

1551 § 103h GewO 1897.
1552 § 58 Handwerkkammerstatut.
1553 §§ 103l, 103n GewO 1897.
1554 § 60 Handwerkkammerstatut:
„Der Kassenführer hat alljährlich bis zum 1. April über das verflossene Rechnungsjahr Rechnung zu legen. Die Jahresrechnung muß sämmtliche Einnahmen und Ausgaben, nach den Theilen des Haushaltsplan geordnet, enthalten und mit den erforderlichen Belegen versehen sein.
Die Jahresrechnung wird durch den Rechnungsausschuß geprüft. Der Vorstand legt sie sodann mit dem Gutachten des Rechnungsausschusses der Kammer zur Entschließung vor.“
1555 § 103f GewO 1897.

Pflichten der Handwerkskammer übertragen. Voraussetzung dafür war, dass diese mit der Vertretung der Interessen des Handwerks betraut waren, aus den Wahlen von Handwerkern hervorgingen und eine gesonderte Abstimmung der Mitglieder des Handwerks gesichert war. Damit war sichergestellt, dass auch dann das Handwerk von der Industrie und dem Handel getrennt wurde, wenn eine Handwerkskammer nicht in jedem Bundesstaat existierte. Zu den gesetzlichen Einrichtungen zur Vertretung des Handwerks zählte gemäß § 103q GewO 1897 auch die Handels- und Gewerbekammer sowie alleinig die Gewerbekammern.[1556]

Mit der Gründung von Handwerkskammern verlagerte sich die Verantwortung für die gewerblich-technische Ausbildung sowie der Gewerbeaufsicht wieder auf eine Standesorganisation.

> *„Der ihnen gewährte Status einer Körperschaft des öffentlichen Rechts begründet die seither ungebrochene Trägerschaft der betrieblichen Berufsausbildung durch Organisationen der Wirtschaft in Selbstverwaltung. (...) „Diese Institutionalisierung der betrieblichen Berufsbildung steht zwar am Ursprung des dualen Systems, verdeutlicht aber auch, daß es sein Entstehen einer paradoxen Ausgangslage verdankt, nämlich der Privilegierung der handwerklichen Situation, in der die industrielle Entwicklung des Landes voll in Schwung kam.“*[1557]

Die Handelskammer als Standesorganisation stand unter Aufsicht des Staates, war aber wie die Zünfte und Innungen auch eine Organisation der Handwerker. Daran ändert auch nichts die wiedereingeführte Zwangsmitgliedschaft, da diese auch bei den Zünften und Innungen bestand. Um aber eine wirkungsvolle Interessenvertretung leisten zu können, ist es unabdingbar, dass die Mehrheit der Gewerbetreibenden in dieser vertreten ist. Dies ist aber nur durch eine Zwangsmitgliedschaft umzusetzen.

1556 Conrad, III. Band, S. 1036 f.; § 103q GewO 1897.

1557 Lassere, René; Lattard, Alain: Berufliche Bildung in der Bundesrepublik Deutschland. Spezifika und Dynamik des dualen Systems aus französischer Sicht. Hrsg.: Georg Rothe (Materialien zur Berufs- und Arbeitspädagogik Bd. 11), Villingen-Schwenningen 1994, S. 4

5. Kapitel - Die Gewerbegerichte

Eine Institution die zu Zeiten der Zünfte, während der Gewerbefreiheit und auch bei der Entstehung der Handelskammern immer bestand, war die Standesgerichtsbarkeit. Sie hatte, wie bereits dargestellt, eine zum Teil tragende Rolle bei den Zünften. Standesgenossen befolgten nur Urteile die von ihresgleichen ergangen waren. Wie auch bei der Darstellung des Gewerberechts und der Entstehung der Handelskammern, ist bei der Auseinandersetzung mit der Gewerbegerichtsbarkeit geboten, auf die Entwicklung in Frankreich einzugehen. Deshalb, weil zum einen die französische Gesetzgebung maßgebenden Einfluss auf die deutsche Entwicklung des Gewerberechts hatte, und zum anderen, weil in keinem anderen Land die gewerbliche Gerichtsbarkeit im 19. Jahrhundert auf diesem Gebiet so weit fortgeschritten war.[1558]

I. Zur Entwicklung der gewerblichen Gerichtsbarkeit in Frankreich

In Frankreich wurde bereits frühzeitig begonnen, die gewerblichen Streitigkeiten von den übrigen zu trennen. So hatte bereits Colbert im Jahre 1669 die Stadtbeamten für zuständig erklärt, Entscheidungen zu treffen, die sich aus Streitigkeiten bezüglich der Rohstoffe, deren Bearbeitung, Färberei, Fabrikmarken, Warenwert und zünftige Rechnungen ergaben.[1559] Diese Reformen setzten sich mit dem Reformgesetz Turgot´s vom 26. Februar 1776 fort.[1560] Damit wurden zunächst nur die Pariser Zünfte aufgehoben und die Zuständigkeit der Polizei insoweit vermindert, als dass diese nicht mehr für Streitigkeiten aus einem Lohn- bzw. Lehrvertrag zuständig waren. Zuständig waren dafür ab jetzt die ordentlichen Gerichte und gleichzeitig wurde dadurch das Gewerbe von vielerlei Einschränkungen befreit und damit dessen freie Entwicklung gefördert.[1561] Bis zur endgültigen Beseitigung der Zünfte in ganz Frankreich, kam den Zünften eine Art Schlichtungsfunktion zu. Erst wenn der Schlichtungsversuch scheiterte, war der Weg zu den ordentlichen Gerichten frei. Per Gesetz vom 2. März 1791 wurde schließlich das bestehende Zunftgewerberecht für ganz Frankreich beseitigt.[1562] Die Regelung der Verhältnisse zwischen Handwerksmeistern und Gesellen unterlag damit völlig der freien Übereinkunft der beiden Vertragspartner.

1558 Neuburg, Zunftgerichtsbarkeit und Zunftverfassung, S. 203; Stein, Das Reichsgesetz vom 29. Juli 1890 betreffend die Gewerbegerichte, S. 2.

1559 Stein, S. 2.

1560 Kulischer, S. 191/443; Haupt, S. 32.

1561 Stein, S. 3; Neuburg, S. 210.

1562 Brand, Bd. 2, S. 336.

Mittels Gesetz vom 14. - 17. Juni 1791 wurde die Wiedererrichtung von Gemeinschaften und die Bildung von Koalitionen im Handwerk verboten.[1563] Jegliche Vereinigung zwecks Absprache der Preise wurde als Widerspruch zur Freiheit und als menschenrechtsfeindlich angesehen. Ein Verstoß dagegen wurde mit Geldstrafe und dem Verlust des Bürgerrechts für ein Jahr geahndet.[1564]

Gerade der entgegengesetzte Weg wurde bei der Regelung der Verhältnisse der Arbeiter eingeschlagen. Die Arbeiterschaft, vor allem in Paris und in Lyon, war ein ständiger Unruheherd und die Regierung sah sich genötigt, diesen unter stetiger Aufsicht zu halten.[1565] Deshalb ist es auch verständlich, dass eine Vielzahl von Polizeiordnungen existierten, welche zum Beispiel das Führen von Waffen unter Strafe stellte, die Bildung von Bruderschaften untersagte sowie jegliche Abhaltung von Versammlungen verbot. Des Weiteren mussten die Arbeiter immer ein Arbeitsbuch und den Pass bei sich führen. Interessanterweise galten als die gefährlichsten unter den Arbeitern die Buchdrucker und die Metzger, welche nochmals mit besonderen Polizeiordnungen bedacht wurden.[1566] Durch den französischen Zentralstaat galten diese Regelungen automatisch für das ganze Land. Der Code pénal aus dem Jahre 1810 hat dann später große Teile dieser Polizeiordnungen aufgenommen.[1567]

Infolge der Revolution waren eine strenge Ordnung und die Aufrechterhaltung der Arbeitsverhältnisse nicht möglich. Die Folge war, dass in vielen Landesteilen partielle Rechtslosigkeit herrschte.[1568] Wiederum Folge dieser Zustände waren schwere Benachteiligungen für die französische Volkswirtschaft und damit einhergehend die Klagen der Gewerbetreibenden. Als das französische Staatswesen wieder Fuß gefasst hatte, wurde auch die Notwendigkeit erkannt, der Gewerbepolizei wieder größere Macht zu geben. Bei den durch die Revolution vollzogenen Umwälzungen, wurden viele gesetzliche Grundlagen als verachtetes Relikt einfach abgelehnt und nicht mehr akzeptiert.[1569] Damit wurden jedoch die Grundlagen zerstört, auf denen man hätte weiter aufbauen können. Die öffentliche Meinung hatte sich noch nicht beruhigt und war geprägt von sich gegenüberstehenden Meinungen und Ansichten. Eine Konsensfindung war gerade auf dem Gebiet des Gewerberechts noch unmöglich und damit eine nutzbringende gesetzliche Regelung in weite Ferne gerückt. Es musste eine Enquetekommission gebildet werden, um überhaupt zunächst die Grundsätze festzustel-

1563 Reindl, S. 11; Borchardt, S. 55.

1564 Neuburg, S. 277; Reindl, S. 11.

1565 Struensees Immediatberichte v. 10.10.1795, DZA Merseburg, Gen.-Dir., Fabr.-Dep.XC, Nr. 28; Zweig, Joseph Fouché - Bildnis eines politischen Menschen, S. 48.

1566 Stein, S. 5; Reindl, S. 47.

1567 Kroeschell, S. 121; Stein, S. 10.

1568 Stein, S. 9.

1569 Neuburg, S. 1.

len, auf die aufgebaut werden konnte. Das Ergebnis dieser Kommission war ernüchternd. Es herrschte in den Gewerbebetrieben zum Teil Anarchie und die Fabrikanten waren machtlos den Arbeitern ausgeliefert. Die Regierung ließ deshalb einen Gesetzesentwurf ausarbeiten, der zunächst den Conseils und den Bureaux de commerce in den Provinzen und dann dem Conseil d'Etat vorgelegt wurde.[1570] In den Beratungen über den Entwurf kamen neben der radikalen Strömung der Revolution bereits wieder Stimmen einer gemäßigten Wirtschaftspolitik zum Tragen. Diese vertraten vor allem individualistische Wirtschaftsprinzipien, welche dadurch gekennzeichnet waren, dass sie sich von Übertreibungen in jeglicher Richtung distanzierten, und dabei ohne die wirtschaftliche Freiheit grundsätzlich zu bekämpfen, auch gegen ein System der ungezügelten Freiheit waren. Der daraus sich ergebende Gesetzesentwurf wurde 1803 mit großer Mehrheit angenommen. Im Großen und Ganzen war das Gesetz von einer gemäßigten liberalen Handels- und Industriepolitik durchzogen. Art. 4 dieses Gesetzes beinhaltete jedoch wieder eine starke merkantilistische Strömung.[1571] In ihm wurde die Verwaltung ermächtigt, durch ein einfaches Reglement die französische Exportindustrie an bestimmte Vorschriften zu binden. Art. 5 sanktioniert einen Verstoß dagegen mit einer zum damaligen Verhältnis drakonischen Geldstrafe von 3.000 Frs. zuzüglich der Konfiszierung der Ware. Damit hatte die Verwaltung de facto wieder zum großen Teil die Kontrolle über den Handel übernommen. Verbunden mit der immensen Strafe, waren alte merkantilistische Verhältnisse wiederhergestellt. Die Strafbestimmungen wurden später ebenfalls in den Code pénal mit aufgenommen, was den bevormundenden Charakter der gewerblichen Gesetzgebung Frankreichs zu dieser Zeit noch weiter unterstreicht. Auch wurden der Arbeitsvertragsbruch und die Arbeiterkoalitionen mit Strafe bedroht.[1572] Das Gesetz beinhaltete ebenfalls von neuem die polizeiliche Ahndung der strafrechtlichen Verstöße.[1573] Dieser stark bevormundende Charakter entsprach nicht einmal den Wünschen der Gewerbetreibenden. Vielfach war es ihnen sehr unangenehm, dass die Polizei die Verstöße gegen das Gesetz ahndete. Es wurde damit das Gegenteil bewirkt, was die Gewerbetreibenden eigentlich wollten. Der soziale Ausgleich zwischen Arbeitern und Unternehmern wurde nicht wiederhergestellt, sondern die Gegensätze wurden nur unterdrückt und damit aber immer latent aufrechterhalten.[1574] Dies war der Industrie überhaupt nicht förderlich und es wurde vielerorts die Aufhebung der Schlichtungsstellen bei den Zünften bedauert. Diese Klagen nahm Napoleon I. im Jahr 1806 zum Anlass, in Lyon ein Conseils de prud'hommes, die späteren

1570 Gebhardt, S. 358.
1571 Stein, S.10.
1572 Borchardt, S. 55.
1573 Stein, S.11.
1574 Stieda, Zunftwesen, S. 128.

französischen Gewerbegerichte, zu errichten.[1575] Deren Aufgabe war, die unter den Fabrikanten und Arbeitern *„täglich sich erhebenden kleinen Streitigkeiten im Wege der Güte zu schlichten“* oder im Falle des Scheiterns, durch Richterspruch zu entscheiden.[1576] Dieses Gericht war ein Genossengericht, deren Mitglieder von den Gewerbetreibenden gewählt wurden.[1577] Es bekam eine Reihe von Befugnissen, die vor dem Verbot der Zünfte diesen zugestanden hatten und bis dato zum Teil von der Gerichtsbarkeit, der Verwaltung und der Polizei ausgeübt worden waren. Die Conseils de prud´hommes wurden durch die Regierung per Verwaltungsreglement dort gegründet, wo diese es für sachdienlich erachteten. Dort erwiesen sie sich als sehr beliebt und fanden schnell Verbreitung im gesamten Land.[1578] Sie förderten maßgebend das gute Einvernehmen unter den Unternehmern, Meistern und Arbeitern.[1579] Im Jahre 1809/10 wurden per Dekret den Conseils de prud´hommes auch die Führung der Fabrikzeichenliste und die Streitigkeiten über die Fabrikmarken übertragen.[1580] Erst per Gesetz vom 25. Juni 1857 über die Fabrikzeichen wurden sie ihnen wieder entzogen und den Zivilgerichten zugewiesen. Trotz des Erfolges der Conseils de prud´hommes im ganzen Land wurde keines in Paris gegründet. Die Furcht vor zu großen Arbeiterzusammenkünften war der Hauptgrund. Offiziell begründete die Regierung dies mit der zu großen Vielfalt der Gewerbe in Paris, und dass die Gründung eines solchen Conseils für jedes Gewerbe unmöglich sei. Erst 1844 wurde dann nach massivem öffentlichen Druck ein Conseils de prud´hommes auch in Paris gegründet. Dessen Erfolg war so durchschlagend, dass in kürzester Zeit drei weitere Conseils de prud´hommes in Paris errichtet werden mussten. Im Jahre 1890 wurden den Conseils die Aufgaben der prud´hommes commerciaux übertragen. Damit hatten die Conseils künftig auch über Streitigkeiten, die den Handel betrafen, zu entscheiden. Die Conseils de prud´hommes waren aus dem gewerblichen Leben Frankreichs nicht mehr wegzudenken.[1581] Sie ermöglichten einen Ausgleich der widerstreitenden Interessen, ohne dass sich eine Partei benachteiligt fühlte, und gaben damit der gewerblichen Entwicklung Frankreichs eine sichere Basis.

1575 Schönberg, Volkswirtschaftslehre, S. 715.
1576 Mollot, De la compétence de prud´hommes, S. 19.
1577 Brand, Bd. 2, S. 341.
1578 1813 gab es 38 solcher Gerichte in Frankreich.
1579 Stein, S. 17.
1580 Scherner/Willoweit, S. 114.
1581 Conrad, III. Band, S. 956.

II. Organisation der Gewerbegerichte bis zum Jahr 1869 in den deutschen Territorien

Anders als in Frankreich verlief die Entwicklung in den deutschen Ländern. Im folgenden Abschnitt soll zunächst die Entwicklung der Zunft- und Gewerbegerichtsbarkeit bis 1869 dargestellt werden. Diese zeitliche Trennung ist wegen dem Erlass der Gewerbeordnung des Norddeutschen Bundes vom 21. Juni 1869 gewählt worden. Mit dieser Gewerbeordnung trat eine bedeutende Zäsur im bisherigen Zunft- und Gewerberecht ein.[1582] Dieses war umso wichtiger, da durch den Norddeutschen Bund die Gewerbeordnung über die Grenzen eines einzigen deutschen Territorialstaates hinaus Anwendung fand. Die Entwicklung der gewerblichen Gerichtsbarkeit soll deshalb auch für bestimmte Einzelstaaten gesondert dargestellt werden.

1. Gewerbliche Gerichtsbarkeit der Zünfte bis zur Napoleonischen Zeit

Durch den vielfachen Missbrauch bischöflicher und ministerialer Richtertätigkeit im Markt- und Gewerberecht, gelobten sich vielerorts die Handwerker, ihre Streitigkeiten unter sich abzuhandeln und nicht vor einen Richter zu bringen. Die Funktion des Richters sollte einer der Ihrigen übernehmen.[1583] Unklar blieb, ob die Städte ihre Gerichtsbarkeit freiwillig abgaben oder ob die Zünfte so stark an Einfluss gewannen, dass diese die Macht hatten, die Gerichtsbarkeit faktisch zu übernehmen.[1584] So kam es, dass sich bereits im Mittelalter in verschiedenen Zünften eine gewisse Gerichtsbarkeit bildete.[1585] Die Zünfte waren es selbst, die Recht sprachen und die polizeilichen Aufgaben handhabten. Sie waren zur Blüte ihrer Zeit ein vollkommener Staat im Staate. Sie standen in vielerlei Beziehung als eine herrschende oder privilegierte Kaste da.[1586] Sie konnten die zu ihren Gunsten erlassenen Bestimmungen in ihren Ausführungen selbst überwachen und waren damit Richter und Partei in einer Person. Von einer Zunft konnte deshalb auch die nötige Unparteilichkeit, zum Beispiel bei der Zulassung ihrer eigenen Konkurrenten, nicht erwartet werden. Die Zunft hatte über die Streitigkeiten zwischen Meistern, Gesellen und Lehrlingen zu entscheiden. Im Einzelnen wurde zwischen vier verschiedenen Arten gewerblicher Streitigkeiten unterschieden

1582 Schönberg, Volkswirtschaftslehre, S. 717.

1583 Stieda, Das Gewerbegericht S. 12.

1584 Im einzelnen Stieda, Das Gewerbegericht S. 13 und 14 mit weiterführenden Erläuterungen; Neuburg, S. 9.

1585 Neuburg, S. 208.

1586 Stieda, Zunftwesen, S. 126/127; Heréus, S. 4.

1. Streitigkeiten über den Inhalt der Zunftstatuten, insbesondere Übertretungen der Bestimmungen über Güte und Feinheit der Produkte sowie Preistaxen
2. Differenzen der Genossen einer Zunft untereinander, zum Beispiel Rücksichtslosigkeiten gegenüber den anderen Zunftmeistern
3. Streitigkeiten der Meister mit ihren Gesellen über Lohn, Kost etc. (Diese Streitigkeiten waren dann später in § 120 a Reichsgewerbeordnung geregelt und fielen den Schiedsgerichten zu.)
4. Kompetenzstreitigkeiten der Zünfte untereinander, zum Beispiel von Tischlern und Zimmerleuten.[1587]

Wie weit aber die Kompetenz der Zünfte reichte, war zum Teil sehr verschieden. Die Zünfte führten die Aufsicht über das Gewerbe und stellten gleichzeitig die Gewerbepolizei bei Streitigkeiten, die sich auf die inneren Angelegenheiten bezogen.[1588] Doch die Grenzen nach außen waren fließend. Die Zünfte nahmen damit aber sehr früh administrative Aufgaben wahr. Die Gewerbekontrolle war dabei nur eine, wenn auch wesentliche Aufgabe. Auch Strafen, zumeist Geldstrafen, wurden von der Zunft im Alleingang verhängt. Die Zunft konfiszierte schlechte Waren, so zum Beispiel bei einem Bäcker der zu kleine Brote verkaufte oder bei einem Böttcher der nicht maßhaltige Gefäße herstellte.[1589] Es herrschte damit eine relative selbständige Zunftgerichtsbarkeit vor. Zur Vollstreckung von Urteilen wurde zumeist der Fronbote des Richters herangezogen.[1590] In anderen Teilen Deutschlands - vor allem in den Städten des deutschen Reiches -, zum Beispiel in Hamburg und Lübeck blieben die Stadtbeamten oder Behörden zur Rechtsprechung über gewerbliche Fragen befugt oder wurden von dem jeweiligen Regenten dazu berufen. Die Zunft eines Handwerkes war immer sehr örtlich geprägt und daher entwickelten diese sich auch vollkommen verschieden.[1591] Die Mannigfaltigkeit des Zunftrechts und die Tatsache, dass die Zünfte nicht nur gewerbliche Korporationen, sondern politische Körperschaften geworden waren, machte eine einheitliche Darstellung gewerblicher- und polizeilicher Vorschriften unmöglich. Die Verwirrung war so groß, dass niemand so genau wusste, was sich die Zünfte lediglich anmaßten oder ihnen tatsächlich zustand.[1592] Auch wie das Gerichtsorgan gebildet wurde, war zum Teil sehr verschieden. Des Öfteren waren es die Ältesten einer Zunft, die dazu berufen wurden, aber auch ein Rat, der aus angesehensten Werkmeistern der Zunft, die sogenannten Fünfermannen, gebildet wurde, war üblich.[1593] Neben den Zünften

1587 Neuburg, S. 243; Stieda, S. 15.
1588 Schönberg, Volkswirtschaftslehre, S. 710.
1589 Weimarer Stadtarchiv 89-732; Fink, Aus der Geschichte des Weimarer Bäckerhandwerkes, S. 8.
1590 Stieda, Zunftwesen, S. 110.
1591 Neuburg, S. 230; Bade, S. 54.
1592 Stieda, Das Gewerbegericht S. 16.
1593 Fischer, Quellen, S. 45.

maßten sich auch die Gesellenbruderschaften eine eigene Rechtsprechungsbefugnis an. Hauptsächlich bei den Meistern und der Obrigkeit waren diese Gerichte missachtet und es wurde versucht, sie zu unterdrücken. Nur wenn es um Sittenrecht ging hatten die Meister und die Obrigkeit nichts dagegen, wenn die Gesellen sich selber richteten. Die Obrigkeit behielt sich nur das Recht und die Funktion einer Appellationsbehörde vor.[1594] Der Landesherr galt als der oberste Gerichtsherr und hatte auch gegen die Entscheidung der Zunft das Recht der Revision. Wie weit die Gesellengerichte ihre Befugnis ausdehnen konnte, war zum großen Teil von den örtlichen politischen Machtverhältnissen abhängig.[1595] Die Zünfte beanspruchten auch über schwere Verbrechen, Diebstahl, Meineid und Angriffe gegen das Leben zu verhandeln. Auch richteten die Zünfte zum Teil über fremde Lehrlinge und versuchten ihren Einfluss über die Stadtgrenzen hinaus auszuweiten.[1596] Mächtige Zünfte erwirkten, dass ihre Mitglieder wegen einzelner Kriminalverbrechen der Strafgewalt der ordentlichen Gerichte entzogen wurden, um von ihnen selbst abgeurteilt werden zu können. Die Zünfte dehnten damit auch ihre Gerichtsbefugnis immer weiter aus und mancher Landesherr sah sein Autorität als oberster Richter des Landes untergraben.[1597] Deshalb wurde diese Art der Gerichtsbarkeit durch den Reichsschluss von 1731 stark eingeschränkt.[1598] Ziel war die Abstellung der Missbräuche, unter anderen bei der Rechtsprechung durch die Handwerker. Für ihre Streitigkeiten sollten ab diesem Zeitpunkt zum Teil die Polizeibehörden und zum Teil die ordentlichen Gerichte zuständig sein. So verbot § 1 des Reichsschluss von 1731[1599] den

1594 Neuburg, S. 224/226; Stieda, Das Gewerbegericht, S. 29; Schanz, Zur Geschichte der deutschen Gesellenverbände, S. 157-159.

1595 Stieda, Das Gewerbegericht S. 30; Schanz, S. 104-108.

1596 Haupt, S. 44.

1597 Neuburg, S. 292 u. 311.

1598 Fricke, Recht der Handwerker 1771, Schmelzeisen, S. 81 ff; § 35; Reichsschluss von 1731 § 5.

1599 „§1 Sollen im Heil. Röm. Reich die Handwerker unter sich keine Zusammenkünfte, ohne Vorwissen ihrer ordentlichen Obrigkeit, welcher bevorsteht, darzu jemand in ihrem Nahmen nach Gutbefinden zu deputiren, anzustellen Macht haben, auch an keinem Ort einige Handwerks-Artickel, Gebräuche und Gewohnheiten paßirt werden, sie seyen dann entweder von der Landes- oder wenigstens jedes Orts darzu berechtigten Obrigkeit(wie dann jedem Reichs-Stand ohnedem nach Gelegenheit der Zeit, der Läuffe und Umstände, Krafft besitzender Regalien, alle Landesherrliche Gewalt, und in Ansehung derselben die Aenderung und Verbesserung der Innungs-Brieffe in ihrem Gebieth allwege vorbehalten bleibet,) nach vorgängiger genugsamer Erweg- und Einrichtung nach der Sachen gegenwärtigem Zustand confirmiret und bekräfftiget, hingegen all diejenige, welche von denen Handwerksleuten, Meister und Gesellen allein für sich, und ohne nur gedachter Obrigkeiten Erlaubniß, Approbation und Confirmation aufgerichtet worden, oder inskünfftige aufgerichtet und eingeführet werden möchten, null, nichtig, ungültig und unkräftig seyn. Wann auch dieselbe im Heil. Röm. Reich, es seye, wo es wolle, sich mit Einführung eigenwilliger Gebräuche, hierwider vergreiffen, auch auf Obrigkeitliche Ahndung davon nicht absehen würden, sollen selbige nach gebührend beschehen-Obrigkeitl. Erkänntniß wegen solcher Ubertrettung und Ungehorsam im dem H. Röm. Reich auf ihren Handwerkern an keinem Ort paßiret, sondern von jedermännlich für Handwercks- unfähig und untüchtig gehalten, auch, wann sie ausgetretten, ad valvas curiarum, oder andern öffentlichen Orthen ange-

Handwerkern, ohne Kenntnis der Obrigkeit Zusammenkünfte abzuhalten oder Beschlüsse zu fassen.[1600] Die Gesellengerichte wurden hingegen offiziell ganz beseitigt. § 10 des Reichsschluss von 1731[1601] verbot den Gesellen *„mittels eines unter sich selbst anmaßlich haltenden Gerichts"* gegen den Meister vorzugehen. Die Streitigkeiten zwischen Meistern und Gesellen sowie über die Meisterstücke wurden der Obrigkeit oder den Zusammenkünften vorbehalten. Von diesen Zusammenkünften musste die Obrigkeit Kenntnis haben oder eine von der Obrigkeit bestimmte Person musste an der Zusammenkunft teilnehmen.[1602] Im 18. Jahrhunderts mussten so bei Streitigkeiten der Zünfte untereinander sowie zwischen dem Besteller und dem Handwerker und immer bei einem Verbrechen die ordentlichen Gerichte angerufen werden. Die gerichtliche Tätigkeit der Zünfte wurde damit immer geringer. Gegen alle Zunfturteile konnte der Betroffene an den ordentlichen Richter appellieren und auch gegen dieses Urteil Berufung einlegen.[1603] Im ausgehenden 18. Jahrhundert kam es vielfach zur allgemeinen Regelung des Zunftrechts. So wurde 1780 in den kursächsischen General-Innungsartikeln bestimmt, dass bei den Innungszusammenkünften eine Rats- oder andere obrigkeitliche Person anwesend sein musste, welche ermächtigt war, *„geringfügige Sachen und Streitigkeiten sofort abzuthun"*.[1604] Im Allge-

---

schlagen, und aufgeschrieben werden, so lang so viel, biß sie solchen ihren Verbrechens und Unfugs wegen Obrigkeitlich abgestraffet, und publica autoritate zu ihren Handwerkern wiederum admittiret worden, mit welcher Straffe auch gegen diejenige Meister und Gesellen, so dergleichen Ubertretere, hindan gesetzt berührter ihnen kund gethanen Obrigkeitlichen Erkänntniß für tüchtig und Handwerks.fähig zu halten, und zu Treibung des Handwerks beförderlich seyn wollten, zu verfahren."

1600 Stieda, Das Gewerbegericht S. 30.

1601 „§ 10 Insoderheit aber will bey einigen Handwerkern dieser wider alle Vernunft lauffende Missbrauch einlauffen, daß die Handwerks-Gesellen, vermittels eines unter sich selbsten anmaßlich haltenden Gerichts, die Meister vorstellen, denenselben gebiethen, ihnen allerhand ohngereimte Gesetze vorschreiben, und in deren Verweigerung sie schelten, straffen, und gar von ihnen aufstehen, auch die Gesellen, so nachgebens bey ihnen arbeiten, auftreiben, und für redlich halten, welche Unordnungen Insolentien hiermit allerdings samt denjenigen, was bereits oben § 1 von denen Handwerks-Artickeln und Gewohnheiten, so von denen Handwerks-Leuten, Meistern und Gesellen allein für sich ohne Obrigkeitliche Erlaubnis, Approbation und Confirmation aufgerichtet, oder eingeführet worden, Gesetzmäßig enthalten ist, nochmahlen, gänzlich und endlich abgeschafft, auch unter dieser Verordnung ins besondere die so genannte Gesellen Gebräuche (sie seyen nun gleich zu Papier gebracht oder nicht) begriffen, folglich eines mit dem andern völlig verworffen seyn und bleiben soll, vielmehr würden Obrigkeiten, welche etwan Zeithero so genannte Gesellen-Briefe selbsten ausgestellet oder confirmiret, selbige ungesäumt wiederum einzuziehen und zu caßiren, oder sie wenigstens auf gegenwärtige der Sachen Beschaffenheit zu restringiren sich befleißigen: Da auch bey einigen Zünften und Aemtern die böse Gewohnheit eingeschlichen, und die angehende Meister dahin beendiget werden sollen, daß sie der Zünfen Heimlichkeiten verschweigen, und niemand entdecken sollen, So seynd sie von solchem End hiermit völlig loßzusprechen, und ihnen dergleichen geheime Verbindung inskünfftige bey scharffer Straffe von Obrigkeitswegen nicht mehr nachzustehen."

1602 Stieda, Das Gewerbegericht S. 30.

1603 Stieda, S. 34.

1604 Kursächsische General-Innungsartikel von 1780 Kap § 17 u. 18, Kap § 12.

meinen Preußischen Landrechte ist in den von Handwerkern und Zünften handelnden Paragraphen von der Zunftgerichtsbarkeit nicht die Rede.[1605] Jedoch war auch hier der Grundton so angelegt, dass die Anwesenheit eines vom Magistrat abgeordneten Beisitzers bei den Zusammenkünften gegeben sein musste. Dieser hatte eine überwachende Funktion auszuüben und Rechenschaft zu fordern, wenn zum Beispiel das Meisterstück eines neu Aufzunehmenden abgelehnt werden sollte. Auch wurden die Gildegenossen und Zunftmitglieder angehalten, ihre Zwistigkeiten vor der höheren und niederen Polizei- und Justizbehörde auszutragen.[1606] Damit wandelte sich im ausgehenden 18. und zu Beginn des 19. Jahrhunderts die Zunftgerichtsbarkeit langsam zu einer obrigkeitlich kontrollierten Rechtssetzung. Die Befugnisse der Zünfte, eine gerichtliche Tätigkeit auszuüben und über ihre Mitglieder Recht zu sprechen, wurde immer mehr eingegrenzt. Dies war nicht überall gleich. Je nach örtlicher Gegebenheit und den jeweiligen Vorschriften, hatten die Zünfte mehr oder weniger Recht zu sprechen.[1607] Zugestanden wurde den Zünften überwiegend die Beurteilung geringer Übertretungen. Nach dem 1731 erlassenen Reichsschluss war die Grenze bei 1 - 2 rheinischen Gulden.[1608] Ausgeübt wurde die Gerichtsbarkeit auch weiterhin teils durch die Zunftversammlung, teils durch die Ältesten einer Zunft, die so genannten Älterleute, oder durch Geschworene sowie durch besonders gewählte Gerichte.[1609] Die Entscheidungen, welche oftmals unter dem Beisein einer obrigkeitlichen Person gefällt wurden, waren zumeist Vergleiche zwischen den Parteien.[1610] Die Kompetenz der Zünfte lässt sich aber nicht genau abgrenzen. Der weitaus größte Teil der gewerblichen Streitigkeiten wurde offenbar von den Polizeibehörden oder den gewöhnlichen Gerichten entschieden. Das wirtschaftliche Cliquentum und die Ausgrenzung von immer mehr Handwerkern ließen das Ansehen der Zunft sinken. Manche Zünfte bestanden nur aus Verwandten. Vielfach wurden Zünfte von einer oder mehreren Familien kontrolliert. Die Privilegien, die die Zünfte erhalten hatten, waren zumeist mit Pflichten verbunden. In der Zunft entwickelte sich jedoch die Mentalität, dass die Privilegien den Herrschenden zustanden und die Pflichten den anderen Zunftmitgliedern zufielen. Dieses System wurde maßgeblich durch die Rechtsprechungsbefugnis der herrschenden Elite in einer Zunft geschaffen. Am Anfang des 19. Jahrhunderts trat daher die Meinung immer deutlicher hervor, den Zünften die Rechtsprechungsbefugnis vollkommen zu untersagen. So erschien im Oberpfälzischen Regierungsblatt 1804, in dem der Verfasser die zünftige Gerichtsbarkeit als *„Überbleibsel der finsteren Zeitalter, in denen der Genosse das Urteil schöpfte,*

1605 ALR, 2. Teil, 8.Tit., §§ 179 ff.
1606 Stieda, S. 31.
1607 Neuburg, S. 265/266 u. 301.
1608 Proesler, S. 36 f.
1609 Schönberg, Zunftwesen, S. 34.
1610 Schönberg, Volkswirtschaftslehre, S. 712.

da meistens noch ungestraft die Selbstrache herrschte, da die Zünfte ihrer Enthaltung wegen anfänglich das Geschäft der Vermittlung unter ihren Gliedern über sich nehmen mochten, woher sie durch Autonomie, Genossenschaft und nachgefolgte Privilegien bis zur bestimmten Art einer Gerichtsbarkeit hinaufgestiegen sind. Sie kann aber nicht mehr bestehen, sobald die Staatsgewalt das Richteramt für die Nation auf eine befriedigende Weise organisiert hat und man den Gerichtshöfen nicht mehr das Gebrechen der Unzulänglichkeit vorwerfen kann".[1611] Die Zünfte verloren immer mehr an Bedeutung und gleichzeitig entwickelte sich das Fabrikwesen immer mehr zu einem dominierenden Faktor des Gewerbes und verdrängte die alte Form der Rechtsprechung.[1612]

2. Rheinprovinzen und die Bergischen Landesteile

Infolge der Besetzung des linken Rheinufers durch Napoleon und dessen Eingliederung in den französischen Staatsverband galt in diesen Landesteilen französisches Recht.[1613] Damit erlangte das oben erwähnte Gesetz von 1803 mit seinem stark merkantilistischen Charakter ebenso Geltung wie auch das 1806 in Frankreich erlassene Gesetz über die Prud'hommes.[1614] Beide wurden in den französisch besetzten Teilen der Rheinprovinzen und den Bergischen Landesteilen eingeführt.[1615] Per Dekret vom 1. April 1808 wurde in Aachen-Burtscheid das erste Gewerbegericht nach französischem Vorbild errichtet. Im Jahre 1811 folgten zwei weitere in Krefeld und Köln.[1616] Damit war die Errichtung der Conseils de prud'hommes in den Rheinprovinzen abgeschlossen.

Ein weiteres von den französischen Truppen besetztes Gebiet war das Großherzogtum Berg. In diesem war die Entwicklung jedoch weniger fließend.[1617] Preußische, französische, kurhessische und hannoversche Gesetze galten in abwechselnder Reihenfolge. Erst nachdem das Großherzogtum endgültig an Preußen fiel, beschloss die preußische Regierung, die französischen Gesetze nicht zu revidieren sondern beizubehalten.

Die Gewerbefreiheit im Großherzogtum Berg wurde zusammen mit den französisch-hanseatischen Departements per Dekret vom 31. März 1809 eingeführt und anschließend die Gewerbepolizei neu geordnet. Um den Conseils de prud'hommes die nötige Durchsetzungskraft zu geben, musste eine Justizreform

1611 Stieda, S. 34.
1612 Gebhardt, S. 386.
1613 Henning, Bd. 2, S. 63.
1614 Haupt, S. 71 u. 79.
1615 Kroeschell, S. 113.
1616 Schönberg, Finanzwissenschaft und Verwaltungslehre, Bd. 2, S. 717; Brand, Bd. 2, S. 347.
1617 Haupt, S. 71 f; Kroeschell, S. 113.

nach französischen Muster erfolgen. Eine Übernahme des Gesetzes von 1806 1:1 auf das Großherzogtum war nicht in allen Punkten möglich. Durch mehrere Dekrete versuchte die französische Besatzung, die entsprechenden Regelungen an das Großherzogtum anzupassen. Zur Anwendung der Gesetze in allen Punkten ist es aber unter französischer Herrschaft nicht mehr gekommen.

Als Preußen nach den Freiheitskriegen die Herrschaft über die Rheinprovinzen wieder übernahm, wurde es für zweckmäßig gehalten, die Gerichte zu belassen und keine Beseitigung der französischen Errungenschaft vorzunehmen.[1618] Vielmehr wurde ihnen nur ab 1815 der Beiname *„Rath der Gewerbeverständigen“* zugelegt. Es wurden bis zum Jahre 1834 auf diesem Gebiet auch keine weiteren Gewerbegerichte errichtet. Ab 1830 wagte sich die preußische Regierung daran, die bestehenden Gewerbegerichte zu reformieren. Bisher waren diese durch die französischen Dekrete nur für bestimmte Industriezweige zuständig gewesen. Einige Industriezweige waren aber in den ehemaligen französisch besetzten Gebieten so unbedeutend, dass kaum Streitigkeiten aus ihnen hervorgingen, dagegen hatten andere Gewerbezweige an Bedeutung gewonnen, ohne aber dass ein Gericht für sie zuständig war. Die preußische Regierung entschloss sich daher, die Zuständigkeit der Gerichte erstmals auf die gesamte Industrie und das Handwerk auszudehnen. Im bisherigen französischen Text war alleinig die „Fabrique“ für die jeweiligen Gewerbezweige genannt, womit das Handwerk ausgeschlossen schien. Nachdem Preußen diese Reform geglückt war, bemühte sich die Regierung in anderen Landesteilen, wenn auch im Geiste Preußens, modifizierte Gewerbegerichte einzuführen.[1619]

So 1835 in Gladbach, 1840 in Elberfeld, Barmen, Solingen, Lennep, Remscheid, 1843 in Burscheid, 1844 in Düsseldorf und 1857 in Mühlheim an der Ruhr. Nach der Bestimmung vom 7. August 1846 wurden sie als *„königliche Gewerbegerichte“* bezeichnet.[1620] Ihre Aufgabe war über Streitigkeiten zwischen Fabrikanten und deren Aufsehern und Arbeitern sowie zwischen selbständigen Gewerbetreibenden und ihren Gesellen und Lehrlingen zu entscheiden. Des Weiteren oblag ihnen die Entscheidung in Bezug auf den Antritt, Fortsetzung oder Auflösung des Arbeits- und Lehrverhältnisses, auf Erteilung und Inhalt von

---

1618 Friedrich Wilhelm III. an Hardenberg am 20. Juni 1816, abgedruckt in Lottner der für die Rheinprovinz ergangenen Gesetze, Verordnungen usw., Bd.1 1838, S. 416:
„Auch Institute und Einrichtungen in der Justizverwaltung, welche aus der Lage der dortigen Verhältnisse als nothwendig und überwiegend nützlich sich ergeben, sollen deshalb, weil sie sich nicht in dieser Art in Meinen übrigen Staaten finden, nicht verworfen, sondern in eine solche Richtung gebracht werden, als sie der Zusammenhang mit dem Ganzen verträgt.“ und weiter heisst es: „Ich will, dass das Gute, überall, wo es sich findet, benutzt und das Recht anerkannt werde.“

1619 Grotefend, S. 160.

1620 Stieda, S. 47.

Zeugnissen, Geldforderungen sowie den Ersatz des Schadens für misslungene oder mangelhafte Arbeit.[1621] Die Zuständigkeit der königlichen Gewerbegerichte wurde ab 1846 auf die im Hausfleiß und im Verlagssystem Arbeitenden ausgedehnt. Weiterhin wurde ihnen die Gerichtsbarkeit für Polizeisachen und die Führung von Fabrikzeichenrollen übertragen.[1622]

Die Kosten für die Gewerbegerichte sollten aus der Staatskasse bestritten werden und nur die Beschaffung der Gerichtsräume sowie deren Unterhalt hatte die jeweilige Gemeinde zu bestreiten.[1623] Die Verhandlungen fanden deshalb öfters in einem Sitzungssaal im Rathaus oder in einem oberen Stockwerk eines Wirtshauses statt. Die Arbeitgeber stellten bei der Zusammensetzung des Gerichtes immer ein Mitglied mehr als die Arbeitnehmer. Die Übermacht der Arbeitgeber wurde von ihnen damit begründet, dass zu berücksichtigen sei, dass den *„handeltreibenden Fabrikanten"* sicherlich *„mit Rücksicht auf ihre größere Wichtigkeit und präsumtive Intelligenz"* eine entsprechende Mehrheit eingeräumt werden muss.[1624] Nur in den Vergleichskammern herrschte Parität. Allgemein wandten sich die Arbeitgeber gegen Personen als Richter, den es im Leben nicht gelang, den nötigsten Unterhalt zu verdienen. Nach Ansicht der Arbeitgeber, waren nur solche Personen zum Richteramt befähigt, welche eine gewisse Selbständigkeit in ihrer bürgerlichen Stellung innehatten und damit über die entsprechenden Kenntnisse und Erfahrungen verfügten. Diese Anforderungen sahen sie als erfüllt an, wenn diejenige Person zumindest die Meisterprüfung bestanden hatte. Die Conseils de prud`hommes selbst waren der Auffassung, dass sich ihr System recht gut über die Zeit bewährt hatte und sahen daher keinen Grund Veränderungen vorzunehmen.[1625] Tatsächlich war es so, dass die Arbeitervertreter zumeist den Arbeitgeber um die Freistellung wegen ihrer richterlichen Tätigkeit ersuchen mussten und damit immer eine gewisse Abhängigkeit gegeben war. Gerade deshalb wollten die Arbeiter gerade keine leitenden Werkleiter als Arbeitnehmervertreter im Gericht sehen, da die Unabhängigkeit bei diesen noch viel geringer war.[1626] Auch die Regierung wollte nicht, dass die ehemaligen *„königlichen Gewerbegerichte"* zu Fabrikgerichten herabgestuft wurden. Zwar hießen die später gegründeten links- und rechtsrheinischen Gerichte bis zur ihrer Umbenennung in *„Gewerbegerichte"* im Jahre 1846 zunächst *„Fabrikgerichte"*, aber die Richterauswahl beschränkte sich nicht auf die Industrie, sondern es wurden auch Richter aus dem Handwerkerstand berufen. Die Auswahl der Mitglieder des Gerichts erfolgte anhand deren Gewerbesteuerkraft, deren Beitrags-

1621 Schönberg, Bd. 2, S. 719.
1622 Stein, S. 43.
1623 Stein, S. 42.
1624 Brand, Bd. 2, S. 405.
1625 Scherner/Willoweit, S. 112 f.
1626 Brand, Bd. 2, S. 411.

höhe in der Klassensteuer und an deren Kenntnissen von Gewohnheitsrecht.[1627] Die rheinischen Fabrikgerichte wurde damit immer mehr zu Honoratorenvereinen. Für die Wahl der Mitglieder des Gerichts mussten sich die Wahlberechtigten zuvor in eine Liste eintragen lassen und durchgeführt wurde sie regelmäßig an einem Arbeitstag. Die Wahlbeteiligung war demzufolge sehr gering. So erschienen zu einer Wahl in Aachen lediglich 17 Wähler.[1628]

Die französischen wie auch später die preußischen-rheinischen Gewerbegerichte genossen trotzdem ein hohes Vertrauen bei den beteiligten Kreisen.[1629] Vielfach wurden die vor das Gericht gebrachten Sachverhalte gar nicht entschieden, sondern die Parteien gaben nach erfolgter Erläuterung bzw. Ratschlag zumeist nach und verzichteten auf eine Entscheidung.[1630] Die Vergleichskammern galten daher auch als die „wohlthätigsten" Einrichtungen der Gewerbegerichte, in welcher *„mit dem wenigsten Zeit- und Kraftaufwand verknüpft, mehr versöhnende als richtende Ausgleichung gewerblicher Streitigkeiten wahrscheinlich gehäuft wird."*[1631] Anderseits wurde das königliche Gewerbegericht in Burscheid 1881 mangels anhängiger Verfahren und damit wegen zu hoher Unterhaltskosten wieder geschlossen. Dies zeigte bereits damals, dass es nicht zweckmäßig war, gewerbliche Gerichte um jeden Preis an jedem Ort flächendeckend zu errichten, sondern dass vielmehr die ortsabhängigen Bedürfnisse ausschlaggebend sein mussten.[1632] Aufgrund der vielfachen sozialen Spannungen, die die Gewerbefreiheit und die dadurch prosperierende Industrialisierung hervorrief, sahen viele

1627 Schönberg, Volkswirtschaftslehre, S. 717.

1628 Brand, Bd. 2, S. 433.

1629 Deutsche Gemeindezeitung 1888, S. 158.

1630 Die Statistik gibt insoweit kein vollständiges Bild der Zustände wieder, da die auf diesem Weg erledigten Streitigkeiten nicht protokolliert worden. Trotzdem soll die in der Drucksache Nr. 107 des deutschen Reichstages von 1875/ 76 enthaltene Statistik hier angeführt werden:

Gericht	Zahl der anhängig gemachten Klagen im Durchschnitt der Jahre	
	1864 - 73	1886
Barmen	617,9	419
Krefeld	787,1	835
Düsseldorf	236,2	336
Elberfeld	642,8	825
M.-Gladbach	656,8	458
Köln	676,8	1164
Lennep	103,5	167
Remscheid	185,4	86
Mühlheim a. Rh.	85,0	69
Solingen	452,6	248

1631 Brand, Bd 2, S. 390; Bade, S. 49

1632 Stein, S. 44.

Gewerbetreibende in den Gewerbegerichten eine Institution *„ohne deren freie Entwicklung auf irgend eine Weise zu hemmen, dasjenige moralische Band wiederherzustellen, welches mit den Missbräuchen der Zunftverfassung gleichzeitig zerrissen worden war.“*[1633] In der Ordnung der Arbeiterverhältnisse, sahen die Arbeitgeber wie auch die preußische Regierung einen entscheidenden Faktor, ob eine Region wirtschaftlich prosperierte oder hinter der Konkurrenz zurückfiel.[1634]

3. Zu den übrigen preußischen Provinzen

Die Entwicklung der Gewerbegerichte in den anderen preußischen Provinzen erfolgte sehr unterschiedlich. Größeren industriellen Staats- als auch Privatunternehmen wurden eine eigene Patrimonialgerichtsbarkeit für bestimmte Streitigkeiten mit ihren Arbeitern zugestanden. Dies waren bereits seit 1722 die für Kriegsführung überlebenswichtigen Gewehrfabriken in Potsdam und Spandau. Zunächst standen Inhabern der Gewehrfabriken für bei der *„Arbeit vorfallenden Strafen“* selbst die Rechtsprechung zu, später mussten diese entsprechende Justiziare beschäftigten. Diesen Justiziaren stand dann aber in allen Belangen der gewerblichen Streitigkeiten zwischen Arbeiter und Unternehmer die Gerichtsbarkeit zu. Ab 1836 wurden davon die Beamten der Fabrik ausgenommen und an das königliche Stadtgericht zu Potsdam überwiesen. Zweckmäßiger Weise wurde von den Richtern des Stadtgerichts in regelmäßigen Abständen Gerichtstage in der Fabrik abgehalten. Ebenfalls patrimoniale Gerichtsbarkeit über die Arbeiter besaßen das königl. Staigerhüttenwerk zu Hohenofen, das königliche Hüttenamt Cottow bei Luckenwalde und das königliche Alaunbergwerk zu Freienwalde.[1635]

Verschieden vom übrigen Preußen verlief die Entwicklung der gewerblichen Gerichtsbarkeit in Berlin. Dort war ursprünglich für gewerbliche Streitigkeiten der Magistrat zuständig.[1636] Danach wurde diese Aufgabe durch ein Reglement aus dem Jahre 1792 dem Polizeidirektorium übertragen. In diesem Reglement von 1792 wurde das Polizeidirektorium in Fabriksachen als ein Teil der ordentlichen Gerichtsbarkeit ernannt.[1637] Ab 1799 hatte dieses Gremium nur noch strafrechtliche Befugnisse. Die zivilrechtlichen Streitigkeiten mussten vor der Fabriken-Justiz-Deputation anhängig gemacht werden. Es wurde innerhalb des Polizeidirektoriums eine Manufaktur- und Kommerzkollegium gebildet, in wel-

---

1633 Brand, Bd. 2, S. 394.
1634 Roscher, Grundlagen der Nationalökonomie, S. 270.
1635 Stein, S. 45; Starke, I S. 159.
1636 Stieda, S. 38.
1637 Brand, Bd. 2, S. 167.

chen alle Fabrikangelegenheiten beraten wurden. Diesem oblag die *„Instruktion“* in Zivilsachen, die im Zusammenhang mit den Angelegenheiten der Fabrik standen.[1638] Dies war vor allem die Erläuterung des streitigen Sachverhaltes, da es sich bei dem Kollegium um mit der Fachmaterie betraute Gewerbetreibende handelte. Ziel dieses Gerichts war es gemäß dem 10. Titel der allgemeinen Gerichtsordnung von 1781, die Aussöhnung der Parteien. Falls diese nicht zu erlangen war, verblieb die Entscheidungsbefugnis bei dem Fabrikengericht.[1639] Dies war von Juristen besetzt, die sich auf die ausgearbeiteten Vorlagen des gewerblichen Fachkollegiums stützen konnten. 1809 wurden beide Institutionen aufgehoben und alle Streitigkeiten wurden an die ordentliche Justiz verwiesen. Die Sondergerichtsbarkeiten sollten aus dem Justizsystem Preußens gelöscht werden, da sie als Bestandteil des Ançien Régime galten. So ist es auch verständlich, dass das Edikt vom 2. November 1810 zur Einführung einer allgemeinen Gewerbesteuer und das Gesetz vom 7. September 1811 über die polizeilichen Verhältnisse der Gewerbe betreffend nicht nur auf Begeisterung bei den Kaufleuten und Verlegern stießen. Bis Mitte des 19. Jahrhunderts wurde der überwiegende Teil der gewerblichen Produktion vom Handwerk und dem Verlag erbracht. So fielen bei der Ausführung von Arbeiten des zünftigen Meisters die Geltung der Zunftgesetze und damit das bisher geltende materielle Ordnungsrecht weg. Auch waren jetzt die Meister und die Arbeiter auf den ordentlichen Rechtsweg verwiesen, was einen erheblichen Zeitaufwand bedeutete.[1640] Dies konnten sich zum Beispiel die in der Hausindustrie arbeitenden Weber nicht leisten. Deshalb drängte die Gewerbeverwaltung auch weiterhin auf eine Änderung. Das ALR stützte sich bei Streitigkeiten über die Lohnhöhe, die Qualität der Arbeit sowie über die Qualität des Grundmaterials auf Sachverständigengutachten. Diese mussten aber ebenso erst einmal finanziert werden, wie die Prozesskosten. Zumeist übertrafen dann die Gesamtkosten den Streitwert und der einfache Arbeiter in der Hausindustrie konnte es sich somit überhaupt nicht leisten einen solchen Prozess gegen seinen Verleger anzustrengen.[1641] Hinzu kam, dass er zudem meist auch wirtschaftlich von diesen abhängig war. Doch waren es die Unternehmer, die die Regierung in Preußen zum Umdenken bewogen. Aufgrund der Kontinentalsperre gegenüber England entwickelte sich eine günstige Konjunktur in der Textilbranche und diese ließ die Arbeitskräfte knapp werden.[1642] Die Klagen der Verleger nahmen stetig zu. Die Beschäftigten würden einen zu hohen Vorschuss verlangen, die Aufträge einfach liegen lassen, für mehrere Auftraggeber gleichzeitig arbeiten und Entlassungen würden nichts

1638 Mieck, Das Berliner Fabrikengericht (1815-1875) in: Jahrbuch für die Geschichte Mittel- und Ostdeutschlands, Bd. 7, (1958), S. 249-271, S. 253f.

1639 Haupt, S. 81; Grotefend, S. 160.

1640 Kratsch, Tabellarische Übersicht des Justizorganismus der sämtlichen deutschen Bundesstaaten, S. 217.

1641 Stieda, Hausindustrie, S. 80.

1642 Müller, S. 82/83; Henning, Bd. 2, S. 78.

nützen, da die Konkurrenz sofort diese wieder neu beschäftigte. Der Kontraktbruch war damit zur Regel geworden und die Verleger verlangten nach wirksamen Sanktionen.[1643] Die Verfahren vor den ordentlichen Gerichten waren zu langwierig, die Kosten zu hoch und die Richter hätten nicht die ausreichende Sachkenntnis. Die Verleger waren sogar bereit, die Kosten für ein solches Gericht selbst zu tragen.[1644]

Am 4. April 1815 kam es dann zur Errichtung einer „Fabrikengerichts-Deputation" als Unterabteilung des Berliner Stadtgerichts.[1645] Der Spruchkörper wurde aus einem Mitglied des Stadtgerichtes sowie aus einem technischen Mitarbeiter gebildet. Es trat einmal wöchentlich zusammen um die anberaumten Termine abzuhalten. Es befand über alle Angelegenheiten die Fabriken betreffend, gleich ob diese dem Staat oder Privatpersonen gehörten. Als Fabrik wurde definiert, jede Anstalt, in welcher unter Leitung und für Rechnung eines Unternehmers oder Verlegers Waren für den Handel gefertigt wurden. Damit war das Fabrikgericht nicht für Klagen des Handwerkers oder Kaufmanns zuständig und ebenso blieben die Tagelöhner, als die eigentlichen Arbeiter, von der Zuständigkeit des Gerichts ausgeschlossen. Das Fabrikgericht hatte mithin einen vollkommen anderen Charakter als die französischen Conseils de prud´hommes.[1646] Die örtliche Zuständigkeit des Gerichts erstreckte sich auf alle in Berlin befindlichen Manufakturen und Fabriken. Auch die außerhalb tätigen Arbeiter, die für einen in Berlin residierenden Verleger fertigten, hatten ihr Recht hier geltend zu machen. Gemäß § 14 des Reglements vom 4. April 1815 war das Gericht sachlich zuständig für

1. „Alle Streitigkeiten der Fabrikunternehmer und ihrer Arbeiter gegen einander über schlechte und kontraktwidrige Arbeit, über ihre Verzögerung und Verfälschung, über das Verderben der Geräthschaften und Materialien, und über die Entfernung und Abdankung der Arbeiter vor der Zeit, überhaupt alle Streitigkeiten, welche unmittelbar die Fabrikation und die deshalb übernommenen oder gesetzlich vorgeschriebenen Verpflichtungen und Befugnisse zum Gegenstande haben. Von den Arbeitern sind nur die eigentlichen Tagelöhner ausgenommen, denen es freisteht, ihre Verbindung mit einer Fabrik an jedem Tage aufzuheben,

1643 Mieck, Fabrikengericht, S. 255/256; Mieck, Preußische Gewerbepolitik 1806-1844, Berlin 1965; Treue, Wirtschaftszustände und Wirtschaftspolitik in Preußen 1815 bis 1825, (VSWG Beiheft 31), Stuttgart 1937, S. 139 ff; Reindl, S. 46/47.

1644 Brand, Bd. 2, S. 72; Mieck, Fabrikengericht, S. 255/256.

1645 Stieda, S. 38; Brand, Bd. 2, S. 15.

1646 Brand, Bd 2, S. 328.

2. *Die Streitigkeiten der Fabrikunternehmer unter sich wegen des Abwerbens von Arbeitern,*
3. *Die Untersuchung der gegen Fabrikgesetze von den Unternehmern und den Arbeitern begangenen Contraventionen,*
4. *Streitigkeiten zwischen den Fabrikvorgesetzten und den Arbeitern sowie zwischen den Arbeitern untereinander,*
5. *generell Schuldsachen,*
6. *Handlungen der freiwilligen Gerichtsbarkeit, deren Gegenstand das Fabrikwesen betrifft und deren Objekt keine stempelfähige Summe erreichte.*"[1647]
7.

Damit waren die Tagelöhner als die eigentlichen Arbeiter gemäß § 14 des Reglements vom 4. April 1815 von der Zuständigkeit des Fabrikengerichts ausgenommen.[1648]

Das Reglement war fast identisch mit dem von 1792. Es machte keinen Unterschied zwischen eine zünftige oder unzünftige Arbeitskraft. Dadurch, dass das Fabrikengericht weiter den Weg der Sondergerichtsbarkeit mit polizeilichen Befugnissen beschritt und damit dem Fabrikenstand eine eigene obrigkeitliche Gewalt zugestand, war es auch weiterhin im Geiste des Merkantilismus verankert.[1649] So war es dem Gericht erlaubt, gegen den Arbeiter Arrest zu verhängen und zur einstweiligen Erfüllung seiner Pflichten anzuhalten. Des Weiteren stand dem Gericht gegenüber Lehrlingen ein körperliches Züchtigungsrecht zu sowie war es zur Verhängung von Gefängnisstrafen von bis zu acht Tagen ermächtigt. Der Richter des Fabrikgerichts war gehalten alle Streitigkeiten zunächst in Güte zu erledigen.[1650] Das Fabrikgericht finanzierte sich durch Sporteln. Diese wurden jedoch nur erhoben bei Streitigkeiten der Fabrikanten untereinander und bei Streitigkeiten von Unternehmern mit ihren Arbeitern bei einem Streitwert von mehr als 100 Thlr.. Das Gericht hatte die Funktion einer privilegierten Hausjustiz und die Unternehmer, namentlich die Verleger, wurden auch nicht müde es zu loben.[1651] Trotz des mit Berlin recht großen Einzugsbereichs war die Zahl der anhängigen Klagen mit durchschnittlich ca. 100 pro Jahr gering.[1652] Der Einfluss

1647 Stieda, S. 39
1648 Nipperdey, S. 735.
1649 Haupt, S. 81.
1650 DZA Merseburg, Rep. 120, B I 1, Nr. 59, Bd. 1.
1651 Brand, Bd. 2, S. 177; Mieck, Fabrikengericht, S. 258.
1652 So waren zwischen 1816 und 1829 durchschnittlich 134 Fälle anhängig und ab 1831 wurde die Zahl von 100 Fällen nicht mehr überschritten:

1816:	183	davon	153	Vergleiche
1818:	164	davon	116	Vergleiche
1820:	132	davon	109	Vergleiche

dieses Fabrikgerichtes war deshalb auch sehr mäßig und es war und blieb auch das einzige dieser Art. Obwohl die Arbeiter bei diesem Gericht eine rasche und sachverständige Entscheidung hätten erwirken können, wendete sie sich selten an dieses. Vielfach wurde das Gericht lediglich als Druckmittel von den Fabrikanten und Verlegern eingesetzt, ohne dass es schließlich zu einer Entscheidung kommen musste. Als Grund wurde das zu diesem Zeitpunkt noch gute Verhältnis zwischen Arbeitgebern und Arbeitnehmern angeführt.[1653]

In den übrigen preußischen Provinzen vollzog sich eine andere Entwicklung.[1654] Die ordentlichen Gerichte, die mit über eine „gewerbliche Streitigkeit" zu entscheiden hatten, wendeten im Wesentlichen neben dem ALR vor allem das Zunftrecht an. Mit der Einführung der Gewerbefreiheit fiel diese Rechtsquelle jedoch weg. Es wurde versucht sich dadurch zu behelfen, dass § 10 Gewerbesteuergesetz die Regelung beinhaltete, dass auch das gilt, *„was örtliche Gewohnheit sey"*. Das Gericht konnte jedoch nur mit Hilfe der Zünfte oder der Gewerbepolizei feststellen, was unter *„örtlicher Gewohnheit"* verstanden wurde. Die Gewerbepolizei unterstand dem Magistrat und damit der Obrigkeit. Diese genoss aber noch nie das Vertrauen der Beteiligten. Deshalb wurden die Richter als zu wenig vertraut mit den besonderen Verhältnissen der verschiedenen Gewerbe und ihren gegenseitigen Beziehungen angesehen. Auch den Richtern an den rheinischen Friedensgerichten wurde diese Aufgabe nicht zugetraut. Damit häuften sich in der täglichen Praxis die Beschwerden über eine unzulängliche Behandlung. Die Polizei nahm des Öfteren die Aufgabe des Zunftvorstandes bei den unzünftigen Gewerben wahr und entschied über die Gültigkeit von Verträgen oder über Schadensersatzforderungen. Wenn die Polizei nicht zu ergründen vermochte, was der Ortsgebrauch sei, so sollten diese von der betreffenden Innung oder Zunft ein Gutachten über die strittigen Fragen einholen.[1655] Das kostenträchtige und langwierige Verfahren vor Gerichten, die mit sachunkundigen Entscheidungsträgern besetzt waren, wollten die Gewerbetreibenden um jeden Preis vermeiden. Lieber unterwarfen sich die Beteiligten einem Schiedsgericht.[1656] Es fehlte an einer Institution, die einen schlichtenden Ausgleich zwischen den streitenden Parteien schaffte.[1657] Zumeist wurde diese Aufgabe dem Bürgermeister zuteil. Auch in den rheinischen Provinzen fehlte nach dem Wegfall des Friedensrichters nach dem französischen Recht eine entspre-

1823:	110	davon	96	Vergleiche
1826:	115	davon	105	Vergleiche
1829:	105	davon	100	Vergleiche

Quelle: Mieck, Fabrikengericht, S. 260.

1653 Stieda, S. 40.

1654 Schönberg, Volkswirtschaftslehre, S. 717 f.

1655 Brand, Bd. 2, S. 216.

1656 Jacobi, S. 17f.; Deutsche Gemeindezeitung 1888, S. 158.

1657 DZA Merseburg, Rep. 120, B I 1, Nr. 59, Bd. 1.

chende Institution. Die preußische Regierung versuchte mit einer Verordnung über den Mandats- und Summarischen Prozess vom 1. Juli 1833 eine Prozessbeschleunigung zu erreichen, doch vergebens. Die Forderung nach einer ausgleichenden Kraft kam nicht nur von den Fabrikanten und Gewerbetreibenden, sondern auch später von den Handelskammern. Es galt, eine willkürliche und despotische Rechtsprechung zu verhindern. Den geforderten Ausgleich konnten nur ebenbürtige Standesgenossen herbeiführen. Bei den vorhandenen Gerichten war deshalb auch eine entsprechend geringe Anzahl von gewerblichen Klagen anhängig.[1658] Dieser Auffassung war auch Savigny. In seiner Schrift *„Vom Berufe unserer Zeit für Gesetzgebung und Rechtswissenschaft"* aus dem Jahre 1814 legte er dar, dass bei der Aufarbeitung und Beurteilung des historisch gegebenen Stoffes den Weisheiten der genossenschaftlichen Richter zu folgen ist.[1659] Die gewöhnlichen Gerichte waren da wenig dienlich, da diese Gerichte nicht mit Gewerbs- und Handelsgenossen besetzt waren. Dies begründet auch, warum die Zunftgerichtsbarkeit in Sachsen bis Mitte des 19. Jahrhunderts so gut funktionierte und alle Beteiligten sich damit zufrieden gaben. Grund war, dass in Sachsen die Zünfte in ihren Befugnissen nicht beschnitten wurden, sondern ihnen ein Dasein neben den industriellen Großbetrieben ermöglicht wurde. Gewerbliche Streitigkeiten lagen damit immer dann vor, wenn ein zünftiger Handwerker Partei war oder aber eine Innungsverfassung zur Anwendung kam.[1660] Auch die sächsische Gewerbeordnung von 1857 behandelte diese Streitigkeiten als Gewerbesachen und damit als Verwaltungsangelegenheit. Erst mit der Einführung der Gewerbefreiheit in Sachsen wurden diese Streitigkeiten vor den ordentlichen Gerichten ausgetragen.

Die westfälischen Unternehmer forderten von der preußischen Regierung, was ihre Kollegen in der rheinischen Nachbarprovinz bereits besaßen, ein eigenes Fabrikengericht.[1661] 1826 kam es zur Errichtung eines Gerichts nach dem Vorbild des Berliner Fabrikgerichts in Arnsberg.[1662] Dieses Institut war jedoch ein Fehlschlag. Zunächst konnten sich die Beteiligten nicht über den Kreis der Wahlberechtigten einigen und dann scheiterte das Gericht am Widerstand der Gewerbetreibenden. Im Gegensatz zu Berlin, sollte das Gericht nur für die Streitigkeiten der Unternehmen zuständig sein, die in der Verarbeitung und Verfeinerung von Naturerzeugnissen im Großen tätig waren. Das lief aber an den Bedürfnissen der märkischen Wirtschaft vorbei, da damit die Vielzahl der kleinen selbständigen Meister und die mit ihnen Handel treibenden Kaufleute nicht er-

1658 Brand, Bd. 2, S. 220; Wolter, Mitteilungen über das Gewerbegericht zu Magdeburg aus dem Geschäftsjahr 1850, S. 14.

1659 v.Savigny, Vom Berufe unserer Zeit für Gesetzgebung und Rechtswissenschaft, S. 114.

1660 Brand, Bd. 2, S. 225.

1661 Haupt, S. 81.

1662 Brand, Bd. 2, S. 180; Schlossstein, Die westfälischen Fabrikengerichtsdeputationen, S. 92.

fasst wurden. Die Kaufleute und Unternehmer sollten als Beisitzer des Gerichts unentgeltlich arbeiten und hatten kein Stimmrecht bei der Entscheidungsfindung, da dies der vorsitzende Richter allein vollzog.[1663] Die Verantwortung für problematische und technische Fragen und noch dazu unentgeltlich sowie ohne Gleichstellung mit dem Richter wollte kein Gewerbetreibender gerne übernehmen. Trotzdem wurden am 26. November 1829 in neun westfälischen Städten ähnliche Fabrikgerichtsdeputationen wie in Berlin gegründet.[1664] Diese waren gegenüber dem Gericht in Berlin mit erweiterten Kompetenzen ausgestattet. So waren sie befugt, über Streitigkeiten aus Lieferungsverträgen sowie mit ihnen zusammenhängende Verbindlichkeiten zu entscheiden.[1665] Der Ablauf des Verfahrens war der gleiche wie in Berlin. Entscheidend hierbei war, dass die ordentliche Gerichtsbarkeit wegen gewerblichen Streitigkeiten nicht mehr zuständig war. Dies war in Berlin nicht der Fall.[1666] Gebildet wurden die Spruchkörper aus einem Richter, einem Techniker und aus zwei Fabrikinhabern, die aus dem jeweiligen Gerichtsort stammen sollten. Gewählt wurde diese auf die Dauer von zwei Jahren.[1667] Auch die Wirksamkeit dieser Gerichte, wenn sie denn überhaupt gegründet wurden, war sehr gering. Zumeist mussten die Gerichte aufgrund mangels Klagen bald wieder schließen.[1668] Als letztes blieb das Gericht zu Iserlohn bestehen, was 1868 schloss.[1669]

Kernproblem der preußischen Fabriken- und Gewerbegerichte war, dass die preußische Regierung glaubte, durch die Besetzung des Gerichts mit einem technisch versierten Beisitzer neben dem Richter, zum einen die obrigkeitliche Gewalt weiterhin fest in den Händen zu halten und gleichzeitig das technische Verständnis in das Urteil mit einbringen zu können. Dadurch und durch die zwei örtlichen Fabrikinhaber sollte die Akzeptanz bei den Parteien gefördert werden. Dies war jedoch nicht der Fall. Vielmehr war nicht das technische Verständnis ausschlaggebend für die Akzeptanz, sondern alleinig ob ein gewerblicher Genosse über einen anderen Genossen richtete. Nur diesem fügten sich die Parteien, nicht der Obrigkeit.[1670]

1663 DZA Merseburg, Rep. 77, Tit. 307, Nr. 50, Bd. 1, Bl. 4.

1664 Der König selbst ordnete an, „dass Einrichtungen getroffen werden sollen, um dieser Sache möglichst nahezutreten“ und nach § 1 des Gesetzes sollten derartige Deputationen in den Städten Iserlohn, Limburg, Altena, Plettenberg, Lüdenscheid, Hagen, Schwelm, Hattingen und Siegen errichtet werden. Tatsächlich kam es nur zur Errichtung in Altena, Hagen, Iserlohn, Lüdenscheid und Siegen. In Plettenberg kam es nicht zur Eröffnung da nur ein Richter vorhanden war und in den übrigen Städten weil keine Streitigkeiten diesbezüglich vorlagen.

1665 Stein, S. 50.

1666 DZA Merseburg, Rep. 120, B I 1, Nr. 60, Bd. 1, Bl. 19.

1667 Stieda, S. 41.

1668 Schönberg, Volkswirtschaftslehre, S. 718.

1669 Stieda, S. 42.

1670 DZA Merseburg, Rep. 120, BB VII 1 Nr. 87, Bl. 2.

Für geringe Streitigkeiten war den Zünften bis zu deren Auflösung eine eigene, wenn auch teilweise beschränkte, schiedsgerichtliche Tätigkeit zugestanden worden. Neben diesen Innungsschiedsgerichten existierten noch vereinzelt die gefürchteten Gesellengerichte.[1671] Diese tagten zumeist auf der Herberge des jeweiligen Ortes.[1672] Das Verfahren verlief nach dem Vorbild eines altdeutschen Prozesses und wurde mit der Huldigung zur Aufrechterhaltung der zünftigen Ordnung eröffnet.[1673] Der betroffene Meister wurde von dem Ausgang des Verfahrens durch die Frage *„ob er sich fehlbar finde"* in Kenntnis gesetzt. Der Spruchkörper bestand zumeist aus 7 Gesellen und das Urteil wurde durch Abstimmung nach dem Mehrheitsprinzip gefunden. Es herrschte der über alles erhabene Konsensgedanke. Am Ende mussten die Parteien das Urteil loben. Darin lagen die Überreste der germanischen Urteilsschelte, die unmittelbar nach dem Spruch erfolgen musste.[1674] Auch der Zweikampf als eine der ursprünglichen Formen des germanischen Rechts- und Gerichtswesen wurde noch im 19. Jahrhundert praktiziert und schloss mit der Handreichung.[1675] Vor allem in den östlich der Elbe gelegenen Territorien waren diese neben den Innungsschiedsgerichten weit verbreitet und sehr einflussreich. Zwar wurde durch das Edikt vom 2. November 1810 zur Einführung einer allgemeinen Gewerbesteuer und das Gesetz vom 7. September 1811 über die polizeilichen Verhältnisse der Gewerbe betreffend die Gewerbefreiheit eingeführt und jeglicher Zunftzwang beseitigt.[1676] Jedoch waren davon nicht die richterlichen Organe der Zünfte bzw. der Innungen nebst ihren genossenschaftlichen Anstalten betroffen.[1677]

Es standen sich in Preußen die Verfechter von Schiedsgerichten, zumeist die aus den Zünften entstandenen Innungen, und die Anhänger der ordentlichen Gerichtsbarkeit gegenüber. Ein Mittelweg schien ein unabhängiges und nicht zunftgebundenes Schiedsgericht zu sein.[1678] Gegen die ordentliche Gerichtsbarkeit sprach vor allem die für die Gewerbetreibenden zum größten Teil unverständliche obrigkeitliche Rechtsordnung. In den Schiedsgerichten sollten Vertreter der Arbeitgeber und der Arbeitnehmer bei der Schlichtung bzw. Entscheidungsfindung mitwirken.[1679] Auch sollten diese Gerichte nicht mehr unter der

1671 Fischer, Quellen, S. 97.

1672 Schieder, Anfänge der deutschen Arbeiterbewegung, S. 180; Reindl, S. 13; Brand, Bd.1, S. 70 f.

1673 Brand, Bd. 2, S. 134.

1674 Brunner, S. 355/35; Weitzel, Dinggenossenschaft und Recht, S. 944/945.

1675 Hübscher-Alioth, Aus den Wanderjahren eines Zimmermanns, in: „Garbe" S. 85 f.

1676 Edikt über die Einführung einer allgemeinen Gewerbe-Steuer. Vom 28sten Oktober 1810 (Gewerbesteueredikt). Gesetz-Sammlung für die königlichen preußischen Staaten 1810, S. 79-94. Gesetz über die polizeilichen Verhältnisse der Gewerbe, in Bezug auf das Edikt vom 2ten November 1810, wegen Einführung einer allgemeinen Gewerbesteuer. Vom 7ten September 1811 (Gewerbegesetz). Gesetz-Sammlung für die königlichen preußischen Staaten 1811, S. 263-280.

1677 Stein, S. 49.

1678 Jacobi, S. 17 f.

1679 DZA Merseburg, Rep. 77, Tit. 307, Nr. 50, Bd. 1, Bl. 4.

Aufsicht von einer Kommission oder Behörde stehen, wie dies bei den Innungsschiedsgerichten der Fall war. Nach dieser Idee bildete sich 1848 ein Schiedsgericht für die Berliner Seidenweberinnung heraus, welches mit je drei Fabrikanten, Meistern und Gesellen besetzt war.[1680] Nach diesem Vorbild versuchten auch die Buchbinder und die Zigarrenarbeiter eigene Schiedsgerichte zu bilden.[1681] Träger der Ideen waren die ins Leben gerufenen Gewerbevereine.[1682] So wurde durch den Zentralverein im Dezember 1848 ein Erlass vorgelegt, der vorsah, dass sämtliche beteiligten Fabriken in einer Stadt sich zu einer korporativen Verbindung zusammenschließen sollten. Diese sollten eine eigene Versorgungskasse, die Gründung und Unterhaltung von Bildungseinrichtungen sowie für die Fabrikarbeiter Schiedsgerichte unterhalten.[1683] Die Tendenz war, dass wieder verschiedene Gerichte zur gewerblichen Rechtsprechung befugt sein sollten.

Mit der Gewerbeordnung von 1845 kam es schließlich zur einheitlichen Kodifizierung des Gewerberechts für Preußen. Gemäß § 137 GewO 1845 wurden auch wieder die Innungen zur Rechtssprechung ermächtigt.[1684] Gegenüber den Zünften war die Rechtsprechungsbefugnis der Innungen stark eingeschränkt. § 122 GewO 1845 bestimmte, dass Streitigkeiten über die Rechte und Pflichten von Innungsmitgliedern sowie über deren Aufnahme oder Ausschluss von der Kommunalbehörde, zumeist der Stadtrat, zu entscheiden war. Lediglich die Streitigkeiten zwischen den selbstständigen Gewerbetreibenden und ihren Gesellen, Gehilfen und Lehrlingen, welche sich auf den Antritt, die Fortsetzung oder Aufhebung des Arbeits- oder Lehrverhältnisses oder auf die gegenseitigen Leistungen beziehen, konnte durch den Innungsvorsteher entschieden werden. Die Errichtung von Gewerbegerichten oder von Schiedsgerichten war nicht vorgesehen.[1685] Die rheinischen Gewerbegerichte und die übrigen Behörden sollten davon jedoch unberührt bleiben. Nur in denjenigen Landesteilen wo es entweder keine Innungen oder Gewerbegerichte gab bzw. wo die Gewerbetreibenden sich keiner Innung anschlossen, wurden die Gewerbetreibenden bei Streitigkeiten an die Ortspolizei verwiesen. Diese Vielschichtigkeit der Entscheidungsmöglichkeiten stieß auf großen Unmut in den handwerklichen Kreisen.[1686] Sie verlangten wie in den Rheinprovinzen Gewerbegerichte.[1687] Auch lag es im Sinne der Regierung eine einheitliche Regelung zu schaffen, noch dazu, wo sich die Gewerbegerichte in den Rheinprovinzen bewährten. Die preußische Regierung,

1680 Eingabe des Schiedsgerichts der Seidenweberinnung vom 24.10.1848. DZA Merseburg, Rep. 120, BB VII 1, Nr. 87, Bl. 2.
1681 Frisch, Die Organisationsbestrebungen der Arbeiter in der deutschen Tabakindustrie, S. 10.
1682 Schulze, S. 18.
1683 Brand, Bd. 2, S. 278.
1684 Vgl. § 137 GewO 1845.
1685 DZA Merseburg, Rep. 120, BB VII 1, Nr. 87, Bl. 109.
1686 DZA Merseburg, Rep. 120, BB VII 1, Nr. 87, Bl. 68 f.
1687 Schönberg, Bd. 2, S. 718.

durch die bisherigen Misserfolge belehrt und mit dem Ziel eine Institution auf Dauer zu schaffen, lud Persönlichkeiten des gewerblichen Lebens zu Konsultationen nach Berlin ein.[1688] Es wurde eine Fachkommission für Handwerkerverhältnisse gebildet. Auch die von der Nationalversammlung zu Frankfurt beschlossenen Grundrechte beinhalteten bereits damals in § 47 folgende Regelung:

> *„Die bürgerliche Rechtspflege soll in Sachen besondere Berufserhebung durch fachkundige von den Berufsgenossen gewählten Richter geübt oder mitgeübt werden.“*[1689]

Die gewerblichen Arbeitnehmer standen der Gewerbeordnung von 1845 auch wegen ihres zu zünftlerischen Grundtones ablehnend gegenüber. Stetige Forderung der damaligen Handwerkerversammlungen war die Errichtung von Gewerberäten. Ziel der Fachkommission war es, einen Entwurf zu erarbeiten, der die bestehende Gewerbeordnung in verschiedenen Belangen abändern und ein Gesetz für die Gewerbegerichte schaffen sollte. Die Fachkommission legte dem Handels- und Justizminister zwei Verordnungsentwürfe vor. Das Ergebnis dieser Beratungen war der Erlass zweier Verordnungen vom 9. Februar 1849. Eine Verordnung betraf die Errichtung von Gewerberäten (VerO 1849) und die andere Verordnung betraf die Errichtung von Gewerbegerichten (Gew.Gerichts.VerO 1849).[1690] Beide beinhalteten verschiedene Abänderungen der allgemeinen Gewerbeordnung.[1691] In den Grundsätzen schlossen sich die Verordnungen an die gescheiterten rheinischen Gewerbegerichte an.

Zur gleichen Zeit tagte der Handwerkerkongress in Frankfurt und er beschäftigte sich ebenfalls mit der Frage der Errichtung von Gewerbegerichten und arbeitete dementsprechende Vorschläge aus.[1692] Der Frankfurter Kongress schlug die Einführung von Gewerberäten vor, die sich in Gewerbegerichte und Verwaltungsausschüsse untergliedern sollten. Alleinig das Herzogtum Sachsen-Gotha griff diesen Vorschlag in seinem Provisorischen Statut die Verfassung der Innungen in der Residenzstadt Gotha betreffend vom 24. September 1849 auf.[1693] Doch wie bereits dargestellt, bewährte sich dieses System auch nicht über einen längeren Zeitraum.

1688 Stieda, S. 42.

1689 Stein, S. 62.

1690 Verordnung, betreffend die Errichtung von Gewerberäthen und verschiedener Abänderungen der allgemeinen Gewerbeordnung. Gesetz-Sammlung für die königlichen Preußischen Staaten, S. 93-110 und Verordnung über die Errichtung von Gewerbegerichten. Vom 9. Februar 1849. Gesetz-Sammlung für die königlichen Preußischen Staaten, S. 110-124.

1691 Stein, S. 52.

1692 Henning, Bd. 2, S. 65.

1693 GS.S-G, Band VI Nr. 363, S. 375-385.

Die preußische Regierung kam bei den ministeriellen Beratungen zu dem Schluss, dass eine Trennung der administrativen und richterlichen Geschäfte zweckdienlicher ist und ebenfalls der preußischen Verfassung treffender entsprechen würde.[1694] Dementsprechend sollten auch die Gewerberäte und Gewerbegerichte vollkommen unabhängig voneinander sein. Gegen diese Trennung hatte auch keiner von den Beratungsteilnehmern etwas einzuwenden. In allen Landesteilen Preußen erhielten die zwei Verordnungen regen Zuspruch. Gemäß § 1 Gew.Gerichts.VerO 1849 konnte für einen Ort oder einen ganzen Bezirk ein Gewerbegericht errichtet werden, wenn eine ausreichende Wirtschaftstärke vorhanden war. Die bestehenden gewerblichen und kaufmännischen Korporationen sowie die Gemeinde waren vor der Gründung anzuhören.[1695] Die Kompetenz der Gerichte erstreckte sich auf folgende Gebiete:

1. Streitigkeiten der selbständigen Gewerbetreibenden mit ihren Gesellen, Gehilfen und Lehrlingen, weiterhin auf Fabrikinhaber, Faktoren, Ausgeber und Verleger mit den von ihnen beschäftigten Werkführern, Fabrikarbeitern sowie in der Hausindustrie Beschäftigten (vgl. § 2 Gew.Gerichts.VerO 1849),
2. alle diese Personen die innerhalb des Gerichtsbezirks eine Fabrik oder Werkstatt besaßen bzw. ein Gewerbe ausübten oder für diese arbeiteten, auch wenn sie außerhalb des Gerichtsbezirk wohnten, waren der Gerichtsbarkeit unterstellt (vgl. § 3 Gew.Gerichts.VerO 1849),
3. über Streitigkeiten die den Antritt des Arbeits- und Lehrverhältnisses betrafen oder dessen Auflösung, die gegenseitigen Leistungen und generell die mit der Arbeit zusammenhängen Ansprüche.[1696]

Die Zuständigkeit des Gerichtes erstreckte sich damit nicht nur auf die leitenden Angestellten wie bei den prud`hommes, sondern auch auf die eigentlichen Arbeitnehmer und die Handwerker. Die Gerichte setzten sich aus selbständigen Handwerkern, Fabrikinhabern, Verlegern, Gehilfen, Gesellen, Werkführern und Fabrikarbeitern zusammen.[1697] Von den Arbeitgebern wurde jeweils eine Person mehr bestimmt als von den Arbeitern. Die Arbeitgeber wie auch die Arbeitnehmer wählten aus ihresgleichen die Mitglieder des Gerichts. Dabei war es unbeachtlich, ob die Arbeitgeber mehrheitlich Fabrikinhaber oder Handwerker wa-

1694 Stein, S. 53.

1695 § 1 Gew.Gerichts.VerO 1849:
„Für jeden Ort odr Bezirk, wo wegen eines erheblichen gewerblichen Verkehrs ein Bedürfnis zu einem Gewerbegerichte obwaltet, soll, auf den Antrag von Gewerbetreibenden, nach Anhörung der gewerblichen und kaufmännischen Korporationen und der Gemeindevertreter, ein solches Gericht, nach Einholung Unserer besonderen Genehmigung, errichtet werden."

1696 Stieda, S. 43.

1697 § 4 Gew.Gerichts.VerO 1849. Je nach Arbeitsumfang sollten die Gerichte aus 5, 9, 13, oder 17 Mitgliedern bestehen.

ren.[1698] Ebenso war nicht vorgeschrieben, ob sich die Arbeitnehmervertreter aus Gehilfen, Gesellen oder Fabrikarbeiter zusammensetzen sollten.

Zur Wahl der Mitglieder des Gewerbegerichts waren alle Arbeitgeber und Arbeitnehmer berechtigt die das 24igste Lebensjahr vollendet hatten. Weiterhin durften sie ihre bürgerlichen Ehrenrechte nicht verloren haben, sich nicht im Konkurs oder der Zahlungsunfähigkeit befinden, nicht durch einen Beschluss einer Korporation oder Handelskammer ausgeschlossen worden sein und auch sonst nicht ihre kaufmännische Rechte verloren haben. Für die Arbeitgeber galt noch als Voraussetzung, dass sie nicht bereits wegen der Entlohnung von Fabrikarbeiter mit Waren eine Strafe erhalten hatten.

Wählbar waren alle Wahlberechtigten, die das 30igste Lebensjahr zurückgelegt haben. Gemäß § 7 Gew.Gerichts.VerO 1849 konnten die Arbeitnehmer auch für ihre Vertretung Arbeitgeber wählen, wenn sich nicht genügend Arbeitnehmer zur Wahl stellten.[1699] Dadurch, dass die Arbeitgeber immer eine Person mehr bestimmen konnten, und dass sie sogar auch selbst Arbeitnehmervertreter sein durften, verdeutlicht deren Übergewicht.

Über die örtlichen Wahlberechtigten hatte die Kommunalbehörde ein Verzeichnis zu erstellen. Die Aufsicht über die Gewerbegerichte übte gemäß § 10 Gew.Gerichts.VerO 1849 das Ministerium für Handel, Gewerbe und öffentliche Arbeiten aus. Das Gericht wurde geleitet durch einen von der Regierung eingesetzten Kommissar, der die gewählten Mitglieder vereidigte und einführte. Die Mitglieder hatten gemäß § 13 Gew.Gerichts.VerO 1849 ihr Amt unentgeltlich zu verrichten. Eine Aufwandsentschädigung konnte gewährt werden. Die gewählten Mitglieder des Gewerbegerichtes wählten aus ihrer Mitte einen Vorsitzenden sowie einen Stellvertreter. Auch hier gab das Gesetz vor, dass dies ein Arbeitgeber sein sollte.[1700] Weiterhin hatte das Gericht noch einen Gerichtsschreiber und einen Gerichtsboten. Diese erhielten gemäß § 15 Gew.Gerichts.VerO 1849 eine

---

1698 Schönberg, Volkswirtschaftslehre, S. 718.

1699 § 8 Gew.Gerichts.VerO 1849:
„Zur Leitung der Wahlen ernennt die Regierung einen Kommissarius oder, wenn die Eintheilung des Gerichtsbezirks in mehrere Wahlbezirke erforderlich ist, mehrere Kommissarien.
Jeder Kommissarius beruft durch eine vierzehn Tage vor dem anberaumten Wahltermine zu erlassende Bekanntmachung die Wahlberechtigten zur Wahlversammlung.“

1700 § 14 Gew.Gerichts.VerO 1849:
„Nach der Einsetzung des Gewerbegerichtes wählen die Mitglieder, nach absoluter Stimmenmehrheit, aus der Klasse der Arbeitgeber einen Vorsitzenden und für dessen Geschäftsführung in Verhinderungsfällen, einen Stellvertreter, auf zwei Jahre. Die Namen der Gewählten sind der Regierung und dem Appellationsgerichte des Bezirks anzuzeigen. Bei der Erneuerung jener Wahl, welche von zwei zu zwei Jahren nach der jedesmaligen Ergänzung des Gewerbegerichtes (§ 12) erfolgt, sind die früher Gewählten, sofern sie noch zu den Mitgliedern des Gewerbegerichts gehören, wieder wählbar.“

Besoldung. Die Höhe der Besoldung sollte von den Gewerbegerichten vorgeschlagen und von den Regierungen festgesetzt werden.

Vor eigentlichem Verhandlungsbeginn kam die Streitsache vor einen Vergleichsausschuss, der jeweils aus einem Arbeitgeber und einem Arbeitnehmer bestand.[1701] Die Sitzungen waren öffentlich und der Gerichtsschreiber hatte über deren Verlauf ein Protokoll zu verfassen. Wenn der geladene Verklagte nicht vor dem Vergleichsausschuss erschien, wurde das Verfahren vor dem Gewerbegericht fortgesetzt. Blieb hingegen der Antragsteller aus, so galt dessen Antrag als zurückgenommen. Wenn beide Parteien erschienen, hatte der Ausschuss nach deren Vernehmung einen Vorschlag zur gütlichen Streitbeilegung zu machen.[1702] Konnte über den Streitgegenstand ein Vergleich geschlossen werden, so wurde dieser im Protokollbuch niedergeschrieben. Der Vergleich war vollstreckbar. Wenn keine Einigung zu erzielen war, wurde die Angelegenheit an das Gewerbegericht verwiesen, um dort entschieden zu werden. Der Gerichtschreiber hatte dazu gemäß § 26 Gew.Gerichts.VerO 1849 alle Parteien erneut zu laden und das Gerichtsprotokoll zu verfassen. Die §§ 27 ff. Gew.Gerichts.VerO 1849 enthalten wie für den Zivilprozess formelle Regelungen für den Ablauf des Prozesses. Auch hier sollte zunächst erneut ein Vergleich zu Stande kommen. Das Gewerbegericht war jetzt befugt auch Beweis zu erheben sowie Sachverständige hinzuzuziehen.[1703] Gemäß § 38 Gew.Gerichts.VerO 1849 sollte das Gericht sein Urteil noch in der mündlichen Verhandlung sprechen. Die Entscheidung wurde durch einfache Mehrheit der anwesenden Mitglieder getroffen. Bei Stimmengleichheit entschied die Stimme des Vorsitzenden. Für die Einzelheiten des Verfahrens vor dem Vergleichsausschuss und dem Gewerbegericht gaben sich die Gewerbegerichte eigene Ordnungen, die von der

1701 § 17 Gew.Gerichts.VerO 1849:
„Wer einen Anspruch bei dem Gewerbegericht geltend machen will, hat denselben schriftlich oder bei dem Gerichtschreiber zu Protokoll mit Angabe des Namens und Wohnortes des in Anspruch Genommenen, des Klagegrundes und des bestimmt zu stellenden Antrags anzumelden. Der Gerichtsschreiber ladet unter Mittheilung der Angaben des Klägers den Verklagten schriftlich vor den Vergleichsauschuß und benachrichtigt den Antragsteller von dem anberaumten Termine.“

1702 Schönberg, Volkswirtschaftslehre, S. 712.

1703 § 32 Gew.Gerichts.VerO 1849:
„Ueber die zur Entscheidung der Sache erforderliche Beweisaufnahme hat das Gericht, nachdem die Parteien über ihre etwaigen Einwendungen gegen die vorgeschlagenen Zeugen und sonstigen Beweismittel gehört worden, Beschluß zu fassen. Sind die Beweismittel zur Stelle, so kann der Beweis sofort aufgenommen und das Urtheil gesprochen werden.
Im entgegengesetzten Falle werden die Parteien, wenn sie anwesend sind, mündlich, wenn sie bereits entlassen sind, schriftlich zu dem Termine, in welchem die Beweisaufnahme erfolgen soll, mit der Verwarnung vorgeladen, daß im Falle ihres Ausbleibens in dem anberaumten Termine mit der Beweisaufnahme werde verfahren werden.“

Regierung genehmigt werden mussten. Die Sitzungen des Gewerbegerichtes waren grundsätzlich öffentlich.[1704]

Die Entscheidung des Gewerbegerichtes war ebenfalls sofort vollstreckbar. Für Rechtsmittel gegen die Entscheidung des Gewerbegerichtes verwies § 54 Gew.Gerichts.VerO 1849 auf die Prozessordnungen der einzelnen Landesteile in Preußen. Grundsätzlich sollte jedoch das Handelsgericht oder wenn ein solches nicht bestand, das Kreis- oder Stadtgericht des Bezirks zuständig sein.[1705]

Für die ganze preußische Monarchie geltend, wurde die Umsetzung - die Errichtung der Gewerbegerichte - doch nur an 11 Orten vollzogen.[1706]

In Magdeburg, Halle und Wernigerode wurden als erstes Gewerbegerichte auf der Grundlage der Verordnungen errichtet. Breslau, Berlin, Stettin legten der preußischen Regierung entsprechende Anträge vor. Trotz der breiten Zustimmung der Gewerbetreibenden zu diesem Gesetz, scheiterte es in seiner praktischen Umsetzung. Es wurden zwar noch weitere Gewerbegerichte für Neustadt-Magdeburg, Sudenburg/Buckau, Görlitz, Ratibor, Liegnitz, Sagan, Schwedt, Minden, Lutherorde, Annendorf und Tschrindorf beantragt.[1707] Von denen die tatsächlich gegründet wurden, sind die Gewerbegerichte in Magdeburg und Breslau 1852, in Görlitz 1853, in Wernigerode 1854, Stettin und Liegnitz 1855 wieder geschlossen worden.[1708]

1704 § 41 Gew.Gerichts.VerO 1849:
„Bei den Verhandlungen vor dem Vergleichsausschusse und vor dem Gewerbegerichte haben sich die Betheiligten in den Schranken der Mäßigung und der schuldigen Achtung zu halten, und in gleicher Art haben alle übrige Anwesende jede Störung der Verhandlungen zu vermeiden. Diejenigen, welche hiergegen verstoßen, sind von dem Vorsitzenden an ihre Pflicht zu erinnern, und wenn diese Ermahnung erfolglos bleibt, ist der Vorsitzende befugt, die Entfernung des Ruhestörers zu veranlassen. Bei den Verhandlungen vor dem Vergleichsausschusse hat das der Klasse der Arbeitgeber angehördende Mitglied die Befugnisse des Vorsitzenden."

1705 § 54 Gew.Gerichts.VerO 1849:
„In wieweit gegen Erkenntnisse und Bescheide andere Rechtsmittel, als die Restitution (§§ 51-53), namentlich der Rekurs, die Appellation, die Revision und die Nichtigkeitsbeschwerde statt finden, ist nach der in den verschiedenen Landestheilen bestehenden allgemeinen Prozessgesetzgebung zu beurtheilen. Jedoch entscheidet über den Rekurs und die Appellation das Handelsgericht oder, wo ein solches nicht besteht, das Kreis- oder Stadtgericht des Bezirks."

1706 Die Gewerbegerichte wurden errichtet in: am 25. Mai 1849 in Magdeburg, für die Grafschaft Wernigerode am 15. Juni 1849, am 11. Juli 1849 in Halle, am 2. Oktober 1849 in Stettin, am 22. Oktober 1849 in Breslau, am 25. Februar 1850 in Schwedt, am 15. Juni 1850 in Minden, am 15. Juli 1850 in Liegnitz, am 29. Juli 1850 in Görlitz, am 2. Januar 1851 in Ratibor und am 15. August 1851 in Sagan.

1707 Schönberg, Volkswirtschaftslehre, S. 718. Von diesen sind jedoch nicht mehr zur Ausführung gelangt die Gewerbegerichte in Schwedt, Minden, Ratibor und Sagan weil die Beteiligten kein Interesse mehr an der Umsetzung zeigten.

1708 Stein, S. 54.

Über die Gründe des sich so schnell eintretenden Misserfolges der Gew.Gerichts.VerO 1849 gibt es wenige Ausführungen. Ein Umstand war jedoch sicherlich, die Höhe und Art der Beteiligung an den Verwaltungskosten der Gewerbegerichte. Die Geschäftsräume hatten die Gemeinden zu stellen. Auch die sonstigen Kosten für die Einrichtung der Gewerbegerichte trugen die Gemeinden. Die Kosten für die laufende Geschäftsführung wurden gemäß § 16 Gew.Gerichts.VerO 1849 auf die Gebühren und Strafgelder umgelegt. Wenn diese nicht reichten, wurden Beiträge von Gewerbetreibenden des Gerichtsbezirks erhoben. Deren Einziehung konnte auch durch Exekution im Verwaltungsrechtsweg erfolgen.

So beliefen sich die Kosten des Gewerbegerichts in Magdeburg im ersten Geschäftsjahr auf 1.450 Thlr. Für die 160 zur Verhandlung gekommen Streitfälle ergab dies 9 Thlr. Unkosten pro Fall. Diese mussten die Gewerbetreibenden aufbringen, auf welche sich die Zuständigkeit der Gerichtsbarkeit der Gewerbegerichte erstreckte. Gemäß §§ 56, 57 Gew.Gerichts.VerO 1849 forderte das Gewerbegericht sowohl Sporteln als auch Beiträge und nicht lediglich nur eins von beiden.[1709] Bei einem Vergleichsschluss wurden die Kosten des Verfahrens zu gleichen Teilen auf die dem Gericht unterstellten Gewerbetreibenden und Arbeiter verteilt.[1710] Es wäre dringend anzuraten gewesen, eine progressive oder eine degressive Aufteilung der Kosten nach der Größe der einzelnen Betriebe und nach der Leistungsfähigkeit der beteiligten Personen vorzunehmen. Ebenfalls beitragspflichtig waren nach der Verordnung die Arbeiter. Diese unterschied nur zwischen Gewerbetreibenden sowie selbständigen Gewerbetreibenden. Dabei wurden die Arbeiter einfach zur ersten Gruppe gerechnet.[1711] Auch die Beitreibung der dem Gewerbegericht erwachsenen Kosten machte erhebliche Mühe. Die Kommunalbehörden versuchten eine exekutive Beitreibung der Umlagen durchzuführen, jedoch mit mäßigem Erfolg. Solange das Gewerbegericht keine Kosten verursachte, war es überall beliebt und die jeweilige Partei war nach einem glücklichen Ausgang einer Klage zufrieden. Sobald es aber an die Einziehung der Kosten ging, wurde das neue Institut allseits heftig kritisiert. Oft versuchten die Parteien, um von der Beitragspflicht befreit zu werden, die Zustän-

1709 Stieda, S. 46.

1710 § 24 Gew.Gerichts.VerO 1849:
„Die Kosten des Verfahrens vor dem Vergleichsausschusse fallen, wenn über den Anspruch des Klägers ein Vergleich zu Stande kommt, welcher den Kostenpunkt nicht erledigt, jedem von beiden Theilen zur Hälfte zur Last. Kommt es zwischen den vor dem Vergleichsausschusse erschienenen Parteien zu keinem Vergleiche, so fallen die Kosten des Verfahrens demjenigen zur Last, welchem die Kosten des späteren gerichtlichen Verfahrens von dem Gewerbegerichte auferlegt werden. Wird die Verweisung der Klage an das Gewerbegericht vom Kläger nicht beantragt, oder ist der Antrag des Klägers für zurückgenommen anzusehen (§ 19.), so trägt der Kläger die entstandenen Kosten.“

1711 Stieda, S. 47.

digkeit des Gerichts in Frage zu stellen. Bei der Neuwahl der Mitglieder des Gewerbegerichts, kam es schließlich zum Boykott, da keiner mehr ein Wahlrecht besitzen wollte.[1712]

Aber auch die Anschaffungskosten für die Kommentare, Bücher und Zeitschriften waren ein Streitpunkt. So kaufte das Gewerbegericht Magdeburg für insgesamt ca. 124 Thlr. Literatur ein und verlangte die Begleichung die Rechnung durch den Magistrat der Stadt Magdeburg. Der Magistrat weigerte sich, diese Rechnung zu begleichen, und wandte sich mittels Beschwerde an die königliche Regierung. Diese wies die Beschwerde zunächst ab, das Ministerium für Handel und Gewerbe sowie das Justizministerium erkannten diese jedoch als berechtigt an. Wer schließlich wie viele Bücher bezahlte ist nicht bekannt, aber das Verhalten der Verantwortlichen des Gewerbegerichts, brachten das Gericht von Beginn an in einen misslichen Ruf bei der Stadt und deren Bevölkerung.

Ein anderer Vorwurf der den Gewerbegerichten gemacht wurde war, dass die Gew.Gerichts.VerO 1849 nicht mehr den Charakter eines genossenschaftlichen Gerichts aufwies. Das Gewohnheitsrecht der Genossen wurde bei der Entscheidungsfindung nicht mehr berücksichtigt. Gemäß §§ 54, 59 VerO 1849 fanden nur die neuen materiell rechtlichen Vorschriften, vorrangig der GewO 1845, Anwendung.[1713] Gemäß § 58 Gew.Gerichts.VerO 1849 wurden alle der Verordnung entgegenstehenden Bestimmungen aufgehoben. Auch war die Gew.Gerichts.VerO 1849 so lückenhaft, dass es in fast jedem Stadium des Verfahrens ergänzt werden musste. Den Laienrichtern wurde vorgeworfen, dass sie ein dafür nötiges Verständnis nicht besaßen und damit fehlerhafte Entscheidungen verursachten. So waren Laienrichter gehalten, auf die Problemfälle die allgemeinen gesetzlichen Vorschriften anzuwenden und nicht das Gewohnheitsrecht.[1714] Ein wesentlicher Mangel der Gew.Gerichts.VerO 1849 war sicherlich, dass diese keine Ausführungen materieller Rechtsnormen - so hauptsächlich über Verträge - enthielt. Aber auch wenn es sich um Laienrichter handelte,

1712 Stein, S. 55.

1713 § 54 VerO 1849:
„Verträge, welche den §§ 50 bis 52 zuwiderlaufen, sind nichtig. Dasselbe gilt von Verabredungen zwischen Fabrikinhabern oder ihnen gleichgestellten Personen einerseits und Arbeitern andererseits über die Entnehmung der Bedürfnisse dieser letztern aus gewissen Verkaufstellen, sowie überhaupt über die Verwendung des Verdienstes derselben zu einem anderen Zweck, als zur Betheiligung an Einrichtungen zur Verbesserung der Lage der Arbeiter oder ihrer Familien.“
§ 59 VerO 1849:
„Alle Beiträge der Gesellen, Gehülfen und Fabrikarbeiter zu den in den §§ 144, 169 der Gewerbeordnung und in den §§ 57, 58 der gegenwärtigen Verordnung erwähnten Kassen und Einrichtungen, sowie die zu denselben von den selbstständigen Gewerbetreibenden und von den Fabrikinhabern zu leistenden Beiträge und Vorschüsse können von den zur Zahlung Verpflichteten durch exekutivische Beitreibung im Verwaltungswege eingezogen werden.“

1714 Brand, Bd. 2, S. 329.

konnte ihnen das allgemeine Landrecht und die GewO 1845 nicht so unbekannt gewesen sein, dass sie falsche Urteile gefällt hätten. In jedem Fall musste der bei allen Gerichten vorhandene Gerichtsschreiber juristisch vorgebildet sein und er war damit sicherlich sehr oft der eigentliche Entscheidungsträger für das Urteil.[1715] Die französisch-rheinischen Gewerbegerichte verfügten schließlich auch nicht über ein extra kodifiziertes Werk, sondern sie waren auch nur auf den Code Napoléon angewiesen und trotzdem waren derartige Klagen von den dortigen Gewerbetreibenden nicht bekannt. Der entscheidende Unterschied zwischen den alten französisch-rheinischen Gewerbegerichten und den auf der Gew.Gerichts.VerO 1849 beruhenden neuen Gerichten war, dass die französisch-rheinischen Gerichte sich als ausgleichende und vermittelnde Behörde verstanden, während die auf der Gew.Gerichts.VerO 1849 beruhenden Gerichte, vom Grundgedanken her eine rechtsprechende Institution war.[1716] Dieser Grundsatz des Ausgleichs hatte den französisch-rheinischen Gewerbegerichten aber einen festen Rückhalt bei der industriellen Bevölkerung gegeben. Dort wurde der Richter nicht nur als der sich geschäftsmäßig an die starren Rechtsnormen haltenden Spruchkörper angesehen.

Ein weiterer Missstand war, dass die damalige Gerichtsverfassung in der 1. Instanz das mündliche Verfahren und in der 2. Instanz das schriftliche Verfahren vorschrieb. Des Weiteren herrschte in der 1. Instanz ein Vertretungsverbot für Rechtsanwälte, in der 2. Instanz waren Rechtsanwälte zugelassen. Vielfach wurde daher der Vorschlag unterbreitet, nur dort ein Gewerbegericht zuzulassen, wo auch ein Handelsgericht existiert, da dieses als 2. Instanz für die gewerblichen Streitigkeiten dienen konnte. Auch waren die Verfahren der preußischen Gewerbegerichte nicht von großer Schnelligkeit. So tagte der zunächst angerufene Vergleichsausschuss in der Regel zweimal pro Woche. Eine anschließende Hauptverhandlung konnte jedoch nur dann stattfinden, wenn sich genügend Prozesse angehäuft hatten und zwar so viele, dass zumindest ein Nachmittag ausgefüllt werden konnte. Ein Prozess durfte per Gesetz bis zu vier Wochen ausgesetzt werden.[1717] Das Magdeburger Gewerbegericht hielt im Jahre 1850 insgesamt 22 öffentliche Sitzungen ab, mithin im Durchschnitt alle 14 Tage eine. Die gesamten Umstände führten dazu, dass die Gewerbegerichte schnell an Akzeptanz bei allen beteiligten Kreisen verloren. Das Magdeburger Gewerbegericht stellte deshalb bereits nach seinem einjährigen Bestehen seine Tätigkeit wieder ein. Von den übrigen Gewerbegerichten schlossen die meisten bereits wieder im Laufe der ersten drei Jahre, oftmals wegen mangels anhängiger Klagen. Aufgrund der aufgezählten Missstände ist es verständlich, dass von der anfänglichen

1715 Stieda, S. 45.
1716 Schönberg, Volkswirtschaftslehre, S. 718.
1717 Stieda, S. 45.

positiven Stimmung weder bei den Gemeinden noch bei den Gewerbetreibenden etwas übrig geblieben war.

Dieser zweite Misserfolg in Preußen beruht jedoch nicht direkt auf dem ersten Misserfolg mit den rheinischen Fabrikgerichten.[1718] Vielmehr darf nicht außer Betracht bleiben, dass die Gewerbeordnung von 1845 nicht gerade die Gewerbefreiheit an sich repräsentierte, und dass die Aufforderung zur selbständigen Teilnahme an der Gerichtsbarkeit mit den übrigen Bestimmungen nicht recht im Einklang stand. Ganz entscheidend zum Misserfolg trug der Umstand bei, dass die Arbeitgeber sich die Mehrheit im Gericht gesichert hatten.[1719]

Nach der Beseitigung der Zunftgerichtsbarkeit und der partiellen Verweisung der gewerblichen Streitigkeiten an die ordentlichen Gerichte oder an Sondergerichte entwickelte sich offenbar ein misslicher Zustand. Die Differenzen der Gewerbetreibenden mit ihren Gesellen und auch untereinander blieben unausgeglichen und es wurde keine befriedigende Lösung gefunden.[1720] In Zusammenhang mit der Zuspitzung der sozialen Verhältnisse Mitte des 19. Jahrhunderts wurde dies als ein zunehmendes Problem erkannt. Vor den rheinischen Gewerbegerichten wurden bis zum Inkrafttreten des Gewerbegerichtsgesetzes weit über 100.000 gewerbliche Streitigkeiten entschieden und damit ein erheblicher sozialer Ausgleich geschaffen, der in weiten Teilen der deutschen Territorien nicht stattfand.[1721]

4. Sachsen

In Sachsen wurden alle gewerblichen Streitigkeiten dem Polizei- oder Verwaltungsrecht zugeordnet und auf der Grundlage besonderer Erlasse von 1824 und 1835 behandelt. Für Zwistigkeiten, die die Handwerkerverfassung betrafen, sich zwischen Meister und Lehrling ergaben, das Betragen und die Lossprechung umfassten sowie sich zwischen den Innungsmitgliedern oder mit anderen Innungen ergaben, waren die Stadträte zur Entscheidung befugt. Forderungen der Gesellen gegen den Meister wegen ausstehenden Lohnes mussten hingegen vor das Stadtgericht gebracht werden.[1722] In Sachsen war ab 1840 die Errichtung von Fabrikgerichten geplant. In den Jahren 1846 und 1857 wurde in den Kammern

1718 Schönberg, Volkswirtschaftslehre, S. 717.
1719 § 4 Abs. 2 Gew.Gerichts.VerO 1849 bestimmte, dass die Arbeitgeber im Verhältnis zu den Arbeitnehmern 3:2, 5:4 oder 7:6 immer ein Übergewicht in den neuen Gerichten erhalten sollten.
1720 Stieda, S. 35.
1721 Brand, Bd. 2, S. 7.
1722 Stieda, S. 35.

von der Regierung vorgelegten Entwürfe über eine Gewerbeordnung beraten.[1723] Diese führten jedoch jeweils zu keinem Ergebnis. Der Entwurf von 1857 beinhaltete eine sächsische Gewerbeordnung, welche ebenfalls Gewerbegerichte vorsah. Diese Gewerbegerichte sollten nach dem französischen Vorbild den Verwaltungsbehörden unterstellt werden. Auf keinen Fall sollte eine Unterordnung unter die ordentliche Justiz erfolgen.[1724] Dagegen sprach sich entschieden der Staatsrat mit der Begründung aus, dass Gewerbegerichte, die über zivilrechtliche Ansprüche zu entscheiden hätten, zur Justiz gehören.[1725]

1860 wurde wieder ein Anlauf unternommen dieses Problem zu lösen. Die Regierung beharrte erneut auf ihrer früheren Auffassung, über die Stellung der Gewerbegerichte. Doch wurde jetzt eine andere bzw. erweiterte Begründung dafür angeführt. Für die täglich auftretenden kleinen Streitigkeiten zwischen Arbeitgebern, Arbeitnehmern, Gesellen und Lehrlingen sollte der strikte Weg zur Justiz vermieden werden und der Verwaltung eine *„väterlich disziplinarische“* Befugnis eingeräumt werden. Ziel sollte eine vergleichende Instanz mit provisorischer Entscheidungsbefugnis sein. Insbesondere für die Vielzahl der sächsischen Orte, wo nur Kleingewerbe vorherrschte, sei ein Gewerbegericht unpassend und die Tätigkeit einer Verwaltungsbehörde sachdienlicher. Deren Kompetenz sollte gleichzeitig das Polizeistrafgericht für Gewerbesachen umfassen. Die genauere Regelung sollte einem anderen Gesetz vorbehalten bleiben. Dieser Entwurf wurde wieder gleichzeitig mit dem Entwurf einer Gewerbeordnung und einem Gesetz über die Entschädigung der mit der Einführung der Gewerbefreiheit in Wegfall kommenden Verbietungsrechte von Innungen mittels königlichen Dekrets den Kammern vorgelegt.[1726] In den Kammern kam es nur zu geringen Debatten über die Angelegenheiten und am 15. Oktober 1861 kam es im Zusammenhang mit einer allgemeinen Regelung der gewerblichen Verhältnisse zu einem Gesetz mit dem Titel *„Die Errichtung von Gewerbegerichten betref-*

1723 Eine dafür eingesetzte Kommission setzte sich unter dem Vorsitz des sächsischen Innenministers Oberländer, Ministerialbeamten, Unternehmern, Handwerksmeistern, Gesellen, Arbeitern und Sachverständigen zusammen. Die Kommission wurde in acht Abteilungen unterteilt, von den sieben die Hauptform der gewerblichen Betriebsorganisation repräsentierten:
Die zünftigen und unzünftigen Handwerksmeister
Die zünftigen und unzünftigen Gesellen und Gewerbsgehilfen
Die Inhaber von Fabrikhandelsgeschäften
Die zünftigen und unzünftigen Meister der Weberei
Fabrikanten
Fabrikarbeiter
Allgemeine Fragen
Der Handelsstand
Brand, Bd. 2, S.310.

1724 Conrad, III. Band, S. 954; Brand, Bd. 2, S. 312.

1725 Brand, Bd. 2, S. 316.

1726 Stein, S. 59.

fend".[1727] Danach konnten die Gewerbegerichte auf Anordnung des Innenministeriums, auf Antrag der Handels- und Gewerbekammer sowie von Gewerbetreibenden eröffnet werden. Nach dem französischen Vorbild war es möglich, sie auf bestimmte Gewerbe zu beschränken. Den Vorsitz sollte ein rechtskundiger Verwaltungsbeamter innehaben, der vom Innenministerium ernannte wurde. Die Beisitzer hatten zu gleichen Anteilen aus Arbeitgebern und Arbeitnehmern zu bestehen, welche auf je 6 Jahre gewählt wurden.[1728] Bei der Sitzung mussten jeweils ein Arbeitnehmer und ein Arbeitgeber anwesend sein. Die Gewerbegerichte waren zuständig für alle Streitigkeiten aus Arbeits- oder Lehrverträgen bis zu einem Streitwert von 20 Thlr.. Eine Berufung gegen den Entscheid des Gewerbegerichts war nicht möglich, jedoch konnte dieser vor dem ordentlichen Gericht angefochten werden. Aber auch die Bedeutung dieses Gesetzes war sehr gering. Alleinig in Meißen[1729] wurde das einzige Gewerbegericht gegründet.[1730] Von den Beteiligten wurde vor allem der juristisch vorgebildete Vorsitzende allseits abgelehnt, der als eine unzulässige Einmischung in die eigenen, inneren Angelegenheiten angesehen wurde. Begründet wurde dies damit, dass die Conseils de prud`hommes ebenfalls vollkommen ohne Juristen ausgekommen waren.[1731]

5. Sachsen-Coburg und Gotha

Wie bereits vorher erwähnt, unternahm nur noch das Herzogtum Sachsen-Coburg und Gotha den Versuch die Gewerbegerichtsbarkeit einzuführen. Als Vorlage diente dabei ein Entwurf des deutschen Handwerkerkongresses von Frankfurt am Main. Die praktische Umsetzung scheiterte jedoch vollkommen. Durch das provisorische Statut die Verfassung der Innungen der Residenzstadt Gotha betreffend vom 24. September 1849, dass wortgleich auch für die Stadt Ohrdruf, den Stadtbezirk Waltershausen und den Amtsbezirk Ichtershausen erlassen wurde, hatte Friedensgerichte vorgesehen.[1732] Diese schlichteten unter Leitung des Obermeisters einer Innung bei gewerblichen Streitigkeiten. Erst wenn dieser Sühneversuch fehlschlug, war der Weg zum Gewerbegericht frei.[1733] Das Gewerbegericht wiederum war gemäß § 24 Musterstatut eingegliedert, als ein Teil der Gewerbekammer des Herzogtums.[1734] Kam die Streitigkeit

1727 Gebhardt, S. 351; Stieda, S. 37.

1728 Holtzendorff/Kohler, Bd. II, S. S. 735; Schönberg, Bd. 2, S. 718.

1729 Das Gericht wurde erst sechs Jahre nach dem Gesetzeserlass gegründet und im Jahre 1867 gab es nur eine Verhandlung, im Jahre 1868 5 Verhandlungen.

1730 Stieda, S. 37.

1731 Brand, Bd. 2, S. 319.

1732 GS.S-G, Band VI Nr. 363, S. 375-385.

1733 Conrad, III. Band, S. 954.

1734 Schönberg, Bd. 2, S. 718.

nicht vor dem Friedensgericht zu einem Ende, so wurde vor dem Gewerbegericht weiter verhandelt. Das Gewerbegericht hatte zunächst nochmals einen Sühneversuch zu unternehmen. Gegen die Entscheidung des Gewerbegerichts stand binnen einer Ausschlussfrist von 10 Tagen die Berufung zur ordentlichen Verwaltungs- oder Zivilgerichtsbarkeit offen. Am 31. März 1863 wurde jedoch die GewO-Gotha erlassen, die die alleinige Zuständigkeit für gewerbliche Streitigkeiten bei den Justizbehörden vorsah. Damit verloren die Gesetze das provisorische Statut die Verfassung der Innungen vom 24. September 1849 betreffend endgültig jegliche Bedeutung.

6. Zur Entwicklung der gewerblichen Gerichtsbarkeit in den übrigen deutschen Staaten

In Bayern war es den Zünften ab 1806 nur noch erlaubt, Strafen lediglich mit der Genehmigung der Polizeibehörde zu verhängen und dies auch nur bis zu einer Strafe von 7 Talern.[1735] Andernfalls waren die ordentlichen Gerichte zuständig. In den übrigen Staaten blieb es bei der Zuständigkeit der Polizei oder der jeweiligen Zunft. Eine gütliche Schlichtung der Streitigkeiten zwischen Meistern und Gesellen war zumindest formell überall vorgesehen. Auch Rückschritte waren in der gewerblichen Gerichtsbarkeit zu verzeichnen. So stellte die Nassauische Gesindeordnung vom 15. Mai 1819 die Gesellen dem Gesinde gleich. Streitigkeiten zwischen den Gesellen und den Meistern wurden somit von dem jeweiligen Ortsschultheißen entschieden. Auch das Nassauische Gewerbegesetz vom 9. Juni 1860 änderte diese Bestimmung nicht ab.[1736]

7. Zur Bedeutung der Deutschen Nationalversammlung und des Handwerkerkongresses in Frankfurt am Main für die Entwicklung der Gewerbegerichte

Diese zwei großen Verhandlungen bzw. Beratungen von zwei vollkommen unterschiedlichen Gruppen hatten einen sehr großen Einfluss auf die weitere gewerbliche Gesetzgebung der deutschen Staaten. „Die Grundrechte des deutschen Volkes“ von 1848 und die Reichsverfassung von 1849 setzten tragende volkswirtschaftliche Grundsätze fest, welche die Grundlage für die künftige deutsche Wirtschaftspolitik bildeten.[1737] So beinhaltete bereits die Reichsverfassung von 1849 das Aufsichtsrecht des Reiches über das gesamte deutsche Eisenbahnwesen, über das gesamte Zollwesen, über die indirekten Steuern, über den Handel

---

1735 Stieda, Das Gewerbegericht, S. 35.
1736 Stein, S. 61.
1737 Stratmann/Schlüter, S. 133.

und Schifffahrt, über das Gewerbe- und Patentwesen, über das Recht des Nachdruckes und der Nachahmung von Kunstwerken, Mustern, Fabrikzeichen, über das gesamte Post- und Telegraphenwesen, über das Münzwesen, über das Maß- und Gewichtssystem, über das Bankwesen sowie über die Ausgabe von Papiergeld.[1738]

Wie bereits erwähnt war die Forderung nach Reformen des Gewerberechts allgegenwärtig und deshalb wurde in § 47 der Grundrechte auch die Weisung aufgenommen, dass die besondere berufliche Rechtsprechung von fachkundigen Berufsgenossen mit ausgeübt werden sollte. Die Nationalversammlung nahm jedoch davon Abstand, die gewerbliche Gerichtsbarkeit reichsrechtlich zu regeln. Vielmehr waren andere Bereiche dringender und es wurde beschlossen als Konzession an die Einzelstaaten, ihnen die Befugnis darüber zu belassen. Einzelne Mitglieder der Nationalversammlung und insbesondere des Handwerkerkongresses waren jedoch absolut nicht dieser Ansicht.[1739] Der damals eingebrachte Gegenentwurf einer Gewerbeordnung, der von den Nationalversammlungsmitgliedern Degenkolb, Beit, Becker[1740] und Lette ausgearbeitet wurde, enthielt detaillierte Bestimmungen über gewerbliche Schiedsgerichte.[1741] Ebenso trat der Handwerkerkongress für eine reichsrechtliche Regelung der gewerblichen Gerichtsbarkeit ein und arbeitete einen eigenen Entwurf aus, der dann wie vorerwähnt zur Grundlage der Gothaischen Gesetzgebung wurde. Der Entwurf schlug in den §§ 12 und 13 die Bildung eines Gewerbegerichts vor. Dieses sollte aus mindestens vier Mitgliedern und einer vom Staat ernannten und entlohnten richterlichen Person bestehen. Dieses Gremium hatte über die Streitigkeiten zwischen Meistern, Gesellen und Lehrlingen zu entscheiden sowie über die aus dem Gewerbebetrieb sich ergebenden Ansprüche zwischen den Gewerbetreibenden untereinander und über die Befugnisse und Abgrenzungsfragen der einzelnen Gewerbe. Auch der gleichzeitig tagende Gesellen- und Arbeiterkongress stimmte diesen Vorschlägen zu.[1742] Zu einer einheitlichen Gewerbegerichtsbarkeit kam es jedoch vorerst weder in Preußen noch in den anderen deutschen Territorien.

III. Gewerbegerichtsbarkeit ab 1869

Im Jahre 1869 kam es, wie bereits in Kapitel 2 dargelegt, zu einem umfassenden neu kodifizierten gewerblichen Gesetzeswerk. Die gewerbliche Entwicklung

1738 Kulischer, S. 527.
1739 Stratmann/Schlüter, S. 134.
1740 Die drei Mitglieder stammten aus Gotha.
1741 Conrad, III. Band, S. 955.
1742 Stieda, S. 36.

war auf dem Gebiet der Deutschen Territorien recht verschieden. Welches Organ in welchem Fall zur Rechtsprechung ermächtigt war, war nicht einmal in Preußen einheitlich geregelt. Im Zuge der neuen Gewerbeordnung wurde lange darüber beraten, ob nicht einfach die ordentlichen Gerichte mit über die gewerblichen Streitigkeiten entscheiden sollten. Vor allem in den größeren industriellen Ballungsgebieten wären die ordentlichen Gerichte jedoch schnell an ihre Grenzen gestoßen. Die Dauer von Entscheidungen und die fachspezifische Materie, hätten zudem zu größeren Umstrukturierungen geführt. Für viele Entscheidungen, vor allem durch die zunehmende Industrialisierung, war eine genaue Kenntnis der wirtschaftlichen und technischen Verhältnisse des Gewerbebetriebes unentbehrlich, die die ordentlichen Richter nicht besaßen.[1743] Alleiniges Hilfsmittel war bereits damals der Sachverständige. Dazu kam eine lange Verfahrensdauer, so dass der Arbeiter um nicht Zeit und Geld zu verlieren es zwangsläufig unterließ Klage zu erheben.[1744] Zu bedenken war dabei, dass der Arbeitsplatzwechsel damals fast immer gleichbedeutend mit einem Ortswechsel war. Der Arbeiter zog von Ort zu Ort und blieb wo er Arbeit fand. Deshalb konnte es sich der Arbeiter nur in Ausnahmefällen leisten auf das Gerichtsurteil zu warten, wenn er an dem gleichen Ort Arbeit fand. Die Zahl der Streitigkeiten nahm dadurch nicht ab, sondern nur die Zahl der auf rechtlichem Wege erledigten und ausgeglichenen Streitsachen. Von Vorteil war dies oftmals nur für den Arbeitgeber, da die Streitigkeiten zumeist mit Kündigungen und Lohnzahlungen in Zusammenhang standen.[1745]

Deshalb wurde als die zweckmäßigste Organisation der gewerblichen Rechtspflege, vorrangig unter dem Zeitaspekt, ein Sondergericht gesehen. Dabei ging die Erwägung schon damals dahingehend, dass Standesgenossen der Streitenden bei der Urteilsfindung auch weiterhin mit herangezogen werden sollten.[1746] Es wurde für notwendig erachtet, dass bei den gewerblichen Streitigkeiten, ein wirtschaftlicher und ein technischer Sachverstand bei der Urteilsfindung mit einzubringen war.[1747] Des Weiteren erhoffte sich die Regierung auch eine Kostenersparnis gegenüber der ordentlichen Gerichtsbarkeit. Dazu kam noch der Umstand, dass die Gewerbetreibenden eine gewisse Scheu vor der richterlichen Tätigkeit ihrer Genossen hatten. Aus dem Prozess vor dem allgemeinen, ihnen

1743 Dannenberg, Über Fabrikgesetzgebung, Schiedsgerichte und Einigungsämter, S. 119; Holtzendorff/Kohler, Bd. II, S. 735.

1744 Cirkular-Erlaß vom 4. Oktober 1870 im Ministerial-Blatt für die innere Verwaltung, S. 283; Cirkular-Erlaß an sämmtliche Königliche Regierungen und Landdrosteien, betreffend die Einrichtung von Schiedsgerichten zur Schlichtung von Streitigkeiten zwischen Arbeitgebern und Arbeiternehmern vom 31. Juli 1871, S. 208 in: Ministerial-Blatt für die gesamte innere Verwaltung in den Königlich Preußischen Staaten, Jahrgang 1871.

1745 Stieda, S. 72.

1746 Cirkular-Erlaß vom 4. Oktober 1870 im Ministerial-Blatt für die innere Verwaltung, S. 282.

1747 Schönberg, Volkswirtschaftslehre, S. 712.

persönlich fern stehenden Richtern, machten sich die meisten Gewerbetreibenden häufig wenig. Hingegen die Möglichkeit vor das genossenschaftliche Gericht gezogen zu werden, bereitete ihnen großes Unbehagen.[1748] Sie wollten sich nicht gerne vor den Berufsgenossen wegen ungerechtfertigter Behandlung ihres Arbeiters verantworten und mithin versuchten sie, eventuelle Klagen zu vermeiden. Dieser Umstand ist auch in Zusammenhang mit der Zunft zu sehen. Diese Gemeinschaft aus den jeweiligen Gewerbetreibenden übte schon immer Druck auf das einzelne Mitglied aus. Der einzelne Gewerbetreibende wollte wie zu Zunftzeiten auch weiterhin nicht als geächtet unter seinesgleichen dastehen.[1749] Auch der Sachverstand, der zur Beurteilung von speziellen Fragen nötig war, wurde eher dem eigenen Standesgenossen zugetraut, als einem lediglich juristisch ausgebildeten Richter. Deswegen bestätigten die Gewerbeordnung von 1845, wie auch die preußische Gewerbeordnung von 1869, die für die gewerblichen Streitigkeiten bestehenden Sondergerichte französischen Ursprungs. Den Innungen wurde aber ihre bisherige Gerichtsbarkeit untersagt. Ferner trat an die Stelle der früheren Ortspolizeibehörde die Gemeindebehörde als richterliches Organ. Grundsätzlich bestimmte § 108 GewO 1869, dass die Gemeindebehörde für die Entscheidung über gewerbliche Streitigkeiten zuständig war, sofern nicht für diese Angelegenheiten besondere Behörden bestanden.[1750] Weiterhin bestimmte Absatz 4, dass die Gemeindebehörde durch Ortsstatut besondere Schiedsgerichte zur Erledigung dieser Streitigkeiten ernennen konnten.[1751] Der Weg zu den ordentlichen Gerichten konnte nicht mehr beschritten werden, bevor nicht eine Entscheidung der Gemeindebehörde ergangen war.[1752] Zwar war die Norm inhaltlich deutlich an den § 137 GewO 1845 angelehnt, aber um das neue Institut des Schiedsgerichts erweitert.[1753]

Die anderen Regierungen in Deutschland sahen nach dem Debakel mit der Errichtung selbständiger Gewerbegerichte aufgrund der Erfahrungen die Preußen mit der Gewerbegerichtsverordnung vom 9. Februar 1849 gemacht hatte, zunächst von der erneuten Gründung solcher Gerichte ab. Im Reichstag waren dessen Mitglieder von den Misserfolgen nicht beeindruckt und hielten an dem Grundsatz fest, eine Sondergerichtsbarkeit für die gewerblichen Streitigkeiten zu schaffen.[1754] Solange noch keine entsprechende gesetzliche Regelung getroffen wurde, sollten zumindest die Gemeindebehörden die Möglichkeit haben, diese

---

1748 Stieda, S. 74.

1749 Schönberg, Bd. 2 I, S. 713.

1750 § 108 GewO 1869; Marcinowski, S. 456/457; Leonhard, Über Fabrikgesetzgebung, Schiedsgerichte und Einigungsämter, S. 43.

1751 Cirkular-Erlaß vom 4. Oktober 1870 im Ministerial-Blatt für die innere Verwaltung, S. 283.

1752 Leonhard, S. 21.

1753 § 137 GewO 1845.

1754 DZA Merseburg, Rep. 120, BB VII 1, Nr. 87, Bl. 20 f.

Gerichtsbarkeit auszuüben.[1755] Die Ortspolizei verfügte damit zum ersten Mal, über keine gewerberechtlichen Befugnisse mehr. Die von den Gemeindebehörden geführten Schiedsgerichte sollten je nach örtlichen Bedürfnissen von diesen in freier Verantwortung gegründet werden können. Vor obligatorischen Gewerbegerichten schreckten die Abgeordneten des Reichstages zurück, da sie andernfalls deren Organisation hätte bestimmen müssen, was aber aufgrund der verschiedenen Partikularinteressen nicht möglich war.[1756] So konnten die einzelnen deutschen Staaten jeweils selbst nach blieben weitere ergänzende Ausführungsverordnungen erlassen. Davon machten das Königreich Sachsen, die Großherzogtümer Hessen und Mecklenburg-Schwerin, das Herzogtum Anhalt und die freie Stadt Hamburg Gebrauch.[1757]

Der § 108 GewO 1869 galt als Grundlage für diese freie Entwicklung und wurde damals besonders von dem damaligen preußischen Handelsminister gepriesen:

> *„Indem das Gesetz den Gemeindebehörden die weitere Ausführung überlässt, knüpft es an einen natürlichen Beruf derselben an und sichert der Institution von vornherein eine vertrauensvolle Aufnahme. Absehend von Detailvorschriften, lässt es dem Statut selbst freien Spielraum. Die Organisation kann danach überall den besonderen örtlichen Bedürfnissen angepasst werden, sie kann dies um so mehr, als die Möglichkeit vorliegt, nicht bloß für den Gemeindebezirk ein Schiedsgericht, sondern innerhalb des Bezirks für einen oder mehrere Gewerbezweige besondere Schiedsgerichte einzurichten. Solche Beweglichkeit und Vielgestaltigkeit giebt den statutarischen Schiedsgerichten einen Vorzug, welcher ihnen auch in Gegenden, wo eigentlich Gewerbegerichte bestehen, vielleicht eine nicht unbedeutende Zukunft sichert."*[1758]

1755 § 120a GewO 1881:
„Streitigkeiten der selbstständigen Gewerbetreibenden mit ihren Arbeitern, die auf den Antritt, die Fortsetzung oder Aufhebung des Arbeitsverhältnisses, auf die gegenseitigen Leistungen aus demselben, auf die Ertheilung oder den Inhalt der Arbeitsbücher oder Zeugnisse sich beziehen, sind, soweit für diese Angelegenheiten besondere Behörden bestehen, bei diesen zur Entscheidung zu bringen.
Insoweit solche besondere Behörden nicht bestehen, erfolgt die Entscheidung durch die Gemeindebehörde. Gegen diese Entscheidung steht die Berufung auf den Rechtsweg binnen zehn Tagen offen, die vorläufige Vollstreckung wird durch die Berufung nicht aufgehalten.
Durch (§142) können an Stelle der gegenwärtig hierfür bestimmten Behörden Schiedsgerichte mit der Entscheidung betraut werden. Dieselben sind durch die Gemeindebehörde unter gleichmäßiger Zuziehung von Arbeitgebern und Arbeitern zu bilden."

1756 Cirkular-Erlaß vom 31. Juli 1871 im Ministerial-Blatt für die innere Verwaltung, S. 208/209.

1757 Stein, S. 65; Oppenheim, Gewerbegericht und Kontraktbruch, S. 20.

1758 Cirkular-Erlaß vom 4. Oktober 1870 im Ministerial-Blatt für die innere Verwaltung, S. 282.

Weiterhin führte der preußische Handelsminister dazu aus:

> *„Einem Schiedsgerichte welches gleichmäßig aus den Vertrauensmännern beider Klassen zusammengesetzt ist, dessen Mitglieder alle Gewerksinteressen persönlich theilen und durch ihren regelmäßigen Beruf an eine gemeinsame Thätigkeit zur Aufrechterhaltung des Friedens und zur Handhabung von Recht und Billigkeit gewöhnt sind, dürfte das Vermittlungsamt auch in Streitigkeiten der hier bezeichneten Art, falls sie auftauchen, ganz von selbst zufallen.“*[1759]

Die preußische Regierung hielt einen Zwang der Behörden zur Errichtung von Schiedsgerichten für überflüssig.[1760] Sie war der Überzeugung, dass es nur eines Hinweises bedurfte, damit die Gemeinden von selbst eine *„lebendige Initiative“* ergreifen würden.[1761] In einem zweiten Ministererlass vom 31. Juli 1871 äußert sich der Minister nochmals zu seinem vorigen Erlass und empfahl den königlichen Regierungen diesen zur Beachtung. Es wurde dabei nochmals herausgestellt, dass die gewerblichen Schiedsgerichte primär die Funktion eines Einigungsamtes haben sollten.[1762] Trotz all dieser Bemühungen kam es bei den Gemeinden zu keiner *„lebendigen Initiative“*. In den verbündeten Regierungen wurden von 1869 bis 1874 insgesamt 57 Schiedsgerichte gegründet und wegen zu wenigen Streitfällen wurden bereits 6 wieder nach kürzester Zeit geschlossen. Im Laufe der Zeit schlossen der größte Teil dieser Schiedsgerichte wieder.[1763] Vielfach waren es kleine Städte mit 2.000 - 3.000 Einwohnern, die gewerbliche Schiedsgerichte bildeten. Die größeren Städte nahmen zumeist Abstand von diesem Vorhaben, da ihnen die Auswahl der Beisitzer Schwierigkeiten bereitete. Die kleinen Städte folgten zumeist den Anordnungen der vorgesetzten Aufsichtsbehörde, ohne jedoch die Bedürfnisfrage strenger zu prüfen.[1764]

Die Schiedsgerichte waren zuständig für Streitigkeiten der selbständigen Gewerbetreibenden mit ihren Arbeitern. Gemäß § 108 GewO 1869 zählten dazu Streitigkeiten

---

1759 Cirkular-Erlaß vom 4. Oktober 1870 im Ministerial-Blatt für die innere Verwaltung, S. 283.

1760 DZA Merseburg, Rep. 120 BB, VII 1, Nr. 87, Bl. 131 f.

1761 Cirkular-Erlaß vom 4. Oktober 1870 im Ministerial-Blatt für die innere Verwaltung, S. 283.

1762 Jacobi, S. 20. Cirkular-Erlaß vom 31. Juli 1871 im Ministerial-Blatt für die innere Verwaltung, S. 208/209 und die Verordnung, betreffend die Vollstreckung von Entscheidungen gewerblicher Schiedsgerichte, sowie von Vergleichen, welche vor solchen abgeschlossen sind; vom 18. März 1882, abgedruckt im: Regierungsblatt für das Großherzogtum Sachsen-Weimar-Eisenach, 1882, S. 19.

1763 Diese waren in Frenstadt, Neustettin, Rawitsch, Baruth, Bierraden und Saarlouis.

1764 Stein, S. 67.

- über den Antritt, Fortsetzung oder Aufhebung des Arbeitsverhältnisses,
- die gegenseitigen Leistungen,
- auf die Erteilung oder den Inhalt der Arbeitsbücher und Zeugnisse,
- das Lehrverhältnis und
- Streitigkeiten über die Anrechnung und Berechnung der Krankenkassenbeiträge nach dem Krankenversicherungsgesetz.[1765]

Dem Schiedsgericht stand jedoch keine Zwangsbefugnis zu. Es war verpflichtet, auf Anforderung des Magistrats Gutachten über Fragen gewerblicher Art zu erstellen sowie Deputationen abzustatten. Das Schiedsgericht setzte sich zusammen aus einem Vorsitzenden und den Beisitzern. Der Vorsitzende wurde entweder von dem Gemeinderat (so zum Beispiel in Apolda) gewählt oder von dem Oberbürgermeister bzw. dem Bürgermeister (so zum Beispiel in Jena) bestimmt.[1766] Die Beisitzer, die sich in gleicher Zahl aus Arbeitgebern und Arbeitnehmern zusammensetzten, wurden nur in Jena frei gewählt. Der Beisitzer musste sich hier in eine Urliste eintragen, aus der er dann gewählt werden konnte. In den übrigen Städten wurden diese durch die Gemeindebehörde ernannt. Wahlberechtigt waren nur Männer über 30 Jahre, zum Teil auch schon ab 25, und sie mussten ihren Wohnsitz sowie Gewerbebetrieb im Gerichtsbezirk haben. Die Geltungsdauer der Berufung schwankte von Schiedsgericht zu Schiedsgericht von einen bis zu sechs Jahren. In Jena war es nur ein Jahr, in Apolda zwei Jahre. In Jena war das Amt des Beisitzers ein Ehrenamt. In Apolda hingegen erhielt der Arbeitnehmer eine Aufwandsentschädigung. Das Verfahren war bis auf das in Apolda überall öffentlich.[1767]

In Jena und Apolda musste vor der Verhandlung ein Güteversuch durchgeführt werden.[1768] Das persönliche Erscheinen der Parteien war vor beiden Gerichten obligatorisch. Anwälte waren nicht zugelassen. Lediglich in Leipzig, Stuttgart und Breslau konnten Anwälte vor dem Schiedsgericht auftreten. Innerhalb von 10 Tagen konnte gegen die Entscheidungen der Schiedsgerichte von Jena und Apolda Berufung zu den ordentlichen Gerichten eingelegt werden. In Jena war das Verfahren kostenfrei, hingegen in Apolda wurden Prozesskosten erhoben.[1769] Trotz dieser Vielfältigkeit stimmten die Statuten, auf denen die Schiedsgerichte beruhten, weitgehend überein.[1770]

1765 Stieda, S. 83.

1766 Jacobi, S. 118/119; Stieda, S. 84.

1767 § 12 des Apoldaer Statuts besagt dazu „Die Verhandlungen des Gewerbeschiedsgerichts sind nicht öffentlich unter Leitung des Vorsitzenden."

1768 Deutsche Gemeindezeitung 1888, S. 158.

1769 ebenda.

1770 Stieda, S. 92.

In dieser Zeit kam es immer häufiger zu Ausschreitungen von Arbeitern. Deshalb wurde die Frage diskutiert, ob die gewerblichen Schiedsgerichte in diesem Bezug schlichtend eingreifen könnten. Vorbild waren die damaligen englischen *„boards of conciliation and arbitration"*.[1771] Die preußische Regierung gelangte jedoch zu dem Schluss, dass die gewerblichen Schiedsgerichte und die englischen *„boards of conciliation and arbitration"* unterschiedlicher Natur seien und deshalb getrennt voneinander betrachtet werden müssten.[1772] Für diese Art von Streitschlichtung wurde die Bildung von Einigungsämtern nach dem englischen Muster als sachdienlicher angesehen, als die Errichtung von Gewerbegerichten. Die Bedürfnisse nach Gewerbegerichten wurden auch im weiteren Verlauf kontrovers diskutiert. So sahen die Teilnehmer des Harzer Städtetages und des Mittelrheinischen Fabrikantenvereins keinen Bedarf für weitere gewerbliche Gerichte, wohingegen der Verein für Sozialpolitik 1872 die Errichtung von Gewerbegerichten für nötig erachtete. Die Gemeindevertreter, die auf dem Harzer Städtetag vom 23. Oktober 1871 zusammengekommen waren, verfassten folgende Resolution

> *„Die Versammlung hält die Entscheidung der Streitigkeiten im Sinne des § 108 der Gewerbeordnung durch Schiedsgerichte für kein Bedürfnis und kann die Errichtung derselben daher zur Zeit um so weniger empfehlen, als von denselben auch für die Verhütung oder Beilegung der Arbeiterstrikes kein Erfolg zu erwarten ist."*[1773]

Der 1887 in Weißenfels stattfindende Thüringer Städtetag kam zu keinem anderen Ergebnis.[1774] Die immer mehr zunehmende Anzahl von Vertragsbrüchen und Streiks der Arbeiter, sowie dass damit immer schlechter werdende Verhältnis zwischen Arbeitern und Arbeitgebern, führten zu immer lauter werdenden Forderungen der Arbeitgeber nach gesetzlicher Sanktionierung.[1775] Viele der Arbeitgeber sahen die Sozialdemokratie als treibende Kraft hinter diesen Missständen. Im Reichstag häuften sich deshalb auch die Anzahl der Petitionen und es entbrannte eine rege Diskussion darüber, wie die Verhältnisse zwischen Arbeitern und Arbeitgebern zu verbessern seien.[1776] Solche Debatten wurden in den vor allem im 19. Jahrhundert aufkommenden volkswirtschaftlichen und industriellen Vereinen geführt.[1777] Die Reichsregierung unterbreitete deshalb folgende Vorschläge:

1771 Cirkular-Erlaß vom 31. Juli 1871 im Ministerial-Blatt für die innere Verwaltung, S. 208.
1772 Schönberg, Volkswirtschaftslehre, S. 720.
1773 Stieda, S. 54.
1774 Deutsche Gemeindezeitung 1888, S. 158.
1775 Stieda, S. 57; Reindl, S. 11/12.
1776 Gebhardt, S. 350.
1777 Stein, S. 67.

1. Für Streitigkeiten, die sich aus den Arbeitsverhältnissen zwischen Arbeitgebern und Arbeitnehmern ergeben, sind besondere Gewerbegerichte auf Anordnung der Zentralbehörden zu errichten, wenn dort keine gleichartigen Spruchkörper existieren oder die Gemeindebehörden sich nicht dieser Probleme annehmen.
2. Der Arbeitsvertragsbruch, gleich ob durch den Arbeitnehmer oder durch den Arbeitgeber verursacht, wird strafrechtlich verfolgt.

Die verbündeten Regierungen legten eine entsprechende Novellierung dem Reichstag am 28. Juni 1873 vor.[1778] Die Motive für die Novellierung standen im vollkommenen Gegensatz zu den beiden zuvor aufgeführten Erläuterungen des preußischen Handelsministers vom Oktober 1870 und vom Juli 1871. Die Novellierung kam aber den tatsächlichen Verhältnissen bedeutend näher. Der erste Teil der Novellierung, in der der Gemeindebehörde grundsätzlich die Rechtsprechung abgenommen werden sollte, erhielt von allen Seiten breite Zustimmung. Nur die strafrechtliche Sanktionierung bei Bruch des Arbeitsvertrages stieß auf ein geteiltes Echo.[1779] Stattdessen wollten viele doch lieber Einigungsämter nach dem englischen Vorbild einführen. Der Reichstag entschied sich nach mehrfacher Beratungen dahingehend, dass die Gewerbegerichte nicht mehr als selbständige Behörde weiter existierten, sondern mit den ordentlichen Gerichten der 1. Instanz verbunden werden sollten.[1780] Zum ersten Mal wären die gewerblichen Gerichte in die gesamte Gerichtsorganisation eingefügt gewesen. Die Gewerbegerichte sollten dann auch aus einen ordentlichen Richter als Vorsitzenden und zwei Beisitzern bestehen, welche jeweils ein Arbeitnehmer und ein Arbeitgeber sein sollten. Die Beisitzer wurden durch die jeweilige Gemeindevertretung gewählt. Der Reichstag trat über diesen neuen Entwurf wieder in die Beratung ein. Dieser beschloss jedoch zunächst eine Erhebung in Auftrag zu geben, inwieweit § 108 GewO 1869 faktische Bedeutung erlangt hatte. Es sollte insbesondere festgestellt werden, in welchem Umfang besondere Behörden oder Schiedsgerichte bestanden, wieweit diese ausgelastet waren und auf wie viele Handwerksbetriebe oder Fabriken sie sich bezogen. Das Ergebnis dieser Erhebung wurde von dem Kommissar des Reichskanzleramtes im Dezember 1875 vorgelegt. Darin stellte er fest, dass nur relativ wenig gemeindliche Schiedsgerichte aufgrund von § 108 GewO 1869 bisher errichtet wurden, ihre Organisation sehr ungleich war, und dass die an das Gesetz geknüpften Erwartungen nicht erfüllt wurden. Ein Urteil darüber, ob und wie ein gesetzgebendes Einschreiten

1778 Reindl, S. 46.
1779 Reindl, S. 47/48.
1780 Stieda, S. 58.

erfolgen kann, sei deshalb unmöglich, ja verbiete sich sogar.[1781] Folglich nahm der Reichstag von den Reformbestrebungen Abstand. Erst im Jahre 1877 wurden zugleich mehrere Anträge zur Änderung der Gewerbeordnung gestellt.[1782] Des Weiteren wurden etwa 150 Petitionen von Handwerkern, Innungen und Gewerbevereinen usw. betreffend der Reformen des Lehrlingswesens, der Legitimation für jeden gewerblichen Arbeiter, Einführung gewerblicher Schiedsgerichte mit Exekutivkraft, Entschädigung für den Kontraktbruch etc. eingebracht. Am 23. Februar 1878 legten die verbündeten Regierungen dem Reichstag eine Vorlage über die Errichtung von Gewerbegerichten, eine Verfassung und einen Entwurf über das Verfahren vor.[1783] Danach sollte die gemeindebehördliche Rechtspflege die Ausnahme sein und die zu errichtenden Schieds- bzw. Gewerbegerichte sollten die Regel bilden. Mithin kehrte der Entwurf genau die Regelung des § 108 GewO 1869 um, der die zu errichtenden Schied- bzw. Gewerbegerichte als die Ausnahme ansah und die gemeindebehördliche Rechtspflege als die Regel hinstellte.[1784] Hauptstreitpunkt war, ob diese Gerichte gegen den Willen der Gemeinde gegründet werden konnten oder ob ein derartig volkstümliches Gericht, welches maßgebend durch das Vertrauen der beteiligten Kreise getragen wurde, notwendigerweise auf der Initiative der Gemeinde beruhen sollte.[1785] In den Beratungen kam der Reichstag zu keinem Ergebnis und so blieb die Sache wieder unerledigt. Lediglich § 108 GewO 1869 wurde insoweit redaktionell abgeändert, als dass die Worte *„Gesellen, Gehülfen und Lehrlinge“* durch *„Arbeiter“* ersetzt wurden.

Mit dem Erlass des Gerichtsverfassungsgesetzes von 1877 wurde den Amtsgerichten in § 23 Ziffer 2 die Zuständigkeit der Entscheidung der in § 108 GewO 1869 bezeichneten Streitigkeiten zugewiesen und zwar ohne Rücksicht auf den Streitwert. In der Praxis waren die Amtsgerichte bisher nur auf die Streitigkeiten eingegangen, wenn sie bereits vorher von dem in § 108 GewO 1869 bezeichneten Behörden entschieden worden waren. Die Amtsgerichte waren jedoch nie

---

1781 Stein, S. 70.

1782 Die Anträge wurden gestellt von den Grafen Salen und Genossen, von Rickert, Wehrenpfennig und Genossen sowie von Bebel, Frizsche und Genossen.

1783 Reindl, S. 49.

1784 Die wichtigsten Änderungen gegenüber den vorhergehenden Entwürfen waren:
die fakultative Einführung von Diäten für die Beisitzer, indem Arbeitgebern wie Arbeitnehmern die gleiche Vergütung für ihr Engagement zugestanden wird
die Streichung der Bestimmung aus der Regierungsvorlage, dass die Wahl des Vorsitzenden der Bestätigung bedarf
die Gerichte waren auf Antrag der Gewerbetreibenden und nach der Besprechung der Bedürfnisfrage mit den Arbeitgebern und Arbeitnehmern zu errichten, wenn dies die Gemeinde nicht von sich aus vornahm, konnte die Landeszentralbehörde die Errichtung anordnen.
Beisitzerwahlberechtigt, war jeder der bereits ein Jahr in dem Bezirk des Gewerbegerichts wohnte.

1785 Deutsche Gemeindezeitung 1888, S. 158.

Berufungsgerichte, sondern die Klagen beschritten damit erst jetzt den Rechtsweg.[1786] In dem Gerichtsverfassungsgesetz von 1877 wurden jetzt die rheinischen Gewerbegerichte den ordentlichen Gerichten gleichgestellt.[1787]

Der wiederholte Misserfolg bei den Vorlagen hielt die verbündeten Regierungen jedoch nicht von erneuten Versuchen ab, eigene Wege einzuschlagen. So wurde auf dem Weg der Teilgesetzgebung das schiedsgerichtliche Verfahren für gewerbliche Streitigkeiten weiter ausgebaut und in den Innungsvorlagen von 1881 und 1887 diesen wieder partielle Schiedsgerichte zugestanden.[1788] Das „Innungsgesetz" vom 18. Juni 1881 reformierte die §§ 97-104 GewO 1869. Den Innungen oblag damit jetzt wieder die Entscheidung von Streitigkeiten zwischen Innungsmitgliedern und Lehrlingen als obligatorische Aufgabe sowie zwischen Innungsmitgliedern und ihren Gehilfen als fakultative Aufgabe.[1789] In Bezug auf die erste, obligatorische Aufgabe galt die Innung als Spruchbehörde, hingegen bei der zweiten, fakultativen Aufgabe als Schiedsgericht. Eine Erweiterung der letzten Kompetenz erfolgte ab 1887, als auch Nichtinnungsmitglieder und deren Gesellen ihnen unterstellt werden konnten. Die Innungsschiedsgerichte hatten jedoch einen Makel. Der Vorsitzende sollte durch den Magistrat ernannt werden und damit sollte die obrigkeitliche Kontrolle sichergestellt werden. Die Einmischung in die eigenen Verhältnisse hatten jedoch bereits damals die Zünfte immer abgelehnt und die Innungen taten dies immer noch. Auch sollte in Zukunft jeder Innungszusammenkunft ein Vertreter der Obrigkeit beiwohnen. Zu groß war offensichtlich das Misstrauen der Obrigkeit gegenüber den Korporationen. Doch als wesentlich ist festzuhalten, dass durch die zwei Gesetzesvorlagen von 1881 und 1887 die Innungen jetzt wieder mehr Rechte erhielten.

Durch die Reformen war inzwischen der ursprüngliche § 108 GewO 1869 zu § 120a GewO 1881 geworden und auf diese Weise gab es wieder verschiedene Behörden, welche zur Entscheidung über gewerbliche Streitigkeiten befugt waren. Die Behörden kann man in die vier folgenden Gruppen unterteilen:

1. Die auf landesgesetzlichen Normen beruhenden Behörden, wie die prud'hommes in den Rheinprovinzen und in Elsaß-Lothringen, das aufgrund der sächsischen Gewerbeordnung von 1861 gegründete Gewerbegericht in Meißen sowie die Schiedsgerichte zu Darmstadt, Hamburg und Bremen.
2. Die Gemeindebehörden selbst gemäß § 155 GewO 1869. Unter den Gemeindebehörden wurden neben der Zentralbehörde diejenigen Be-

1786 Stein, S. 73.
1787 Brand, Bd. 2, S. 485.
1788 Schönberg, Volkswirtschaftslehre, S. 719.
1789 Cirkular-Erlaß vom 4. Januar 1879 im Ministerial-Blatt für die innere Verwaltung 1880, S. 10.

hörden verstanden, welche nach der in den einzelnen Landesteilen geltenden Gemeindeverfassung den Gemeindevorstand bildeten.

3. Die Innungsspruchbehörde und das Innungsschiedsgericht gemäß den Innungsgesetzen von 1881 und 1887. Die Innungsspruchbehörde war zur Schlichtung der Streitigkeiten von Innungsmitgliedern mit ihren Lehrlingen berufen. Das Innungsschiedsgericht war nicht obligatorisch und jeder Innung stand es frei, ob sie ein solches Gericht führen wollte.[1790] Wenn sie dies tat, hatte es die Befugnisse einer Gemeindebehörde. Die Bildung solcher Innungsschiedsgerichte war unter den Innungen genauso unbeliebt wie die Gründung von Innungskrankenkassen.
4. Des Weiteren konnten mittels Ortsstatut gewerbliche Schiedsgerichte gebildet werden. Das Ortsstatut wurde in diesem Falle nach der Anhörung der beteiligten Gewerbetreibenden formuliert und bedurfte gemäß § 142 GewO 1869 der Genehmigung der höheren Verwaltungsbehörde.[1791]

Die ordentlichen Gerichte waren in jedem Fall als Beschwerdeinstanz zur Entscheidung über die gewerblichen Streitigkeiten befugt. Insgesamt entschieden mithin die französisch-rheinischen Gewerbegerichte, die Gemeindebehörden, die Innungsgerichte, die Fabrikgerichte und die ordentlichen Gerichte über gewerbliche Streitigkeiten. Die gewerblichen Streitigkeiten wurden dabei jetzt in drei Kategorien eingeteilt:[1792]

1. Die Differenzen zwischen den Konsumenten und den gewerblichen Produzenten über die Ausführung von Bestellungen,
2. Missachtung der in der Reichsgewerbeordnung oder in sanitätspolizeilichen, gewerbepolizeilichen Gesetzen und Verfügungen enthaltenen Vorschriften,
3. Uneinigkeit zwischen den selbständigen Gewerbetreibenden und ihren Arbeitern oder Lehrlingen über die aus dem Arbeits- und Lehrverhältnis erwachsenden Pflichten und Rechte (Ebenfalls umfasst waren Streitigkeiten zwischen Verlegern, mithin Kaufleuten oder Fabrikanten, und den in der Hausindustrie beschäftigten Personen).

Die Streitigkeiten unter 1. und 2. wurden bisher regelmäßig vor den ordentlichen Gerichten oder der Polizeibehörde ausgetragen. Bei den Streitigkeiten unter 3. war bisher keine einheitliche Zuständigkeit gegeben.[1793]

1790 In Preußen gab es 1886, 6519 Innungen, im übrigen Deutschland 2665 Innungen. Davon hatten 1886, 288 und 1887, 350 Innungen eine Innungskrankenkasse gebildet.

1791 Vgl. Fussnote 555; Stieda, S. 52.

1792 Stieda, S. 1.

1793 Schönberg, Volkswirtschaftslehre, S. 719.

Diese Vielschichtigkeit brachte eine hohe Rechtsunsicherheit mit sich. Mit dem Krankenversicherungsgesetz von 1883 wurden auch die Streitigkeiten über die Anrechnung und Berechnung der Krankenkassenbeiträge zwischen Arbeitgebern und denen von ihnen beschäftigten Personen auf die Gemeindebehörden übertragen.[1794] Die Gemeindebehörden waren aber den ihnen zugewiesenen Aufgaben nicht mehr gewachsen. Gewerbliche Schiedsgerichte waren nur wenige gegründet worden und davon wurden bereits die ersten wieder geschlossen.[1795] Vielfach wurde die Meinung vertreten, dass ein auf gewerbliche Streitsachen spezialisierter Deputierter des Magistrats vielfach schneller entscheiden könnte als ein erst zusammenzuberufendes Schiedsgericht.[1796]

Hinzu kam, dass die Entscheidung des Schiedsgerichts nur eine suspensive Wirkung hatte. Es existierte keine höhere und gleichartige Instanz. Gegen eine Entscheidung des Schiedsgerichts war nur der Rechtsweg zu den ordentlichen Gerichten gegeben. Auch sahen viele Gewerbetreibende in dem Schiedsgericht keine Institution, die die vielfachen Streiks unterbinden konnte. Die Innungen entschlossen sich nur selten zur Eröffnung von Schiedsgerichten, da die Chance in Missachtung bei den eigenen Mitgliedern zu fallen größer war, als einen ausgleichenden Nutzen zu erreichen. Daher verblieben im ausgehenden 19. Jahrhundert nur wenige Gerichte die sich tatsächlich der Lösung gewerblicher Streitigkeiten annahmen und in der Arbeiterschaft entstand das Gefühl, der Rechtsverweigerung gegenüber ihren Problemen.

Die Bestrebung der zwei Innungsverordnungen gewerbliche Schiedsgerichte zu errichten scheiterte an den Gemeinden, die die Umsetzung verweigerten. Teils taten sie dies aus schlichter Überforderung heraus, hauptsächlich aber auch wegen einer großen bestehenden Unsicherheit. Zum einen war nur eine ungenügende Gesetzgebung vorhanden und zum anderen wurden wiederholt Gesetzesentwürfe im Reichstag eingebracht und abgelehnt, so dass große Unsicherheit herrschte welches Recht gerade galt. Daraus und aus dem Umstand, dass jetzt wieder verschiedene Institutionen zur gewerblichen Rechtsprechung befugt waren, ergab ein pures Durcheinander von Kompetenzen. Auch galten manche Schiedsgerichte als Einigungsämter, andere nicht.[1797] Ferner war bei den einen als Rechtsmittel die Berufung vorgesehen, bei anderen die Nichtigkeitsbeschwerde. Manche Beisitzer erhielten eine Entschädigung, andere wiederum nicht. Es herrschte die Meinung,

1794 Marcinowski, S. 660/632.
1795 Bis 1889 waren es 74 Schiedsgerichte.
1796 Stieda, S. 54.
1797 Schönberg, Volkswirtschaftslehre, S. 720.

> *„dass eine solche Fülle und Mannigfaltigkeit von Prozessrechten Deutschland in seinen tausend Souveränitäten kaum besessen hätte, als bei dreißig Gemeindeschiedsgerichten".*[1798]

Die Regierung verlor aufgrund der wiederholten Niederlagen die Energie, sich erneut mit der Regelung der gewerblichen Frage zu befassen. Im zunehmenden Maße drängten die Abgeordneten durch Anträge auf eine Regelung. So stellte der Abgeordnete Auer einen Antrag, der die Abänderung gewisser Titel der Gewerbeordnung vorschlug. Am 29. Januar 1885 wurde durch den sozialdemokratischen Abgeordneten Grillenberger ein Entwurf betreffend die Abänderung der Titel I, II, VII, IX, X und der Schlussbestimmung der Gewerbeordnung eingebracht. Dieser Entwurf beinhaltete unter anderen die Einführung von Arbeitsämtern, Arbeiterkammern und Schiedsgerichten. Dieser Abänderungsentwurf wurde als Resolution, betreffend die obligatorische Einführung von Gewerbegerichten, vom Reichstag angenommen:

> *„der Herrn Reichskanzler zu ersuchen, dem Reichstag den Entwurf eines Gesetzes, betreffend die obligatorischen Einführung von Gewerbegerichten, mit der Maßgabe baldthunlichst vorzulegen, dass die Beisitzer derselben zu gleichen Teilen von den Arbeitgebern und Arbeitern in getrennten Wahlkörpern und in unmittelbarer, gleicher und geheimer Abstimmung gewählt werden."*

Damit entschloss sich der Reichstag im Prinzip für obligatorische Gewerbegerichte und betonte gleichzeitig die Notwendigkeit, dass das Wahlrecht für die Beisitzer von den Gewerbetreibenden selbst ausgeübt werden soll. Damit war der Reichstag weiter gekommen als in den zwei Regierungsentwürfen von 1873/74 und 1878. Bis in das Jahr 1889 veränderte sich jedoch nichts. Bei der Beratung des Etats für das Innenministerium, kam die Frage nach der Berücksichtigung von finanziellen Mitteln für die gewerblichen Gerichte auf.[1799] Diese waren jedoch nicht vorgesehen, weil auch die Gerichte noch nicht in Planung waren. So kam es zu einer zweiten Resolution:

> *„Die verbündeten Regierungen [seien] zu ersuchen, dem Reichstage baldthunlichst den Entwurf eines Gesetzes betreffend die Einführung von Gewerbegerichten vorzulegen mit der Maßgabe, daß die Beisitzer derselben zu gleichen Teilen von den Arbeitgebern und von den Arbeitern in getrennten Wahl-*

1798 Stieda, S. 56; Oppenheim, S. 24.
1799 Stieda, S. 68.

> *körpern und in unmittelbar gleicher und geheimer Abstimmung gewählt werden.*"[1800]

Darauf gab der zuständige Staatsminister Bötticher vor dem Reichstag die Erklärung ab, dass diesem in nicht allzu ferner Zukunft ein Gesetzesentwurf zugehen werde. Es waren mehr als 10 Jahre vergangen bis das Gesetz schließlich am 29. Juli 1890 vom Kaiser unterzeichnet werden konnte und ab dem 1. April 1891 in Kraft trat.[1801]

IV. Das Reichsgesetz vom 29. Juli 1890 betreffend die Gewerbegerichte

Mit der Thematik dieses Gesetzes hatte sich der Reichstag seit 1873 beschäftigt. Jetzt war endlich eine umfassende Strukturierung der Gewerbegerichtsbarkeit geschaffen. Das Gesetz stützte sich auf die Gewerbeordnung von 1869. § 120a GewO 1881 verweist dazu für Streitigkeiten, insoweit nicht eine besondere Zuständigkeit bestand, auf die Gemeindebehörde.[1802] Die Errichtung von Gewerbegerichten erfolgt sodann nach § 142 GewO 1869 in dem Bezirk einer Gemeinde durch Ortsstatut.[1803] § 1 des Gesetzes betreffend die Gewerbegerichte vom 29. Juli 1890 (Gewerbegerichtsgesetz) besagte, dass Gewerbegerichte errichtet werden konnten. Damit war die Errichtung von Gewerbegerichten in keinem Fall obligatorisch. Ob ein Gewerbegericht errichtet werden sollte, richtet sich zunächst nach der Gemeinde oder den Kommunalverbänden. Diese hatten über die Bedürfnisfrage und über die Zweckmäßigkeit von Gewerbegerichten in ihrer Gemeinde selbständig zu entscheiden.[1804] Daneben konnten Arbeiter wie auch Arbeitgeber die Errichtung eines Gewerbegerichtes beantragen. Insoweit dem Antrag keine Folge geleistet wurde, konnte die Landeszentralbehörde die Errichtung anordnen. Auch war es möglich, dass mehrere Gemeinden zusammen ein Gewerbegericht gründeten. Jedoch waren Gewerbegerichte nicht mehr kommunale Einrichtungen, sondern staatliche Gerichte, welche Recht im Namen der Landesherren sprachen.

Die persönliche Zuständigkeit wurde gemäß § 3 Gewerbegerichtsgesetz[1805] auf mehrere Arbeiterkategorien erweitert.[1806] Als Arbeiter im Sinne des § 2 Gewer-

1800 Stieda, S. 69.
1801 Marcinowski, S. 629.
1802 Schönberg, Volkswirtschaftslehre, S. 720.
1803 § 142 GewO 1869.
1804 Stieda, S. 106.
1805 Somlo/Elster, Handwörterbuch der Rechtswissenschaft, Bd. II, S. 913f.; § 3 Gewerbegerichtsgesetz:

begerichtsgesetz [1807] galten alle gewerblichen Arbeiter einschließlich die der Staatsbetriebe sowie alle Heimarbeiter und Hausgewerbetreibende. Damit waren die Vorstände von gewerblichen Anlagen, die unter staatlicher Verwaltung standen, ebenso vor den Gewerbegerichten klagebefugt und konnten auch vor den Gewerbegerichten verklagt werden. Dazu gehörten die Reichs- und Staatsdruckereien, die staatlichen Münzanstalten und die bei der Reichsbahn befindlichen Werkstätten.[1808] Des Weiteren gehörten dazu, die unter Marine- und Militärverwaltung stehenden gewerblichen Anlagen, wie zum Beispiel Werften, alle Gewehr- und Waffenfabriken sowie Pulverfabriken.[1809] Nicht darunter fielen die Handlungsgehilfen und Lehrlinge, Arbeiter aus der Land- und Forstwirtschaft, Gärtner, Dienstboten, künstlerisch tätige Arbeitskräfte sowie alle militärischen Kräfte.

Auch die materielle Zuständigkeit wurde detailliert geregelt.

> *„Die Gewerbegerichte sind ohne Rücksicht auf den Werth des Streitgegenstandes zuständig für Streitigkeiten:*
>
> *1. über den Antritt, die Fortsetzung oder die Auflösung des Arbeitsverhältnisses, sowie über die Auflösung des Arbeitsverhältnisses, sowie über die Aushändigung oder den Inhalt des Arbeitsbuches oder Zeugnisses,*

„Die Gewerbegerichte sind ohne Rücksicht auf den Werth des Streitgegenstandes zuständig für Streitigkeiten:

über den Antritt, die Fortsetzung oder die Auflösung des Arbeitsverhältnisses, sowie über die Aushändigung oder den Inhalt des Arbeitsbuches oder Zeugnisses,

über die Leistungen und Entschädigungsansprüche aus dem Arbeitsverhältnisse, sowie über eine in Beziehung auf dasselbe bedungene Konventionalstrafe,

über die Berechnung und Anrechnung der von den Arbeitern zu leistenden Krankenversicherungsbeiträge (§§ 53, 65, 72, 73 des Gesetzes, betreffend die Krankenversicherung der Arbeiter, vom 15. Juni 1883, Reichsgesetzblatt S. 73),

über die Ansprüche, welche auf Grund der Uebernahme einer gemeinsamen Arbeit von Arbeitern desselben Arbeitgebers gegen einander erhoben werden.

Streitigkeiten über eine Konventionalstrafe, welche für den Fall bedungen ist, dass der Arbeiter nach Beendigung des Arbeitsverhältnisses ein solches bei anderen Arbeitgebern eingeht oder ein eigenes Geschäft errichtet, gehören nicht zur Zuständigkeit der Gewerbegerichte."

1806 Marcinowski, S. 632.

1807 § 2 Gewerbegerichtsgesetz:
„Als Arbeiter im Sinne dieses Gesetzes gelten diejenigen Gesellen, Gehülfen, Fabrikarbeiter und Lehrlinge, auf welche der siebente Titel der Gewerbeordnung Anwendung findet. Imgleichen gelten als Arbeiter im Sinne dieses Gesetzes Betriebsbeamte, Werkmeister und mit höheren technischen Dienstleistungen betraute Angestellte, deren Jahresarbeitsverdienst an Lohn und Gehalt zweitausend Mark nicht übersteigt."

1808 Stieda, S. 116.

1809 Grotefend, S. 97.

2. *über die Leistungen und Entschädigungsansprüche aus dem Arbeitsverhältnisse, sowie über eine in Beziehung auf dasselbe bedungene Konventionalstrafe,*
3. *über die Berechnung und Anrechnung der von den Arbeitern zu leistenden Krankenversicherungsbeiträge (§§ 53, 65, 72, 73 des Gesetzes, betreffend die Krankenversicherung der Arbeiter, vom 15. Juni 1883, Reichsgesetzblatt S. 73)*
4. *über die Ansprüche, welche auf Grund der Übernahme einer gemeinsamen Arbeit von Arbeitern desselben Arbeitgebers gegen einander erhoben werden.*

Streitigkeiten über eine Konventionalstrafe, welche für den Fall bedungen ist, dass der Arbeiter nach Beendigung des Arbeitsverhältnisses ein solches bei anderen Arbeitgebern eingeht oder ein eigenes Geschäft errichtet, gehören nicht zur Zuständigkeit der Gewerbegerichte."[1810]

Diese Aufzählung galt als abschließend, so dass alle übrigen Streitigkeiten nicht unter die Zuständigkeit der Gewerbegerichte fielen. Wenn insoweit die Zuständigkeit des Gewerbegerichts vorlag, war die Zuständigkeit der ordentlichen Gerichte ausgeschlossen.[1811] Mit Erhebung der Klage wurde die Zuständigkeit der Innung und des Innungsschiedsgerichts dagegen nicht ausgeschlossen. Ein entsprechender Antrag des Abgeordneten Dr. Eberty wurde abgelehnt.[1812] Auch in dem Gewerbegerichtsgesetz vom 29. Juli 1890 hatten die Innungen noch weit reichende Befugnisse.

Das Gewerbegericht bestand aus einem Vorsitzenden, dessen Stellvertreter sowie mindestens vier Beisitzer. Der Vorsitzende und sein Stellvertreter durften weder Arbeitgeber noch Arbeiter sein.[1813] Sie wurden gemäß § 11 Gewerbegerichtsgesetz vom Magistrat gewählt.[1814] Ob sie eine juristische Vorbildung besitzen mussten, oblag der Regelung des jeweiligen Ortsstatutes der Gemeinde, in welchen das Gericht seinen zukünftigen Sitz haben sollte. Die Beisitzer wurden in unmittelbarer und geheimer Wahl von den Arbeitgebern und Arbeitern gemäß

1810 § 3 Gewerbegerichtsgesetz; Stein, S. 101.
1811 Meyer, S. 51.
1812 Stein, S. 102.
1813 Stieda, S. 107.
1814 Marcinowski, S. 635; § 11 Gewerbegerichtsgesetz:
„Der Vorsitzende sowie dessen Stellvertreter dürfen weder Arbeitgeber noch Arbeiter sein. Sie werden durch den Magistrat und, wo ein solcher nicht vorhanden ist oder das Statut dies bestimmt, durch die Gemeindevertretung, in weiteren Kommunalverbänden durch die Vertretung des Verbandes auf mindestens ein Jahr gewählt."

§ 12 Gewerbegerichtsgesetz[1815]gewählt und ihre Ausübung war nach § 18 Gewerbegerichtsgesetz[1816] ehrenamtlich.[1817]

Auf das Verfahren vor den Gewerbegerichten waren, soweit das Gewerbegerichtsgesetz nicht besondere Bestimmungen getroffen hatte, die für das amtsgerichtliche Verfahren geltenden Vorschriften der Zivilprozessordnung gemäß §§ 26, 43 Gewerbegerichtsgesetz[1818] entsprechenden anzuwenden.[1819] Die Regierung ging davon aus, dass die Rechtsstreitigkeiten größtenteils in rechtlicher, wie in tatsächlicher Hinsicht einfach und auch von keinem erheblichen Wert waren. Rechtsanwälte waren deshalb vor dem Gewerbegericht nicht zugelassen. Zuständig war dasjenige Gewerbegericht, in dessen Bezirk die streitige Verpflichtung zu erfüllen gewesen wäre. Damit war weder der jeweilige Wohnort des Beklagten, noch der Ort der gewerblichen Niederlassung des Arbeitgebers oder der Arbeitsort des Arbeiters für die örtliche Zuständigkeit des Gewerbege-

---

1815 § 12 Gewerbegerichtsgesetz:
„Die Beisitzer müssen zur Hälfte aus den Arbeitgebern, zur Hälfte aus den Arbeitgebern, zur Hälfte aus den Arbeitern entnommen werden. Die ersteren werden mittelst Wahl der Arbeitgeber, die letzteren mittelst Wahl der Arbeiter bestellt. Die Wahl ist unmittelbar und geheim. Die Wahl erfolgt auf mindestens ein Jahr und auf höchstens sechs Jahre. Eine Wiederwahl ist zulässig."

1816 § 18 Gewerbegerichtsgesetz:
„Das Amt der Beisitzer ist ein Ehrenamt. Die Uebernahme kann nur aus den Gründen verweigert werden, welche zur Ablehnung eines unbesoldeten Gemeindeamts berechtigten. Wo landesgesetzliche Bestimmungen über die zur Ablehnung von Gemeindeämtern berechtigten Gründe nicht bestehen, darf die Uebernahme nur aus denselben Gründen verweigert werden, aus welchen das Amt eines Vormundes abgelehnt werden kann. Wer das Amt eines Beisitzers sechs Jahre versehen hat, kann während der nächsten sechs Jahre die Uebernahme des Amts ablehnen. Ablehnungsgründe gewählter Beisitzer sind nur zu berücksichtigen, wenn dieselben, nachdem der betheiligte Beisitzer von seiner Wahl in Kenntniß gesetzt ist, schriftlich geltend gemacht werden. Ueber den Ablehnungsantrag entscheidet die im § 11 Abs. 2 bezeichnete Stelle. Die Beisitzer erhalten für jede Sitzung, der sie beigewohnt haben, Vergütung etwaiger Reisekosten und eine Entschädigung für Zeitversäumniß. Die Höhe der letzteren ist durch das Statut festzusetzen, eine Zurückweisung derselben ist unstatthaft."

1817 Marcinowski, S. 637; Schönberg, Bd. 2 I, S. 719/720.

1818 § 26 Gewerbegerichtsgesetz:
„Die Vorschrift im § 11 der Zivilprozeßordnung über die bindende der rechtskräftigen Entscheidung, durch welche ein Gericht sich für sachlich unzuständig erklärt hat, findet in dem Verhältniß der Gewerbegerichte und der ordentlichen Gerichte Anwendung. Eine solche Entscheidung des ordentlichen Gerichts ist auch insoweit, als sie auf der Annahme der örtlichen Zuständigkeit eines bestimmten Gewerbegerichts beruht, für das letztere bindend."
§ 43 Gewerbegerichtsgesetz:
„Die Beweisaufnahme erfolgt in der Regel vor dem Gewerbegerichte. Sie kann nur in den Fällen der §§ 337, 340, 347, 390, 441 der Zivilprozeßordnung dem Vorsitzenden des Gerichts oder mittelst Ersuchens einem Amtsgerichte übertragen werden. Die Beweisaufnahme ist auch dann zu bewirken, wenn die Parteien oder eine derselben in dem für die Beweisaufnahme bestimmten Termin nicht erscheinen."

1819 Marcinowski, S. 641 u. 647.

richts ausschlaggebend.[1820] Jedoch war dies kein ausschließlicher Gerichtsstand. Die Parteien konnten sich auf ein anderes Gewerbegericht ausdrücklich oder stillschweigend einigen. Die Verhandlungen sowie die Urteilsverkündung fanden öffentlich statt und es wurde durch einen Gerichtsschreiber ein Protokoll über die Verhandlung geführt. Zu Beginn eines jeden Termins wurde zunächst ein Sühneversuch durchgeführt. Erst dann traten die Parteien in die kontradiktorische Verhandlung ein. Eine Entscheidung musste binnen drei Tagen nach der mündlichen Verhandlung ergehen. Die Gewerbegerichte wurden gemäß § 55 Gewerbegerichtsgesetz auf eine Stufe mit den Amtsgerichten gestellt.[1821] Damit war gegen die Entscheidung des Gewerbegerichts auch Berufung bzw. Beschwerde an das Landgericht möglich, in dessen Bezirk das Gewerbegericht seinen Sitz hatte.[1822] Für dieses Verfahren galten die Vorschriften der Zivilprozessordnung entsprechend.[1823] Die Endurteile des Gewerbegerichts konnten für vorläufig vollstreckbar erklärt werden und es fand aus ihnen auch die Zwangsvollstreckung statt. Über die Tragung der Gerichtskosten entschied das Gericht gemäß § 58 Gewerbegerichtsgesetz per Urteil, andernfalls hatte derjenige die Kosten zu tragen, welcher das Verfahren beantragt hatte.[1824] Die Gewerbegerichte (vgl. § 57 Gewerbegerichtsgesetz)[1825] zeichneten sich durch moderate Gerichtsgebühren aus:

1820 Stein, S. 115.

1821 § 55 Gewerbegerichtsgesetz:
„In den vor die Gewerbegerichte gehörigen Rechtsstreitigkeiten finden die Rechtsmittel statt, welche in den zur Zuständigkeit der Amtsgerichte gehörigen bürgerlichen Rechtsstreitigkeiten zulässig sind. Die Berufung ist jedoch nur zulässig, wenn der Werth des Streitgegenstandes den Betrag von einhundert Mark übersteigt. Entscheidungen über die Festsetzung der Kosten einschließlich der gemäß § 52 ergangenen sind nicht anfechtbar.
Als Berufungs- und Beschwerdegericht ist das Landgericht, in dessen Bezirk das Gewerbegericht seinen Sitz hat, zuständig. Ist für das Rechtsmittel gegen eine Entscheidung des Gewerbegerichts eine Nothfrist bestimmt, so beginnt diese für jede Partei mit der an sie bewirkten Zustellung und, sofern auf die Zustellung verzichtet war (§ 30 Abs. 2), mit der Verkündung der Entscheidung. Im Uebrigen richtet sich die Einlegung des Rechtsmittels und das Verfahren in der Rechtsmittelinstanz nach den Vorschriften der Zivilprozeßordnung. Die Bestimmung im § 532 Abs. 2 der Zivilprozeßordnung über die Einlegung der Beschwerde in den bei einem Amtsgerichte anhängigen oder anhängig gewesenen Sachen findet entsprechend Anwendung."

1822 Marcinowski, S. 651.

1823 Stieda, S. 119.

1824 § 58 Gewerbegerichtsgesetz:
„Schuldner der entstanden Gebühren und Auslagen ist derjenige, welchem durch die gerichtliche Entscheidung die Kosten auferlegt sind, oder welcher dieselben durch eine vor dem Gewerbegericht abgegebene oder diesem mitgetheilte Erklärung übernommen hat, und in Ermangelung einer solchen Entscheidung oder Uebernahme derjenige, welcher das Verfahren beantragt hat. Die Einziehung der Gerichtskosten erfolgt nach den für die Einziehung der Gemeindeabgaben geltenden Vorschriften."

1825 vgl.§ 57 Gewerbegerichtsgesetz:
„Für die Verhandlung des Rechtsstreits vor den Gewerbegerichten wird eine einmalige Gebühr nach dem Werthe des Streitgegenstandes erhoben."

bei einem Streitwert bis zu 20 M betrugen sie 1 M,
ab einen Streitwert von 20 – 50 M betrugen sie 1 – 2 M und
von mehr als 50 bis zu 100 M, war die Gebühr 3 M.

Die Gebühr stieg jeweils um 3 M bei jeder Erhöhung des Streitwertes um 100 M. bis zu maximal 30 M.[1826] Bei Vergleichen wurde keine Gebühr erhoben. Die darüber hinaus anfallenden Unterhaltskosten für das Gericht mussten gemäß § 8 Gewerbegerichtsgesetz[1827] von der Gemeinde getragen werden.[1828]

Neben dem Sühneversuch vor jeder streitigen Verhandlung konnte das Gewerbegericht von den streitenden Parteien auch als Einigungsamt angerufen werden.[1829] Eine diesbezügliche Verpflichtung oblag aber weder den Arbeitgebern noch den Arbeitnehmern. Die personelle Besetzung der Gewerbegerichte, wenn sie als Einigungsämter tätig wurden, war die gleiche wie bei sonstigen streitigen Verhandlungen.[1830] Das Gewerbegericht war ausdrücklich dazu verpflichtet, auf Anforderung der Staatsbehörden Gutachten über gewerbliche Fragen abzugeben. Diese Aufgabe war vor allem dort aktuell, wo keine Gewerbekammern bestanden. Auch sahen die Gewerbetreibenden die Gewerbegerichte als unabhängiger an, als die Gewerbekammern. Die Gewerbekammern waren dominiert durch die Arbeitgeber und ein Gutachten von diesen war deshalb immer vorbelastet. Insbesondere in einer Zeit mit großen sozialen Umwälzungen und Spannungen, hoffte die Regierung dringend auf eine ausgleichende Kraft.

Wenn in der Gemeinde kein Gewerbegericht existierte, war die Gemeindebehörde ermächtigt eine vorläufige Entscheidung zu treffen. Die Gemeindebehörde konnte der Bürgermeister, der Schultheiß, der Ortsvorsteher, etc. sein. Der bisherige Zwang, vor der Beschreitung des ordentlichen Gerichtsweges eine Entscheidung der Gemeindebehörde herbeizuführen, wurde aufgehoben. Die Erfahrungen aus der Vorlage von 1878 hatten gezeigt, dass dies zu langwierig war. Die Anrufung der Gemeindebehörde war ab jetzt fakultativ. Darüber hinaus wurde die Zuständigkeit der Gemeindebehörde eingeschränkt.[1831] Über Streitig-

1826 Marcinowski, S. 652/653.

1827 § 8 Gewerbegerichtsgesetz:
„Die Kosten der Einrichtung und der Unterhaltung des Gerichts sind, soweit sie in dessen Einnahmen ihre Deckung nicht finden, von der Gemeinde oder von dem weiteren Kommunalverbande zu tragen. Soll das Gericht nicht ausschließlich für eine Gemeinde oder einem weiteren Kommunalverband zuständig sein, so ist bei Festsetzung der Zuständigkeit zugleich zu bestimmen, zu welchen Antheilen die einzelnen Bezirke an der Deckung der Kosten theilnehmen."

1828 Schönberg, Bd. 2 I, S.719/720; Marcinowski, S. 633.

1829 Stieda, S. 123.

1830 Stieda, S. 125.

1831 Marcinowski, S. 657.

keiten wegen Leistungen und Entschädigungsansprüche aus dem Arbeitsverhältnis sowie diesbezügliche Vertragsstrafen durfte die Gemeindebehörde nicht mehr entscheiden. Für diese Fälle sowie wenn kein Gewerbegericht bestand und die Gemeindebehörde keine Entscheidung traf, konnten die Rechtssuchenden sich sofort an die ordentlichen Gerichte wenden.

Die Zuständigkeit der Innungen für Entscheidungen von Streitigkeiten zwischen Arbeitgebern und ihren Lehrlingen (§§ 97 Nr. 4, 100e Nr. 1 GewO 1881)[1832] und die Zuständigkeit der Innungsschiedsgerichte (§§ 97a Nr. 6, 100 i Abs. 2 GewO 1881)[1833] wurden durch dieses Gesetz nicht eingeschränkt. Ihre Zuständigkeit schloss die Zuständigkeit eines für den Bezirk der Innung bestehenden oder später errichteten Gewerbegerichts sogar aus.[1834]

> *„Durch die Zuständigkeit einer Innung oder eines Innungsschiedsgerichts wird die Zuständigkeit eines für den Bezirk der Innung bestehenden oder später errichteten Gewerbegerichts ausgeschlossen.*
> *Gegen die Entscheidungen der Innungen und der Innungsschiedsgerichte steht binnen zehn Tagen die Berufung auf den*

1832 § 97 Nr.4 GewO 1881:
„Diejenigen, welche ein Gewerbe selbständig betreiben, können zur Förderung der gemeinsamen gewerblichen Interessen zu einer Innung zusammentreten. Aufgabe der neuen Innungen ist:
(…..)
4. Streitigkeiten der im § 120a bezeichneten Art zwischen den Innungsmitgliedern und ihren Lehrlingen an Stelle der Gemeindebehörde (Absatz 2 daselbst) zu entscheiden.“
§ 100e Nr. 1 GewO 1881:
„Für den Bezirk einer Innung, deren Thätigkeit auf dem Gebiete des Lehrlingswesens sich bewährt hat, kann durch die höhere Verwaltungsbehörde nach Anhörung der Aufsichtsbehörde bestimmt werden:
daß Streitigkeiten aus den Lehrverhältnissen der im § 120a bezeichneten Art auf Anrufen eines der streitenden Theile von der zuständigen Innungsbehörde auch dann zu entscheiden sind, wenn der Arbeitgeber, obwohl er ein in der Innung vertretenes Gewerbe betreibt und selbst zur Aufnahme in die Innung fähig sein würde, gleichwohl der Innung angehört,
(…).“

1833 Schönberg, Volkswirtschaftslehre, S. 719 und § 97a Nr. 6 GewO 1881:
„Die Innungen sind befugt, ihre Wirksamkeit auf andere, den Innungsmitgliedern gemeinsame gewerbliche Interessen als die im § 97 bezeichneten auszudehnen. Insbesondere steht ihnen zu:
(…)
6. Schiedsgerichte zu errichten, welche berufen sind, Streitigkeiten der im § 120a bezeichneten Art zwischen den Innungsmitgliedern und deren Gesellen an Stelle der sonst zuständigen Behörden zu entscheiden.“
§ 100i Abs. 2 GewO 1881:
„Ist die Bestimmung für das von der Innung errichtete Schiedsgericht getroffen, so tritt das letztere für die im § 120a bezeichneten Streitigkeiten an die Stelle der sonst zuständigen Behörde, wenn dasselbe von einem der streitenden Theile angerufen wird.“

1834 Marcinowski, S. 660/661.

Rechtsweg durch Erhebung der Klage bei dem ordentlichen Gerichte offen.“ [1835]

Die sachliche Zuständigkeit der Innungsschiedsgerichte war die gleiche wie die der Gewerbegerichte, doch waren ihre Entscheidungen nur von vorläufiger Gültigkeit. Innerhalb von 10 Tagen konnte gegen diese Entscheidungen bei den ordentlichen Gerichten Klage erhoben werden.[1836] Alle anderen Gewerbegerichte wurden mit dem 1. April 1892 aufgehoben oder sie wurden in das System der Gewerbegerichte nach dem Gewerbegerichtsgesetz angepasst. Solche Gerichte waren die französisch-rheinischen und die elsässisch-lothringischen Gewerbegerichte. Die aufgrund des § 120a GewO 1881 errichteten Schiedsgerichte galten automatische als Gewerbegerichte im Sinne dieses Gesetzes.

Einen Sonderstatus hatte immer der Bergbau.[1837] In Gemeinden in denen Bergbau betrieben wurde, waren die gewerblichen Verhältnisse des Bergbaus wichtiger als die übrigen typischen Gewerbeverhältnisse, die ebenfalls in der Gemeinde vertreten waren. Vielfach bestand deshalb neben der Ortspolizei noch eine besondere Bergpolizei und eine spezielle Verwaltungseinteilung. Deshalb war bei Streitigkeiten der in Bergwerken und Gruben beschäftigten Arbeiter mit ihren Arbeitgebern die Gewerbegerichte nur zu Entscheidung befugt, wenn gemäß § 77 Gewerbegerichtsgesetz[1838] die Landeszentralbehörde sie dazu ermächtigte.[1839]

1835 vgl.§ 79 Gewerbegerichtsgesetz.

1836 Marcinowski, S. 661.

1837 Kaufhold/Sösemann, Wirtschaft, S. 100 f. Auch im Großherzogtum Sachsen-Weimar-Eisenach hatten die Angestellten von Bergwerken und Salinen Sonderrechte. So mussten diese zum Beispiel keine Arbeitsbücher führen. Quelle: Die Vorschrift des ersten Alina in § II der Instruktion für den Bergrevierbeamten des Großherzogthums vom 21. März 1879, betreffend die Ausführung des Reichsgesetzes vom 17. Juli 1878 über die Gewerbeordnung (Regierungs-Blatt 1879, S. 141-143), abgedruckt: Regierungsblatt für das Großherzogtum Sachsen-Weimar-Eisenach, 1880 S. 52/53.

1838 § 77 Gewerbegerichtsgesetz:
„Auf Streitigkeiten der in Bergwerken, Salinen, Aufbereitungsanstalten und unterirdisch betriebenen Brüchen und Gruben beschäftigten Arbeiter mit ihren Arbeitgebern finden die Bestimmungen dieses Gesetzes mit der Maßgabe Anwendung, daß die Errichtung von Gewerbegerichten, deren Zuständigkeit auf die vorbezeichneten Betriebe beschränkt wird, unabhängig von den Voraussetzungen des § 1 Abs.5 durch Anordnung der Landes-Zentralbehörde erfolgen kann.
Für die auf Grund der letzteren Bestimmung errichteten Gewerbegerichte gelten nachstehende besondere Vorschriften:
Die Bestimmung des letzten Satzes im Abs. 2 des § 6 findet keine Anwendung.
Durch die Zuständigkeit eines solchen Gerichts wird die Zuständigkeit anderer innerhalb seines Bezirks bestehender oder später errichteter Gewerbegerichte ausgeschlossen.
Die Kosten der Gewerbegerichte werden, soweit sie in deren Einnahmen nicht Deckung finden, vom Staate getragen.

V. Zusammenfassung

Im 13. und 14. Jahrhundert erhielten die Gewerbetreibenden das Zugeständnis, über sich selbst rechtsprechen zu dürfen.[1840] Ein genossenschaftliches und sachverständiges Urteil hatten die älteren Korporationen bisher immer für sich gefordert und dies wurde ihnen auch in weiten Teilen zugestanden. Die bewilligte Rechtsprechungsbefugnis wurde jedoch von den Zünften missbraucht und deshalb zunächst von der Obrigkeit eingeschränkt und dann vollkommen unter ihre Kontrolle gestellt.[1841] Bestimmte Entscheidungen gab die Obrigkeit nie aus der Hand und gegen die Entscheidungen der Zunft war immer die Berufung zu den ordentlichen Gerichten möglich.[1842]

Eine eigenständige gewerbliche Gerichtsbarkeit entstand auf deutschem Gebiet erst wieder im 19. Jahrhundert. Durch die Napoleonischen Kriege und Siege über die betroffenen deutschen Staaten kam es zu den im Kapitel 2 beschriebenen territorialen Veränderungen, welche auch Veränderungen in der gewerblichen Gerichtsbarkeit nach sich zogen.[1843] Die Rechtspflege durch die Gewerbegerichte erstreckt sich zunächst auf verschiedene Arten gewerblicher Streitigkeiten.

Die preußische Regierung und später die Reichsregierung schlugen in der gewerblichen Rechtsprechung einen anderen Weg ein als Frankreich. Die deutschen Regierungen wollten die Verwaltung nicht von jeglicher Gerichtsbarkeit ausschließen. In Frankreich herrschte dagegen eine strikte Trennung von Verwaltung und den gewerblichen Gerichten vor. Die Beziehung der gewerblichen Gerichte zu den Gemeindeverwaltungen in Deutschland sollte nicht aufgehoben werden. Vielmehr sollten diese bestehen bleiben und die sich daraus ergebenden Synergien genutzt werden. Die Gemeindebehörde, zumeist vertreten durch den Gemeindevorsteher, spielte in der Geschichte der Gewerbegerichtsbarkeit eine

---

Der Vorsitzende und dessen Stellvertreter werden von der Lands-Zentralbehörde ernannt. Zur Bewirkung der Zustellungen können an Stelle der Gerichtsvollzieher oder Gemeindebeamten (§ 23 Abs.2) andere Beamten verwendet werden.

Inwieweit den Arbeitgebern im Sinne der §§ 11 bis 13 die mit der Leitung eines Betriebes oder eines bestimmten Zweiges desselben betrauten Stellvertreter der selbständigen Gewerbetreibenden gleichstehen, wird durch Anordnung der Landes-Zentralbehörde bestimmt.

Die Bestimmung des § 63 Abs. 3 findet, soweit sie sich auf Beisitzer bezieht, keine Anwendung."

1839 Stein, S. 144.

1840 Neuburg, S. 199/201.

1841 Haupt, S. 51; Neuburg, S. 300/301.

1842 Neuburg, S. 224 u. 226.

1843 Cirkular-Erlaß vom 4. Oktober 1870 im Ministerial-Blatt für die innere Verwaltung, S. 282

bedeutende Rolle.[1844] Fast das gesamte 19. Jahrhundert hindurch war in vielen Teilen Deutschlands ein Gemeindevertreter zumindest subsidiär zur Rechtspflege ermächtigt.[1845] Auch im Gewerbegerichtsgesetz wurde die Trennung von Verwaltung und Rechtsprechung nicht aufgegeben. Gemäß §§ 71, 72 Gewerbegerichtsgesetz war der Vorsteher einer Gemeinde auch weiterhin zu einer Entscheidung über gewerbliche Streitigkeiten befugt.[1846] Bei vielen gewerblichen Bagatellstreitigkeiten, insbesondere in den ländlichen Regionen, wäre der Apparat eines Sondergerichts zu kostspielig und umständlich gewesen.

Hinzu kam der - wenn auch nicht unumstrittene - Vorteil, dass Verwaltung und Rechtsprechung in einer Hand lagen.[1847] Mit dem Gemeindevorsteher, welcher eher selten die Qualifikation zum Richteramt besaß, bestand die Gefahr, dass politische und kirchliche Strömungen mit auf das Urteil einwirkten.[1848] Kritiker bemerkten darum auch, dass

> *„wenn die Gemeindejustiz eine Vergangenheit hat, eine wohlbegründete und wohlberechtigte Vergangenheit, so hat sie schwerlich eine Zukunft.“*[1849]

1844 Cirkular-Erlaß vom 31. Juli 1871 im Ministerial-Blatt für die innere Verwaltung, S. 208/209.

1845 Marcinowski, S.657/658.

1846 § 71 Gewerbegerichtsgesetz:
„Ist ein zuständiges Gewerbegericht nicht vorhanden, so kann bei Streitigkeiten der in Nr. 1 und 3 des § 3 bezeichneten Art jede Partei die vorläufige Entscheidung durch den Vorsteher der Gemeinde (Bürgermeister, Schultheiß, Ortsvorsteher u.s.w.) nachsuchen. Zuständig ist der Vorsteher der Gemeinde, in deren Bezirk die streitige Verpflichtung aus dem Arbeitsverhältnisse zu erfüllen ist.
Den Parteien ist Gelegenheit zu geben, ihre Ausführungen und Beweismittel in einem Termine vorzubringen. Eine Beweisaufnahme durch Ersuchen anderer Behörden findet nicht statt, Vereidigungen sind nicht zulässig.
Kommt ein Vergleich zu Stande, so ist ein Protokoll darüber aufzunehmen und von den Parteien und dem Gemeindevorsteher zu unterschreiben.“
§ 72 Gewerbegerichtsgesetz:
„Die Entscheidung des Gemeindevorstehers ist schriftlich abzufassen, sie geht in Rechtskraft über, wenn nicht binnen einer Nothfrist von zehn Tagen von einer der Parteien Klage bei dem ordentlichen Gerichte erhoben wird. Die Frist beginnt mit der Verkündung, gegen eine bei der Verkündung nicht anwesende Partei mit der Behändigung der Entscheidung. Die Entscheidungen des Gemeindevorstehers sind von Amtswegen für vorläufig vollstreckbar zu erklären. Die vorläufige Vollsteckbarkeit ist nicht auszusprechen, wenn glaubhaft gemacht wird, daß die Vollstreckung dem Schuldner einen nicht zu ersetzenden Nachtheil bringen würde, auch kann sie von einer vorgängigen Sicherheitsleistung abhängig gemacht werden. Ist rechtzeitig Klage erhoben, so findet der § 647 der Zivilprozeßordnung entsprechend Anwendung.“

1847 Marcinowski, S.657.

1848 Stieda, S. 73.

1849 Stieda, S. 74; Oppenheim S. 11-17.

Eine Justiz im modernen Sinne konnte von ihr nicht mehr geboten werden. Gemäß § 120a GewO 1881 konnte jede Entscheidung der Gemeindebehörde binnen einer Frist angegriffen werden. Auch war sie keine schiedsrichterliche Instanz im engeren Sinne, da die streitenden Parteien weder ihre Richter selber wählen noch in freiwilliger Übereinkunft sich ihnen unterwerfen konnten bzw. mussten. Die gewerbliche Rechtsprechung der Gemeindebehörde galt immer subsidiär, vor allem dort wo wegen der geringen industriellen Entwicklung ein eigenständiges Gewerbegericht nicht praktikabel war. Bei denen aufgrund des Gewerbegerichtsgesetzes errichteten Gewerbegerichten stieg die Zahl der anhängigen Streitfälle stetig an. Im Vergleich dazu waren die Klagen der Arbeitgeber gegenüber den Arbeitnehmern verhältnismäßig selten. Insgesamt zeichneten sich die Gewerbegerichte durch einen sehr hohen Prozentsatz an Vergleichen aus. So hatte Apolda eine besonders hohe Vergleichsquote von 52-55 Prozent.[1850] Die Gerichte tagten regelmäßig, zum Beispiel in Apolda zweimal pro Woche. Ca. 80 Prozent aller Klagen wurden so innerhalb einer Woche entschieden.[1851]

Auch sollten durch das Gewerbegerichtsgesetz nicht zwangsläufig die Innungsgerichte durch die neuen Gewerbegerichte ausgeschlossen werden. Die Handwerker setzten sich auch nach dem Handwerker- und Gewerbekongress in Frankfurt dafür ein, dass den Korporationen die Regelung ihrer eigenen inneren Angelegenheiten vorbehalten blieb.[1852] Auf ihren Einfluss ist es auch zurückzuführen, dass nach der Gewerbeordnung von 1869 durch die zwei Gesetzesnovellen von 1881 und 1887 wieder den Innungen Schiedsgerichte zugestanden wurden. Auch das von dem Innenministerium 1878 vorgeschlagene Musterinnungsstatut ging auf die Forderungen der Handwerker ein und erhielt damit einen zünftigen Grundton.[1853] Doch die scheinbare Renaissance der Zunft durch die verstärkt berücksichtigte Innungsgerichtsbarkeit trügt. Die neuen Gewerbegerichte hatten die Funktion der gewerblichen Rechtsprechung übernommen. Die Veränderungen in der Gesellschaft und Technik waren so umwälzend, dass ein Zurückdrehen der Uhr auf die Zunftzeit unmöglich war. Vielmehr sollten die Innungsgerichte als Versuchsobjekt herangezogen werden inwieweit gewerbliche Gerichte für gleiche oder verwandte Gewerbe benötigt wurden. Das Gewerbegerichtsgesetz bestimmte, dass die Gewerbegerichte in ihrem Statut sich nicht nur für bestimmte Gewerbezweige für sachlich zuständig erklären durften. Ein genereller Rechtsschutz für alle Gewerbe sollte gewährleistet werden. Zum Ende

---

1850 Deutsche Gemeindezeitung 1888 S. 158.1884: 22,2 %, 1885: 11,8 %, 1886: 14,8 %, 1887: 10,2 %, 1888: 19 %, 1889: 33,5 %.

1851 Stieda, S. 101.

1852 Brand, Bd. 2, S. 161; Dowe/Offermann, Deutsche Handwerker- und Arbeiterkongresse 1848-1852, S. 182.

1853 Cirkular-Erlaß vom 4. Januar 1879 im Ministerial-Blatt für die innere Verwaltung 1880, S. 9.

des 19. Jahrhunderts bildeten sich bei den Berufsgenossenschaften ebenfalls Schiedsgerichte heraus. Diese genossenschaftlichen Gerichte waren in der Regel nur für ein bestimmtes Gewerbe zuständig. Das Schiedsgericht wurde von den Standesgenossen gebildet.[1854] Ebenso zählten die Schiedsgerichte der deutschen Berufsgenossenschaften aufgrund des Unfallversicherungsgesetzes hierzu. Deren Kompetenz war jedoch beschränkt auf die aus der Haftpflicht hervorgehenden Entschädigungsansprüche.[1855]

In kleineren Städten mit geringer industrieller Entwicklung, wurden die Gewerbegerichte zumeist mit der ordentlichen Gerichtsbarkeit verbunden. Dies war zum Beispiel in Weimar der Fall. Der entscheidende Vorteil der gewerblichen Fachgerichte war, dass ein Urteil gewöhnlich in 5, höchstens in 12 Tagen erging. Darüber hinaus waren die damals üblichen Vertagungen eher selten.[1856] Damit hatte sich langsam auch eine einheitliche Form von Gewerbegerichten für ganz Deutschland herausgebildet. Der heutige § 67 Abs. 3 Handwerksordnung, der eine Ausschussbildung zur Schlichtung für Streitigkeiten zwischen Ausbildenden und Lehrlingen vorsieht, ist das letzte Überbleibsel des Zunftgerichtes und damit eines vormals in der Gesellschaft und Politik mächtigen Organs.[1857]

1854 Stieda, S. 74.
1855 Schönberg, Bd. 2 I, S. 720.
1856 Deutsche Gemeindezeitung 1888, S. 158.
1857 Brand, Bd. 2, S. 166.

6. Kapitel Zusammenfassung

Das Gewerbe unterteilte sich schon immer in verschiedene Formen produktiver Tätigkeiten. Nicht alle diese produktiven Tätigkeiten schlossen sich im frühen Mittelalter zu Zünften zusammen. Um den örtlichen Markt zu versorgen kam es zu Vereinigungen des Handwerks und des Handels in verschiedene Zünfte. Aus der Pflicht der Stadt, für das Wohl ihrer Bewohner zu sorgen sowie aus dem Recht auf Arbeit, hat sich das Zunftwesen entwickelt. Diese Pflicht der Obrigkeit gegenüber ihren Untertanen ging auf die Zunft über. Dafür erhielten die Zünfte Privilegien. Die Zünfte wurden daher auch in der Anfangsphase ihres Bestehens als Ämter bezeichnet. Gleichzeitig gewährten sie den Mitgliedern der Zunft ein Recht auf ein standesgemäßes Einkommen. In der ursprünglichen Zunftorganisation war ein charakteristisches Merkmal, dass die Zunftmitglieder keine Unternehmer sondern Arbeiter waren.

Der Eintritt in eine Zunft war oftmals nicht nur durch den Wunsch motiviert, einen bestimmten Beruf auszuüben. Dieser Schritt war ein Mittel in ein soziales Netz einzutreten, um eine soziale Sicherheit und Absicherung zu erwerben. Ein anderes Motiv konnte der Wunsch nach Beteiligung an der Lokalpolitik sein oder der Teilhabe an einer exklusiven Organisation, um als geachteter Bürger angesehen zu werden. Die Gruppenidentität den die Zünfte in den Städten ausübten war erheblich. Die Zünfte standen anfänglich jeder freien und arbeitswilligen Person offen.

Die Beziehungen zwischen Zünften und Behörden waren sehr vielfältig. Stadtregierungen und die Staaten banden die Zünfte oftmals in ihre politischen Erwägungen mit ein. In vielen Städten überwachten sie den örtlichen Markt und übten damit die Rolle einer Gewerbepolizei aus. Das organisierte Handwerk war fest im sozialen Gefüge der Städte verankert. In den geistlichen Staaten unterstützte die konfessionelle Einstellung der Zünfte noch mehr ihre Position. Bis Ende des 18. Jahrhunderts wagte es deshalb auch niemand die gesellschaftlich stabilisierend wirkenden Zünfte aufzuheben. Im Gegenteil, wie das Herzogtum Berg vorführte, arbeiteten zunftähnliche Gebilde wie Fabriken durchaus erfolgreich im Exportgewerbe. Eine gewerbliche Entwicklung und Zünfte schlossen sich nicht prinzipiell gegenseitig aus. Es muss hierbei sowohl nach Branchen und nach Regionen differenziert werden. Im westlichen Teil Preußens besaßen die Zünfte im Metallgewerbe größere Chancen zu expandieren als zum Beispiel die schlesischen Zünfte. Die Sicherung eines Qualitätsstandards und eine geregelte Berufsausbildung sprachen lange Zeit für eine Beibehaltung der Zünfte.

Es ist deshalb keinesfalls so, dass das Zunftwesen ein einheitliches oder statisches System mit einem festen Kern, bestehend aus offiziellen Statuten und Regelungen war. Es ist eher als ein komplexes und dynamisches Netz von Kräften zu verstehen, dass von vielen Beteiligten ständig umgeformt, ausgebaut und untergraben wurde, so dass sich das Kräftegleichgewicht ständig veränderte. Die führenden Meister in den Zünften dehnten ihr Betätigungsfeld immer weiter aus. Sie bewirkten dadurch zum Teil die Aufhebung der Zunftregelungen. Insbesondere Regelungen, die ihre Werkstattgröße betrafen.

Aus einem zunächst segensreichen Anfang der Zünfte, wurde immer mehr ein kalter, auf seine Privilegien pochender Egoismus der mit einer ebenso engherzigen als auch kurzsichtigen Wirtschaftspolitik jeden Aufschwung der Produktion und die Entwicklung des Gewerbefleißes hemmte sowie damit das natürliche Recht eines jeden auf Arbeit verletzte. Diese Entwicklung wurde durch die zunehmende Landflucht, verbunden mit dem wachsen der Städte, verstärkt. Durch den zunehmenden Zuzug der Landbevölkerung in die Städte, konnten die Zünfte nicht mehr allen das Recht auf Arbeit zusichern. Sie grenzten sich mehr und mehr ab und nahmen ihre öffentlichen Aufgaben nur noch für die vorhandenen Mitglieder war. Es entwickelten sich daraus privilegierte Standesorganisationen. Im Mittelalter war es eine Anwendung des Associationsprinzips, durch welche man unter analogen Verhältnissen mit Beschränkung der Produktivkraft des Kapitals und der individuellen Arbeitskraft die Entstehung von Missverhältnissen zu vermeiden suchte. Dies wurde zunächst von der Zunft umgesetzt, bis daraus immer mehr eine Abschottung des örtlichen Marktes wurde. Diese Abschottung schloss immer größere Bevölkerungsteile von einem gesicherten Erwerbsleben zu Gunsten der Zunftmitglieder aus. Die Zünfte förderten damit nicht mehr die Gleichheit sondern wurden Ursache für eine immer stärkere soziale Ungleichheit.

Im weiteren Verlauf kam es zum offenen Kampf der Gesellen gegen die Zunft. Dies geschah erst als allmählich das genossenschaftliche Schutzverhältnis sich zu lockern begann und zwischen Meistern und Gesellen ein wirtschaftlicher Klassenunterschied entstand. Dieser war früher die Ausnahme und wurde immer mehr zur Regel und ließ die frühere Durchgangsstufe für die Gesellen in der Gesellschaft immer mehr verschwinden.

Daneben entwickelten sich die Bedürfnisse der Stadtbevölkerung immer weiter. In Thüringen wurde dies vor allem vorangetrieben durch die Fürstenhäuser und ihren Hofstaat. Neue, zumeist fremdartige Produkte kamen immer häufiger auf den Markt. Damit wurden immer weniger einheimische Erzeugnisse von den zünftigen Handwerkern bezogen. Die Fürstentümer und Regierungen benötigten jedoch stetig steigende Einnahmen, und dass bei bereits damals immer klammer

Kassen. Um die Nachfrage der Untertanen zu befriedigen und gleichzeitig eine neue Einnahmequelle für den Staatshaushalt zu schaffen, erteilten die Regenten zumeist einzelnen Händlern oder größeren Handwerkerbetrieben die Erlaubnis Manufakturen und Fabriken zu errichten.

Dies war der erste Schritt, wodurch die Allmacht der Zünfte gebrochen wurde. Die Eigentümer von Manufakturen und Fabriken unterlagen keinem Zunftzwang. Sie konnten ihre Produkte ohne einschränkende Regelungen der Zünfte herstellen und vertreiben. Des Weiteren war der Verlag eine Form der Herstellung von Produkten, wo ebenfalls die Zünfte keinen Einfluss ausüben konnten. Die Hausindustriellen stellten die Wirtschaftsgüter in ihren Häusern, zumeist auf dem Lande, her ohne einer Zunftkontrolle zu unterliegen.

Diese Formen des Wirtschaftens bestanden uneingeschränkt in den deutschen Gebieten bis zur napoleonischen Zeit fort. Erst durch die Besetzung Frankreichs wurde in den westlichsten deutschen Staaten französisches Recht eingeführt. Neben dem Codé civil führte Frankreich die Gewerbefreiheit in Teilen der besetzten Gebiete ein.

Nach der Niederlage Preußens im Jahre 1806 gegen Frankreich, musste auch der größte deutsche Staat zu umfassenden Reformen greifen. Die Zwangsdistributionen die Frankreich von Preußen forderte, waren mit dem bisherigen Steueraufkommen nicht zu leisten. Aufgrund der Niederlage sanken zudem die Steuereinahmen Preußens rapide. Die Wirtschaft lag am Boden und die meisten Kräfte hatte das Militär gebunden. Hunger, Krankheit und Armut waren in weiten Teilen der preußischen Distrikte verbreitet.

Um die Grundbedürfnisse der Bevölkerung abzusichern und gleichzeitig zu versuchen, die Wirtschaft wieder in Gang zu bringen, kam es zu den Reformen des Freiherr vom Stein. Eines der tragenden Elemente waren das Edikt vom 2. November 1810 zur Einführung einer allgemeinen Gewerbesteuer und das Gesetz vom 7. September 1811 über die polizeilichen Verhältnisse der Gewerbe betreffend.

Damit wurde der Zunftzwang in Preußen aufgehoben und die Ausübung eines Gewerbes lediglich an den Besitz eines Gewerbescheines geknüpft. Mit der einmal errungen Gewerbefreiheit begann ein neues Zeitalter des Gewerbes. Diese Zäsur erfolgte nicht abrupt, sondern war das Ergebnis eines bereits durch die Freigabe der Manufakturen und der Fabriken vorgegebenen Weges. Erst die Notlage nach der Niederlage gegen Frankreich zwang Preußen letztendlich zur vollständigen Umsetzung der Reformen. Die Radikalität mit der Preußen dabei vorging, wirkte auf die Regenten der übrigen deutschen Staaten abschreckend.

Keinesfalls wollten sie dem Weg Preußens folgen, sondern sahen dies als einmaligen Sonderweg hervorgerufen durch die militärische Niederlage.

Die Gewerbefreiheit brachte Preußen wirtschaftlich Vorteile aber auch viele gewichtige Nachteile. Der erhoffte schnelle wirtschaftliche Aufschwung, verbunden mit kurzfristig steigenden Steuereinahmen, blieb aus. Erst nach und nach erholte sich die Produktion. Die Gewerbefreiheit führte zu einem umfassenden sozialen Strukturwandel, der auch bei Gewerbetreibenden und Gesellen zunächst zu einer Verschlechterung ihrer gesellschaftlichen Stellung führte. Als Preußen die um sich greifende soziale Verelendung erkannte, war es schwer die einmal gewährte Gewerbefreiheit wieder zu begrenzen.

Das System der freien Konkurrenz, wo der Besitz und die nackte Arbeitskraft sich gegenüberstehen, den naturgemäßen Gegensatz immer stärker hervortreten lässt, zerstört sie auch notwendig den kleinen Besitz, das kleine Kapital und vernichtet damit die für die Volkswirtschaft unendlich wichtige Übergangsstufe zwischen denen die nur ihre Arbeitskraft und denen die nur ihren Besitz habenden Gesellschaftsklassen. Preußen erkannte das Problem, dass trotz der Gewerbe- und Handelsfreiheit und trotz der freien Konkurrenz, es zu Folgen kommt, welche auf Dauer zu völlig unhaltbaren wirtschaftlichen Zuständen führen müssen. Die Gewerbefreiheit gab vielen die Möglichkeit sich eine höhere soziale Stellung zu erarbeiten. Gleichzeitig führte sie aber zu einer unendlichen Verarmung bis hin zur Kinderarbeit. Diese Ausbeutung führte zu schweren sozialen Spannungen.

In den übrigen deutschen Staaten sahen im weiteren Verlauf viele die Zünfte als Rückzugsposition der Schwachen und der in der wirtschaftlichen Entwicklung Unterlegenen. Deren geplante Auflösung löste deshalb bei diesen lediglich Anarchismus und Angst aus. Das Großherzogtum Sachsen-Weimar-Eisenach und das Herzogtum Sachsen-Coburg und Gotha wurden exemplarisch für die übrigen deutschen Staaten ausgewählt, um aufzuzeigen, dass neben dem radikalen Schritt Preußens es auch einen Mittelweg gab. Beide Herzogtümer führten nicht die Gewerbefreiheit bereits zu Anfang des 19. Jahrhunderts ein, sondern reformierten die Zünfte. Wie im übrigen Deutschland auch hatten die Zünfte in beiden Herzogtümern die wirtschaftliche Macht inne, die zum Teil auch die Herrschaft der Regenten einschränkten. Die Zünfte hatten sich neben eigenen Gesetzen auch eine eigene Gerichtsbarkeit zugelegt und die wirtschaftliche Kontrolle ging hauptsächlich von ihnen aus und nicht von der Obrigkeit. Über Jahrhunderte war ein Zunftrecht basierend auf Statuten und Innungsartikeln gewachsen, dass die meisten Einwohner der Herzogtümer nicht mehr überschauen konnten. Zudem konnte niemand mehr mit Sicherheit sagen, was den Zünften tatsächlich an Rechten in den letzten Jahrhunderten bewilligt und zugestanden wurde oder welche Rechte sie sich selbst genommen hatten und damit lediglich anmaßten. Darüberhinaus hatte jede Zunft unterschiedliche Rechte. Die damit verbundene Rechtsunsicherheit war immens. Die Obrigkeit hatte über Jahrhunderte hinweg immer nur eine Zunft oder einen Zunftbereich betreffende Ordnungen und Erlasse erteilt. Nie waren für alle Zünfte einheitliche Regelungen geschaffen wurden.

Das Großherzogtum Sachsen-Weimar-Eisenach beseitigte dieses Chaos und die damit verbundene Rechtsunsicherheit durch das Zunftgesetz vom 15. Mai 1821 (ZunftG). Durch das ZunftG wurde keine Zunft aufgehoben oder beseitigt. Im Gegenteil, es wurden ausdrücklich alle Zünfte bestätigt. Aber es wurde für alle Zünfte im Großherzogtum eine einheitliche Rechtsgrundlage geschaffen und damit wurden die Zünfte für den Regenten kontrollierbar. Die Zünfte wurden öffentlich-rechtliche Einrichtungen und der judikativen Gewalt des Staates unterstellt. Das ZunftG gewährte aber gleichzeitig den Gewerbetreibenden eine größere Freiheit bei der Ausübung ihrer Tätigkeit. Die Unterscheidung zwischen Land- und Stadtmeister wurde aufgegeben, alle Zwangs- und Bannrechte aufgehoben und der Marktverkehr vollkommen freigegeben. Dennoch bestimmte das ZunftG, dass alle Handwerker sich in Zünften und Innungen zusammenzuschließen haben. Lediglich der Handel wurde von diesem Zwang befreit. Den Schutz und den sozialen Rückhalt der Zünfte, den diese den Gesellen, Lehrlingen und den Meistern gewährten, wollte das Großherzogtum Sachsen-Weimar-Eisenach aufrecht erhalten. Die Balance zwischen Gewerbefreiheit und Zunftzwang gelang in Sachsen-Weimar-Eisenach so gut, dass die Anzahl der Zünfte stetig anstieg. Die Zünfte durften unbegrenzt Meister aufnehmen und es war ihnen unter Strafe verboten, Lehrlinge zurückzuweisen. Weiterhin wurde durch das ZunftG das Konkurrenzprinzip eingeführt und jede Einflussnahme der Zunft auf Preise untersagt.

Dem Beispiel Sachsen-Weimar-Eisenach folgte 1849 das Herzogtum Sachsen-Coburg und Gotha, durch den verbindlichen Erlass eines Musterstatutes für alle Zünfte. Auch Sachsen-Coburg und Gotha versuchte nach dem Vorbild Sachsen-Weimar-Eisenach einen Ausgleich zwischen Gewerbefreiheit und Zunftzwang zu finden. Das Musterstatut stellte in seiner Einleitung die Verhältnisse in Preußen als abschreckendes Beispiel dar. Gotha hob deshalb ebenfalls keine Zunft auf. Gotha hob aber durch das Musterstatut die Geschlossenheit des Zunftverbandes auf und öffnete die Zünfte für neue Gewerbetreibende. Die Zünfte mussten neue Meister mit aufnehmen. Dies war für die wirtschaftliche Entwicklung Sachsen-Coburg und Gotha ausschlaggebend. Nur durch die neuen Gewerbetreibenden im Herzogtum wurde Gotha zu einem Zentrum der Industrialisierung in Thüringen. Das Herzogtum Sachsen-Coburg und Gotha sowie das Großherzogtum Sachsen-Weimar-Eisenach verbanden die Vorteile der Zünfte mit der Gewerbefreiheit.

Das Gothaer Musterstatut sah bereits die Errichtung einer Gewerbekammer vor. Die Gewerbekammer sollte als übergeordnetes Zentralorgan der Zünfte errichtet werden und diese nach außen geschlossen vertreten. Eine Aufgabe der Gewerbekammer war bereits damals Gutachten über die gewerbliche Entwicklung im Herzogtum für die Behörden zu fertigen.

Inzwischen war auch Preußen von der absoluten Gewerbefreiheit wieder abgerückt. Für Preußen war der Weg viel schwieriger. Die einmal eingeführte Freiheit wieder einzuschränken, war umständlicher als wenn eine solch umfassende Freiheit nicht erst in allen Punkten gewährt worden wäre. Preußen ging deshalb auch in zwei Stufen vor. Die erste Stufe bestand aus der Gewerbeordnung vom 17. Januar 1845 und die zweite Stufe aus der Verordnung vom 9. Februar 1849.

Handwerkerunruhen, wie die der schlesischen Weber im Jahre 1844, nahmen in Preußen in den 30er und 40er Jahren des 19. Jahrhunderts rasant zu. Weiterhin wurde die Gewerbefreiheit dadurch in Frage gestellt, dass die meisten Lehrlinge weiterhin eine zünftige Ausbildung wählten. Auch ohne staatliche Privilegien beherrschten die Zünfte weiterhin das Gewerbe in Preußen. Es fehlte eine Gesetz, der die Auseinandersetzung zwischen den weiter bestehenden Zünften mit ihrem Gewohnheitsecht und der Gewerbefreiheit regelte. Dies setzte Preußen mit der Gewerbeordnung vom 17. Januar 1845 um. Auch diese bejahte zunächst das Prinzip der Gewerbefreiheit und verbot weiterhin alle ausschließlichen Gewerbeberechtigungen, Konzessionen sowie Zwangs- und Bannrechte. Grundsätzlich stand auch weiterhin jedem frei, ein Gewerbe seiner Wahl auszuüben. Für einige Gewerbe wurden durch die GewO 1845 wieder persönliche wie auch gewerbepolizeiliche Voraussetzungen eingeführt. Zum Schutz des Allgemeinwohls und zur Sicherung von Qualitätsstandards wurde die Gewerbefreiheit eingeschränkt. Weiterhin gab es auch keine Taxen. Aber die Ortspolizei und der Landrat wurden durch die GewO 1845 ermächtigt Preise vorzugeben. Insbesondere zu Kriegszeiten oder bei Missernten wollte Preußen die Preisbildung nicht mehr alleinig Angebot und Nachfrage überlassen. Aber auch die Regierung selbst behielt sich gemäß § 93 Abs. 2 GewO 1845 vor, wieder Taxen einzuführen. Preußen nahm immer mehr Abstand von der totalen Gewerbefreiheit. Hatte zunächst Preußen gehofft, dass sich die Zünfte aufgrund der Gewerbefreiheit selbst auflösen werden, so wurden die Zünfte in der GewO 1845 wieder legalisiert und als Bestandteil der Gewerbeverwaltung anerkannt. Preußen hatte die ordnende soziale Funktion der Zünfte erkannt und wollte sich diese zu Nutze machen. Die Auflösung einer Zunft wurde durch die GewO 1845 erheblich erschwert. Zudem sah die GewO 1845 die Gründung von neuen Innungen vor. Der

Innungsbeitritt war zwar freiwillig, aber die Ausbildung von Lehrlingen war bei verschiedenen Gewerben nur Zunftmitgliedern erlaubt. Es wurde damit ein indirekter Beitrittszwang ausgeübt. Die Aufgaben der Innungen lagen vorrangig in der Ausbildung und in der sozialen Absicherung. Wie im Großherzogtum Sachsen-Weimar-Eisenach und im Herzogtum Sachsen-Coburg und Gotha wurden die Zünfte in Preußen unter die Kontrolle des Staates gestellt. Die GewO 1845 gab den Innungen ebenfalls einen Mindestinhalt für ihre Statuten vor und ordnete an, dass an den Innungsversammlungen ein Mitglied der Kommunalbehörden teilnahm. Auch bei der Regelung der Ausbildungs- und Arbeitsverhältnisse griff die GewO 1845 wieder auf Zunftregelungen zurück.

Diese Entwicklung wurde durch die Verordnung vom 9. Februar 1849 noch verstärkt. Durch die VerO 1849 wurden Gewerberäte eingeführt und die Funktion der Kommunalbehörden als Aufsichtsorgan erweitert. Die Ausübung eines Gewerbes wurde für über 70 Berufe wieder an Befähigungsnachweise und die Mitgliedschaft in einer Innung geknüpft. Für weitere Berufe bestand eine Zeugnispflicht. Auch die Inhaber von Magazinen und Detailwarenhändler mussten einen Meistertitel für den Vertrieb ihrer Produkte vorweisen können. Die Anforderungen an die Meisterprüfung wurden wieder gesetzlich normiert. Umfassende Vorgaben machte die VerO 1849 ebenso für die Lehre. Es wurde wieder eine obligatorische dreijährige Lehrzeit eingeführt. Die Aufnahme und Entlassung aller Lehrlinge erfolgte vor den Innungen. Weiterhin konnten die Gewerbetreibenden per Ortsstatut verpflichtet werden, in eine Innungskasse einzuzahlen.

Damit hatte das Gewerberecht in Preußen wieder in vielen Bereichen den gleichen Inhalt, wie die Zünfte ihn vor dem Edikt vom 2. November 1810 zur Einführung einer allgemeinen Gewerbesteuer und das Gesetz vom 7. September 1811 über die polizeilichen Verhältnisse der Gewerbe in ihren Statuten geregelt hatten. Auch die zumindest indirekte Zwangsmitgliedschaft in einer Innung war wieder hergestellt. Nichts anderes enthielt das ZunftG des Großherzogtums Sachsen-Weimar-Eisenach und das Musterstatuts des Herzogtums Sachsen-Coburg und Gotha. Die Innungen gewährten wieder die soziale Sicherheit und regelten die Berufsordnung. Die zünftigen Werte erlebten eine Renaissance.

Die meisten deutschen Staaten führten die Gewerbefreiheit in den 60er Jahren des 19. Jahrhunderts zumeist ebenfalls durch den Erlass von Gewerbeordnungen ein. Sachsen-Weimar-Eisenach erließ am 30. April 1862 eine Gewerbeordnung und Sachsen-Coburg und Gotha am 21. März 1863. Neben vielen anderen Gewerben war auch die Ausübung eines Handelsgeschäftes nicht mehr von einer Konzession abhängig. Die Gewerbeordnung setzte für einzelne Gewerbe aber weiterhin das Erlangen von Befähigungsnachweisen voraus. Den Innungen standen gemäß § 42 GewOSWE und GewO-Gotha keine Verbietungsrechte, keine Zwangs- und Bannrechte oder sonstige Privilegien mehr zu. Die Innungen selbst wurden jedoch nicht aufgehoben. Die Gewerbetreibenden konnten sich aber auch im Großherzogtum nach freier Wahl niederlassen und alle Arten sowie mehrere Gewerbe betreiben. Gegenstand ausführlicher Regelung war das Lehrlingswesen. Im Großherzogtum wurde versucht die qualitativ hochwertigen Standards der Zünfte in der Ausbildung zu sichern und fortzuführen. Doch dies war nicht umzusetzen. Ohne die Zwangsmitgliedschaft kam es zu einem immer stärkeren Mitgliederschwund. Viele Zünfte und Innungen lösten sich auf und das Zunftinventar mit der Zunftlade wurde unter den letzten Mitgliedern verteilt. Die für die Rechtsgeschichte wertvollen Zunftladen mit den Statuten gingen so in Privatbesitz über und sind deshalb bis heute in Archiven nicht zugänglich. Die verbleibenden Zünfte und Innungen wurden in Sachsen-Weimar-Eisenach und Sachsen-Coburg und Gotha juristische Personen. Die Hilfskassen der Zünfte sollten weitergeführt werden und die örtlichen Fabrikarbeiter sowie Gewerbegehilfen wurden verpflichtet Einzahlungen zu leisten.

Inzwischen hatte Preußen seine politische Vormachtstellung gegenüber den anderen deutschen Staaten durch den preußisch/dänischen und den preußisch/österreichischen Krieg immer weiter ausgebaut. Es kam am 18. August 1866 zur Gründung des Norddeutschen Bundes, dem die meisten deutschen Staaten angehörten. Für die Industrialisierung war es wichtig eine einheitliche Rechtsgrundlage für den größten deutschen Wirtschaftsraum zu schaffen. Für alle Mitgliedsstaaten des Norddeutschen Bundes wurde 1869 auf der Grundlage der Preußischen GewO 1845 eine einheitliche Gewerbeordnung erlassen.

Grundlage der GewO 1869 war ebenfalls die Gewerbefreiheit. Die GewO 1869 hob den Innungszwang für Handwerker auf. Keine Innung und keine Korporation konnten eine andere Person von der Ausübung des Gewerbes ausschließen. Selbst das bisher in Preußen notwendige Bürgerrecht musste ein Gewerbetreibender nicht mehr erwerben, um sein Gewerbe betreiben zu können. Bei dem stehenden Gewerbebetrieb unterschied die GewO 1869 zwischen genehmigungsbedürftigen Gewerben und Gewerben für die eine Approbation oder sonstige Prüfungs- und Befähigungszeugnisse erteilt wurden. Andere Gewerbe waren an die persönliche Zuverlässigkeit der Gewerbetreibenden geknüpft. Personen deren Gewerbe eine besondere Glaubwürdigkeit verkörperte, mussten bei den Staats- oder Kommunalbehörden angestellt sein. Jeder Gewerbetreibende durfte unbegrenzt Lehrlinge, Gesellen und Arbeiter beschäftigen. Für den Gewerbebetrieb im Umherziehen wurde ein Legitimationsschein benötigt.

Die GewO 1869 unterstützte auch weiterhin Innungen, auch wenn sie deren Macht und Einfluss auf die Mitglieder abschwächte. Dies auch zu Gunsten der bestehenden Handelskammern. Die GewO 1869 unterschied weiterhin zwischen neuen und alten Innungen, vereinheitlichte aber deren Rechtsgrundlage. Die Innungen hatten im zunehmenden Maße den Charakter von Vereinen. Zwar wurden den Innungen weiterhin Rechte zugestanden, aber einen Beitrittszwang, gleich ob direkt oder indirekt, bestand nicht mehr. Die Mitgliedschaft in einer Innung konnte an Zeugnisse und Prüfungen geknüpft werden. Die Innungen mussten aber Befähigungsnachweise von Behörden und Kommissionen anerkennen. Neue Innungen konnten sich auch aus verschiedenen Gewerbearten bilden.

Schwerpunkt der GewO 1869 war der Arbeitsschutz. Vormalige Regelungen aus den zünftigen Statuten fanden Eingang in die Gewerbeordnung. Die Gewerbefreiheit hatte eine stärkere Ausbeutung der Arbeiter ermöglicht und ein fehlender Arbeitsschutz verstärkte deren hilflose Lage. Die GewO 1869 schränkte die Gewerbefreiheit zu Gunsten der Beschäftigten ein. Ein weiterer sozialer Aspekt der GewO 1869 war die Förderung von gewerblichen Hilfskassen für Angestellte. Es bestand für Gesellen, Gehilfen, Lehrlingen und Fabrikarbeitern Mitgliedszwang. Lediglich für selbständige Gewerbetreibende wurde diese Pflicht aufgehoben.

Aus dem Norddeutschen Bund heraus und nach dem Sieg über Frankreich kam es 1871 zur Reichsgründung. Die Gewerbeordnung des Norddeutschen Bund wurde lediglich mit einigen redaktionellen Veränderungen als Reichsgewerbeordnung übernommen.

Neben dem Gewerberecht und parallel zur Gewerbefreiheit entstanden die Handelskammern. Wie die Gewerbefreiheit nahmen die Handelskammern ebenfalls ihren Ursprung aus dem französischen Recht. In den deutschen Gebieten wurden unter der Besetzung Napoleons die Chambre de Commerce bzw. Handels- und Gewerbekammern gegründet. Diese Kammern hatten hauptsächlich beratende Funktion und waren zugleich Behörde. Die Kammern hatten die französischen Erlasse umzusetzen und für die übrigen Behörden Berichte über das Gewerbe und den Handel anzufertigen. Diese Handelskammern besaßen keine eigene Verwaltung und hatten lediglich staatliche Weisungen umzusetzen. Nach der Niederlage Napoleons und dem Wiener Kongress erhielt Preußen die ehemals besetzten Gebiete wieder zurück. Preußen löste aber die französischen Kammern nicht auf und überließ sie einen gewissen Selbstlauf. In der Rheinprovinz kam die Forderung von anderen Städten auf, die ebenfalls eine Handelskammer gründen wollten. Die Städte Elberfeld und Barmen legten der Provinzregierung ein Statut zur Genehmigung vor. Dieses wurde am 22. Juni 1830 genehmigt und damit entstanden die ersten preußischen Handelskammern. Wie die anderen Handelskammern französischen Ursprungs war sie beratendes Organ für die Staatsbehörden. Ihr oblagen auch die Beaufsichtigung von öffentlichen Anstalten und Einrichtungen für Handel und Schifffahrt sowie die Ernennung von Handelsmaklern. Im Unterschied zu den Handelskammern französischen Ursprungs wurde der Kammervorsitzende von den Kammermitgliedern gewählt und die Kammer konnte sich eine eigene Geschäftsordnung geben. Diese Selbstverwaltung war der Grundstein für die heutigen deutschen Industrie- und Handelskammern.

Die Gründung der Handelskammern schritt immer weiter nach Osten fort. Zunächst sollten nur dort wo ein entsprechendes Handelsaufkommen vorhanden war, Handelskammern errichtet werden. Das Handelskammerwesen hatte seinen Ursprung in der Gewerbefreiheit. Die Handelskammern entwickelten sich im Folgenden aber unabhängig vom Gewerberecht und damit unabhängig von den Zünften. Neben den Handelskammern entstanden Gewerbevereine sowie Handelskorporationen. Zumeist waren die gleichen Personen Mitglied im örtlichen Gewerbeverein, einer Innung und der Handelskammer. Die Handelskammern gewannen jedoch aufgrund ihrer zwischenbehördlichen Stellung schnell an Bedeutung.

Um dieser Bedeutung gerecht zu werden, erließ Preußen die Verordnung über die Errichtung von Handelskammern vom 11. Februar 1848. Auch nach der HandelskammerVerO waren die Kammern vorrangig beratendes Organ der Behörden. Dabei nahmen sie die Interessen des gesamten Gewerbes, mithin von Industrie, Handel und Handwerk wahr. Die öffentlichen Aufgaben der Handelskammern nahmen immer mehr zu. Ihnen unterstanden auch die Börsen, deren Bedeutung in der aufkommenden Industrialisierung stark anstieg. Die HandelskammerVerO regelte ebenfalls die Zusammensetzung, die Wahl und die Beschlussfassung der Handelskammern. Finanziert wurde die Handelskammer über eine Umlage die zum Gewerbesteuerbetrag erhoben wurde. Die Provinzregierungen konnten sich durch die Handelskammern bei ihren Entscheidungen auf wirtschaftsnahe Erkenntnisse aus den lokalen und provinzialen Verhältnissen stützen. Anderseits hatte die Gewerbetreibenden nach der Entmachtung der Zünfte und Innungen eine Stimme die bei den Regierungen wieder Gehör fand. Hinzu kam, dass die Kammern nicht nur den örtlichen Markt im Blick hatten, sondern in der Regel eine ganze Region vertraten und deren Interessen wahrnahmen. Durch die HandelskammerVerO wurden 33 Handelskammern in Preußen gegründet. Dies zeigt, dass vor allem der Handel und die Industrie auf eine starke Repräsentanz gewarteten hatten. Die HandelskammerVerO wurde in Preußen durch das Handelskammergesetz vom 24. Februar 1870 reformiert. Durch das HandelskammerG wurden die Handelskammern zunehmend Interessenvertreter der Gewerbetreibenden. Das HandelskammerG ermöglichte den Kammern eine weitreichende Selbstverwaltung. Die Handelskammern konnten sich dadurch immer mehr zu Selbstverwaltungsorganen der Wirtschaft etablieren. Sie nahmen Einfluss auf Gesetze aber auch auf Einzelthemen, wie zum Beispiel die Streckenführung der Eisenbahnen. Immer noch stand die Handelskammer für alle Gewerbetreibenden offen, auch für das Handwerk. Doch die Abgrenzung nahm zu. So wurde die Mitgliedschaft in der Handelskammer von dem erreichen einer bestimmten Gewerbesteuerhöhe abhängig gemacht, den die Handwerker und die kleineren Händler- und Gewerbetreibenden nicht erreichten.

Die Handelskammer waren dadurch nicht mehr Vertreter von einzelnen Berufsgruppen, wie die Zünfte. Jetzt wurden die Handelskammern zu Vertretern der gesamten Wirtschaft einer Region. Sie vertraten die Interessen der Region in ihrer Gesamtheit. Die HandelskammerVerO wie auch das HandelskammerG galten nur für Preußen. Im Gegensatz zum Gewerberecht, wo 1871 durch die Reichsgewerbeordnung eine einheitliche Regelung getroffen wurde, blieb das Recht der Standesvertretungen zunächst Ländersache.

Im Großherzogtum Sachsen-Weimar-Eisenach hatten sich neben den Innungen Gewerbevereine gebildet. Um diese zu koordinieren und einer einheitlichen Struktur zu unterstellen wurde 1877 eine übergeordnete gewerbliche Zentralstelle gegründet. Diese nannte sich Gewerbekammer und wurde aus Mitgliedern der Gewerbevereine gebildet. Die Gewerbekammer hatte einen behördengleichen Status und war dem Innenministerium unterstellt. Die Geschäfte der Kammer führte deshalb auch ein Regierungskommissar der von der Großherzoglichen Regierung ernannt wurde. Die Selbstverwaltung der Wirtschaft war im Großherzogtum nicht so weitreichend, wie in Preußen. Die Gewerbekammer wie auch die Gewerbevereine vertraten weiterhin die Bedürfnisse aller Gewerbetreibenden. Die Einheit von Handel, Industrie und Handwerk wurde weiterhin aufrechterhalten. Auch das Herzogtum Sachsen-Coburg und Gotha sah in dem Musterstatut die Errichtung einer Gewerbekammer vor. Gemäß § 23 Musterstatut vertrat die Gewerbekammer jedoch nicht das gesamte Gewerbe. Die Gewerbekammer des Herzogtums Sachsen-Coburg und Gotha wurde von Mitgliedern der Innungen und Zünfte gebildet. Die Industrie und der Handel blieben hier außen vor. Um den Bedürfnissen der Industrie- und des Handels aber gerecht zu werden, gründet das Herzogtum 1896 eine Handelskammer mit Sitz in Gotha. Bei dem Gesetz, betreffend die Errichtung einer Handelskammer für das Herzogtum Gotha nebst einer Verordnung handelte es sich um ein Landesgesetz. Zwar wurde als Zweck weiterhin die Wahrnehmung der Gesamtinteressen der Handels- und Gewerbetreibenden bezeichnet, aber die Mitgliedschaft wurde wie in Preußen auch an eine bestimmte Gewerbesteuerhöhe geknüpft. Damit blieben auch einfache Handwerker und kleine Gewerbetreibende ausgeschlossen. Wer diese Gewerbesteuerhöhe erreichte, war allerdings zur Mitgliedschaft gezwungen. Damit bestand zum ersten Mal nach der Entmachtung der Zünfte wieder eine

Pflichtmitgliedschaft für Gewerbetreibende. Die Unterscheidung zwischen dem kapitalstarken Handel mit der Industrie auf der einen Seite und dem Handwerk auf der anderen Seite wurde immer stärker. Gotha als Sitz von großen Verlagen und Versicherungen blieb aber nichts anderes übrig als das Handwerk von den großen Industrien zu trennen, da beide Interessengruppen zu unterschiedliche Positionen hatten.

Das Großherzogtum Sachsen-Weimar-Eisenach gründete durch ein Landesgesetz am 25. September 1900 eine Handelskammer. Bis dahin bestand die alle Wirtschaftsbereiche einende Gewerbekammer. Die Handelskammer des Großherzogtums Sachsen war zur Vertretung der Industrie und des Handels berufen. Alle Reichs- und Staatsbetriebe, land- und forstwirtschaftlichen Betriebe sowie die Handwerker waren ausgeschlossen. Am 17. November 1900 wurde im Großherzogtum in Ausführung von § 103a Abs. 3 GewO 1897 die Handwerkskammer gegründet. Die Handwerkskammern beruhten mithin auf der Gewerbeordnung und wurden durch Reichsgesetz einheitlich gegründet. Die Handelskammern beruhten dagegen auf Landesgesetzen. Wie bei den Handwerkskammern bestand auch bei den Handelskammern des Großherzogtums Sachsen-Weimar-Eisenach und bei dem Herzogtum Sachsen-Coburg und Gotha Zwangsmitgliedschaft.

Die formal weiterbestehenden Innungen hatten keine Kontrollfunktion. Diese hatten sie im Wesentlichen an die Handwerkskammer und damit an den Staat abgegeben. Die kurze Periode von 1810 bis 1845 in der in Preußen keine zwangsweise wirtschaftliche Regulierung stattfand hatte zu weitreichenden sozialen Spannungen geführt. Aber auch die Innungen und Zünfte waren am Ende das 18. und zu Beginn des 19. Jahrhunderts nicht mehr in der Lage einen sozialen Ausgleich in der Gesellschaft herzustellen. Im Großherzogtum Sachsen-Weimar-Eisenach sowie im Herzogtum Sachsen-Coburg und Gotha wurde die unregulierte Gewerbefreiheit auch als eine schädigende Kraft gesehen. Während der gesamten Zeit bestanden deshalb einschränkende Gesetze. In Weimar wollte man bis zu Beginn des 20. Jahrhunderts das Gewerbe in einer einigenden Einheit vertreten sehen. Doch auch in dem nicht so stark industrialisierten Land zogen sich die Inhaber von Fabriken und Handel immer mehr aus den Gewerbevereinen zurück. Vor allem der zwangsweisen Organisation stand man in Weimar ablehnend gegenüber. Viele wollten nicht an Stelle der Zünfte den Staat als Kontrollorgan akzeptieren. Weiterhin sah man in dem örtlich bekannten Handwerker, Fabrikanten und Händler nicht immer einen Konkurrenten. Durch die Kunstgewerbeschule in Weimar fanden viele Handwerker, Händler und auch Fabrikanten Anregungen und Aufträge. Viele Bereiche ergänzten sich. Durch die Aufteilung der Bereiche in Handwerkskammer und Handelskammer verbunden mit der Zwangsmitgliedschaft traten die Gegenseitigkeiten immer stärker hervor. Diese Tendenz wurde durch die unterschiedliche Rechtsgrundlage, für die Handwerker galt die Reichsgewerbeordnung während für den Handel und die Industrie ein Landesgesetz galt noch umso stärker. Die unterschiedliche rechtliche Beurteilung war in jedem Fall ein Hindernis. In beiden Bereichen bestand aber eine Zwangsmitgliedschaft. Diese war nicht zu umgehen, da für eine wirksame und geordnete Standesvertretung die Mehrheit der Gewerbetreibenden darin vertreten sein muss. Die Gewerbefreiheit steht dazu nicht im Widerspruch, da nur durch eine übergeordnete Organisation die Ausbildung und die sozialen Belange einheitlich gewahrt werden können. Dazu sind aber finanzielle Mittel notwendig die auf freiwilliger Basis nicht erbracht werden können.

RECHTSHISTORISCHE REIHE

Die nachfolgende Liste führt die Titel der "Rechtshistorischen Reihe" ab Band 300 auf.
Eine vollständige Übersicht aller bisher in der Reihe erschienenen Bücher
finden Sie auf www.peterlang.de.

Band 300 Jan Kohlmann: Der Marsch zu den Gräbern von Karl und Rosa. Geschichte eines Gedenktages. 2004.

Band 301 Christian Rainer Schlicht: Die kumulative Schuldübernahme in der Rechtsprechung des Reichsgerichts und in der zeitgenössischen Literatur. 2004.

Band 302 Hans Peter Glöckner: Positive Vertragsverletzung. Die Geburt eines Rechtsinstituts. 2006.

Band 303 João Manuel Azevedo Alexandrino Fernandes: Die Theorie der Interpretation des Gesetzes bei Francisco Suárez. 2005.

Band 304 René Funk: Die Wahlprüfung der volksgewählten Abgeordneten der Volksvertretungen im Frühkonstitutionalismus. Eine Untersuchung der Wahlprüfung in den Kammern der Abgeordneten des Großherzogtums Baden, des Königreichs Württemberg und des Großherzogtums Hessen. 2005.

Band 305 Carolin O'Sullivan. Die Ahndung von Rechtsbrüchen der Seeleute im mittelalterlichen hamburgischen und hansischen Seerecht (1301–1482). 2005.

Band 306 Martin Jürgens: Staat und Reich bei Ernst Rudolf Huber. Sein Leben und Werk bis 1945 aus rechtsgeschichtlicher Sicht. 2005.

Band 307 Florian G. Dürselen: Franz Beyerle (1885–1977). Leben, Ära und Werk eines Rechtshistorikers. 2005.

Band 308 Kai Bandilla: Urheberrecht im Kaiserreich. Der Weg zum Gesetz betreffend das Urheberrecht an Werken der Literatur und Tonkunst vom 19. Juni 1901. 2005.

Band 309 Stefan Mieth: Die Entwicklung des Denkmalrechts in Preußen 1701–1947. 2005.

Band 310 Catharina Lodemann: Die Geschichte des französischen *acte de gouvernement*. 2005.

Band 311 Christina Wicke: Kodifikationsbestrebungen und Wissenschaft in Hessen-Darmstadt im vorkonstitutionellen Zeitalter. Zu der Beteiligung der Gießener Rechtsprofessoren an den Gesetzgebungsarbeiten in Hessen-Darmstadt in der Zeit zwischen 1769 und 1820. 2005.

Band 312 Christiane Chlosta: Nur dem Gesetz unterworfen? Eine rechtsgeschichtliche Untersuchung zu Idee und Wirklichkeit richterlicher Gesetzestreue unter besonderer Berücksichtigung der Aufwertungsrechtsprechung und des richterlichen Prüfungsrechts. 2005.

Band 313 Kathrin Dirr: Hoheitsrechtliche Streitigkeiten zwischen den Kölner Erzbischöfen und der Stadt Köln auf Grundlage reichskammergerichtlicher Verfahren des 16. und 17. Jahrhunderts. 2005.

Band 314 Michael Racky: Die Diskussion über Gewaltenteilung und Gewaltentrennung im Vormärz. 2005.

Band 315 Petra Thiemrodt: Die Entstehung des Staatshaftungsgesetzes der DDR. Eine Untersuchung auf der Grundlage von Materialien der DDR-Gesetzgebungsorgane mit zeitgeschichtlichen Bezügen. 2005.

Band 316 Julius F. Reiter: Entstehung und staatsrechtliche Theorie der italienischen *Carta del Lavoro*. 2005.

Band 317 André Book: Die Justizreform in der Frühzeit der Bundesrepublik. Die Beratungen der Kommission zur Vorbereitung einer Reform der Zivilgerichtsbarkeit in den Jahren 1955 bis 1961. 2005.

Band 318 Frank Zentz: Das amerikanische Strafverfahren als Element der Besatzungspolitik in Deutschland. Erziehung zur Demokratie durch den *Court of Appeals* 1948–1955. 2005.

Band 319 Friederike Quaisser: Mietrecht im 19. Jahrhundert. Ein Vergleich der mietrechtlichen Konzeptionen im Allgemeinen Landrecht für die Preußischen Staaten von 1794 und dem gemeinen Recht. 2005.

Band 320 Stefan Burghard: Professor Dr. Wilhelm Kahl – Leben zwischen Wissenschaft und Politik. 2005.

Band 321 Günter Baranowski: Die *Russkaja Pravda* – ein mittelalterliches Rechtsdenkmal. 2005.

Band 322 Christina Schneider: Die SS und das „Recht". Eine Untersuchung anhand ausgewählter Beispiele. 2005.

Band 323 Werner Schubert (Hrsg.): Zivilprozessreform in der Weimarer Zeit. Quellen zur Emminger-Zivilprozessverordnung vom 13.2.1924 und zu den Arbeiten der Zivilprozesskommission des Reichsjustizministeriums (1922–1930). Eingeleitet und herausgegeben von Werner Schubert. 2005.

Band 324 Felix Gaul: Der Jurist Rudolf Isay (1886–1956). Ein verantwortungsbewusster Vermittler im Spannungsfeld zwischen dynamischer Rechtsschöpfung, ökonomischem Wandel und technischem Fortschritt. 2005.

Band 325 Konstanze Braun: Dr. Otto Georg Thierack (1889–1946). 2005.

Band 326 Eckart Klein / Stefan Chr. Saar / Carola Schulze (Hrsg.): Zwischen Rechtsstaat und Diktatur. Deutsche Juristen im 20. Jahrhundert. 2006.

Band 327 Stefan Botor: Das *Berliner Sühneverfahren* – Die letzte Phase der Entnazifizierung. 2006.

Band 328 Andreas Köhler: Die Sorgerechtsregelungen bei Ehescheidung seit 1945. Scheidungsstrafe und verordnete Gemeinsamkeit. 2006

Band 329 Lars Düwel: Die Nichtigkeit und Anfechtbarkeit der Ehe in der Rechtsprechung des Reichsgerichts zwischen 1900 und 1945. 2006.

Band 330 Katalin Polgar: Das Oberappellationsgericht der vier freien Städte Deutschlands (1820–1879) und seine Richterpersönlichkeiten. 2007.

Band 331 Julia Schweitzer: Schiffer und Schiffsmann in den Rôles d'Oléron und im Llibre del Consolat de Mar. Ein Vergleich zweier mittelalterlicher Seerechtsquellen. 2007.

Band 332 Diana-Catharina Kurtz: Das Institut der Adoption im preußischen Allgemeinen Landrecht und im französischen Code civil zwischen Rezeption römisch-rechtlicher Prinzipien und verändertem Familienverständnis. 2006.

Band 333 Dino Joakim Duderstadt: Spiel, Wette und Differenzgeschäft (§§ 762–764 BGB) in der Rechtsprechung des Reichsgerichts und in der zeitgenössischen Literatur. 2007.

Band 334 Ronald Hoffmann: Die Domänenfrage in Thüringen. Über die vermögensrechtlichen Auseinandersetzungen mit den ehemaligen Landesherren in Thüringen nach dem Ersten Weltkrieg. 2006.

Band 335 Joachim Windmüller: *Ohne Zwang kann der Humanismus nicht existieren...* – „Asoziale" in der DDR. 2006.

Band 336 Sven Christian Gläser: Die Mediatisierung der Grafschaft Wertheim. Der juristische Kampf eines kleinen Reichsstandes gegen den Verlust der Landesherrschaft und seine Folgen. 2006.

Band 337 Benjamin Schleyer: Friedrich Wilhelm Bornemann (1798–1864). Eine Juristenkarriere im Preußen des 19. Jahrhunderts. 2006.

Band 338 Die Reform des Ehescheidungsrechts von 1976. Quellen zum Ersten Gesetz vom 14.6.1976 zur Reform des Ehe- und Familienrechts (Parlamentarische Ausschussprotokolle – Anglikanische Denkschrift von 1966 zur Scheidungsrechtsreform – Schlussabstimmung 1969 in der Eherechtskommission des Bundesministeriums der Justiz). Eingeleitet und herausgegeben von Werner Schubert. 2006.

Band 339 Andreas Feld: Das Bayerische Gesetz zum Schutz des Eigentums an Erzeugnissen der Literatur und Kunst gegen Nachdruck vom 15.04.1840. Vorgeschichte und Zustandekommen. 2007.

Band 340 Bernd Wörner: Adelbert Düringers Einfluß als Richter am Reichsgericht in Leipzig auf dem Gebiet des Personengesellschaftsrechts. 2007.

Band 341 Jan Jelle Kähler: Französisches Zivilrecht und französische Justizverfassung in den Hansestädten Hamburg, Lübeck und Bremen (1806–1815). 2007.

Band 342 Jörn Eckert / Pia Letto-Vanamo / Kjell Modéer (Hrsg.): Juristen im Ostseeraum. Dritter Rechtshistorikertag im Ostseeraum 20.–22. Mai 2004. 2007.

Band 343 Ferdinand von Weyhe: A.E. Wassermann. Eine rechtshistorische Fallstudie zur „Arisierung“ zweier Privatbanken. 2007.

Band 344 Martin Klaus Römermann: Kündigungen und Kündigungsschutz im Franquismus. 2007.

Band 345 Thomas Hoffmann: Der Landrechtsentwurf David Hilchens von 1599. Ein livländisches Rechtszeugnis polnischer Herrschaft. 2007.

Band 346 Ingo Ullmann: Die rechtliche Behandlung holsteinischer Leibeigener um die Mitte des 18. Jahrhunderts. Dargestellt unter besonderer Berücksichtigung der Schmoeler Leibeigenschaftsprozesse von 1738 bis 1743 sowie von 1767 bis 1777. 2007.

Band 347 Petra Fischer-Langosch: Die Entstehungsgeschichte des Familiengesetzbuches der DDR von 1965. 2007.

Band 348 Lasse O. Johannsen: Die rechtliche Behandlung ausreisewilliger Staatsbürger in der DDR. 2007.

Band 349 Ralf Schlottau: Deutsche Kolonialrechtspflege. Strafrecht und Strafmacht in den deutschen Schutzgebieten 1884 bis 1914. 2007.

Band 350 Hartwig Brandt / Ewald Grothe (Hrsg.): Rheinbündischer Konstitutionalismus. 2007.

Band 351 Nora Lutze: Der Verwandtenunterhalt nach den §§ 1601 bis 1603 und §§ 1610 bis 1612 BGB in der Rechtsprechung des Reichsgerichts. Unter Berücksichtigung der Entstehung des BGB. 2007.

Band 352 Frank Thiäner: Das Verhältnis von Aufsichtsrat und Abschlussprüfern in der rechtshistorischen Entwicklung bis 1937. 2007.

Band 353 Britta Heymann: Ernst Melsheimer (1897–1960). Eine juristische Karriere in verschiedenen staatlichen Systemen. Mitarbeiter im Preußischen Justizministerium in der Weimarer Republik, im Justizministerium Preußens und des Reiches sowie Richter am Kammergericht in der NS-Zeit und Erster Generalstaatsanwalt der Deutschen Demokratischen Republik. 2007.

Band 354 Susanne Adlberger: Wilhelm Kisch – Leben und Wirken (1874–1952). Von der Kaiser-Wilhelms-Universität Straßburg bis zur nationalsozialistischen Akademie für Deutsches Recht. 2007.

Band 355 Moritz Waibel: Josef Berchtold (1833–1894). Ein Leben gegen den Ultramontanismus. 2007.

Band 356 Aline Levin: Erinnerung? Verantwortung? Zukunft? Die Beweggründe für die gemeinsame Entschädigung durch den deutschen Staat und die deutsche Industrie für historisches Unrecht. 2007.

Band 357 Ferdinand Krause: Die hergebrachten Grundsätze des Berufsbeamtentums. Eine rechtshistorische Analyse. 2008.

Band 358 André Tiebel: Die Entstehung der Schutztruppengesetze für die deutschen Schutzgebiete Deutsch-Ostafrika, Deutsch-Südwestafrika und Kamerun (1884–1898). 2008.

Band 359 Holger Ruff: Sittenwidrige Rechtsgeschäfte in der späten Kaiserzeit. Die Entwicklung der reichsgerichtlichen Rechtsprechung zu § 138 BGB von 1900 bis 1914. 2007.

Band 360 Frank Rohrer: Strafjustiz im Dritten Reich und in der SBZ/DDR. Die personelle und organisatorische Neuordnung des Justizapparates in den totalitären Diktaturen (1933–1955) mit ihren Auswirkungen auf die Rechtsprechung zum politischen Strafrecht. 2007.

Band 361 Hans-Georg Knothe / Marc Liebmann (Hrsg.): Gerichtskultur im Ostseeraum. Vierter Rechtshistorikertag im Ostseeraum. 18.–20. Mai 2006 in Greifswald. 2007.

Band 362 Christina Meß: Das Vertragsrecht bei Adam Smith. 2008.

Band 363 Quellen zur dänischen Rechts- und Verfassungsgeschichte (12.–20. Jahrhundert). Herausgegeben von Ditlev Tamm, Werner Schubert und Jens Ulf Jørgensen. 2008.

Band 364 Günter Baranowski: Die Gerichtsurkunde von Pskov. 2008.

Band 365 Mark Spengler: Die Entstehung des Scheckgesetzes vom 11. März 1908. 2008.

Band 366 Ivan Biliarsky / Radu G. Păun (eds./éds.): The Biblical Models of Power and Law. Les modèles bibliques du pouvoir et du droit. Papers of the International Conference, Bucharest, New Europe College 2005. Actes du colloque international, Bucarest, New Europe College 2005. 2008.

Band 367 Thomas A. Roth: Ausgestaltungen der Rechtsfähigkeit im 19. und 20. Jahrhundert. Zur Rechtspersönlichkeit natürlicher Personen in den bedeutenden deutschen Zivilrechtsordnungen. 2008.

Band 368 Björn Alexander Rautenberg: Der Fiskal am Reichskammergericht. Überblick und exemplarische Untersuchungen vorwiegend zum 16. Jahrhundert. 2008.

Band 369 Thorsten Miederhoff: *Man erspare es mir, mein Juristenherz auszuschütten.* Dr. iur. Kurt Tucholsky (1890–1935). Sein juristischer Werdegang und seine Auseinandersetzung mit der Weimarer Strafrechtsreformdebatte am Beispiel der Rechtsprechung durch Laienrichter. 2008.

Band 370 Philipp Nordloh: Kölner Zunftprozesse vor dem Reichskammergericht. 2008.

Band 371 Judith Freund: Die Wechselverpflichtung im 19. Jahrhundert. 2008.

Band 372 Hans-Michael Empell: Gutenberg vor Gericht. Der Mainzer Prozess um die erste gedruckte Bibel. 2008.

Band 373 Rainer Schröder: Die DDR-Ziviljustiz im Gespräch – 26 Zeitzeugeninterviews. 2008.

Band 374 Christian Neschwara: Ein österreichischer Jurist im Vormärz. „Selbstbiographische Skizzen" des Freiherrn Karl Josef Pratobevera (1769–1853). 2009.

Band 375 Stefan Ullrich: Untersuchungen zum Einfluss des lübischen Rechts auf die Rechte von Bergen, Stockholm und Visby. 2008.

Band 376 Johanna Gertrude Schmitzberger: Das nationalsozialistische Nebenstrafrecht 1933 bis 1945. 2008.

Band 377 Christian Brom: Urteilsbegründungen im „Hoge Raad van Holland, Zeeland en West-Friesland" am Beispiel des Kaufrechts im Zeitraum 1704–1787. 2008.

Band 378 Christian Böse: Die Entstehung und Fortbildung des Reichserbhofgesetzes. 2008.

Band 379 Tobias Röhnelt: Timm Kröger. Leben und Werk. 2009.

Band 380 Andrea Elisabeth Sebald: Der Kriminalbiologe Franz Exner (1881–1947). Gratwanderung eines Wissenschaftlers durch die Zeit des Nationalsozialismus. 2008.

Band 381 Angela Kriebisch: Die Spruchkörper Juristenfakultät und Schöppenstuhl zu Jena. Strukturen, Tätigkeit, Bedeutung und eine Analyse ausgewählter Spruchakten. 2008.

Band 382 Nana Ozawa: Louis Adolphe Bridel – Ein Schweizer Professor an der juristischen Fakultät der Tokyo Imperial University. Die geschichtliche Bedeutung der Yatoi zur späten Meijizeit. 2010.

Band 383 Christian Weißhuhn: Alfred Hueck 1889–1975. Sein Leben, sein Wirken, seine Zeit. 2009.

Band 384 Andreas Hunkel: Eduard Dietz (1866–1940) – Richter, Rechtsanwalt und Verfassungsschöpfer. 2009.

Band 385 Meike Guskow: Entstehung und Geschichte der Europäischen Charta der Regional- oder Minderheitensprachen. 2009.

Band 386 Markus J. Jahnel: Das Bodenrecht in „Neudeutschland über See". Erwerb, Vergabe und Nutzung von Land in der Kolonie Deutsch-Südwestafrika 1884–1915. 2009.

Band 387 Matthias Günter Steiner: Die Klöster und ihr Wirken – eine der Wurzeln des Stiftungswesens? 2009.

Band 388 Cornelia Staats: Die Entstehung des Bundes-Immissionsschutzgesetzes vom 15. März 1974. 2009.

Band 389 Cai Niklaas E. Harders: Das Bundesjagdgesetz von 1952 sowie die Novellen von 1961 und 1976. Vorgeschichte, Entstehung des Gesetzes sowie Problemfelder. 2009.

Band 390 Matthias Pohlkamp: Die Entstehung des modernen Wucherrechts und die Wucherrechtsprechung des Reichsgerichts zwischen 1880 und 1933. 2009.

Band 391 Sebastian Baur: *Vor vier Höllenrichtern...* Die Lizentiats- und Doktorpromotionen an der Juristischen Fakultät der Universität Heidelberg. 2009.

Band 392 Christoph Salmen-Everinghoff: Zur *cautio damni infecti*: Die Rückkehr eines römischrechtlichen Rechtsinstituts in das moderne Zivilrecht. 2009.

Band 393 Till Meno Sellschopp: Der Weg zum Revokationsrecht der Ehegatten nach § 1368 BGB. Zugleich ein Beitrag zur Geschichte des ehelichen Güterrechts. 2009.

Band 394 Marc Biermann: Das Staatseigentum an öffentlichen Sachen im Gemeingebrauch in der ersten Hälfte des 19. Jahrhunderts. Die Theorie des reinen Hoheitsrechts an den öffentlichen Sachen von Rudolph von Jhering und Friedrich Ludwig Keller im Zusammenhang mit dem Baseler Schanzenstreit von 1859/62. 2009.

Band 395 Markus Tüxen: Kollegialprinzip oder Einzelrichter. Die Entwicklung des zivilrechtlichen Spruchkörpers bei den Landgerichten sowie den Oberlandesgerichten seit 1879 unter besonderer Berücksichtigung der Reformen von 1974 und 1976. 2009.

Band 396 Adam Polkowski: Die polnische Zivilprozessordnung von 1930/33. Unter Berücksichtigung des deutschen, österreichischen, russischen und französischen Rechts. 2009.

Band 397 Barbara Riedi: Die Porten der Unteren Strasse, ihr Ladungsrecht und der Strassenunterhalt. Rechtshistorische Betrachtungen zur Verkehrs- und Wirtschaftsgeschichte Graubündens. 2009.

Band 398 Stefanie Jessica Loroch: Zeitungsrubrik: Gerichtssaal. Strafprozessberichterstattung in Münster im 19. Jahrhundert (1848–1890). 2009.

Band 399 Dirk Henning Hofer: Karl Konrad Werner Wedemeyer (1870–1934). Ein Juristen- und Gelehrtenleben in drei Reichen. Eine Biographie. 2010.

Band 400 Thomas Simon (Hrsg.): Hundert Jahre allgemeines und gleiches Wahlrecht in Österreich. Modernes Wahlrecht unter den Bedingungen eines Vielvölkerstaates. 2010.

Band 401 Dörte Mentz: Die Beweislastumkehr in der Rechtsprechung des Reichsgerichts. 2010.

Band 402 Werner Schubert (Hrsg.): Oberster Gerichtshof für die Britische Zone (1948–1950). Nachschlagewerk Strafsachen – Nachschlagewerk Zivilsachen. Präjudizienbuch der Zivilsenate. Eingeleitet und herausgegeben von Werner Schubert. 2010.

Band 403 Yong Lei: Auf der Suche nach dem modernen Staat. Die Einflüsse der allgemeinen Staatslehre Johann Caspar Bluntschlis auf das Staatsdenken Liang Qichaos. 2010.

Band 404 Andreas Schwenk: Die Formbestimmung des § 313 BGB a. F. (§ 311 b Abs. 1 BGB n. F.) bei Verträgen über Grundstücke in der Rechtsprechung des Reichsgerichts. 2010

Band 405 René Schorsch: Eberhard Georg Otto Freiherr von Künßberg (1881–1941). Vom Wirken eines Rechtshistorikers. 2010.

Band 406 Ulrike Köbler: Werden, Wandel und Wesen des deutschen Privatrechtswortschatzes. 2010.

Band 407 Björn Florian Faulenbach: Rolle und Bedeutung der Lehre in der Rechtsprechung der Internationalen Gerichtshöfe im zwanzigsten Jahrhundert. 2010.

Band 408 Guangyu Fu: Das Causaproblem im deutschen Bereicherungsrecht. Eine rechtshistorische Untersuchung. 2010.

Band 409 Andreas Kimmelmann: Die Folter im Beweisverfahren der Leges Visigothorum. Chindasvinths Gesetzgebung im Spiegel der westgotischen Rechtsentwicklung. 2010.

Band 410 Jacqueline Schmaltz: Die Entwicklung der Industrie- und Handelskammern. Zwischen Pflicht und Kür. 2010.

Band 411 Hermann Nehlsen: Bayerische Rechtsgeschichte vom frühen Mittelalter bis zum 20. Jahrhundert. 2011.

Band 412 Kathrin Spoerr: Recht und Revolution. Deutsche Ökonomen und ihr Einfluss auf das Recht der Weimarer Republik – eine Zeitschriftenschau 1917–1920. 2011.

Band 413 Moritz von Köckritz: Die deutschen Oberlandesgerichtspräsidenten im Nationalsozialismus (1933–1945). 2011.

Band 414 Annika Lillemor Lara Rabaa: Die Ehe als Rechtsinstitut im Badischen Landrecht von 1810. Unter besonderer Berücksichtigung der gesellschaftlichen Entwicklungen im 19. Jahrhundert. 2011.

Band 415 Christian Hattenhauer / Klaus-Peter Schroeder (Hrsg.): 200 Jahre Badisches Landrecht von 1809/1810. Jubiläumssymposium des Instituts für geschichtliche Rechtswissenschaft der Ruprechts-Karls-Universität Heidelberg und der Heidelberger Rechtshistorischen Gesellschaft vom 23. bis 26. September 2009. 2011.

Band 416 Tobias Alexander Krammerbauer: Die Ministerverantwortlichkeit und die Vorformen sonstiger Verfassungsgerichtsbarkeit in Württemberg zwischen 1815 und 1918. 2011.

Band 417 Werner Schubert (Hrsg.): Quellen zur GmbH-Reform von 1958 bis zum GmbH-Änderungsgesetz von 1980. Eingeleitet und herausgegeben von Werner Schubert. 2011.

Band 418 Gisela Emling: Johannes Heckel. Leben und Wirken (1889–1963). 2011.

Band 419 Jochen Kirschbaum: Die Etablierung der Historischen Rechtsschule an der Ludoviciana (1814–1824). 2011.

Band 420 Sören Koch: Unaufgeforderte Hilfeleistung in Notsituationen. Eine rechtshistorische und rechtsvergleichende Studie zu den zivilrechtlichen Aspekten der Nothilfe mit besonderer Berücksichtigung des Rechts der Geschäftsführung ohne Auftrag. 2011.

Band 421 Friedrich Carl von Savigny: Die Prinzipienfragen in Beziehung auf eine neue Strafprozeß-Ordnung. Ausgearbeitet im Justizministerium für die Gesetzrevision. Eingeleitet und herausgeben von Werner Schubert. 2011.

Band 422 Stephan Faulwetter: Von der Zunft zur Handelskammer. Zur Entwicklung des Gewerberechts in thüringischen Staaten. 2011.

www.peterlang.de